Das Welthaus

Hubertus Halbfas

Literatur und Religion

Ein Lesewerk

Das Christenhaus
Literarische Anfragen

Das Menschenhaus
Gedächtnis der Zeiten

Das Welthaus
Texte der Menschheit

Das Welthaus

Texte der Menschheit

Herausgegeben von
Hubertus Halbfas

Patmos Verlag

VERLAGSGRUPPE PATMOS

PATMOS
ESCHBACH
GRÜNEWALD
THORBECKE
SCHWABEN

Die Verlagsgruppe
mit Sinn für das Leben

Für die Schwabenverlag AG ist Nachhaltigkeit ein wichtiger Maßstab ihres Handelns.
Wir achten daher auf den Einsatz umweltschonender Ressourcen und Materialien.

Bibliografische Information der Deutschen Nationalbibliothek
Die Deutsche Nationalbibliothek verzeichnet diese Publikation in der Deutschen Nationalbibliografie; detaillierte bibliografische Daten sind im Internet über http://dnb.d-nb.de abrufbar.

www.patmos.de

Folgt der aktuellen Rechtschreibung, sofern nicht historische Vorlagen oder urheberrechtliche Einwände dagegen stehen.

Umschlagabbildung: Nachzeichnung eines Sarkophagdeckelreliefs,
Nekropole von Saqqara, 4. Jh. v. Chr. Metropolitan Museum, New York
Umschlaggestaltung: Finken & Bumiller, Stuttgart
Gestaltung, Satz und Repro: Ina Halbfas, Köln
Druck: Grafisches Centrum Cuno GmbH & Co. KG, Calbe
Hergestellt in Deutschland

ISBN 978-3-8436-0683-7

Inhalt

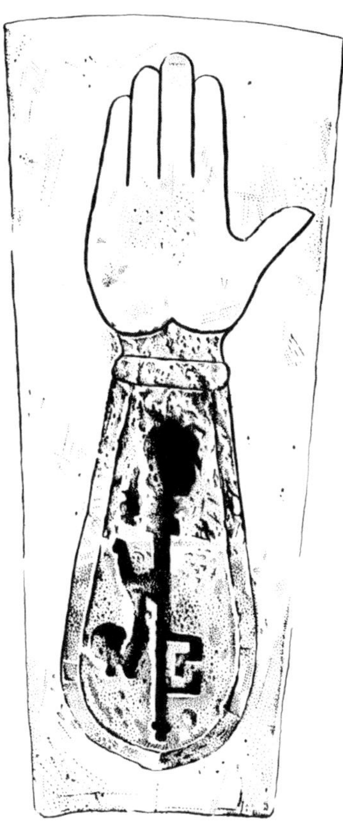

Vorwort

In Kolumbus' Aufzeichnungen über seine Begegnung mit den unbekannten Menschen in Hispaniola, dem »Kleinen Spanien«, bestimmen drei Interessen die Wahrnehmung. Zunächst das Verlangen der Spanier nach Gold. In zweiter Linie waren sie an den indianischen Frauen interessiert. An dritter Stelle wurden die Indios für die Spanier zu Missionsobjekten. Alle drei Ausrichtungen zeigen, dass die Europäer den unbekannten Menschen Amerikas zwar mit massiven materiellen, sexuellen und religiösen Interessen entgegentraten, aber kein Interesse an diesen Menschen um ihrer selbst willen aufbrachten. Was sie sahen, beschrieben und suchten, bezog sich stets auf die eigene Welt; ein Verlangen, die fremde Kultur aus ihren eigenen Bedingungen heraus verstehen zu wollen, war nicht gegeben. Der spanische Staat und seine Organe zeigten sich ebenso wie die Kirche und die Gesellschaft in ihren selbstbezogenen Denkstrukturen außerstande, dem unbekannten Amerika angemessen entgegenzutreten. Um dafür gerüstet gewesen zu sein, hätte der religiös Andere bereits über tausend Jahre früher innerhalb der Kirche eine andere Achtung und Verstehensbereitschaft finden müssen. Dass die Christenheit dazu nicht in der Lage war, ist weltgeschichtlich von erschütternder Wirkung.

Von etwa 1500 bis 1960 war die koloniale Herrschaft von Europäern über große Teile der Erde ein herausragendes Merkmal der Weltgeschichte. Kolonialismus lässt sich definieren als Herrschaft einer Gesellschaft über ein Volk anderer Kultur, die dieses Volk seiner historischen Eigenentwicklung beraubt, um es fremdgesteuert auf die vorwiegend wirtschaftlichen Interessen der Kolonialherren umzupolen. Dabei spielt der Unwille mit, den unterworfenen Gesellschaften kulturell entgegenzukommen. Erwartet wurde stets eine Anpassung an die Werte und Verhaltensnormen Europas. Zugleich verstand sich der europäische Kolonialismus auch als Erfüllung eines universellen Auftrags, alle Völker zu Jüngern Christi zu machen, verbunden mit der Überzeugung der eigenen religiösen und kulturellen Höherwertigkeit. Zwar gingen auch andere Kulturen – Ägypter, Griechen, Chinesen – von ihrer eigenen Unübertrefflichkeit aus, zwangen diese aber ihren Nachbarn nicht auf. Nur im europäischen Kolonialismus gewann ethnozentrischer Hochmut eine solch aggressive Selbstbestimmung, dass die »Zivilisierung« der unterworfenen Welt ein Problembewusstsein schon gar nicht mehr aufkommen ließ.

Die Folgen des Kolonialismus und der damit einhergehenden Missionstätigkeit brachten für die betroffenen Völker eine Umwälzung auf allen Gebieten ihres Lebens mit sich. Dem Gemeinsinn der Sippen- und Stammesverbände wurde ein europäischer Individualismus entgegengesetzt, der zur Schwächung oder Auflösung der tragenden Ordnungen beitrug. Eine geistige Umorientierung führten vor allem die Missionen herbei, wenngleich hier unterschiedliche Modalitäten entstanden, die von der Unterdrückung der einheimischen Kulte über Formen der Selbstchristianisierung durch einheimische Kirchen bis zur Stimulierung nichtchristlicher Gegenbewegungen reichen konnten.

Innerhalb der christlichen Theologien hat sich das Interesse für nichtchristliche Religionen und Kulturen erst spät entwickelt, galt der eigene Glaube doch als die einzig wahre Religion, von der das Konzil zu Florenz sagte, dass »niemand außerhalb der katholischen Kirche – weder Heide noch Jude noch Ungläubiger oder ein von der Einheit Getrennter – des ewigen Lebens teilhaftig wird, vielmehr dem ewigen Feuer verfällt, das dem Teufel und seinen Engeln bereitet ist, wenn er sich nicht vor dem Tod ihr [der Kirche] anschließt«. Der damit verbundene missionarische Impuls motivierte den exemplarischen Missionar Franz Xavier (1506–1552) zu rastloser Bekehrungstätigkeit, von den Molukken über Japan bis an den Saum Chinas, getrieben von der Überzeugung, all jene, die er nicht mehr erreichen und taufen könne, seien dem ewigen Verderben ausgeliefert. Der diesem Denken unterstellte Gottesbegriff mit einem gnadenlos despotischen Profil erschreckte nicht. Noch der evangelische Theologe Karl Barth (1886–1968) konnte die weltweite Religionsgeschichte nur mit Unglauben, Werkgerechtigkeit und Gottlosigkeit verbinden, und auch der jüngere, im katholischen Bereich nicht minder dominante Karl Rahner (1904–1984) ließ keinen Zweifel daran, dass für ihn das Christentum die »absolute« Religion war, »die keine andere als gleichberechtigt neben sich anerkennen« könne. Dabei hatte bereits der protestantische Theologe und Kulturphilosoph Ernst Troeltsch (1865–1923) alle Religionen der Welt als geschichtlich bedingt beschrieben, also der Wandelbarkeit und Relativität unterstellt, die sich jeder Absolutheit entziehen. Ihm galten die Religionen der Welt nicht durch das Christentum abgewertet und überholt, sondern als Erscheinungsformen des Absoluten unter den geschichtlichen Bedingungen ihrer Kulturen und Zeiten.

Die in diesem Buch vorgestellten Religionen und Kulturen möchten aus ihren eigenen Bedingungen heraus verstanden werden. Der Oberbegriff »Religion« ist weit gefasst. Er deckt sowohl die prähistorische Höhlenmalerei wie den Chinesischen Universismus, der sich auch als Philosophie verstehen lässt. Alles in allem geht es um ein Welthaus, in dem die geschichtlich gewordenen Religionen immer deutlicher eine Grenze erreichen, hinter der sie ihre traditionell geprägten Konturen verlieren. Das westliche Christentum ist davon zuerst betroffen. Schon der erste Band dieser Reihe »Literatur und Religion« gestattet einen Blick nach vorn und macht deutlich, welch krisenhafte Metamorphosen der gesamten Religionswelt, zumal den monotheistischen Universalreligionen in den folgenden Jahrhunderten bevorstehen.

Die Texte des dritten Bandes »Literatur und Religion« bündeln die Religionsgeschichte der Menschheit: von den steinzeitlichen Höhlen über Naturreligionen, mythische Erzähltraditionen bis zu den heutigen Weltreligionen. Die Jahrtausende belegen in ihren literarischen Zeugnissen mehr Verwandtschaft in diesem Welthaus als Fremdheit. Zugleich wird aber auch deutlich, dass vor allem den monotheistischen Religionen eine Aufarbeitung ihrer Geschichte bevorsteht, die einen neuen und verunsichernden Welthorizont eröffnet.

Hubertus Halbfas

Ein ägyptisches Welthaus

Die große weibliche Gestalt, die sich hier bergend über die Weltscheibe beugt, ist Nut, der Himmel. Nut trägt das Sternenzelt und die Bahn der Sonne, die in ihrem Aufgang, im Zenit und im Untergang zu sehen ist. Flankiert wird die Sonnenscheibe von zwei Kobras, die ihre Lichtstrahlen und ihren Gluthauch verkörpern. Ein weiteres Mal erscheint der Himmel unterhalb der Nut: Die geflügelte Sonne vor Scham und Mund bezeichnet Osten und Westen, Aufgang und Untergang. Die Flügel symbolisieren die schützende Macht der Sonnengottheit, wohl nicht ihre Fähigkeit zu fliegen.

Zentral ist die kreisrunde Erdscheibe in der Bildmitte. Ihr äußerster, leerer Ring dürfte den Ozean darstellen; jenseits seiner letzten Begrenzung beginnt der Himmelsozean. Aus der Innenseite des äußersten Ringes treten rechts und links zwei Frauengestalten; die linke trägt auf dem Kopf das ägyptische Schriftzeichen für Osten, die rechte jenes für Westen. Die östliche Gestalt befördert das Sonnenschiff aus dem unterirdischen nächtlichen Ozean in den himmlischen Ozean des Tages, die westliche leitet es wieder hinunter. Im Zenit wird die Sonne erneut mit Flügeln dargestellt.

Der nächste Ring stellt die Fremdländer dar, die für Ägypten weitab liegen und großenteils als Wüste gelten. Gekennzeichnet werden sie (vor der Frauengestalt links) durch den Gott Sopdu, den Herrn der östlichen Wüste, und durch Ha, den Gott der westlichen Wüste. Über ihnen findet sich das sechzehnmal wiederholte Zeichen für Häuptling und – in der unteren Ringhälfte – das in zwölf Ovale eingeschlossene Zeichen des sitzenden Mannes; es gilt für die umgebenden Fremdländer, die allesamt Ägypten unterworfen sind.

Für alte Kulturen ist es selbstverständlich und dem Mythos entsprechend, sich selbst in der Mitte der Welt zu begreifen, während die übrigen Völker an den Rändern der Welt leben. Dies zeigt das ägyptische Welthaus sehr anschaulich.

Vom zweiten Ring (der Fremdvölker) ist oben ein Segment abgetrennt. Darin zu sehen sind zwei Schakale, die Tiere des schakalköpfigen Gottes der Bestattung, Anubis. Zweimal daneben das Zeichen für Wasser (dreifache Wellenlinie) und dazwischen das zweimal gesetzte Zeichen für »großes Gebäude« (Grab). Dieses Segment stellt den Westhorizont als Totenreich dar. Im Westen lagen ja die großen Nekropolen (Totenstädte) wie Theben und Saqqara. Aus Gründen der Bildbalance und Bildästhetik wird das Totenreich hier im oberen Bereich der Erdscheibe eingetragen worden sein.

Der dritte Ring ist mit den einundvierzig Zeichen (Standarten) der ägyptischen Gaue ausgefüllt, bedeutet also Ägypten. Er umschließt einen Kreis im Zentrum, der durch die darin befindlichen Figuren als Totenwelt (Duat) und durch das Sternenband als Nacht beschrieben wird. Die dreimal wiedergegebene geflügelte Sonne durchzieht diese Totenwelt allnächtlich nach ihrem Untergang. Aus dem zweiten Ring führt unterhalb des (Doppel)zeichens für Grab (Eingang zum Totenreich) ein »Gang«, der als leeres Feld gekennzeichnet ist, durch den dritten Ring (Ägypten) hindurch in den inneren Kreis der Totenwelt.

Der gesamte Erdkreis wird von dem mit Füßen und einem Auge versehenen Zeichen »Ka« emporgehoben, hier als personale Kraft verstanden: Die beiden gewinkelten Arme verkörpern die Lebenskraft, die den Sonnenball, den König und die Menschen aus dem Dunkel der Nacht und des Todes in das Licht des Tages emporhebt. Über den Füßen des Ka befindet sich eine nur aus Kopf und Armen bestehende Figur, die auf ihrem Kopf eine Scheibe (Duat?), in ihren Händen ein Oval (Erde?) trägt. Weil sie sich aus dem Ring des Ozeans erhebt, könnte damit Nut als Verkörperung des Ozeans gemeint sein.

Diese Darstellung des ägyptischen Welthauses ist die Nachzeichnung eines Sargdeckelreliefs aus der Nekropole von Saqqara aus der 30. Dynastie (378–341 v. Chr.). vielleicht aber auch erst ptolemäisch (nach 300). Vorläufer dieses Welthauses gehen mindestens bis ins Neue Reich (1552–1085 v. Chr.) zurück. Durchmesser der Scheibe 43,5 cm, Gesamthöhe 88 cm.

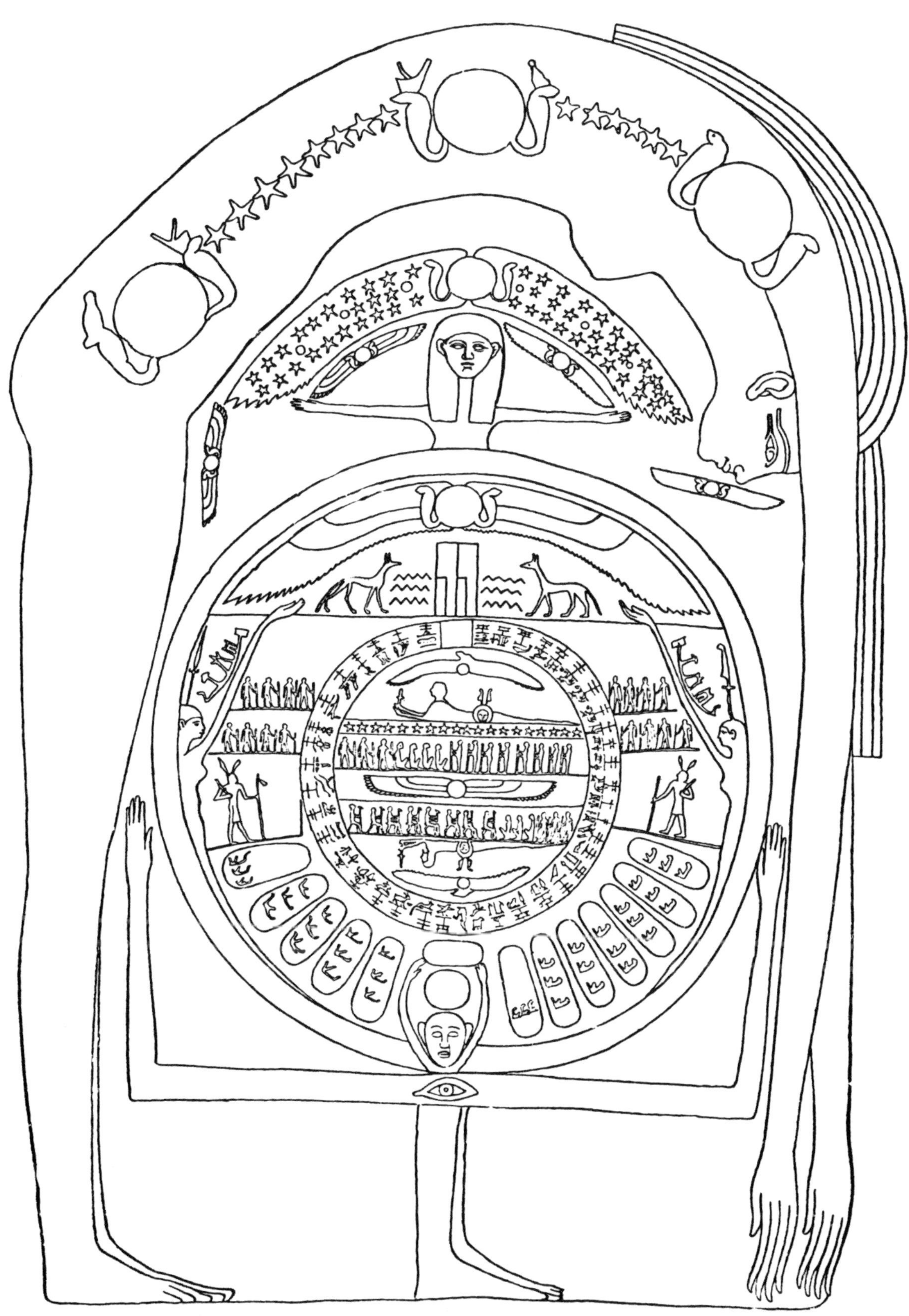

Bewusstsein und Religion

Der *homo sapiens*, der die Welt eroberte, der nach Amerika, Australien und in andere Gebiete kam, welche die großen Eroberer unserer Geschichte nicht einmal dem Namen nach kannten, war mit einer verhängnisvollen Neugier ausgestattet, die es nicht zuließ, dass ihm in seiner Umgebung etwas unbekannt blieb. In dieser Neugier, die das Verhalten des *homo sapiens* von Anfang an kennzeichnet, besteht unsere große Ressource. Wehe dem, der nicht neugierig ist! Die Neugier treibt uns dazu, mehr wissen und verstehen zu wollen, und das ist die Grundlage des Seins.

Emmanuel Anati

Wissenschaftler vergangener Generationen haben zweifellos ein Zerrbild des frühen Menschen entworfen: Seine intellektuellen Fähigkeiten seien nur gering gewesen. Er habe durchweg falsche Schlüsse über Ursache und Wirkung gezogen. Seine rituellen Praktiken – zauberische Mittel – würden das geringe geistige Niveau offenbaren, das an den letzten Primitiven immer noch studiert werden könne.

Diesem Bild widersprechen heutige Anthropologen. Sie sehen die Unterschiede zwischen unseren und den Fähigkeiten des frühen Homo sapiens lediglich durch die jeweilige kulturhistorische Situation bedingt. Darum kann auch ein Kind, das in einer steinzeitlichen Kultur geboren wurde, beim Wechsel in die moderne Welt Jahrtausende menschheitlicher Entwicklung überspringen.

Wenn es in den archaischen Anfängen über vielleicht hundertfünzigtausend Jahre kaum Veränderung gab, sollte dennoch nicht das Begabungspotenzial des Homo sapiens in Zweifel gezogen werden. Die geistigen Fähigkeiten, die das Überleben erforderte, werden leicht unterschätzt: Um mit Erfolg Großwild zu jagen, ist Koordination untereinander, also auch Sprachvermögen wichtig, und Feuer zu erzeugen und zu unterhalten, erfordert eine Abfolge ziemlich komplizierter Handlungen. Viele der heutigen Vorstellungen über die frühe Menschheit beruhen noch auf Annahmen der ersten Religionswissenschaftler, die selbst nie Kontakt mit indigenen Völkern hatten und vom Schreibtisch aus realitätsferne Theorien über das Leben der »Primitiven« entwickelten. Weder konnten sie sich vorstellen, wie viel Kenntnisse, Geschick und überlegtes Handeln dazu gehörten, um in der Dürre, der Kälte oder in der Steppe zu überleben. Noch vermochten sie, aus den Totenkulten, Ritualen oder Mythen eine angemessene Vorstellung vom geistigen Format der zugehörigen Glaubensvorstellungen zu entwickeln.

Das Gehirn des Homo sapiens hat sich seit seinem Auftreten nicht wesentlich verändert. Das heißt, der Mensch der Frühzeit war bereits für heutige Denkleistungen ausgestattet. Er änderte sich auf seinem Weg durch die Geschichte nicht biologisch, wohl aber durchschritt er in seiner Bewusstwerdung mehrere Stadien: vom archaischen Anfang über das magische Bewusstsein zum mythischen und schließlich zum rationalen Bewusstsein, dessen Krisis die heutige Situation der Menschheit kennzeichnet.

Der archaische Ursprung

Wenn auch der Mensch der Frühzeit nicht unbegabter war als wir heute, war sein Bewusstseinsstand dennoch ein gänzlich anderer. In seinem menschlichen Ur-Sprung musste er sich aus der anfänglichen Umklammerung des Unbewussten Schritt für Schritt befreien. Dazu boten sich dem archaischen Menschen zunächst nur symbolische Formen an. Diese Symbole des Anfangs haben, wenn wir Erich Neumann vertrauen können, Kreisgestalt; es sind die Formen des Runden, von Kugel und Ei. Damit verbinden sich Schoß und Uterus als Weltsymbole für das eigene Daseinsgefühl. Doch ist der Uterus der Frau nur Teil-Aspekt des Ursymbols und keinesfalls mit »Gebärmutter« gleichzusetzen. Auch Tiefe, Abgrund, Urgrund, ebenso wie Höhle, Untergrund, Brunnen, See und Teich gehören in diesen Zusammenhang. Alles Umfassende, das ein Kleines umfängt und nährt, vertritt den urmütterlichen Bereich. Und so, wie der Anfang des Lebens, wird auch sein Ende davon umgriffen: Mit den Symbolen von Höhle, Erde und Grab, mit der Bestattung in Embryonalhaltung in den Hockergräbern der Steinzeit, wird der Tod als Rückkehr in ein Allumfassendes empfunden.

Erich Neumann (1905–1960), Psychoanalytiker. Seine *Ursprungsgeschichte des Bewusstseins* (1949) gilt als eine Grundlage tiefenpsychologischer Literatur.

Jean Gebser (1905–1973), Philosoph, hat das magische, das mythische und das mentale Bewusstsein beschrieben, die in ihrer geschichtlichen Folge den europäischen Menschen konstituieren. In unserer Zeit ereignet sich seiner Meinung nach der »Durchbruch einer neuen, integralen Bewusstseinsstufe«.

Unbeschadet seiner Alltagstüchtigkeit lebte der Mensch der Frühzeit primär unbewusst. Dass er diese Ursituation überwindet und aus dem »Tiefschlaf« heraustritt, ist sein auszeichnendes Spezifikum.

Die weitere menschliche Bewusstseinsentwicklung lässt sich – nach Jean Gebser – in drei Phasen beschreiben. Es sind das magische, das mythische und das mentale Bewusstsein. Diese Aufeinanderfolge ist nicht so zu verstehen, als ob die jeweils nächste Bewusstseinsstufe die voraufgegangene zurücklasse, vielmehr bleibt die frühere Bewusstseinsstufe weiterhin wirksam, wird aber der aktuell herrschenden untergeordnet, sodass ein Kontinuum entsteht unter der Dominanz der jüngsten Bewusstseinsebene. Für menschliche Ganzheit ist es grundsätzlich bedeutsam, dass alle Bewusstseinsstrukturen der voraufgegangenen Geschichte lebendig bleiben. Sollten ältere Bewusstseinsstufen teilweise oder ganz verdrängt werden, so gilt doch weiterhin, sie von neuem zu beleben und wieder zu integrieren.

Skelett eines Kindes in Graburne. Die Erde ist wie Gaia, die griechische Erdmutter, Herrin des Gefäßes und gleichzeitig das große Unterweltsgefäß selber, in das die toten Seelen eingehen, aber auch wieder herumschwirren.

Die Gesichtsurne kennzeichnet ein Fehlen des Mundes, wie dies bei vielen vorgeschichtlichen Darstellungen begegnet. Die stumme Existenz endet erst mit dem Neolithikum.

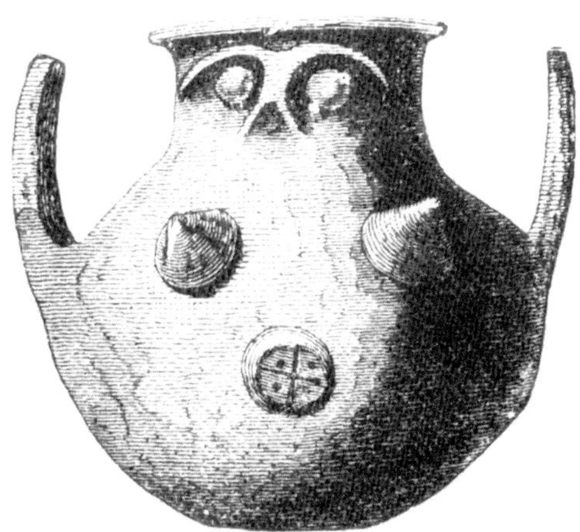

Die Drei-Brüder-Höhle (franz. Grotte des Trois-Frères) liegt in der südfranzösischen Region Languedoc-Roussillon. Sie enthält berühmte Höhlenmalereien aus der Kulturstufe des Magdaléniens, etwa ab 13 000 v. Chr. Berühmt sind die Darstellungen von zwei Wesen, halb Mensch, halb Tier, die in der Höhlenmalerei sonst kaum begegnen. Die hier abgebildete Figur ist in den Stein geritzt und gemalt, vereinigt also zwei Darstellungstechniken. Die andere zeigt die Charakteristika eines Menschen und eines Bisons zugleich.

Das oben abgebildete Wesen wird mal als »Gott der Tiere«, mal als »Zauberer« beschrieben, der einen magischen Ritus praktiziert oder auch als »tanzender Schamane in Trance« gedeutet. Mit dem großen Hirschgeweih, den Bärentatzen und dem Rossschweif hat die Gestalt etwas Unheimliches an sich. Sie beherrscht drei Wandflächen mit Darstellungen von Bisons, Pferden und Rentieren. Wahrscheinlich ist sie eine künstlich geschaffene Figur, in der ein Schamane sich selbst darstellt: Er ist in ein Tier geschlüpft, trägt dessen Fell und eine Tiermaske vor dem Gesicht und tanzt so seinen Tanz als Tier, das über alle anderen Tiere herrscht, in einer Haltung und mit Sprüngen, die an Tiere erinnern.

Das magische Bewusstsein

Die Wörter *machen*, *Mechanik*, *Maschine* und *Macht* gehören zur gleichen Wortgruppe. Dieser Wurzel entstammen auch lateinisch *magus*, der Zauberer, und *Magie*. Es gibt viele Definitionen von Magie; eine davon heißt: »Magie ist Tun ohne Wissen«. Ins Psychologische übertragen könnte der Satz lauten: Magie ist Tun ohne Wachbewusstsein.

Im aufkommenden magischen Bewusstsein versucht der Mensch, unabhängig von der Natur zu werden, sie zu bannen und zu beschwören. Damit beginnt zugleich der bis heute endlose Kampf um die Macht: Der Mensch wird zum Macher. Das zeigt sich zunächst im Verhältnis zum Tier: Er unterstellt das Tier seiner Macht, indem er es zeichnet oder malt. Die ersten Niederschläge dieses Strebens finden sich in den Höhlen der großen Jäger, deren Bilder vornehmlich einen bannenden, magischen Charakter haben. Ihre Zeit datiert zwischen 35.000 und 10.000 Jahren vor uns.

In den Höhlenmalereien des Paläolithikums ist die Aufmerksamkeit des Menschen völlig auf das Erfassen der Jagdtiere und ihrer charakteristischen Bewegungen gerichtet. Gegenüber den genial gezeichneten tierischen Gattungsmerkmalen erscheint das Bild des Menschen nur selten und dann unbeholfen, wie kindliche Strichfiguren. Der Mensch ist noch kein Thema – und erst recht kein menschengestaltiger Gott. Die Natur war belebt von archaischen Geistern, die alles beseelten. Als sich im Neolithikum Clans und Stammesgesellschaften auflösten, die Kulturwelt des Menschen größer und komplexer wurde und dann, wie in Ägypten, eine frühe Staatenbildung erfolgte, überrascht es nicht, dass die tiergestaltigen Numina anthropomorphen Vorstellungen wichen, diese aber die alten Tierköpfe behielten.

Für heutige Menschen sind die Bilderhöhlen der vorgeschichtlichen Menschheit früheste Orte geistiger Sammlung, die sich mit den Wünschen und Ängsten jener Menschen verbinden. Sie bewahren bis zum Tag eine unverkennbare sakrale Wirkung, obwohl dieses Erbe aus 40.000 Jahren dem Bewusstsein der Menschen fast unbekannt blieb. Sie haben unsere Kultur und zumal unser religiöses Selbstverständnis kaum erreicht. In ihnen spiegelt sich die Seelenwelt einer dem Ursprung nahen Zeit wider, eine Geschichte ihrer Glaubens- und Denkweisen, deren Erforschung erst in den Anfängen steckt.

Herbert Kühn: In den Höhlen der Großen Jäger

Der Saal ist groß und lang, dann kommt der Tunnel. Wir stellen die Lampe auf den Boden und schieben sie hinein in das Loch. Das Loch ist nicht viel breiter als meine Schultern und auch nicht höher. Vor mir höre ich die anderen stöhnen und sehe, wie ihre

Lampen sich ganz langsam vorschieben. Die Arme dicht am Körper, so kriechen wir auf dem Bauch vorwärts wie Schlangen. Aber der Gang ist stellenweise nur etwa dreißig Zentimeter hoch, so dass man auch den Kopf auf die Erde legen muss. Es ist, als wenn ich durch einen Sarg krieche. Man kann den Kopf nicht heben, man kann nicht atmen. Da, endlich, wird der Gang höher. Man kann einmal den Unterarm aufstützen. Aber es bleibt nicht so, schon wieder verengt er sich. Meter um Meter muss so erkämpft werden, 40 m insgesamt. Niemand spricht. Die Lampen werden um Zentimeter vorgestellt, und wir schieben uns nach. Vor mir höre ich das Stöhnen der anderen, das Herz hämmert, das Atmen fällt schwer. Es ist grausig, so dicht über dem Kopf die Decke zu haben. Und sie ist sehr hart, immer wieder stoße ich an. Es will nicht enden. Doch plötzlich sind wir durch. Alle atmen auf. Es ist wie eine Erlösung.

Riesig der Saal, in dem wir stehen. Wir lassen das Lampenlicht an die Decke, an die Wände gleiten: ein mächtiger Raum – und da sind auch die Zeichnungen. Eine ganze Wand ist von oben bis unten bedeckt mit Bildern. Mit dem Steinmesser ist in die Wand geritzt worden, man sieht alle die Tiere, die damals in Südfrankreich lebten: Mammut, Rhinozeros, Bison, Wildpferd, Bär, Hemion, Rentier, Vielfraß, Moschusochse. Auch kleine Tiere kommen vor: Schnee-Eulen, Hasen, Fische. Überall wieder Pfeile, die auf die Tiere zufliegen. Besonders fesseln uns mehrere Bilder von Bären. Sie zeigen Einschusslöcher, und das Blut schießt den Bären aus dem Maul. Das richtige Jagdbild also, das Bild des Zaubers der Jagd.

Herbert Kühn (1895–1980), deutscher Prähistoriker, Religionswissenschaftler und Kunsthistoriker, der die Höhlenmalereien und die Archäologie der Völkerwanderungszeit erforschte und insbesondere rund 120 europäische Höhlen mit eiszeitlichen Bildern, Gravierungen und Skulpturen vor Ort untersuchte.

Leo Frobenius: Jagdmagie

Das Faktenmaterial, das über die Bilderwelt der großen Höhlen zusammengetragen wurde, lässt es einigermaßen gesichert erscheinen, dass sich mit diesen verborgenen Orten magische Praktiken verbanden. In jener fernen Zeit war der Geist des Menschen vom Geheimnis der Tierwelt und den Gesetzen der Jagd beherrscht. Einen Spaltbreit finden wir Zugang zu dieser uns entzogenen Welt durch Leo Frobenius in einem Bericht über seine Erkundungen in Afrika:

Im Jahre 1905 traf ich in dem Urwaldgebiet zwischen Kassai und Luebo [im heutigen Zaire] auf Vertreter jener verdrängten Jägerstämme, die als Pygmäen so berühmt geworden sind. Einige der Leute, drei Männer und eine Frau, geleiteten die Expedition etwa eine Woche lang. Eines Tages – es war gegen Abend und wir hatten uns schon ausgezeichnet miteinander angefreundet – war wieder einmal große Not in der Küche, und ich bat die drei Männer, uns heute noch eine Antilope zu erlegen, was ihnen ja als Jäger etwas Leichtes sei.

Leo Frobenius (1873–1938), Ethnologe. Mit seiner Forschung hat er Afrika für die westliche Welt zum Sprechen gebracht. Als einer der ersten Europäer erkannte er die Geschichtlichkeit der afrikanischen Kulturen und ihre prinzipielle Gleichwertigkeit – ungewöhnlich für einen Gelehrten seiner Zeit. So wurde er ein Kronzeuge der »Négritude«, deren Vertreter um die Wiedergewinnung eines kulturellen Selbstbewusstseins der Afrikaner bemüht waren. Gestützt auf Leo Frobenius vertrat der senegalesische Dichter und Politiker Leopold Sédar Senghor (1906–2001) die Ansicht, dass Afrikaner kulturell und geschichtlich grundsätzlich anders als ihre Kolonialisatoren geprägt sind, und betonte die eigene kulturelle und philosophische Tradition.

Höhlenmalerei, Simbabwe, 8000 bis 2000 v. Chr.

Im Unterschied zu dem von Frobenius beschriebenen Ritual, das gerade der Sonne eine entscheidende Rolle zuwies, befinden sich die Tierbilder in den dunkelsten Bereichen der Höhlen. Der entlegene Ort der frühen magischen Handlung und die Dunkelheit deuten auf die Bewusstseinsferne jener frühen Mentalität hin – selbst wenn ein Feuer bei der Zeremonie die Sonne vertreten haben sollte. Obwohl die Sandzeichnung der Pygmäen um Jahrtausende später erfolgt und das damit verbundene Ritual auch ein freieres Gegenüber zur Natur aufweist, enthält das Geschehen doch Kennzeichen des magischen Bewusstseins, wie es die großen Jäger prägte.

Nicht der Pfeil der Pygmäen ist es, der hier tötet, sondern der erste Strahl der Sonne, der auf das Tier fällt, und für den der Pfeil Symbol ist. Es ist auch nicht der den Pfeil abschießende Mann, der das Tier tötet, sondern das Gruppen-Ich, das hier das magische Ritual vollzieht. Beides macht deutlich, in welchem Maße das Bewusstsein des Menschen noch an die Außenwelt gebunden ist: Während der heutige Mensch Verantwortung für sein eigenes Tun trägt, liegt hier die Verantwortung für das Geschehen bei der Sonne. Das zeigt die Ichlosigkeit des magischen Menschen, für den die symbolische Tötung mit der tatsächlichen zusammenfällt.

Eine solche Praxis macht den magischen Menschen unabhängig von Raum und Zeit.

Die Leute sahen mich ob dieser Ansprache offenbar erstaunt an, und einer platzte dann mit der Antwort heraus, ja, das wollten sie schon sehr gerne tun, aber für heute sei es natürlich ganz unmöglich, da keine Vorbereitungen getroffen seien.

Das Ende der sehr langen Verhandlung war, dass die Jäger sich bereit erklärten, am anderen Morgen mit Sonnenaufgang ihre Vorbereitungen zu treffen. Damit trennten wir uns. Die drei Männer gingen dann prüfend umher und zu einem hohen Platz auf einem benachbarten Hügel. Da ich sehr gespannt war, worin die Vorbereitungen dieser Männer denn nun bestehen würden, stand ich noch vor Sonnenaufgang auf und schlich mich in das Gebüsch, nahe dem freien Platze, den die Leutchen gestern Abend für ihre Maßnahmen ausgewählt hatten. Noch im Grauen kamen die Männer, aber nicht allein, sondern mit der Frau. Die Männer kauerten sich auf den Boden, rupften einen kleinen Platz frei und strichen ihn glatt. Dann kauerte der eine Mann nieder und zeichnete mit dem Finger etwas in den Sand. Währenddessen murmelten die Männer und die Frau irgendwelche Formeln und Gebete. Danach abwartendes Schweigen. Die Sonne erhob sich am Horizont. Einer der Männer, mit dem Pfeil auf dem gespannten Bogen, trat neben die entblößte Bodenstelle. Noch einige Minuten, und die Strahlen der Sonne fielen auf die Zeichnung am Boden. Im selben Augenblick spielte sich blitzschnell folgendes ab: die Frau hob die Hände wie greifend zur Sonne und rief einige mir unverständliche Laute; der Mann schoss den Pfeil ab; die Frau rief noch mehr; dann sprangen die Männer mit ihren Waffen in den Busch. Die Frau blieb noch einige Minuten stehen und ging dann in das Lager. Als die Frau fort gegangen war, trat ich aus dem Busch

und sah nun, dass auf dem geebneten Boden das etwa vier Spannen lange Bild einer Antilope gezeichnet war, in deren Hals nun der abgeschossene Pfeil steckte.

Während die Männer noch fort waren, wollte ich zu dem Platz gehen, um den Versuch zu machen, eine Photographie von dem Bild zu gewinnen. Die immer in meiner Nähe sich aufhaltende Frau hinderte mich daran und bat mich inständigst, dies zu unterlassen. Wir marschierten also ab.

Am Nachmittag kamen die Jäger mit einem hübschen Buschbocke uns nach. Er war durch einen Pfeil in die Halsader erlegt. Die Leutchen lieferten ihre Beute ab und gingen dann mit einigen Haarbüscheln und einer Fruchtschale voll von Antilopenblut zu dem Platz auf dem Hügel zurück. Erst am zweiten Tag holten sie uns wieder ein, und abends bei einem schäumenden Palmwein konnte ich es wagen, mit dem mir vertrautesten der drei Männer über diese Sache zu sprechen. Der – schon ältere, jedenfalls von den Dreien der älteste – Mann sagte mir nun einfach, dass sie zurückgelaufen waren, die Haare und das Blut in das Antilopenbild zu streichen, den Pfeil herauszuziehen und dann das Bild zu verwischen. Vom Sinn der Formel war nichts zu erfahren. Wohl aber sagte er, dass das »Blut« der Antilope sie vernichten würde, wenn sie das nicht so machten. Auch das Auslöschen müsse bei Sonnenaufgang geschehen.

Inständig bat er mich, der Frau nicht zu sagen, dass er mit mir darüber gesprochen habe. Er schien große Furcht vor den Folgen seines Schwätzens zu haben, denn am anderen Tag verließen uns die Leutchen, ohne sich zu verabschieden, fraglos auf seine Veranlassung, denn er war der eigentliche Führer der kleinen Gesellschaft.

Die symbolische Vorwegnahme kann für ein Geschehen auf völlig anderer Ebene wirksam werden. Die Einschaltung des modernen Bewusstseins würde durch rational-kausales Denken diese psychische Verknüpfung unterbrechen. Dagegen spielt alles magische Geschehen – auch heute noch – in einer ichlosen, raum- wie zeitlosen Sphäre. Modernen Menschen ist dergleichen nur möglich durch Preisgabe des eigenen Bewusstseins, wie sie beispielsweise in der Trance stattfindet, oder aber durch Massensuggestionen, wie sie bei religiösen oder politischen Regressionen vorkommen.

In allem wird das Bestreben deutlich, die Natur, die Tiere, das andere Leben zu beherrschen. Das heißt, der magische Mensch tritt aus der umschließenden Einheit des urzeitlich Runden heraus, wird sich seiner Gruppen-Identität bewusst und löst sich dabei aus seiner Naturverhaftetheit, deren Bann er durch einen Gegenbann bricht.

Einzuräumen ist aber auch dies: Mit der magischen Bewusstheit verbinden sich Fähigkeiten, die heute noch in der Form medialer Begabungen erfahren werden können. Der magische Mensch war in hohem Maße telepathisch. Er besaß Fähigkeiten des Fernwissens und Fernsehens, wie dies im ländlichen Westfalen über hundert Jahre zurück bei sogenannten »Spökenkiekern« auch noch erfahren werden konnte.

Das mythische Bewusstsein

»Gott«

Bis zum Ende der Steinzeit kann von einem Gottesglauben im Sinn des späteren Theismus nicht gesprochen werden. Bevor die Menschen fähig waren, ihre Vorstellungen in spezifischen Symbolen darzustellen, bleiben als Spuren einer Sinndeutung des Daseins nur Bestattungsformen und Grabbeigaben oder Farbreste aus rituellen Körperbemalungen, insgesamt also flüchtige und aus sehr früher Zeit kaum erhaltene Dinge. Die prähistorische Periode lässt allerdings erkennen, so bald es Zeugnisse gibt, dass sich der Mensch, niemals nur zweckgebunden betätigte, sondern Gegenstände und Riten schuf, die auf eine empirisch nicht fassbare Dimension verweisen. Doch ob es sich in der Altsteinzeit um die Verwandtschaft mit dem Tier oder im Jungpaläolithikum um weibliche Statuetten handelt, ein Gottesbegriff ist damit noch nicht zu verbinden. Bevor das menschliche Denken zu der Abstraktion »Gott« fähig wurde, war es auf eine Sinngebung bezogen, die sich mit den Kräften des Lebens und der Deutung des Todes befasste.

Im Neolithikum und bei zunehmender Sesshaftigkeit erfolgt bald eine Differenzierung in regional sich verzweigenden Kulturen Das Numinose wird jetzt zunehmend menschengestaltig begriffen. Schon die ersten Kulturen lassen ahnen, wie sich die Sinndeutung des Daseins weiter entwickeln wird: Gebunden an die Natur, aus der der Mensch hervorgegangen ist, kommt als neue Dimension die Geschichte hinzu. Natur und Geschichte sind die beiden Horizonte, die für die Selbstinterpretation des Menschen zur Verfügung stehen.

Das Wort »Gott« ist der Gewinn einer Kultur, in der sich der Mensch über das Vorhandene hinaus auf ein transzendentes Mehr zu verstehen sucht.

Das magische Bewusstsein der Menschen bestimmte die Vorzeit. Den Zeitraum, in welchem der Sprung aus der magischen in die mythische Struktur geschah, verbindet sich mit dem Überschritt zur Sesshaftigkeit der Menschen, als sie lernten, die Erde zu bebauen und von ihren Früchten zu leben. Mit dem Neolithikum, also der jüngeren Steinzeit, begann eine neue geschichtliche Phase der Menschheit. In der viele Jahrtausende währenden Altsteinzeit lebten die Menschen von der Jagd, von Früchten und Wurzeln. Sie konnten sich nur zu kleinen Sippen zusammenschließen, weil für größere Gemeinschaften die Nahrungsbasis fehlte. Die Buschleute Südafrikas und die australischen Aborigines haben noch im letzten Jahrhundert Einsicht in diese anspruchslose Lebensform geboten.

Der Anstoß, das Land zu bebauen, um größere Vorräte für Notzeiten anzulegen, verbindet sich mit den fruchtbaren Flusslandschaften Mesopotamiens, Indiens und Anatoliens, doch haben die ersten Ernten nicht gleich das nomadische Leben beendet. Der Prozess, der aus Jägern und Sammlern sesshafte Bauern machte, überspannt vier bis fünf Jahrtausende, genug Zeit, um bisherige Ordnungen an die langsam sich wandelnden Lebensbedingungen anzupassen.

Das sesshafte Leben entwickelte eigene Bedingungen. Es zeigte sich abhängig von den Vegetationsperioden und dem Wetter. Man gewann eine veränderte Beziehung zum Himmel und zumal zur Sonne. Für Bauern ist der Wechsel der Jahreszeiten mit ihren unterschiedlichen Bedingungen lebenswichtig. Wird zu früh gesät, kommt es zu Schäden; geschieht es zu spät, können Hitze und Trockenheit jede Ernte verhindern. So begann man, Himmel und Erde genauer zu beobachten, denn der Himmel mit Sonne und Regen und die Erde mit ihren Erträgen entschieden von jetzt an über Leben und Tod.

Die neue Lebensform ließ die Menschen enger zusammenrücken. Sie vereinten sich zu Stämmen und Kultgemeinschaften. Dabei entstanden auch erste territoriale Abgrenzungen. Zugleich wandelten sich die religiösen Vorstellungen und Rituale. Die Höhlen und ihre Kulte verloren ihre Bedeutung. Die neuen Kulte verknüpften sich mit dem jahreszeitlichen Rhythmus der Vegetation. Die Heiligtümer, die jetzt entstanden, waren nicht mehr naturgegebene Räume wie die unterirdisch versteckten Höhlen, sondern geplante und selbst errichtete Bauten inmitten der eigenen Lebenswelt: Steinsetzungen von imponierender Monumentalität.

Das früheste Zeugnis dieses Umbruchs sind erste Sakralbauten der Menschheit in Anatolien auf der Kuppe des Göbekli Tepe (»Nabelberg«), entstanden vor mehr als elftausend Jahren. Hier, am Oberlauf des Euphrat, finden sich auch die ersten Zeugnisse betriebener Landwirtschaft. In dieser Region wurden die Fundamente des neolithischen Lebensstils gelegt, der dann nach Jahrtausenden in die frühen Stadtkulturen und schließlich in die Großreiche Mesopotamiens überleitete.

Das Gilgamesch-Epos

Neuassyrische Darstellung eines löwenbezwingenden Riesen (um 710 v. Chr.). Vgl. Gilgamesch-Epos I,49–62 und IX,9–18. Nachzeichnung eines 4,45 m hohen Steinreliefs, das am Eingang zum Thronsaal des assyrischen Königs Sargon II. (722–705 v. Chr.) in Chorsabad bei Ninive angebracht war.

Auf einer Sitzung der Londoner *Society of Biblical Archaeology* stellte im Jahr 1872 der britische Assyriologe George Smith das Bruchstück einer Tontafel vor, das in den Ruinen der assyrischen Hauptstadt Ninive im Schutt des Palastes des Assyrerkönigs Assurbanipal (668–627 v. Chr.) gefunden worden war. Das Fragment gehörte zu einem literarischen Werk, das in poetischer Sprache die Sintflut-Geschichte erzählte. In dieser keilschriftlichen Fassung hieß der biblische Noah Uta-napischti, der mit seiner Familie der alles ertränkenden Weltflut in einer selbst gebauten Arche entkommen konnte. Die bis in Details verwandten Traditionen bewiesen, dass das biblische und das alte mesopotamische Gedankengut weitaus enger verflochten waren, als man je vermutet hatte, und dass vor allem die mesopotamische Überlieferung ein Alter erkennen ließ, demgegenüber die Bibel überraschend jung erschien.

Die von George Smith entdeckte Sintflut-Erzählung weckte weitere Forschungsarbeit in Ninive. Dies war nicht leicht, denn beim Erstürmen des Palastes im Jahr 612 v. Chr. hatten die Eroberer übel gewütet, in der königlichen Bibliothek alles kurz und klein geschlagen, sodass nun, zweieinhalbtausend Jahre später unter meterhohem Schutt nur noch kleinste Bruchstücke der zerschlagenen Tafeln ins Britische Museum gerettet werden konnten. Aber seitdem die Aufmerksamkeit der Archäologen nun geweckt war, fand man die Gilgamesch-Tradition in verzweigten Dichtungen, von denen die ältesten in sumerischer Sprache, andere in akkadischer, wieder andere in hethitischer und hurritischer Sprache überliefert sind. Die Zusammenfassung dieser Gilgamesch-Dichtungen ließ auf der Basis des babylonischen Werkes in akkadischer Sprache das erste Großepos der Weltliteratur zurückgewinnen.

Mit einer neuen wissenschaftlichen Edition stellte der Londoner Altorientalist Andrew R. George im Jahr 2003 die bisherigen Kenntnisse des Gilgamesch-Epos auf eine völlig neue Grundlage. Seine Rekonstruktion des Textes, die zuvor unbekannte Tontafeln aufnimmt, lässt die früher erschienenen Übersetzungen des gewiss bedeutendsten Werkes des Alten Orients mit einem Male veraltet erscheinen. Die vorliegende deutsche Übersetzung basiert darauf und stammt von Stefan M. Maul.

Erste Tafel:

Wer ist denn der, der mit ihm sich an Königswürde messen könnte
und zu sagen vermag wie Gilgamesch: »Ich, ja, ich bin der König!«? –
»Gilgamesch« ist er seit dem Tage, da er geboren, mit Namen genannt.
Zwei Drittel an ihm sind Gott, doch sein (drittes) Drittel, das ist Mensch.

In der Hürde von Uruk wandelt jener umher.
Er lässt seine Kräfte (dort) spüren wie ein Stier erhobenen Hauptes.

Die Neuübersetzung des Gilgamesch-Epos durch den Heidelberger Assyriologen Stefan M. Maul setzt in runde Klammern Wörter, die aus sprachlichen oder inhaltlichen Gründen in den Text aufgenommen wurden, obwohl sie im babylonischen Original keine Entsprechung haben. Eckige Klammern stehen für unergänzbare Lücken im Text, Kursivsetzungen verweisen auf nicht gesicherte Deutungen.

Die Hauptfiguren des Gilgamesch-Epos

Gilgamesch (lies Gilgámesch), König der Stadt Uruk, zu zwei Dritteln Gott, zu einem Drittel Mensch.

Ischtar (lies: Ìschtar), die Göttin der Liebe und des Kriegs, Stadtgöttin von Uruk, die König Gilgamesch über viele Umwege zu sich selbst finden lässt.

Anum (lies Ànum), der neben seiner Tochter Ischtar in Uruk verehrte Himmelsgott.

Enkidu (lies: Enkídu), der von den Göttern erschaffene Freund und Gefährte des Gilgamesch.

Schamchat (lies: Schámchat), eine Dirne aus Uruk, die eine treue Dienerin der Liebesgöttin Ischtar ist.

Schamasch (lies: Schàmasch), der Sonnengott, unter dessen Schutz Gilgamesch und Enkidu stehen.

Humbaba (lies: Humbába), der schreckerregende Wächter des Zedernwaldes.

Ur-schanabi (lies: Ur-schanábi), der Fährmann des Uta-napischti.

Uta-napischti (lies: Ùta-napíschti), der wie der biblische Noah in seiner Arche die Weltenflut überlebt und Unsterblichkeit erlangt.

Gilgamesch, der König von Uruk

Sumerer, Babylonier und Assyrer hegten keinen Zweifel, dass Gilgamesch gelebt und als König über die Stadt Uruk geherrscht hat. Man schrieb ihm zu, die gewaltige Mauer, deren Fundamente immer noch sichtbar sind, errichtet zu haben. Diese Tradition hält ihn auch für den Neubegründer der Stadt nach der Sintflut, den Erkunder der Welt, der seine Stadt mit Gütern aus fernen Ländern versorgte und sogar die Segelschifffahrt erfunden hat. Mit der Neuerrichtung der Tempel habe er die von den Göttern eingesetzte Kultordnung wiederhergestellt und damit das dauerhafte Gedeihen der menschlichen Kultur gesichert.

Da die »Sumerische Königsliste« zumindest einen Herrscher aus dem dritten Jahrtausend v. Chr. nennt, dessen Existenz verbürgt ist, wäre es vorschnell, Gilgamesch von vornherein jede Historizität abzusprechen. Die mehr als neun Kilometer lange Mauer, die Uruk umfriedete, könnte von diesem König errichtet worden sein.

Nicht einen gibt es, der ihm gleichkommt,
 und hocherhoben sind seine Waffen.
Wegen des *Spielballs* stehen seine Gefährten bereit.

In finstere Stimmung verfallen die jungen Männer von Uruk,
 in der Lage, die (ihnen) nicht angemessen.
Nicht lässt Gilgamesch den Sohn zu seinem Vater heraus.
Bei Tag und bei Nacht bäumt er sich auf voller Grimm,
Gilgamesch, der *König der zahllosen Menschen*!

Er ist doch Hirte von Uruk, der Hürden (umhegten)!
Nicht lässt Gilgamesch die Tochter zu ihrer Mutter heraus.
Er ist ihr Stier, und sie sind die Kühe! –
Es drang ihre Beschwerde bis vor die Götter:

Sie riefen Aruru, die Große, herbei:
»Du, Aruru, erschufest den Menschen.
Jetzt aber erschaffe, so wie er es befiehlt!

Da wusch Aruru sich ihre Hände,
kniff Ton ab und warf ihn (herab) in die Steppe.

In der Steppe erschuf sie Enkidu, den Helden,
den Sprössling der Stille, den Brocken Ninurtas.

Mit einem Gewande bekleidet wie Schakkan,
frisst mit Gazellen er Gras.
Mit Herdentieren drängt er sich an der Wasserstelle,
mit wilden Tieren labt er sich am Wasser.

Der Fallensteller öffnet seinen Mund und spricht,
 er sagt zu seinem Vater:
»Mein Vater, da ist ein Bursche, der gegenüber an die Wasserstelle kam.
Im Lande ist er der Stärkste, Kräfte hat er,
wie ein Brocken des Anum sind stark seine Kräfte.«
Sein Vater öffnet seinen Mund und spricht, er sagt zu dem Fallensteller:
»Mein Sohn, *ein Spross aus dem Herzen Uruks*, das ist Gilgamesch.
Um Enkidu zu bezwingen, bedarf es der Muskelkraft des Menschen nicht!
Geh, mein Sohn, mit dir führe Schamchat, die Dirne.
Denn ihre Macht ist der eines mächtigen Mannes gleich.

Wenn die Herde eintrifft an der Wasserstelle,
soll sie ihre Kleider von sich streifen und ihre Reize zeigen.
Er wird sie sehen und sich ihr dann nähern.
Fremd wird ihm seine Herde (dann) sein, in deren Mitte er aufwuchs.«

Es sah ihn die Schamchat, ihn, den Ur-Menschen,
den mörderischen Burschen aus dem Innersten der Steppe.

»Das ist er, Schamchat, entblöße deine Brust!
Öffne deine Scham, auf dass er deine Reize nehme!
Schrecke nicht zurück, nimm seinem Atem hin!
Er wird dich sehen und sich dir dann nähern.«

Da löste Schamchat ihr Untergewand.
Sie öffnete ihre Scham, und er nahm ihre Reize.
Sechs Tage und sieben Nächte stand Enkidu aufrecht und paarte sich mit Schamchat.

Als er sich an ihrer Lust gesättigt,
wandte er sein Gesicht seiner Herde zu.
Es sahen Enkidu und stürmten davon die Gazellen,
die Herde der Steppe wich zurück vor seiner Gestalt.
Geschwächt war da Enkidu, sein Laufen war nicht mehr so wie zuvor.
Doch (mit einem Male) besaß er Verstand, und tief war seine Einsicht.
Er kehrte zurück und setzte sich nieder, der Dirne zu Füßen.
Der Dirne sieht er ins Gesicht,

und was die Dirne spricht, vernehmen (auf einmal) seine Ohren.
Die Dirne sagt zu ihm, zu Enkidu:
»Gut bist du, Enkidu. Du trittst wie ein Gott ins Sein.
Warum läufst du mit den wilden Tieren in der Steppe umher?

Komm her, ich will dich leiten in die Mitte von Uruk,
der Hürden(umhegten),
zum reinen Hause, dem Wohnsitz von Anum und Ischtar,
dorthin, wo Gilgamesch ist, vollkommen an Kraft,
und wo er wie ein Stier die jungen Männer seine Kräfte spüren lässt.«

Uruk liegt etwa 20 km östlich des Euphrat in der Nähe der sumerischen Stadt Ur. Im Altertum lag Uruk direkt am Fluss. Sie trug früher den Beinamen die Schafhürde, wohl als Hinweis auf die sichernde Mauer. Uruk ist einer der bedeutendsten Fundorte im Zweistromland und namengebend für die Uruk-Zeit (ca. 3500–2800 v. Chr.).

Uruk war bereits im ausgehenden 4. Jahrtausend v. Chr. eines der politisch führenden Zentren der sumerischen Frühzeit und Fundort der ersten Schrift. Die Tempelanlagen der Liebes- und Kriegsgöttin sowie des Himmelsgottes prägten das Stadtbild.

Über einen Zeitraum von etwa 5000 Jahren blieb Uruk besiedelt, schon um 3400 v. Chr. war der Siedlungshügel 19 m hoch. Wahrscheinlich war Uruk das wichtigste Zentrum für die Entstehung der sumerischen Kultur.

Zweite Tafel: Enkidus schrittweise »Menschwerdung«. Schamchat, die Dirne, führt den nackten Enkidu aus der Steppe, in der er sich von Gras ernährte, ins Lager der Hirten. Hier lernt Enkidu, wie Menschen Brot zu essen und Bier zu trinken. Aus dem Ur-Menschen Enkidu wird ein Hirte.
Da berichtet ein Fremder, der zu einer Hochzeit in Uruk geladen ist, dass Gilgamesch vor dem Vollzug einer Ehe für sich das *ius primae noctis* beansprucht. Enkidu ist empört. Zusammen mit dem Fremden bricht er auf nach Uruk, wo ihn die jungen Männern der Stadt bejubeln und Enkidu dem Gilgamesch den Zutritt ins Hochzeitshaus versperrt. Zwischen beiden beginnt ein Kampf, der unentschieden endet. Schließlich wird Enkidu bewusst, dass sich niemand je um ihn gesorgt hat, und freundet sich mit Gilgamesch an. Auf der Suche nach Ruhm und Ansehen beschließen sie, in den fernen Libanon aufzubrechen und dort den Zedernwald aufzusuchen, den noch nie ein Mensch betreten hat. Dieser Wald wird von dem schreckenerregenden Humbaba bewacht. Trotz aller Warnungen setzt sich Gilgamesch über alle Bedenken hinweg.

Das Gilgamesch-Epos ist die einzige große babylonische Erzählung, die den Menschen in den Mittelpunkt stellt: Es geht um seine Erfahrungen, um die Rolle des Menschen in der Gesellschaft, sein Leiden und das Wissen um den Tod. Darum berührt dieser alte Text auch noch heutige Menschen.

Enkidu ist nicht nur der Freund von Gilgamesch, sondern der Freund und Beschützer schlechthin. Er bewahrt die Tiere in der Steppe vor dem Jäger, er bewacht die Herden der Hirten und er verteidigt die Braut vor Gilgamesch. Erst danach wird er auch zu dessen Freund und durch den Auftrag der Leute von Uruk zu seinem Beschützer.

Die Tragik von Enkidus Tod liegt darin, dass seine Rolle als Beschützer zu diesem Ende führen musste. Der Tod erreichte ihn, weil er Humbaba und den Himmelsstier erschlagen hatte, die zwei göttlichen Ungeheuer. Doch traf ihn keine persönliche Schuld; er erfüllte seine Aufgabe, den König und die Stadt Uruk in der Gefahr zu beschützen …

Das Wissen darum, dass Leben durch den Tod begrenzt wird, prägt jede Kultur und deren Religion. In Mesopotamien war dem Menschen kein erstrebenswertes Dasein nach dem Tod verheißen. Er sorgte nicht in gleicher Weise wie etwa in Ägypten für ein Leben nach dem Tode vor, indem er sich Grabstätten erbaute und ausstattete. Das Jenseits glich keine Leiden aus und

Dritte Tafel: Da König Gilgamesch sich von seinem Plan nicht abbringen lässt, gibt ihm das Volk von Uruk seine Zustimmung. Gilgameschs Mutter, die Göttin Ninsun, erbittet von Schamasch, dem Sonnengott, dessen Schutz für das gefährliche Unternehmen im Libanon. Sie adoptiert den elternlosen Enkidu und macht ihn damit zu Gilgameschs Bruder. Er soll die Reise begleiten.

Vierte Tafel: Unterwegs will Gilgamesch einen Orakeltraum empfangen, der ihm den guten Ausgang der Unternehmung zeigt. Dazu hat Enkidu, der Ur-Mensch, der die Botschaft der Natur aufzufangen weiß, eine Hütte errichtet mit einem Türchen für den Wind, der Gilgamesch den Traum zutragen soll. Den Schlafplatz hat er mit einem Kreis aus Mehl geschützt, den böse Kräfte nicht überschreiten können. In einem heute fehlenden Textstück wurde wahrscheinlich geschildert, wie Gilgamesch der Mut ausging, mit Humbaba zu kämpfen. Doch Enkidu ermuntert Gilgamesch, sich dem Kampf zu stellen. Humbaba, der Wächter des Zedernwaldes, besitze zwar sieben schreckliche Strahlenauren, werde jedoch bei ihrer Begegnung nur eine davon tragen. Und darum könne er besiegt werden. Wenn Humbaba aber in den Wald entkomme und sich dort der weiteren sechs Auren bemächtige, sei er unbesiegbar.

Fünfte Tafel: Gilgamesch und Enkidu erreichen den Wald. Staunend sehen sie die gewaltigen Bäume. Enkidu und Humbaba, beide Geschöpfe einer von Menschen unberührten Natur, kennen sich wohl noch von früher – hier fehlt ein Stück Überlieferung –, doch berichtet Enkidu dem Humbaba nicht die wahren Absichten ihrer Reise in den Zedernwald. Humbaba will eine Erklärung von Gilgamesch selbst. Er fühlt sich zum Narren gehalten und gerät in eine solche Wut, dass er laut herausschreit, Gilgamesch töten zu

Gilgamesch und Enkidu töten Humbaba.

wollen und den Vögeln zum Fraß vorzuwerfen. Nun geschehen Dinge, die Gilgamesch in seinem Traum gesehen hat. Humbaba hebt seine Hand auf, um die beiden Gegner zu zerschmettern, doch trifft er einen Fels, der sich in zwei Teile spaltet. Sie sind noch heute zu sehen in den Gebirgszügen des Libanon und des Antilibanon. In diesem Augenblick sendet Schamasch »dreizehn Winde«, die Humbaba lähmen, sodass ihn Gilgamesch niederstrecken kann. Als Humbaba die beiden Freunde zu verfluchen beginnt, versetzt ihm Gilgamesch den Todesstoß, und Enkidu zerfetzt den Leichnam des Gegners. – Nun beginnen die beiden, die den Menschen vorenthaltenen Zedern zu fällen. Aus dem höchsten Baum fertigt Enkidu eine über dreißig Meter hohe Tür, die er zur Sühne für ihr Verhalten dem Tempel des Götterkönigs in Nippur stiften will. Sie bauen ein Floß, beladen es mit der Tür und lassen sich auf dem Floß zurück bis Uruk treiben.

Sechste Tafel: In Uruk angelangt, nimmt Gilgamesch ein Bad und wird wieder der strahlende junge König, zu dem die Göttin Ischtar in Liebe entbrennt. Sie fordert ihn auf, ihr Ehemann zu werden, und verspricht ihm Reichtum und Macht. Gilgamesch aber antwortet mit einer Kaskade wüster Beschimpfungen. Allen, die sich je auf sie eingelassen hätten, sei die Liebe der selbstsüchtigen Göttin schlecht bekommen. Voller Zorn steigt Ischtar zu ihrem Vater, dem Himmelsgott Anum, auf und bittet ihn um den Himmelsstier, der Gilgamesch erschlagen soll. Dieser gewaltige menschenköpfige Flügelstier löst auf Erden verwüstende Naturkatastrophen aus. Gilgamesch und Enkidu wissen, was ihr Volk nun von ihnen erwartet. Es gelingt ihnen, gemeinsam den Himmelsstier zu töten. Das Volk bejubelt sie, und beide prahlen verblendet, niemand komme ihnen gleich, und ahnen nicht, dass noch in der gleichen Nacht der Fluch der Ischtar wirksam wird.

belohnte nicht für gerechte Taten während des Lebens. Die vorgestellte Existenz in der Unterwelt war trist und freudlos …

Dem Menschen blieb aber ein Weg, über den Tod hinaus in dieser Welt präsent zu bleiben, indem sein Name fortlebte. Der Name war ein untrennbarer Bestandteil des Menschen, jemanden »mit Namen zu benennen« bedeutete, ihm seine Existenz zu geben. Im Gilgamesch-Epos wird ausgeführt, auf welche Weise man sich einen Namen schaffen konnte: Vorab durch Taten, die im Gedächtnis der Menschen Bestand haben. Daneben aber wird dem Gilgamesch verkündet:

Gilgamesch, wohin eilst du?
Das Leben, dem du nachrennst, wirst du nicht finden!
Als die Götter die Menschheit schufen,
haben sie das Leben in ihrer Hand behalten.
Du, Gilgamesch, gefüllt sei dein Bauch,
freue dich Tag und Nacht!
Verbreite täglich Fröhlichkeit,
Tag und Nacht tanze und spiele!
Deine Kleider seien gereinigt,
dein Kopf gewaschen, du mit Wasser gebadet!
Sieh hin auf den Sohn, der deine Hand hält,
die Frau möge sich immer an deinen Lenden erfreuen!

Siebte Tafel: Einer der beiden Freunde soll sterben. Die Wahl der Götter fällt auf Enkidu, den sofort heftiges Fieber befällt. Verbittert verflucht er nun sein ganzes Leben: den Fallensteller, der ihn aus der Gemeinschaft der Tiere gelockt hat, auch Schamchat, die Dirne, die ihm half in die Zivilisation zu kommen. In einem Fiebertraum, den er Gilgamesch schildert, sieht er seine Ankunft im Totenreich voraus:

Im Haus des Staubes, das ich, ja, ich betrat,
dort sah ich mich um. Da liegen auf einem Haufen die Kronen.
Es sitzen die Könige da, die vormals gekrönten Häupter,
die seit ältester Zeit über das Land geherrscht,
die, die den Tisch des Anum und den des Enlil
stets mit geröstetem Fleisch bestückten,
die, die (ihnen) Gebäck stets hinterlegten
und wieder und wieder kühles Wasser aus Schläuchen ausschenkten.
Im Hause des Staubes, das ich, ja, ich betrat,
da sitzen Hohepriester und *Vikare,*
da sitzen Beschwörungs- und Reinigungspriester,
da sitzen die *Gesalbten* aller großen Götter.

Da sitzt Etana, da sitzt Schakkan,
da sitzt die Königin der Unterwelt, Ereschkigal.
Belet-seri, die Buchhalterin der Unterwelt, liegt vor ihr auf Knien,
die Tontafel hält sie erhoben, und laut liest sie Eintrag für Eintrag
ihr vor.
Sie erhob ihr Haupt, ihr Blick fiel auf mich:
›Wer war es, der diesen Menschen herbrachte?‹ (...)

Gefällt war da Enkidu. Einen ganzen Tag lang war er krank
und einen zweiten Tag.
Auf seinem Lager *nahm das Fieber* dem Enkidu *die Kräfte,*
einen drittenTag und einen vierten Tag
nahm das Fieber dem Enkidu die Kräfte.

Einen fünften, einen sechsten und einen siebten
nahm das Fieber dem Enkidu die Kräfte.
Einen achten, einen neunten und einen zehnten
nahm das Fieber dem Enkidu die Kräfte.
Als der elfte und auch der zwölfte Tag *verstrichen* war,
da *bettete der Tod* Enkidu auf sein *Sterbelager.*

Er rief nach Gilgamesch, und *er sagte zu ihm:*
»Auf mich, mein Freund, hat *mein Gott* seinen Hass gerichtet.
Mich lässt er nicht sterben wie einen, der inmitten des Gefechtes fiel.
Ich fürchtete (einst) die Schlacht, doch *schlimmer ist es, ohne Kampf zu sterben.*

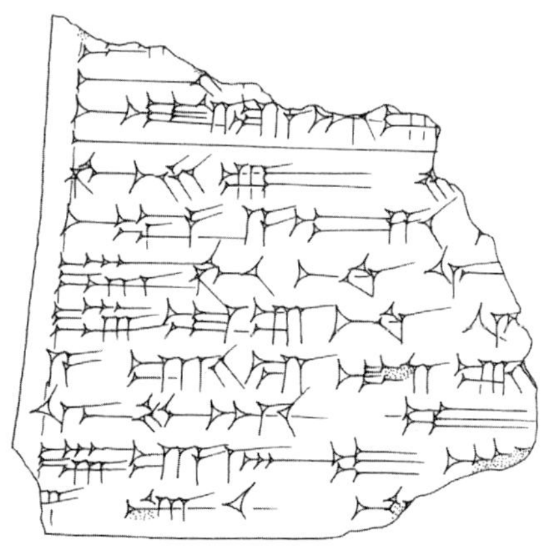

Bruchstück einer neuassyrischen Tontafel aus Assur mit einem Abschnitt aus der Sintfluterzählung des Gilgamesch-Epos (XI,45–55): »In der Morgenröte wird er Kuchen, in der Dämmerung des Abends Schauer von Weizen auf euch herniederregnen lassen.« XI, 46 f.)

Mein Freund, einer, der fiel inmitten der Schlacht, *hat sich einen Namen gemacht.*
Ich aber werde *in der Schlacht nicht fallen und keinen Namen mir machen können!«* (...)

Achte Tafel:
Kaum dass die Morgenröte zu leuchten beginnt,
weint Gilgamesch um seinen Freund ...
»Hört mich an, ihr jungen Männer, mich hört an!
Hört mich an, ihr Ältesten der sich weit erstreckenden Stadt Uruk,
mich hört an!
Ich selbst werde Enkidu, meinen Freund, beweinen,
wie ein Klageweib werde ich bitterlich klagen!
Enkidu, mein Freund, (du) Maulesel auf der Flucht,
(du) Wildesel aus dem Gebirge, (du) Panther aus der Steppe –
wir waren es, die sich zusammen taten und auf die Berge stiegen,
die den Himmelsstier ergriffen und erschlugen,
die vernichteten Humbaba, der im Zedernwald wohnte –
doch jetzt – was ist dies für ein Schlaf, der von dir Besitz ergriffen hat?
Du bist umnachtet und kannst nicht mehr hören!«
Jener aber erhebt sein Haupt nicht mehr.
Er fühlte nach dessen Herz, doch es schlägt nicht mehr.

Da verhüllte er den Freund so wie das Antlitz einer Braut.
Einem Adler gleich umkreist er ihn.
Wie eine Löwin, die ihre Jungen lassen musste,
läuft er rastlos auf und ab.

Er rauft sich aus, lässt büschelweise fallen sein gelocktes Haar.
Er reißt vom Leibe sich, er wirft zu Boden all den schönen Schmuck
und weicht vor ihm zurück, als sei er mit einem Fluch belegt.

Neunte Tafel: Aus Trauer um den toten Freund und Angst vor dem eigenen Tod verlässt Gilgamesch seine Stadt Uruk und die ihm dort anvertrauten Menschen. Er will Uta-napischti finden, den einzigen Menschen, dem Unsterblichkeit zuteil wurde. Von ihm will er hören, wie es möglich sein könnte, ebenfalls Unsterblichkeit zu gewinnen. Als er an den Rand der Erde kommt, über den hinaus niemand Zugang zur Sonne erhält, lässt der an dieser Stelle unvollständige Text nicht wissen, warum Gilgamesch gegen alle Regel passieren darf. Dann geschieht Ungeheuerliches: Zwölf Doppelstunden läuft Gilgamesch in bedrängender Finsternis und ständiger Angst, dass die Sonne ihn einholen könnte, auf deren Bahn. Gerade noch vor der Sonne erreicht er das Ende des Umlaufs und betritt staunend die jenseitige Welt.

Die Keilschrift wurde von den Sumerern erfunden und später von zahlreichen Völkern des alten Orients verwendet. Sie war anfänglich eine Bilderschrift und entwickelte sich zu einer Silbenschrift, aus der eine Konsonantenschrift hervorging. Ihre typische Form erhielt diese Schriftart erst um 2700 v. Chr., als die altsumerischen Machtzentren Uruk, Ur und Lagasch anwuchsen und deren Tempelbürokratien einen Schreibbedarf entfalteten, der nach einer Rationalisierung des Schreibprozesses verlangte. In späterer Zeit verdrängten andere Schriftformen (z. B. die phönizische Schrift) die Keilschrift, schließlich geriet sie in Vergessenheit. Letzte Keilschrifttexte stammen aus seleukidischer Zeit.

Grundelemente der Keilschrift sind waagrechte, senkrechte und schräge Keile, die durch das Eindrücken eines Schreibgriffels in noch weichen Ton entstehen, der anschließend getrocknet oder auch gebrannt wurde. Dieses Schriftsystem gewann bei den Kulturvölkern des Alten Orients schnell an Popularität, denn es konnte bald zum Schreiben mehrerer Sprachen verwendet werden.

Anfänglich stand in der frühen sumerischen Schriftkultur die Keilschrift nur für das Steuerwesen und die staatliche Verwaltung zur Verfügung. Erst danach entwickelten sich wissenschaftliche Texte und unterhaltende Literatur. Das in Keilschrift überlieferte Gilgamesch-Epos ist eine der ältesten überlieferten Dichtungen der Menschheit und das berühmteste literarische Werk Altbabylons.

Die Flutgeschichte des Gilgamesch-Epos erzählt eingangs von dem Gott Ea, der im Rat der Götter gesessen und den Beschluss zur Vernichtung der Menschheit mitbekommen hat. Weil er das Geheimnis der Götter nicht verraten darf, teilt er es einer Hütte aus Rohr mit:

»Reiß ab das Haus, erbau ein Schiff,
Laß fahren Reichtum, dem Leben jag nach!
Besitz gib auf, dafür erhalt das Leben!
Heb hinein allerlei beseelten Samen ins Schiff!

Das Schiff, welches du erbauen sollst –
Dessen Maße sollen abgemessen sein,
Gleichermaßen seien ihm Breite und Länge;
Du sollst es wie das Apsu bedachen.«

Da ich's verstanden, sprach ich zu Ea,
meinem Herrn:
»Das Geheiß, Herr, das du mir gegeben,
Ich achte wohl darauf und werde danach tun.« (...)

Am fünften Tag entwarf ich des Schiffes
Außenbau;
Ein Feld groß war seine Bodenfläche,
Je zehnmal zwölf Ellen hoch seine Wände,
Zehnmal zwölf Ellen ins Geviert der Rand seiner
Decke ...

Was immer ich hatte, lud ich darein:
Was immer ich hatte, lud ich darein an Silber,
Was immer ich hatte, lud ich darein an Gold,
Was immer ich hatte, lud ich darein an allerlei
Lebenssamen:
Steigen ließ ich ins Schiff meine ganze Familie
und die Hausgenossen,
Wild des Feldes, Getier des Feldes ...

Ich trat hinein ins Schiff und verschloss mein
Tor ...
Kaum dass ein Schimmer des Morgens graute,
Stieg schon auf von der Himmelsgründung
schwarzes Gewölk ...
Jegliches Helle in Düster verwandelnd;
Das Land, das weite, zerbrach wie ein Topf.

Einen Tag lang wehte der Südsturm ...,
Eilte dreinzublasen, die Berge ins Wasser zu
tauchen,
Wie ein Kampf zu überkommen die Menschen.
Nicht sieht einer den andern,
Nicht erkennbar sind die Menschen im Regen.

Vor dieser Sintflut erschraken die Götter,
Sie entwichen hinauf zum Himmel des Anu –
Die Götter kauern wie Hunde, sie lagern
draußen!
Es schreit Ischtar wie eine Gebärende,
Es jammert die Herrin der Götter, die schön-
stimmige:
»Wäre doch jener Tag zu Lehm geworden,
Da ich in der Schar der Götter Schlimmes
geboten!
Wie konnte ich in der Schar der Götter Schlim-
mes gebieten,
Den Kampf zur Vernichtung meiner Menschen
gebieten!

Zehnte Tafel: Hier betreibt Ischtar, die Stadtgöttin von Uruk, als verschleierte Wirtin ein Gasthaus, verschließt aber die Tür. Gilgamesch verlangt Einlass, droht sogar Gewalt an, die Göttin aber will erfahren, was ihn herführt. Statt darauf zu antworten, prahlt Gilgamesch mit seinen bisherigen Heldentaten. Wenn er ein so großer Held sei, möchte die Wirtin wissen, warum er dann so heruntergekommen aussehe. Erst da gibt Gilgamesch sich zu erkennen und gesteht, die Angst vor dem eigenen Tod habe ihn bis in die jenseitige Welt getrieben; nun möchte er zu Uta-napischti gelangen. Die verschleierte Göttin sagt, dieser Bereich liege jenseits des Meeres, das kein menschliches Wesen überqueren kann.
Doch da entdeckt die Wirtin, scheinbar zufällig, Ur-schanabi, den Fährmann des Uta-napischti. Der ist mit seinen Gesellen gerade dabei, hohe Zedern zu fällen, die als Stocherstangen das Schiff durch die »Wasser des Todes« voranbringen sollen. Ur-schanabi bedroht Gilgamesch mit erhobener Axt, doch im gleichen Augenblick setzt Gilgameschs Wandlung ein: Erstmals verzichtet er auf Kampf und Gewalt. Das bewegt Ur-schanabi dazu, ihn freiwillig zu Uta-napischti zu geleiten. Doch muss er zuvor die benötigten Stocherstangen fällen, um damit das Schiff über die »Wasser des Todes« zu stoßen. Doch selbst dem kraftstrotzenden Gilgamesch gelingt es nicht, mit den Stocherstangen aus mächtigen Zedern das Meer zu überqueren. Nur eine geniale Idee kann ihn und Ur-schanabi retten: Sie erfinden das Segel. Als lebender Mast hält Gilgamesch das Gewand des Ur-schanabi in den Wind, und so gelangen sie an das Ufer des Uta-napischti.
Dieser hat schon von Ferne den ungewöhnlichen Besucher wahrgenommen. Auf Gilgameschs Bericht, warum er solche Reise unternimmt, reagiert Uta-napischti mit Unverständnis: statt der Trübsal ständig hinterher zu jagen, solle er sich, wie es sich für einen König gehört, für jene einsetzen, die seines Schutzes bedürfen. Nur in dieser Pflichterfüllung werde er Heil und Lebenssinn finden.

Elfte Tafel: Überrascht stellt Gilgamesch fest, dass sich Uta-napischti in nichts von einem gewöhnlichen Sterblichen unterscheidet, will nun aber umso mehr wissen, warum gerade dieser eine es geschafft hat, Unsterblichkeit zu gewinnen. Uta-napischti antwortet darauf mit seiner Lebensgeschichte: Obgleich die Götter beschlossen hatten, alle Menschen durch eine Sintflut zu vernichten, hatte Uta-napischti durch ein Traumgesicht, das ihm sein Schutzgott Ea zusandte, eine Arche gebaut, in der er mit seiner Familie und den Tieren die große Flut überleben konnte. (Weithin gleicht diese babylonische Sintfluterzählung jener der Bibel, Gen 6–9.) Tatsächlich waren die Götter nachträglich auch froh, dass es noch Menschen gab. Und nur diesem Umstand verdankte Uta-napischti seine Unsterblichkeit. Die selbstsüchtige Angst des Gilgamesch vor dem Tod aber ist kein Anlass, ebenfalls Unsterblichkeit zu gewinnen.
Gilgamesch muss zusammen mit dem Fährmann Ur-schanabi das Land der Entrückten verlassen, ohne je wieder zurückkehren zu können. Gilgamesch

soll sich nun endlich seiner wahren Bestimmung zuwenden als König und Hirte der Menschen. Doch erst als sich Gilgamesch auch von dem Wunsch lösen kann, seine jugendliche Lebenskraft zu bewahren, ist er frei, sich der Lehren Uta-napischtis zu erinnern, sich dem darbenden Land und seinen Menschen zuzuwenden und eine Kultur zu entwickeln, wie sie das Zweistromland Mesopotamien prägte.

»Steig doch hinauf, Ur-schanabi,
auf der Mauer von Uruk wandle umher!
Die Fundamente beschaue, und das Ziegelwerk prüfe:
ob ihr Ziegelwerk nicht aus Backstein (besteht)
und ob die Sieben Weisen nicht (selbst) ihre Grundmauern legten!«

Eine (ganze) Quadratmeile ist Stadt,
eine (ganze) Quadratmeile ist Gartenland,
eine (ganze) Quadratmeile ist Aue,
eine halbe Quadratmeile ist der Tempel der Ischtar.
Drei Quadratmeilen und eine halbe, das ist Uruk, das sind die Maße!

Erst gebäre ich meine lieben Menschen,
Dann erfüllen sie wie Fischbrut das Meer!« (...)

Wie nun der siebte Tag herbeikam,
Ließ ich eine Taube hinaus;
Die Taube machte sich fort – und kam wieder:
Kein Ruheplatz fiel ihr ins Auge, da kehrte sie um. –
Einen Raben ließ ich hinaus;
Auch der Rabe machte sich fort; da sah er, wie das Wasser sich verlief,
Fraß er, scharrte, hob den Schwanz – und kehrte nicht um.
Da ließ ich hinausgehn nach den vier Winden;
ich brachte ein Opfer dar ...

Der Demeter-Mythos

In einem gewissen Sinne sind Mythen die Kollektivträume der Völker. Solange diese Träume nur erinnert, aber noch nicht in dichterischer Form dargestellt werden, gehören sie der unbewussten Sphäre an und sind kein Indiz für erfolgte Bewusstwerdung; sie begründen lediglich deren Möglichkeit. Erst wenn mit Mythen eine gewisse Kraft der Formulierung und Gestaltung einhergeht, erschließt das darin erwachende Bewusstsein die Seele.

Wenn wir auch von den kultischen Funktionen der neolithischen Grabanlagen und Steinsetzungen nichts wissen, so gibt es doch eine Fülle von Mythen, die das Thema von Tod und neuem Leben in ihrer Weise behandeln. Eine dieser Mythen erzählt von Demeter, der Hüterin des Ackerbaus, des Wachstums und der Fruchtbarkeit, deren Kult ins 2. Jahrtausend v. Chr. zurückreicht:

Demeter, Wandgemälde in Pompeji.

Demeter, Göttin des Lebens und der Fruchtbarkeit, hatte eine Tochter Persephone. Diese wurde von dem Gott der Unterwelt in den Hades entführt, um sie dort zu heiraten. Da verließ Demeter den Olymp und streifte, als alte Frau verkleidet, rastlos durch die ganze Welt. Sie aß weder Nektar noch Ambrosia und ruhte auch nicht, um zu baden. Ihre Trauer war so groß, dass sie die Erde vernachlässigte. Da wuchsen die Pflanzen nicht mehr, die Felder verdorrten, die Menschen litten Hunger.

Angesichts dieser Not versuchte der Göttervater Zeus, Demeter an ihre Pflichten zu erinnern; doch Demeter verweigerte sich, solange sie Persephone nicht wiederhatte. Sie wollte ihre göttliche Aufgabe ganz niederlegen und nie wieder in den Himmel zurückkehren. Da sandte Zeus den Götterboten Hermes in die Unterwelt. Durch ihn forderte er seinen Bruder Hades auf, Persephone ihrer Mutter zurückzubringen. Hades war folgsam, ließ aber das Mädchen, bevor er es freigab, Granatapfelkerne essen. Damit war es gezwungen, von nun an ein Drittel des Jahres bei ihm in der Unterwelt zu verbringen.

Aus Freude über die wiedergewonnene Tochter befruchtete Demeter die Erde erneut und beschenkte sie mit prächtigen Frühlingsblumen, Früchten und Getreide. Im Herbst jedoch, wenn Persephone in die Unterwelt zurückkehren musste, versank sie erneut in tiefe Trauer. Dann herrscht auf der Erde Winter, und erst wenn Persephone zu Demeter zurückkehrt, erblüht das neue Leben.

Die Votivtafel zeigt Demeter und Persephone, wie sie Triptolemos in die Eleusinischen Mysterien einweihen. Triptolemos wird von Demeter mit Ähren beschenkt, im Ackerbau unterwiesen und ausgesandt, die Menschen den Getreideanbau zu lehren. Auf einem mit Drachen bespannten Wagen fuhr er über die Erde dahin und streute Getreidesamen aus.

Demeter ist nicht die Natur im Rohzustand, sondern die gebändigte, gezähmte, durch Menschen in Plan und Ordnung gebrachte Natur. Um 4000 v. Chr. war in den fruchtbaren Gebieten der Welt das soziale Leben so weit entwickelt, dass sich zunächst in Mesopotamien und Ägypten, später auch in Indien, in China und auf Kreta Städte entwickelten, die zu ersten Staatsgebilden führten. Aus Clan-Gottheiten in Tiergestalt entwickelten sich menschengestaltige Götter und bald auch universelle, auf einem Thron sitzende göttliche Herrscher. Diesen schrieb man zu, nicht nur den Stadtstaat gegründet und ihn seiner Ordnung unterstellt zu haben, sondern zugleich auch den Kosmos. Dieser Gott ist bereits ein Städter. Sein Bild unterscheidet sich kaum vom königlichen Herrscher. Es repräsentiert deren Macht wie deren Begrenzung, denn die Gottheiten der frühen Stadtstaaten sind auf ein Territorium bezogen. Erst mit dem Jahwe Israels stellt sich eine personal und universal verstandene Gottesbeziehung ein.

Das rationale Bewusstsein

Von den frühen neolithischen Kulten bis zu den hochentwickelten Stadtkulturen ist ein weiter Weg durch Jahrtausende. In diesem Prozess änderte sich auch die mythische Tradition. Die Götter rückten in größere Ferne. Die enge Verbindung, die einmal zwischen Himmel und Erde geherrscht hatte, lockerte sich, die frühen Mythen erfuhren Um- und Neudeutungen. Letztlich führte das zu Irritationen über die Gültigkeit der bisherigen Traditionen, deren mythische Prägung das neue Denken herausforderte. Das dadurch entstehende geistige Vakuum weckte in einer wachen Minderheit wachsendes Unbehagen und initiierte schließlich den nächsten großen Bewusstseinsumbruch. Der Philosoph Karl Jaspers bezeichnete das nun anbrechende Zeitalter als »Achsenzeit«, weil sich hier eine Wende vollzog, die er als den bis dahin tiefsten Einschnitt der menschlichen Geschichte ansah: »Es entstand der Mensch, mit dem wir bis heute leben.«

Jaspers sieht um die Mitte des ersten Jahrtausends v. Chr. das mythische Zeitalter in seiner Ruhe und Selbstverständlichkeit zu Ende gehen: »Die griechischen, indischen, chinesischen Philosophien und Buddha waren in ihren entscheidenden Einsichten, die Propheten Israels in ihrem Gottesgedanken unmythisch. Es begann der Kampf gegen den Mythos von Seiten der Rationalität und der rational geklärten Erfahrung (der Logos gegen den Mythos) – weiter der Kampf um die Transzendenz des Einen Gottes gegen die Dämonen, die es nicht gibt –, und der Kampf gegen die unwahren Göttergestalten aus ethischer Empörung gegen sie … Die alte mythische Welt sank langsam ab, blieb aber der Hintergrund des Ganzen durch den faktischen Glauben der Volksmassen (und konnte in der Folge in weiteren Gebieten wieder zum Siege gelangen).«

Xenophanes: Mein Glaube soll nur als Wahrscheinlichkeit gelten

Alles haben Homer und Hesiod auf die Götter geschoben,
Was bei den Menschen wird als Schimpf und Schande betrachtet:
Diebstahl und Ehebruch auch und gegenseitige Täuschung.
Aber die Sterblichen glauben, die Götter würden geboren
Und sie hätten Gestalt und Tracht und Sprache gleich ihnen.
Schwarz, stupsnasig: so stellt die Götter sich vor der Äthiope;
Aber blauäugig und blond malt sich der Thraker die seinen.
Hätten die Rinder und Rosse und Löwen Hände wie Menschen,
Könnten sie malen wie diese und Werke der Kunst sich erschaffen,
Alsdann malten die Rosse gleich Rossen, gleich Rindern die Rinder
Auch die Bilder der Götter, und je nach dem eigenen Aussehen
Würden die leibliche Form sie ihrer Götter gestalten.
Nicht gleich anfangs zeigten die Götter den Sterblichen alles,

Xenophanes (um 570 – um 470), griechischer Philosoph, Dichter und Wandersänger, geboren im kleinasiatischen Kolophon, den sein späteres Leben vor allem nach Sizilien und Unteritalien führte.

Er ist der »Sturmvogel der griechischen Aufklärung«, der Ideen der Religionskritik und des Rationalismus vorwegnimmt. Er misstraute Wahrnehmungsurteilen und verband damit generelle Zweifel an der Erkenntnis – es gibt nur Annahmen, nicht Wissen –, wenn auch schrittweisen Erkenntnisfortschritt. »Religionskritik klingt schon dort an, wo Xenophanes den Regenbogen zu einer natürlichen Erscheinung erklärt« (Otto Höffe). Werner Jaeger sieht ihn als den »ersten griechischen Denker, der als Persönlichkeit fassbar ist«. Dennoch gibt es kaum antike Zeugnisse über ihn. Dies änderte sich deutlich seit der europäischen Aufklärung.

Karl Popper sieht Xenophanes als Vorläufer des kritischen Rationalismus: »Nicht von Anfang an haben die Götter den Sterblichen alles Verborgene gezeigt, sondern allmählich finden sie suchend das Bessere.« Aus dem Widerspruch zum Volksglauben entwickelte Xenophanes einen abstrakten Monotheismus: »Ein einziger Gott …, weder an Gestalt den Sterblichen ähnlich noch an Gedanken … Ohne Mühen bringt er alles in Gang durch seines Geistes Denkkraft.«

Sondern sie finden das Bessere suchend im Laufe der Zeiten.
Niemals lebte ein Mensch noch wird ein solcher je leben,
Der von den Göttern und allem, wovon ich rede, Gewisses
Wüsste; und spräche sogar das Vollkommenste jemand darüber,
Weiß er es selbst doch nicht; nur Raten ist alles und Meinung.
Dies ist mein Glaube; er soll nur als Wahrscheinlichkeit gelten.

Kritias: Mir scheint, ein schlauer, kluger Mann hat die Gottesfurcht der Sterblichen erfunden

Kritias (um 460–403), athenischer Politiker, Philosoph, Schriftsteller und Dichter. Er war von Sokrates beeinflusst, wenngleich sich Sokrates nach Xenophon von ihm distanziert haben soll. Seine Kusine Periktione war Platons Mutter.

Als Politiker war er sophistisch gebildet, demokratiefeindlich und spartafreundlich. Um 406 wurde er aus Athen verbannt. Nach Athens Niederlage gegen Sparta kehrte er zurück und wurde einer der »Dreißig Tyrannen«, vielleicht sogar deren Führer. Im Jahr 403 fiel er in der Schlacht gegen die demokratische Opposition.

Aus seinem Satyrspiel »Sisyphos« stammt das religionskritische Fragment.

Vor alter Zeit, da war des Menschen Leben
Der Ordnung bar und dem der Tiere gleich:
Die Stärke herrschte; weder fand der Gute
Belohnung noch der Frevler seine Strafe.
Dann erst, so scheint mir, schuf man Strafgesetze,
Dass über alle herrsche gleich das Recht
Und dass den Frevler es in Fesseln schlage.
Wer sich verging, bekam es jetzt zu büßen.
Doch weil so das Gesetz die Menschen abhielt,
Wie sonst Gewalttat offen zu begehen,
Schlich das Verbrechen in der Dunkelheit.
Da hat, scheint mir, ein schlauer, kluger Mann
Die Gottesfurcht der Sterblichen erfunden.
Ein Schrecken sollte sie den Bösen sein,
Wär' heimlich auch die Tat, Wort und Gedanke.
So führte er die Religion denn ein:
»Ein Wesen ist, in ew'gem Leben prangend,
Des Geist hört, sieht und voll von Weisheit ist,
Der dies uns schenkte, göttlich von Natur.
Er hört ein jeglich Wort, das Menschen reden,
Und keine Tat bleibt seinem Blick verborgen.
Auch wenn im Stillen nur du Böses sinnst,
Die Götter merken es; denn überall
Wohnt ihre Weisheit.« – Mit dergleichen Reden
Führt er die feinste aller Lehren ein,
Die Wahrheit mit der Worte Trug verhüllend.
Und als der Götter Wohnung gab er an
Den Ort, des Nam' am meisten ängst'gen musste
Die Menschen. Denn von dort – das wusst' er – kam,
Was sie erschreckt und was ihr armes Leben
Befördert: droben in der Höhe – sah er –
Da zuckt der Blitz und grollt der Donner furchtbar,
Dort ist des Himmels sternbesätes Zelt,
Der Zeit, der weisen Meist'rin, herrlich Kunstwerk.

Dort wandelt hell der glühende Sonnenball,
Dorther strömt feuchtes Nass zur Erde nieder.
Mit solchen Ängsten wusst' er das Gemüt
Der Menschen zu erschüttern; schlau und passend
Wies er der Gottheit diese Wohnung an.
Und Ungesetzlichkeit wich den Gesetzen. –
So, mein' ich, hat zuerst ein kluger Mann
Der Welt den Götterglauben beigebracht.

Protagoras (um 485 – um 415) lehrte als Philosoph an mehreren Orten, vor allem in Athen. Er wurde aus Athen verbannt, weil er in seiner Schrift *Über die Götter* sagte, von ihnen vermöge er »nicht zu erkennen, ob sie existieren oder nicht und wie sie gestaltet sind«. Wegen eines ähnlichen Asebie-Prozesses wurde Sokrates zum Tode verurteilt (→ S. 185 ff.).

Die antiken Mythen lassen keinen Zweifel daran, dass der Mensch seine Kultur nicht immer besessen hatte. Der wohl berühmteste Kulturheros der Antike ist Prometheus. Er hatte den Menschen nicht nur selbst aus Lehm erschaffen, er gab ihm auch verschiedene positive und negative Eigenschaften der Tiere. Schließlich rief er die Göttin Athene und bat sie, dem Menschen ihren göttlichen Atem der Weisheit einzuhauchen. So wurde der Mensch schließlich lebendig.

Protagoras: Das menschliche Nichtwissen

Über die Götter allerdings habe ich keine Möglichkeit zu wissen, weder dass sie sind, noch dass sie nicht sind, noch wie sie etwa an Gestalt sind; denn vieles gibt es, was das Wissen hindert: die Nichtwahrnehmbarkeit und dass das Leben des Menschen kurz ist.

Kleanthes: Hymnus auf Zeus

Heil dir, erhabenster Gott, mit zahlreichen Namen Verehrter,
stets Allmächtiger, Zeus, du Fürst der Natur, der du alles
lenkst nach der Satzung, dich dürfen ja sämtliche Sterblichen
grüßen:
Dir entstammen wir, stellen von allem, was sterblich auf Erden
lebt und wandelt, als einzige dar das Abbild der Gottheit.
Deshalb will ich dich preisen, dein Walten immer besingen.
Unser geordnetes Weltall, das rings um die Erde sich breitet,
folgt dir, wohin du es führst, lässt gerne von dir sich beherrschen.
Derart hältst du bereit in unbezwinglichen Händen
deinen zweischneidigen, feurigen, ewig zuckenden Blitzstrahl.
Jedes Geschöpf der Natur ist dessen Schlag unterworfen;
damit bewahrst du die Einheit des Ganzen, die alles Vorhandne
machtvoll durchdringt, mit dem riesigen Lichtquell die kleinen
verbindend,
durchweg bestätigt durch deine Gewalt als oberster Herrscher.
Nichts vollzieht sich auf Erden ohne dein Eingreifen, Gottheit,
weder am göttlichen Himmelsgewölbe noch in den Fluten,
lediglich das, was die Bösewichter aus Torheit verüben.
Du verstehst das Übermäßige sinnvoll zu stutzen,
gleichzeitig Wirres zu ordnen, und schenkst auch dem Unlieben
Liebe.
Derart verschmolzest du sämtliches Gute mit Bösem zu Einem,
dass sich ein ewiger Sinn im All zu entwickeln vermochte.
Sterbliche Bösewichter versuchen sich ihm zu entziehen;

Kleanthes (um 331–232 v. Chr.) griechischer Philosoph der Stoa. Seine Zeushymne verherrlicht Zeus als Weltseele und Weltvernunft und begründet so die stoische Theologie. Cicero urteilt in seinem Buch *De natura deorum*: »Kleanthes nannte bald die Welt selbst Gott, bald eignete er diesen Namen der Weltseele an, bald hält er das äußerste und höchste Feuer, welches alles umfließt und die äußersten Regionen der Welt umgibt, auch Äther heißt, einzig und allein für die Gottheit … ein andermal schreibt er das ganze göttliche Wesen den Gestirnen zu«, bemerkt aber auch, »dass diese Gottheit, die wir mit dem Verstande erkennen, und von deren Dasein wir in dem Innersten unserer Seele die Ideen aufsuchen wollen, nirgends zu finden ist.«

Kleanthes gilt als einer der bedeutendsten Philosophen der älteren Stoa. Nach ihm ist tugendhaftes Handeln nur durch Erkenntnis der Wirklichkeit möglich. Sittliches Wissen ist mit Geistes- und Charakterstärke untrennbar verbunden. Neben Tapferkeit, Selbstbeherrschung und Gerechtigkeit ist daher die Beharrlichkeit für Kleanthes die wesentlichste Tugend des Menschen.

elend die Armen, die stets den Besitz des Guten erstreben,
doch die gültige Satzung der Gottheit nicht sehen, nicht hören:
Folgten sie ihr vernünftig, sie führten ein glückliches Leben!
Aber sie stürmen vernunftlos von einem Unglück zum andern,
teils um nichtige Meinungen eifrig und leidig sich streitend,
teils auf Gewinn erpicht in unzulässigem Maße.
Andere schweifen zuchtlos, ergeben den Lüsten des Körpers,
ohne ein sicheres Ziel zu erstreben, bald hierhin, bald dorthin,
und ihr Eifer bewirkt das Gegenteil nur vom Erwünschten.
Zeus, Allgebender, wolkenumdüsterter Werfer der Blitze,
schütze die Menschen vor Unwissenheit, dem heillosen Übel!
Scheuche das Übel, Vater, von dannen, lehre die Menschen
jene Einsicht, kraft deren gerecht du den Weltenlauf lenkest!
Denn wir wollen dir, selber geehrt, mit Ehren vergelten,
ständig dein Walten besingen, so wie es den Sterblichen zukommt;
wird doch Menschen wie Göttern kein höherer Vorzug beschieden,
als das für alle stets wirksame Recht gebührend zu preisen.

Das integrale Bewusstsein

Malewitsch, Das Schwarze Quadrat, 1915.
»Ich habe nichts erfunden, ich habe nur die Nacht in mir gefühlt und das Neue geahnt …« Malewitsch verstand sein »Bild« als Symbol der Verabschiedung von der Welt des Sichtbaren, als »nackte ungerahmte Ikone meiner Zeit« und zugleich als »Zeichen eines neuen Realismus«, dessen Inhalt die »Erfahrung einer reinen, zweckfreien Gegenstandslosigkeit« sei.

Jean Gebser hat um die Mitte des 20. Jahrhunderts das rationale Bewusstsein an einer Grenze gesehen, über die hinaus er nicht spekulieren wollte. Eine neue Bewusstseinsdimension lässt sich ja erst beschreiben, wenn sie gewonnen und von einer geistig führenden Schicht konkretisiert worden ist. Zwar wird auch das neue Bewusstsein von den voraufgegangenen Bewusstseinsstufen mitgespeist; möglicherweise ist die Mystik in ihrer Religions- und Kulturgrenzen übergreifenden Art sogar die wichtigste Wurzel des heute vor sich gehenden Wandels.

Das neue Denken ist ein offenes Denken, das über alles gegenständliche Denken hinausgeht. Der japanische Philosoph Koshiro Tamaki sieht es nicht allein durch den Verstand bestimmt, sondern ebenso durch Intelligenz, Gefühl, Willen, Geist und Leib. Es umfasst das Ganze des Menschseins …

Anzeichen für dieses neue Bewusstsein gibt es heute schon, insbesondere auf religiösem Gebiet. So meinen viele Menschen, die christlich erzogen wurden, mit dem besten Willen nicht mehr an das glauben zu können, was sie in ihrer Kindheit lernten oder in den Kirchen hören, ohne sagen zu können, worauf sie wirklich warten.

Der Überschritt in die neue Dimension des Bewusstseins verändert das Verhältnis zum religiösen Erbe. Wenn die mythische Tradition immer noch der Hintergrund aller Religionen ist, so löst sich diese Bindung inzwischen doch deutlich auf. Zwar können die Religionswissenschaften den Mythos im Blick auf nichtchristliche Religionen vorbehaltlos als Mythos beschreiben, für den christlichen Glauben wird dies jedoch geächtet. Dass Psychologen wie C. G. Jung oder Erich Fromm von einem »Christusmythos« sprechen, ist nur außerhalb der Kirchen möglich, auf den Kanzeln gälte es als Systemverrat. Dennoch wird der Überschritt ins integrale Bewusstsein eine Theologie reifen lassen, die den ins Dogma überführten Mythos auch als Mythos benennt. Dieser Entwicklung werden sich – wenngleich zeitverzögert – auch die übrigen Religionen der Welt nicht entziehen können, es sei denn, sie verkapseln sich fundamentalistisch.

Willigis Jäger: Aus dem Fundus der kosmologischen Erkenntnisse eine neue Theologie entwickeln

Ich gehe davon aus, dass die wesentlichen Impulse für die zukünftige Entwicklung des Geistes von den Naturwissenschaften ausgehen werden. Ich vermute, dass es zu einer Wiederentdeckung der Metaphysik kommen wird, aber nicht Philosophen und Theologen werden sie auf den Weg bringen, sondern Physiker und Biologen. Sie nämlich sind es, die im Zuge ihrer Grundlagenforschung mehr und mehr an die Grenzen des Denkens geraten. Dort begegnet ihnen eine Wirklichkeit, die sie weder anzweifeln noch mit den Mitteln der Logik und des analytischen Denkens begreifen können. Max Planck etwa hat einmal bekannt: »Ich bin fromm geworden, weil ich zu Ende gedacht habe und dann nicht mehr weiterdenken konnte. Wir hören alle viel zu früh auf zu denken.« Und nicht nur ihm ist es so ergangen. Auch andere Naturwissenschaftler wie Erwin Schrödinger, Wolfgang Pauli oder Albert Einstein haben sich im Laufe ihres Forschens der Religion – genauer: der Mystik – genähert. Von Werner Heisenberg stammt der prägnante Satz: »Der erste Trunk aus dem Becher der Naturwissenschaft macht atheistisch, aber auf dem Grund des Bechers wartet Gott.«

Allerdings ist auffällig, dass die Naturwissenschaftler beim Christentum wenig Anknüpfungspunkte gefunden haben.

Ja. Den Grund dafür hat Albert Einstein auf den Punkt gebracht, als er seine Frömmigkeit von der des traditionellen Christentums unterschied. Für diese sei »Gott ein Wesen, auf dessen Sorgfalt man hofft, dessen Strafen man fürchtet ... – ein Wesen, zu dem man gewissermaßen in einer persönlichen Beziehung steht, so sinnvoll diese auch sein mag«. Die Frömmigkeit des Forschers hingegen liege »im verzückten Staunen über die Harmonie der Naturgesetzlichkeit, in der sich eine so überlegenen Vernunft offenbart, dass alles Sinnvolle menschlichen Denkens und Anordnens dagegen ein gänzlich nichtiger Abglanz ist ... Unzweifelhaft ist dies Gefühl nahe verwandt

Willigis Jäger (geb. 1925), deutscher Benediktiner, Zen-Meister der japanischen Sanbô-Kyôdan-Schule, Vertreter einer mystischen Theologie, die er erneut ins Bewusstsein von Theologie und Kirche bringen und mit Leben erfüllen möchte.

Jäger trat 1946 in die Abtei Münsterschwarzach ein, wurde 1952 zum Priester geweiht; 1960 kam er als Referent für »Mission und Entwicklung« beim Bund der deutschen katholischen Jugend in Düsseldorf nach Asien, insbesondere Japan, wo er mit der Zen-Tradition bekannt wurde. Ab 1969 übte er Zen in Japan. 1980 erhielt er die Erlaubnis, Zen zu lehren. 1996 bekam er die volle Lehrerlaubnis, die ihn als 87. Nachfolger von Buddha Shakyamuni ausweist. Dadurch ist er als Zen-Meister ermächtigt, andere in dieser Sukzession zu bestätigen. Unter Leitung des damaligen Kardinals Joseph Ratzinger warf ihm im Jahr 2001 die Glaubenskongregation vor, Glaubenswahrheiten seiner persönlichen Erfahrung unterzuordnen, und erteilte ihm ein Rede-, Schreib- und Auftrittsverbot. Zusätzlich untersagte ihm im Januar 2002 das Bischöfliche Ordinariat in Würzburg die Ausübung jeder öffentlichen Tätigkeit. Jäger beansprucht hingegen, alte

Glaubensformeln für die Gegenwart neu zur Sprache zu bringen. Er bat die Abtei Münsterschwarzach, exklaustriert zu werden, verstanden als eine Beurlaubung aus dem Kloster, doch blieb er Mitglied seiner benediktinischen Gemeinschaft. Abt und Konvent standen zu ihm.

2009 gründete er die eigene ZEN-Linie »Leere Wolke«.

Nach Jäger sind Religionen auf eine »letzte Wirklichkeit« gerichtet, jedoch nur als Modelle, die veralten, wenn sie nicht von der Erfahrung her immer neu belebt werden. Er erachtet – wie die katholische Kirche – alle Religionen als wichtige und notwendige Errungenschaften, bemängelt aber, dass Religionen sich schwertun, ihre Starre zu überwinden, um den Menschen Antwort auf die ganz neu gestellten alten Menschheitsfragen zu geben, und bedauert, dass das mystische Gebet nicht gelehrt wird. Er glaubt, dass die Evolution neue Bewusstseinsebenen hervorbringen wird. Außerdem meint er, dass Gotteserfahrung Erfahrung von Liebe ist. Das würden zwar alle Religionen sagen, doch solange dies ein Gebot bleibe, entfalte es keine Wirkung, wie die Geschichte der Religionen und ihre Irrwege zeigten. Jede Religion solle transzendiert werden zur *sophia perennis*, der ewigen Weisheit, die heute nur von einer Minderheit gelebt, eines Tages aber als das wahre Ziel jeder Religion erkannt werde.

»Jede Religion hat heilige Schriften, Rituale und Gebote. Sie sollen dem Menschen helfen, das zu finden, was mit Gott, Gottheit, Wesensnatur, Sunyata usw. bezeichnet wird. Schriften und Rituale können immer nur auf Gott deuten. […] Wer Gott erfahren will, muss Bücher, Rituale und alles mentale Begreifen übersteigen. Darum suchten alle Religionen Wege, die in die Erfahrung der letzten Wirklichkeit führen. Im Buddhismus entwickelten sich Zen, Vipassana und die tibetischen Wege. Bei den Hindus entstanden die verschiedenen Formen des Yoga. Im Islam entfaltete sich der Sufismus, im Judentum die Kabbala und im Christentum die Kontemplation. Es sind das spirituelle Wege, die in die Erfahrung dessen führen sollen, was die Heiligen Schriften und Gebote der verschiedenen Religionen lehren. […] Sie wollen in die Erfahrung der Urwirklichkeit führen. […] Die transzendentalen Erfahrungsräume zählen zur Grundbegabung unserer menschlichen Existenz, wenn auch viele Menschen davon nichts wissen.«

demjenigen, das die religiös schöpferischen Naturen aller Zeiten erfüllt hat«.

Woher kommt dieses Interesse der Naturwissenschaftler an Religion und Mystik jenseits des Christentums?

Die theoretische Physik des zwanzigsten Jahrhunderts ist an einen Punkt gelangt, an dem sie sich von Vorstellungen löste, die über Jahrtausende als unbezweifelbare und evidente Wahrheit galten. So ist der Glaube an eine objektive Welt, die in Raum und Zeit nach festen kausalen Gesetzen ihren Lauf nimmt, erschüttert worden. Inzwischen wissen wir, dass die Wirklichkeit keineswegs objektiv feststeht, sondern das Produkt unseres eigenen Verstandes ist. Was wir das Universum nennen, kreieren wir selbst. Gehirn und Nervensystem sind nur für eine begrenzte Menge Realität programmiert. So nehmen wir im Bereich unserer Sinnesorgane nur ein beschränktes Spektrum an Frequenzen wahr. Oberhalb und unterhalb dieses Spektrums liegt aber weit mehr, als wir aufzunehmen vermögen. Mit anderen Worten: Wir können immer nur einen kleinen Teil der Wirklichkeit erkennen – und diesen kleinen Teil ordnen und strukturieren wir nach Maßgabe unseres Verstandes. Es liefert uns das Instrumentarium, mit dem wir uns die Welt verfügbar machen können, aber es wäre ein Irrtum zu glauben, dass seine Instrumente Bestandteile einer objektiven Welt wären. Immanuel Kant hat dies sehr schön an den Kategorien von Raum und Zeit vorgeführt. Raum und Zeit sind keine objektiven Wirklichkeiten, sondern Werkzeuge unseres Weltverstehens. In der wahren Wirklichkeit kommen sie nicht vor. Die physikalische Einsicht in die Relativität von Zeit und Raum bestätigt dies – und ebenso entspricht dem die mystische Erfahrung der transpersonalen Wirklichkeit, in der Zeit und Raum keine Rolle spielen.

In der christlichen Religion spielen sie aber sehr wohl eine Rolle.

Die christliche Theologie hält in ihrem Kern am mittelalterlichen Weltbild, also an einer festgelegten, kausalen, geozentrischen Weltordnung fest. So kommt es zu einer außerordentlichen Diskrepanz zwischen dem immanenten Weltbild der christlichen Theologie und der vorherrschenden, von den Naturwissenschaften geprägten Weltsicht der meisten Zeitgenossen. Die Folge davon ist, dass die theologischen Metaphern von Himmel und Hölle, von Schöpfung und Jüngstem Tag ihre Ausdruckskraft mehr und mehr verlieren. Sie mögen früheren Generationen eingeleuchtet haben – heute wirken sie vielfach überholt. Ähnlich ist es übrigens mit den sozialen Metaphern, die wir gebrauchen, um unser Verhältnis zu Gott zu bestimmen. Sei es nun der »König«, der »Herr der Heerscharen« oder der »Hirte« – alle diese Bilder entstammen dem Denken einer agrarischen Ständegesellschaft, die unserem demokratischen Selbstverständnis fremd geworden ist.

Und die Naturwissenschaften sind heute eher in der Lage, theologisch schlüssige Metaphern und Begriffe zu liefern?

[...] Ja, und nicht nur, um uns selbst, sondern um die Wirklichkeit im Ganzen zu verstehen. Erkennen heißt: die Fixierung auf die Ich-Individualität überwinden und sich öffnen für die göttliche Wirklichkeit, die wir wesentlich sind. Nicht ich als individuelles Wesen erkenne mich oder die Welt, sondern die Welt erkennt sich selbst in mir – in ihrer personalen Manifestation, die ich »Ich« nenne. Verstehen ist mit anderen Worten nicht das Aneignen einer objektiven Wirklichkeit durch ein subjektives Individuum, sondern Verstehen ist das Zu-Sich-Selbst-Kommen der transpersonalen Wirklichkeit, des transpersonalen Bewusstseins. Ein echtes Verstehen der Wirklichkeit setzt darum die Selbstaufgabe der Ich-Individualität voraus.

Für das europäische Denken, das diese Ich-Individualität oder Subjektivität für die absolute Wirklichkeit hält, ist dieser Gedanke eine ungeheure Provokation. Ebenso für die Theologie.

Ja, aber die Erkenntnisse der Naturwissenschaft unterstützen diese Denkweise, während die Theologie vor ihr zurückweicht und weiterhin das Perpetuieren des Ich im Jenseits predigt. Damit verbaut sie sich die Chance, den Menschen eine Handhabe für ihr religiöses Erleben zu liefern. Das Christentum braucht eine vollkommen neue Interpretation – eine Interpretation, die aus dem Fundus der kosmologischen Erkenntnisse der Naturwissenschaften eine neue Theologie entwickelt.

Siehe hierzu auch Gopi Krishna: Reines Bewusstsein, Seite 110–113.

Jägers Standpunkte werden teilweise kontrovers diskutiert. Gegen eine Auflösung des Ich in Gott sowie gegen die Sichtweise, der zufolge nur noch Gott sei und alle Differenz aufgehoben, wird eingewendet, dass die christliche Gotteserfahrung auf ein personales Du verweise. Ohne Beziehung sei weder Liebe noch Freiheit möglich. Gott dürfe deshalb nicht als reine Einheit, sondern müsse als Einheit in Verschiedenheit und damit »trinitarisch« gedacht werden.

Naturreligionen

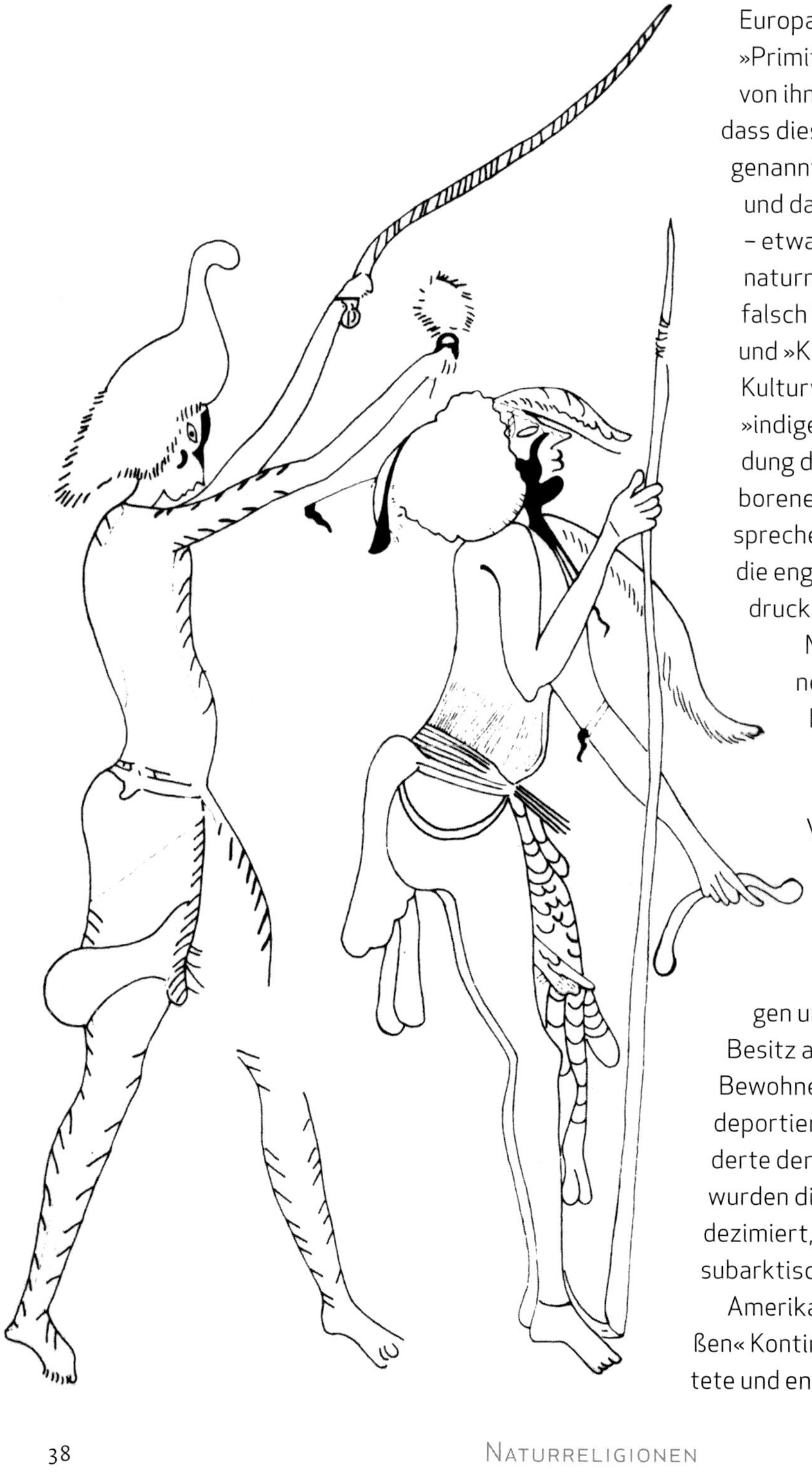

Nachdem man sie »entdeckt« hatte, sprach man in Europa von den »Wilden«, später nannte man sie »Primitive«, was umso leichter möglich war, als man von ihnen nichts wusste. Inzwischen ist bekannt, dass diese Völker vieles bewahrt haben, was der sogenannten zivilisierten Welt verloren gegangen ist, und dass sie selbst der westlichen Wissenschaft – etwa in manchen Fragen der Medizin – mit ihrem naturnahen Wissen voraus sein können. Rundum falsch ist die Unterscheidung in »Naturvölker« und »Kulturvölker«. Es kann nur unterschiedliche Kulturvölker geben. Spricht man neuerdings von »indigenen« Völkern, ist dies lediglich die Verfremdung der kolonialistischen Rede von den »Eingeborenen«. Besser wäre es, von »Ureinwohnern« zu sprechen, weil damit zumindest deren Priorität und die enge Verbundenheit mit dem Land zum Ausdruck kommen.

Mit der europäischen »Landnahme« auf den neu erreichten Kontinenten seit dem 16. Jahrhundert begann die Enteignung und Vernichtung der alteingesessenen Völker im großen Stil. Sooft diese den Interessen der weißen Völker entgegenstanden, mussten sie zurückweichen, sich unterwerfen oder untergehen. Die Begegnung mit den Menschen Europas war abermillionenfach tödlich. Die Eroberer waren waffentechnisch überlegen und in ihrer Mentalität auf Bereicherung und Besitz aus. Ausnahmslos wurden die indianischen Bewohner der »westindischen« Inseln vertrieben, deportiert oder ausgerottet; verschwanden Hunderte der Indianervölker Nord- und Südamerikas, wurden die Ureinwohner Australiens und Tasmaniens dezimiert, ebenso die Maori auf Neuseeland und die subarktischen Völker Sibiriens.

Amerika, Australien und Sibirien wurden so zu »weißen« Kontinenten, deren Ureinwohner weithin entrechtete und enteignete Minderheiten. Anderswo, wie in

Bolivien, Peru und Guatemala, sind sie ohnmächtige Mehrheiten. In Afrika und Asien finden sich viele Völker in postkoloniale Wirtschaftsformen gedrängt. Großbetriebe bewirtschaften ihr Land; internationale Konzerne erhalten die Konzession für den Abbau von Bodenschätzen oder Holzeinschlag, wobei die neuen Regierungen den Widerstand des eigenen Volkes bisweilen gar mit Hilfe der ehemaligen Kolonialherren brechen.

Den meisten Ureinwohnern der westlich überfremdeten Kontinente droht heute weniger die physische Ausrottung als die Vernichtung ihrer eigenständigen Kultur und Sprache. Dies geschieht durch multinationale Konzerne, die auf der Suche nach Uran, Kohle, Erdöl, Bauxit, Kupfer oder Gold die traditionellen Wirtschaftssysteme der einheimischen Menschen zerstören. Außerdem trägt die Überlagerung der alten Kulturen mit westlicher Technologie, die Vermarktung der Restkultur als Touristenattraktion zur geistigen Entwurzelung der Menschen bei. Viele verlassen die agrarischen Lebensformen, ziehen in die Städte und verelenden in Slums. Häufig schämen sich die Jugendlichen ihrer Herkunft und Tradition. Sie leiden unter Identitätsverlust und einer sublimen alltäglichen Diskriminierung. Die Folgen sind Alkoholismus, Drogenabhängigkeit, Kriminalität, niedrige Lebenserwartung.

Es gibt aber auch eine Gegenbewegung. Immer mehr Vertreter der unterdrückten Völker melden sich zu Wort und machen auf ihre Situation aufmerksam. 1975 gründeten Vertreter indianischer Völker aus den beiden Amerika zusammen mit den australischen Aborigines und grönländischen Eskimo das *World Council of Indigenous Peoples*. Inzwischen gehören diesem Rat Ureinwohner-Organisationen von zwanzig verschiedenen Staaten an. Auch zeichnen sich in einigen Ländern Lösungen für mehr Selbstbestimmung und Selbstverwaltung dieser Völker ab. In der weißen Bevölkerung hat ebenfalls ein Umdenken eingesetzt, sodass es heute mehr Solidarität und Unterstützung für die Naturvölker gibt als in allen Jahrhunderten zuvor. Die christlichen Kirchen haben ihr Missionsverständnis geändert und setzen verstärkt auf identitätsstärkende Hilfen und eine sensiblere Inkulturation. Natürlich verändern sich die Naturvölker ebenso wie jedes andere Volk. Einstmals übernahmen die nordamerikanischen Prärieindianer Pferd und Schusswaffen von den Weißen, heute arbeiten junge Frauen in Papua-Neuguinea am Computer. Zwangsläufig können sie in dieser Welt ihren mythischen Geisterglauben nicht bewahren, sondern müssen – soll kein Vakuum entstehen – in ein neues religiöses Bewusstsein hineinwachsen.

Letztlich wissen aufmerksame Menschen, dass die heutige Welt von den Naturvölkern zu lernen hat: Sie sind nicht allein Kämpfer für ihre eigene naturnahe Lebensweise, sondern zugleich die Anwälte einer bewohnbaren Erde von morgen.

Aborigines

Ein von nordaustralischen Stämmen verehrtes mythisches Wesen. Es findet sich entlang des Flusses Dali auf die Wand gemalt, im Rahmen einer großartigen Galerie von Felsbildern, die sich etwa 15 km lang erstreckt. Ein Gebiet von mehreren hundert Metern Länge gilt als heilige Zone, zu der die Aborigines in regelmäßigen Abständen zurückkehren, um geheime Riten auszuführen.

Die australischen Aborigines haben weder die Erde gerodet noch bepflanzt. Sie haben weder Tiere gehalten, noch Behausungen errichtet, die sie von den Wundern und dem steten Wechsel der Natur nur getrennt hätten. Sie haben sich nicht einmal Textilien geschaffen, um sich zu kleiden. Diese kulturellen Errungenschaften sind für die Ureinwohner Australiens nur Wege, die Traumzeit der Erde in einen Alptraum zu verwandeln.

Sie glauben, dass der menschlichen Geschichte eine »Traumzeit« vorausging, in der sich die Ahnen über ein leeres Land bewegten. Indem sie hier lagerten, dort jagten, an anderer Stelle liebten oder sangen, schufen sie durch ihr Tun aus dem formlosen Land eine gestaltete Topografie. Indem sie »träumten« und ihre Träume in Taten umsetzten, schufen sie Pflanzen und Tiere, alle Elemente der Natur, auch Sonne und Mond, und schließlich die Menschen in Clans und Stämmen. Dabei konnte sich jedes Ding und jedes Wesen in ein anderes verwandeln: Eine Pflanze konnte zu Tier oder Mensch werden, ein Ahne konnte zugleich Mensch und Tier sein. Alles entsprang den Träumen, und alle späteren Stufen und Entwicklungen waren in der Traumzeit gleichzeitig gegenwärtig.

Darum ist alles Geschaffene das Bild einer geeinten Welt, wie sie in der Traumzeit bestand, und diese ursprüngliche Einheit verpflichtet die Aborigines, die Erde als Erbe der ursprünglichen Schöpfung zu bewahren. Darum wollen sie den Acker nicht bebauen und Wachstum nach eigenem Vorteil nicht betreiben, sich auch keine Tiere unterwerfen und domestizieren, weil dies im Gegensatz zu ihrem Glauben an eine gemeinsame Herkunft steht, in der alles Geschaffene zusammengehört. Diese eine Welt aber auszubeuten würde nichts anderes sein als sich selbst auszubeuten.

Offensichtlich kann man mit »Träumen« verschiedene Bewusstseinsebenen erreichen. Die Ahnenträume gehören zu der Zeit, als der Gedanke die Welt erschuf. Wachträume führen in die Tiefe wie eine Meditation. Schlafträume verbinden das Unbewusste mit dem Bewussten. Wenn sich die Aborigines über ihre Beziehung zu einem anderen Menschen nicht klar sind, wenn sie ein Gesundheitsproblem haben oder nicht verstehen, welchen Sinn eine bestimmte Erfahrung haben soll, suchen sie die Antwort auf ihre Fragen im Traum. Da sie sich aber nicht mit Hilfe von Drogen in die Traumwelt begeben, auch nicht den Schlaf dazu benötigen, sondern lediglich Atemtechnik und Konzentration, handeln sie dabei sehr bewusst. So ist für sie der Zugang zur äußeren Welt zugleich der Zugang zur inneren Welt des Bewusstseins und der Träume. Die Erkundung des Universums wird durch eine innere und äußere Erkundung des eigenen Ichs erfahren.

Die Aborigines sind überzeugt, dass alles, was zu dieser Schöpfung gehört, eigene Träume hat, oder anders gesagt, ein inneres und subjektives Bewusstsein. Darum können sie mit Stein, Pflanze und Tier auch sprechen. Ein Kind, das unachtsam einen Stein oder einen Zweig wegtritt, wird von den Stammesälteren angewiesen, ihn wieder genauso hinzulegen, wie er vorher gelegen hatte. Die Erde auf irgendeine Weise zu stören, heißt, die ihr entsprechende innere Ordnung aufzulösen. Vielleicht ist der visionäre Biologe Gregory Bateson (1904–1980) dem Glauben der Aborigines am nächsten gekommen, als er sagte: »Es gibt einen individuellen, immanenten Geist, aber nicht nur im Körper. Er ist auch ein Teil der Wege und Botschaften außerhalb des Körpers. Und dann gibt es einen größeren Geist, von dem wiederum der individuelle nur ein Teil ist. Diesen größeren Geist kann man mit Gott vergleichen, und er ist vielleicht das, was manche Menschen unter Gott verstehen. Doch er ist auch ein Teil aller untereinander verbundenen gesellschaftlichen Systeme und der planetaren Ökologie.«

Bruce Chatwin: Traumpfade

Irgendwie gewann ich die Vorstellung von den »zahmen« Australnegern, die an einem Tag zufrieden auf einer Rinderfarm arbeiteten und am nächsten Tag, ohne Ankündigung und *ohne ersichtlichen Grund*, ihre Stöcke aufpflanzten und das Weite suchten.

Sie zogen ihre Arbeitskleidung aus und gingen davon: für Wochen und Monate und sogar Jahre, und sie wanderten über den halben Kontinent, und sei es nur, um einen Menschen zu treffen, ehe sie zurückwanderten, als wäre nichts geschehen.

Ich versuchte mir das Gesicht ihres Arbeitgebers vorzustellen, wenn er entdeckte, dass sie gegangen waren.

Vielleicht war es ein Schotte: ein großer kräftiger Mann mit fleckigem Gesicht und einem Mund voller Obszönitäten. Ich malte mir aus, dass er zum Frühstück Steak und Eier aß ... danach trat er in das blendende Sonnenlicht hinaus – in Australien war das Sonnenlicht immer blendend – und rief seine »Boys«.

Nichts.

Er rief wieder. Kein Laut. Er ließ den Blick über den Horizont schweifen. Nichts als Gummibäume. Er schritt über die Viehweiden. Auch dort nichts. Dann, draußen vor ihren Hütten, fand er die Stöcke mit ihren Hemden und Hüten und ihren aus den Hosen herausragenden Stiefeln ...

Arkady bestellte zwei Cappuccinos im Coffee-Shop. Wir trugen sie zu einem Tisch am Fenster, und er begann zu erzählen.

Sein schnelles Denken machte mich ganz benommen, wenn ich auch manchmal den Eindruck hatte, dass er redete, als stünde er auf einem Podium, und dass vieles von dem, was er sagte, schon einmal gesagt worden war.

Die Aborigines hatten eine erdgebundene Philosophie. Die Erde schenkte einem Menschen das Leben, gab ihm seine Nahrung, seine Sprache und Intelligenz; und die Erde nahm ihn zurück, wenn er

Bruce Chatwin (1940–1989), britischer Schriftsteller. »In der Schule war ich ein hoffnungsloser Fall. Rechnen konnte ich auch nicht. Es war eine altsprachliche Erziehung, die Dummköpfe hervorbringt.« Während seiner Zeit am College beginnt Chatwins Leidenschaft für Antiquitäten, die er in nahegelegenen Antiquitätenläden günstig erwirbt. Er hat »den Blick«. Statt das geplante Architekturstudium zu beginnen, arbeitete er mit 18 Jahren als Botenjunge für das Auktionshaus Sotheby's. Vier Jahre später war er bereits Direktor der Abteilung für impressionistische Kunst. Auf die Frage, wie lange er gebraucht hätte, um ein Experte für impressionistische Kunst zu werden, antwortete er: »Ich denke, etwa zwei Tage.« Vorgeblich wegen eines Augenleidens gab er diese Stelle auf und reiste in den Sudan. Danach studierte er in Edinburgh ein Jahr lang Archäologie, dann brach er das Studium ab. 1973 wurde er Mitarbeiter der *Sunday Times*, zunächst als Berater für Kunst. Bald darauf wandte er sich vielfältigen Themen zu und reiste für Interviews und Berichte durch die Welt. Im Dezember 1974 kündigte er: »Für vier Monate fort nach Patagonien.«

Hier wurde ihm klar, dass Erzählen und Schreiben die ihm entsprechende Beschäftigung war. Er bereiste u. a. Australien und setzte sich mit der Kultur der Aborigines auseinander. Reisebücher wie *In Patagonien* und *Traumpfade* wurden Bestseller. Die Romane *Auf dem schwarzen Berg* und *Der Vizekönig von Ouidah* wurden verfilmt, letzterer unter dem Titel *Cobra Verde* durch den Regisseur Werner Herzog mit Klaus Kinski in der Hauptrolle.

Traumzeit

Der australische Ausdruck *alcheringa* wurde von Ethnologen mit *dreaming*, im Deutschen mit *Traumzeit* wiedergegeben. Diese Übersetzung ist missverständlich, weil *alcheringa* mit dem Träumen im Schlaf wenig zu tun hat.

Für die Aborigines handelt es sich bei der »Traumzeit« um die Ordnung des Kosmos. »Träumen« meint die kollektive Fähigkeit, die Welt und ihre Zusammenhänge richtig zu verstehen, zu nutzen und im Rahmen einer Kulthandlung zu reflektieren und als Lebenskraft zu begehen. Zu beachten ist auch, dass die Aborigines den linearen Zeitbegriff der westlichen Zivilisation nicht kennen. Die sogenannte Traumzeit war sowohl vor langer Zeit, ist aber jetzt und hier und ebenso auch morgen. Die Traumzeit verbindet den kreativen Prozess, der »vor Ewigkeiten« begann und bis in die Zukunft reicht. Sie ist die Schöpfung an sich.

In anderen Sprachen der Aborigines gibt es eigene Begriffe für die Traumzeit, doch verstehen alle das Gleiche darunter: eine raum- und zeitlose Quelle der Existenz, die man als »fortwährende Schöpfungsgegenwart ohne Anfang« bezeichnen könnte. Sämtliche Wesen, selbst die Dinge der unbelebten Natur, haben ihren Ursprung in der Traumzeit. Diese heilige fortdauernde Schöpfungsgegenwart wird als eigentliche Realität betrachtet.

Urzeitwesen dieser Schöpfungsgeschichte haben in der Traumzeit ihre Bilder auf Höhlenwände gemalt. Darauf sind sie zu sehen mit Augen und Nase, jedoch ohne Mund. Sie gestalteten die Berge, die Flüsse,

starb. Eines Menschen »eigenes Land«, und war es auch nur ein öder Landstrich mit Spinifexgestrüpp, war eine heilige Ikone, die unversehrt bleiben musste.

»Unversehrt, meinen Sie, von Straßen und Bergwerken und Eisenbahnen?«

»Wenn man die Erde verwundet, verwundet man sich selbst«, sagte er ernst, »und wenn andere die Erde verwunden, verwunden sie dich. Das Land sollte unberührt bleiben: so wie in der Traumzeit, als die Ahnen die Welt ins Dasein sangen.«

»Rilke«, sagte ich, »hatte eine ähnliche Vorstellung. Auch er sagte: Gesang ist Dasein.«

»Ich weiß«, sagte Arkady und stützte sein Kinn in beide Hände. »Drittes Sonett an Orpheus.«

Die Aborigines, fuhr er fort, waren ein Volk, das auf leichten Füßen über die Erde schritt; und je weniger sie der Erde wegnahmen, um so weniger mussten sie ihr zurückgeben. Sie hatten nie verstanden, warum die Missionare ihnen ihre unschuldigen Opferriten verboten. Sie schlachteten nicht, weder Tiere noch Menschen. Wenn sie jedoch der Erde für ihre Geschenke danken wollten, schlitzten sie sich einfach eine Ader am Unterarm auf und ließen ihr eigenes Blut auf den Boden tropfen.

»Kein sehr hoher Preis«, sagte er. »Die Kriege des zwanzigsten Jahrhunderts sind der Preis dafür, dass zu viel genommen wurde.«

»Ich verstehe«, sagte ich und nickte ratlos. »Aber können wir zu den Songlines zurückkehren?«

»Können wir.«

Ich war nach Australien gekommen, um nach Möglichkeit selber in Erfahrung zu bringen und nicht aus Büchern anderer zu lernen, was eine Songline war – und wie sie funktionierte. Es war offensichtlich, dass ich nicht bis zum Kern der Sache vorstoßen würde, aber das wollte ich auch gar nicht. Ich hatte eine Freundin in Adelaide gefragt, ob sie einen Experten kenne. Sie gab mir Arkadys Telefonnummer.

»Haben Sie etwas dagegen, wenn ich mein Notizbuch benutze?«, fragte ich.

»Nur zu!« ... Um die Vorstellung der Traumzeit zu verstehen, sagte er, müsse man sie als eine Aborigines-Version der ersten zwei Kapitel der Genesis ansehen – mit einem entscheidenden Unterschied. In der Genesis erschuf Gott zuerst die »lebenden Dinge«, und dann formte er Vater Adam aus Lehm. Hier in Australien erschufen sich die Ahnen selbst aus Lehm, zu Hunderten und Tausenden, je einen für jedes totemistische Wesen.

»Wenn also ein Aborigine Ihnen sagt: ›Ich habe einen Wallaby-Traum‹, will er damit sagen: ›Mein Totem ist das Wallaby. Ich bin Mitglied des Wallaby-Klans.‹«

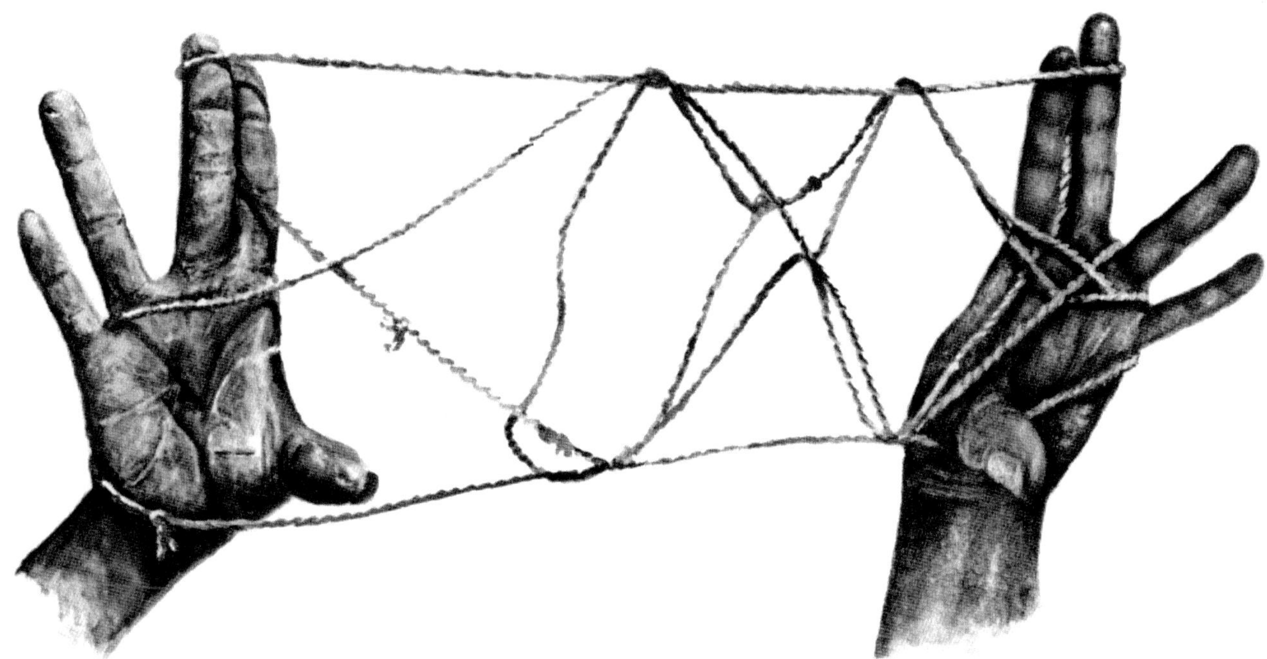

Das Spiel mit Fadenmustern ist eine unter Aboriginal-Stämmen verbreitete Kunstfertigkeit, die sich mit vielschichtigen mythischen Vorstellungen verbindet.

»Ein Traum ist also ein Klan-Emblem? Eine Art Abzeichen, das ›uns‹ von ›ihnen‹ unterscheidet? ›Unser Land‹ von ›ihrem Land‹?«

»Das geht noch sehr viel weiter«, sagte er.

Jeder Wallaby-Mensch glaubte, von einem universalen Wallaby-Vater abzustammen, der der Ahne aller Wallaby-Menschen und aller lebenden Wallabys war. Wallabys waren daher seine Brüder. Eins zu töten, um es zu verzehren, war sowohl Brudermord als auch Kannibalismus.

»Und doch«, beharrte ich, »war der Mensch nicht mehr ein Wallaby, als die Briten Löwen, die Russen Bären oder die Amerikaner Weißkopf-Seeadler sind?«

»Jede Spezies kann ein Traum sein«, sagte er. »Ein Virus kann ein Traum sein. Man kann einen Windpocken-Traum haben, einen Regen-Traum, einen Wüstenorangen-Traum, einen Läuse-Traum. Auf dem Kimberley-Plateau haben sie jetzt einen Geld-Traum.« …

Er fuhr fort, mir zu erklären, dass jeder totemistische Ahne auf seiner Reise durch das Land eine Spur von Wörtern und Noten neben seinen Fußspuren ausgestreut habe und dass sich diese Traumpfade wie Verkehrs-»Wege« zwischen den am weitesten auseinanderliegenden Stämmen über das ganze Land hinzögen.

»Ein Lied«, sagte er, »war gleichzeitig Karte und Kompass. Wenn man das Lied kannte, konnte man immer seinen Weg durch das Land finden.«

»Und wanderte ein Mann beim ›Walkabout‹ immer an einer dieser Songlines entlang?«

»In den alten Zeiten, ja«, stimmte er zu. »Heutzutage nehmen sie den Zug oder das Auto.«

»Und wenn der Mann von seiner Songline abwich?«

das Meer und den Himmel, gaben den Tieren und den Pflanzen ihren Namen und den Menschen Waffen, Werkzeuge und Gesetze. Diese mythischen Wesen – die von Stamm zu Stamm variieren – werden von manchen Autoren als Geister, von anderen als Hochgötter bezeichnet. Man kann sie zwar als Himmelswesen ansehen, da sie nach der Umgestaltung und Ordnung der Welt von der Erde in den Himmel aufstiegen, doch sind sie weder ursächliche Schöpfer noch greifen sie in das Schicksal der Menschen ein. Insofern werden sie im Allgemeinen auch nicht kultisch verehrt.

Eine zentrale Figur in vielen Traumzeitvorstellungen ist die Regenbogenschlange als Verschmelzung von Geist und Materie zu einer Einheit.

Aus der Traumzeit leiten sich die sozialen Regeln ab. Dennoch ist die Traumzeit keine unveränderbare moralische Instanz; sie »lernt« aus Erfahrungen. Es gibt nichts, was nicht mit der Traumzeit verbunden wäre. Die Traumzeit gilt auch als Ursprung für alle Regeln des menschlichen Zusammenlebens, für Recht und Gesetz.

Die Aborigines glauben, dass ihre unsterbliche Seele ein »Funke« ihrer Ahnwesen aus der Traumzeit ist, der nach dem Tod in die Traumzeit zurückkehrt, um anschließend in einer neuen Daseinsform – vielleicht als Baum, als Mensch oder als Känguru – wiedergeboren zu werden. Diese Ahnwesen werden nicht spirituell idealisiert, sondern sind fehlerhaft wie jedes reale Wesen. Ihre in der Traumzeit »gespeicherten« Lebenswege sollen den Menschen als Lehrstücke für das persönliche und das kollektive Handeln dienen.

Das Traumwissen ist nicht allen zugänglich, sondern nur auserwählten Trägern der Gemeinschaft. Es ist geheim. Rechtsprechung geschah durch den Ältesten der Gruppe, Unrecht wurde geahndet, sei es durch unmittelbare Sanktionen oder Verhandlungen. Deutete der Richter mit einem Knochen auf den Verurteilten, so kam dies einem Ausschluss aus der Gruppe gleich. Ausschluss aus der Gruppe bedeutete, dass er alleine kaum eine Überlebenschance in der Wildnis hatte.

Bei den traditionellen Aborigines herrscht zumeist die Vorstellung von drei Seelenstadien im Laufe des Lebens: die Geist-Kind-Seele, die Lebens- und die Totenseele; wobei die Bezeichnungen unterschiedlich sind. Kinder kommen in den Besitz ihrer Seele, indem der Vater im Traum oder in Trance eine Kindoffenbarung empfängt. Die Kenntnisse über die Totenseele und das Jenseits sind gering, da die Australier es vermeiden, über Verstorbene zu sprechen. Hier herrschen offenbar sehr uneinheitliche Vorstellungen in der ansonsten recht einheitlichen Traumzeit-Religion.

Ein besonderer Ausdruck der Traumzeit und von vorrangiger Bedeutung für das religiöse Leben vieler Stämme ist der Totemismus. Jede Person ist Träger eines Totems, das dem Träger bestimmte Pflichten auferlegt. Wenn z. B. das Totem ein Tier ist, wird es der Betreffende nicht jagen oder essen. Er wird niemanden heiraten, der dieses Totem hat, auch wenn anderweitige Voraussetzungen erfüllt sind. Totems schaffen Verbindungen, welche die Verwandtschaft übersteigen. Sie werden nicht mit dem Himmel, sondern stets mit der Erde und dem irdischen Leben verbunden. Die Stätten ihres Erscheinens gelten als heilig; an ihnen werden die Totemvorfahren rituell verehrt. Die Totemtiere oder -pflanzen stellen die Verbindung einer Gruppe zu den Totemahnen dar.

Die von Liedern und Tänzen begleiteten Riten gelten als von den Totemvorfahren gestiftet und machen die Menschen wesensgleich mit diesen Ahnen.

»Das war Betreten fremden Bodens. Dafür konnte er mit dem Speer getötet werden.«

»Aber solange er sich an seinen Pfad hielt, fand er immer Menschen, die seinen Traum teilten? Die in Wirklichkeit seine Brüder waren?«

»Ja.«

»Von denen er Gastfreundschaft erwarten konnte?«

»Und umgekehrt.«

»Ein Lied ist also eine Art Pass, ein Gutschein für eine Mahlzeit?«

»Auch das ist komplizierter.«

Zumindest theoretisch konnte ganz Australien wie eine Partitur gelesen werden. Es gab kaum einen Felsen oder einen Bach im Land, der nicht gesungen werden konnte oder gesungen worden war. Man musste sich die Songlines wie Spaghetti aus Iliaden und Odysseen vorstellen, die sich hierhin und dorthin schlängelten, wobei jede »Episode« den geologischen Formen abzulesen war.

»Unter Episode verstehen Sie ›heilige Stätte‹?«, fragte ich.

»So ist es.«

»Stätten wie die, die Sie zur Zeit für die Eisenbahngesellschaft vermessen?«

»Sie müssen es so sehen«, sagte er. »Überall im Busch können Sie auf irgendeine Stelle in der Landschaft zeigen und den Aborigine an Ihrer Seite fragen: ›Was für eine Geschichte ist das?‹ oder ›Wer ist das?‹ Es ist möglich, dass er ›Känguru‹ oder ›Wellensittich‹ oder ›Eidechse‹ antwortet, je nachdem, welcher Ahne diesen Weg gegangen ist.«

»Und die Entfernung zwischen zwei solcher Stätten kann als Abschnitt des Lieds gemessen werden?«

»Deshalb«, sagte Arkady, »habe ich so viele Schwierigkeiten mit den Leuten von der Eisenbahn.«

Es war nicht leicht, einen Vermesser davon zu überzeugen, dass ein Haufen Flusssteine die Eier der Regenbogenschlange oder ein rötlicher Sandsteinbrocken die Leber eines mit dem Speer erlegten Kängurus war. Schwerer noch war es, ihm einsichtig zu machen, dass eine öde Schotterlandschaft die musikalische Entsprechung zu Beethovens Opus 111 war.

Indem sie die Welt ins Dasein sangen, sagte er, seien die Ahnen Dichter in der ursprünglichen Bedeutung des Wortes *poesis* gewesen, das »Schöpfung« besage. Kein Aborigine könne sich vorstellen, dass die erschaffene Welt in irgendeiner Weise unvollkommen sei. Sein religiöses Leben hatte nur ein Ziel: das Land so zu erhalten, wie es war und wie es sein sollte. Ein Mann, der »Walkabout« ging, machte eine rituelle Reise. Er folgte den Fußspuren seines Ahnen. Er sang die Strophen seines Ahnen, ohne ein Wort oder eine Note zu ändern – und erschuf so die Schöpfung neu.

»Manchmal«, sagte Arkady, »wenn ich meine ›alten Männer‹ durch die Wüste fahre und wir zu einer Kette von Sandhügeln kommen, fangen sie plötzlich alle an zu singen. ›Was singt ihr Leute da?‹, frage ich sie, und sie antworten: ›Wir singen das Land herbei, Boss. Dann kommt das Land schneller.‹«

Aborigines konnten nicht glauben, dass das Land existierte, bevor sie es sehen und singen konnten – wie auch das Land in der Traumzeit nicht existierte, bevor die Ahnen es sangen.

»Das Land muss also zuerst als Vorstellung im Kopf existieren?«, sagte ich. »Und dann gesungen werden? Erst dann kann es als existent bezeichnet werden?«

»Richtig.«

»Mit anderen Worten, ›existieren‹ bedeutet ›wahrgenommen werden‹?«

»Ja.«

Kimberley-Plateau, die nördliche Region des australischen Bundesstaates Westaustralien; deren Fläche ist fast so groß wie Deutschland und Österreich zusammen.

Spinnifex, Pflanzengattung innerhalb der Familie der Süßgräser, die vor allem in Australien vorkommen.

Walkabout, das Umherziehen eines australischen Aborigine auf seinen traditionellen Songlines. Im engeren Sinne das Einführungsritual für dreizehnjährige Aborigines (Initiation), die erstmals den Weg ihres eigenen Traumpfades gehen. Für Aborigines, die als Nomaden oder Halbnomaden leben, ist das Umherziehen entlang der ihnen bekannten Songlines ihre normale Lebensweise. Für Aborigines, die zur Sesshaftigkeit übergehen, ist der Walkabout eine Tätigkeit, in der sie ihre Identität bewahren können, indem sie das Ritual, das die Ahnen immer gelebt haben, wieder aufnehmen und weitergeben.

Wallaby, kleine Känguru-Art.

Aboriginal-Mythen

Wie das Land entstand

Zu Anbeginn gab es nur das große Salzwasser. Aus den Tiefen stieg Ungud, die Regenbogenschlange, empor. Steil richtete sie sich auf und warf ihren Bumerang in einem weiten Umkreis über das Meer. Mehrmals berührte der Bumerang auf seinem Flug die Fläche des Salzwassers, und dort schäumte das Wasser auf, und glattes, ebenes Land kam zum Vorschein. Ungud wanderte über dieses neue, weiche Land und legte viele Eier, aus denen neue Urzeitwesen schlüpften. Es waren die Wondjina, und sie wanderten in alle Richtungen.

Warum der Mensch geschaffen wurde

Einige Zeit, nachdem die Sonne die Tiere geschaffen hatte, begannen diese, über die Formen und Eigenarten anderer zu spotten, was großen Ärger, heftige Streitereien und erbitterte Kämpfe zur Folge hatte. Schließlich begannen die einzelnen Tierfamilien, einander zu töten. Voll Kummer und Gram blickte die Sonnenmutter auf die Erde hinab und sah, wie die Geschöpfe, die das Licht und die Wärme ihrer Strahlen ins Leben gerufen hatte, sich gegenseitig vernichten wollten.

Sie rief den weisen Rat des großen All-Vaters zu Hilfe. »Ich glaubte, einen Plan ins Werk gesetzt zu haben, der alles Leben auf Erden ordnet und regelt. Doch unter den Pelztieren, den Vögeln, den Echsen

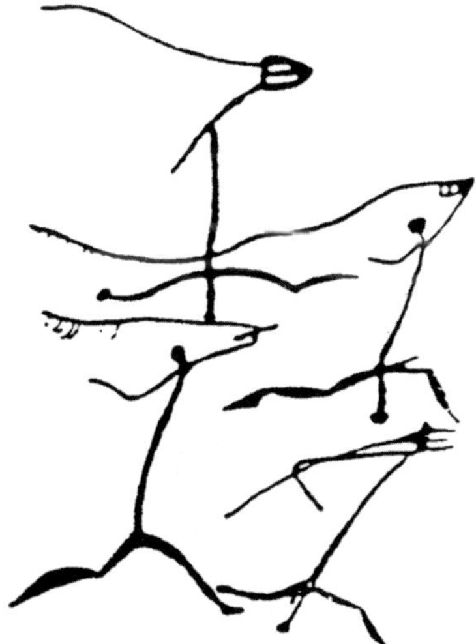

Dynamische Gruppe von laufenden menschlichen Figuren, die mit Speeren werfen. Nationalpark von Kakadu.

und den Fischen fehlt eine ordnende Vernunft. Wir müssen ein Wesen erfinden, das sie alle zu der ursprünglichen Ordnung zurückführt.« Dann beschlossen Sonnenmutter und All-Vater, den Menschen als Wächter dieser Ordnung einzusetzen.

Daraufhin kehrte die Sonne ein letztes Mal auf die Erde zurück und befahl den Winden, in alle Richtungen zu wehen und den Lebewesen ihre Ankunft zu verkünden. Die Winde gehorchten ihr und wirbelten und fegten in alle Himmelsrichtungen davon. Sie tobten über das Meer und warfen gewaltige Wogen auf. Sie stürmten über die Berge und schleuderten Steine und Felsbrocken herum. Furcht und Schrecken verbreiteten sie unter den Tieren, die zusammenliefen, um sich eine Zufluchtsstätte zu suchen. Sie versammelten sich in einer großen Höhle, wo sie vor den tobenden Stürmen sicher waren. Die Sonne ging unter, und die Stürme ließen nach. Zitternd vor Angst kauerten die Tiere in der Höhle.

Als die Sonne am folgenden Morgen ihr Licht über die Erde wandern ließ, war kein Laut zu vernehmen. Die Tiere blieben in der Höhle, stumm und reglos vor Furcht. Da näherte sich der Höhle ein heller Lichtschein. Ein alter Waran kroch zum Höhleneingang und schaute vorsichtig nach draußen. »Was siehst du?«, fragten die anderen Tiere. »Ich sehe etwas Wundersames, ein leuchtendes Ungeheuer mit einem riesigen Auge. Es ist so groß wie der Mond.« Dann sagte der Waran zum Adler. »Schau du es dir an und sag uns, was du siehst.« Der Adler blickte hinaus und erklärte: »Ich sehe eine Gestalt, die etwas größer ist als ein Känguru. Ihre Augen sind kleiner als die des Warans, aber sie leuchten hell, so hell, dass ich unter ihrem Blick zittere!« Nun bat der Adler den Raben hinauszublicken, doch der Rabe fürchtete sich zu sehr vor dem Ungeheuer und erfand eine Ausrede. Da verspottete ihn der Königsfischer und lachte ihn aus.

Jeder wusste, dass der Rabe einer der besten Krieger war, und so wunderten sich alle sehr, dass er nicht den Mut hatte hinauszuschauen und auch den Königsfischer nicht angriff, der ihn einen Feigling genannt hatte. Nach und nach jedoch warfen alle Tiere einen scheuen Blick auf das fremdartige und ehrfurchtgebietende Wesen, das vor ihrer Höhle den blendenden Lichtglanz ausströmte. Niemand konnte es deuten. Drei Tage lang blieben die Tiere in der Höhle. Drei Tage lang wuchsen in ihnen Hunger und Durst. Dann fielen die Starken über die Schwachen her und aßen ihr Fleisch und tranken ihr Blut.

Da trat das Lichtwesen in den Eingang der Höhle und rief die Bachstelzen zu sich. »Geht in die Höhle und verkündet allen Lebewesen, dass sie sich zu einem Berg begeben sollen, um zu erfahren, wer ich bin!«

Die Tiere folgten dem Gebot, traten aus der Höhle, sammelten Nahrung und begaben sich zu dem Berg. Da sahen sie, dass sich im Westen, Osten, Norden und Süden vier Säulen erhoben, die wie hohe

Rauchfahnen aussahen. Dann begannen die Säulen, sich zu drehen und im Kreis über die Ebene auf sie hin zu wirbeln. Näher und näher kamen sie an den Berg heran. Neue Furcht und neuer Schrecken verbreiteten sich unter den Tieren, aber die Bachstelze beruhigte sie: »Fürchtet euch nicht. Es ist der Urvater der Menschen, der sich nähert.« Die vier umherwirbelnden Säulen näherten sich einander und vereinigten sich schließlich zu einer mächtigen Säule, die eine Zeitlang stillstand. Sie sah nun wie eine Wassersäule aus, die langsam niedriger und niedriger wurde. Dann näherte sie sich dem Berggipfel. Auf dem Gipfel angelangt, nahm sie die Form eines riesigen Pilzes an. Ein Blitzschlag spaltete diese Form und offenbarte den Tieren die Gestalt des ersten Menschen, die der All-Vater mit seinen eigenen Gaben der Einsicht, des Verstandes, der Vernunft und der Weisheit ausgestattet hatte. So betrat der erste Mensch die Erde. Er stieg den Berg hinab und begab sich unter die Tiere, um mit ihnen zu reden. Als die Sonnenmutter sah, dass ihr Werk vollbracht war, stieg sie zurück in den Himmel. Danach kehrte sie nie wieder zur Erde zurück.

Gruppe laufender Frauen. Felsbild in Rot von Unbalanja. Die Darstellung lässt auf eine lustvolle, freie und vergnügte Einstellung der Aboriginal-Frauen schließen.

Wie Mutter Sonne die Welt zum Leben erweckte

Einst war die Erde vollkommen dunkel und still; und nichts regte sich auf ihrer öden Oberfläche. In einer tiefen Höhle unter der Nullarbor-Ebene schlief eine wunderschöne Frau, die Sonne. Der große All-Vater weckte sie sanft und hieß sie, ihre Höhle zu verlassen und die Welt zum Leben zu erwecken.

Mutter Sonne schlug ihre Augen auf, und die Dunkelheit schwand, als ihre Strahlen sich über das Land breiteten. Sie holte Atem, und die Luft veränderte sich und erzitterte, und ein milder Wind wehte über das Land. Mutter Sonne begab sich auf eine lange Wanderung von Ost nach West und von Nord nach Süd. Sie wanderte über das öde Land, und überall, wo ihre sanften Strahlen die Erde berührten, kamen Gräser, Büsche und Bäume zum Vorschein, bis das nackte Land mit einem Pflanzenkleid bedeckt war.

In den dunklen Erdlöchern und Erdhöhlen fand Mutter Sonne Lebewesen, die wie sie selbst dort seit undenklicher Zeit in tiefem Schlaf gelegen hatten. Sie weckte die Insekten und sandte sie in die Gräser und in die Bäume und Büsche. Dann weckte sie die Schlangen und Eidechsen und alle anderen Reptilien, und sie krochen aus ihren

Nullarbor-Ebene, auch Nullarbor-Wüste (von lat. *nulla arbor* »kein Baum«), eine flache Karstwüste im südlichen Australien direkt an der Großen Australischen Bucht.

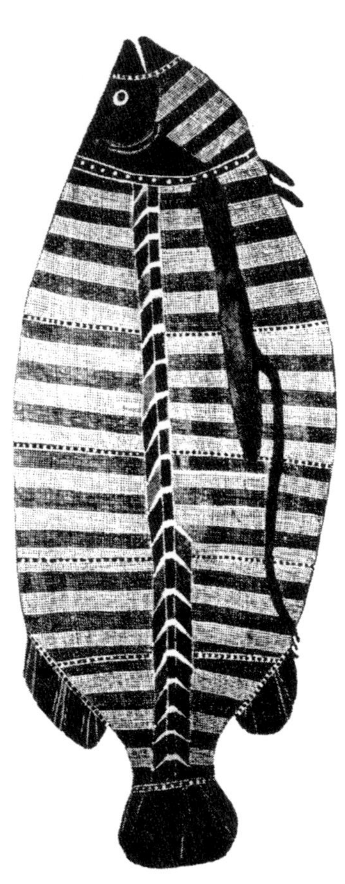

Erdlöchern und belebten die Erde. In der Spur der Schlangen bildeten sich Wasserläufe, in deren Wasser sich die Fische und die anderen Wasserlebewesen verbreiteten. Dann rief die Sonne die übrigen Tiere ins Leben, und sie verteilten sich über die Erde und bevölkerten sie. Dann sprach Mutter Sonne zu ihnen und erklärte, dass sich die Zeiten des Jahres von kalt in heiß und von feucht in trocken verändern würden und schuf so die Jahreszeiten.

Dann wanderte sie den Himmel entlang weit hinüber in den Westen, der Himmel färbte sich rot, und die Sonne verschwand aus der Sicht der Tiere. Als sich die Finsternis wieder über die Erde legte, verbreiteten sich Furcht und Schrecken unter allen Lebewesen, und sie versammelten sich und kauerten eng aneinander in ihrer großen Angst.

Doch dann färbte sich der Himmel wieder rot, und die Sonne stieg im Osten wieder in den Himmel. Und von nun an schenkte die Sonne täglich den Lebewesen auf der Erde eine Zeit des Lichtes, in der sie ihren Angelegenheiten nachgehen konnten, und eine Zeit der Dunkelheit, in der sie sich von den Anstrengungen des hellen Tages erholen und ruhen konnten.

Wie die Menschen das Feuer erhielten

Vor vielen Jahren kam eine Gruppe von Vorzeitwesen aus dem Himmel, die teils Mensch-, teils Tiergestalt besaßen. Sie stiegen durch die Äste sehr hoher Eukalyptusbäume auf die Erde herab, um sich mit den Nachtgeistern zu treffen, die sich tagsüber in leblosen Gegenständen aufhalten. Diese Wesen brachten ein Feuerholz mit sich, und als sie die Erde erreichten, zündeten sie damit ein Lagerfeuer an, um Larven zu rösten, die sie auf ihrem Abstieg in den Bäumen gefunden hatten. Während sie ihre Mahlzeit aßen, wurden sie von den Geistern gerufen und in eine Höhle geführt. Nachdem sie fortgegangen waren, entschloss sich das unbeaufsichtigte Feuer, seine eigenen Wege zu gehen. Es war heiterer Stimmung und hatte nichts als Unfug im Sinn, und so setzte es einen großen Brand in Gang, der den ganzen Wald mit all den riesigen Eukalyptusbäumen niederbrannte. Zu spät bemerkten die Vorzeitwesen den Brand, zu spät riefen sie das Feuer zurück. Die Menschen, die zuvor kein Feuer kannten, waren herbeigeeilt, um Feuerbrände zu sammeln und in ihre Lager zurückzutragen, wo sie die Feuer sorgsam mit trockenem Gras und Zweigen am Leben hielten. Die Nachtgeister und deren Besucher waren darüber sehr aufgebracht. Von nun an ließen sie ihre Feuerhölzer nie wieder unbeobachtet liegen. Und die Menschen haben seit dem Tag des großen Brandes ihre Feuer stets gehütet und in Ehren gehalten.

Wie die Menschen in Stämme eingeteilt wurden

Nachdem die Schöpfung der Welt vollendet war, heirateten Brüder und Schwestern und andere nahe Verwandte wahllos untereinander, bis die schlimmen Folgen einer solchen Willkür deutlich zutage traten. Da wurde eine große Versammlung zusammengerufen, doch niemand wußte den rechten Rat. Nach langem Hin und Her wurde beschlossen, den guten Schöpfergeist Muramura um Rat zu bitten. Dieser gebot nach kurzer Überlegung, dass der Stamm in verschiedene Zweige aufgeteilt werden sollte. Jeder Zweig sollte einen Namen von einer anderen Naturerscheinung ableiten, wie Hund, Känguru, Emu, Regen, Wind und so weiter. Und dass die Angehörigen eines solchen Zweiges zwar mit seiner Erlaubnis miteinander verkehren, aber nicht untereinander heiraten können. Und dass deswegen dem Sohn eines Hundes die Heirat mit einer Tochter eines Hundes verboten sei, aber dass er der Mann einer Beutelratte oder eines Emus sein könnte. Und so war von nun an die erste Frage an einen neuankommenden Fremdling stets: »Welcher Familie gehörst du an?«

Woher Gesänge, Tänze und Gesetze kommen

Vor langer Zeit lebten zwei alte weise Männer, Gagamaran und Gonbaren, die sehr gut waren. Die beiden Männer waren groß, so groß wie ein Korkbaum, und trugen lange Bärte, die bis zu ihren Oberschenkeln herabfielen. Die beiden Alten erfanden und fertigten viele Dinge. Sie erfanden den Yona-Gesang und den Garamede-Tanz, die in den Beschneidungsfeiern verwendet werden. Sie trugen stets drei Gegenstände bei sich, die sie selbst gefertigt hatten und die nur geweihte Männer sehen und berühren durften: das heilige Schwirrholz Galegoro, das Seelenholz Birnnal und den scharfen Feldspatsplitter D'emare, der bei Beschneidungen verwendet wird. Außerdem besaßen sie den schlechten Stein Yagobanda, der schwarz ist, und den guten Stein Gande, der weiß ist und ebenfalls bei der Beschneidung benutzt wird. Gande und D'emare müssen in einer Hülle aus Papierbaumrinde verborgen gehalten werden, damit keine Uneingeweihten sie je sehen oder berühren können. Gagamaran und Gonbaren wanderten in viele Richtungen und brachten das Gesetz, den Yona-Gesang, den Garamede-Tanz und die Sitte der Beschneidung. Überall gaben sie den Menschen die verschiedenen Sprachen.

Känguru. Röntgenbildmalerei auf Baumrinde, die nicht nur eine Außensicht zeigt, sondern auch das Innenleben eines Tieres wahrnehmen lässt.

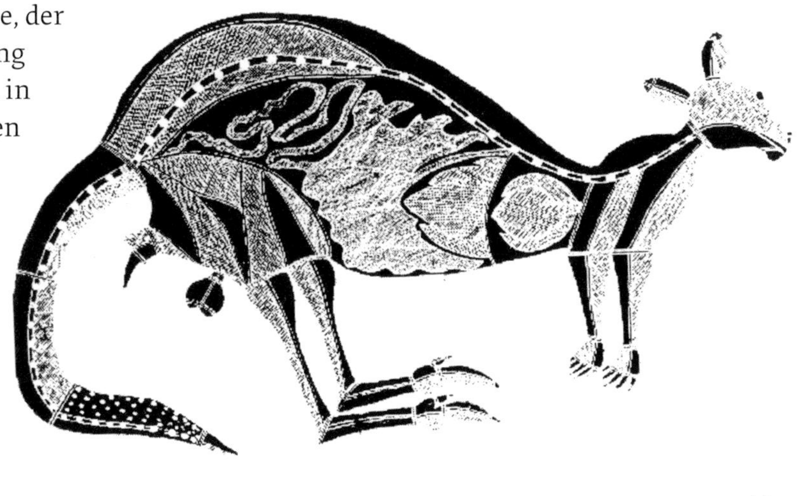

Jetzt wohnen die beiden Alten im Himmel in den großen Sternennebeln. Manchmal kommen sie zur Erde herab und vollbringen gute Werke. Sie helfen den Menschen, über deren Gebiet sie zu Anbeginn gewandert waren. Sie bestrafen deren Feinde, um deren Gebiet sie Feuer legen. Dann trocknet alles aus. Wasserstellen, Bäume, Gras, alles, und die Feinde finden keine Nahrung mehr. Gagamaran und Gonbaren werden in Träumen gesehen. Sie geben den Träumern, die sie im Busch ergreifen, neue Gesänge und neue Tänze. Dann bringt der Mann die neuen Gesänge und Tänze heim ins Lager, wo er sie anderen Männern lehrt.

Eine Szene aus dem Totenkult in Cannon Hill, Arnhem, Australien. Die Szene gliedert sich in zwei Teile. Rechts tragen zwei Gestalten einen Toten; ihnen folgt eine kleinere menschliche Figur, die eine Axt trägt.

Links sind zwei Gestalten für die Jagd ausgerüstet: Eine von ihnen ist größer und zeigt zwei Speere von bemerkenswerter Form und einen Wurfspieß. Die Armmuskeln sind betont. Diese Figur scheint die herausragenden Eigenschaften des Toten hervorzuheben.

Die Prophezeiung

Die Aborigines verbinden weiße Haut mit Toten, da alle nach dem Tod zu weißen Skeletten werden.

Einige der Bilder der Zukunft erfüllten die Alten mit Furcht. Sie sahen eine Zeit, in der die Farbe der schwarzen Menschen blasser und blasser zu werden schien, wie die der Steine, bis überall in Australien nur noch die weißen Gesichter von den Geistern der Toten zu sehen waren. Als zum ersten Mal Weiße nach Australien kamen, vermeinten sie, Geister von toten Menschen zu sehen, die in ihr altes Land zurückkehren, und hießen sie willkommen. Das Traumzeit-Gesetz verlangt, dass die Lebenden Zeremonien abhalten und den Geistern der Toten helfen müssen, den Weg in den Himmel zu finden, wo die toten Geister leben. Die Zeremonien brachten aber nicht die weißgesichtigen Menschen ins Reich des Todes; vielmehr haben die Weißen das Reich des Todes auf die Erde gebracht.

Eskimo

Eskimo ist die Sammelbezeichnung für die indigenen Völker, deren Siedlungsgebiet sich von Nordostsibirien über die Beringstraße und die arktischen Regionen Alaskas und Kanadas bis nach Grönland erstreckt. Die beiden Hauptgruppen sind die Inuit (östliche Eskimo) im Norden Kanadas und auf Grönland sowie die Yupik (westliche Eskimo) auf der russischen Tschuktschen-Halbinsel und in Alaska. Obwohl ihre Siedlungsgebiete geografisch weiträumig und nicht zusammenhängend sind, zeichnen die zu den Eskimo zählenden Volksgruppen eine einheitliche Kultur und enge Sprachverwandtschaft aus.

Als Inuit (Einzahl: Inuk) bezeichnen sich die indigenen Volksgruppen, die im arktischen Zentral- und Nordostkanada sowie auf Grönland leben. Die Bezeichnung Eskimo wird als Oberbegriff benutzt, der auch die verwandten arktischen Volksgruppen der Kalaallit (Grönländer), Iñupiat (in Nordalaska) und Yupik (beiderseits der Beringstraße) umfasst. Zwar möchte die von Inuit gegründete NGO *Inuit Circumpolar Council* den Begriff »Eskimo« allgemein durch »Inuit« ersetzen, doch kommt dieses Wort nicht in allen Eskimosprachen vor. Inuit ist deshalb kein Ersatz für den Terminus Eskimo und ist auch nicht im Wortschatz aller um den Nordpol lebenden Volksgruppen enthalten.

Als sicher gilt heute, dass Eskimo etwa 3000 v. Chr. (lange nach der letzten, etwa 10 000 v. Chr. endenden Eiszeit) von Asien aus über die Beringstraße nach Alaska einwanderten. Gegen 2500 v. Chr. – das Klima der Arktis war damals wärmer als heute – wanderte ein Teil von Alaska bis Grönland. Etwa 1000 n. Chr. erfolgte eine neuerliche Wanderung von Alaska-Eskimo bis Grönland. Dabei handelte es sich um Träger der Neo-Eskimo-Kultur. Diese neu entstandene Kultur wird nach Fundstücken nahe der nordgrönländischen Siedlung Thule als Thule-Kultur bezeichnet; die Zeitspanne der Thule-Kultur umfasst etwa 800 Jahre (von 1000 bis etwa 1800). Die Thule-Eskimo sind die direkten Vorfahren der heutigen Inuit. Zeitlich bestehen fließende Übergänge: Der Zeitraum von 1500 bis 1900 wird als Inuit-Frühgeschichte aufgefasst; als Historische Periode der Inuit bezeichnet man die Zeit seit 1800.

Eine frühe Christianisierung in Grönland verbindet sich mit den dort siedelnden Wikingern um das Jahr 1000. Doch dieses Wikingererbe war nicht dauerhaft. Spätestens um 1550 erlosch die letzte nordische Siedlung in Grönland. Von einer Missionierung der einheimischen Inuit in diesen Jahrhunderten wird nicht berichtet.

In den folgenden 300 Jahren blieb Grönland wegen seiner Unwirtlichkeit fast unbeachtet, bis dänische Walfänger 1721 begannen, dauerhafte Stützpunkte anzulegen. Doch waren dies keine autarken Siedlungen wie zuvor jene der Wikinger; sie blieben stets von Dänemark abhängig. Erst mit der Errichtung von Handelsstationen und der Ankunft des dänisch-norwegi-

David Cranz
Historie
von
Grönland
enthaltend
Die Beschreibung des Landes und der Einwohner &c.
insbesondere
die
Geschichte
der dortigen
Mission
der
Evangelischen Brüder
zu
Neu-Herrnhut
und
Lichtenfels.
Mit acht Kupfertafeln und einem Register.
Barby bey Heinrich Detlef Ebers, und in Leipzig in Commission bey Weidmanns Erben und Reich.
1765.

Titelblatt der Historie von Grönland, *1765.*

schen Pfarrers Hans Egede 1721 begann die protestantische Missionierung der Inuit, an der Herrnhuter Missionare aus Deutschland seit 1731 großen Anteil hatten. Als dann 1776 der »Kongelige Grønlandske Handel« (KGH) das Handelsmonopol über Grönland bekam, übernahm dieser gleichzeitig die Verwaltung der Missionstätigkeit.

Bereits 1765 veröffentlichte der Herrnhuter Missionar David Cranz die *Historie von Grönland enthaltend die Beschreibung des Landes und der Einwohner insbesondere die Geschichte der dortigen Mission der Evangelischen Brüder zu Neu-Herrnhut und Lichtenfels*, ein Werk von 1132 Seiten, zusätzlich ein *Register derer in dieser Historie enthaltenen Materien*. Der umfangreichen Beschreibung des Landes folgt eine ebenso detaillierte Beschreibung der Bevölkerung und ihrer Lebensform:

»Nun sollte ich auch etwas von den Tugenden oder Untugenden der Grönländer melden, insofern man Menschen, die außer Christo, das ist, ohne Gott in dieser Welt leben, und weder Religion noch Obrigkeit haben, und also auch von keinen göttlichen und weltlichen Gesetzen wissen, Tugenden beylegen kann. Ich weiß aber nicht, ob mir eine Abschilderung der moralischen Gemüths-Beschaffenheit dieser Nation ins Ganze gelingen wird. Denn, wie eine jede Nation, ja ein jeder Mensch bald auf der guten, bald auf der schlechten Seite betrachtet, und also von verschiedenen Leuten auf eine andere und gar widersprechende Weise beschrieben werden kan, *laudatur ab his, culpatur ab illis*: so findet man bey dem ersten Anblick unter diesen unwissenden Menschen so viel liebens- und lobenswürdiges, dass unsre Christenheit, wie sie dermaßen steht, bey ihrer treflichen Erkentnis und doch fast durchgängigen Handeln gegen alles natürliche und geoffenbarte Licht, dadurch gar sehr beschämt werden könte … Ich selber habe bey diesen Wilden mehr artiges als unartiges wahrgenommen, weil ich sie meistens auf der guten und selten auf der schlechten Seite gesehen habe … Man hört bey ihnen kein fluchen, schwören, schelten, zanken, schimpfen. In ihren Gesellschaften hört man kein schreien, lautes Gelächter, durcheinander plaudern, widersprechen, disputieren, verleumden und lästern. Und ob sie gleich sehr scherzhaft sind, so hört man doch keinen groben, noch weniger unzüchtigen Scherz, bitteren Spott, Zoten und Narrenentheidungen. Von Lügen, Betriegen und Stehlen hört man selten; Strassenraub und Gewaltthätigkeit ist was unerhörtes, ja man möchte fast auf die Gedanken kommen, dass sie einer des anderen Gut nicht beneiden und begehren …«

Zwar gibt sich der Herrnhuter Autor auf weiteren Seiten Mühe, seine Bewunderung der Grönländer zu dämpfen und die Notwendigkeit ihrer Missionierung zu begründen, doch bleibt das zitierte Urteil grundgelegt.

Knud Rasmussen: Qarrtsiluni

Während eines Sturmes in der Bering-Straße hatten wir bei der hohen Felseninsel Klein-Diomedes Schutz gesucht. Wir ankerten gerade vor Eskimohäusern, die hoch oben an den Felsabhängen erbaut und eher den Nestern der Seevögel als Menschenwohnungen ähnlich waren. Ich ging an Land, um die Männer der Insel zu begrüßen, die wegen ihrer kühnen Seefahrten berühmt sind. Da gewahrte ich auf dem äußersten Vorsprung eines Abhanges ein Haus, das größer und stattlicher war als alle anderen Häuser. Man sagte mir, es sei das *Qagsse*, das alte Festhaus des Ortes, das jetzt von den ältesten Frauen des Stammes bewohnt wird. Die Leute wussten schon, wie gerne ich alten Märchen und Sagen lauschte, und eine Frau erbot sich, mich zur heiligen Stätte des Dorfes zu führen.

Wir krochen durch einen dunklen Hauseingang, der geradezu nach Vorzeit roch. Es war ein langer Gang und so unregelmäßig angelegt, dass überall große Felsstücke vorsprangen und den Weg versperrten, und es schien, als ob jedes von ihnen seine besondere Geschichte hätte, die wir erst hören sollten. Endlich kamen wir zum *Katak*, dem Eingang zum Aufenthaltsraum, einem einfachen Loch mitten im Fußboden, gerade so groß, dass man sich hindurchbohren konnte. Wir kamen nun in den merkwürdigen Raum hinein, der an Größe einer Halle glich. Wände und Decken waren mit grobbehauenem Treibholz bekleidet, seltsamen Baumstämmen, die – aus dem Meere aufgefischt – noch den Rhythmus der Wogen in ihren blankgeschliffenen Linien trugen … Groteske Masken schnitten Gesichter und grinsten aus allen Ecken zwischen den Handtrommeln hervor … und des Hauses Bauholz wirkte wie ein mannhafter Beifall zu all diesem heidnischen Festschmuck, der nun seine Macht über die Gemüter verloren hatte, seitdem ein reformeifriger Schulmeister auf der Insel ansässig geworden war.

Erst nachdem sich die Augen an das Zwielicht gewöhnt hatten, entdeckten wir ganz oben in der Ecke eine Gestalt, die zusammengerollt in einigen Fellen lag. Es war Majuaq, die ihre letzten Tage in der Hitze von drei Specklampen verbrachte, während drei junge Frauen mit ihrer Näharbeit vor den Lampen saßen.

Das war im Geist der neuen Zeit: Das Festhaus war nicht mehr das Versammlungshaus der Männer, sondern die Nähstube für einsame Frauen.

Mit behutsamer Ehrfurcht weckte mein Begleiter die alte Majuaq und flüsterte ihr ins Ohr: »Hier ist ein Mann, der kein Missionar ist, auch kein Handelsmann, sondern ein Mann, der dich nur darum bittet, ihm ein wenig von den Menschen zu erzählen, die in unserem Lande lebten, ehe die weißen Männer ihre Sitten einführten.«

Die alte Majuaq war sofort wach; aber sie schüttelte den Kopf und

Knud Rasmussen (1879–1933), grönländisch-dänischer Polarforscher und Ethnologe. 1910 gründete er zusammen mit seinem Kompagnon Peter Freuchen in Nordgrönland die Handels- und Forschungsstation Thule, die Ausgangspunkt seiner Expeditionen wurde. Den Gewinn der Handelsstation steckte Rasmussen in seine Expeditionen und den Aufbau einer örtlichen Infrastruktur mit Laden, Krankenhaus, freier medizinischer Versorgung und einer Kirche. Zwischen 1912 und 1933 führte Rasmussen sieben Expeditionen durch – die sogenannten »Thule-Expeditionen« – nach Nordgrönland und in die arktischen Gebiete Kanadas und Alaskas. Ziel war neben der geografischen Forschung vor allem die Erforschung und Konservierung der Inuit-Kultur, ihrer Sprache, Mythen und Geschichten. Von besonderer Bedeutung war die 5. Thule-Expedition von 1921 bis 1924, die dem Ziel diente, die Herkunft der Inuit aufzuklären. Im Frühjahr 1923 begann Rasmussen in Begleitung zweier Inuit die längste Hundeschlittenreise in der Geschichte der Arktisforschung, die ihn entlang der Nordküste des nordamerikanischen Festlands innerhalb von sechzehn Monaten bis nach Nome in Alaska führte.

Im Oktober 1933 erkrankte Rasmussen in Ostgrönland an einer Fleischvergiftung und starb am 21. Dezember in einem Kopenhagener Krankenhaus.

Aenne Schmücker (1893–1986), deutsche Ethnologin und Übersetzerin, Expertin für die Kultur der Inuit. Prägend für ihren Werdegang war eine Reise nach Grönland, wo sie Mitarbeiterin des dänischen Ethnologen und Polarforschers Knud Rasmussen wurde. Nach seinem plötzlichen Tode besorgte sie eine Teilherausgabe seines Nachlasses. Sie bearbeitete vier seiner Werke und übersetzte sie ins Deutsche. Auch die hier wiedergegebenen Mythen und der Bericht »Die große Schlittenreise« wurden von Aenne Schmücker übersetzt.

sagte: »Wie soll ich zu einem Mann reden, der unsere Sprache nicht versteht?«

»Er sagt, er wäre einer der Unsrigen«, antwortete mein Führer. Majuaq richtete sich jetzt halb auf und untersuchte mich neugierig. »Wo kommst du her?«

»Aus einem Lande, das mehr als eine Reise von drei Wintern und drei Sommern von deinem Wohnplatz entfernt liegt.«

Majuaq musterte mich mit einem fernen Blick und setzt sich nun ganz auf, bevor sie wieder das Wort ergriff: »Du hast des weißen Mannes Angesicht, aber unsere Sprache. Erzähle mir doch, warum Leute unseres Stammes so weit fortreisten, um neue Wohnplätze zu suchen!«

»Niemand kann es sagen. Es geschah vor vielen, vielen Generationen, damals, als alles anders war als jetzt und in den Zeiten, da man noch mit feindlichen Indianern kämpfen musste. Vielleicht brach man auf, weil man in Frieden zu jagen wünschte.«

»Ach so, das verstehe ich. In meiner Jugend fürchtete man sich noch vor den Indianern und führte Krieg mit ihnen ... Aber sage mir, wie lange bleibst du bei uns? Es fordert Zeit, wenn ich erzählen soll. Meine Stimme ist schwach, und meine Zunge ist schlaff! Ich weiß viel, aber ich erzähle langsam.«

»Ich weiß nicht recht, wie lange«, antwortete ich, denn ich durfte ihr nicht sagen, dass wir unsere Reise fortsetzen mussten, sobald sich das Wetter wieder besserte. Ich merkte schon, dass die alte Majuaq gründlich war wie ein weiser Gelehrter, der in die Tiefe geht, wenn wirklich über Geschichte geredet werden soll. Und sie antwortete mir: »Wer nicht weiß, wann er reisen wird, hat keine eilige Arbeit. Das ist gut. Aber erst muss ich nachdenken, denn wir Alten haben einen Brauch, der Qarrtsiluni heißt.«

»Was ist Qarrtsiluni?«

Die ganze Familie auf der Reise, bekleidet mit neuen Wintertrachten. Vor den Hunden geht eine Frau, dahinter folgen ein Mann und ein kleines Mädchen. Die Zeichnerin, eine Frau aus Iglulik, hat sich besonders bemüht, den Schnitt und die Muster der Kleider darzustellen.

»Das werde ich dir jetzt erzählen, aber mehr bekommst du heute auch nicht zu hören.«

Und nun erzählte Majuaq mit großen Handbewegungen, unaufhörlich ihre krummen Arme schwingend:

»In alten Tagen feierten wir jeden Herbst große Feste zu Ehren der Seele des Wales, und diese Feste mussten stets mit neuen Liedern eröffnet werden, die von den Männern zusammengestellt wurden. Man sollte die Geister mit neuen Worten anrufen; alte Lieder durften nie gesungen werden, wenn Männer und Frauen tanzten, um den großen Fangtieren zu huldigen. Und da hatten wir den Brauch, dass in jener Zeit, in der die Männer ihre Worte zu diesen Hymnen erfanden, alle Lampen ausgelöscht werden mussten. Es sollte dunkel und still im Festhaus sein. Nichts durfte stören, nichts zerstreuen. In tiefem Schweigen saßen sie in der Dunkelheit und dachten nach, alle Männer, sowohl die alten wie die jungen, ja, sogar die kleinsten Knäblein, wenn sie nur eben so groß waren, dass sie sprechen konnten. Diese Stille war es, die wir ›Qarrtsiluni‹ nannten. Sie bedeutet, dass man auf etwas wartet, das aufbrechen soll.

Denn unsere Vorväter hatten den Glauben, dass die Gesänge in der Stille geboren werden, während alle sich nur dazu anstrengen, schöne Gedanken zu denken. Dann entstehen sie im Gemüt der Menschen und steigen herauf wie Blasen aus der Tiefe des Meeres, die Luft suchen, um aufzubrechen. So entstehen die heiligen Gesänge.«

Das war alles, was Majuaq mir erzählen konnte. Im Laufe der Nacht legte sich der Wind, und wir setzten unsere Reise fort. Aber in einem einzigen Wort gab sie mir eine schlichte Würdigung des demütigen Ernstes, der notwendig ist, wenn man anderen wirklich Anteil geben will an dem, was aus der heiligen Tiefe des menschlichen Gemütes kommt.

Alle wahre Weisheit findet man nur ferne von den Menschen, draußen in der großen Einsamkeit, und sie kann nur erlangt werden durch Leiden. Entbehrungen und Leiden sind die einzigen Wege, den Sinn eines Menschen für das zu öffnen, was den anderen verborgen ist.

Rentiereskimo Igjugarjuk

Knud Rasmussen: Schamanenreise

Will ein Schamane Takánakapsâluk besuchen, so sitzt er auf der Schlafstelle hinter einem Vorhang, und er darf dabei nichts weiter auf dem Leib tragen, als seine Kamikker (Stiefel aus Seehundfell) und Fausthandschuhe. Einen Schamanen, der sich auf diese Reise vorbereitet, nennt man »einen, der auf den Grund des Meeres hinunterfällt«. Aber niemand weiß wirklich, wie diese Reise tatsächlich stattfindet. Einige behaupten, nur die Seele oder der Geist gehe auf die Reise, aber andere erklären, es sei der Schamane selbst, der in die Unterwelt hinabsteige …

Wenn dieser Fall eintritt, versammeln sich alle erwachsenen Mitglieder der Gemeinschaft in dem Haus, von wo aus der Schamane aufbricht. Sobald er die richtige Stellung eingenommen hat – im

Mary Pitseolak: Der Mensch auf dem Schlitten wird von einer Geistergans durch den Nachthimmel gezogen. Es ist eine Reise, welche die Seele des Menschen macht, während der Körper bewusstlos ist.

Eines Morgens gegen Ende Oktober 1924 erwachte ich zum letzten Mal in dem kleinen Holzhaus, das ich über einen Monat vor der Stadt Nome (Alaska) bewohnt hatte ... Das Schicksal will es, dass ich an diesem letzten Morgen den Besuch eines Geisterbeschwörers bekomme, einer der wenigen, die noch übrig geblieben sind in dieser Gegend. Unsere Unterhaltung gestaltete sich folgendermaßen:

»Woraus besteht der Mensch?«

»Aus dem Körper, wie du ihn siehst, aus dem Namen, den du von einem Gestorbenen geerbt hast, und dann noch aus etwas anderem, einer rätselhaften Kraft, die wir Yutir nennen, der Seele, demjenigen, das allem Lebenden Leben, Form und Aussehen verleiht.«

»Wie, findest du, leben die Menschen?«

»Zerstreut, weil sie alles durcheinander mischen, schwach, weil sie niemals ein einziges Ding auf einmal machen können ...«

»Woher weiß du dies alles?«

»Ich habe in der Dunkelheit geforscht. Ich bin in der großen, einsamen, schweigenden Dunkelheit still gewesen. Da wurde ich Geisterbeschwörer durch Visionen und Träume. In der Zeit unserer Vorväter waren die Geisterbeschwörer einsame Männer. Nun sind sie alle Priester oder Ärzte, Wetterpropheten, Zauberkünstler oder pfiffige Kaufleute, die gegen Bezahlung arbeiten. Die Alten opferten sich um des Gleichgewichts im Universum willen, um großer Dinge willen, um unermesslich, unergründlich großer Dinge willen.«

»Glaubst du an eine von all den Mächten, über die du sprichst?«

»Ja, ich glaube an eine Kraft, die wir Sila nennen, und die in einfachen Worten nicht zu erklären ist. Ein starker Geist, der Erhalter des Universums, des Wetters, ja, des ganzen Erdenlebens – so gewaltig, dass seine Rede zu den Menschen nicht durch gewöhnliche Worte hörbar wird, sondern durch Stürme, Schneefall, Regenschauer, Meeresaufruhr, durch all die Kräfte, vor denen der Mensch Furcht hat. Aber er

Winter auf dem Boden aus festgestampftem Schnee, im Sommer auf der bloßen Erde –, müssen die anwesenden Frauen und Männer alles Beengende an ihrer Kleidung, die Schnallen ihres Schuhwerks und den Hosenbund lösen und dann mit geschlossenen Augen still sitzenbleiben; alle Lampen sind gelöscht oder brennen mit so kleiner Flamme, dass der Raum praktisch dunkel ist.

Der Schamane sitzt eine Zeitlang schweigend und tief atmend, und nach einer Weile beginnt er, die helfenden Geister anzurufen; dabei spricht er immer wieder den Satz: »Der Weg ist für mich bereitet, der Weg öffnet sich vor mir«, und darauf müssen alle im Chor antworten: »So sei es!«

Wenn die hilfreichen Geister ankommen, öffnet sich die Erde unter dem Schamanen; aber meist schließt sie sich sofort wieder, und der Schamane muss lange Zeit gegen verborgene Mächte kämpfen, ehe er endlich rufen kann: »Jetzt ist der Weg offen!« Alle Anwesenden antworten: »Möge der Weg für ihn offen sein; möge er freie Bahn haben!«

Und jetzt hört man, zuerst unter dem Schlafplatz: »Halala-he-he, halal-he-he-he!« und danach unter dem Gang, aus der Erde wieder: »Halele-he!« Deutlich hört man, wie der Ruf sich weiter und immer weiter entfernt, bis er sich endlich verliert, und alle wissen jetzt, dass der Schamane auf dem Weg zum Herrscher der Seetiere ist.

In der Zwischenzeit singen die Mitglieder des Haushalts im Chor, und dabei kann es geschehen, dass die zurückgebliebenen Kleider des Schamanen lebendig werden und über den Köpfen der Sänger, die mit geschlossenen Augen dasitzen, im Haus herumfliegen. Man hört die Seufzer und das Atmen von längst Verstorbenen; es sind die Seelen der Namensvettern des Schamanen, die zu Hilfe gekommen sind. Ruft man sie jedoch mit dem Namen an, so verschwindet das Seufzen, und alles ist still im Haus, bis eine andere tote Seele zu seufzen beginnt.

In dem dunklen Haus hört man nur das Seufzen und Stöhnen der Toten, die vor vielen Generationen gelebt haben. Dieses Seufzen und Schnauben erweckt den Anschein, als seien die Seelen wie Meerestiere im Wasser, und zwischen all diesen Geräuschen hört man das Platschen von Lebewesen, die zum Atmen an die Oberfläche kommen.

Knud Rasmussen: Der Geisterbeschwörer Aua

Am 27. Januar 1922 war die Reise lang und mühsam gewesen, und wir wünschten sehr, in einem Haus aufgenommen zu werden, und spähten eifrig nach Menschen aus.

Da schießt plötzlich ein langer Schlitten aus der Dunkelheit hervor, mit dem wildesten Gespann, das ich je gesehen habe: fünfzehn weiße Hunde in voller Fahrt mit sechs Mann auf dem Schlitten! Sie überholten uns mit solcher Geschwindigkeit, dass wir die Luft sausen hören. Dann springt der Kutscher ab. Ein kleiner Mann mit großem Bart, der vollständig vereist ist, kommt auf mich zu, bleibt stehen, und indem er mir nach Art des weißen Mannes die Hand reicht, deutet er auf das Land in Richtung auf seine Schneehütte. Seine klugen Augen ruhen mit großer Lebendigkeit auf mir, und mit einem klangvollen *Qujangnamik* (»ein Dank den Gästen, die da kommen«) entbietet er mir seinen Gruß.

Es ist der Geisterbeschwörer Aua.

Da er sieht, dass meine Hunde nach der langen Tagesreise müde sind, bittet er mich, auf seinem Schlitten Platz zu nehmen. In würdiger, aber bestimmter Weise befiehlt er einem der jungen Männer, meine Hunde zum Wohnplatz zu führen. Auas Hunde heulen vor Fresslust und Heimweh, und bald sausen sie auf die Schneehütten zu. Der Schlitten ist sieben Meter lang; unter jeder Kufe befindet sich eine Schicht gefrorenen Torfs mit einer dünnen Eiskruste darüber. Während unsere Eisenkufen schwer und kreischend über den Schnee gleiten, fährt Auas großer und schwerer Schlitten fast ohne Reibungswiderstand über das Eis dahin. Nach kurzer, aber halsbrecherischer Fahrt kommen wir an einen großen See, wo die Darmhautfenster der Schneehütten uns mit ihrem warmen, rotgelben Schein entgegenleuchten.

Die Frauen am Wohnplatz empfangen uns mit herzlicher Neugier, und Auas Frau Orulo führt mich sofort in ihre Hütte. Zum erstenmal betrete ich eine große Anlage kunstfertig zusammengefügter Schneehäuser. Die fünf kuppelförmigen

hat auch noch eine andere Art, sich zu offenbaren, nämlich durch Sonnenschein, Meeresstille oder kleine, unschuldig spielende Kinder, die nichts verstehen. Die Kinder hören eine feine und schüchterne Stimme. Sie spricht zu ihnen im Ton des Geheimnisses, aber so freundlich, dass sie nicht bange werden ... In guten Zeiten hat Sila den Menschen nichts zu melden, er ist verschwunden, solange die Menschen das Leben nicht missbrauchen, sondern Ehrfurcht vor ihrer täglichen Nahrung hegen.

Niemand hat Sila gesehen. Sein Wohnort ist so geheimnisvoll, dass er zur gleichen Zeit bei uns und unendlich weit fort ist.« –

Möge diese machtvolle Verkündigung das letzte Wort meines Buches sein, in dem ich versucht habe, den eskimoischen Geist zu schildern. In wenigen Jahren wird diese Religion eine Saga sein, und der weiße Mann wird sich alles unterworfen haben, die Lande und die Menschen, ihre Gedanken, ihre Visionen und ihren Glauben.

Helen Kalvak, Mückentraum. Fünf Mücken bedrängen einen Eskimo; sie vermitteln aber auch geheimes Wissen der Tierwelt.

Hütten erheben sich in kühnen Wölbungen. Sie sind durch einen langen Gang miteinander verbunden; an diesem Hausgang sind viele Vorratskammern angeschlossen, die wie selbständige Hallen wirken. Ein System von Gängen zieht sich von Haus zu Haus, so dass man Besuche machen kann, ohne ins Freie zu müssen. Hier wohnen sechzehn Menschen in verschiedenen Hütten. Orulo geht mit mir von einer Schlafbank zur anderen und erzählt mir von den einzelnen Bewohnern …

Der Schamane Arnaqaoq, der in den folgenden Bleistiftzeichnungen seine Geistervisionen wiedergegeben hat.

Ich kam zum ersten Mal in eine größere Eskimofamilie, und die patriarchalischen Verhältnisse machten einen tiefen Eindruck auf mich. Aua war der unumschränkte Hausherr, der über alle und alles verfügte. Aber Humor und Herzlichkeit sprachen aus der Art, in der er und seine Frau miteinander redeten und ihren Hausgenossen Befehle erteilten.

Nach der kalten Tagesreise tat es gut, sich mit warmem Tee zu stärken. Da uns gleich darauf ein großer, frischgekochter Hase vorgesetzt wurde, dauerte es nicht lange, bis wir ein sattes Wohlbehagen empfanden und in die weichen Rentierfelle auf den Schlafbänken krochen.

Knud Rasmussen: »Wir fürchten«

Kurz nachdem Arnaqaoq seine Eltern verloren hatte, kam dieser betrübte Geist zu ihm und sagte: »Du brauchst dich nicht vor mir zu fürchten. Auch ich kämpfe mit traurigen Gedanken, darum will ich dir folgen und dein Hilfsgeist sein.« Er hat gewaltiges, struppiges Haar, das senkrecht in die Höhe steht. Jedes Auge ist in zwei Abteilungen geteilt, und der große Mund sitzt senkrecht, mit einem langen Zahn oben und zwei kürzeren an der Seite. Seine Spezialität ist es, Leute zu finden, die das Tabu gebrochen haben.

Der sichtbaren Welt stand bei den eskimoischen Völkern eine unsichtbare gegenüber. Alle Gegenstände, jede wahrnehmbare Erscheinung, selbst abstrakte Begriffe wurden als lebend gedacht. Die hinter allem stehenden Mächte galten den Eskimo teils freundlich, teils feindlich gesinnt. Zwar kannten sie eine in allem wirkende Lebenskraft, doch beherrschte sie im täglichen Leben ein stark entwickelter Geisterglaube.

Mehrere Abende hindurch hatten Aua und ich Lebensregeln und Tabubrüche erörtert. Wir kamen nicht über ein langes und umständliches Aufzählen dessen hinaus, was erlaubt und was verboten war. Alle wussten ganz genau, was in einem bestimmten Fall geschehen musste; aber jedesmal, wenn ich mit meiner Frage nach dem Warum kam, blieben er mir die Antwort schuldig. Es schien ihm wohl widersinnig zu sein, dass ich nicht nur eine Beschreibung, sondern auch eine Begründung ihrer religiösen Vorstellung haben wollte. Gewöhnlich hatte Aua das Wort, und da er mir noch immer die Antwort schuldig blieb, erhob er sich, wie von einer plötzlichen Eingebung ergriffen, und bat mich, mit ihm hinauszugehen …

Der kurze Tag war längst dem Zwielicht des Nachmittags gewichen; aber da der Mond schien, konnte man noch ziemlich weit sehen. Weiße, zerfetzte Wolken jagten am Himmel dahin, und wenn die Windstöße über den Wohnplatz fuhren, füllten sich Augen und

Mund mit Schnee. Aua schaute mich an, und indem er auf das Eis wies, wo der Schneesturm raste, sagte er:

»Um zu jagen und glücklich leben zu können, brauchen die Menschen ruhiges Wetter. Warum denn dieser ständige Schneesturm und alle diese Beschwerden? Warum! Warum?«

Wir waren gerade zu der Zeit draußen, als die Männer vom Atemloch zurückkehrten. Sie kamen in einzelnen Gruppen und schleppten sich vornübergebeugt durch den Wind, der ihnen so hart zusetzte, dass sie bei jedem neuen Windstoß stehen bleiben mussten. Keiner von ihnen hatte einen Seehund im Schlepptau; ein ganzer Tag war vergeblich gewesen.

Ich konnte Auas »Warum« nur mit einem stillen Kopfschütteln beantworten. Dann führte er mich in Kuvdlos Haus, das neben unserem lag. Die kleine Specksteinlampe brannte mit so schwacher Flamme, dass nicht die geringste Wärme aufkam, und ein paar kleine frierende Kinder krochen in einer Ecke der Schlafbank unter eine Decke aus Rentierfell zusammen.

Wieder schaute Aua auf mich und fragte: »Warum muss es hier so kalt und ungemütlich sein? Kuvdlo ist den ganzen Tag auf der Jagd gewesen, und wenn er einen Seehund erlegt hätte, so wie er es verdiente, würde seine Frau nun lachend bei der Lampe sitzen und sie hell leuchten lassen, ohne fürchten zu müssen, dass ihr Vorrat nicht bis zum nächsten Tag ausreicht. Und es würde warm und gemütlich hier drinnen sein, und die Kinder könnten sich am Dasein freuen. Warum kann es nicht so sein? Warum?«

Da ich nicht antwortete, führte er mich hinaus und ging mit mir zu seiner alten Schwester Natseq, die allein in einer kleinen Schneehütte wohnte, denn sie war krank. Sie sah kraftlos und mager aus und lebte nicht einmal bei unserem Besuch auf. Seit mehreren Tagen hatte sie einen bösartigen Husten, der tief aus der Lunge zu kommen schien, und es sah so aus, als ob sie nicht mehr lange leben würde. Zum dritten Mal schaute Aua mich an und fragte:

»Warum müssen Menschen krank sein und leiden? Wir alle fürchten uns vor Krankheit. Meine alte Schwester hier hat – soweit wir Menschen sehen können – nichts Böses getan. Sie hat ein langes Leben gelebt und starke Kinder geboren, und nun muss sie leiden, bevor sie ihre Tage beendet. Warum? Warum?«

Damit war unser Zwiegespräch zu Ende; wir kehrten in unser Haus zurück und setzten unsere unterbrochene Unterhaltung mit den andern fort.

»Da siehst du«, sagte Aua, »auch du kannst keinen Grund angeben, wenn wir dich fragen, warum das Leben so ist, wie es eben ist. Und so soll es sein! Alle unsere Bräuche kommen vom Leben und gehen zum Leben; wir erklären nichts, wir glauben nichts; aber in dem, was ich dir jetzt gezeigt habe, liegt unsere Antwort.

Igluk oder der Dröhner. Wenn es draußen in den Bergen dröhnt, ist er der Urheber des Lärms. Niemand weiß, wo er sich aufhält. Er ist anders beschaffen als alle anderen Lebewesen. Seine Arme und Beine sitzen hinten am Körper, seine gewaltigen Augen dicht an den Armen, während die Nase sich in den Mund verkrochen hat. Der Mund öffnet sich zu einem dunklen Schlund, und wenn die Kiefer sich bewegen, hört man das Dröhnen vom Land her.

Der Geist Nujaliaq, »dasHaarweib«, zeigt langes verwildertes Haar, das nach allen Seiten steht, nur einen Arm, kaum einen Körper, nur ein Hinterteil. Das Gesicht ist schneeweiß, sofern es nicht mit einem schwarzen Leder bedeckt ist. Sie hält einen Robbenlederriemen, mit dem sie Rentiere fängt.

Wir fürchten!

Wir fürchten das Wetter der Erde, mit dem wir kämpfen müssen, um Land und Meer unsere Nahrung zu entreißen.

Wir fürchten Not und Hunger in den kalten Schneehütten.

Wir fürchten die Krankheit, die wir täglich ringsum erleben; nicht den Tod fürchten wir, sondern das Leiden.

Wir fürchten die Seelen der toten Menschen und der getöteten Tiere.

Wir fürchten die Geister der Erde und der Luft.

Darum haben sich unsere Väter mit all den alten Lebensregeln gewappnet, die auf der Erfahrung und der Lebensweisheit vieler Geschlechter aufgebaut sind. Wir kennen ihren Ursprung nicht und ahnen nicht ihren Grund; aber wir befolgen sie, um sorglos leben zu können. Und so unwissend sind wir trotz unserer Geisterbeschwörer, dass wir all das fürchten, was wir nicht kennen. Wir fürchten, was wir ringsum sehen, und wir fürchten, was wir aus den Erzählungen und Mythen der Vorväter kennen. Darum haben wir unsere Bräuche, und darum befolgen wir unsere Vorschriften.«

Sagluaq vom Colville-Fluss: Wie die heilige Gabe des Festes zu den Menschen kam

Es war einmal eine Zeit, da die Menschen keine Freude kannten. Ihr ganzes Leben bestand aus Arbeit, Essen, Verdauung und Schlaf. Ein Tag verging ihnen wie der andere. Sie schliefen nach ihren Mühen ein, um nur zu neuer Anstrengung zu erwachen. Und ihr Sinn verzehrte sich in Einförmigkeit.

In diesen Zeiten lebte ein Mann mit seiner Frau einsam in einem Dorf, nicht weit vom Meer entfernt. Sie hatten drei Söhne, die gerne ebenso große Jäger werden wollten wie ihr Vater. Und Vater und Mutter waren stolz auf sie; denn sie sollten ihre Stütze werden im Alter und ihnen Nahrung verschaffen, wenn sie es selbst nicht mehr vermochten.

Aber da geschah es, dass zuerst der älteste Sohn auf der Jagd verschwand und dann der zweitälteste. Sie kamen nicht zurück und hinterließen keine Spur. Vater und Mutter trauerten tief über ihren Verlust und achteten nun ängstlich auf den jüngsten Knaben, der Teriaq hieß. Weil aber Jäger nicht ihr ganzes Leben in Angst verbringen können, durfte der Knabe gehen, wohin er Lust hatte, tief ins Land hinein.

Eines Tages war Teriaq wie gewöhnlich auf Rentierjagd. Da erblickte er einen gewaltigen Adler, einen großen jungen Adler, der über ihm kreiste. Teriaq nahm hurtig seine Pfeile hervor. Da senkte sich der Adler herab und setzte sich ein wenig von ihm entfernt auf die

Erde. Er streifte seine Kapuze vom Kopf und wurde zum Menschen. Und er sprach zum Rentierjäger und sagte: »Ich bin es, der deine beiden Brüder getötet hat. Ich werde auch dich töten, wenn du mir nicht versprichst, Gesangfeste zu feiern, sobald du nach Hause kommst. Willst du oder willst du nicht?«

»Ich will es gerne, aber ich begreife nicht, was du sagst. Was ist Gesang? Was ist Fest?«

»Willst du oder willst du nicht?«

»Ich will gern, aber ich weiß nicht, was es ist.«

»Wenn du mir folgst, wird meine Mutter dich lehren, was du nicht verstehst. Deine beiden Brüder verschmähten die Gabe des Gesanges und des Festes; sie wollten nicht lernen; darum tötete ich sie. Nun kannst du mir folgen, und sobald du gelernt hast, Worte zu einem Gesang zusammenzusetzen und diesen zu singen, und sobald du gelernt hast, vor Freude zu tanzen, wird es dir frei gestattet sein, in dein Dorf zurückzukehren.«

»Ich komme mit«, antwortete Teriaq. Dann brachen sie auf. Der Adler war nun kein Vogel mehr, sondern ein großer und kräftiger Mann im schimmernden Gewand aus Adlerfedern. Sie gingen und gingen weit bis zu einem hohen Berge, den sie zu besteigen begannen. Als sie sich dem Berggipfel näherten, hörten sie plötzlich einen pochenden Laut, der stärker und immer stärker wurde, je näher sie dem Gipfel kamen. Es hörte sich an wie der Schlag von gewaltigen Hämmern, und so stark war das Dröhnen, dass Teriaq die Ohren sausten.

»Kannst du etwas hören?«, fragte der Adler.

»Ja, einen seltsamen, ohrenbetäubenden Laut, den ich niemals je zuvor gehört habe!«

»Es ist meiner Mutter Herz, das klopft«, antwortete der Adler.

Dann kamen sie zum Haus des Adlers, das oben auf dem Gipfel erbaut war. Drinnen auf der Schlafbank saß ganz allein die Mutter des Adlers, alt, hinfällig und betrübt. Der Sohn ergriff das Wort und sagte:

»Hier ist ein Mann, der versprochen hat, ein Gesangfest zu halten, wenn er nach Hause kommt. Aber er sagt, dass die Menschen nicht verstehen, Worte zu einem Gesang zusammenzusetzen, und sie verstehen auch nicht, die Trommel zu schlagen und vor Freude zu tanzen. Mutter, die Menschen verstehen nicht, ein Fest zu feiern, und nun ist dieser junge Mann gekommen, um es zu lernen!«

Die Gabe des Festes

Diese Ursprungsmythe eines Naturvolks beschreibt das Fest als göttliche Gabe: Es stiftet Gemeinschaft zwischen den Menschen ebenso wie Übereinkunft mit der göttlichen Welt; es schafft Freude und neues Leben. »Man wird auf eine Ebene gehoben, wo man selbst göttlich wird und an der Schöpfung teilnimmt«, beschreibt Karl Kerényi den mythischen Charakter des Festes, und entsprechend kühn heißt es auch hier: »So gewaltig war die Macht des Festes, dass selbst Tiere zu Menschen wurden.«

Natürlich ist die alte Adlerin als eine hohe göttliche Macht zu verstehen. Spuren dieser Sichtweise finden sich bis zum Tage im politischen Leben: Vor dem Bild eines übergroßen Adlers findet die Gesetzgebung im Reichstag statt. Alle Bundesministerien tragen das Adlersymbol. Selbst unsere Münzen zeigen auf ihrer Rückseite den Adler als Hoheitszeichen.

Insgesamt stehen Mensch und Tier in einem magischen Zusammenhang. »Der Adler streifte seine Kapuze vom Kopf und wurde zum Menschen.« Oder: »Als das Morgenlicht ins Festhaus schien, nahmen die Gäste Abschied. Während sie in wildem Getümmel aus dem Haus stürzten, fielen sie

Eskimoischer Steindruck aus Kap Dorset, 1963.

alle vornüber auf ihre Hände und sprangen fort auf allen vieren. Jetzt waren sie keine Menschen mehr, sondern verwandelten sich in Wölfe, Vielfraße, Luchse, Silberfüchse, Kreuzfüchse, ja, in alle Tiere des Waldes. Das waren die Gäste, die der alte Adler geschickt hatte, damit Vater und Sohn nicht vergebens bitten sollten. So gewaltig war die Macht des Festes, dass selbst Tiere zu Menschen wurden.« In späteren Kulturen mag es oft umgekehrt sein, doch wenn das Fest als heilige Gabe verstanden wird, lässt es alle Feiernden an dieser humanisierenden Kraft teilhaben. Davon bleibt selbst die göttliche Welt nicht ausgenommen, »denn wenn die Menschen Feste feiern, werden alle alten Adler jung«.

Wie jede Mythe verbindet auch diese Erzählung die Gegenwart mit dem schöpferischen Anfang: Es ist ein »mitlaufender Anfang«, der gegenwärtig setzt, was in principio geschehen ist.

Auch in biblischer Sicht ist ein Fest heilige Gabe. Psalm 118,24 nennt das Fest »den Tag, den Jahwe gemacht hat«. Außerhalb einer göttlichen Stiftung gibt es für Israel keinen Feiertag. Darum steht es niemandem frei, sich seinem Anspruch zu entziehen. Im gleichen Sinne hat auch der Sabbat seine Gründung *in principio*: »Und Gott vollendete am siebenten Tag sein Werk, das er gemacht hatte, und er ruhte am siebenten Tag von all seinem Werke und segnete den siebenten Tag und heiligte ihn« (Gen 2,2–3a).

Diese Worte brachten großes Leben in die alte, hinfällige Adlermutter, und ihre müden Augen leuchteten plötzlich auf, während sie sagte:

»Zuerst müßt ihr ein Festhaus bauen, in dem sich viele Menschen versammeln können.« Da bauten die beiden jungen Männer das Festhaus, das größer und schöner ist als gewöhnliche Häuser. Und als es fertig war, lehrte sie die Adlermutter, Worte zu einem Gesang zusammenzusetzen und die Töne zusammenzufügen, sodass sie zu Melodien wurden. Sie fertigte eine Trommel an und lehrte sie, die Trommel im Takt zu den Liedern zu schlagen, und sie zeigte ihnen, wie man zu den Gesängen tanzen muss. Als Teriaq das alles gelernt hatte, sagte sie:

»Vor jedem Fest sollt ihr viel Fleisch sammeln und dann viele Menschen einladen. Dies sollt ihr tun, wenn ihr euch ein Festhaus gebaut und eure Lieder gedichtet habt; denn der Menschen Zusammensein in der Freude erfordert große Festgelage!«

»Aber wir wissen von keinen anderen Menschen als von uns selbst«, antwortete Teriaq.

»Die Menschen sind einsam, weil sie noch nicht die Gaben des Festes erhalten haben«, sagte die Adlermutter. »Trefft nun eure Vorbereitungen, so wie euch gesagt habe. Wenn alles bereit ist, sollst du hinausgehen, um nach Menschen zu suchen …«

Darauf zog der junge Adler sein schimmerndes Gewand wieder an und bat seinen Gast, sich auf seinen Rücken zu legen und die Arme um seinen Hals zu schlingen. Dann flog er ihn den Berg hinunter zu jener Stelle, wo sie sich getroffen hatten. Sie waren Freunde geworden und trennten sich nun. Teriaq aber eilte nach Hause zu seinen Eltern und erzählte ihnen alles, was er erlebt hatte. Und mit diesen Worten beschloss er seinen Bericht: »Die Menschen sind einsam und leben ohne Freude, weil sie kein Fest zu feiern verstehen. Nun haben mir die Adler das heilige Geschenk des Festes gegeben, und ich habe gelobt, alle Menschen an der Gabe teilnehmen zu lassen.«

Vater und Mutter lauschten verwundert und schüttelten ungläubig das Haupt; denn wer niemals sein Blut heiß werden und nie sein Herz in Erregung schlagen fühlte, kann des Adlers Geschenk mit seinen Gedanken nicht erfassen. Aber sie taten alles, was die Adler verlangt hatten …

Sobald die Vorbereitungen getroffen waren, ging Teriaq hinaus, um die Leute zum Fest einzuladen. Zu seinem großen Erstaunen entdeckte er nun, dass er und seine Eltern nicht mehr einsam waren wie stets zuvor. Er traf plötzlich überall Menschen, aber nur zu zweit, seltsame Menschen, einige in Wolfspelze gekleidet, andere in Felle von Vielfraß, Luchs, Rotfuchs, Silberfuchs, Kreuzfuchs, ja, in Pelze von allen Tierarten. Teriaq lud sie zum Gastmahl in ihrem neuen Festhaus ein, und sie folgten ihm alle mit Freuden. Dann hielten sie das Gesangfest ab – ein jeder brachte seine eigenen Lieder vor. Man lachte, erzählte und lärmte; und die Menschen waren sorgenfrei und froh, wie sie nie zuvor gewesen waren. Gastmähler wurden abgehalten, Fleischgaben ausgetauscht, Freundschaften geschlossen. Die Nacht verging, und erst als das Morgenlicht ins Festhaus schien, nahmen die Gäste Abschied. Aber während sie in wildem Getümmel aus dem Haus stürzten, fielen sie alle vornüber auf ihre Hände und sprangen fort auf allen vieren. Jetzt waren sie keine Menschen mehr, sondern verwandelten sich in Wölfe, Vielfraße, Luchse, Silberfüchse, Kreuzfüchse, ja, in alle Tiere des Waldes. Das waren die Gäste, die der alte Adler geschickt hatte, damit Vater und Sohn nicht vergebens bitten sollten. So gewaltig war die Macht des Festes, dass selbst Tiere zu Menschen wurden.

Kurz darauf geschah es, dass Teriaq wieder draußen war, um zu jagen, und wieder traf er den Adler. Dieser schlug sofort seine Kapuze zurück und wurde zum Menschen, und sie gingen zusammen zur Adlerwohnung hinauf, denn die alte Adlermutter wollte noch einmal den Mann sehen, der das erste Fest der Menschen gefeiert hatte.

Holzschnitte von Kurt Federlin (1912–1986).

Aber schon ehe sie sich dem Gipfel genähert hatten, kam ihnen die Adlermutter entgegen, um zu danken, und siehe: Die alte, hinfällige Adlerin war wieder jung geworden. Denn wenn die Menschen Feste feiern, werden alle alten Adler jung.

Panik vom Utukok-Fluss: Die Seele des Wals und das brennende Herz

Zentrale Gestalt dieser Mythe ist ein Rabe. Wie die Tiere in anderen Mythen und Märchen begegnet der Rabe ganz menschlich. Mensch und Tier stehen in einer tiefen, inneren Beziehung, aus der heraus sie ihr Erscheinungsbild wie ein Kleid wechseln können. »Da senkte sich der Adler herab und setzte sich ein wenig entfernt auf die Erde. Er streifte seine Kapuze vom Kopf und wurde zum Menschen«, heißt es in der Mythe *Wie die heilige Gabe des Festes zu den Menschen kam*. In anderen Geschichten schlägt ein Tier Schnabel oder Schnauze zurück und wird zum Menschen oder umgekehrt wieder zum Tier. In seiner *Deutschen Mythologie* von 1835 schrieb dazu Jacob Grimm: »Da nach Ansicht des Heidentums die ganze

Es war einmal ein dummer und gespreizter Rabe, der zum Meer flog, weit, weit hinaus. Er flog und blieb am Fliegen, weit und immer weiter, und als er müde wurde und nach Land ausspähte, da war kein Land mehr da. Zuletzt war er so müde, dass er sich nur noch etwas über der Wasseroberfläche halten konnte. Und als plötzlich ein großer Wal dicht vor ihm auftauchte, wurde er so verwirrt, dass er diesem geradewegs in den Schlund hineinflog. Einen Augenblick blieb es dunkel um ihn herum. Es sauste und plätscherte, und als er schon glaubte, sterben zu müssen, taumelte er in ein Haus hinein, in ein schönes und reizendes Haus, wo es hell und warm war. Auf der Schlafbank saß eine junge Frau und machte sich an einer brennenden Lampe zu schaffen. Sie erhob sich, ging freundlich auf den Raben zu und sagte:

»Du bist mir als Gast willkommen, wenn du mir nur einen einzigen Wunsch zu erfüllen gelobst: Du darfst niemals meine Lampe anrühren.«

Der Rabe war glücklich, dass er sein Leben gerettet hatte, und beeilte sich, ihr zu versichern, dass er die Lampe niemals anrühren würde. Dann setzte er sich auf die Schlafbank und wunderte sich, wie fein und rein es in dem kleinen Hause war. Es war ein Haus aus Walfischknochen, gebaut wie die Wohnungen der Menschen, und alles darin war so eingerichtet wie bei den Menschen. Aber eine seltsame Unruhe lag über der jungen Frau; sie saß niemals längere Zeit still; in kurzen Zwischenräumen erhob sie sich von der Schlafbank und schlüpfte zur Tür hinaus. Es dauerte nur einen Augenblick, dann kam sie wieder herein; aber gleich danach war sie wieder fort.

»Was macht dich so unruhig?«, fragte der Rabe. »Das Leben«, antwortete die junge Frau, »das Leben und mein Atemzug.« Aber diese Antwort verstand er gar nicht.

Der Rabe, der nun zur Ruhe gekommen war und seine Angst vergessen hatte, fing an, neugierig zu werden.

»Was kann das sein, dass ich die Lampe nicht anrühren darf?«, dachte er, und jedes Mal, wenn die Frau hinausschlüpfte und er allein blieb, bekam er immer größere Lust, sein Versprechen zu brechen und hinzugehen, um die Lampe – nur ein ganz klein wenig – zu betasten. Zuletzt konnte er seine Neugier nicht länger zügeln, und als die Frau wieder zur Tür hinausschlüpfte, sprang er hin und berührte den Docht der Lampe. Im selben Augenblick taumelte die Frau kopfüber zur Tür hinein, fiel auf den Fußboden und blieb da liegen, während die Lampe erlosch. Zu spät bereute der Rabe, was er getan hatte; er schwankte umher in schwarzer Finsternis, das schöne, helle Haus war nicht mehr da. Er war nahe daran zu ersticken. Er irrte zwischen Speck und Blut umher, und so heiß wurde es, dass seine Federn abfielen.

Halberstickt taumelte er im Bauch des Wals umher, und nun erst begriff er, was geschehen war. Die junge Frau war die Seele der Walin. Sie schlüpfte zur Tür hinaus in die frische Luft jedes Mal, wenn die Walin Atem schöpfen musste, und ihr Herz war eine Lampe mit großer und ruhiger Flamme. Der Rabe hatte aus bloßer Neugier das Herz der jungen Frau berührt, und darum war sie gestorben. Er wusste nicht, dass das Feine und Schöne auch zerbrechlich, vergänglich und leicht zu vernichten ist, denn er selbst war dumm und von zähem Leben. Nun aber kämpfte er um sein Leben in Finsternis und Blut. Alles, was zuvor schön und rein war, war nun hässlich und übelriechend geworden. Endlich glückte es ihm, auf dem gleichen Wege hinauszuschlüpfen, auf dem er hineingekommen war, und da saß er nun, ein halbnackter Rabe, beschmiert und besudelt, auf dem Rücken eines toten Wals. Hier blieb er sitzen und lebte vom Aas, während Wind und Wellen ihn hin und her warfen. Seine Flügel waren zerbrochen durch Hitze und Blut, so konnte er nicht mehr fliegen.

Ein Sturm trieb ihn endlich dem Land zu. Die Menschen sahen den toten Wal und ruderten in ihren Booten hinaus, um Speck und Fett zu bergen. Als der Rabe sie sah, verwandelte er sich augenblicklich in einen Mann, in einen kleinen, hässlichen, dunkelhäutigen und zerzausten, struppigen Mann, der oben auf dem Wale stand. Er sprach gar nicht davon, dass er aus lauter Neugier ein Herz angerührt und etwas Feines und Schönes zerstört hatte; er prahlte nur überheblich: »Ich bin es, der den Wal getötet hat! Ich bin es, der den Wal getötet hat!« Und er wurde ein großer Mann unter den Menschen.

Natur für lebendig galt, den Tieren Sprache und Verständnis menschlicher Rede, den Pflanzen Empfindung zugegeben, unter allen Geschöpfen aber vielfacher Wechsel und Übergang der Gestalten geglaubt wurde, so folgt von selbst, dass einzelnen ein höherer Wert beigelegt, ja, dieser bis zur göttlichen Verehrung gesteigert werden konnte.«

Wenn der Adler – wie vorweg – eine hohe mythische Macht verkörpert, wäre es doch falsch, den Raben abzuwerten. Bei den Alaska-Eskimo ist der Vater Rabe, Tulungersaq, die heilige und schaffende Lebenskraft. Er ist auch der Kulturbringer und gibt den Menschen, was sie zum Dasein brauchen, lehrt sie, das Leben zu bewahren. Wenn er sein Werk getan hat, kehrt er an seinen Ursprungsort zurück. Tiere, die im Leben des Menschen eine Rolle spielen, verkörpern immer Naturmächte innerhalb der eskimoischen Schöpfungsmythen.

Natürlich sagt die vorgegebene Mythe von Beginn an, was von diesem »Raben« zu halten ist: Er wird schon bald als »dumm und gespreizt« vorgestellt. Im Fortgang zeigt ihn die Geschichte als unternehmungslustig, neugierig und unbeherrscht, doch wird seine Wendigkeit schließlich von ihrer Innenseite her einsichtig: Dieser Rabe ist »dumm und von zähem Leben.«

Die erzählte Handlung erschließt sich selbst. Interessant könnte ein Vergleich mit der Geschichte vom verlorenen Paradies in Gen 3 sein. Dem Symbol des Gartens entspricht hier das Symbol des Hauses in einem schützenden Organismus, das dem Raben in einer ansonsten unbehausten Welt Geborgenheit gibt. Dem Lebensbaum in der Mitte des Gartens entspricht die brennende Lampe, die in der Mythe bereits ihre nähere Deutung findet: »Die junge Frau war die Seele der Walin. Sie schlüpfte zur Tur hinaus in die frische Luft, jedesmal wenn die Walin Atem schöpfen musste, und ihr Herz war eine Lampe mit großer und ruhiger Flamme. Der Rabe hatte aus bloßer Neugier das Herz der jungen Frau berührt, und darum war sie gestorben. Er wusste nicht, dass das Feine und Schöne auch zerbrechlich, vergänglich und leicht zu vernichten ist, denn er selbst war dumm und von zähem Leben.«

Indianer

Karl Bodmer, Wah-Menitu-Indianer, um 1842.

Karl Bodmer (1809–1893), Grafiker, Zeichner und Maler. Große Bedeutung für die Ethnologie haben seine von 1832 bis 1834 entstandenen Indianer- und Landschaftsbilder, die sein Auftraggeber, Prinz Maximilian zu Wied-Neuwied ab 1839 in dem Werk *Reise in das innere Nord-America in den Jahren 1832 bis 1834* als kolorierte Aquatinten veröffentlichte. Heute gehören Bodmers Bilder und die Reisebeschreibungen von Maximilian zu Wied-Neuwied zu den wichtigsten Dokumenten über die untergegangenen Indianerkulturen in den Great Plains am Missouri River.

Indianer als einheitliche ethnische Größe gibt es nicht. Die Gesamtheit der Indianer Nordamerikas ist die Summe unzähliger Gruppen, die oft wenig gemeinsam haben. Der Lebensraum, der hier geschildert wird, sind die großen Ebenen (Great Plains) des mittleren und östlichen Nordamerika. Während die Spanier seit 1492 in wenigen Jahrzehnten die Großreiche Lateinamerikas eroberten, gab es im Norden nur gelegentlichen Handel und erst nach 1600 erste dauerhafte Kolonien an der Ostküste.

Die Indianerkultur der großen Plains ist dennoch eine sehr junge Erscheinung und zudem eine kurzlebige. Als 1492 Kolumbus Amerika »entdeckte«, lebten die Völkerfamilien der Sioux und anderer Stämme noch in festen Dörfern im Waldrandgebiet des heutigen North Carolina. Um 1600 hielten sich viele Stämme im Bereich der großen Seen im Quellgebiet des Mississippi auf. Ihre Wanderung dorthin hatte sich über hundert Jahre erstreckt. Eine wesentliche Veränderung der Lebensformen brachte die Verbreitung des Pferdes in den Plains und Prärien mit sich. Ursprünglich ist das Pferd auf dem amerikanischen Kontinent nicht zu Hause. Die Spanier haben es eingeführt und im heutigen Texas und New Mexico Gestüte eingerichtet. Schon um 1630 kamen die ersten Pferde in die Hand von Indianern. Um 1750 verfügten die meisten Präriestämme über Pferde; um 1775 besaßen auch die nördlichen Plainsstämme größere Herden. Für die Bisonjagd und das beständige Leben in den Ebenen wurde das Pferd eine wichtige Voraussetzung. Die Pferde erleichterten die Jagd und den Transport und führten zu einem veränderten Kräfteverhältnis unter den Völkern und damit zu weiträumigen Völkerwanderungen.

Noch vor jeder kriegerischen Handlung hatte die Begegnung mit den Europäern in Nordamerika tödliche Folgen, denn die Indianer besaßen keine Abwehrstoffe gegen Krankheiten wie Pocken, Masern und Grippe. Zahlreiche Völker mitsamt ihrer Kultur und Sprache sind ausgestorben, eine demografische und kulturelle Katastrophe größten Ausmaßes. Doch selbst nachdem es möglich wurde, wie im pazifischen Nordwesten, die Bevölkerung durch Impfung zu schützen, förderten Politiker die Ausbreitung der tödlichen Epidemien oder nahmen sie in Kauf. Welchen Anteil wirtschaftliche Ausbeutung und desolate Sozialverhältnisse, Vernachlässigung, kriegerische Auseinandersetzungen und Epidemien an dieser demografischen Katastrophe hatten – der Tiefpunkt wurde erst in den ersten Jahrzehnten des 20. Jahrhunderts durchschritten – und in welchem Verhältnis sie zueinander standen, wird kaum genau geklärt werden können.

Wie stark die Diskussion darüber in Bewegung geraten ist, zeigt die These, die später beobachteten riesigen Bisonherden seien Weidetiere der Indianer gewesen. Die angewachsene Herdengröße war tatsächlich das Resultat einer Übervermehrung nach dem starken Rückgang der menschlichen Population. Als die Weißen 1769 unter Führung von Daniel Boone in das heutige Kentucky eindrangen, muss das Land mit seinem Tierreichtum selbst diesem erfahrenen Jäger die Sprache verschlagen haben. Seit Mitte des 18. Jahrhunderts entstand hier eine indianische Kulturprovinz, deren Lebensformen mehr als jede andere die spätere Abenteuerliteratur bestimmten.

Wenngleich er den Wildreichtum seines Landes in dieser Fülle nicht mehr erlebt hatte, schilderte ein alter Omaha dem Ethnologen Melvin Randolph Gilmore (1868–1940) immer noch eine paradiesische Welt: »In meinen jungen Jahren war das Land schön. In den Flussauen wuchs Wald: Baumwollbäume, Ahorne, Ulmen, Eichen, Hickorys, Walnussbäume und viele Arten mehr. Im Unterholz wuchsen Reben und Büsche und noch eine Stufe tiefer gediehen viele gute Kräuter und Blumen. Wald und Prärie waren durchzogen von Wildpfaden, und überall sangen Vögel. Wo ich auch ging, sah ich die mannigfachen Formen des Lebens, von Wakanda [von *wakan*, »heilig«] an ihren Ort gesetzt. Die Tiere gingen, flogen, sprangen und spielten herum. Aber nun ist das Gesicht des Landes verwandelt und voller Trauer. Die lebenden Wesen sind dahin. Ich sehe das Land verwüstet und mich bedrückt unsäglicher Kummer. Manchmal wache ich nachts auf, und dann meine ich ersticken zu müssen unter dem Druck dieses fürchterlichen Gefühls der Einsamkeit.«

In Nordamerika gerieten die Indianer schnell in die Minderheit. Ihre Zahl nahm rapide ab, während die der Weißen wuchs. Selbst große Stammeskoalitionen, wie unter den Häuptlingen Pontiac und Tecumseh, wehrten sich vergeblich gegen deren Vordringen. Um 1890 war der letzte Widerstand gebrochen. In den USA eigneten sich die Siedler das als unbearbeitet

»Der malerische und farbige Eindruck, den die Reitervölker Nordamerikas auf die Europäer gemacht haben, geht nicht zuletzt auf die Büffelhautzelte zurück. Besonders am Abend muss ein solches Lager einen zauberischen Reiz ausgestrahlt haben. In allen Behausungen brannten dann die Feuer, aus den Luftklappen wehten blaue Rauchschleier empor, und das gelbe, durch die Lederdecken schimmernde Licht verwandelte die Tipis in große kegelförmige Laternen. Vereinzelte schwarze Bemalungen mit Tieren, Pflanzen und Sternen verstärkten diesen Eindruck noch. Das Merkwürdige aber blieb die Anordnung: die Zelte standen nicht in einem regellosen Haufen beieinander, sondern schlossen einen Kreis um einen weiten, freien Platz« (Werner Müller).

Dieser Tipiring hat für den Sioux-Indianer niemals Zufallscharakter, sondern eine über die äußere Gestalt hinausweisende Qualität. Er verkörpert nämlich den Kosmos in allen seinen Gestaltungen. Die osagischen alten Männer sind nicht müde geworden, diese Sicht einzuhämmern, denn sie schließt das Tor auf, das in ihr Welthaus hineinführt.

Josef Schelbert, Der Ring des Volkes, 1984.

betrachtete Land an und zahlten dafür später geringe Summen. Letztlich lief die Entwicklung auf eine Inbesitznahme des Bodens durch Siedler aus Europa hinaus, deren Zuwanderung gefördert wurde.

Widerstand wurde mit Waffengewalt und Hunger gebrochen, die Indianer mussten in den USA sogar alles Land östlich des Mississippi verlassen. Es wurden Reservate eingerichtet, häufig sogar für mehrere Stämme, die sich kulturell nicht nahestanden. Ende des 19. Jahrhunderts war dieser Prozess in Nordamerika weithin abgeschlossen, die Zahl der Indianer auf einen Bruchteil reduziert. Die anschließend verfolgte Politik der Assimilierung führte die Schulpflicht ein, teils mit Internatszwang, um die Kinder von ihren Familien zu trennen. Missionierungsbemühungen aller christlichen Kirchen verstärkten diese Tendenz, die indianische Kultur auszulöschen. Traditionelle Rituale, wie Sonnentanz und Potlatch waren bis in die 1950er-Jahre verboten, die letzten Reservatsschulen wurden erst in den frühen 1980er-Jahren aufgelöst.

Karl Bodmer, Hütten der Mandan, um 1833.

George Catlin: Ein Dorf der Mandan

Im Jahre 1832 verkaufte ein gelernter Jurist aus Philadelphia seine Bibliothek, verließ Verwandte und Freunde und begab sich für unbestimmte Zeit in den »Wilden Westen« des Landes. Fasziniert vom würdevollen Leben der indianischen Stämme beschloss er, diesem »großen und edlen Menschenschlag« ein »treues und gerechtes Denkmal der Erinnerung« zu setzen. Es wurde eine lange Reise, die George Catlin (1796–1871) zu achtundvierzig Stämmen führte. Sein großartiger Bericht ist bis heute beachtenswert, denn nur wenige Autoren brachten den Indianern so viel Verständnis entgegen wie er, wenngleich auch sein Buch die Wahrnehmung »von außen« nicht verkennen lässt. Catlin schildert ein Dorf der Mandan fast zur gleichen Zeit, als der Schweizer Karl Bodmer das Innere dieser Häuser zeichnete:

Es ist in der Tat alles neu und wild um mich her. Die Hunderte von Wohnungen sind einzig in ihrer Art, sie sind sämtlich mit Erde bedeckt, alle Bewohner sind rot und doch verschieden von allen roten Menschen, die ich gesehen; die Pferde sind wild, jeder Hund ist ein Wolf, alles ist mir fremd, alles Lebende hat den Charakter unzähmbarer Wildheit, und die Toten werden nicht beerdigt, sondern auf Gerüsten getrocknet.

Die Hütten gleichen am meisten umgekehrten Pottasche-Kesseln. Auf ihnen sieht man Gruppen stehen und liegen, deren wilde und malerische Erscheinung schwer zu beschreiben ist. Ernste Krieger stehen hier, gleich Bildsäulen, in ihre bemalte Büffelhaut gehüllt, das Haupt mit den Federn des Kriegsadlers geschmückt ... Dort sieht man, wie der Geliebte das Herz seiner Taih-nah-tai-a durch die Töne seiner einfachen Laute zu rühren sucht. Auf anderen Hütten beschäftigen sich Gruppen mit dem Mokassin- oder Schüsselspiel; andere verfertigen Kleidungsstücke, während noch andere, der Arbeit oder des Vergnügens müde, sich im Sonnenschein dem Schlaf überlassen, und mitten unter diesem wilden und mannigfaltigen Treiben sieht man Hunde, die dem Indianer so nahestehen, dass sie wesentlich zu seiner Existenz zu gehören scheinen.

In der Mitte des Dorfes ist ein offener kreisförmiger Raum von einhundertfünfzig Fuß Durchmesser, der zu allen öffentlichen Spielen und Festen sowie zur Abhaltung ihrer jährlichen Religionsgebräuche dient. Die Hütten um diesen Platz haben sämtlich ihre Türen nach diesem hin, und in seiner Mitte steht ein Gegenstand, der wegen seiner Wichtigkeit bei den religiösen Gebräuchen in großer Verehrung steht ...

Außer den lebenden Wesen sieht man auf den Dächern der Hütten noch Büffelschädel, Kanoes von Fellen, Töpfe und Küchengerät, Wagen und Schlitten, und an schönen Tagen über der Tür der Wigwams, auf 20 Fuß hohen Stangen, die als Siegeszeichen aufbewahr-

George Catlin (1796–1871), gelernter Jurist aus Philadelphia, verließ im Jahr 1832 Verwandte und Freunde, um auf unbestimmte Zeit in den »Wilden Westen« zu gehen. Dort war er von dem »großen und edlen Menschenschlag« der Indianer so fasziniert, dass er von deren Leben und Bräuchen hunderte von Bildern malte. Das Maß an Toleranz und Verständnis, das er damals den Indianern entgegenbrachte, hebt sein Werk über alle zeitgenössische Literatur hinaus.

Die Hütten der Mandan sind dicht aneinander gebaut und lassen nur soviel Raum, dass man zwischen ihnen gehen und reiten kann. Von außen erscheinen sie ganz aus Erde erbaut zu sein, tritt man aber ein, so ist man erstaunt über die Bequemlichkeit und Geräumigkeit dieser Wohnungen. Sie haben alle eine Kreisform und 40 bis 60 Fuß im Durchmesser. Sodann werden Pfähle dicht nebeneinander in den Boden gegraben und auf der Außenseite eine starke Erdwand gegen sie aufgeschüttet. Auf diese Pfähle werden andere befestigt, die sich unter einem Winkel von 45 Grad gegen die in der Mitte des Daches befindliche Öffnung neigen, die zugleich als Rauchfang und Fenster dient. Auf die das Dach bildenden Pfähle werden Weidenzweige etwa einen halben Fuß hoch gelegt. Diese Schicht belegt man mit Ton, der das Wasser nicht durchlässt und zuletzt so hart wird, dass das Dach der Hütte bei schönem Wetter der ganzen Familie zum Versammlungsort dient.

Der Fußboden dieser Hütte ist von Erde, aber im Lauf der Zeit so fest und rein geworden, dass er wie poliert erscheint und das weißeste Leinen nicht beschmutzen würde. In der Mitte, gerade unter der Öffnung im Dach, befindet sich der Feuerplatz, ein kreisförmiges, etwa ein Fuß tiefes Loch, das rundherum mit Steinen ausgelegt ist. Darüber hängt an schräggestellten Stangen der Topf oder Kessel, und um diesen lagert sich die Familie auf Büffelhäuten und zierlich geflochtenen Binsenmatten.

Wegen der großen Bewohnerzahl in jeder Hütte befinden sich auch viele Betten darin. Man sieht deren oft zehn bis zwölf ... Die Zusammenstellung von Betten, Waffen, Pelzwerk und Geheimnissen, Kesseln, Töpfen, Löffeln und anderen Küchengeräten eigener Fertigung, die vom Rauch geschwärzten Wände und Decken, und zumal die anmutigen, schwatzenden, Geschichten erzählenden, um das Feuer gelagerten Gruppen, die mit ihren Lieben tändeln und ihre Kinder umarmen – dies alles bietet dem Fremden eine Szene, die keine Einbildungskraft darzustellen vermag.

George Catlin

ten Skalpe der Krieger. An anderen Punkten erblickt man ebenfalls auf Stangen die reinen weißen Schilde und die Köcher der Krieger nebst den Medizinbeuteln und hier und da ein Stück rotes Zeug oder einen anderen kostbaren Stoff über der Tür eines wohltätigen Häuptlings, als ein aus Dankbarkeit dem Großen Geist dargebrachtes Opfer aufgehängt.

Zwischen all diesen Dingen und den blauen Rauchsäulen hindurch erblickt man die grüne unabsehbare, baum- und gebüschlose Prärie, und auf dieser, dicht an den das Dorf umgebenden Palisaden, an hundert Gerüste, auf denen, wie sie sagen, »ihre Toten leben«.

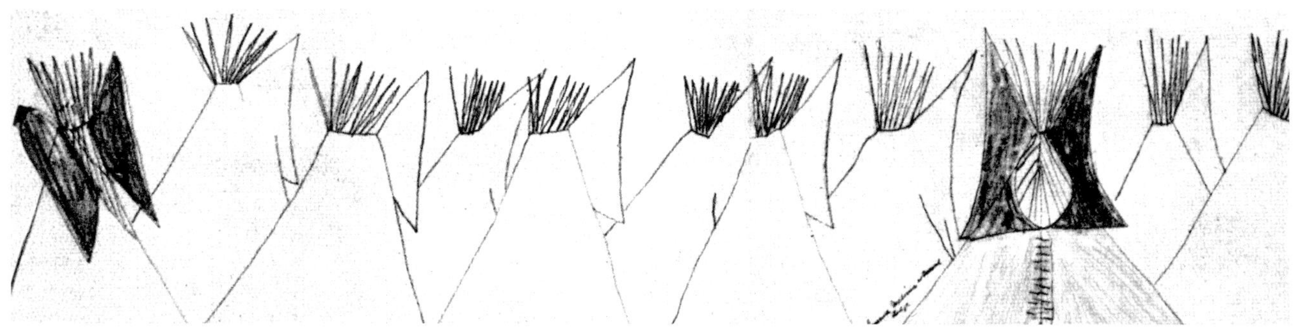

Die Sioux künden dem Kosmos die Geburt eines neuen Kindes an

Ho! Sonne, Mond und Sterne, ihr alle, die ihr im Himmel wandert,
Ich bitte euch, hört auf mich!
In eure Mitte ist ein neues Leben gekommen.
Stimmt zu, ich flehe euch an!
Macht seinen Pfad glatt,
damit es den Rand des ersten Hügels erreicht!

Ho! Ihr Winde, Wolken, Regen, Nebel, die ihr alle in den Lüften wandert,
Ich bitte euch, hört auf mich!
In eure Mitte ist ein neues Leben gekommen.
Stimmt zu, ich flehe euch an!
Macht seinen Pfad glatt,
damit es den Rand des zweiten Hügels erreicht!

Ho! Ihr Hügel, Täler, Flüsse, Seen, Bäume, Gräser, ihr alle auf der Erde,
Ich bitte euch, hört auf mich!
In eure Mitte ist ein neues Leben gekommen.
Stimmt zu, ich flehe euch an!
Macht seinen Pfad glatt,
damit es den Rand des dritten Hügels erreicht!

Ho! Ihr Vögel groß und klein, die ihr fliegt in der Luft,
Ho! ihr Vierfüssler, groß und klein, die ihr wohnt im Wald,
Ho! Du kleines Gewürm, das da kriecht im Grase und gräbt im Grund,
Ich bitte euch, hört auf mich!
In eure Mitte ist ein neues Leben gekommen.
Stimmt zu, ich flehe euch an!
Macht seinen Pfad glatt,
damit es den Saum des vierten Hügels erreicht!

Ho! Ihr alle im Himmel, in der Luft und auf Erden:
Ich bitte euch, hört auf mich!
In eure Mitte ist ein neues Leben gekommen.
Stimmt zu, stimmt zu, ihr alle, ich flehe euch an!
Macht seinen Pfad glatt,
damit es ungehindert wandern mag über die vier Hügel!

Der Indianer begreift das Universum als eine lebendige, einige Gemeinschaft. In ihr haben alle Lebewesen, Pflanzen, Tiere und Menschen, vom kleinsten und unscheinbarsten bis zum größten und bedeutendsten ihren festen Ort, auch die Geistwesen, die Elemente und Mächte der Erde und des Himmels. Der Mensch steht in vitaler Wechselwirkung mit allen anderen.

Hier wird der Kern des indianischen Heidentums erfasst, und diese Botschaft klingt anders als Genesis 1,26, wonach die Menschen herrschen sollen über die Fische im Meer und über die Vögel am Himmel und über das Vieh und über alle wilden Tiere und über alles Gewürm, das auf der Erde herumkriecht. Dieser Freibrief für die zivilisatorische Herrschsucht und das indianische Verwandtschaftsgefühl bis zu den Grenzen des Universums stehen meilenweit auseinander.

Man kann kaum eine Monographie über die nordamerikanischen Urvölker aufschlagen, ohne auf die Wirklichkeit der Weltfamilie zu stoßen. Allenthalben gilt der Mensch als Verwandter der Welterscheinungen, wobei der Ring des Lebendigen weit über das Biologische hinausreicht. Folgerichtig kündigen die Sioux die Geburt eines Kindes dem Kosmos an, denn die »Welt« muss erfahren, dass ein neues Leben geboren wurde und seinen Ort im Kreis der lebendigen Wesen erbittet.

Ohne Umschweife gilt hier das Kind als Bruder und Schwester von Sonne, Mond, Sternen, Winden, Wolken, Regen, Nebeln, Hügeln, Tälern, Flussen, Seen, Bäumen, Gräsern, Vögeln, Vierfüßlern, Würmern – eine unabsehbare Familie alles Laufenden, Kriechenden, Fliegenden, Atmenden und Wirkenden. Es ist der Glaube des voreuropäischen Nordamerika.

Werner Müller

Black Elk / Schwarzer Hirsch / Hehaka Sapa (1863–1950), Medizinmann der Oglala-Lakota-Indianer und katholischer Katechist in der Pine-Ridge-Reservation, South Dakota.

Schon Vater und Großvater waren Heiler, und auch für Black Elk zeigte sich früh diese Berufung, wie sein »Großes Gesicht« bezeugt: Dessen Original-Niederschrift belegt sechzig Jahre später seine Sonderrolle und die Last der Beauftragung durch die »Donnerwesen«, die ihm Angstzustände bereiteten, von denen er sich erst mit achtzehn Jahren dadurch befreien konnte, dass er in einem öffentlichen Tanz seine Vision und seine spirituelle Berufung darstellte. Seitdem wurde er bei den Oglala zu einem anerkannten und gesuchten Heiler.

Black Elk wuchs in seine spirituelle Rolle hinein in einer Zeit, da sich das Leben der Plains-Indianer in einem epochalen Umbruch befand. Das unaufhaltsame Vordringen der weißen Soldaten und Siedler erschütterte ihre Lebensweise, weckte bei manchen aber auch das Verlangen nach mehr Wissen über die Welt der Weißen. Im Frühjahr 1886 ließ sich Black Elk zusammen mit anderen als Mitglied einer Show-Indianer-Truppe von William Frederick Cody, genannt Buffalo Bill, anheuern. Mit dessen *Wild West* zog er durch die USA, ging im Frühjahr 1887 auf erste Europatournee, um zunächst aus Anlass des Goldenen Kronjubiläums der Königin Victoria in London zu gastieren.
Mit drei anderen Lakotas verpasste Black Elk im Frühjahr 1888 in Manchester die Abfahrt des Schiffes, das die Truppe nach New York zurückbrachte. Die vier, von denen keiner Englisch konnte, tingelten ein Jahr lang quer durch den Kontinent, über Deutschland und Frankreich nach Italien.
In Neapel wollte Black Elk am liebsten eine Schiffsreise nach Palästina antreten, weil er dort, wo die christliche Religion entstan-

Black Elk / Schwarzer Hirsch: Das große Gesicht

Es war in dem Sommer, als ich neunjährig wurde; unser Volk zog langsam gegen die Rocky Mountains hinauf. Wir lagerten eines Abends in einem Tal bei einem kleinen Fluss, gerade bevor dieser in das Fette Gras (Kleiner Bighorn River) einfließt, und da war ein Mann, genannt Man-Hip, der mich gut mochte und mich einlud, mit ihm in seinem Tipi zu essen.

Als ich aß, kam eine Stimme, die sagte: »Es ist Zeit; nun rufen sie dich.« Die Stimme war so laut und deutlich, dass ich ihr glaubte, und ich dachte, ich sollte gerade hingehen, wo sie mich haben wollte. So stand ich auf und ging hinaus. Als ich aus dem Tipi trat, begannen mich meine Schenkel zu schmerzen. Dann war mir, als erwache ich aus einem Traum, und da war keine Stimme. So ging ich in das Tipi zurück, aber ich wollte nicht mehr essen ...

Am nächsten Morgen rückte das Lager wieder weiter, und ich ritt mit einigen Knaben zusammen. Wir hielten an, um an einem Bach zu trinken. Doch als ich vom Pferd stieg, gaben meine Beine unter mir nach, und ich konnte nicht gehen. So halfen mir die Jungen und setzten mich auf mein Pferd. Als wir an diesem Abend das Lager aufschlugen, war ich krank. Meine beiden Beine und beide Arme waren arg geschwollen, und mein Gesicht war gedunsen.

Als wir wiederum lagerten, befand ich mich in unserem Tipi, und Mutter und Vater saßen neben mir. Ich konnte durch die Öffnung im Zelt hinaussehen. Plötzlich kamen zwei Männer aus den Wolken, Kopf voran, schräg wie Pfeile hinabgeglitten, und ich wusste, es waren dieselben, die ich früher gesehen hatte. Sie blickten mich an und sagten: »Eile! Komm! Deine Großväter rufen dich!«

Dann wandten sie sich ab und fuhren schräg aufwärts, wie von einem Bogen geschnellt. Als ich mich erhob, um ihnen zu folgen, schmerzten mich meine Beine nicht mehr, und ich fühlte mich sehr leicht. Ich trat aus dem Tipi. Von dort, wo die Männer mit den flammenden Speeren hingegangen, nahte sehr rasch eine kleine Wolke. Sie kam und ließ sich herab, dann nahm sie mich in sich auf und kehrte zurück, von wo sie gekommen, mit großer Geschwindigkeit. Und als ich hinabblickte, konnte ich dort meine Mutter und meinen Vater sehen. Es tat mir leid, dass ich sie verließ.

Und dann war nichts mehr als die Luft und die Eile der kleinen Wolke, die mich trug, und jene beiden Männer, die noch immer höher strebten. Dann aber war nichts mehr als eine einzige Welt von Wolken, und wir drei waren dort allein in einer großen weiten Steppe ... und es war sehr still ...

Darauf sahen wir vor uns aufgetürmt eine Wolke, die sich in ein Tipi verwandelte, durch dessen Eingang blickend ich sechs alte Männer in einer Reihe sitzen sah. Und der älteste von den Großvätern sprach in freundlichem Ton: »Komm ganz herein und fürchte dich nicht ... Deine Großväter, welche die Großväter der ganzen Welt sind, halten einen Rat, und sie haben dich hierher gerufen, um dich zu unterrichten.« Seine Stimme klang sehr freundlich, aber ich bebte vor Furcht in allen Gliedern, denn ich wusste, dass dies keine alten Männer waren, sondern die Mächte der Welt. Und der erste war die Macht des Westens; der zweite die des Nordens; der dritte die des Ostens; der vierte die des Südens; der fünfte die des Himmels, der sechste die der Erde. Ich wusste dies und war darob erschrocken, bis der erste Großvater wieder anhob: »Betrachte sie dort, wo die Sonne hinabgeht, die Donnerwesen! Sehen und haben sollst du von ihnen meine Kraft; und sie werden dich zu der hohen und einsamen Mitte der Erde bringen, damit du das siehst. Selbst an den Ort, wo die Sonne ständig scheint, werden sie dich hinbringen, damit du verstehst.«

Jetzt aber hielt er eine hölzerne Schale in der Hand, und sie war gefüllt mit Wasser, und in dem Wasser ruhte der Himmel. »Nimm dies«, sagte er, »es ist die Kraft, Leben zu schaffen, und sie gehört dir.«

Jetzt hielt er einen Bogen in den Händen. »Nimm dies«, sprach er. »Es ist die Macht zu zerstören, und sie gehört dir.« Darauf zeigte er auf sich selbst und sprach: »Sieh ihn gut an, der nun dein Geist ist, denn du bist sein Leib, und sein Name ist Adlerschwinge-spreitet-sich.«

Da erhob sich der zweite Großvater, der vom Norden, mit einem heilkräftigen Kraut in seiner Hand, und sagte: »Nimm dieses und fasse Mut, junger Bruder, auf Erden sollst du ein Volk zum Leben bringen ...«

Nun hob der dritte Großvater zu sprechen an, der, von wo die Sonne beständig scheint. »Fasse Mut, junger Bruder«, sagte er, »denn sie werden dich quer über die Erde bringen!« Er hielt in seiner Hand eine Friedenspfeife. »Mit dieser Pfeife«, sagte er, »wirst du über die Erde wandern, und was immer krankt, machst du wieder heil.«

Und nun sprach der vierte Großvater, von dort, woher die Kraft des Wachstums kommt. »Junger Bruder«, sagte er, »mit den Mächten der vier Orte sollst du zusammengehn als ihr Verwandter. Schau, die lebendige Mitte eines Volkes werde ich dir geben, und damit wirst du viele erretten.« Und ich sah, er hielt in seiner Hand einen glänzenden roten Stab, der war lebendig, und als ich ihn betrachtete, begann er an seinen Enden zu sprossen und Zweige auszusenden. Aus den Zweigen wuchsen viele Blätter hervor, die rauschten, und in den Zweigen fingen die Vögel zu singen an. Und nach einer Weile schien mir, ich sehe darunter umzäunte Dörfer von Menschen und alle lebendigen Dinge, mit Wurzeln oder Beinen oder Flügeln, und alle waren fröhlich. »Ich werde in der Mitte vom Kreise des Volkes stehen«, sagte der Großvater. »Durch deine Kraft sollst du es blühen machen.«

den war, den Ursprung der europäischen Überlegenheit vermutete; Geldmangel verhinderte dies. Im Sommer 1889 traf er in Paris wieder auf Codys Buffalo-Bill-Truppe, schlug aber eine Einladung zum Mitmachen aus, denn aufgrund eines Traumgesichts war er über die Lage zuhause besorgt. Cody bezahlte ihm jedoch das Rückfahrtticket. So kehrte er im Herbst 1889 nach Pine Ridge zurück.

In den Reservationen der Sioux verbreitete sich damals der Geistertanz, eine Erweckungsbewegung, die eine Wiederherstellung der alten indianischen Lebensweise versprach. Black Elk nahm mit großer Zustimmung daran teil, da er die Botschaft des Geistertanzes als übereinstimmend mit seiner Vision ansah. Umso schrecklicher war die Enttäuschung durch das Erlebnis des Massakers bei Wounded Knee Ende Dezember 1890, bei dem an die 300 Männer, Frauen und Kinder, die sich eigentlich hatten ergeben wollen, von US-Soldaten niedergemetzelt wurden, auch Geistertänzer, die sich für unverwundbar gehalten hatten.

Danach wirkte Black Elk als geachteter Heilkundiger. Er heiratete 1892 Katie War Bonnet, die vermutlich in den folgenden Jahren katholisch wurde. Um diese Zeit wendete sich auch Black Elk der katholischen Kirche zu. Am 6. Dezember 1904 taufte ihn P. Joseph Lindebner, ein aus Mainz stammender Jesuit, nach zweiwöchiger Unterweisung auf den Namen Nicholas.

Um diese Zeit gehörten fast alle Lakotas wenigstens nominell einer christlichen Kirche an. Black Elk wurde Katechist. In den Jahren 1907 bis 1912 schrieb er Berichte für den Lakota-sprachigen *Catholic Herald* und baute mit einem anderen Katechisten in der Yankton-Reservation eine Gemeinde auf. Sein als Katechist verdientes Geld verteilte er, wie es dem Verständnis der Lakotas von einem »heiligen Mann« entsprach. Mit P. Eugene Buechel SJ (1874–1954), der heute als der wichtigste Bewahrer der Lakota-Sprache und -Kultur gilt, arbeitete er mehrere Jahre zusammen, bis dieser versetzt wurde und ein anderer Weißer in sein Leben trat, der ihn zu einer posthumen Berühmtheit machen sollte: John G. Neihardt.

Dieser besuchte Black Elk erstmals im August 1930. Im folgenden Jahr begann Neihardt mit seinen Interviews: Black Elk gab einen autobiografischen Bericht und ging ausführlich auf wichtige historische Ereignisse ein, gelegentlich unterstützt von

Berichten anderer Lakotas. Er beschrieb in dieser Form zum ersten Mal die Vision, die er als Junge empfangen hatte. Im darauffolgenden Jahr 1932 erschien das Buch unter dem Titel *Black Elk Speaks: Being the Life Story of a Holy Man of the Oglala Sioux as told to John G. Neihardt*.

Tief beeindruckt von diesem Buch suchte 1947 Joseph Epes Brown, damals noch College-Student, Black Elk auf und durfte für acht Monate bei ihm wohnen. Nach weiteren Besuchen 1948 und 1949 verfasste Brown *The Sacred Pipe* über die heiligen Rituale der traditionellen Lakota-Religion. Erst eine Neuauflage von *Black Elk Speaks* 1961 machte das Buch zu einem der erfolgreichsten Bücher über die Ureinwohner Nordamerikas.

Die Haltung Black Elks zum Katholizismus und seine Rolle in der Missionsgemeinde ist in *Black Elk Speaks* ausgeblendet. Jedoch

Nun sprach der fünfte Großvater, der älteste von ihnen allen, der Geist des Himmels. »Mein Junge«, sagte er, »ich habe nach dir geschickt, und du bist gekommen. Meine Macht sollst du sehen!« Er breitete seine Arme aus und wurde zu einem gefleckten kreisenden Adler. »Sieh«, sagte er, »alle geflügelten Tiere der Luft werden zu dir kommen, und die Winde und die Sterne werden wie deine Verwandten sein. Du wirst mit meiner Kraft begabt über die Erde ziehen.«

Nun, wusste ich, war der sechste Großvater an der Reihe zu sprechen, er, welcher der Geist der Erde ist, und ich sah: Er war sehr alt, viel älter als Menschen sind. Sein Haar war lang und weiß, sein Gesicht ganz von Runzeln durchfurcht, und seine Augen saßen tief und waren trübe. Und wie ich ihn so anblickte, verwandelte er sich langsam und wuchs zurück in seine Jugend. Sowie er wieder zum Knabe geworden, da wusste ich, dass ich selbst es war, mit all den Jahren, die schließlich die meinen sein würden. Als er wieder alt geworden, sagte er: »Mein Junge, fasse Mut, denn meine Kraft soll die deine sein, und du wirst sie nötig haben, denn dein Volk wird auf Erden viel Schweres erleiden. Komm.« (...)

Ich sah zurück, und wo das flammende Regenbogen-Tipi, aus Gewölk erbaut und mit Wolke gedeckt, gestanden, sah ich jetzt nur den großen Felsenberg in der Mitte der Welt. Ich war nun ganz allein auf einer weiten Ebene, und meine Füße schritten auf der Erde – allein, nur mit dem gefleckten Adler als Wächter über mir. In der Ferne vor mir konnte ich das Dorf meines Volkes sehen. Dann erblickte ich mein eigenes Tipi, und in seinem Innern sah ich meine Mutter und meinen Vater sich über einen kranken Knaben beugen, der ich selber war. So wie ich in das Tipi eintrat, sagte jemand: »Der Junge kommt wieder zu sich; es wäre gut, ihm etwas Wasser zu geben.«

Dann richtete ich mich auf; ich war traurig, weil meine Mutter und mein Vater nicht zu wissen schienen, dass ich so weit weg gewesen ...

Als ich, zu meinem Vater und meiner Mutter zurückgekehrt, dort aufrecht in unserem Tipi saß, da war mein Gesicht noch ganz gedunsen und meine Beine und Arme waren arg geschwollen; doch fühlte ich mich vollkommen wohl und begehrte sogleich aufzustehen und herumzulaufen. Meine Eltern ließen das nicht zu. Sie sagten mir, ich sei zwölf Tage krank gewesen, wie tot dagelegen, und Wirbelwind-Jäger [*Whirlwind Chaser*], der Medizinmann war, habe mich wieder zum Leben gebracht ... Doch als ich dalag und an den wunderbaren Ort dachte, wo ich gewesen, und an alles, was ich gesehen, da wurde ich sehr traurig. Es schien mir, jeder müsse davon wissen; doch wagte ich nicht, davon zu erzählen, da ich ahnte, dass niemand mir glauben würde, so klein, wie ich war ... Alles in meiner Umgebung schien mir fremd und so, als befände es sich in weiter Ferne. Ich erinnere mich, dass es mich die zwölf folgenden Tage danach verlangte, allein zu sein, und mir war, als gehörte ich nicht zu meinem Volk. Sie waren für mich fast wie Fremde. Ich pflegte allein vom Dorf und den anderen Jungen wegzugehen und nach den vier Himmelsrichtungen zu blicken, an mein Gesicht zu denken mit dem sehnsüchtigen Wunsch, dorthin zurückfinden zu können. Und wenn ich wieder nach Hause ging, brachte ich es nicht über mich, viel zu essen; Vater und Mutter dachten darum, ich sei noch krank; aber das war ich nicht. Ich hatte Heimweh nach dem Ort, an dem ich gewesen.

Der Sioux-Indianer, John (Fire) Lame Deer, eine Generation später geboren als Black Elk, nimmt zur seelischen Bilderwelt seines Volkes Stellung:

Die Welt der Visionen und die Welt hinter der Froschhaut [dem Dollar] ist für uns Indianer immer sehr wichtig gewesen. Fast kann man sagen, dass ein Mann ohne Vision kein richtiger Indianer ist. Draußen in den Prärien bekamen wir unsere Visionen auf die harte Weise, durch Fasten, und indem wir vier Tage lang in der Visionsgrube aushielten und nächtelang für einen Traum weinten ... Die wirkliche Vision kommt aus deinen eigenen Säften, und sie ist kein Traum, sie ist wirklich. Sie trifft dich scharf und klar wie ein Elektroschock. Du bist völlig wach, und plötzlich steht eine Person neben dir, von der du sicher bist, dass sie nicht neben dir sein kann. Und trotzdem träumst du nicht; deine Augen sind offen ... Einige meiner indianischen Freunde sehen den Menschen als kleinen, aber wesentlichen Teil des Universums, der mit allen anderen Lebewesen durch eine Anzahl von unsichtbaren, aber stark wahrgenommenen Nabelschnüren verbunden ist.

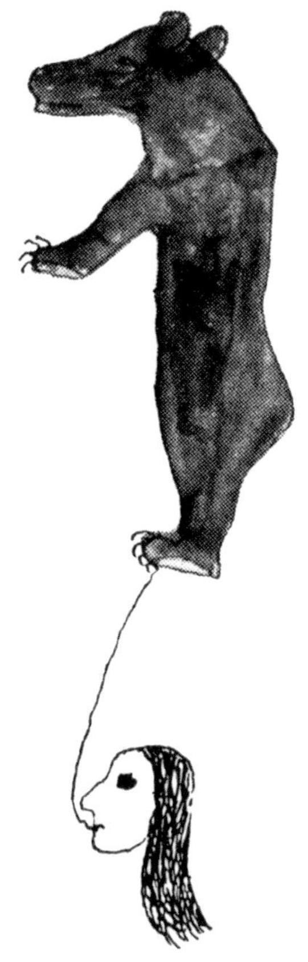

Black Elk, Standing Bear – indianische Weisen, den Namen zu schreiben.

wird dieser Punkt heute heftig diskutiert, denn Black Elk verkörpert nicht nur die spirituelle Tradition der Oglala-Lakotas, sondern auch den Missionskatholizismus seiner Zeit. Ob es ihm gelang, beide Religionen miteinander in Verbindung und in gegenseitigen Austausch zu bringen, wird sowohl in der Literatur als auch in den indianischen wie christlichen Gemeinden unterschiedlich beantwortet.

Die erste deutsche Übersetzung von *Black Elk Speaks* erschien 1955 in der Schweiz (unter dem Titel *Ich rufe mein Volk*, mit der nicht ganz korrekten Übersetzung seines Namens als Schwarzer Hirsch – Elk ist der nordamerikanische Wapiti), vermutlich auf Anregung von Carl Gustav Jung, den das Buch während einer Vortragsreise in Amerika stark beeindruckt hatte. 1978 erschien auch das Buch von Joseph Epes Brown unter dem Titel *Die heilige Pfeife*.

Lame Deer / John Fire / Tahca Ushte (1903–1976) war ein Medizinmann der Lakota-Sioux. Er lebte bei seinen Großeltern noch in der Freiheit einer Indianerkindheit, als ob es den Weißen Mann nicht gegeben hätte. Diese Freiheit endete, als er in die Indianerschule gezwungen wurde, die um jeden Preis aus Indianern Weiße machen sollte.

Als junger Mann führte Lame Deer ein raues Leben. Er arbeitete in einem Rodeo-Zirkus als Reiter und Clown, war Soldat, Tagelöhner, Schäfer, Schildermaler, Sänger und Polizist. Er bewegte sich in der Welt der Weißen, aber entschied sich für seine eigene Kultur. Unter dem Namen Tahca Ushte war er einer der letzten indianischer Medizinmänner im traditionellen Sinn.

Wenn er als Analphabet dennoch eine »Autobiografie« schrieb, dann in dem Sinn, dass erstmals ein Indianer zu einem Weißen, Richard Erdoes, ging, um ihn zu bitten, seine Lebensgeschichte aufzuschreiben. Bis dahin waren immer nur weiße Anthropologen zu Indianern gekommen, um sie auszufragen. Sein Buch ist die Auseinandersetzung einer unterdrückten Minderheit mit der westlichen Kultur.

John Lame Deer: Die heilige Pfeife

Die heilige Pfeife ist unser heiligster Besitz. Unsere ganze Religion geht von der Pfeife aus. Die heilige Pfeife ist das Herz all unserer Zeremonien, egal, wie unterschiedlich sie voneinander sind. Ob wir um eine Vision weinen, ob wir beim Sonnentanz Schmerzen aushalten … die Pfeife ist dabei. Es ist diese Heiligkeit, wegen der ich über diese Pfeife ganz am Schluss spreche, erst nachdem alles andere gesagt ist. Aber es gibt noch einen anderen Grund, warum ich so lange gewartet habe, über die Pfeife zu sprechen. Ich habe Angst davor. Wenn ein Indianer versucht, über die Pfeife zu sprechen, ist er schnell verloren. Denn unser Geist ist nicht stark genug, nicht groß genug, um alles zu verstehen. Die Pfeife ist so heilig, dass ich dir nicht alles erzählen will, was ich weiß. Egal wie alt ich bin, egal wie lange ich darüber nachgedacht habe, egal wieviel ich gelernt habe, ich fühle mich eigentlich nie ganz in der Lage, um über die Pfeife zu sprechen …

Heilige Pfeife, Zeichnung von Josef Schelbert, 1990.

Nichts, das irgendwie wichtig wäre, sei es gut oder schlecht, findet bei uns ohne den Gebrauch der Pfeife statt. Wenn ein Mann einen Stammesbruder getötet hatte, vorsätzlich oder durch einen Unfall, dann war der heilige Kreis durchbrochen, und eine Wunde entstand, die das ganze Volk berührte. Wenn es ein solches Blutvergießen gegeben hatte, konnte lediglich eine Zeremonie mit der heiligen Pfeife Frieden bringen, die Gemüter der Menschen beruhigen und die Familien wieder vereinigen.

Die Pfeife muß auf die richtige Weise geraucht werden. Jede Person muss auf dem rechten Platz sitzen, und zwar im Kreis, die Pfeife muss auf ganz bestimmte heilige Weise vom Licht ins Dunkel gereicht werden, denn sie ist unser Altar; in der weißen Kirche sitzt jeder Mensch für sich allein, hier und dort im Cafeteria-Stil ...

Wir Indianer rauchen die Pfeife des Friedens; das Religionsbuch des weißen Mannes hingegen spricht vom Krieg. Wir sind nebendran gestanden, während der weiße Mann angeblich die Welt zivilisiert hat. Jetzt müssen wir Indianer dem weißen Mann zeigen, wie man mit unseren Brüdern lebt, sie nicht einfach ausnutzt, tötet oder zermalmt. Mit der Pfeife, die ein lebender Teil von uns ist, beten wir für Frieden. Wir Indianer sagen »unser Land«, denn es ist immer noch unser Land, auch wenn es jetzt von vielen Menschenrassen in Besitz genommen ist. Land kann nicht Besitz eines einzelnen Menschen sein, Land gehört allen Menschen und auch den zukünftigen Generationen.

Wir müssen versuchen, die Pfeife für die Menschheit zu rauchen, denn sie ist auf dem Weg der Selbstzerstörung. Wir müssen versuchen, zurückzukommen auf die rote Straße der Pfeife, den Weg des Lebens. Wir müssen versuchen, den weißen Mann vor sich selber zu schützen. Dies kann nur geschehen, wenn wir alle zusammen, Indianer und Nichtindianer, uns als Teil dieser Erde betrachten und nicht als Feind, der von außen versucht, die Erde zu besitzen und ihr seinen Willen aufzuzwingen. Wir nämlich, die wir die Bedeutung der Pfeife kennen, wissen auch, dass man als Teil der Erde keinen anderen Teil dieser Erde verletzen kann, ohne sich nicht selbst weh zu tun. Vielleicht können wir durch diese heilige Pfeife einander die verlorengegangenen Weisheiten beibringen, so dass wir durch diese Wolke der Verschmutzung blicken können, die uns Politiker, Industrielle und Wissenschaftler als unabwendbare Realität weismachen. Durch diese Pfeife können wir vielleicht auch Frieden schließen mit unserem größten Feind, der tief in uns steckt. Mit dieser Pfeife können wir den Kreis ohne Ende formen.

Richard Erdoes (1912–2008), österreichisch-amerikanischer Publizist und Kämpfer für die Rechte der amerikanischen Indianer. Er studierte Ethnologie, Archäologie, Anthropologie und Kunst – letzteres in Berlin bei Käthe Kollwitz, schrieb Kurzgeschichten und war als Karikaturist tätig. Nach dem Anschluss Österreichs an das Deutsche Reich hielt er sich versteckt und floh 1939 nach Belgien und Frankreich, dann in die Vereinigten Staaten, wo er bis 1970 hauptsächlich als Fotograf und Illustrator tätig war. Nach 1970 setzte er sich verstärkt mit den amerikanischen Indianerkulturen auseinander, was bald zu seinem neuen Haupttätigkeitsfeld wurde. Er initiierte zudem Veröffentlichungen, die Einblick in die indianische Frauenbewegung gaben und die Rolle der Frauen im Aufstand der amerikanischen indianischen Bewegung gegen Menschenrechtsverletzungen in den USA am Wounded Knee erschlossen (mit Mary Crow Dog). – Als Tahca Ushte Richard Erdoes drängte aufzuschreiben, was er ihm zu erzählen hatte, war Erdoes zurückhaltend. *Tahca Ushte – der Medizinmann der Sioux* erschien 1972 und wurde ein Bestseller, für Studenten der Völkerkunde eine Pflichtlektüre.

Inka

Guaman Poma de Ayala, der Inka spricht zu den versammelten Würdenträgern.

Manco Cápac, der erste Inka-Herrscher, wird um 1200 n. Chr. datiert, doch haben sich um ihn die Züge eines Kultheros gelegt, die der dynastischen Tradition ihr mythisches Gepräge gaben. Genauere Zeitangaben verbinden sich nur mit den letzten fünf der insgesamt 13 Herrscher-Namen.

Manco Cápac II. (um 1500–1544), auch Manco Inka genannt, war der einzige bedeutende Inka-Herrscher (1533–1544) nach der Eroberung des Inkareichs und der Ermordung Atahualpas durch die spanischen Eroberer, jedoch bald nur noch ein schlecht behandelter Gefangener der Konquistadoren aus maßloser Goldgier. Im Frühjahr 1536 begehrte Manco Cápac gegen die Spanier auf, organisierte Inka-Truppen und belagerte von April 1536 bis August 1537 Cusco. Ein Angriff der Inka auf Lima scheiterte im August 1536, Gegenvorstöße zur Entlastung Cuscos konnten trotzdem abgefangen werden. Erst die Ankunft des aus Chile zurückkehrenden Konquistadors Diego de Almagro vertrieb den Inka-Herrscher 1537 aus Cusco und Umgebung. Seine Armee zerstreute sich.

Manco Cápac floh nach Vilcabamba, wo er einen neuen Inka-Staat gründete und dadurch imstande war, die direkte Verbindung zwischen Lima und Cusco zu unterbrechen. Von Vilcabamba aus führte er Guerillakämpfe gegen die Spanier. Auf spanische Unterwerfungsangebote ging er nicht mehr ein. Mitte 1544 wurde Manco Cápac II. von sieben Anhängern Almagros ermordet, denen er Zuflucht gewährt hatte. Die Mörder wurden von den Indianern gestellt und getötet.

Die Söhne Manco Cápacs folgten ihm auf den Thron; zunächst Titu Kusi Yupanki. Mit Túpac Amaru ging die Herrschaft der Inka zu Ende.

Ursprünglich war Inka ein Titel, der nur dem Herrschergeschlecht galt, später aber auf das ganze Volk übertragen wurde. Ähnlich wie die Azteken waren auch die Inka etwa hundert Jahre vor Ankunft der Spanier zum dominierenden Stamm eines Großreiches aufgestiegen, mit Cusco als Hauptstadt, das schließlich den größten Teil Ecuadors, Perus und Boliviens, sowie Teile von Argentinien und Chile umfasste.

Die Inka-Herrscher organisierten einen Großstaat auf theokratischer Basis. Das Reich war in vier Provinzen gegliedert. Zur Verwaltung zog der Sapa Inka (der »alleinige Inka«) blutsverwandte Adelige heran, welche die herrschende Klasse bildeten, die keine Steuern zahlte. Darunter folgten der höhere Adel und der niedere Adel, zu dem auch die meist im Amt belassenen Anführer der unterworfenen Stämme gehörten. Die Hauptmasse der Bevölkerung bestand aus gemeinfreien Bauern, die zugleich mit ihren Abgaben die Steuerlast des Staates trugen. Sklaven unter der bodenständigen Bevölkerung gab es nicht, doch konnten Gefangene und Verbrecher unterprivilegiert gehalten werden. Strenge Vorschriften über Arbeitsleistung, Heirat, Kleidung, Schmuck u.a. regelten das Leben des Einzelnen. Straff organisiert war auch das Heer, die Beamtenschaft und die Rechtsprechung. Das gut ausgebaute Straßensystem mit imponierenden Hängebrücken übertraf in seiner Ausdehnung noch das Netz der Römer. Schnellste Nachrichtenübermittlung erfolgte über die »Königsstraßen« durch Stafettenläufer. In neu eroberten Gebieten wurden Militärkolonien angelegt, aber auch ganze Bevölkerungsteile umgesiedelt, wenn es die Sicherheit zu empfehlen schien.

Die Landwirtschaft kannte Terassenfelder, künstliche Bewässerung und Düngung. Sie wurde gemeinschaftlich betrieben und war rational durchorganisiert. Damit die hohen Abgaben – 66 Prozent in Naturalien und Dienstleistungen – gewährleistet waren, hatte man das Land vorweg aufgeteilt: Ein Drittel gehörte den Dorfgemeinschaften, ein Drittel dem Inka und der Verwaltung (einschließlich der Truppen) und ein Drittel dem Kult. Das dem Inka und dem Kult zugeeignete Land wurde gemeinsam im Rahmen der Arbeitsfronsteuer bewirtschaftet, das Land der Dorfbewohner bewirtschaftete jeder selbst. Außerdem musste jeder dem Staat für notwendige Arbeiten zur Verfügung stehen, beispielsweise als Bergarbeiter zur Gold-, Kupfer- oder Zinngewinnung, oder bei Bauarbeiten, sei es im Straßen- und Brückenbau oder bei Tempel-, Festungs- und Städtebau. Das Vieh, vor allem Lamas und Alpakas als Woll- und Schlachttiere, war persönliches Eigentum. Der Staat schützte seine Bürger vor Mangel und unterhielt Nahrungsspeicher zur Überbrückung von Hungersnöten. Die Güter wurden gerecht verteilt, der innere Frieden gewahrt.

Goldschmiedekunst und Bronzeguss waren hoch entwickelt, vor allem für Kult- und Repräsentationszwecke. Als Waffen dienten noch Steinschleuder, Streitaxt und Keule. Die Keramik beschränkte sich auf einfache, gut proportionierte Formen. Die Wohnhäuser waren meist aus luftgetrockneten Ziegeln errichtet, die Monumentalbauten aus meisterhaft bearbeitetem Stein.

In den Jahrzehnten nach der Landung der Spanier war die Welt der Inka in ihren Grundfesten erschüttert worden, wenn auch ihr Lebensnerv noch nicht zerstört war. Vier Inka-Könige waren bereits in den Wirren umgekommen. Atahualpa, Herrscher des Nordens, war, nachdem er den Spaniern ein riesiges Lösegeld gezahlt hatte, von diesen grundlos erdrosselt worden. Sein Bruder Manco Inka hatte gehofft, er könne – mit Unterstützung der Spanier – noch einmal die auseinandergebrochenen Hälften des Reiches unter seine Kontrolle bringen. Als er aber einsah, dass wegen der Macht- und Geldgier der Spanier keine Zusammenarbeit möglich war, entfesselte er einen der ersten großen Aufstände in der »Dritten Welt«.

»Mein Vater reiste in seiner goldenen und kristallenen Sänfte …«

Ein Quechua-Schmähgesang von 1921 steckt die damaligen Fronten ab:

Höre mich an, du Räuber, du Dieb,
heut werd' ich dich töten, *carajo*!
Warum bist du in unsere Häuser eingebrochen,
in unser Dorf, *carajo*?
Wem von uns fiele es ein, in eure Häuser,
in eure Dörfer zu gehen?
Ihr werdet nicht mehr sagen können:
Carajo!
Heute sollst du wie früher
vor mir niederknien und mir dienen!
Vom heutigen Tage an, *carajo*,
nimmt das ein Ende.
Vergessen musst du alles.
Ihr Diebe, Gesindel, wo sind unsere Äcker?
Wo sind unsere Haustiere, ihr Diebe,
Hunde, *Mistis*?
Heute werdet ihr durch unsere Hände sterben.
Heute sind wir nicht mehr wie früher.
Wir träumen, wir schlafen nicht mehr.
Heut wachen wir erst richtig auf, *carajo!*

Die Krönung des jungen Manco Inka.

Titu Kusi Yupanki (um 1529–1571), von 1560 bis zu seinem Tod der siebzehnte Inka-König, der dritte von Vilcabamba, dem letzten Rückzugsgebiet der Inkas. Er war ein Sohn von Manco Cápac II. und wurde dessen Nachfolger. Zeitweilig unterstützte er Aufstandsbewegungen gegen die spanische Herrschaft, lavierte aber diplomatisch geschickt und konnte sich so ein Stück Autonomie für seinen Rumpfstaat des Inkareiches bewahren.

Der Überlieferung nach wurde er um 1568 getauft und erhielt den spanischen Namen Diego de Castro Titu Cusi Yupanki. Sein Tod, der möglicherweise durch eine Lungenentzündung hervorgerufen wurde, wurde einer Vergiftung durch die Spanier zugeschrieben, was zu erneuten Auseinandersetzungen und der Ermordung von Missionaren führte. Sein Bruder Túpac Amaru wurde sein Nachfolger.

Titu Kusi Yupanki: Wisse, mein Herr, auf welcher Stufe der Erniedrigung wir angelangt sind

Dies ist der Bericht, den der Inka Titu Kusi Yupanki an den Gouverneur der Königreiche Perus, Licenciado Lope García de Castro, im Jahr 1570 geschrieben hat, beglaubigt von dem Notar Martín de Pando, dessen Inhalt aber für den spanischen König Philipp II. bestimmt war. Titu Kusi legt das brisante politische Testament seinem Vater Manco Inka in den Mund, wenngleich es auch sein eigenes ist. Obwohl Titu Kusi im Jahr 1560 die von den Spaniern lange geforderte »Bekehrung« zum Christentum vollzog, scheint sie ihn doch nie gehindert zu haben, die Inka-Religion weiterhin zu schützen und zu fördern, zumal er den christlichen Glauben belächeln konnte: »Die Stimmen unserer *willkas* [Heiligtümer] sprechen mit uns; die Sonne und den Mond können wir mit eigenen Augen sehen, während wir das, wovon jene (Spanier) reden, nicht sehen.« Neben seinem Vater überträgt er dem ehemaligen General und höchsten Würdenträger des Inka-Reichs, Willaq Umu, die Rolle, vernichtende Kritik an dem Verhalten der spanischen Eroberer vorzutragen. Getarnt hinter Vater und geschichtlicher Vergangenheit, beschwört Titu Kusi eine Macht, die ihm in Wirklichkeit bereits entglitten ist.

»In seinem Bestreben, seinen eigenen Standpunkt in unverdächtiger Verpackung – episch und dramatisch – darzustellen, ist Titu Kusi, vielleicht ungewollt, ein frühes Meisterstück lateinamerikanischer Literatur gelungen. Der gegebene Stoff ist von Titu Kusi und seinen Mitarbeitern in einer Weise aufgearbeitet worden, die spontanes dramatisches Talent verrät … Er verteidigt die Familie seines Vaters einschließlich ihrer Herrschaftsansprüche. Er schreibt aber nicht Geschichte in unserem Sinne, sondern trägt ein geschichtliches Wissen vor, das ihm – teilweise von seinem Vater – mündlich überliefert worden ist. Sie lässt alles weg, was im Augenblick des Vortrags keine Rolle mehr spielt, sie vergisst Ereignisse, Namen, Personen und Orte, sie überlagert ähnliche, mehr als einmal vorgefallene Geschehnisse, sie schreibt bestimmten Personen Eigenschaften anderer zu; indem sie so ›skrupellos‹ vorgeht, befreit sie aber die Ereignisse von ihren Schlacken, schafft sie überragende Persönlichkeiten, kurz, gibt sie der Geschichte einen Sinn.

Bei Titu Kusi Yupankis Nachkommen im weitesten Sinne, der quechuasprechenden Andenbevölkerung, ist das vom zweitletzten regierenden Inka im 16. Jahrhundert formulierte verletzte Geschichtsbewusstsein recht lebendig geblieben. In vielen Landstrichen wird alljährlich, in tänzerisch-musikalischer und erzählender Form, der Todeskampf der Inka-Dynastie rituell aufgeführt. Und in hunderten von Anden-Dorfgemeinschaften beschwören erfahrene, meist betagte Erzähler die Geschichte und die ersehnte Rückkehr der unvergessenen Inka« (Martin Lienhard).

Als sich mein Vater auf so unverschämte und entehrende Weise verhaftet und angekettet sah, äußerte er, zutiefst gekränkt, folgende Worte:

»Bin ich denn ein Hund, ein Schaf oder sonst eines eurer Haustiere, dass ihr mich, um meine Flucht zu verhindern, derart ankettet? Bin ich ein Dieb oder habe ich an *Wiraqocha* [Schöpfergott der Inka] oder an eurem König Verrat geübt? Keineswegs. Weshalb denn, wenn ich weder ein Hund noch sonst eines der Geschöpfe bin, die ich eben erwähnt habe, geht ihr so mit mir um? Wahrlich, ich sage euch und bestehe darauf: Ihr seid eher Söhne des *Supay* [des Teufels] als Diener – von Söhnen schon gar nicht zu reden – *Wiraqochas.* Denn wäret ihr, wie ich früher schon gesagt habe, zwar keine Söhne, aber wenigstens Diener *Wiraqochas,* so würdet ihr einerseits nicht mit mir umgehen, wie ihr es tut, sondern darauf achten, wer und wessen Sohn ich bin und wie groß meine Macht, die ich aus Rücksicht auf euch aufgegeben habe, war und immer noch ist ... Gibt es irgendetwas auf der Welt, was ich euch, als ihr es brauchtet, nicht verschafft habe? Eines ist sicher: Ihr seid undankbar und würdig unterzugehen!«

Gonzalo Pizarro und Juan Pizarro und die anderen, die sie begleitet hatten, achteten überhaupt nicht auf die an sie gerichteten Worte meines Vaters und bemerkten mit einer gewissen Verachtung: »Seien Sie nur ruhig, Herr *Sapay Inka,* erholen Sie sich ein wenig, Sie sind im Augenblick sehr erregt. Morgen haben wir Zeit genug, darüber zu sprechen. Geben Sie sich alle Mühe, die nötigen Anordnungen zu treffen, damit viel Gold und Silber zusammenkommt, und vergessen Sie nicht, uns die *Qoya* (Königin) auszuhändigen: Es liegt mir viel daran, sie zu bekommen.« So äußerte sich Gonzalo Pizarro.

Nachdem die Spanier meinem Vater so tröstend zugesprochen hatten, brachen sie auf, in ihren Häusern das Mittagessen einzunehmen, denn diese Gefangennahme hatte am Morgen stattgefunden. Und sie verschwanden in ihren Wohnungen, nicht ohne eine gute Garde zum Bewachen meines Vaters zurückgelassen zu haben. Alle Leute, die sich auf einem Platz aufhielten, von wo mein Vater sich an jenem Morgen vom gemeinschaftlichen Essen erhoben hatte, um in seinem Haus etwas zu erledigen, wobei er von den Spaniern verhaftet worden war ... sie alle eilten äußerst bestürzt zu dem Gebäude, wo mein Vater weilte, um zu sehen, weshalb er in all der Zeit, die verstrichen war, nicht zurückgekehrt war. Beim Tor angelangt, stießen sie auf die Diener meines Vaters, die angesichts der Gefangennahme ihres Herrn alle sehr erregt und dem Weinen nahe waren. Den Hauptleuten und anderen Personen, die herbeigeeilt waren, um in Erfahrung zu bringen, was eigentlich vorging, verschlug es die Sprache; ihr Inneres war ein einziger Aufschrei. Und die einen befragten verwundert die anderen: »Was ist los? Was ist los?« In größter Erregung bahnten sich die höchsten Würdenträger des ganzen Landes

Für Brücken verantwortlicher Inka-Würdenträger.

Als sich Manco Inka, Titu Kusi Yupankis Vater, besiegt in die Urwälder der Anden zurückzog, hatte er seinen Würdenträgern und Untertanen in einer Abschiedsrede Richtlinien für ihr künftiges Verhalten gegenüber den Spaniern gegeben. Titu Kusi gibt die Schwerpunkte seiner Rede folgendermaßen wieder: 1. Der Inka verlässt das Hochland, wird aber wiederkommen und die Eindringlinge aus dem Land werfen. 2. Bis dahin soll die Bevölkerung passiven Widerstand leisten. 3. Die Saatfelder sind notfalls bis zum letzten Blutstropfen zu verteidigen (was ein Gebot der *Pachamama,* der »Erdmutter« einschloss). 4. Die herkömmliche Religion ist weiter gültig; oberflächliche Konzessionen dürfen gemacht werden.

Ob diese Rede wirklich so gehalten worden ist, entzieht sich unserer Kenntnis. Tatsächlich aber haben ein wesentlicher Teil der Andenbewohner diesen und ähnlichen Grundsätzen bis in die jüngste Zeit nachgelebt. Manco Inkas Testament ist darum bis heute eine Formulierung des kollektiven Geschichtsbewusstseins der Andenindianer.

Qoya – Schwester und Gemahlin Atahualpas.

Das Aushändigen der Qoya

Als mein Vater die Spanier mit solcher Dreistigkeit die Qoya verlangen sah und erkannte, dass er ihnen auf andere Weise entgehen würde, ließ er eine überaus schöne Indianerin vorführen, um sie ihnen an Stelle der Qoya zu überlassen. Bei deren Anblick erklärten die Spanier, das scheine ihnen nicht jene Qoya zu sein, die sie begehrten, sondern irgendeine andere Indianerin; er solle ihnen die Qoya aushändigen und keine Geschichten machen.

Um die Spanier auf die Probe zu stellen, ließ er der Reihe nach zwanzig weitere Frauen ähnlicher Art vorführen, eine schöner als die andere, aber sie waren von keiner befriedigt. Und als mein Vater den Eindruck hatte, der richtige Augenblick sei nun gekommen, ließ er noch eine Frau vorstellen, die Gefährtin seiner Schwester, der Qoya. Jene sah dieser überaus ähnlich, vor allem, wenn sie gleich gekleidet war. Vor versammeltem Publikum erschien sie, gekleidet und herausgeputzt wie eine Qoya – was »Königin« heißt. Und als die Spanier sie so sahen, riefen sie begeistert: »Die ist's! Die ist's! Hol's der …! Sie ist die Frau Qoya und keine von den anderen.«

Gonzalo Pizarro, der sie mehr als alle anderen begehrte, richtete sich mit folgenden Worten an meinen Vater: »Herr Manco Inka, wenn sie für mich bestimmt ist, soll man sie mir gleich überlassen, ich halte es nicht länger aus.« Mein Vater, der sie bestens eingeweiht hatte, gab zur Antwort:

einen Weg ins Innere des Hauses, um festzustellen, was wirklich vor sich ging, und um zu sehen, wie es meinem Vater ging. Indem sie weiter ins Innere vordrangen, wozu man ihnen die Bewilligung erteilt hatte (ohne die niemand eintreten durfte), gelangten sie dahin, wo mein Vater wie beschrieben gefangen war. Bei diesem Anblick brachen sie – unerhört muss es gewesen sein – alle in lautes Wehgeschrei aus. Aber einer von ihnen, *Willaq Umu* genannt [Sprechender Priester; höchster Würdenträger nach dem Inka], der in meines Vaters Namen das ganze Land als dessen Oberbefehlshaber regierte, richtete sich mit lauter Stimme an alle Anwesenden und fuhr, sich zu beherrschen suchend, meinen Vater an:

»*Sapay Inka* [Mein einziger Inka]! Was haben denn diese Wiraqochas im Sinn? Heute nehmen sie dich gefangen, morgen lassen sie dich frei. Sie scheinen Schabernack mit dir zu treiben, aber es erstaunt mich nicht, dass sie dich auf solche Weise behandeln: Du hast es ja selbst dadurch herbeigeführt, dass du, aus freien Stücken und ohne uns um unsere Meinung zu bitten, so boshafte Leute ins Land gelassen hast. Hättest du mir die Sache überlassen, als sie dort eintrafen, wo du jetzt bist, so hätten ich und Challku Chima sie mit den uns treuen Scharen am Einmarsch gehindert, das verspreche ich dir. Und ich glaube kaum, es wäre uns so schlecht ergangen, wie es uns deiner Güte wegen ergangen ist. Hättest du nur nicht gesagt, sie seien *Wiraqochas* und Abgesandte des *Hatun Wiraqocha* – des ›großen Gottes‹ –, und hättest du uns nur nicht eingeschärft, ihnen als solchen zu gehorchen und Achtung zu erweisen, wie du es selbst tatest! Es fehlte uns gerade noch, so gequält und gepeinigt zu werden, wie es uns gegenwärtig geschieht: unserer Güter, unserer Frauen, unserer Söhne und Töchter, unserer Äcker verlustig zu gehen und Untertanen zu werden von jemandem, den wir nicht kennen, und in solchem Maß unterdrückt und geplagt zu werden, dass man uns sogar zwingt, den Schmutz ihrer Pferde mit unseren Umhängen [Ponchos] zu reinigen. Wisse, mein Herr, auf welcher Stufe der Erniedrigung wir deinetwegen angelangt sind, und wundere dich nicht, so behandelt zu werden, denn du selbst hast es verschuldet. Du weißt wohl, wie ich dich damals, als du ihnen nach Vilcaconga entgegengehen wolltest, zurückzuhalten suchte und oftmals davor warnte, sie in dein Land eintreten zu lassen. Kaum hatte man uns die Nachricht überbracht, sie seien bei uns an Land gegangen, anerbot ich mich – wenn du dich noch daran erinnerst –, sie mit zehn- oder zwölftausend Indianern in Eilmärschen einzuholen und allesamt in Stücke zu schlagen. Aber du ließest mich nie handeln: ›Schweig! Schweig! Es sind doch *Wiraqochas*, oder Söhne von *Wiraqocha*.‹ Als ob wir nicht gespürt hätten, dass Menschen dieses Schlags, die aus weit entfernten Ländern ausgezogen waren, eher zum Befehlen als zum Gehorchen gekommen waren! Wir alle, ich und deine Leute, sind über das Geschehen sehr betrübt und fühlen großes Mitleid mit dir, der du in solch misslicher Lage bist. Gib mir doch deine Einwilligung, damit du siehst, dass ich immer noch der Gleiche bin: Befreien werde ich dich und diese Bärtigen in kürzester Zeit vernichten; du verfügst ja über genug Leute, die mir dabei helfen werden. Im ganzen Land – oben, unten, quer hindurch – genießt nach dir, du weißt es wohl, niemand größeres Ansehen als ich, denn ich bin der Oberbefehlshaber über alle.«

Nachdem dieser *Willaq Umu* meinem Vater obiges auseinandergesetzt hatte, wandte er sich, zusammen mit einem anderen Hauptmann namens Tisuq, seinem Gefährten, an die Spanier, die gerade zugegen waren; mit verfärbten und strengen Gesichtern sprachen sie folgende Worte: »Was für ein Spiel treibt ihr hier täglich mit unserem Inka? Heute verhaftet ihr ihn, morgen peinigt ihr ihn, und übermorgen überschüttet ihr ihn mit Hohn. Was hat euch dieser Mann angetan? So entgeltet ihr ihm die Wohltat, die er euch erwiesen hat, indem er euch gegen unseren Willen in sein Land eingelassen hat? Was wollt ihr von ihm? Was kann er denn nach allem, was er für euch getan hat, überhaupt noch tun? Hat er euch nicht ruhig und friedfertig und mit großen Ehren in sein Land eintreten lassen? Ließ er nicht Boten in Cajamarca bei euch vorsprechen? Verabschiedete er eure Gesandten nicht unter großen Ehrenbezeugungen? Gab er ihnen nicht viel Gold und Silber und ein zahlreiches Geleit mit? Haben dieselben den Hin- und Rückweg nicht in ›Hängematten‹, geschleppt von seinen Leuten, zurückgelegt? Nahmt ihr in Cajamarca nicht zwei ihm gehörende Häuser voller Silber und Gold in Besitz, abgesehen von den Geschenken Atau Wallpas [Atahualpas] – die auch aus dem Eigentum meines Inkas stammten – und der großen Menge Gold und Silber, die er euch von hier nach Cajamarca geschickt hatte? Wurdet ihr auf dem ganzen, 130 Meilen langen Weg zwischen Cajamarca und dieser Stadt nicht in allem gut behandelt, reichlich versorgt und mit Trägern versehen? Ging er euch nicht selbst sechs Meilen weit, bis nach Saqsawana, entgegen? Verbrannte er nicht, aus Rücksicht auf euch, die höchstgestellte Persönlichkeit im ganzen Land, Callku Chima, kurz nach eurer Ankunft? Überließ er euch nicht Häuser und Wohnsitze, Diener und Frauen, Saatfelder? Rief er nicht die ganze Bevölkerung auf, euch Tribut zu leisten? Ist euch der Tribut nicht ausgehändigt worden? Doch, doch. Gab er euch nicht letzthin, als ihr ihn gefangengenommen hattet, ein Haus voll Gold und Silber, um sich von seinen Qualen loszukaufen? Habt ihr uns Würdenträgern und den übrigen Leuten nicht Frauen, Söhne und Töchter weggenommen? Und zu allem haben wir geschwiegen, weil er es für richtig hielt und wir ihm keinen Schmerz bereiten wollten. Dient euch unsere Bevölkerung nicht sogar darin, dass sie den Schmutz eurer Pferde und Häuser mit ihren Umhängen reinigt? Was wollt ihr mehr? Gab er euch nicht immer nach, sooft ihr auch sagtet:

Manko Inka versucht, eine Kirche in Brand zu stecken.

»So sei es denn! Tut, was Euch beliebt.« Und vor aller Augen, ohne irgendwohin zu schauen, ging Pizarro auf sie zu, um sie zu küssen und zu umarmen, als wäre sie seine rechtmäßige Frau. Mein Vater geriet darob in große Heiterkeit, während die anderen höchst erstaunt waren. Als Inkill jedoch sich von einem Menschen umarmt fühlte, den sie nicht einmal kannte, begann sie, wie eine Verrückte zu schreien und auszurufen, sie habe keine Lust, sich derartigen Leute ausgesetzt zu sehen. Nicht einmal im Traum wünsche sie, diese zu sehen, und ziehe es vor, die Flucht zu ergreifen. Mein Vater erkannte, wie widerspenstig sie sich gebärdete und wie sehr sie sich dagegen wehrte, mit den Spaniern zu gehen. Weil aber seine Freilassung oder weitere Gefangenschaft davon abhing, befahl er ihr äußerst wütend, sie solle den Spaniern folgen; und als sie meinen Vater äußerst erzürnt sah, tat sie, was er sie geheißen hatte, und schloss sich, mehr aus Furcht denn aus sonstigen Gründen, den Spaniern an.

Der Inka (auf Quechua): »Isst du dieses Gold?« Der Spanier (auf Spanisch): »Dieses Gold essen wir.«

Atahualpa, der letzte Herrscher des Inkareiches. Im April 1532 landete Francisco Pizarro an der peruanischen Küste. Bereits einige Jahre zuvor wurden die Inkas von europäischen Krankheiten (Pocken und Masern) heimgesucht, die sich ausbreiteten und tödlich verliefen. Pizarro fand kein starkes Reich vor, sondern einen Staat, der in einen Erbfolgekrieg zwischen den Brüdern Atahualpa und Huáscar verstrickt war. Dieser Bürgerkrieg erschütterte die Grundfesten des Reiches, und die Unzufriedenheit der unterworfenen Völker beschleunigte den Zusammenbruch.

Francisco Pizarro (1476 oder 78–1541), spanischer Conquistador, der das Reich der Inka eroberte und vor allem auf Gold und Reichtümer erpicht war.

Gonzalo Pizarro (1510–1548), Conquistador und Halbbruder von Francisco Pizarro.

Juan Pizarro (1511–1536), der jüngste der Pizarro-Brüder.

Corregidor, (spanisch), lokale Amtsperson, Richter, Polizeichef.

Sapay Inka, Anrede: »Mein einziger Inka«.

Willaq Umu, »sprechender Priester«, höchster Würdenträger nach dem Inka.

Wiraqocha, Schöpfergottheit, die vor der Eroberung durch die Spanier von allen Völkern der Zentralanden verehrt wurde. In der Kolonialzeit wird Wiraqocha zur Anrede für Spanier und Respektspersonen (»Herr«).

›Her mit dem Gold, her mit dem Silber, schaff dieses herbei, schaff jenes herbei!‹, und hat er euch nicht sogar seine eigenen Diener zur Verfügung gestellt, um euch aufzuwarten? Was mehr begehrt ihr von diesem Mann? Habt ihr ihn denn nicht betrogen, als ihr behauptetet, ihr seiet im Auftrag *Wiraqochas* mit dem Wind gekommen, ihr seiet seine Söhne und möchtet dem Inka dienen, ihn lieben und ihn sowie alle seine Leute wie euresgleichen behandeln? Ihr wisst nur zu gut – wenn ihr euch die Mühe nehmt, aufmerksam nachzuprüfen, könnt ihr es ja selbst sehen –, dass ihr in allem gefehlt habt und dass ihr, anstatt ihn so zu behandeln, wie ihr anfangs verkündet hattet, ihn ohne seine Schuld und ohne den allergeringsten Anlass so häufig gequält habt und quält, wie ihr das Credo in den Mund nehmt. Wo soll er jetzt eurer Meinung nach das Gold und Silber auftreiben, das ihr heischt, nachdem er euch doch schon alles, was es im Land überhaupt gab, ausgehändigt und dabei sogar unsere eigenen Schmuckstücke veräußert hat? Was soll er euch jetzt eurer Meinung nach geben, um sich aus eurer gegenwärtigen Gefangenschaft freizukaufen? Wo und womit soll er auftreiben, was ihr ihm abfordert? Er hat es doch nicht, er hat doch nichts mehr zu geben.

Angesichts eurer Machenschaften sind sämtliche Einwohner dieses Landes derart entrüstet und verstört, dass sie nicht einmal mehr wissen, was sie dazu sagen und wohin sie entfliehen sollten, denn einerseits sehen sie sich ihres Königs beraubt, andererseits ihrer Frauen, ihrer Kinder, ihrer Häuser, ihrer Güter, ihrer Ländereien, kurz, ihrer gesamten Habe. Wahrlich, so groß ist nun ihre Not, dass ihnen kein anderer Ausweg bleibt, als sich aufzuhängen oder alles kurz und klein zu schlagen, wie sie mir häufig gestanden haben. Deswegen, meine Herren, schiene es mir angezeigt, meinen *Sapay Inka* endlich in Ruhe zu lassen – euretwegen ist er ja in solcher Drangsal und Qual – und ihn aus seiner gegenwärtigen Gefangenschaft zu befreien, um diese Indianer von ihrer Bedrücktheit zu erlösen.

Die Antwort der Spanier an Willaq Umu: »Wer hat dich geheißen, dich in Gegenwart des königlichen *Corregidors* so anmaßend auszudrücken? Weißt du überhaupt, was für ein Menschenschlag wir Spanier sind? Schweig, oder ich werde dir und deinen Gefährten, wenn ich euch erwische, derart mitspielen, beim Leben Seiner Majestät, dass ihr euch das ganze Leben daran erinnern werdet. Wenn du nicht schweigen willst, so werde ich dich, ich schwöre es, lebendigen Leibes verbrennen und in Stücke hauen. Wer heißt ihn denn, ich frage euch, so anmaßend auf mich einzuschwätzen?«

So sprach Gonzalo Pizarro, um Willaq Umu und den anderen Anwesenden Angst einzujagen. Dann kam er auf das Gesagte zurück und rief aus: »Hört doch auf und beeilt euch, das befohlene Silber und Gold herbeizuschaffen. Wenn nicht, so schwöre ich euch, dass euer König dieses Gefängnis nicht verlässt, bis alles da ist, auch wenn es ein Jahr dauern sollte. Gebt es also auf, mir zu widersprechen, und kommt mir nicht mit Ruhmestaten: ›Von hier ging er, von dort kam er.‹«

Nachdem der Wortwechsel zwischen den Spaniern und diesem Hauptmann Willaq Umu beendet war, ließen die Spanier letzteren allein und begaben sich zu ihrer Wohnung, während sich dieser meinem Vater näherte, um ihm ausführlich zu berichten, was er ihnen gesagt und was sie ihm geantwortet hatten. Als mein Vater vernahm, in welcher Lage sich seine Leute befanden und wie sehr sie an seiner Qual mitlitten, äußerte er sich folgendermaßen:

»Meine Söhne und Brüder! Ich büße nun dafür, dass ich diesen Leuten gestattet habe, in dieses Land einzumarschieren, ich weiß es wohl; ich kann es euch auch nicht verargen, dass ihr euch über mich beklagt. Da es nun aber keinen anderen Ausweg gibt, so bitte ich euch, bei eurem Leben, in kürzester Zeit etwas herbeizuschaffen, das mich von dieser verschärften Qual erlösen kann. Natürlich schmerzt es euch, euren König so gefangen zu sehen: mit einer Kette um den Hals wie ein Hund und mit Eisen an der Füßen wie ein Sklave oder ein Flüchtling.«

Die Hauptleute und die anderen, ergriffen von großem Mitleid angesichts der Misshandlungen, denen mein Vater ausgesetzt war, wussten nichts zu antworten, sondern gingen, vollkommen lautlos und mit erloschenen Augen, einer hinter dem anderen zur Tür hinaus, um nach Kräften zu sammeln, was mein Vater ihnen aufgetragen hatte, damit er möglichst rasch befreit würde. Aber trotz allem Eifer verstrichen mehr als zwei Monate, bis alles, was sie hatten finden können, beisammen war, wobei sie sich gegenseitig die Anhänger und die Gewänder, die sie trugen, abgenommen hatten. Die Anzahl der Leute, die dazu beigesteuert hatten, erwies sich als so groß, dass man einen sehr geräumigen *bohío* [Haus, Hütte] zum Bersten mit diesen Dingen auffüllen konnte. Darunter war auch einiges Geschirr, das im Hause meines Vaters zu seinem eigenen Gebrauch übriggeblieben war. Und schon war alles angehäuft, unter ständiger Hetze seitens dieser Männer, die mit solchen Worten drängten: »Ist das alles? Mit diesem Silber genügt es nicht. Wie lange wollt ihr uns noch warten lassen? Macht endlich Schluss damit.«

Selbstporträt Poma de Ayalas.

Guaman Poma de Ayala (1534–1615), Schriftsteller, Proto-Ethnologe und Historiker indigener (Quechua-)Herkunft im heutigen Peru. Sein Werk *Nueva Corónica y buen gobierno*, verfasst auf Spanisch und zum kleineren Teil auf Quechua, ist eine ausführliche Darstellung des Lebens der Inka sowie der Conquista.

Seine zwischen 1600 und 1615 geschriebene Chronik umfasst rund 1.200 Seiten und ist die längste nachhaltige Kritik an der spanischen Kolonialherrschaft überhaupt von einem indianischen Autor während der Kolonialzeit. Sie richtet sich an den König Philipp III. von Spanien (1598–1621), dem sie die Ungerechtigkeiten der Kolonialherrschaft darstellt, und bezeichnet die Spanier als fremde Siedler in Peru: »Es ist unser Land, denn Gott hat es uns gegeben.«

Die Federzeichnungen begleiten den oft schwer verständlichen Text und haben insoweit auch erläuternde Funktion. In der Darstellung geschichtlicher Personen erreichen sie eine erstaunliche Ähnlichkeit (etwa für Francisco Pizarro), sie sind präzise in ihrer Schilderung von Alltagsverhältnissen (Götterbildern, Kleidung, Stammestrachten usw.). Die sauber und sicher ausgeführten Umrisszeichnungen stammen laut Text von der Hand des Autors und gelten als ethnografische und historische Dokumentationen ersten Ranges. Die *Nueva Corónica* ist der einzige erhaltene Text mit Abbildungen des Inka-Lebens vor dem Eindringen der Spanier: eine unschätzbare geschichtliche Quelle.

Papua

Die Papua sind Vertreter der ältesten Kulturschicht Melanesiens. Ihre Zahl beschränkt sich auf ca. 4 Millionen Menschen, doch sprechen diese etwa 750, oft stark unterschiedliche Papua-Sprachen. Trotz des geringen Anteils der Papua an der Weltbevölkerung, umfassen ihre Sprachen Schätzungen zufolge etwa 15 Prozent aller existierenden Sprachen. Hier gibt es die größte Sprachenkonzentration der Welt, nicht zuletzt deswegen, weil man in der Vergangenheit nur mit den Leuten verkehrte, mit denen man in Beziehung stand. Die außerhalb Stehenden waren eigentlich keine Menschen und wurden auch nicht so genannt. Darum sind die Papua-Völker ethnisch heterogen. Eine Reihe ihrer Stämme lebte bis vor kurzem im Landesinneren noch in traditionellen Formen dörflicher Naturalwirtschaft, ohne Lohnarbeit und Geld, einige sogar auf Steinzeitniveau. Die zerklüfteten Hochgebirge, tropischer Regenwald und Sumpfvegetation machten ihr Land schwer zugänglich und für Kolonisatoren unattraktiv.

Für die Papua beginnt das Leben nicht mit dem Sein, sondern mit der Beziehung. Demnach existiert niemand, weil er denkt, sondern weil er in Beziehung zu einem Du steht. Aber es ist nicht die biologische Beziehung, die Existenz verleiht, sondern eine personale Beziehung. Ein neugeborenes Kind existiert erst, nachdem es der Vater in den Arm genommen hat; dadurch wird es zu Sohn oder Tochter, Bruder oder Schwester der anderen Kinder. Würde das Kind vor diesem Ritual sterben, gäbe es kein offizielles Begräbnis, weil die Beziehung zu dem Kinde noch nicht begründet wurde. Wird jemand im späteren Leben aus der Gemeinschaft ausgewiesen, hört er auf, als Mensch zu existieren. Er hat keine Rechte, auch keinen Schutz mehr, keine Brüder, die für ihn eintreten. Er kann beseitigt werden. Was früher war, ist ausgelöscht.

Eine melanesische Gemeinschaft umgreift Lebende und Tote. In der Vergangenheit wurden in verschiedenen Traditionen die Toten unter dem Hause begraben, um so die bleibende Verbundenheit noch stärker zu betonen. Oder man schlief gar auf dem Schädel eines Vorfahren, der auf diese Weise »sakramental« gegenwärtig ist. Auch heute wird diese Verbundenheit zum Beispiel dadurch ausgedrückt, dass bei der Mahlzeit für den Toten ein Teller mitgedeckt wird. Auch erwartet man von den Toten weitere Hilfe für die Gemeinschaft; Beziehungen und die darin wurzelnden Pflichten werden durch den Tod nicht gelöscht. Die sogenannten Opfer für die Toten sind deshalb auch nur als Ausdruck einer sozialen Beziehung richtig verstanden. Die Toten sind nicht Geister, sondern bleiben Glieder der Gemeinschaft. So wie die Lebenden die Toten brauchen, brauchen auch die Toten die Lebenden.

In dieses Beziehungsgefüge gehört die Erde, auf der die Menschen leben, mit allem, was sie hervorbringt und trägt. Die Erde ist keine Sache, die man verkaufen kann; sie ist konstitutives Element der Gemeinschaft. Wie die Erde der Gemeinschaft dient, so sind die Menschen ihr verpflichtet. Diese

Beziehungen zur Erde – mit Wald und Feld und Fluss und Meer – werden durch die Symbole der Geister ausgedrückt. Geister sind ebenso real, wie die Beziehungen, die sie verkörpern. Ist ein Geist böse, so zeigt sich in ihm eine gestörte Umweltbeziehung. Diese Störung kann Krankheit und Tod bedeuten, denn Krankheit und frühzeitiger Tod gelten als Ausdruck gestörter Verhältnisse.

Beziehungen werden aber keineswegs »gedacht«, sondern wollen durch Taten ausgedrückt und realisiert werden. Auch Worte genügen nicht. Es muss etwas Greifbares, Sichtbares sein, eine Gabe oder eine Hilfe, an welcher der ganze Mensch beteiligt ist. Ist eine Beziehung gestiftet, will sie durch Taten erhalten werden; ohne Taten wird jede Beziehung schwach und kann sogar enden.

Als die ersten Missionare nach Papua-Neuguinea kamen, glaubten sie, erziehungsbedürftige Kinder vor sich zu haben, Primitive, die keine Logik kennen, keinen Sinn für das Absolute, eben »Heiden, die Ahnen und Geister anbeten …, aber zu unserem Staunen entpuppten sich diese Leute als konsequente Logiker, die ihr ganzes Leben, die ganze Weltanschauung auf Beziehungen aufbauten und konsequent ihre Ethik daraus entwickelten« (Ennio Mantovani SVD).

Der Vielfalt der Stämme Papua-Neuguineas entspricht die Vielfalt ihrer Bräuche und Symbole. Heinrich Harrer konnte sich in den 1960er-Jahren nur mit dem Buschmesser einen Weg zu den Bergpapua bahnen; als er ankam, sah er sich damals noch in die Steinzeit versetzt. Der seitdem stattgefundene Wandel lässt kaum erkennen, wie weit hinter der vorgeführten Schaufront der alte Glaube und Mythos zur Folklore gerinnt. Ohne Zahl sind immer noch die Amulette, Federn, Muscheln, Zähne und Steine, die nicht allein Männer, sondern ebenso Frauen und Kinder tragen und mit denen sich ebenso Schutzfunktionen verbinden, wie dies ähnlich im christlichen Brauchtum mit Medaillen und Kreuzen einherging und einhergeht.

Seite 86: Ahnenpfahl. Mitte 20. Jh. Höhe 300 cm. Mangrovenholz, weiß, rot, schwarz bemalt. Südwestküste Neuguineas.

Die vier weiblichen Figuren stellen die Seelen von Kopfjagd-Opfern dar. Die Fahne, ein Fruchtbarkeitssymbol, wird von einer Ahnfrau gehalten.

Albert Maori Kiki: Ich lebe seit 10 000 Jahren

Albert Maori Kiki (1931–1993), noch in der »Steinzeit« aufgewachsen, war Angehöriger eines Papua-Stammes vom Purari-Fluss, konnte aber Schulbildung erwerben, eine gewerkschaftliche Interessenvertretung im Lande aufbauen helfen, die politische Partei Pangu Pati 1967 mitbegründen und in der ersten unabhängigen Regierung des 1975 gegründeten Staates Papua-Neuguinea Verantwortung übernehmen. 1972 wurde er Minister für Land und Umwelt, von 1975 bis 1977 war er stellvertretender Premierminister. Seine Kindheit und Jugend unter »vorgeschichtlichen« Stammesbedingungen hat er unter dem Titel *Ich lebe seit 10 000 Jahren* (1969) beschrieben.

Das Leben am Purari-Fluss war ein ständiger Kampf ums Dasein und ums Überleben. Es gab keine Annehmlichkeiten und keinen Luxus, und dennoch ist mir aus dieser Zeit nicht die Härte dieses Lebens am stärksten im Gedächtnis haften geblieben, sondern seine Beglückung. Das Gefühl glücklicher Erregung, als ich zum ersten Mal nachts mit den Männern aufstehen durfte, als wir einen feindlichen Angriff erwarteten oder vermuteten, das Gefühl des Triumphes, als ich meinen ersten Vogel fing, das erste Schwein tötete. Es gab auch Furcht und ständige Gefahr, aber gleichzeitig auch den Trost, der von *Maruka Akore*, dem Ahnherrn der Sippe, herrührte, der mich nie im Stich lassen würde und über jede meiner Taten wachte. Ging ich auf die Jagd, dann führte er meine Hand. Waren Feinde in

Kulturhauspfosten aus Melawi

Der über fünf Meter hohe Pfosten trägt den langen Firstbalken eines Männerhauses eines Dorfes am Ufer des Flusses Sepik. Der Pfosten wurde um 1950 angefertigt, doch bereits in den neunziger Jahren war das Haus wegen des rapiden Kulturwandels verfallen.

Der Baumstamm hat zwei frontale Schauseiten. Auf einer Seite wechseln sich weibliche Figuren übereinander getürmt mit großen Masken ab, auf der anderen Seite männliche Figuren. Damit entsprechen sich die mythischen Dorfhälften der Sonnenleute und der Mondleute.

Die auf den ersten Blick verwirrende Fülle von Figuren, Masken und Tieren gliedert sich in vier Abschnitte. Dreimal übereinander steht jeweils eine weibliche bzw. männliche Figur über einer Maske mit Schnabelnase. Die Darstellungsweise der Clans im Sepikgebiet betont Hervorhebungen wie Vernachlässigung einzelner Elemente des Körpers. Dadurch wird mal eine stärkere, mal eine schwächere Abstraktion der realen Verhältnisse erreicht. Der Kopf ist überproportional hervorgehoben. Die Münder sind auf eine sichelförmige Kerbe beschränkt, die Nasen hingegen hervorstechend ausgearbeitet. Die Darstellung der Gliedmaßen erscheint unausgewogen. Die Bemalung in den Farben Rot, Weiß und Schwarz verbinden sich mit dem menschlichen Lebenslauf von Geburt, Jugend, Alter und Tod. Weiß steht für alles Neue und Helle, Schwarz für Krankheit, Trauer und Tod, Rot für Übergänge und Lebenskraft.

Die engen Beziehungen der Clans zu den Tieren, die Wandlungen von einem ins andere, auch die Urzeitwesen und Kulturheroen finden sich in der verbreiteten Mehrdeutigkeit ins Bild gesetzt.

Seite 89: Kulthauspfosten, Melawai. Zeichnung: Gudrun Wilms-Reinking.

der Nähe, schützte er mich vor ihren Blicken. Ich werde den Tag nie vergessen, an dem ich meiner Mutter zum ersten Mal im Garten half und sie mich die Zauberformel lehrte, während ich meine erste Bananenstaude pflanzte. Ich biss in ein Stück Zauberrinde, die sie mir gegeben hatte, und sagte dabei:

Maruka Akore,
Ich beiße in dein Fleisch,
Ich rufe deinen Namen.
Geh, während ich diese Banane pflanze,
ihr in die Erde voran,
gib ihr die Kraft
und lass sie wachsen.

Das allererste, woran ich mich erinnern kann, ist der Tag, an dem sie meinen Onkel tot zurückbrachten. Wie bei einem erlegten Eber hatte man seine Arme und Beine an eine lange Tragstange gebunden, die zwei Männer auf ihren Schultern trugen. In der Mitte des Dorfes banden sie meinen Onkel los und betteten ihn auf die Erde. Die Frauen weinten laut, und am herzzerreißendsten klagte meine Mutter. Man hatte alle Kinder, auch so kleine wie mich, herbeigebracht, damit sie den Toten sahen. Eine tiefe Wunde klaffte an seinem Schlüsselbein, und das Blut war noch rot und frisch. Eindringlich erklärten uns die Männer, dass er von einem der Rei-Leute getötet worden sei, die weiter oben in den Bergen lebten. Damit wollten sie uns einprägen, dass wir mit unseren Nachbarn in ständiger Fehde lagen. Die Hauptbeschäftigung der Männer war es, die »Heimzahlung« zu planen und auszuüben, was natürlich unweigerlich Gegenschläge der anderen Seite auslöste.

Ich erinnere mich, wie ich auf dem kreidigen Boden saß und den Männern zusah, die meinen Onkel für die letzten Riten schmückten. Sein Körper wurde mit gelber und dunkelroter Erde bemalt und mit weißen Tupfen aus dem milchigen Saft eines Baumes versehen. Sein Haar wurde mit Blättern geschmückt, und Kasuarfedern – das Zeichen des Kriegers – wurden um seinen rechten Arm gebunden. Das Wehklagen dauerte die ganze Nacht an, als ich aber am Morgen erwachte, sagte man mir, mein Onkel sei »gen Westen gezogen«, und jeder ging wieder seiner gewohnten Beschäftigung nach, als wäre nichts geschehen; nur seine Witwe musste, mit Lehm beschmiert, die nächsten Monate in ihrer Hütte bleiben. Die Sippenangehörigen sprachen von ihren Toten stets als den »gen Westen Gegangenen«, denn sie begruben sie nicht, sondern legten sie hoch in die Äste eines Baumes, mit dem Gesicht nach Sonnenuntergang. Sie glaubten nicht an das Jüngste Gericht, und die Begriffe Himmel und Hölle waren ihnen fremd. Aber sie glaubten, dass die Toten immer gegenwärtig sind und dass man sie in jeder gefährlichen Lage um Hilfe anrufen kann.

Ich selber habe nie ganz aufgehört, daran zu glauben. Obwohl ich weiß, dass Gott in mir ist, so weiß ich doch auch, dass meine Mutter mit mir ist. Wenn ich in Gefahr bin, bei einem Autounfall zum Beispiel, rufe ich ihren Vornamen: Eau. Meine Mutter starb 1958, im selben Jahr, in dem ich heiratete. Von Zeit zu Zeit bereiten meine Frau und ich ein besonderes Mahl und stellen für meine Mutter und für ihren Vater (den sie am meisten liebte) Teller mit Essen hin. Wir rufen ihre Namen, und während wir unseren Teil verspeisen, lassen wir ihre Teller unberührt. Später wird ihr Essen beiseite gestellt, darf aber nie verzehrt werden. So sind wir in Gedanken inniger mit unseren Toten verbunden ...

Das erste Ritual bestand darin, dass wir in das *maupa eravo* eingeführt wurden. Ein wenig scheu betraten wir das große, festlich geschmückte Haus, das erfüllt war vom Lärm unzähliger Schwirrhölzer. Im Halbdunkel zeigte man uns eine unheimliche, in einen Sack gehüllte Gestalt, die sich auf dem Boden krümmte. Man sagte uns, das sei *uvari*, die Erdmutter, die Mutter allen Lebens. Nachdem wir unsere Härte bewiesen hatten, indem wir schwere Schläge unbewegt einsteckten, nahmen wir die reich geschmückten Pfeile und Bogen entgegen. Damit aber galten wir noch lange nicht als Männer, wir hatten nur den ersten Schritt in die Mannheit getan. Wir hatten nun das Recht zu kämpfen, und wir durften nicht mehr im *uvi* schlafen. Ich konnte jetzt an den Beratungen der jungen Männer im *maupa eravo* teilnehmen, die sich gewöhnlich um die von uns auszuführenden Arbeiten drehten. Wir rodeten den Busch, halfen beim Bauen oder beim Decken der Häuser, schafften neugezimmerte Kanus zum Fluss und dergleichen mehr. Wenn geheime Beratungen über Belange unserer Sippe stattfanden, dann durften auch wir in das *hehe eravo*, mussten uns aber im Hintergrund halten ...

Für meine Vorbereitungszeit bestellte mein Vater einen Führer, der mich durch die verschiedenen Proben leiten sollte. Nach dem Brauch muss er einer anderen Sippe angehören. Er hat es in dieser entscheidenden Zeit durchaus nicht leicht. Er darf viele Speisen nicht essen und muss sich lange des Geschlechtsverkehrs enthalten. Verstieß er gegen eines dieser Gebote, so hätte er mich während des Festes meiner Kraft beraubt, und auch wenn ein Führer Ehebruch begeht, wird sein Schützling, wie es heißt, nie ein richtiger Mann ...

Ein *kovave* ist die erste Maske, die man einen jungen Mann tragen lässt. Wir durften nicht dabei sein, als die Masken gefertigt wurden, und so mussten wir aus dem *maupa eravo* in ein kleineres *eravo* ziehen, das eigens für uns gebaut war. Während wir dort lebten, halfen die älteren Burschen, die dieses Zeremoniell schon hinter sich hatten, den Männern, die *kovave*-Masken anzufertigen. Das ist eine heilige Handlung, und selbst beim Schneiden des Rohres müssen Zauberformeln gesprochen werden. Die Monate vor dem Fest vergehen in ge-

Ein 15-jähriger Papua beschreibt in einem Brief, wie er den Kulturwandel und die Entfremdung von seinem Clan zwischen 1960 und 1970 erlebt hat:

1954 wurde ich im Torricelli-Gebirge geboren. In den ersten sieben Jahren war ich ein freies Kind. Kleidung kannte ich nicht und brauchte auch keine. Tagsüber schien die Sonne heiß auf mich, abends und nachts konnte ich mich mit anderen ums Feuer legen. Ich machte mir Bogen und Pfeile, um Buschratten, Vögel, Schlangen und Frösche zu jagen. Oft musste ich auch hungrig schlafen gehen. In unseren Pflanzungen gab es viele Bananen. Es gab nur eine Mahlzeit am Tage und zwar am späten Abend ... Mit fünf Jahren konnte ich auf die höchsten Bäume klettern. Mit neun Jahren konnte ich schnelle Tiere und Vögel im Flug jagen, die ich mir röstete. Wenn der Hunger zu groß wurde, legte ich mich auf den Magen, das stillte den Hunger für eine Weile.

Einen großen Schrecken bekam ich, als ich in die Schule gehen sollte. Auch meine Eltern waren gegen die Schule. Sie meinten, sie würden meine Arbeitskraft verlieren. Aber in Sonnenhitze und bei Regen musste ich nun jeden Tag in die eine Stunde entfernte Missionsschule gehen. Dort lernte ich Kinder vieler anderer Stämme kennen. Da unsere Sprachen so verschieden sind, lernten wir Pidgin-Englisch, um uns zu verständigen. Bald gefiel es mir dort ganz gut. Nur das Stillsitzen fiel mir schwer. Deshalb huschte ich bei jeder Gelegenheit von Bank zu Bank. Oft hörte ich, wie die Eltern sich mit dem Dorfältesten darüber unterhielten, ob der Schulbesuch für mich wirklich nützlich sei. »Der Junge müsste doch dafür bezahlt werden«, sagte einmal mein Vater, »da er ja mit der Schule so viel Zeit verschwendet. Schließlich bekommt die Mission von der australischen Verwaltung Unterstützung. Die müsste unter die Kinder verteilt werden.«

Wir mussten uns jeden Tag Gesicht, Hände und Füße waschen und die Haare kämmen. Lesen und Schreiben machten mir viel Mühe, aber Rechnen war das Schlimmste. Bevor ich zur Schule ging, kannte ich nur Zahlen bis fünf. Meine Eltern konnten nur bis zwei zählen.

Nach drei Jahren sollte ich zur Schule nach Aitupe wechseln. Dazu musste ich meinen Stamm und meine Eltern verlassen. Jeder misstraute den Mitgliedern anderer Stämme. Man befürchtete bösen Zauber und Gift. Deshalb fürchtete auch ich mich. Meine Eltern gaben mir für die Reise Sago und geräuchertes Schweinefleisch mit, in Bananenblätter verpackt.

spannter Erwartung. Die Frauen im Dorf sind emsig dabei, Sago für das große Fest vorzubereiten, aber wir dürfen nicht erfahren, welche Familie oder welche Sippe an unseren *kovave*-Masken arbeitet. Eine Maske zu erhalten, ist Ehre und Verpflichtung zugleich. Der die Einweihung empfängt, ist ein *hare hare akore*, das heißt, ein Junge, der ein Freund von *kovave* ist. Der *hare hare akore* übernimmt bindende Verpflichtungen gegenüber den Leuten, die ihm die Masken geben. Sie erwarten von ihm, dass er ihnen später bei der Gartenarbeit hilft und dass er sich um sie kümmert, wenn sie alt sind. Wer einem Jugendlichen eine *kovave*-Maske überlässt, beweist damit, dass er ihm vertraut. Und je größer die Zahl deren, die ihm so ihr Vertrauen bekunden, um so stolzer ist der Jugendliche am Tag seiner Einweihung. Ich erhielt acht *kovave* Masken an meinem Einweihungstag ...

Als der große Tag kam, geleitete mich mein Führer *Mavao* auf schmalem Pfad in den Busch. Ein Fasttag hatte unsere Sinne geschärft. Wir wussten oder fühlten, dass etwas Unerwartetes, Schreckliches mit uns geschehen würde. Ich prüfte besorgt jeden Baum, konnte aber nichts entdecken. Plötzlich erhob sich von den Bäumen ringsum ein Rufen und Geschrei, und ehe ich mich's versah, hatte man mir von hinten die Maske übergestülpt. Am Versammlungsort warteten schon Hunderte von Leuten auf uns. Es gab ein schreckliches Gedränge, und das Blasen der Schneckentrompeten verlieh dem Ganzen etwas Übernatürliches.

Ich musste in den Kreis treten und umherstolzieren, mich schütteln, mit meinem Stab fuchteln, um allen meine Manneskraft vor Augen zu führen. Jeder meiner Schritte, jede Bewegung sollte Kraft und Stärke beweisen. Durch den Mund meiner Bambusmaske sah ich ganz deutlich meine Onkel, die wieder aus den Bergen zu uns gekommen waren. Sie weinten vor Ergriffenheit und riefen in ihrer Sprache: »Er ist ein Mann, ja, ein richtiger Mann.« Dann gab man mir noch sieben andere Masken, die ich der Reihe nach tragen musste. Als ich die Masken endlich ablegen durfte, überhäuften mich meine Onkel mit Geschenken und hüllten mich förmlich in Muskeln ein. Reicher geschmückt als alle anderen Jungen musste ich nun vor die Versammlung treten. Jemand rief meinen Namen: Maori Kiki, und führte mich so in den Kreis der Männer ein. Dann wurden mir die Gesetze der Gemeinschaft verkündet ...

Anderntags wurden wir, die *kovave*-Maske auf dem Kopf, zum Strand geführt. Als wir uns dem Dorf näherten, mussten wir im seichten Wasser gehen, damit keine Spuren zurückblieben. Dann klopfte jemand auf den Boden und rief: »Lauft zu!« Da liefen wir zum Dorf hin, wo die Frauen uns mit Geschrei erwarteten oder sich auf den Boden warfen, damit wir über sie sprangen ...

Die letzte Stufe der Einweihung, *miro ava akore*, habe ich selbst niemals mitgemacht. Mit ihr erst hätte ich die volle Mannesreife erlangt und damit das Recht, zu heiraten und das *hehe eravo* zu betreten. Aber als ich soweit war, war unser *eravo* niedergebrannt und der Brauch gebrochen. In diesem letzten Abschnitt leben die jungen Männer lange Zeit abgeschieden im *eravo*. Wenn sie hinausgehen, dann nur mit einer korbähnlichen Maske bedeckt, die bis zu den Knöcheln reicht. Sie lassen sich das Haar lang wachsen, und wenn sie zum ersten Mal wieder unter Menschen gehen, warten schon die Mädchen auf sie und erwählen sich einen Mann. Am begehrtesten sind die Männer mit ganz langem Haar. Sie treten vor ihn hin und sagen: »Dies sei mein Baum.«

Leider kam man kurz vor dem Krieg von diesem Brauch ab, und auch das *kovave* wurde vor etwa fünfundzwanzig Jahren aufgegeben. Meine eigene *kovave*-Initiation war die vorletzte überhaupt.

Warum gaben meine Stammesbrüder diese Feste auf? Schuld daran sind sicher auch die Missionare. Sie sahen es natürlich nicht gern, wenn wir unsere Einweihungsbräuche pflegten, und wollten uns davon abbringen, aber damals war ihr Einfluss in Orokolo noch nicht sehr groß.

Ich glaube, dass die Besteuerung ein Hauptgrund war. Obwohl die Steuer anfänglich nur zehn Schillinge pro Kopf betrug und erst später auf ein Pfund erhöht wurde, mussten die jungen Männer doch die Dörfer verlassen, um das Geld für sich und ihre Väter aufzubringen. Sie gingen nach Kerema oder nach Port Moresby und verdingten sich in einem Laden oder bei einem Weißen. Und während sie Geld verdienten, blieb niemand zurück, um an diesen Zeremonien teilzunehmen. Viele von den jungen Männern verloren auch das Interesse, als sie andere »überlegene« Lebensformen kennenlernten ...

Dann kam das Flugzeug, und ich musste von meinen Eltern und Verwandten Abschied nehmen. Das fiel mir sehr schwer. Sie hatten mich mehrere Stunden zu Fuß zum Flugplatz begleitet. Vom Flugzeug aus sah ich das Meer. Immer wieder dachte ich: »Welche Magie hält das Flugzeug so hoch über der Erde?« Ich wollte es eines Tages selbst herausfinden.

In der Schule wurde ich samt meinen Kleidern gründlich gewaschen. Das alles nur wegen ein paar Kopfläusen oder Wanzen. Dann bekam ich eine Decke, eine Schlafmatte und ein Essgeschirr. Meine Eltern hatten offenbar recht. Die Weißen wollten mich zu einem ihresgleichen machen. Zuhause schlief ich neben dem Feuer auf dem Boden mit Hunden und Schweinen. Ein Stück Bambusrohr war mein Kochtopf. Ich steckte Sago, Baumgemüse oder Fleisch hinein und kochte es über dem Feuer. Ein Bananenblatt war mein Teller, und ich aß mit den Fingern. Hier ist alles anders.

Wenn ich in den Ferien nachhause komme, schauen mich meine Klanbrüder an wie jemanden aus einer anderen Welt. Sicherlich schulde ich der Mission großen Dank.

Buschmannvolk – Die San

Vor kurzem noch nannte man sie »Buschmänner«, Frauen und Kindern mit eingeschlossen. Heute werden ethnische Gruppen im südlichen Afrika, die einmal als Jäger und Sammler lebten, als San bezeichnet. Der Begriff meint »jene, die etwas vom Boden auflesen«. Daneben gibt es unterschiedliche Selbstbezeichnungen, manchmal mit der einfachen Bedeutung »Menschen«. Die San sind von geringer Körpergröße, haben eine gelblich-braune Hautfarbe und »Pfefferkornhaar«. Sie grenzen sich deutlich von ihren schwarzafrikanischen Nachbarn ab. Eine Vermischung mit diesen erfolgte kaum, doch bedingte das Wüstenklima eine evolutionäre Anpassung. Nach neuen Erkenntnissen sind die San weltweit einzigartig. Sie gelten als Rest einer genetisch frühen afrikanischen Population des modernen Menschen, deren Vorfahren hunderttausend Jahre lang von anderen Völkern genetisch isoliert blieben.

Die San waren Jäger und Sammler. In einer fernen Vergangenheit dehnte sich ihr Verbreitungsgebiet einmal bis Ostafrika aus. Im Gang der Zeit, vor allem aber ab dem 15. Jahrhundert, wurden sie von bantusprechenden Gruppen immer weiter in unwirtliche Gegenden abgedrängt. Nach der Gründung Kapstadts 1652 führten die niederländischen Gouverneure bis 1830 regelmäßig Vernichtungsfeldzüge gegen die San der Kapregion. Die Überlebenden flohen in die Kalahari oder wurden auf den Farmen der Europäer versklavt. Im Jahre 1904, im Anschluss an den Krieg gegen die Herero, ging die deutsche Schutztruppe auf dem Gebiet der damaligen Kolonie Deutsch-Südwestafrika (dem heutigen Namibia) ähnlich rücksichtslos gegen die San vor. Bis zur Unabhängigkeit Namibias 1990 setzte die südafrikanische Armee etwa 3000 San als Fährtensucher gegen die anfangs marxistisch orientierte Befreiungsbewegung SWAPO ein. Ebenso brutal gingen die portugiesischen Kolonialherren in Angola vor, was nach der Unabhängigkeit Angolas in den 1970er-Jahren zur weitgehenden Vertreibung der San führte.

Die seit Jahrhunderten erlittenen Vertreibungen haben die Lage der San zunehmend verschlechtert. Heute sind sie überall eine Minderheit, von denen nur noch sehr wenige auf traditionelle Art leben. Nach dem Verlust ihrer Identität verfallen unter den Bedingungen der weißen Zivilisation viele dem Alkoholismus. Schlechte Lebensbedingungen und Verletzungen ihrer Rechte tragen weiter zur Verbreitung gesundheitlicher Probleme bei. Ein Großteil arbeitet auf Farmen. 1961 wurde das »Central Kalahari Game Reserve« gegründet, weltweit das zweitgrößte Wildreservat und zugleich Schutzgebiet für das Volk der San. In den 1980er-Jahren fand man hier jedoch Diamanten, was die botswanische Regierung veranlasste, die San aufzufordern, das Gebiet zu verlassen. 2006 bekamen sie vor Gericht das Recht, ihr Land wieder zu besiedeln und dort zu jagen. Doch während Touristen uneingeschränkt Jagdlizenzen für das Gebiet erhalten, verwehrt man den San viele Lizenzen; erst 2011 wurde ihnen der Bau eines Brunnens zugestanden.

Anthropomorphe Figuren mit traditioneller Haartracht.

Laurens van der Post: Die verlorene Welt der Kalahari

Wir gingen Nxous Leute aufsuchen. Wer von uns eine große Siedlung erwartet hatte, wurde enttäuscht. Wir standen schon zwischen den ersten vier Schutzdächern, ehe wir sie überhaupt gesehen hatten, so unauffällig waren sie beschaffen, und auf so natürliche Weise gingen sie in das Gehölz und die Farben ringsum über ... Jedes war an einen Baum gelehnt, der als Stütze diente. An einigen Baumzweigen hing ein Streifen geschnittenes Wildbret, das in Wind und Schatten trocknete. Der Boden unter den Schutzdächern war an einigen Stellen ausgehöhlt, um ihn für die Hüften der Schlafenden bequemer zu machen. Im Innern befanden sich weder Schmuck noch Hausrat; nur da, wo die Frauen schliefen, hingen Schnüre mit weißen Perlen und elfenbeinfarbene Stirnbänder, die mit Schalen von Straußeneiern geschmückt waren ...

Vor dem ersten Schutzdach saß eine Frau mittleren Alters, die fleißig die Kerne der Tsamma zerstampfte, einer Kalaharimelone, die in den langen, heißen Monaten zwischen den Regenzeiten Mensch und Tier mit Nahrung und Flüssigkeit versorgt. Der Stampfklotz ist der kostbarste Besitz der Buschmannfrau: ein großer Stößel und Mörser, die aus Eisenholz geschnitzt sind. Wohin sie auch geht, trägt sie ihn bei sich, um aus Nüssen, Melonenkernen und Gras Mehl herzustellen und für zahnlose Kinder und Alte getrocknetes Fleisch zu pulverisieren. Wenn die Frau mit dem Stößel stampfte, gab der Klotz einen merkwürdigen, trommelähnlichen Ton von sich, der überraschend weit zu hören war. In den folgenden Tagen sollte er uns noch oft, von weitem grüßend, entgegenklingen, so als ob das Herz schneller schlüge, weil nach einem harten Arbeitstag das heimische Feuer nahe war.

Vor dem zweiten Schutzdach saß Nxous Vater und spannte eine Sehne auf einen Bogen; neben ihm kochte seine Frau etwas in einem kleinen Lehmtopf über einem winzigen Feuer, das kaum Rauch entwickelte. Neben dem dritten Schutzdach saß ein anderer Mann mittleren Alters und besserte eine seiner langen Ruten aus, die dazu benutzt wurden, in Löchern im Erdboden nach Springhasen, Stachelschweinen, Dachsen, Erdeichhörnchen und anderen Tieren zu angeln, die im Sand der Kalahari lebten.

Vor dem letzten Schutzdach saßen zwei der ältesten Menschen, die ich je gesehen habe; es waren Nxous Großeltern. Beider Haut war zerknittert und von Leben, Wetter und Zeit gegerbt; sie sahen aus wie dunkelbraunes Pergament, das mit einer dichten orientalischen Schrift bedeckt war. Der Ausdruck auf den Gesichtern zeigte ruhige Gelassenheit, und sie blickten einander fortwährend an, als wollten sie sich dauernd vergewissern, dass das Wunder ihres Beisammenseins wirklich noch von Bestand war. Sie schienen auf die rechte

Laurens van der Post (1906–1996). Seine frühe Kindheit in Südafrika verbrachte er auf der Farm der Familie. In seiner Schulzeit war es für ihn ein Schock, »zu etwas erzogen zu werden, was den Sinn für alltägliche Menschlichkeit, welche ich mit den schwarzen Menschen teilte, zerstörte«.

1926 warb er in einer mit Freunden gegründeten Satirezeitschrift für mehr Rassenverflechtung in Südafrika. Die Zeitschrift *Voorslag* (»Der Peitschenhieb«) erschien drei Mal und musste dann wegen ihrer radikalen Ansichten eingestellt werden. Van der Post sagte: »Die weißen Südafrikaner haben bis heute niemals bewusst geglaubt, dass die Eingeborenen ihnen je gleichkommen sollten«, war aber überzeugt, dass die Zukunft nur einer Gleichstellung und Vermischung der Rassen gehören würde. Er nahm an Expeditionen teil in Gebiete Afrikas, die damals den Weißen noch unbekannt waren, unter anderem in die Kalahari, um dort die Kultur des Buschmannvolkes zu erforschen.

Seit 1931 lebte van der Post in England. 1980 wurde er in den britischen Adelsstand erhoben. Auf Wunsch von Prinz Charles wurde er 1982 75-jährig Taufpate von Prinz William. Kurz vor seinem Tode wurde er Commander des *Most Excellent Order of the British Empire (OBE)*.

»Kaum waren die ersten Europäer 1652 am Kap gelandet, in der Absicht, dort dauernd zu bleiben, als es auch schon zu Zusammenstößen mit dem Buschmann kam. Gewiß, auch die Hottentotten waren da, aber Kämpfe gegen Hottentotten waren längst nicht so mörderisch. Vielleicht stand der Hottentotte den Eindringlingen anthropologisch näher und war deshalb für deren geringe Verständnismöglichkeit nicht völlig unzugänglich. Die europäischen Wertbegriffe waren eng mit Besitz und anderen materiellen Dingen verbunden. Deshalb sahen die Europäer vielleicht in der Tatsache, dass der Hottentotte eine objektive Vorstellung davon hatte, was Besitz bedeutet, und selber Vieh besaß, in das er vernarrt war, einen gemeinsamen Ausgangspunkt. Wie skrupellos die Europäer in der Unterdrückung und Verfolgung der Hottentotten auch vorgehen mochten, so waren sie in gewissen Grenzen auch immer zu einem Kompromiss bereit. Der Buschmann jedoch stand offensichtlich jenseits jeder noch so elementaren Verständigung. Im europäischen Sinn des Wortes besaß er nichts, und deshalb war man ihm auch nichts schuldig. Es kam den Eindringlingen niemals in den Sinn, er könne vielleicht auf Grund dessen, dass es sein Land war, das man besetzte, einige elementare Anrechte haben. Als sie ständig weiter ins Landesinnere vordrangen, das lebenswichtige Wasser, das der Buschmann von der langen Reihe seiner Vorfahren ererbt hatte, in Besitz nahmen, das Wild, das ihn jahrhundertelang mit Sicherheit ernährt hatte, abschlachteten, seinen Honig raubten, die Weideplätze seiner Bienen zerstörten, die schnellen Schwärme auseinandertrieben und schließlich systematisch nicht nur die naturgegebenen Annehmlichkeiten seines Lebens, sondern auch die Voraussetzungen für sein bloßes Weiterleben vernichteten, schienen sie es merkwürdig zu finden, dass er nun seinerseits böse und verbittert wurde ...

Als ich heranwuchs, forschte ich vergeblich danach, ob das Gewissen des Europäers angesichts dieses finsteren Bildes unserer Geschichte nicht hier und da aufflackerte. Wenn Gewissen sich überhaupt noch regte, so verlor es sich völlig im Labyrinth des calvinistischen Geistes meiner Landsleute. Nur im Sturm der Entrüstung, der sich gegen den Buschmann erhob, und in den falschen Angaben, die man über ihn machte, ließe sich noch ein Funken von Gewissen nachweisen. Denn auch hier bewährte sich das alte Gesetz der menschlichen Natur, dass man zuerst im eigenen Geist herabsetzen muss, was man

Weise gealtert zu sein, denn ihr Alter umhüllte sie so selbstverständlich wie die Schale eine Nuss: Sie fällt erst heraus, wenn sie ausgereift ist und der Notwendigkeit einer Lebenserneuerung gehorcht ...

Bei jedem Schutzdach ließen wir ein kleines Tabakgeschenk zurück und gaben das Versprechen, beim Erlegen von Wild behilflich zu sein. Welche Befürchtungen man auch immer bei unserer Ankunft gehabt haben mochte, sie wurden, so glaube ich, durch dieses ruhige, lässige Kommen und Gehen zwischen unserem Lager und ihren Schutzdächern gründlich zerstreut. Ich war nicht naiv genug, um mir einzubilden, alle Vorbehalte seien überwunden. Aber als ich gegen Abend den kritischen Punkt der Wasserbeschaffung erwähnte und Bauxhau sich sofort erbot, uns zu zeigen, wie sie mit diesem Problem fertig wurden, wusste ich, dass die Hauptschlacht unserer ersten Fühlungnahme gewonnen war.

In der Kühle des Abends führten sie und Xhooxham, »Lippen von feinstem Fett«, uns ein paar Meilen weiter in den tiefsten Teil des alten Flussbettes zwischen Dünen, die in der Sonne gelb leuchteten. Dort fanden wir mehrere flache Gruben, die sie in der üppigeren Jahreszeit gegraben hatten, um Wasser darin zu sammeln. Aber der eigentliche Vorrat, der sie niemals im Stich ließ, lag, geschützt gegen Verdunstung durch Sonne und Wind, tief unter dem Sand verborgen. Neben der tiefsten Grube kniete Bauxhau nieder und hob bis Armeslänge Sand aus. Schließlich kam feuchter Sand zum Vorschein, aber kein Wasser. Da nahm er eine annähernd fünf Fuß lange Röhre, die aus dem Stamm eines Busches mit weichem Mark hergestellt war, umwand sie an einem Ende locker mit trockenem Gras, das vermutlich als eine Art Filter gegen den feinen Flugsand dienen sollte, steckte sie in das Loch, packte den Sand wieder zurück und stampfte ihn mit den Füßen fest. Dann ließ er sich von Xhooxham einige leere Straußeneierschalen geben und stellte sie aufrecht in den Sand neben die Röhre. Ungefähr zwei Minuten sog er eifrig ohne jeden Erfolg. Seine breiten Schultern hoben und senkten sich unter der ungeheuren Anstrengung, und Schweiß floss wie Wasser über seinen Rücken. Aber endlich geschah das Wunder, und zwar so plötzlich, dass ich beinahe einen lauten Freudenschrei ausgestoßen hätte. Ein Sprudel reinen, klaren Wassers floss aus Bauxhaus Mundwinkel, heftete sich an den kleinen Stock und lief geradewegs längs der einen Seite bis in die Eierschale hinein, ohne dass ein einziger kostbarer Tropfen verlorenging.

So ging es weiter, schneller und immer schneller, bis eine Eierschale nach der anderen gefüllt war. Bauxhaus ganze Kraft konzentrierte sich auf diese eine Funktion, Wasser aus dem Sand zu saugen und es hinauf ans Tageslicht zu pumpen. Wie es möglich war, dass er nicht vor Erschöpfung umfiel, vermag ich nicht zu sagen. Ich versuchte, es ihm gleichzutun. Meine Schultern sind breit und meine

Lungen gut. Trotzdem konnte ich dem Sand keinen einzigen Tropfen abringen …

Gemeinsam kehrten wir zurück. Der Schein unserer Feuer leuchtete rot auf den Blättern der Bäume. Feierlich standen sie unter dem Dach der Dunkelheit, die gerade das letzte Licht des Tages auslöschte. Den ganzen Abend saßen wir bei unseren Feuern und tauschten unsere Eindrücke aus, und ich war nicht überrascht, dass wir alle über den wichtigsten Punkt einer Meinung waren. Keiner von uns zweifelte daran, dass wir eine echte Gemeinschaft von Buschmännern angetroffen hatten, die noch ein Leben wie in der Steinzeit führten. Ich war den herkömmlichen Beschreibungen des Buschmanns und der verzerrten Darstellung seines Lebens stets mit größtem Misstrauen begegnet, aber selbst hatte ich keineswegs so anmutige, würdevolle und gesittete Menschen erwartet …

Durch das Beispiel dieser maßvoll lebenden, kleinen Gemeinschaft von Menschen der Steinzeit wurde uns täglich anschaulich vor Augen geführt, wie verlogen und entstellt alle bisherigen Berichte über den Buschmann waren. Durch die herkömmliche Version der Geschichte des Buschmanns sollte offenbar nur unser eigener Mangel an Verantwortung und unsere eigene Habgier beschönigt und gerechtfertigt werden. Außerdem waren die Buschmänner, die unseren Historikern und Schriftstellern als Vorbild dienten, sicher schon jene, in der Umwelt der Weißen vorhandenen Überreste, die nicht mehr wie echte Buschmänner lebten, sondern durch Unsicherheit entartet und infolge ihrer Hilflosigkeit gegenüber unserer wohlgewappneten Selbstsucht entwürdigt waren …

Manchmal saßen die Frauen neben ihren Schutzdächern im langen, schrägen Schein der Abendsonne. Die Perlen und Halsketten auf ihrer Haut schimmerten wie Gold. Jede hielt ein Büschel langen, geraden, trockenen Grases in der Hand, und sie sangen alle zusammen, schlugen mit dem Gras den Takt dazu und zupften mit den Fingerspitzen an den Halmen, als wären es Gitarrensaiten. Die Melodie brachte alle jene nicht in Worte zu fassenden Gefühle zum Ausdruck, von denen man übermannt wird, wenn die Sonne über dem großen Lande Afrika untergeht. Sie nannten das Lied den »Grasgesang«, aber die Interpretation war so schwierig, dass weder die Sängerinnen noch Dabe es schnell erklären konnten. Ich kann nur die Gefühle wieder lebendig werden lassen und die Worte unzulänglich wiedergeben:

Dies Gras ist in meiner Hand, ehe es geschnitten wurde,
Schrie im Winde nach Regen;
Den ganzen Tag lang schreit mein Herz in der Sonne
Nach meinem Jäger.

Sie sangen das immer und immer wieder, das Lied wurde durch die Wiederholung immer inhaltsschwerer und bedeutungsvoller; auch das Herz schien zu steter Wiederholung seines inständigen Flehens

bei den andern zu zerstören im Begriff ist; und je stärker der nicht zugegebene Zweifel im Innern bohrt, um so größer ist der Fanatismus, der sich draußen in die Tat umsetzt. Der Buschmann war seit Anbeginn anrüchig gewesen, und nun ließ man überhaupt kein gutes Haar mehr an ihm. So war er nicht nur ein Wilder, sondern er war nicht einmal besser als ein wildes Tier, und das wenige, das er an Intelligenz besaß, benutzte er nur dazu, ein noch gefährlicheres, noch tückischeres Tier aus sich zu machen. Er war schmutzig, sogar noch schmutziger, als es im Zustand der Wildheit zulässig ist. Gerade dieser Vorwurf wurde eifrig und leidenschaftlich verfochten. Man benutzte ihn, um die unverhüllte Menschlichkeit des kleinen Jägers vor den Herzen jener zu verbergen, die im Begriff waren, ihn durch ihre eigene Unmenschlichkeit zu vernichten …«

Die Hoffnungslosigkeit ihrer Lage erreichte in den Jahren 1800–1860 den Höhepunkt und führte dann rasch zum völligen Verfall. Der ausgedehnte Lebensraum des Buschmanns schrumpfte zusammen. Die europäische Kolonie hatte sich schnell ausgebreitet und die Hottentotten vom Kap vertrieben. Zusammen mit Banden von Mischlingen und Verbrechern verschiedener Farben zogen diese, mit europäischen Gewehren bewaffnet, nach Norden, um alles aufzulesen, was noch an Leben auf dem Veld zurückgeblieben war. Dem Volk der Buschmänner wurden die Lebensgrundlagen fast vollständig geraubt. Die letzten Repräsentanten der einst über große Teile Afrikas verbreiteten Steppenjäger sind nur noch als kleine Restgruppen in der Kalahari und ihren Randgebieten anzutreffen. Man schätzt ihre Zahl auf fünfzigtausend. Die meisten sind zu Hörigen der Bantu oder zu Lohnarbeitern bei den Weißen abgesunken. Andere sind mit Nachbarvölkern vermischt und teilweise akkulturiert. Nur wenige Gruppen haben sich durch den Rückzug in die Kalahari dem Kulturwandel entziehen können. Bei der die Unabhängigkeit Namibias vorbereitenden Turnhallenkonferenz (1975/77) war die zweiköpfige Buschmann-Delegation die einzige, die keinen Dolmetscher benötigte, sie verstand alle im Land gesprochenen Sprachen.

Nur sehr wenige vom Buschmann-Volk führen heute noch ihr Leben im Busch oder am Rande des Busches traditionsnah fort, wengleich in der Kleidung und den Dingen des täglichen Lebens inzwischen von zivilisatorischen Einflüssen nicht mehr unberührt. In ihrem Denken und

Fühlen aber sind sie Buschleute geblieben, zumal in der Art, wie sie in einer veränderten ökologischen Umgebung bei Dürrezeiten und dezimiertem Wildbestand und schließlich gar bei Jagdverbot durch Sammeln und geheime Kleinjagd ihr Leben fristen. Der Wille, als Jäger und Sammler zu überleben, zieht einige immer wieder in den verlorenen Busch zurück. Ob sie dabei den europäischen Einfluss in ihren materiellen Ansprüchen wieder aufgeben, lässt sich nicht voraussagen; dies hängt weitgehend vom Verlauf ihrer Zivilisationskontakte ab.

Anthropomorphe Gestalten mit Schwanz aus einer Höhle in Pahi. Es handelt sich um früheste Zeugnisse künstlerischer Aktivität in Südafrika, etwa 50 000 Jahre alt.

ermahnt zu werden, so wie das Neue Testament zum Gebet aufruft, um das Leben und seine Kräfte wachzurütteln und bereit zu machen für die tief in ihm schlummernde Sehnsucht. Der Gesang verzauberte uns alle. So war ich nicht überrascht, dass die jungen Männer oft, wenn sie sein Crescendo der Sehnsucht hörten, ihm nicht länger widerstehen konnten. Sie ließen ab von dem, was sie gerade taten, und kamen aus dem Busch herbeigelaufen. Ihre Füße stampften auf dem Wüstensand wie auf einer Trommel, sie streckten ihre Hände weit aus, ihre Brust keuchte vor Erregung, und sie schrien, als wäre der Klang ihrer Stimme lebendig und blutend aus dem Innersten ihres Wesens herausgerissen: »Oh, siehe, wie ein Adler komme ich!«

Unsere Buschmänner machten auch Musik. Nxou musizierte unentwegt, und das Instrument, das er spielte, war wie ein Bogen und außerordentlich beliebt. Alle Männer konnten das Instrument spielen, aber keiner vermochte es so wie Nxou. Immer und immer wieder sah ich ihn müde von der Jagd heimkehren, Wildbret, Speere und Pfeile niederlegen und sogleich nach seinem Musikinstrument greifen. Die Frauen konnten stundenlang stillsitzen und ihm mit dem Ausdruck tiefen Friedens zuhören. Selbst auf dem Wege von einem Schutzdach zum anderen spielte er ständig seine Lieblingsmusik …

Wir begegneten niemals einer Gruppe, so arm oder elend sie auch sein mochte, die nicht ein Musikinstrument bei sich führte. Ihre Musik, ihre Lieder, das Gefühl für Rhythmus und Bewegung erreichten in ihren Tänzen die höchste Vollendung. Sie verbrachten ihre Tage nützlich und tatkräftig, aber Tanzen war in ihrem Leben noch ebenso tief verwurzelt, wie seit altersher in Legende und Geschichte vom Buschmann berichtet wird …

Am letzten Abend stellten wir unseren einzigen Tisch am Rande der Lichtung auf, legten unsere Geschenke darauf, brühten Eimer voll Kaffee, der mit unserer letzten Büchsenmilch verfeinert und mit Zucker gesüsst wurde, und luden alle Buschmänner zu uns ein. Während am Himmel ein neuer Sonnenuntergang seine Pracht zum Ruhme der Jäger entfaltete, gaben wir jedem Einzelnen ein Geschenk. Sie nahmen es hin wie im Traum, ihr Blick zeigte Erstaunen und auch, wie ich meinte, eine Spur Trauer darüber, dass dies nun das Ende bedeutete. Sie gingen ruhig auseinander, nur Nxou machte noch einen schwachen Versuch, das Lied des Wanderers zu singen, das wir so gut kannten.

Als Ben ihnen nachsah, sagte er: »Auch sie werden bald nicht mehr hier sein.« Er wies mit der Hand zum fernen Süden hin, wo eine Gewitterwolke wie ein gottähnliches Haupt heranrückte und Blitze in den sich verdunkelnden Himmel sandte.

»Aber diese alten Leute da, was wird aus denen werden?«, fragte ich und zeigte auf das uralte Paar, das ich am ersten Morgen angetroffen hatte und das jetzt langsam hinter den anderen herging.

»Sie werden, so lange sie können, mit den andern mitziehen«, antwortete Ben. »Aber es wird ein Tag kommen, an dem sie nicht weiterkönnen. Dann werden sich alle bitterlich weinend um sie versammeln. Man wird ihnen so viele Nahrungsmittel und so viel Wasser zurücklassen, wie man entbehren kann. Man wird ihnen eine starke Schutzhütte aus Dornengestrüpp bauen, um sie vor wilden Tieren zu schützen. Immer noch weinend, werden die Jüngeren weitergehen, ebenso wie das Leben weitergeht, das solches von ihnen verlangt. Früher oder später, vermutlich ehe Wasser und Nahrungsmittel aufgebraucht sind, wird ein Leopard, aber meistens wohl eine Hyäne, in die Hütte eindringen und die Alten auffressen. So sei es immer gewesen, hat man mir erzählt, wenn Buschmänner die Gefahren der Wüste überlebten und wirklich alt wurden. Aber sie werden sterben, ohne zu jammern.«

Terzett anthropomorpher Gestalten, die Musik machen. Der mittleren Gestalt strömen Töne aus dem Mund, während die Gestalt rechts in die Hände klatscht.

Hinduismus

Das Shri-Yantra

Yantra heißt ein Instrument, eine Hilfe, die als Meditationsstütze benutzt wird. Meistens ist es ein Diagramm von geometrischer Abstraktheit. Als das bekannteste aller Yantras gilt das Shri-Yantra, wörtlich »Yantra des Erhabenen«. Es ist in der hinduistischen Tradition das wichtigste Yantra.

Yantras sind Meditationssymbole, die den Geist fokussieren. Sie werden in der östlichen Mystik verwendet, um sich auf ein spirituelles Konzept einzulassen. Yantra ist ein Sanskrit-Wort, dessen Wurzel »Yam« auf kontrollieren, bezwingen, zurückhalten, bremsen oder zügeln verweist. Genau genommen ist ein Yantra jeder Gegenstand, den man einsetzt, um den Geist zu kontrollieren. Es dient dazu, sich zu sammeln, indem man seine Aufmerksamkeit darauf richtet.

Der Hinduismus hat ethnische Wurzeln und gilt oft als die eigentliche Religion Indiens. Aber auch Buddhisten, Jainas und Sikhs können sich auf ihren indischen Ursprung berufen. Zugleich ist der in sich pluralistische Hinduismus geneigt, auf einem Nenner zu versammeln, was sich durchaus unterscheidet. Das macht es nahezu unmöglich, den Hinduismus zu definieren, denn was für die Götter des Hinduismus gilt, trifft auch für die Hindus zu: Sie lassen sich nicht in ein dogmatisches Muster stecken. Schon der islamische Gelehrte al-Biruni (973–1048) schrieb: »Die Hindus stimmen nicht miteinander überein«, und erklärte, es gebe letztlich keine Aussage eines Hindu, die nicht von einem anderen Hindu bestritten werde.

Gegenüber einer auflösenden Vielfalt haben aber auch sammelnde Kräfte gewirkt. Dazu gehören die Veden als Sammlung geoffenbarter Texte. Ebenfalls hat der Glaube an die Wiedergeburt, das Festhalten am Kastensystem und die Gemeinsamkeit zentraler Symbole integrierend gewirkt; dennoch erklärt keiner dieser Faktoren den Hinduismus. Am ehesten stiftet noch die gemeinsame Geschichte und die Berufung auf die Veden eine hinduistische Identität.

Die inhaltliche Kenntnis der Veden ist jedoch immer nur den männlichen Mitgliedern der Priesterkaste (Brahmanen) vorbehalten gewesen, sodass die Bezugnahme auf die Veden eher ein formales Autoritätsprinzip blieb. Der französische Indologe Louis Renou (1896–1966) erkannte darin auch nur einen nominellen Stellenwert, den er ähnlich wertete wie ein formelles Hutziehen. Dennoch ist die nominelle Akzeptanz der Veden bedeutsam, weil es sonst nur wenig gibt, auf das man sich miteinander einigen könnte. Doch selbst wenn man die Veden kritisiert oder gar ablehnt, wird dies akzeptiert, sofern man nicht gleichzeitig auch die Gemeinschaft ablehnt. Es kann gewaltige Unterschiede zwischen Hindus geben, aber »unorthodoxe« Hindus werden im Hinduismus bei weitem nicht so ablehnend angesehen, wie dies einem unorthodoxen Christen oder einem unorthodoxen Muslim geschehen mag.

95 Prozent aller Hindus leben in Indien; gemäß der Volkszählung von 2011 gelten etwa 80 Prozent der Bevölkerung als Hindus. 14,2 Prozent sind Muslime, 2,3 Prozent Christen, 1,7 Prozent Sikhs, 0,7 Prozent Buddhisten, 1,1 Prozent andere (zum Beispiel traditionelle Adivasi-Religionen, Bahai oder Parsen). Laut Verfassung erklärt sich Indien als säkularer Staat. Dieser Status hindert eine Regierung normalerweise daran, sich in religiöse Dinge einzumischen. Die Republik Indien hat aber gelegentlich durchaus massiv hinduistische Ordnungen korrigiert (zum Beispiel die Kastenordnung oder den Witwentod) und dabei unterstellt, dass das indische Parlament auch als hinduistisches Parlament auftreten dürfe, da die überwiegende Mehrheit der Bevölkerung aus Hindus bestehe. Daran ist der Wunsch beteiligt, den Hinduismus zu reformieren, da dieser seinerseits über entsprechende Organisationsstrukturen nicht verfügt. Gleichzeitig hat die Regierung mit dieser Einmischung in hinduistische Traditionen die religiösen Rechte nichthinduistischer Minderheiten gesichert und sogar erweitert.

Als ethnische Religion befindet sich der Hinduismus heute in einer Krise, denn unter europäischem Einfluss erlangte er eine reformistische und panindische Identität, die über Kasten- und Sektenunterschiede hinausführt und dem Hinduismus Kontur gegenüber anderen indischen Religionen gibt. Deutlich erkannt wurde ein allgemeingültiger Kern des Hinduismus, der keiner ethnischen Eingrenzung unterliegt. Insbesondere waren es Ramakrishna, Ramana Maharshi, Aurobindo, Radakrishnan und Gandhi, die dem Westen die universale Gültigkeit des Hinduismus zugänglich machten und den nahezu unerschöpflichen Beitrag des Hinduismus zum religiösen Erbe der Menschheit erschließen halfen.

Das Shri-Yantra besteht aus neun sich überschneidenden Dreiecken, die um einen Punkt, den Bindu, konzentriert sind. Der Bindu ist ausdehnungslos zu denken. Meistens wird er nicht angezeigt, weil er die Quelle des Universums darstellt, aus der alle Formen entstehen können, die zugleich aber auch das ganze Universum durchdringt.

Die fünf mit ihrer Spitze nach unten gerichteten Dreiecke werden »weiblich« gedacht, während die vier nach oben gerichteten Dreiecke die männliche Dimension vertreten. Die dynamischen und die statischen Kräfte treten in Wechselbeziehung.

Die Dreiecke sind von fünf Kreisen umgeben, von denen der innerste Kreis mit acht Lotusblättern geschmückt ist. Die folgenden Kreise umgeben sechzehn Lotusblätter. Die vier äußeren Öffnungen, die »Tore des Yantra«, stehen für die vier Himmelsrichtungen und damit für die Verbindung zur Außenwelt. Insgesamt stellt ein Yantra das Zusammenwirken der makro- und mikrokosmischen Kräfte dar.

Rigveda heißt der älteste Teil der vier Veden, der wichtigsten Schriften des Hinduismus, die von allen hinduistischen Religionen geachtet werden.

Der gesamte Rigveda besteht aus mehreren Textschichten, von denen die *Samhitas* mit den Hymnen die älteste ist. Die darauf folgenden *Brahmanas* bestehen vor allem aus Ritualtexten. Dann kommen die *Aranyakas* genannten Waldtexte der Weltentsagung, und schließlich die *Upanishaden*, die größtenteils philosophische Abhandlungen enthalten.

Die Entstehungszeit des Rigveda liegt im Dunkeln. Nach dem derzeitigen Stand der Indogermanistik und Indologie erscheint die zweite Hälfte des zweiten Jahrtausends v. Chr. als wahrscheinlich. Dichter dieser Hymnen sind Menschen eines Volkes, die sich Arier nannten. Sie sollen während der Entstehungszeit des Rigveda in das Industal, den heutigen Punjab, eingewandert sein. Inhaltlich berühren sich die Gedichte des Rigveda und die älteste sakrale Poesie des Iran. Im Gegensatz zum späteren Hinduismus sollen die Indoarier nicht über Götterbilder oder Statuen verfügt haben.

Rigveda X,129: Der Uranfang

Weder ein Etwas war damals, noch auch ein Nichts war das Weltall,
Nicht bestand der Luftraum, noch war der Himmel darüber.
Wo war der Hüter der Welt? Was war ihr Inhalt und welches
Ihre Umhüllung? Was war die Meerflur, die grundlose tiefe?

Nicht regierte der Tod, noch gab es Unsterblichkeit damals,
Und es fehlte das scheidende Zeichen von Tagen und Nächten.
Eins nur atmete, ohne zu hauchen, aus eigenem Antrieb,
Und kein anderes zweites war außer diesem vorhanden.

Dunkelheit war im Beginne in Dunkelheit gänzlich versunken.
Nebelhaft nur, ein Wassergewoge war damals das Ganze;
Als lebendiger Keim von dem toten Gewogen umfangen,
Ließ sich das Eine gebären von feurigem Orange getrieben.

Über das Eine ist anfangs ein liebendes Sehnen gekommen,
Aus dem bloßen Gedanken entspross der früheste Same.
Also fanden das Band, das Sein mit Nichtsein verknüpfet,
In der Vergangenheit forschend die Weisen mit sinnenden Herzen.

Helle verbreitend drang mitten hindurch ihr geistiges Auge.
Gab es denn damals ein Unten, und gab es schon damals ein Oben?
Sämende Kräfte, sie wirkten, es wirkten die Triebe ins Weite;
Unten die wollende Kraft und oben das männliche Drängen.

Aber wer weiß es gewiss, und wer kann auf Erden erklären:
Woher ist sie entsprungen, von wannen kam sie, die Schöpfung?
Götter sind später entstanden im Laufe der Weltenerschaffung.
Wer weiß also, von dannen die erste Entwicklung gekommen?

Unsere Schöpfung, von dannen sie ihre Entwicklung genommen,
Sei es, dass *er* sie bereitet hat, sei es auch nicht so –
Der sie als schirmendes Auge vom obersten Himmel beschauet,
Der nur weiß es gewiss! Und wenn selbst er es nicht wüsste?

Upanishaden: Das bist du

Der Brahmanen-Sohn Svetaketu wird von seinem Vater zum Vedastudium geschickt. Der Schüler lebt bei seinem Lehrer und wird von ihm in das geheime Wissen der Upanishaden eingeführt. Upanishad bedeutet »sitzen«, »dabeisitzen«, neben seinem Lehrer sitzen. Das ist dessen zweite Geburt, und darum heißen Vedaschüler auch »Zweimalgeborene«.

Das »Seiende« ist etwas Geistiges, kleiner als ein Samen und größer als der Kosmos. Der Urgrund des Seins und der individuelle Personenkern, Weltengrund und Seelengrund, *brahman* und *atman* sind identisch.

Svetaketu«, sagte der Vater, »begib dich als Veda-Schüler zu einem Lehrer. Denn, mein Lieber, in unserer Familie ist es nicht üblich, dass man, ohne den Veda gelernt zu haben, nur dem Namen nach ein Brahmane ist.« Da nahm er denn, zwölf Jahre alt, die Schülerweihe. Und nachdem er mit vierundzwanzig Jahren alle Vedas auswendig gelernt hatte, kam er nach Hause – hochmütig, aufgeblasen und sich für einen Gelehrten haltend. Da sprach zu ihm sein Vater:

»Da du nun, mein lieber Svetaketu, so hochmütig und aufgeblasen bist, dich für einen Gelehrten hältst, sage mir, hast du denn auch jene Lehre erfragt, durch welche das Ungehörte zu Gehörtem, das Ungedachte zu Gedachtem, das Unerkannte zu Erkanntem wird?«

»Ehrwürdiger, wie lautet denn diese Lehre?«

»Hole mir dort von dem Feigenbaume eine Frucht.«

»Hier ist sie, Ehrwürdiger.«

»Was siehst du darin?«

»Ich sehe hier ganz kleine Kerne.«

»Spalte einen von ihnen.«

»Er ist gespalten, Ehrwürdiger.«

»Was siehst du darin?«

»Gar nichts, Ehrwürdiger.«

Da sprach der Vater: »Die Feinheit, die du nicht wahrnimmst, aus dieser Feinheit ist der große Feigenbaum entstanden. Aus dieser Feinheit besteht das Weltall, das ist das Reale, das ist der *atman*, das bist du, Svetaketu!«

»Noch weiter!«

»Hier dieses Stück Salz lege ins Wasser und komme morgen wieder zu mir.« Er tat es.

Da sprach der Vater: »Bringe mir das Salz, das du gestern Abend in das Wasser gelegt hast.«

Der Sohn tastete danach und fand es nicht, denn es war vergangen.

»Koste von dem Wasser! Wie schmeckt es?«

»Salzig.«

Da sprach der Vater: »Fürwahr, so nimmst du auch das Seiende hier im Leibe nicht wahr, aber es ist dennoch darin.«

»Den *atman* soll man sehen, hören, denken und erkennen, Maitreyi«, belehrt in einer Upanishad der Weise seine Frau. »Wahrlich, wer den *atman* gesehen, gehört, gedacht und erkannt hat, der hat die ganze Welt erkannt … Wo eine Zweiheit vorhanden ist, da hört einer den anderen, da riecht einer den anderen … Wenn aber alles zu *atman* geworden ist, wie sollte er da irgendjemand sehen, wie sollte er da irgendjemand riechen … Wie sollte er den Erkenner erkennen? Nun kennst du die Lehre, Maitreyi. Das, fürwahr, reicht hin zur Unsterblichkeit.«

Der zitierte Grundtext *Das bist du selbst* belehrt den Schüler, was die »Seele« des Menschen ist. Damit verbindet sich jedoch ein anderes Personenverständnis, als es der westliche Geschichtsraum kennt. Der *atman* unterscheidet nicht mehr zwischen »mein« und »dein«, »ich« und »nicht-ich«. Den *atman* erkennen, bedeutet, jede Zweiheit überwinden, um die eigene Einheit mit dem *brahman* zu erfassen: »Wo eine Zweiheit vorhanden ist, da hört einer den anderen, da riecht einer den anderen … Wenn aber alles zu *atman* geworden ist, wie sollte er da irgendjemand sehen, wie sollte er da irgendjemand riechen … Wie sollte er den Erkenner erkennen?« Der erleuchtete Mensch bleibt kein »Gegenüber«, sondern erfasst sich als eins mit dem Göttlichen. Er muss »entwerden«, um den materiellen Umklammerungen zu entkommen. Er erkennt die sichtbare Welt als Trug (*maya*), also das Unbeständige in seiner Natur, und weiß allein das Ewige als real. Wenn also der historische Prozess von Augenblick zu Augenblick stirbt und Menschen nicht einem endlosen Stirb und Werde unterstellt bleiben sollen, müssen sie jene Vollendung erstreben, die in der Überschreitung der geschichtlichen Individualität besteht als ihrer Entbindung aus dem Kreislauf der Wiedergeburten.

Rabindranath Tagore (1861–1941), bengalischer Dichter, Philosoph, Maler und Komponist, der 1913 den Nobelpreis für Literatur erhielt und damit der erste asiatische Nobelpreisträger war. Er war ein Universalgelehrter, dazu engagierter Kultur- und Sozialreformer. Zwei seiner Lieder sind heute die Nationalhymnen von Bangladesch und Indien.

Günter Grass notiert nach einem Besuch der Tagore-Universität in seinem indischen Tagebuch *Zunge zeigen*: »Die Überfülle der Fotos zeigt Tagore als Guru aus dem Bilderbuch, gebläht von Würde. Alle, auch der Universitätsdirektor, sprechen, wenn sie von Rabindranath Tagore sprechen, feierlich. Erst später, abseits der Ausstellung, während der Direktor von der Verheiratung des zweiundzwanzigjährigen Dichters mit einem Kind und Tagores unglücklicher Liebe zu Indira Devi, der Frau seines Bruders, erzählt, wird das Ausstellungsobjekt menschlich. Indira Devi wählte das neunjährige Mädchen für ihren Geliebten aus und beging vier Monate nach der Hochzeit Selbstmord; das Mädchen starb, nachdem es Frau geworden und genügend Kinder geboren hatte, frühzeitig.«

Rabindranath Tagore: Er ist es

Er ist es, er, der Innerste,
Der mein ureignes Wesen führt
Und es erweckt, indem er mich
Verborgen und geheim berührt.

Er ists, der seinen Zauberbann
Auf diese offnen Augen legt
Und dann in göttlich hoher Lust
Zum Wechselspiel die Saiten regt.

Denn seine Wunderleier ist,
Das in mir pocht, das kleine Herz,
Dort spielt er seine Melodien
Von Lust und Glück und Leid und Schmerz.

Ob Tage kommen, Zeiten gehen,
Er ist es, der mein Herz bewegt,
In manchem Namen, manchem Kleide,
In mancher Freude, manchem Leide,
Und mich in die Verzückung trägt.

Wer die größere Gottheit sei

Einst gab es einen Disput am Hof des Maharaja von Burdwan unter den Gelehrten, wer die größere Gottheit sei, Shiva oder Vishnu. Einige gaben Shiva den Vorzug, andere Vishnu. Als der Disput hitzig wurde, wandte ein weiser Pandit (Schriftgelehrter) sich zum Maharaja und sagte: »Herr, ich bin weder Shiva begegnet, noch nie habe ich Vishnu gesehen. Wie kann ich sagen, wer der Größere von beiden ist?« Da hörte der Streit auf, denn keiner der Streitenden hatte jemals die Gottheiten gesehen. Also soll keiner eine Gottheit mit der anderen vergleichen. Wenn ein Mensch wirklich einen Gott gesehen hat, dann weiß er, dass alle Gottheiten Manifestationen [Erscheinungen] desselben *brahman* sind.

Die Farbe des Chamäleons

Zwei Menschen stritten sich heftig über die Farbe des Chamäleons. Der eine sagte: »Das Chamäleon auf diesem Palmbaum ist von einem schönen Rot!« Der andere widersprach ihm und sagte: »Du irrst, das Chamäleon ist nicht rot, sondern blau.« Da keiner seine Meinung beweisen konnte, gingen sie zusammen zu einem Menschen, der unter jenem Baum lebte und lange beobachtet hatte, wie das Chamäleon seine Farbe beständig wechselt. Einer der Streitenden sagte: »Ist nicht das Chamäleon auf jenem Baum rot?« Der Mann entgegnete: »Ja, Herr.« Der andere Streitende sagte: »Was? Wie ist das möglich? Bestimmt ist es nicht rot, sondern blau!« Der Mann gab demütig zur Antwort: »Ja, Herr, es ist blau.« Er wußte, dass das Chamäleon ständig die Farbe wechselt, deshalb beantwortete er beide Fragen mit »Ja«.

So ist auch das Göttliche verschieden gestaltet. Der Fromme, der ihn nur in einer Gestalt sah, kennt allein diese. Nur wer ihn in vielfältiger Gestalt sah, kann sagen: »All diese Formen sind die eines Gottes, denn vielgestaltig ist Gott!«

Ramakrishna Paramahamsa: Der Eine und die Vielen

So wie ein und dasselbe Wasser von verschiedenen Menschen je nach ihrer Sprache als »Wasser«, »vari«, »pani«, »aqua« bezeichnet wird, so wird auch das absolute Wesen von dem einen als Gott, vom andern als Allah, Hari oder Brahma bezeichnet.

In einem Töpferladen gibt es Gefäße von verschiedener Gestalt und Form: Krüge, Tiegel, Schüsseln, Teller usw., aber alle sind aus demselben Ton gemacht. So ist Gott auch einer, wird aber in verschiedenen Zeiten und Ländern unter verschiedenen Namen und in verschiedenen Aspekten verehrt.

An einem heiligen Badeplatz gibt es zahlreiche Treppen (ghats), die zum Wasser herabführen. So gibt es auch viele Ghats zum Wasser des Ewigen. Jede Religion der Erde ist ein solcher Ghat. Gehe mit Ernst und reinem Herzen auf dem einen Ghat, dann wirst du das Wasser des ewigen Heils erreichen. Aber sage nicht, deine Religion sei besser als die andern.

Wie man zum Dach eines Hauses mit Hilfe einer Leiter, eines Bambusstabs, einer Treppe oder eines Stricks emporsteigen kann, so sind auch die Wege, Gott zu erreichen, verschieden. Jede Religion in der Welt zeigt einen dieser Wege.

Seid Christen in der Barmherzigkeit, Muslime in der strikten Befolgung der gottesdienstlichen Verrichtungen und Hindus in eurer Mildtätigkeit gegen alle Lebewesen.

Mit Shiva verbinden sich konträre Erscheinungsformen, weil er die Vereinigung der Gegensätze verkörpert: Schöpfung und Zerstörung, Materie und Geist, Weib und Mann, Bewegung und Ruhe. Das Kultbild des Shiva Nataraja ist darum ein symbolisches Weltbild; gleichzeitig verweist es auf den Heilsweg, der den Menschen angeboten ist.

Die erste Wahrnehmung dürfte auf die tanzende Bewegung Shivas gehen. In der indischen Tanzkunst wurde ein Kanon symbolischer Stellungen und Sitzposen, Arm- und Handhaltungen entwickelt, deren einzelne Formen hundertfältig sind. Feinste Schattierungen des seelischen Ausdrucks werden durch Körpersprache und Mienenspiel veranschaulicht. So kompliziert und sogar abstrus die vielen Klassifizierungen von Tanzgesten auf dem Papier erscheinen, so verschmelzen sie doch, von Künstlern getanzt, in faszinierende Bewegung, die ein großes Publikum Tage und Nächte in Bann halten kann. Letztlich kann die gesamte indische Skulptur, zumal die Figurenvielfalt an den Tempeln, ohne Kenntnis des Tanzes nicht verstanden werden. – Dass nun der für Shivaiten absolute Gott tanzt, wird auf den Ursprung der Welt zurückgeführt, denn in einem gewaltigen Tandava-Tanz, Ursprung allen Tanzes überhaupt, hat die Schöpfung ihren Ausgang gefunden.

Leicht übersehbar ist die Dreiäugigkeit Shivas, Ausdruck seiner über alles natürliche Maß hinausgehenden Geistigkeit. Die zwei natürlichen Augen versinnbildlichen Sonne und Mond – als Vereinigung der Polaritäten –, das Stirnauge aber zeigt den flammenden Durchbruch von Erkenntnis an und ist daher auch als Weisheitsauge zu verstehen.

Seite 105: Deckengemälde im Tempel von Chidambaram, Tamil Nadu.

Die Allgewaltige Gottheit, veranschaulicht durch die Vielzahl von Köpfen und Armen, die in ihrer Gesamtheit die hinduistische Götterwelt verkörpern. Die tier- und menschengesichtigen Köpfe und deren Attribute führen in weite Mythen- und Symbolzusammenhänge. Unverkennbar aber ist die Einheit, die in aller Vielfalt wahrgenommen wird. Kein anderes Bild dürfte den übergreifenden Monotheismus des nur vordergründigen hinduistischen Polytheismus deutlicher veranschaulichen als dieses.

Lalla: Shiva

Die indische Dichterin Lalla – sie lebte im 14. Jahrhundert – war der Überlieferung nach eine verheiratete Frau aus vornehmer Familie. Die schlechte Behandlung, welche sie durch ihre Schwiegermutter erfuhr, soll sie bewogen haben, Haus und Familie zu verlassen. Als shivaitische Asketin zog sie singend und tanzend umher und verkündete in volkstümlichen Strophen ihren Shiva-Glauben:

Ich, Lalla, zog mit Sehnsucht aus,
Im Suchen mir Tag und Nacht verstrich,
Da fand ich den Herrn in meinem Haus,
Und der Stern der Stunde nie wieder verblich. (...)

Herr, du bist selbst der Himmel und die Erde,
Luft, Wasser, Blume, Sandel, Nacht und Tag.
Du bist die Opfergabe auf dem Herde,
Bist alles. Herr, wo ist, was ich dir opfern mag?

Kein »Ich« ist und kein »Du«, kein »Der« ist und kein »Das«,
Der Schöpfer ist allein, der selber sich vergaß.
Der Blinde hat den Sinn der Worte nicht gefunden,
Sobald er sehend wird, ist ihm die Welt entschwunden.

Bhagavadgita XI: Das Lied der Gottheit – Vishnu

Die *Bhagavadgita* stellt in einer machtvollen Vision das ganze Universum als den »Leib« Vishnus vor. Der Lotussitz, hier mit Brahma verbunden, gilt als dem Nabel Vishnus entwachsen, der seinerseits ebenfalls auf einem Lotus sitzt. Hier kann der Lotus auch als Mitte und (mit seinem Stengel) als Achse der Welt gelten.

Alle Wesen, alle Götter,
Seh' an deinem Leib ich hangen,
Brahma auf dem Lotussitze
Samt den Sehern und den Schlangen.

Viel Gesichter, Arme, Leiber,
Viele Augen, du Gewalt'ger,
Aber weder Ziel noch Anfang
Seh' an dir ich, Vielgestalt'ger.

Auf dem Haupte glänzt die Krone,
In der Hand trägst du die Keule,
Unermesslich schwer zu schauen,
Strahlst du wie des Feuers Säule.

Unvergänglich-Höchster bist du
Und des Urgesetzes Hüter,
Bist der Hort des Universums
Und des Weltenalls Gebieter.

Mond und Sonne sind dir Augen
Arme reckst du, ungeheuer,
Opferflamme loht vom Mund dir,
Sengt das All mit ihrem Feuer.

Zu dem welterhaltenden Aspekt kommt aber auch der verschlingende, der Vishnu eine für uns dämonische Gestalt werden lässt:

Seh' ich dich mit offnen Mündern
Glühend bis zum Himmel ragen,
Seh' ich deine Augen funkeln,
Muss ich voller Furcht verzagen.

Deine Münder, zähnestarrend,
Einem Weltenbrande gleichen,
Seh ich's, schwinden mir die Sinne,
Und ich muss vor Angst erbleichen ...

denn was groß und stark auf Erden wandelt:

Strömet ein in deine Rachen,
Die hier abgrundtief rings gähnen,
And're mit zermalmtem Haupte
Hängen zwischen deinen Zähnen ...

Alle Wesen, Vishnu, scheinst du
Mit dem Munde zu verschlingen,
Mit den Strahlen deines Glanzes
Dieses Weltall zu durchdringen.

Vishnu ist der schaffende, Shiva der zerstörende Aspekt der Gottheit. Shiva setzt insofern Vishnu voraus. Doch sollten die Einzelgestalten nicht zu eigenständig betrachtet werden.

Für seine heutigen Anhänger ist Vishnu der universelle Gott: das innerste Selbst aller Wesen, die Erkenntnis derer, die erkennen. Er ist der Anfang der Schöpfung, deren Mitte, ihr Ende und der Keim allen Lebens. Nichts ist ohne ihn. Obwohl ungeboren und darum auch unsterblich, wird er durch seine eigene Schöpferkraft immer wieder aufs Neue geboren. Durch sein ordnendes Wesen stützt er die guten Kräfte des Daseins und bewahrt die Welt vor ihrem sonst drohenden Untergang.

In Goethes »Die Leiden des jungen Werther« (erste Fassung 1774) findet sich ein Brief, überschrieben »am 18. August«, in dem sich unter den Bedingungen des neuzeitlichen europäischen Bewusstseins eine parallele Erfahrung zu dieser Vishnu-Vision darstellt:

Das volle warme Gefühl meines Herzens an der lebendigen Natur, das mich mit so vieler Wonne überströmte, das ringsumher die Welt mir zu einem Paradiese schuf, wird mir jetzt zu einem unerträglichen Peiniger, zu einem quälenden Geist, der mich auf allen Wegen verfolgt ...

Es hat sich vor meiner Seele wie ein Vorhang weggezogen, und der Schauplatz des unendlichen Lebens verwandelt sich vor mir in den Abgrund des ewig offenen Grabes. Kannst du sagen: Das ist! da alles vorübergeht? da alles mit der Wetterschnelle vorüberrollt, so selten die ganze Kraft deines Daseins ausdauert, ach in den Strom fortgerissen, untergetaucht und an Felsen zerschmettert wird? Da ist kein Augenblick, der nicht dich verzehrte und die Deinigen um dich her, kein Augenblick, da du nicht ein Zerstörer bist, sein mußt; der harmloseste Spaziergänger kostet tausend armen Würmchen das Leben, es zerrüttet ein Fußtritt die mühseligen Gebäude der Ameisen und stampft eine kleine Welt in ein schmähliches Grab. Ha, nicht die große, seltene Not der Welt, diese Fluten, die eure Städte verschlingen, rühren mich; mir untergräbt das Herz die verzehrende Kraft, die in dem All der Natur verborgen liegt, die nichts gebildet hat, das nicht seinen Nachbar, nicht sich selbst zerstörte. Und so taumle ich beängstigt. Himmel und Erde und ihre webenden Kräfte um mich her: ich sehe nichts als ein ewig verschlingendes, ewig wiederkäuendes Ungeheuer.

Aurobindo Ghose: Eine Gestalt des Lebens muss geboren werden, die Gott näher ist

Aurobindo Ghose (1872–1950) indischer Politiker, Philosoph, Hindu-Mystiker, Yogi und Guru. Er erhielt seine Ausbildung in England, weshalb er die meisten seiner Werke in englischer Sprache schrieb. Nach Indien zurückgekehrt, arbeitete er in verschiedenen Beamtenstellungen, doch wurde er 1908 zu Gefängnis wegen revolutionärer Tätigkeit verurteilt. In seiner Haftzeit erlebte er eine religiöse Erleuchtung, die ihn dazu führte, sich fortan nur noch dem Yoga zu widmen. 1910 begründete er eine Yoga-Schule, die sich zu einem bedeutsamen Zentrum geistiger Bildung entwickelte. Neben schulpädagogischen Engagements wirkte er durch zahlreiche Schriften poetischen und philo-

Ich darf sagen, dass es ganz und gar nicht meine Absicht ist, im Blick auf die Menschheit und ihre Zukunft den Anwalt irgendeiner Religion, alt oder neu, zu spielen oder eine philosophische Schule oder eine Yoga-Schule zu begründen. Einen Weg gilt es zu eröffnen, der noch blockiert ist, das ist meine Auffassung ...

Ein innerer Wandel in der menschlichen Natur überhaupt ist notwendig. Eine Gestalt des Lebens muss geboren werden, die Gott näher ist. Wenn das nicht der Weg ist, dann gibt es für die menschliche Art keinen Weg mehr. Dann muss die irdische Evolution den Menschen einfach übergehen, und eine größere Art Mensch muss dann kommen, die der spirituellen Wandlung fähig sein wird.

Die freie Herrschaft, die überwiegende Führung durch den entwickelten spirituellen Menschen, seine Macht und sein Einfluss, das ist unsere Hoffnung ... Eine entscheidende Wende der Menschheit zum spirituellen Ideal, der Beginn eines ständigen Aufstiegs zu den Höhen, sollte nicht völlig unmöglich sein. Und solch Beginn mag die Herabkunft eines Einflusses bedeuten, der das gesamte Leben der Menschheit und seine Orientierung, seine Potenzen und seine gesamte Struktur sofort verändern und für immer ausweiten wird ... Ich sehe es über mir und weiß, was es ist. Ich fühle es, wie es stets und ständig auf mein eigenes Bewusstsein von oben herableuchtet. Ich will es ihm ermöglichen, das ist mein Streben, das ganze Dasein in seine eigene, eingeborene Macht aufzunehmen! Die Natur des Menschen soll nicht immer wieder nur halb im Licht, halb im Schatten verharren. Ich glaube, dass die Herabkunft dieser Wahrheit hier auf der Erde den Weg zur Entwicklung eines göttlichen Bewusstseins eröffnet und dass das der endgültige Sinn der irdischen Evolution ist.

Mein Weg ist keine ausgefallene Laune, keine Missgeburt, nicht Mirakel jenseits der Gesetze der Natur und der Bedingungen von Leben und Bewusstsein auf dieser Welt ... Ich tue nichts für mich, denn ich selbst bin nichts bedürftig, weder des Heils noch der Verwandlung in das und durch das Supramentale. Wenn ich nach der Verwandlung in das und durch das Supramentale strebe, dann darum, weil eben dies für das Erdenbewusstsein getan werden muss, und wenn das nicht in mir geschieht, dann kann es nicht in anderen geschehen.

Unmittelbar jetzt will ich keineswegs die ganze Welt zu einer supramentalen Welt machen, ich will vielmehr das Supramentale als eine Macht herniederbringen und es mitten in all dem, das sonst noch da ist, als ein Bewusstsein begründen. Es gilt nur, das supramentale Prinzip in das Erdbewusstsein einzuführen, um es dann dort wirken und sich selbst erfüllen zu lassen. Das wird genug sein, die Welt zu verwandeln und ihre gegenwärtigen Grenzzäune niederzureißen.

*

Meine eigene Erfahrung ist die, dass das Gehirn voll von Licht wird. Als ich Pranayama übte, pflegte ich es fünf oder sechs Stunden täglich zu tun, drei Stunden am Morgen und zwei am Abend. Mein Geist arbeitete mit großer Erleuchtung und Kraft. Gleichzeitig pflegte ich Gedichte zu schreiben. Gewöhnlich schrieb ich acht oder zehn Zeilen am Tag, etwa hundert im Monat. Nach den Pranayama-Übungen konnte ich zweihundert Zeilen in einer halben Stunde schreiben. Mein Gedächtnis war vorher schwerfällig, aber dann, als die Inspiration gekommen war, konnte ich die Verszeilen in ihrer Reihenfolge behalten und sie jederzeit, wie es mir passte, niederschreiben. Sobald die geistige Tätigkeit eine höhere Stufe erreicht hatte, konnte ich auch einen elektrischen Energiefluss rund um das Gehirn wahrnehmen.

Aurobindo empfand ein erhöhtes Gesundheitsgefühl, größere schöpferische Geistestätigkeit und erste Anfänge eines »inneren Sehens«. Zu diesem Phänomen merkte er an:

Jene sogenannten wissenschaftlichen Erklärungen brechen zusammen, sobald man sie aus ihrem Wolkenland nur mentaler Theorien herausnimmt und sie mit aktuellen Phänomenen konfrontiert.

Freilich erlernt man den Yoga nicht allein; es bedarf der Anleitung durch einen Meister (*guru*). Im Grunde werden in Indien auch andere Lernprozesse, und seien es Einführungen in philosophische Denkgebäude, im persönlichen Lehrer-Schüler-Verhältnis vermittelt, also in einer mündlichen Tradition, die

sophischen Inhalts, die eine neue Synthese indischer und westlicher Gotteserkenntnis verfolgten: Er verbindet die humanistische Bildung und das Wissen des Westens mit den spirituellen Traditionen Indiens.

Wenn die Religion die Menschen ständig in die Grenzen eines Credo, eines unveränderlichen Gesetzes oder eines bestimmten Systems zu bannen sucht, dann muss die Religion darauf gefasst sein, dass die Menschen gegen ihren Bann revoltieren. Wenn sie solchen Druck auch eine Zeitlang hinnehmen und sogar großen Nutzen davon haben, müssen sie doch schließlich zu den Gesetzen ihres eigenen Seins, zu einer freieren Aktivität und einer unbehinderten Entwicklung sich hinbewegen. Spiritualität respektieret die Freiheit der menschlichen Seele, denn sie erfüllt sich selbst durch Freiheit, und die tiefste Bedeutung der Freiheit ist diese: Sie ist die Macht, sich zur Vollendung hin zu entfalten und ihr entgegen zu wachsen, entsprechend dem Gesetz der eigenen inneren Natur oder dem eigenen inneren Dharma ...

Der beste Weg, die Menschheit zum Fortschritt zu bewegen, ist der, dass man sich selbst in Bewegung setzt. Das mag egoistisch oder individualistisch klingen, ist es aber nicht. Es ist nur gesunder Menschenverstand.

Sri Aurobindo

bereits Jahrtausende überbrückt. Mehr als solche Lernwege aber hat der Yoga Initiationscharakter; das heißt, der Mensch, der sich für diesen Weg entscheidet, schickt sich an, die profane Welt zu verlassen, die Familie, die Berufswelt, die Gesellschaft, um »diesem Leben abzusterben«. Ernsthaft so betrieben, ist der Yoga eine Entscheidung auf Leben und Tod: für einen Tod, in dem alles stirbt, was an das gewöhnliche Denken und Leben bindet, und für eine Wiedergeburt zu einer geistigen Seinsweise, die als Freiheit erstrebt wird. Auch hierfür ist Aurobindos Weg ein Beispiel. Im Dezember 1907 fand er für sich einen geistlichen Lehrer, der ihm zunächst die Bedingung stellte: kein Umgang mit anderen, völlige Zurückgezogenheit, Gemeinschaft nur mit dem Guru. Der Auftakt war ein dreitägiges Alleinsein in einem abgeschiedenen Raum. Die erste Weisung des Guru lautete: Mache deinen Geist »leer«. Völlige Stille des Geistes und Unbeweglichkeit des gesamten Bewusstseins sollten erreicht werden. Aurobindo schrieb später darüber:

Es gibt gewiß viele Wege, aber mein Weg bestand in der Zurückwerfung der Gedanken. »Setz dich hin«, wurde mir gesagt, »beobachte, und du wirst sehen, dass deine Gedanken von außen her in dich eintreten. Ehe sie aber eintreten können, schlag sie zurück.« Ich setzte mich hin, beobachtete und sah zu meinem Erstaunen, dass es sich so verhielt. Konkret sah und fühlte ich den sich annähernden Gedanken, wie wenn er durch den Kopf von oben her eintrat, und ich war konkret in der Lage, ihn zurückzustoßen, ehe er eintrat. In drei Tagen, genauer in einem, war mein Geist erfüllt von einer ewigen Stille. Sie ist immer noch da …

Seit diesem Augenblick wurde mein mentales Wesen eine freie Intelligenz, ein universaler Geist, nicht mehr eingeschlossen in den engen Kreis persönlichen Denkens wie ein Arbeiter in einer Gedankenfabrik, sondern nun Erkenntnis empfangend aus all den hundert Bereichen des Seins und frei, in diesem weiten Imperium des Schauens und Denkens das Gewollte zu wählen. Die Möglichkeiten des menschlichen Wesens sind nicht begrenzt, es kann ein freier Zeuge und Herr im eigenen Hause sein. Ich meine nicht, dass jeder dies auf dieselbe Weise und mit derselben Schnelligkeit erreichen kann, aber eine fortschreitende Freiheit und Beherrschung des eigenen Geistes ist für jeden möglich, wenn er den Glauben und den Willen zu dem Unternehmen hat.

Die Essenz alles spirituellen Wissens ist eine innerliche Selbstbewusstheit. Jede Handlung des Menschen muss ein Sich-selbst-Formulieren jener Selbstbewusstheit sein. Jede andere Art von Wissen kennt sich selbst nicht wirklich und strebt letztlich doch nur nach ihrem alten Bewusstsein und dessen Inhalten zurück.

Ramana Maharshi (1879–1950), indischer Guru, der schweigend lebte, aber auf westliche Menschen großen Einfluss gewann.

Dem siebzehnjährigen Ramana gelang die *meditatio mortis* unvorbereitet. Die Unmittelbarkeit, mit welcher der junge Ramana auf einen jähen Schauer des Todes reagierte, hatte ihn in einem Blitz von Erleuchtung auf den Weg der Weisheit und des Yoga gebracht.

Sein Erlebnis ließ Ramana von zu Hause fortgehen und sein weiteres Leben auf dem heiligen Berg Arunachala in Südindien verbringen. Hier verbrachte er am Fuße des Berges, zunächst im dunklen Winkel eines Tempels, später in verschiedenen Höhlen, einige Jahre in schweigender Versunkenheit,

Ramana Maharshi: Über das Selbst

Ramana Maharshi gelangte ohne Anleitung eines Guru zu einer tiefen Erfahrung seines Selbst (*atman*). Nach Jahren schweigender Zurückgezogenheit begann er schließlich, wieder zu sprechen und Fragen spirituell suchender Menschen zu beantworten. Er folgte dabei keinem traditionellen Lehrsystem, zumal er die hinduistische Literatur nie studiert hatte. Er schrieb auch nichts. Seine »Lehre« übermittelten die Gesprächspartner, die ihn aufsuchten. Bekannt ist aber sein Bericht über die spontane Todeserfahrung, die er mit 17 Jahren machte.

Es war etwa sechs Wochen, ehe ich Madura verließ, um nicht zurückzukehren, dass der große Wandel in meinem Leben eintrat. Das geschah ganz plötzlich. Eines Tages saß ich allein in einem Raum des ersten Stocks im Hause meines Oheims. Ich fühlte mich frisch und wohl wie gewöhnlich – da packte mich jäh und unzweideutig der Schrecken des Todes. Ich fühlte, ich müsse sterben. Warum ich das fühlte, lässt sich durch nichts, was ich in meinem Körper empfand, erklären. Ich konnte es mir auch nicht erklären. Aber ich bemühte mich auch gar nicht herauszufinden, ob meine Todesangst begründet sei. Ich fühlte einfach: »Ich muss jetzt sterben«, und überlegte sofort, was ich tun sollte. Ich dachte nicht daran, einen Arzt oder Verwandte oder gar Fremde zu befragen. Ich fühlte: Diese Frage musste ich selber lösen, hier und jetzt, auf der Stelle.

Dieser Schreck der Todesangst wandte mich nach innen. Ich sagte innerlich zu mir selbst, ohne einen Laut zu sprechen: Jetzt ist der Tod da. Was hat das zu bedeuten? Was ist das: Sterben? Mein Leib hier stirbt. Sogleich fing ich an, meine Sterbeszene zu spielen. Ich streckte meine Glieder lang und hielt sie steif, als wäre die Todesstarre eingetreten. Ich ahmte einen Leichnam nach, um meinem weiteren Erforschen den äußeren Schein der Wirklichkeit zu leihen, hielt den Atem an, schloss den Mund und hielt die Lippen fest aufeinander gepresst, dass mir kein Laut entfahren konnte. Lass nicht das Wort »Ich« oder irgendeinen Laut dir entschlüpfen! – »Gut«, sprach ich dann zu mir selber, »dieser Leib ist tot. Starr wie er ist, werden sie ihn zur Leichenstätte tragen; dort wird er verbrannt und wird zu Asche. Aber wenn er tot ist – bin dann ›Ich‹ tot? Ist der Leib ›Ich‹? – Dieser Leib ist stumm und dumpf. Aber ich fühle alle Kraft meines Wesens, sogar die Stimme, den Laut ›Ich‹ in mir – ganz losgelöst vom Leibe. Also bin ich ein ›Geistiges‹, ein Ding, das über den Leib hinausreicht. Der stoffliche Leib stirbt, aber das Geistige, über ihn hinaus, kann der Tod nicht anrühren. Ich bin also ein todlos ›Geistiges‹.«

während er sein körperliches Wohl völlig vernachlässigte. Als seine Mutter ihn aufsuchte, um ihn zu bewegen, nach Hause zurückzukehren, brach er sein Schweigen nicht, tat vielmehr so, als sehe er sie nicht. Als Ramana später sein Schweigen brach und auf Fragen Antwort gab, bildete sich ein Ashram um ihn. Er starb 1950 an Krebs, ohne dass er von dem in jungen Jahren aufgesuchten heiligen Berg je wieder herabgestiegen wäre.

Ramanas Spiritualität verkörpert einen Hinduismus innerer und äußerer Entsagung, der von der Erkenntnis bestimmt wird, dass man selbst mit dem Absoluten oder Göttlichen identisch ist. Der traditionelle Hinduismus verband das Streben nach einem solchen Zustand mit dem Studium der heiligen Texte, mit strenger Askese, sexueller Enthaltsamkeit, der Aufgabe alles Weltlichen sowie anderen wenig werbenden Anforderungen. Trotz seiner eigenen überstrengen Askese überging Ramana diese Bedingungen als im wesentlichen unbedeutend. Das verschaffte ihm sogar westliche Schüler. Wenn man ihn kritisierte, dass er in seiner Einsamkeit nichts für die Welt tue, gab er die rätselhafte Antwort: »Du bist die Welt.«

Ramana Maharshi war der Überzeugung, das Ich müsse durch beständige Übung aufgelöst werden, damit das Selbst hervortreten könne. Wurde er gefragt, ob man sich dazu aus der Welt zurückziehen müsse, sagte er, diesen Weg gehe der Mensch in sich, gleichviel, wo er sich äußerlich befinden möge. Er wurde nach Ramakrishna der bedeutendste Wegbereiter des Hinduismus in die moderne Welt.

Mohandas Karamchand Gandhi (1869–1948), auch Mahatma Gandhi genannt, wuchs in einer traditionell orthodoxen Umgebung vishnuitischer Prägung auf. Als Dreizehnjähriger wurde er verheiratet. Nach seiner Ausbildung in Indien studierte er Jura in London. Anschließend weilte er von 1893 bis 1914 zuerst als Rechtsanwalt, später als politischer Führer der südafrikanischen Inder in Durban. Hier begründete und entfaltete er, gestützt auf die indischen Gedanken der *ahimsa* (des Nichtverletzens) und der *dharna* (Sitzstreik des Gläubigers vor dem Haus des Schuldners) – beeinflusst von der Bergpredigt, wie auch von den Schriften Tolstois, Thoreaus und Ruskins – seine Lehre vom passiven Widerstand. Nach seiner Rückkehr nach Indien entwickelte er diese Strategie zu einem politischen Programm in der von ihm *asahayoga* (»non-cooperation«) bezeichneten Boykott-Bewegung gegen die britische Kolonialverwaltung, um die Unabhängigkeit und Selbstverwaltung Indiens durchzusetzen. Für seine gezielten Gesetzesübertretungen nahmen Gandhi und seine Mitstreiter bewusst Haftstrafen in Kauf. Insgesamt verbrachte er 2089 Tage im Gefängnis. Trotz der zahllosen Rückschläge, die er und seine Bewegung dabei erlitten, gelang es doch, das durch den Zweiten Weltkrieg geschwächte England zu zwingen, Indien am 15. August 1947 in die Freiheit zu entlassen. Diesen Sieg trübte allerdings die tiefe Enttäuschung über die Teilung Indiens in einen hinduistischen und islamischen Teil, die Gandhi ein Leben lang bekämpft hatte. Am 30. Januar 1948 starb er in Neu-Delhi durch die Kugeln eines fanatischen Hindu.

Mohandas Karamchand Gandhi: Gewaltlose Macht

Ich glaube, dass ein Staat auf der Basis der Nicht-Gewalt regiert werden kann, wenn die große Mehrheit des Volkes gewaltlos ist. Soweit ich sehe, ist Indien das einzige Land, das die Möglichkeit besitzt, solch ein Staat zu sein. In diesem Glauben unternehme ich mein Experiment. Angenommen also, Indien erlange die Unabhängigkeit durch reine Nicht-Gewalt, so könnte Indien sich auch nur mit demselben Mittel behaupten. Ein gewaltloser Mensch oder eine gewaltlose Gesellschaft rechnen nicht im voraus mit Angriffen von außen, gegen die man vorsorgen müsse. Im Gegenteil glauben ein solcher Mensch oder eine solche Gesellschaft fest daran, dass niemand sie beunruhigen werde. Wenn das Schlimmste geschieht, so stehen der Nicht-Gewalt zwei Wege offen. Einmal den Besitz preiszugeben, doch nicht mit dem Angreifer zusammenzuarbeiten. Angenommen, ein moderner Nero stiege herab nach Indien, so würden ihn die Repräsentanten des Staates zwar einlassen, aber ihm ankündigen, dass er vom Volk keine Unterstützung erhalten werde. Sie würden den Tod der Unterwerfung vorziehen. Der zweite Weg bestünde in gewaltlosem Widerstand des Volkes, das darauf eingeübt wäre. Es würde sich waffenlos dem Angreifer als Kanonenfutter darbieten. Der leitende Glaube bei beiden Verfahren ist, dass auch ein Nero nicht ohne Herz ist ... Das unerwartete Schauspiel endloser Reihen von Männern und Frauen, die einfach sterben, statt sich dem Willen eines Angreifers zu beugen, wird schließlich ihn und seine Heerscharen erweichen. Praktisch gesprochen wird der Verlust an Menschen vermutlich nicht größer sein, als wenn bewaffneter Widerstand geleistet wird; und es wird keine Verschwendung für Rüstung und Festungen erfolgen. Das Training in Gewaltlosigkeit, welches das Volk durchgemacht hat, wird seine moralische Höhe um ein Beträchtliches steigern. Solche Männer und Frauen werden persönliche Tapferkeit eines Typs gezeigt haben, der jenem weit überlegen ist, den man bei der Kriegsführung zu sehen bekommt. In jedem Falle besteht die Tapferkeit im Sterben, nicht im Töten. Und schließlich gibt es bei gewaltlosem Widerstand nicht so etwas wie Niederlage. Dass dergleichen sich früher nicht ereignet habe, ist keine Antwort auf meine Überlegung.

Gopi Krishna: Reines Bewusstsein

Während die Theologie gewöhnlich Wert darauf legt, das Nichterklärbare, das Wunder, als Beweis des Übernatürlichen zu nehmen, beschreibt der Inder Gopi Krishna seine mystische Erfahrung »des reinen Bewusstseins« als einen evolutionären Schritt, das heißt als ein der menschlichen Natur zugehöriges Vermögen, zu dem der heutige Mensch erst unterwegs ist.

Eines Morgens, Weihnachten 1937, saß ich mit gekreuzten Beinen im Zimmer eines kleinen Hauses in der Umgebung von Jammu, in Nordindien. Ich meditierte, das Gesicht zum Fenster nach Osten gewendet. Die ersten grauen Strahlen der langsam sich erhellenden Morgenröte fielen in das Zimmer. Durch lange Übung war ich daran gewöhnt, stundenlang in der gleichen Stellung zu sitzen ohne die geringste Unbequemlichkeit, und ich saß da, atmete langsam und rhythmisch, richtete meine Aufmerksamkeit auf den obersten Teil meines Kopfes und versenkte mich in eine imaginäre Lotusblüte, die dort im hellen Licht erstrahlte.

Ich saß unbewegt und aufrecht. Ohne Unterbrechung strömten meine Gedanken zu dem leuchtenden Lotus hin in der festen Absicht, meine Aufmerksamkeit dort zu halten, vom Abschweifen zu bewahren und sie immer wieder zurückzubringen, wenn sie sich in eine andere Richtung bewegte. Die Intensität der Konzentration unterbrach meinen Atem, langsam wurde er so still, dass er kaum mehr wahrnehmbar war. Mein ganzes Wesen war so in den Lotus eingetaucht, dass ich für mehrere Minuten hintereinander die Berührung mit meinem Körper und meiner Umgebung verlor. Während einer solchen Unterbrechung – für einen Augenblick – war es mir, als ob ich mitten in der Luft ohne irgendein Körpergefühl schwebte. Das einzige, dessen ich gewärtig wurde, war ein Lotus in hellem Glanz, der Strahlen von Licht aussandte. Diese Erfahrung haben viele Menschen gemacht, die in dieser oder anderer Form für eine längere Zeit regelmäßig in der Meditation geübt haben. Aber was sich an diesem schicksalhaften Morgen bei mir ereignete und mein ganzes Leben wandelte, mögen nur wenige erlebt haben. Während eines Augenblicks der starken Konzentration fühlte ich etwas Seltsames unten an der Wirbelsäule, gerade dort, wo ich den Boden berührte. (Ich saß im Schneidersitz auf einer gefalteten Decke auf dem Boden.) Die Sensation war so außerordentlich und so wonniglich, dass ihr meine Aufmerksamkeit folgen musste. In dem Augenblick, in dem sich meine Aufmerksamkeit nicht mehr auf den Lotus richtete, auf den Punkt, auf den sie eingestellt war, hörte die Empfindung plötzlich auf… Ich konzentrierte mich wieder auf den Lotus, und als das Bild auf dem Scheitel meines Kopfes klar und ganz deutlich wurde, hatte ich erneut die gleiche Empfindung. Dieses Mal versuchte ich, meine Aufmerksamkeit nicht schweifen zu lassen, und war für einige Sekunden erfolgreich, aber die Empfindung, die von unten immer höher nach oben wanderte, war so intensiv und stellte alles bisherige in den Schatten, dass trotz aller meiner Anstrengung meine Gedanken sich darauf richteten. Im selben Augenblick verschwand sie wieder. Nun war ich davon überzeugt, dass mir etwas Außergewöhnliches widerfahren war und dass hierfür meine täglichen Konzentrationsübungen verantwortlich waren.

Gopi Krishna (1903–1984), indischer Yogi, Mystiker und Gelehrter. Nach einer mehrere Jahre dauernden regelmäßigen Meditationspraxis traf ihn 1937 im Alter von 34 Jahren unvorbereitet ein Erlebnis, das in den traditionellen hinduistischen Schriften als »Erwachen der Kundalini« bezeichnet wird. Nach dieser Erfahrung begann er später, sich systematisch und wissenschaftlich damit auseinanderzusetzen. Dabei interessierten ihn insbesondere die biologischen Grundlagen des Kundalini-Aufstiegs. Er deutete seine ihm selbst ungeheuerlichen Erfahrungen ohne den Einbruch des Himmels, reflektiert sie kritisch und stellte sich einem Wissenschaftler seiner Zeit, Carl Friedrich von Weizsäcker, der ihn entsprechend nüchtern auch anschaute und mit ihm zusammen ein Buch über die *Biologische Basis der Glaubenserfahrung* (1971) schrieb.

Ich hatte wunderbare Berichte von gelehrten Männern über große Wohltaten als Ergebnis der Konzentration gelesen und über geheimnisvolle Kräfte, die die Yogis durch solche Übungen erlangt hatten. Mein Herz begann wild zu schlagen, und ich fand es schwierig, meiner Aufmerksamkeit den notwendigen Grad der Zielgerichtetheit zu geben. Aber nach einer Weile wurde ich ruhig und fand mich bald in tiefer Meditation. Als ich vollkommen versunken war, erfuhr ich die gleiche Empfindung, aber diesmal nahm ich meine ganze Kraft zusammen, um meine Gedanken auf dem Punkt zu halten, auf den ich sie eingestellt hatte. Mit großer Disziplin blieb meine Aufmerksamkeit dort. Die Empfindung stieg wieder nach oben, wuchs an Intensität, und ich fühlte, wie ich zu schwanken begann. Mit großer Mühe konzentrierte ich mich wieder auf den Lotus. Plötzlich fühlte ich einen Strom flüssigen Lichtes, tosend wie einen Wasserfall, durch meine Wirbelsäule in mein Gehirn eindringen.

Immer strahlender wurde das Leuchten, immer lauter das Tosen. Ich hatte das Gefühl eines Erdbebens, dann spürte ich, wie ich aus meinem Körper schlüpfte, in eine Aura von Licht gehüllt. Es ist unmöglich, dieses Erlebnis genau zu beschreiben. Ich fühlte, wie der Punkt meines Bewusstseins, der ich selber war, immer größer und weiter wurde und von Wellen des Lichts umgeben war. Immer weiter breitete es sich nach außen hin aus, während der Körper, normalerweise der erste Gegenstand seiner Wahrnehmung, immer mehr in die Entfernung zu rücken schien, bis ich seiner nicht mehr bewusst war. Ich war jetzt reines Bewusstsein, ohne Grenze, ohne Körperlichkeit, ohne irgendeine Empfindung oder ein Gefühl, das von Sinneswahrnehmungen herrührte, in ein Meer von Licht getaucht. Gleichzeitig war ich bewusst und jedes Punktes gegenwärtig, der sich ohne jede Begrenzung oder materielles Hindernis gleichsam in alle Richtungen ausbreitete. Ich war nicht mehr ich selbst, oder genauer: nicht mehr, wie ich mich selber kannte, ein kleiner Punkt der Wahrnehmung, in einen Körper eingeschlossen. Es war vielmehr ein unermesslich großer Bewusstseinskreis vorhanden, in dem der Körper nur einen Punkt bildete, in Licht gebadet und in einem Zustand der Verzückung und Glückseligkeit, der unmöglich zu beschreiben ist.

Nach der östlichen Lehre schlummert in jedem Menschen eine Kraft, die Kundalini genannt wird. Diese ruht am unteren Ende der Wirbelsäule und wird symbolisch als eine im untersten Chakra (Energiezentrum) schlafende zusammengerollte Schlange (Sanskrit: kundala, »gerollt, gewunden«) dargestellt. Durch yogische Praktiken soll sie erweckt werden können und aufsteigen, wobei die transformierenden Chakren durchstoßen werden. Erreicht sie das oberste Chakra, soll sie sich mit der kosmischen Seele vereinigen. In Begleitung eines Menschen, der die Kundalini-Kraft bewusst lenken kann, sollen störende Begleiterscheinungen des Prozesses überwunden werden. Der nebenstehende Bericht von Gopi Krishna unterstellt ein »spontanes Erwachen« der Kundalini, ohne damit bewusste Anstrengungen zu verbinden.

*

Im Physischen war ich der gleiche, der ich zuvor gewesen war: ebenso empfänglich für Krankheiten, Verfall und Alter, ebenso abhängig von Unfällen und Gefahren, ebenso sehr Hunger und Durst unterworfen, so wie ich immer ein normaler Mensch in jeder Hinsicht gewesen bin. Die einzige Ausnahme war die Veränderung im Denkbereich, die mich zu Zeiten näher den nüchternen metaphysischen Wirklichkeiten brachte, die so erstaunlich und weit entfernt von unseren gewöhnlichen Begriffen sind, wie es das Licht von der Dunkelheit ist ...

Die übersinnliche Erfahrung hat sich so häufig wiederholt, dass es keinen Zweifel über ihre Gültigkeit geben kann. Sie stimmt auch so genau mit den Beschreibungen der Mystiker und Yogis überein, dass keine Verwechslung mit irgendeinem anderen Zustand möglich ist. Die Erfahrung ist zweifellos im Ursprung gleich, aber es besteht ein Unterschied zwischen meinen Erkenntnissen und denen aus der Vergangenheit berichteten. Er liegt darin, dass ich die Manifestation nicht als Zeichen einer besonderen göttlichen Gnade betrachte, die ausschließlich mir geschenkt wurde oder die ich als Belohnung für einen Verdienst geerntet hätte, sondern als eine stets gegenwärtige Möglichkeit, die in allen menschlichen Wesen vorhanden ist. Diese ergibt sich aus einer Evolution, die noch in der Menschheit am Werke ist und die darauf zielt, eine Bedingung des Gehirns und Nervensystems zu erlangen, die die vorhandenen Grenzen des Denkens zu überschreiten und einen Bewusstseinszustand zu schaffen vermag, der jenem weit überlegen ist, der gegenwärtig die natürliche Erbschaft der Menschheit bedeutet. Mit anderen Worten: Ich glaube nicht, dass die Erfahrung trotz ihrer wunderbaren und erhabenen Natur die subjektive Erfassung einer höchsten, vollkommenen und ganzheitlichen Wirklichkeit ist, sondern dass sie ein Aufstieg von einer Stufe der Leiter zur Entwicklung zu einer anderen ist.

Ich weiß nicht, ob ich es der Natur der Manifestation oder dem Umstand verdanke, dass ich dieses Vorzugs gewürdigt wurde, während ich das normale Leben eines Hausvaters führte, ohne vorherige Unterweisung, religiöse Neigung oder mönchische Disziplin der Gedanken, aber die Tatsache bleibt bestehen, dass vom ersten Anfang an eine eingestiftete Überzeugung langsam in mir Gestalt annahm. Sie besagte, dass alles, was ich in dem transzendentalen Zustand erfuhr, nur die nächst höhere Bewusstseinsstufe ist, die der Menschheit im Lauf der Zeit als ihren normalen Besitz zu erwerben bestimmt ist. Von dieser aus ist noch eine höhere Form zu erstreben, die aber in der Gegenwart nicht einmal vorgestellt werden kann …

Ich bin so fest überzeugt von der Wirklichkeit dieses Übersinnes, wie ich von den anderen in uns schon gegenwärtigen Sinnen überzeugt bin. Tatsächlich nehme ich jedes Mal, wenn ich ihn gebrauche, eine Wirklichkeit wahr, von der alles, was ich sonst für wirklich halte, gegenstandslos und schattenhaft erscheint, eine Wirklichkeit, die dauerhafter ist als die materielle Welt, die von den anderen Sinnen widergespiegelt wird. Sie ist sogar dauerhafter als ich selbst, der vom Gedanken und vom Ich umgeben ist, dauerhafter auch als alles, das ich, die Dauerhaftigkeit eingeschlossen, wahrnehmen kann. Mit Ausnahme dieses außerordentlichen Zuges bin ich ein menschliches Wesen mit einem Körper, der vielleicht empfindlicher ist für Hitze und Kälte und für den Einfluss disharmonischer Faktoren auf gedanklichem wie physischem Gebiet als der normale.

Yoga

Das Wort Yoga ist mit dem deutschen Wort »Joch« verwandt; es bedeutet »binden«, auch »Verbindung« und »Vereinigung«. Im Allgemeinen bezeichnet Yoga eine Askesetechnik – jede Methode der Meditation, die zu einer Einheit des Menschen mit dem Göttlichen führt. Der moderne Hinduismus konzentriert sich auf drei Hauptrichtungen, die zugleich von drei außergewöhnlichen Hindus repräsentiert werden: den absolutistischen Hinduismus verkörpert Ramana Maharshi, Ramakrishna den theistischen Hinduismus und Mahatma Gandhi den aktivistischen Hinduismus.

In keiner anderen Kultur hat sich die Kunst und die Technik der Meditation so eng mit dem Breitenbewusstsein eines Volkes verbunden wie in Indien. Aus seinen alten religiösen Quellen, der Mystik der Upanishaden, sind den vielgestaltigen Traditionen meditativer Schulung immer wieder neue Impulse zugeflossen. Aber auch andersherum: Ohne die immer noch begangenen Meditationswege wären die Upanishaden so wie andere Quellen einstmals lebendiger Mystik längst zu verstaubten historischen Dokumenten verkommen. So sehr die indische Spiritualität aber auch aus einem übergreifenden Traditionsfluss lebt, sind ihre Wege doch alles andere als einheitlich und leicht überschaubar. Indien ist – selbst im Blick auf seine Spiritualität – ein Spiel mit tausend Möglichkeiten, ein Abgrund phantastischer Experimente, die nicht immer übergangslos zwischen Gaukler, Fakir und Heiligen unterscheiden lassen.

Henri Le Saux / Swami Abhishiktananda (1919–1973) ist die Schlüsselgestalt des christlich-hinduistischen Dialogs. Aufgewachsen in der Bretagne, trat er mit 19 Jahren in die Abtei Sainte-Anne von Kergonan ein. Zu dieser Zeit war das Christentum in seiner römisch-katholischen Gestalt noch die unbefragt einzig wahre Religion. Er verließ sein bretonisches Heimatkloster und überlegte zunächst, einen kontemplativen Orden zu gründen, der dem Christentum die spirituellen Erfahrungen und Lebensformen der Upanishaden erschließen sollte. Aber erst 1948, drei Jahre nach Kriegsende, kam er 38-jährig nach Indien, um hier ein indisch-christliches Mönchtum zu erproben. 1949 traf er Sri Ramana Maharshi und erkannte die spirituelle Herausforderung Indiens. Er vertiefte sich in die Upanishaden wie ins Evangelium – und die Spannung zwischen beiden Traditionen drohte ihn zu zerreißen. Er suchte nach einem inneren Durchbruch, der ihm die Konflikte zwischen seiner christlichen Identität und der mystischen Erfahrung Indiens löste. Doch zunächst blieb Le Saux, ohne es nach außen zu zeigen, ein gequälter Mensch, weil ihn die Spannung zwischen der Treue zu sich selbst und der Treue zur Kirche zerriss. Er sah, dass er mit der Sorge für seinen Lebensunterhalt auch alle sozialen Sicherungen hinter sich lassen musste, auch die Integration in eine Kirche, und dass er sich nicht länger an traditionelle Glaubensvorstellungen und Dogmen klammern dürfe, um in den Abgrund des inneren Wegs springen zu können – ohne Absicherung.

Er gründete zusammen mit dem französischen Priester Jules Monchanin den Ashram Shantivanam, der später unter Bede

Henri Le Saux: Indische Erfahrung und westliche Begriffswelt

Der erste Versuch des Benediktinermönchs Le Saux, Indien vom Christentum her zu verstehen, erschien ihm bald als Sackgasse. Er sah sich gezwungen, das Christentum von den Kategorien Indiens her zu verstehen. Das führte ihn jedoch zu einer Relativierung des Christentums, denn nun musste er den eigenen Glauben in seinen historischen Bedingungen verstehen lernen, von einer bestimmten Kultur und Zeit abhängig und darin begrenzt. Von der damit sich verändernden Sicht hatte Le Saux schon früh eine Ahnung, wie sein Tagebucheintrag vom 2. Juli 1954 belegt:

Christentum, Hinduismus, Buddhismus etc. sind nicht parallele Wege, und noch weniger sind sie eine Serie von Schritten hin zur Wahrheit, mit dem Christentum als letzten Schritt … Jedes ist »wahr« auf seiner Linie, ohne dass sie sich überlappen, obwohl sie sich in geheimnisvollen »Korrespondenzen« rufen.

Le Saux wollte nicht Gefangener der Begriffe bleiben, in die vor allem das griechisch gedachte und reflektierte christliche Glaubensverständnis gegossen worden ist; er suchte eine religiöse Existenz jenseits aller »Verbegrifflichung«:

Gewiss hat der Begriff seinen Wert, aber er ist nicht absolut, er ist gebunden an die Entwicklung des menschlichen Bewusstseins, das ist gerade das ganze Problem, das die Theologie bewegt …

Ich sage nicht, dass die Hindu-Philosophie größer ist als die griechische, beide ergänzen sich vielmehr. Sollte nicht die abendländische Erfahrung und ihre Verbegrifflichung durch die überbegriffliche oder vielmehr jenseits des Intellekts liegende Erfahrung erneuert werden? Das allein interessiert mich hier. Diese Erfahrung am Ort ihres Ursprungs wieder zu finden, vor ihrer Verbegrifflichung …

Wie sie bleibe auch ich griechisch, wie immer es scheinen mag, meine Intelligenz, die von der Scholastik geformt wurde, erschrickt gerade vor dem Problem, das die Hindu-Erfahrung der christlichen Theologie stellt, ein Problem, bei dem man tastet, das einen manchmal an den Rand bringt. Und doch, wenn das Christentum jenseits der kulturellen Welt des Mittelmeerraumes eindringen will, muss es der unbestreitbaren spirituellen Erfahrung des Hinduismus und des Buddhismus begegnen.

Gelegentlich konnte er sich auch eines bissigen Humors nicht enthalten: »Die Kirche rühmt sich, den Geist zu besitzen, gewiss … aber im Käfig.« Le Saux sah deutlich, wie extrem das Christentum herausgefordert würde, wenn es sich wirklich dem vedantischen Denken stellte. Im Kontakt mit Indien, meinte er, könne »jegliche Theologie nur explodieren«. Falls sich aber das Christentum der indischen Erfahrung nicht stelle, setze es seine Universalität aufs Spiel und wäre nicht *katholos*, umfassend.

Als die höchst mögliche menschliche Erfahrung, die gemacht werden kann, sah Le Saux die Advaita-Erfahrung, das ist die Erfahrung der Nichtzweiheit, die zentrale »Lehre« der Upanishaden. Wenn schon das Universum im menschlichen Bewusstsein, soweit wir das nach heutigem Kenntnisstand für den uns bekannt gewordenen Kosmos sagen können, zur Selbstwahrnehmung gekommen ist, strebe alles darauf hin, dass die ganze Evolution der Menschheit zu einer immer tieferen Erkenntnis gelange.

Griffiths zu einem christlich-interreligiösen Zentrum mit weltweiter Ausstrahlung wurde. Er fand Sri Gnanananda, der für ihn zum Guru wurde. Später ging Le Saux nach Nordindien und lebte als Einsiedler im Himalaya. Zu seinem christlichen Namen nahm er einen hinduistischen Namen an und erteilte doppelte christlich / hinduistische Mönchsweihen. Eine Hälfte des Jahres verbrachte er in seinem südindischen Ashram Saccidananda, die andere in einer Höhle im Himalaya.

1973 ereilte ihn ein Herzinfarkt, der zugleich für ihn das »Finden des Grals« war. Le Saux. starb in einem katholischen Spital in Indore.

Nach Jahrtausenden seiner Geschichte erreichte der Mensch den Punkt, wo er zu seinem Selbstbewusstsein erwachte und entdeckte, dass er ein denkendes Wesen ist: Dies war der Anfang des reflexiven Denkens ... Jedoch noch bevor Parmenides von dem Geheimnis des Seins fasziniert war und Plato und Aristoteles den »Wesenheiten« (Essenzen) den Primat gegeben und das Abendland zu der Kontemplation der Ideen, des Logos, des Eidos geführt hatten, waren die indischen Rishis schon zu jenem reinen Bewusstsein erwacht, zu dem Bewusstsein des einzigen Selbst, jenseits aller Worte, aller Gedanken, selbst des reflexiven Denkens – zu dem *sat*, dem Einen Sein ohne ein zweites ...

Tatsächlich befindet sich die Christenheit gegenwärtig an einer der schwerstwiegenden Wendungen ihrer Geschichte, sie findet sich im Osten bis auf ihre Wurzeln in Frage gestellt. Diese Konfrontation geht weit über die Herausforderung durch die griechische »Vernunft« und durch den Humanismus hinaus. Diese Begegnung mit dem Osten stellt den Wert all ihrer mentalen und sozialen Strukturen in Frage ... im Licht der höchsten spirituellen Erfahrung, von der die ganze indische Tradition zeugt.

Wenn das Christentum seinen Universalitätsanspruch beibehalten will, ist es dazu herausgefordert, diese Advaita-Erfahrung zu integrieren – das bedeutet nicht notwendigerweise ihre hinduistische oder buddhistische Formulierung –, denn wenn ihm dies nicht gelingt, muss es akzeptieren, auf eine bloße religiöse Sekte reduziert zu werden, die ihre Rolle in der Menschheitsgeschichte gespielt hat, indem sie während zwei Jahrtausenden sinnvoll den religiösen Bedürfnissen eines bestimmten Bereiches der zivilisierten Welt diente. Doch muss die Konfrontation zwischen den Vertretern der Bibel und denen der Upanishaden oder vielmehr die gegenseitige Entdeckung ihrer spirituellen Reichtümer, auf der Ebene der höchsten Erfahrung stattfinden und nicht auf der Ebene theologischer Diskussion (auch nicht der Dogmen), nicht einmal auf der Ebene der Worte dieser Schriften ...

Es leuchtet ein, dass allein im Bereich spiritueller Erfahrung diese Begegnung mit den östlichen Religionen stattfinden kann, doch zugleich stellt sich der Zweifel ein, dass es kirchlichen Konferenzen, Gremien, hierarchischen Instanzen je gelingen könnte, die einfachen Wege des Schweigens, der meditativen Stille und der Versunkenheit zu beschreiten, auf denen es keine Amtswürde und keine Entscheidungsgewalt mehr gibt. Dass der Weg über »das System« gesteuert werden müsste, hat Henri Le Saux nicht angenommen. Er erwartete die Entwicklung einer »authentischen indischen christlichen Theologie« nicht von theologischen Gipfeltreffen, sondern von demütigen Bemühungen, »die im Schweigen der verschiedenen Ashrams« von Menschen geleistet werde, die bis in die Tiefen der Erfahrung des Selbst eindringen.

Upanishaden

Das Wort »Upanishad« wird oft als »esoterische Lehre« bezeichnet, müsste dann jedoch von der in der westlichen Welt gängigen »Esoterik« abgegrenzt werden. Die bevorzugte Etymologie »in der Nähe sitzen« bezieht sich auf die für solche Lehren notwendige personale Vermittlung.

In der hinduistischen Tradition bezeichnen die Upanishaden jene Textgattung, welche den Korpus der *Veden* (→ S. 100) beenden oder vollenden. Aus diesem Grunde werden sie auch als *Vedanta*, das Ende der Veden, benannt. Ihre zentrale Lehre besteht darin, dass das Selbst (*atman*) mit dem letztendlichen Urgrund aller Realität (*braman*) identisch ist (→ S. 101).

Obwohl diese upanishadische Erfahrung den Begriff und den Namen Gottes vermeidet, führt sie den Menschen näher an das göttliche Mysterium heran als irgendeine Gotteserfahrung, die abhängig ist von Namen und Formen, von Begriffen, Bildern oder Symbolen ...

Dann sind die Ewigkeit, die Absolutheit, das Selbstsein, die Herrschaft Gottes nicht mehr Begriffe, die der Mensch mit Hilfe der Analogie oder der Negation verzweifelt zu verstehen sucht; ihre Wahrheit wird vielmehr erfahren in der Entdeckung, dass man ist, jenseits aller Bedingtheiten. Dann ist Gott nicht mehr ein »Er«, über den die Menschen unter sich zu sprechen wagen. Er ist nicht einmal mehr ein »Du«, dessen Gegenwart der Mensch als ein Gegenüber erfährt, vielmehr wird Gott – ausgehend von der Wahrnehmung seiner selbst – als ein »Ich« entdeckt und erfahren ...

An anderer Stelle schreibt Le Saux, das »andere Ufer« erreiche der Mensch »durch das Aufbrechen seiner selbst in seiner Tiefe. Und das ist inkommensurabel mit jedem Ritus, jeder Formel, jedem Gebet und jedwedem Gesetz«. In sein Tagebuch notierte er, »dass ich von einem anderen ergänzt werden muss, der kein anderer ist«. Und wiederum: »Die Befreiung ist das Zusammentreffen des Menschen mit seinem wahren Wesen, die Berührung mit dem ›Ort seines Ursprungs‹, wie Ramana Maharshi zu sagen pflegte, die den Menschen ganz und gar frei und für den Geist verfügbar macht.«

Suniti Namjoshi: Der Brahmane und seine Tochter

Suniti Namjoshi (geb. 1941) indische Schriftstellerin, heute in England lebend, befasst sich in ihren Romanen, Gedichten und Kinderbüchern mit Vorurteilen gegenüber Frauen und Unterprivilegierten.

In der heiligen Stadt Benares lebte einst ein Brahmane. Während er am Flussufer wandelte und den Krähen zusah, die sich von den Leichenresten nährten, die halbverkohlt in der Strömung trieben, sagte er zu sich selber: »Nun ja, ich bin arm, aber ich bin ein Brahmane; nun ja, ich habe keine Söhne, aber ich, ich selbst, bin doch männlichen Geschlechts. Ich will in den Tempel zurückkehren und Gott Vishnu um einen Sohn bitten.« Er nahm den Weg zum Tempel, und Gott Vishnu hörte ihn an und erhörte ihn. Allerdings schenkte er ihm, ob aus Zerstreuung oder aus anderen unerforschlichen Gründen, eine Tochter.

Der Brahmane war enttäuscht; doch als das Kind alt genug war, rief er es zu sich und sprach: »Ich bin Brahmane. Du bist meine Tochter. Ich hatte auf einen Sohn gehofft. Nun gut. Ich will dich alles lehren, was ich weiß, und wenn du verständig genug bist, wollen wir gemeinsam meditieren und nach Erleuchtung suchen.«

Obwohl nur ein Mädchen war sie doch eine Brahmanin und lernte schnell. Da setzten sie sich zusammen nieder und meditierten angestrengt, und Gott Vishnu erschien ihnen schon nach kurzer Zeit. »Was wollt ihr?«, fragte er.

Der Brahmane konnte kaum an sich halten. Er redete gleich los: »Ich will einen Sohn.«

»Gut«, sagte der Gott, »in der nächsten Runde.« Im nächsten Leben wurde der Brahmane eine Frau und gebar acht Söhne.

»Und was ist dein Begehren?«, fragte Vishnu das Mädchen. »Ich möchte den Rang eines Menschen bekommen.«

»Oh, das ist viel schwieriger«, wich der Gott aus, und er setzte eine Kommission ein, um das Problem zu studieren.

Maitreyi Devi: Ein Mann zählt 95 Prozent und alle anderen zusammen nur 5 Prozent

Die meisten Darstellungen des Hinduismus haben Männer geschrieben, Gelehrte, Angehörige der gesellschaftlichen Eliten. Es fehlt die Stimme der Unterpriveligierten, die Stimme der Frauen. Den folgenden Text schrieb eine Frau, die in ihrer Jugend mit einem später berühmten rumänischen Indologen verbunden war; diese Freundschaft wurde durch den eigenen Vater zerbrochen, indem er seine Tochter mit einem ihr fremden Mann verheiratete, zu dessen Persönlichkeit sie keinen Zugang fand.

Es ist nicht nur in unserem Haus so, sondern in jedem Haushalt ist der Herr des Hauses die wichtigste Person. Er zählt 95 Prozent und alle anderen zusammen nur 5 Prozent. Das heißt, dass seine Wünsche, seine Bequemlichkeiten am wichtigsten sind; die anderen werden kaum beachtet. In unserer Familie ist diese Haltung ausgeprägter als in anderen Familien; der Herr des Hauses ist auch die dominierende Gottheit. Wenn er krank ist, kann es keinen anderen Gedanken in unseren Köpfen geben, schon gar nicht in Mutters. Mutter muss Tag und Nacht wachen und ihn versorgen, ohne Müdigkeit zu zeigen – und natürlich akzeptiert Vater diesen unermüdlichen Dienst als etwas, das ihm zusteht. Das ist die Einstellung aller indischen Männer; die Gattin wird belohnt durch die Arbeit selbst, durch ihr Vergnügen beim Dienst am Gemahl und vielleicht auch

Maitreyi Devi (1914–1989), bengalische Schriftstellerin. Im Jahr 1929 lernte sie den rumänischen Schriftsteller und Religionswissenschaftler Mircea Eliade (1907–1986) kennen, der bei ihrem Vater Sanskrit studierte. Über die sich zwischen ihnen entwickelnde Liebe schrieb Eliade den Roman *Maitreyi* (1933). Davon war Maitreyi Devi eher unangenehm überrascht und schrieb 42 Jahre später ihre eigene Version: *Na Hanyate* in Bengali, oder in englischer Sprache *It Does Not Die* (*Liebe stirbt nie*).

durch das religiöse Verdienst, das sie dadurch erwirbt; aber der Mann muss noch nicht einmal dankbar sein. Dieser Mangel an Dankbarkeit wird noch nicht einmal als eine Unterlassung seinerseits angesehen. Selbst wenn er nicht krank ist, wird das beste Essen im Haus für ihn beiseite gestellt. Wenn er schläft, muss das ganze Haus in Stille ersticken; aber er kann herumschreien und Donnerwetter loslassen, während die anderen ruhen. Selbst Männer, die als ungewöhnlich rücksichtsvoll angesehen werden, haben sich so benommen. Sie litten nie unter Gewissensbissen, und niemand erwartete etwas anderes von ihnen. Der Herr des Hauses ist es, der den Lebensunterhalt verdient, also hat er auch das absolute Recht, alle anderen Ansichten zu verwerfen und jedes Familienmitglied entsprechend seinen Ansichten zu leiten ...

Wir kamen nie auf die Idee, dass unser Vater irgendeinen Fehler haben könnte. Für uns war er fehlerlos, rein wie ein Gott. Mutter war die Wurzel dafür, dass wir dieses Bild aufbauten. Sie erkannte nie die Gefahr, die darin steckte. Sie dachte, dass die Kinder niemals, nicht einmal in Gedanken, ihren Vater kritisieren sollten. Schließlich besagte die uralte Maxime: »Der Vater ist Himmel, der Vater steht für Tugend, Vater ist unsere größte Gelegenheit für Sühnetaten. Die Götter sind zufrieden, wenn der Vater zufrieden ist.« Zu jener Zeit verlor dieses Ideal in vielen Familien an Einfluss, aber in unserer war es unangefochten wegen der außergewöhnlichen Qualitäten meines Vaters.

Die typische indische Frau, die etwa 75 Prozent der vierhundert Millionen Frauen und weiblichen Kinder in Indien repräsentiert, lebt in einem Dorf. Sie stammt entweder aus einer kleinen bäuerlichen Familie, die weniger als ein Morgen Land besitzt, oder aus einer Familie ohne jeglichen Landbesitz, die in ihren sporadischen Verdienstmöglichkeiten völlig von den Launen der Großbauern abhängig ist. Sie kann weder lesen noch schreiben, obwohl sie es gerne können würde, und hat sich selten weiter als dreißig Kilometer von ihrem Geburtsort wegbewegt. Wahrscheinlich weiß sie nicht, wer Premierminister von Indien ist, und kann ihr eigenes Land auf einer Landkarte nicht identifizieren. Meist weiß sie auch nicht, dass es in ihrem Dorf einen »Rat« gibt, wo sie ihre Stimme erheben könnte, denn zu den Versammlungen gehen nur Männer. Sie besitzt kein eigenes Land, nicht einmal zusammen mit ihrem Ehemann. Sie glaubt daran, dass Erkältungen oder Fieber von bösen, in den Bäumen lauernden Geistern angehext werden. Sie arbeitet auf dem Feld, hilft beim Ernten, Pflanzen, Jäten und bekommt dafür oftmals weniger als fünfzig Cent am Tag – in vielen Fällen ist das die Hälfte des Lohns, den ein Mann für dieselbe Arbeit erhält. Diese Arbeit muss sie nebenher leisten, denn ihr eigentlicher Beruf ist, sich um das Haus und die Kinder zu kümmern. Ihr Ehemann ist ein Gott für sie, und sie sagt, dass sie ihn liebt. Ich fragte die Frauen aus den Dörfern immer ganz genau danach, warum sie ihre Männer liebten; diese Frage machte sie häufig ratlos. »Ich liebe ihn, weil er mir Essen und Kleider gibt«, war gewöhnlich die Antwort. Die Antwort, die mich am meisten beeindruckte, kam von einer dreißigjährigen Dorfbewohnerin, die mir mit verblüffender Logik erklärte, dass sie ihren Mann liebte, »denn, wenn ich ihn nicht liebte, dann schlägt er mich«.

Elisabeth Bumiller

Amaru: Zwiegespräch

Mein Kind!
»Gemahl?«
Du schmollst: sei wieder gut mit mir!
»Hab ich ein Leid getan im Zorne dir?«
Dein Groll hat meine Seele schwer betrübt.
»Du hast ja mir zu leide nichts verübt;
Ich nehme alle Schuld auf mich.«
Was weinst du schluchzend und was härmst du dich?
»Wer ist es denn, vor dem ich weine?«
Du weinst doch wohl vor mir?
»Was bin ich dir?«
Mein liebes Weib, mein Licht ...
»Das bin ich eben nicht,
Und darum fließen meine Tränen.«

Amaru (ca. 6.–8. Jahrhundert), indischer Dichter und Meister der erotischen Poesie. Er bedient sich in seinem einzigen Werk, der Sammlung Amarusataka (»Die hundert Strophen Amarus«) der zu dieser Zeit bereits sehr alten Form der poetischen Miniatur. Eine Legende bezeichnet ihn als die einhundertunderste Reinkarnation einer Seele, die vorher einhundert mal in Frauenkörpern inkarniert gewesen sei.

Ingeborg Drewitz: Mein indisches Tagebuch

New-Delhi. Die Händler umwerben einen nicht, auch die Bettler warten, nur die Bettlerinnen mit den kleinen Kindern im Arm drängen sich heran, die Hände wie Blumenknospen, die sich gerade öffnen, magere junge Hände – die indische Geste, die ich am wenigsten vergessen werde ...

Morgens gehe ich durch das Bazarviertel. Einige Buden sind schon geöffnet, in anderen werden die Läden hochgezogen. Der indische Tag fängt spät an. Die Straßenkehrer, diese elenden Häuflein Menschen, kramen im Zusammengekehrten, die Kinder aus dem kleinen Slum, die ich täglich mehrmals grüße, sitzen nackt im roten Sand neben der Straße und buddeln. Mittags kommen die Kühe und suchen im Abfall nach Nahrung, liegen skelettdürre Babies in flachen Körben, sticken Frauen an einem großen Tuch, ziehen helle Fäden durch den dunklen Stoff. Die Männer sind über Tag immer unterwegs, um Essbares aufzutreiben, Geld zu erbetteln ...

Bombay. Hier, in einer Stadt, die geschätzt acht bis neun Millionen Einwohner hat, in einer Stadt, die von Slums wie von Geschwüren überzogen ist ... Dass es noch schlimmer kommen kann! Ich habe es wohl gewusst, davon gelesen, Bilder, Filme gesehen. Doch das Elend unmittelbar zu sehen, zu riechen, zu fühlen, übersteigt die Fantasie. Quadratkilometer voller Slums auf dem Weg vom Flughafen zur Stadt. An den Buchten, auf dem Strand Slums, ein Fischer-Slum nicht weit vom Hotel. Das alte Dorf hat den Hochhäusern und der Straße weichen müssen, so sind die Lumpenhütten zwischen Straße und Bucht zusammengedrängt. In der Stadt streiken seit neun Monaten 200 000 Textilarbeiter. Die Unternehmer haben fünf Rupien mehr Lohn pro Monat geboten. Wahnsinn, denn die Textilindustrie ist eine der stabilsten Industrien des Landes! Und das Hotel dicht neben dem Fischerslum kostet pro Zimmer und Nacht 480 Rupien. Irrealer kann die Realität nicht sein ...

Ich besuche an diesem ersten Nachmittag in Bombay noch den Balbunath-Tempel, um 1900 erbaut, um das Leben und Treiben der Menschen zu beobachten. Den Weg hinauf, vorüber an Frauen und zahllosen Kindern, die in den alten Häusern neben dem ansteigenden Weg wohnen, vorbei an einem Kuhstall, vorbei an Stationsbildern des blutroten Luftgottes Hanuman, vorbei an Weihrauchhändlern und treppauf zu dem weißblauen Tempel mit Bethalle und dem Heiligen Raum mit dem Shiva-Bildnis, den vielen Bildnischen, den Glocken. Als die Glocken geläutet werden, beginnt monotoner Gesang, unterbrechen die fegenden Männer ihre Arbeit, um nur wenig später den Tempelvorplatz, den Tempelboden wieder zu fegen, obwohl da gar nichts zu fegen ist. Hat Vishnu, hat Shiva, hat Lakshmi noch irgendeine Bedeutung für die Frauen, die Kinder, die in ärmli-

Ingeborg Drewitz (1923–1986), deutsche Schriftstellerin. Immer wieder setzte sie sich ein für die, »die draußen stehen« – für Frauen, für kulturelle Minoritäten, für Strafgefangene, für den Frieden – in Reden, Aufsätzen, Rezensionen, Aktionen, Ausstellungen, in der Verbandsarbeit und der Lehre. Neben dieser vielseitigen, ermüdenden, oft entmutigenden Öffentlichkeitsarbeit blieb aber auch immer der Zwang, Hörspiele, Romane, Erzählungen zu schreiben. Ihr Drama *Alle Tore waren bewacht* (1955) war das erste deutsche Bühnenstück über die Bedingungen in Konzentrationslagern. Ihr Roman *Gestern war heute: Hundert Jahre Gegenwart* (1978) stellt drei Frauengenerationen des 20. Jahrhunderts in den Mittelpunkt. Ihr literarisches Werk wurde mit höchsten Auszeichnungen und auch postumen Ehrungen bedacht.

Sie war Mitbegründerin des Verbandes deutscher Schriftsteller und zeitweise dessen stellvertretende Vorsitzende. In dieser Funktion organisierte sie 1977 in Berlin den ersten Kongress Europäischer Schriftstellerverbände.

Große Anerkennung fand nicht zuletzt ihr Engagement innerhalb von *amnesty international* sowie ihr Einsatz für Literaturprojekte von Inhaftierten, die z. B. durch ihre Herausgebertätigkeit Chancen bekamen, publiziert zu werden. Zuletzt ist sie dem evangelisch orientierten und kritisch ambitionierten Radius Verlag als Gesellschafterin beigetreten.

Von August 1986 bis Januar 1987 hat sich Günter Grass zusammen mit seiner Frau in Indien, meist in Kalkutta, aufgehalten und über diese Zeit mit Kohle und Filzstiften gezeichnet und ein Tagebuch geführt. Er nannte Kalkutta die »absurde Stadt«, in der Menschen, heilige Kühe und Krähen gemeinsam eine Kloaken-Existenz führen. Der Titel »Zunge zeigen« spielt auf die Göttin Kali an, die, einen Kranz abgeschlagener Schädel um den Hals, gerade über ihren Gatten Shiva triumphiert – im Augenblick der Mordlust freilich von Scham ergriffen wird und dafür so weit, wie später nur Albert Einstein, die große Zunge raushängt … Der Kulturjournalist Peter von Becker aber benannte Kalis Rache an Günter Grass: »Sie hat dem sprachgewaltigen Fabulierer aus Deutschland, der sich ihr mit den Waffen der europäischen Aufklärung nähern wollte, mit einem Male seine eigene Zunge geraubt. Grass' ursprüngliche Faszination durch Kalkutta, das Entsetzen und die Neugierde bleiben selbst in dem verheißenen Gedicht, einem Epilog in freien Versen, ganz bildlos und stumm.«

chen, aber sauberen Saris, in dürftigen Kleidchen oder nackt am Weg hocken, während gleichzeitig im Stadion in New-Delhi die neuen Götter residieren, die »Asiade« eröffnen und Indira Gandhi zu ihrem 65. Geburtstag wie eine Kaiserin gefeiert wird? – Gilt das: Wer im Dreck, im Elend geboren ist und sich bewährt, kann es im nächsten Leben besser haben? So banal kann sich eine Religion im Täglichen darstellen, so von ihrem spiritualistischen Gehalt entblößt. Was denken die elenden Menschen am Weg, der zum Tempel führt? Was denken sie beim Gebimmel der vielen kleinen Glocken? Was sagen ihnen die geschichtslosen Gesichter der Götter?

Nachher in den Bazarstraßen … Hafengewimmel, Abendstimmung, Armut. In den Werkstätten, den kleinen Antiquitätengeschäften, den Nähstuben, an den Schuhständen Angebote über Angebote. Überall wird gehandelt, gefeilscht, und die Händler hängen sich wie die Kletten an die Passanten (ganz anders als in Alt-Delhi). Dazwischen Liegende, Hockende, Kinder auf dem Pflaster oder in einem Lumpen an ein Bettgestell gehängt, Gestank und Hunde auch auf dem Obst- und Gemüsemarkt, im Gewühl und Gewöll, zwischen dem Überfluss an Früchten, dem Mist der Kühe und der Schafe, die eng zusammengedrängt unter einem Dach auf den Verkauf, auf die Schlachtung warten …

Calcutta. Stadt der Kali am Gat (Ufer) des Hooghly (Ganges), Stadt der zwölf Millionen, mit einer städtischen Infrastruktur für anderthalb Millionen, aber die zehn Millionen Flüchtlinge aus Bangladesh sind wie eine Flut gegen die Stadt gebrandet, und noch täglich kommen etwa 300 Flüchtlingsfamilien, kommen Landlose, Hungernde, Hoffende. Stadt, die über Jahrhunderte hin der Haupthandelsplatz im östlichen Asien war, noch heute ein großer Umschlagplatz … Stadt, in deren Bustees (Slums) Millionen zu überleben versuchen, Stadt, in der Mutter Teresa eine große Hilfsorganisation aufgebaut hat, in der Essen ausgegeben wird, in der Dr. Sudhandu Mukarjee, der »Vater der Bustees« zusammen mit Sozialarbeitern im Calcutta Urban Society Consortium wirkt, um das Schlimmste abzuwenden; in der selbst der organisierte schwarze Arbeitsmarkt zur Versklavung der Ärmsten beiträgt, die als Bauarbeiter vermittelt werden, um für neun Rupien pro Tag zu arbeiten, während der Untervermieter 40 Rupies pro Kopf und Tag einbehält. Die skelettähnlichen Menschen arbeiten täglich fast zehn Stunden, einschließlich der Wochenenden. Sie klettern mit den Lastkörben auf dem Kopf an den Baugerüsten der überall aufschießenden Hochhäuser auf und ab, ungeschützt, sozial ungesichert …

Madras. Heute früh Besuch der Slums Kilpauk und Perambur. Hier sind die Hütten den Dorfhütten ähnlicher als in den riesigen Bustees von Bombay und Calcutta, keine Blechwände, keine Lumpen, sondern Palmstrohdächer, wenn auch sehr zerschlissene. Die Inneneinrichtung besteht aus Matten und Töpfen. In jeder Hütte wohnen auf höchstens acht Quadratmetern Fläche mehrere Generationen. Beim Aufstehen stößt man an die Dachverstrebung. In Kilpauk leben etwa 600 Menschen, bis acht Uhr morgens stehen sie an der einen Wasserleitung an, weil dann das Wasser abgestellt wird, waschen sich und die Wäsche und holen den Wasservorrat für den Tag in schön geschwungenen Messing- und Stahlbehältern in ihre Hütten. Der Grund und Boden für eine Hütte kostet sechs Rupies Miete im Monat, fast ein Tagesverdienst. Der Slum hat einen kleinen Tempel. Ein Priester kommt niemals hierher, sagen sie. Der Slum hat aber auch ein luftig gemauertes Gemeinschaftshüttchen, in dem ein Transistorgerät steht. Ein paar junge Leute stellen eine Slumzeitung her, die sie den Mitbewohnern vorlesen. Die Bewohner haben keine feste Arbeit. Sie sind Kulis auf dem Bau, aber heute fällt die Arbeit und also auch der Verdienst aus, weil kein Zement vorrätig ist.

Die Frage, ob im Slum gestohlen wird, verneinen sie energisch. Getrunken wird manchmal, aber nur von den Männern, die auch zugeben, dann die Frauen zu schlagen. Bei einer Hochzeit sorgen die Tochtereltern für Kleidung, die Sohneseltern fürs Essen. Neben den alten ganz junge, fast mädchenhafte Frauen. Alle ermutigen uns, der Taubstummen zu folgen, die uns ihr »Haus« zeigen will. Sie hat bisher mit ihrer taubstummen Mutter gelebt, die kürzlich gestorben ist. Die Slumgemeinschaft hat beide miternährt. Die Taubstumme trocknet die Kuhfladen zum Heizen an der Wand ihrer Hütte. Nein, geschenkt nimmt hier keiner was, aber keiner prahlt vor dem anderen, auch die Handwerkerfamilie nicht, die eine etwas größere Hütte hat und kleine Plastiken für den Verkauf herstellt, jetzt Weihnachtsmänner, Engel und Zwerge für das Weihnachtsfest der Weißen. Sie unterstützen einen gar nicht alten Mann, der durch einen Schlaganfall halbseitig gelähmt ist und nicht mehr arbeiten kann …

In Perambur hausen im Fabrikstadtteil zweihundert Familien auf engstem Raum. Der Schmutz, in dem die Schweine, Katzen, Hühner und Hunde wühlen, ist unbeschreiblich. Die Männer und Frauen arbeiten für einen Betrieb, der Schrott stampft. Sie müssen den schweren Schrott von morgens um neun bis abends um sechs zusammentragen, mittags wird die Arbeit für eine Stunde unterbrochen. Oft genug – wie auch heute – fällt die Arbeit aus, weil die Schrottpresse Maschinenschaden hat, fällt also auch der Tageslohn aus. Die Kinder arbeiten mit, sobald sie acht Jahre alt sind. Alle zeigen die schweren Verletzungen an Beinen und Händen, die ihnen das rostige Material zugefügt hat. Der Boden für die Hütte im Slum kostet auch sechs Rupies monatlich (die Hütten werden eigenhändig gebaut). Da der Boden dem Schrotthändler gehört, gibt es fast kein Ausbrechen aus dieser Hölle. Wohl darum haben sie sich gewerkschaftlich organisiert, um gemeinsam zu protestieren, wenn der Lohn nicht gezahlt

Ein Sturz Aaskrähen. Blanke Schwärze
auf allem, was stinkt.
Geschnäbelt Unruhe
vor einem Pulk Hocker in verwaschenem
Weiß,
die auf Fersen Zeit aussitzen.
Nichts bewegt sie. Die Mauer dahinter
gehört Parteien. Krähen und Hocker
kurz vor der Wahl.

Wer will klagen, wo jeder geständig,
wer rufen, wo jedem Geschrei
ein Echo voraus, wer hoffen noch,
wo Hammer und Sichel auf allen Wänden
verwittern?

Zu Bündeln verschnürt: dicht bei dicht
lagert Zukunft auf geborstenem Pflaster ab.
Steig drüber weg, spring
über Pfützen, die von der letzten
Ausschüttung des Konsums geblieben.
Was suchst du?
Dich hier – woanders verloren – zu finden,
hieße dich aufzurufen, als Bündel
dazwischengelegt: dir hat es
die Sprache verschlagen.

Und brabbelst dennoch: Vom Nutzen
der Landreform, wenn sie nur käme.
Lässt dir (wie Sündennachlass) mehr
Wasserhähne
und Rikschalizenzen, Wörter aufschwatzen
wie Slumsanierung und Trockenmilch.

Erwiesen soll sein, dass neuerdings
ein bisschen mehr Menschlichkeit,
die woanders zu Dumpingpreisen
als Nächstenliebe im Handel,
zugenommen, um nullkommasechs
Prozent
zugenommen hat, so dass wir
hochgerechnet
im Jahr zweitausend …

Geduld, der Armut Mehrwert
und Überfluss.
In Reisfeldern Rücken
auf ewig gebeugt.
Nicht nur die Ochsen gehen
unterm Joch. Erstaunlich,
welche Lasten der Mensch.
Und lächelt im Elend noch;
das ist das Geheimnis,
sagen die Indologen.

Günter Grass

Für die meisten Hindus war es Gandhi, der die Normen des Hinduismus dieses Jahrhunderts formuliert hat. Er führte die sozialen Aspekte … zu ihrer logischen Vollendung. Zum Beispiel die Unberührbarkeit. Ramana hat die Unberührbarkeit nie beachtet. Ramakrishna ging einen Schritt weiter und reinigte einmal mit seinem Bart eine Toilette, um alle diesbezüglichen Vorurteile zu überwinden. Gandhi stellte nicht nur die Angemessenheit der Unberührbarkeit schon im zarten Alter von zwölf Jahren vor seinen Eltern, die er sehr schätzte, in Frage, sondern er zog sein ganzes Leben lang aktiv dagegen zu Felde.

Ein anderes Beispiel sind die weltlichen Aktivitäten. Ramana hat den heiligen »strahlenden« Berg niemals verlassen und erhob den Anspruch, dass seine bloße Gegenwart zur Veränderung der Gesellschaft ausreiche. Ramakrishna fragte sich halb im Scherz, ob man sich bei einer Begegnung mit Gott empfehlen könne, indem man verkündet: »Ich habe einen Kanal gebaut.« Aber Gandhi hat sein ganzes Leben mit aktiver Sozialarbeit verbracht. – Ramana lebte im Zölibat. Ramakrishna war verheiratet, lebte aber im Zölibat. Gandhi war verheiratet und entwickelte sich von der Monogamie zum Zölibat hin, aber die Rolle, die er für die Emanzipation der Frauen spielte, übertraf bei weitem die von Ramana und Ramakrishna.

Arvind Sharma

wird oder einer seinen Arbeitsplatz verlieren soll. An Streik können sie nicht denken, weil sie sich den nicht leisten können, aber sie sind sich einig, dass nur ihre Familien für den Betrieb arbeiten dürfen.

Der Slum hat keine Wasserleitung, das Wasser muß auf der Straße geholt werden. Wenn die Kinder beim Urinieren oder Stuhlgang auf der Straße von der Polizei erwischt werden, kostet es Strafe, sie haben aber keinen anderen Ort außer dem sumpfigen, dreckübersäten Gelände hinter den Hütten …

Als die Maschine abhebt, die Millionen Lichtpunkte Bombays, die tiefe Nacht über dem arabischen Meer. Im Halbschlaf gleiten die Bilder, die Geräusche der letzten Wochen vorüber. Immer wieder das Zusammenzucken, als hörte ich das Husten, Schleimziehen, Spucken, sähe noch einmal die betelroten Spuckflecken überall auf dem Pflaster, erschreckte noch einmal vor den bettelnden Händen, dem fordernden ma-ma-ma der bettelnden Krüppel, deren Glück doch mit fünfzig Peizas oder einer Rupie nicht gemacht ist, spürte noch einmal die chaotische Erregung des Straßenverkehrs. Die vielen schwarzbraunen Augen saugen sich fest. Die Zärtlichkeit für all die hellbraunen und ebenholzdunklen Gesichter, für die schwebende Sicherheit der Wasserträgerinnen, für die Tausende mit ihren pickenden Hämmern auf den Baustellen, erregt die Fingerspitzen. Die Anmut der Blumenketten, die Lust am Schmuck noch im elendesten Slum, die Lichterketten an den Hochzeitshäusern geben Zeugnis von einer Lebenslust, die unserem europäischen Gegen-den-Tod-Anleben nicht mehr geläufig ist, vielleicht, oder nein, gewiss, weil hier der Tod in der Kette der Lebenden nur Zäsur, nicht Herausforderung ist. Die Demut der Inder schwächt ihre Wut, verhindert die Revolution, lässt den Widerstand gegen die unmenschlichen Lebensbedingungen sich nur in fast täglichen brutalen Aktionen Luft machen, wo doch eine Veränderung der Lebensbedingungen durch Veränderung des sozialen Gefälles vorstellbar ist, die den Reichtum des Landes noch für den Elendesten bereit halten könnte … Aber warum schreit die indische Literatur nicht ihre Wut hinaus? Warum nimmt sie nicht entschieden Partei für die Rechtlosen? (…)

Ich habe noch nie soviel Widerwillen gegen ein Land gefühlt und so viel Sympathie mit einzelnen Menschen, die sich gegen die Krankheit ihres Landes auflehnen. Ich habe versucht, von den vielen Einzelnen zu sprechen, die im Slum, in einem Dorf arbeiten, um Genossenschaften, kleinen gewerkschaftlichen Widerstand, Beratung zur Familienplanung, Rechtshilfe gegenüber dem Grundbesitzer, dem Landlord, durchzusetzen – um nicht ganz ohne Hoffnung an dieses Land zu denken. Aber ich habe zu viele Händler, satte Macher, selbstzufriedene Frauen der Gesellschaft getroffen, ich habe zu genau in den Zeitungen gelesen, die eine demokratische Meinungsfreiheit in Anspruch nehmen, aber von dem Massenelend nichts (oder nur nebenbei) schreiben; ich habe zuviel zynische Menschenverachtung und zuviel Fatalismus in den Gesichtern gesehen, um der kleinen Hoffnung zu trauen ...

Ich habe immer wieder versucht, die große Schönheit der alten Plastiken, der Tempel, der alten Bilder deutlich zu sehen, um die quälende Tageswirklichkeit zu verdrängen; ich habe versucht, der Weisheit der Philosophen und der Götter zu trauen, die doch nichts von dem liebenswerten Leichtsinn der Götter Griechenlands und Roms haben, aber noch lebendig sind, selbst in den schmuddeligsten Tempelchen – lebendig und für uns Europäer von einer überwältigenden Wahrhaftigkeit der Wahrheit, doch auch Härte und Gleichgültigkeit.

Es ist mir in Indien nicht gelungen, die Schönheit ohne das ätzende Gift der Verkommenheit wahrzunehmen. Der Gestank der Städte, der Dörfer bleibt in der Erinnerung – gegen die die Blütensüße in den Gärten, auf den Dörfern, die berauschenden Gerüche der Gewürze nicht ankommen.

Ich werde nicht wieder nach Indien reisen, denn ich weiß, dass ich hier nichts, gar nichts ausrichten kann. Ich weiß, dass die Industrialisierung mit Hilfe von Auslandskapital nur zur Ausnutzung der billigen Arbeitskräfte führt, mögen die Betriebe auch einzelnen Regionen Auftrieb geben und soziale Sicherungen einführen, die in Indien fehlen. Das Kapital, der Mehrwert, fließt ins Ausland zurück, weil die, die in Indien herrschen, nicht willens oder fähig sind, die Investitionen strukturbildend einzusetzen ...

Fragen über Fragen bleiben. Die durchsichtige Wand trübt sich an vielen Stellen ein. Dahinter dieses Land, fast ein Erdteil, seine uralte Kultur, seine noch so lebendigen Göttermärchen ... Was können wir in Europa tun, dass sich das Glas nicht mehr eintrübt, ja, dass die Glaswand, hinter der sich Millionen Tragödien abspielen, weicht!

Solange ich lebe, habe ich nicht einfach nur zu atmen, sondern diese Art Kraft, die ich durchs Atmen aufnehme, habe ich auch nach außen zu tragen.

Ingeborg Drewitz

Buddhismus

In der Lehre des Buddha bleibt eine fundamentale Frage ohne Antwort, eine Frage, die nicht bloß den in der christlichen Tradition stehenden, westlich-europäisch denkenden Menschen bewegt, für die sich vielmehr die Menschheit, wie die Religionsgeschichte zeigt, allenthalben interessiert hat: die Frage, ob Gott oder Göttliches dem Menschen gegenüberstehe, was dieses Göttliche dem Menschen bedeute und wie der Mensch sich zu ihm zu verhalten habe. Der Buddha schweigt über diese Frage. Ja, er schweigt über alles, was auf das Göttliche verweisen könnte und allerorten von ihm gedacht und gesagt wird.

Heinz Robert Schlette

Als Arthur Schopenhauer die zeitlose Gültigkeit des Buddhismus hervorhob und in ihm die beste aller Religionen erkennen wollte, trug er wesentlich dazu bei, europäische Vorbehalte abzubauen. Allerdings blieben Schopenhauers Kenntnisse vage, denn zu seiner Zeit waren die buddhistischen Quellenschriften in Europa noch unbekannt. Heute sind diese Texte zugänglich. Es gibt zahlreiche Vermittlungsbemühungen zwischen Buddhismus und Christentum, und auf mancherlei Ebenen eine breite Popularisierung des Buddhismus in unterschiedlichen esoterischen Varianten.

Der Buddhismus ist eine Denk- und Lebensform. Einerseits ist er kulturell ungebunden, denn Rituale und Traditionen gehören nicht notwendig zu seiner Substanz. Deshalb kann er von allen Kulturen aufgenommen werden. Andererseits liegt in diesem Ansatz aber auch die Möglichkeit, sich mit dem je vorhandenen Volksgut anfreunden zu können, sogar das Erbe unterschiedlichster Volksreligionen in sich aufzunehmen. Die auf solche Art rezipierten Anschauungen und Bräuche werden durchweg ebenfalls als buddhistisch angesehen, ungeachtet ihrer vorbuddhistischen Geschichte.

Das mag legitim sein im Sinne der jeweiligen Tradition, doch verwirrt diese Erscheinungsvielfalt buddhistischer Länder gerade den westlichen Beobachter. Exemplarisch für diese Verquickung von vorbuddhistischer Volksreligion und Buddhismus ist die Tradition Tibets.

In der Vergangenheit konnten sich Religionen ohne Irritation von außen selbst interpretieren. Aber die Verschränkung der Kulturen, wie sie die Weltentwicklung mit sich bringt, zwingt alle Religionen in neue Lernprozesse. Sobald Religionen einer Fremdbeobachtung unterliegen, bricht irgendwann ihre Selbstklimatisierung zusammen. Dann kommt es darauf an, ob sie wechselseitig von einander lernen oder ihre Rettung darin sehen, sich fundamentalistisch abzuschotten.

Der Buddhismus bietet alle Voraussetzungen für offene geistige Prozesse. Es geht ihm letztlich nicht um die Beachtung von Ritualen und Praktiken der Volksfrömmigkeit, sondern darum, sich selbst und die Welt verstehen zu lernen, um zu einem neuen Bewusstsein zu gelangen. Auf diesem Weg ist er ein Gegenstück zu jenen Religionen, die weniger zu eigener Erfahrung anleiten als die Annahme autoritativ dargebotener Doktrin erwarten.

Siddhartha Gautama – der Buddha

Die Rückfrage nach dem historischen Buddha ist noch schwieriger als beim historischen Jesus. Es lässt sich weniger erhellen, als gewöhnlich angenommen wird. Nicht einmal die Lebenszeit des Siddhartha Gautama steht fest. Zwar findet man durchweg die Jahre von 560–480 v. Chr. genannt, doch sind diese Daten nicht gesichert. Die gegenwärtig vorherrschenden Datierungsansätze für Buddhas Tod schwanken zwischen ca. 420 und ca. 368 v. Chr.

Über den historischen Buddha hinaus erzählt die Tradition auch von dessen früheren Inkarnationen, insgesamt einundzwanzig »Erwachten« vergangener Weltperioden (Bodhisattvas), auf die drei Buddhas, das heißt »Erleuchtete« folgten. Der Glaube rechnet mit einer weiteren Inkarnation, dem fünften Buddha Maitreya (wörtlich »der Liebende«), der in der Zukunft erwartet wird. Während dieser Buddha Maitreya eine mythische Gestalt ist, lässt sich der historische Buddha identifizieren. Er trug den Rufnamen Siddhartha, den »Familien-« oder Clan-Namen Gautama und den Geschlechtsnamen Shakya.

Alles weitere Wissen über das Leben Buddhas ist legendarische Tradition, die jedoch tiefsinnig und schön das Geheimnis dieses Lebens umspielt. Statt sich auf Jahreszahlen und Namen festzulegen, ergründen Legenden die spirituelle Gestalt des Lehrers. Ähnlich wie es christliche Heiligenlegenden tun, wird die historische Sicht auf eine Metaebene gehoben und in symbolische Verdichtungen übersetzt, um so die geschichtliche Gestalt spiritueller Vergegenwärtigung zugänglich zu machen.

Die Lebenszeit des Buddha ist nicht genau zu bestimmen. Die in der Vergangenheit übliche Datierung – etwa 560–480 v. Chr. – hat sich als unhaltbar erwiesen. Man nimmt heute an, dass er etwa von etwa 450–370 gelebt hat.

Über den historischen Buddha gibt es nur legendarische Traditionen, die jedoch tiefsinnig und schön das Geheimnis dieses Lebens umspielen. Statt sich auf Zahlen und Namen festzulegen, ergründen sie die spirituelle Gestalt des Lehrers. Ähnlich wie es die christlichen Heiligenlegenden tun, wird die historische Sicht auf eine Metaebene gehoben und in symbolische Verdichtungen übersetzt, um so die geschichtliche Gestalt spiritueller Vergegenwärtigung zugänglich zu machen. Siddhartha wird als Sohn eines Königs Shuddhodana vorgestellt; bisweilen wird er auch als Fürst eines Kleinstaates beschrieben, der es dem Sohn erlaubte, in unvorstellbarem Luxus aufzuwachsen. Die ältesten Texte des Pali-Kanon wissen zwar auch von einer vornehmen, adligen Herkunft, doch kennen sie ihn nicht als Königssohn. Spätere Traditionen heben den Buddha immer höher und lassen ihn schließlich gar als göttlich erscheinen. Hermann Oldenberg meint, dass der Vater des Buddha »kaum mehr als die Stellung eines primus inter pares« eingenommen habe. Unter Shuddhodana hätten wir uns etwa einen der adligen Großgrundbesitzer zu denken, den erst die jüngeren Texte in den »großen König Shuddhodana« verwandelt haben.

Der Reichtum des Clans dürfte in der Reiskultur der Landschaft zu finden sein, doch rechtfertigt die Schilderung des üppigen Lebensstandards, wie ihn die Legenden darstellen, grundsätzliches Misstrauen: Um Buddhas Abschied von seiner Familie als übergroßes Opfer darstellen zu können, musste der Luxus, den er aufgab, in möglichst starken Farben geschildert werden.

Buddhas Empfängnis und Geburt

Die Geburt des Buddha ist oft mit der Geburt Jesu in Parallele gesetzt worden. Dennoch sind beide Traditionen unabhängig von einander. Hinter ihren Legenden steht der Versuch, den verehrten Lehrer nicht aus seinen genetischen und sozialen Bedingungen heraus zu begreifen, sondern als eine gnadenhafte Erscheinung offenbar zu machen. Bei der Geburt des Buddha geschahen Wunder, die in den Kindheitslegenden Jesu Parallelen finden könnten. Der Lichtglanz, der bei Buddhas Geburt den Himmel erfüllte, lässt sich mit dem himmlischen Heer vergleichen, von dem die lukanische Geburtslegende erzählt; auch könnte dem weisen Asita, der die künftige Größe des Buddhakindes prophezeit, der greise Simeon in Lk 2,25ff entsprechen, doch sind diese Erzählungen je eigenständige Schöpfungen ihrer getrennten Traditionsräume.

Als zur Zeit des Mai-Vollmonds die Königin im Hain wandelte, fühlte sie sich plötzlich schwer werden. Und wie sie so dastand, sich an einem Ast festhaltend, kam der Bodhisattva zur Welt, ohne Wehen und Mühen der Mutter, in einem Augenblick. Ein Licht durchstrahlte die Welten, und die Erde erzitterte. Dann tat der Bodhisattva, der schon die Gestalt eines kleinen Kindes besaß, sieben sichere Schritte, blickte in alle vier Himmelsrichtungen und sprach: »Ich bin der, der die Welt führen wird, dies ist meine letzte Geburt.« Zwei kleine Kaskaden, eine warm, eine kühl, ergossen sich aus der Luft auf das Haupt des Bodhisattva mit ihren reinen und linden Wassern. So vom Himmel gewaschen, wurde er nun auf Seidenbrokatdecken gelegt, und über seinem Kopf spannte man einen weißen Sonnenschirm auf.

Am fünften Tage nach der Geburt des Bodhisattva ließ (der Vater) Shuddhodana die traditionelle Zeremonie der Namensgebung ausrichten. Edelleute, Höflinge und Brahmanen in großer Zahl wurden geladen ... Das Kind erhielt den Namen Siddhartha; er bedeutet: »Der das Ziel erreicht«.

Zwei Tage darauf, am siebten Tag nach der Geburt des Buddha, starb Königin Maya, und das Kind wurde in die Obhut ihrer Schwester Prajapati gegeben, der zweiten Frau König Shuddhodanas. Sie war von tiefer Zuneigung zum Kind ihrer Schwester erfüllt und zog es auf wie ihr eigenes Lieblingskind.

Den König hatten all die wundersamen Dinge, welche die Geburt seines Sohnes umgaben, sehr froh gestimmt; doch es war auch etwas Unheimliches an ihnen, und sie warfen drohende Schatten der Ungewissheit. Der Tod der Königin rührte wieder an diese dunkle Seite. Ihr herber Verlust lenkte seinen Geist auf die Voraussage der Brahmanen, sein Sohn werde entweder ein Weltenherrscher oder ein Buddha werden. Größe und Herrlichkeit lag in beiden Möglichkeiten, doch im Herzen des Königs gewann die erste die Oberhand. Wenn nur sein Sohn ihm nachfolgte und ein großer Herrscher würde, das wäre die Erfüllung aller seiner Wünsche. Wendete aber der Prinz sich ab von Palast und Stand, so bliebe er, Shuddhodana, ohne Erben, und sein Haus stünde leer. Die Aussicht auf diese Wendung peinigte ihn, und er beschloss, sie müsse verhindert werden. Er unternahm alles in seiner Macht Stehende, um den Lauf der Dinge in seinem Sinn zu steuern. Umsichtig schirmte er den Prinzen von der Welt ab und bot auf, was an Annehmlichkeiten und Lustbarkeiten nur denkbar war. Solange es dem Prinzen an nichts fehlte, dachte der König, werde er gar nicht auf den Gedanken kommen, den Palast zu verlassen.

Das birmanische Bild aus dem 19. Jahrhundert schildert die Szene, wie der zukünftige Buddha seinen Palast verlässt, um auf die Suche nach Erleuchtung zu gehen. Die Details seines Abschieds haben im letzten Abschnitt der vier Ausfahrten einen beeindruckenden Poeten gefunden.

Die vier Ausfahrten

Eines Tages ließ sich Siddhartha von seinem Wagenlenker durch das östliche Stadttor hinausfahren. Da begegnete ihnen ein Mann, vornübergebeugt wie der Giebel eines Hauses; die Zähne zeigten Lücken, Runzeln überdeckten den Körper, die Haare waren ergraut, dazu ging er auf einen Stock gestützt, und er zitterte an seinen Gliedern. »Was ist mit diesem Menschen?«, fragte Siddhartha. »Das ist, Herr, ein Mann, den das Alter überwältigt hat; Kraft und Stärke sind dahin, die Sinne haben nachgelassen, verachtet von seinen Verwandten ließ man ihn allein wie ein Stück weggeworfenes Holz.«

Historisch können wir nicht wissen, was den jungen Siddhartha bewog, über die sorgenlose Behaglichkeit seines Lebensbereiches hinauszustreben, sodass er die Heimat mit der Fremde und den Überfluss des Palastes mit der Armut eines Bettelmönches vertauschte. Gleichwohl lässt sich verstehen, dass sich im Einerlei satten Genießens der Gedanke regt, dies alleine könne es nicht sein, wofür der Mensch lebt. Dennoch ist der Wunsch des jungen Siddhartha, sich von Familie und Haus zu lösen, einer späteren

Überlieferungsstufe zuzuschreiben. Es ist der Versuch, mit Hilfe konkreter Lebenssituationen zu veranschaulichen, wie dem jungen, gesunden, lebensfrohen Siddhartha die Gedanken an Alter, Krankheit und Tod zum ersten Mal mit unabweisbarer Stärke nahegetreten sein können. In dieser Erzählung verdichten sich nacheinander die Bilder der Vergänglichkeit alles Irdischen in der Gestalt eines hilflosen Greises, eines Schwerkranken und eines Toten. Ihnen gegenüber steht endlich ein Mönch mit geschorenem Kopf und gelbem Gewand als ein Bild des Friedens und der Befreiung von allem Leid. Damit bereitet die Legende die Erzählung von der Flucht aus der Heimat vor.

Siddhartha hatte noch nie einen greisen Menschen gesehen. »Sag mir, sind dies Eigenschaften, die nur in seiner Familie vorkommen, oder ist es aller Menschen Schicksal?« Der Wagenlenker antwortete: »Herr, das Alter ist kein Schicksal Einzelner, nein, es vernichtet die Jugend eines jeden. Auch deine Eltern, Verwandten und dich selbst wird es nicht verschonen. Es gibt für niemand einen Ausweg.« – »Wie jämmerlich ist es dann um alle, die das Alter nicht sehen. Kehr um, Wagenlenker, was soll mir Leichtsinn, wenn auch das Alter nach mir greift!«

Ein andermal zog Siddhartha durch das südliche Stadttor aus. Da begegnete ihm ein kranker Mann. Vom Schmerz überwältigt, lag er ohne Hilfe und Schutz. »Was ist, Wagenlenker, mit diesem Mann?« – »Dies, Herr, ist einer, von dem der Glanz der Gesundheit gewichen ist. Er findet keine Rettung mehr und ist ohne freundliche Hilfe.« – »Wie trügerisch ist es dann mit allem Übermut. Kehr um, Wagenlenker.«

Wieder zu anderer Zeit fuhr Siddhartha zum westlichen Stadttor hinaus. Da sah er einen Leichenzug und den Toten auf einer Bahre. Alle weinten, schrien und klagten. Und wieder fragte er den Wagenlenker: »Was ist, Wagenlenker, mit diesem Menschen, den man dort auf einem Bett trägt?« Noch nie hatte Siddhartha einen Toten gesehen. »Diesen Menschen«, antwortete der Wagenlenker, »hat der Tod abberufen. Nie wieder wird er seine Eltern, seine Frau und seine Kinder sehen. Er hat eine andere Welt erreicht.« Da sprach Siddhartha: »O Jammer über eine Jugend, die das Alter ereilt! O Jammer über eine Gesundheit, die Krankheit vernichtet! Elend ist ein Leben, das nicht ewig währt.« Damit ließ er den Wagen wenden und in die Stadt zurückkehren.

Und noch einmal zu anderer Zeit zog Siddhartha durch das nördliche Tor hinaus. Da begegnete ihm ein Bettelmönch, wie er ruhig und selbstbeherrscht dahinschritt. Und wieder fragte er den Wagenlenker: »Was ist das für ein Mann, der da ausgeglichenen Gemüts wandert? Er scheint ohne Einbildung und Hochmut, ohne Eile und ohne Unruhe zu sein.« Der Wagenlenker antwortete: »Diesen Mann, Herr, nennt man einen Bettler. Er hat die Lüste aufgegeben und sucht die Ruhe seines Inneren in der Heimatlosigkeit. So geht er frei seinen Weg.« Da sprach Siddhartha: »Gut, das ist ein schönes Wort und gefällt mir. Schon immer haben diese Weisen empfohlen, in die Hauslosigkeit zu ziehen.« Darauf kehrte er in die Stadt zurück.

Über die Gründe seines Auszugs sagte Siddhartha:

»Ich war verwöhnt, sehr verwöhnt. Ich salbte mich nur mit Benaressandel und kleidete mich nur mit Benarestuch. Bei Tag und Nacht wurde ein weißer Sonnenschirm über mich gehalten. Ich hatte einen Palast für den Winter, einen für den Sommer und einen für die Regenzeit. In den vier Monaten der Regenzeit verließ ich den Palast überhaupt nicht und war von weiblichen Musikanten umgeben. Obwohl ich so sehr verwöhnt war, kam mir der Gedanke: ›Wenngleich jeder Mensch dem Alter, der Krankheit, dem Tode unterworfen ist, fühlt er doch Widerwillen, wenn er einen anderen gealtert, krank oder als Toten sieht. Auch ich bin so, und das ist meiner nicht würdig.‹ Als ich dies bedachte, fand ich: ›Wie, wenn ich, der ich das Übel von Alter, Krankheit und Tod erkannt habe, nach dem suchen würde, was davon frei ist: nach dem höchsten Frieden, nach dem Nirvana?‹ Und obwohl ein Jüngling mit schwarzem Haar und Bart, wenngleich meine Eltern darüber weinten, legte ich die gelben Gewänder des Asketen an und zog aus dem Haus in die Hauslosigkeit.«

Als der Königssohn von seiner letzten Ausfahrt zurückkehrte, wurde ihm die Geburt eines Sohnes gemeldet. Er spricht: »Rahula ist mir geboren, eine Fessel ist mir geschmiedet.« In seinem Palast umgeben den Königssohn schöne, geschmückte Dienerinnen, die mit Musik und Tanz seine Gedanken zu zerstreuen suchen. Aber er sieht und hört nicht auf sie und versinkt bald in Schlaf. Nachts erwacht er und sieht beim Schein der Lampen jene Sängerinnen eingeschlummert, die einen im Schlaf redend, die anderen mit fließendem Munde, noch anderen ist das Gewand herabgesunken und hat widrige Gebrechen ihres Leibes entblößt. Bei diesem Anblick ist ihm, als sei er auf einem Leichenfeld voll entstellter Leichen, als stünde das Haus um ihn in Flammen. »Wehe, mich umringt Unheil«, ruft er aus, »wehe, mich umringt Bedrängnis! Jetzt ist die Zeit gekommen, den großen Gang zu gehen.« Ehe er von dannen eilt, gedenkt er seines neugeborenen Sohnes: »Ich will mein Kind sehen.« Er geht zum Gemach der Gattin, die auf blumenbestreutem Lager schlummert, die Hand über das Haupt des Kindes gebreitet. Da denkt er: »Wenn ich ihre Hand von seinem Haupt bewege, mein Kind zu erfassen, wird sie erwachen; wenn ich Buddha sein werde, dann will ich wiederkehren und nach meinem Sohn sehen.« Draußen wartet sein treues Ross Kanthaka, und so flieht der Königssohn, von keinem menschlichen Auge gesehen, von Weib und Kind und von seinem Reiche fort, hinaus in die Nacht, um Frieden zu finden für seine Seele und für die Welt samt den Göttern, und hinter ihm drein zieht wie sein Schatten Mara, der Versucher, und wartet, ob ein Augenblick kommen wird, in dem ein Gedanke der Lust oder des Unrechts, der in die ringende Seele einginge, ihm Macht über den verhassten Feind geben möchte.

Dorothee Sölle: Erinnere dich an gotama

Erinnere dich an gotama jüngling aus reichem hause
der so behütet wurde um nicht zu sagen vermummt
dass er mit achtzehn jahren auf einem spaziergang durch den park
unheilbar erschrak für sein leben
er sah dort vier figuren
die man auch dir gerne versteckt
die krankheit
den hunger
das alter
den tod
einer von diesen war schon genug
die mauer des gartens einzureißen
und den park zu verwüsten
und die goldenen steine mit denen sein kleid besetzt war
schwarz zu machen für immer

Da es nun vier waren und kein übersehen möglich
auch keine handvoll reis half
der alte hatte keine zähne
auch kein wort trost
der hungrige starb
auch kein beutel gold
der kranke konnte nicht gehen
auch kein vergessen
weil einer der vergißmeinnicht war der tod
da zog der aus dem schönen hause fort
und ließ kleider zurück und geld und ehren und eine frau
die jung war und gerade ein kind bekommen hatte
der gotama aber ging fort
weil er die vier gesehen hatte

Der nun, von dem ich dir erzählen will
hat die vier auch getroffen als er durch sein land ging
in den höhlen nazarets sah er die krankheit
die rasselte dort mit der klapper
in der steinwüste traf er den hunger an
und die alten sah er vergeblich hocken bei jericho
den tod aber hat er getroffen, als er am jordan stand
und sich taufen ließ von einem dem schlugen sie bald den kopf ab

Alle diese begegneten ihm
aber er wandte sich nicht ins gebirge der weisheit
sondern er lud sie zum essen ein
an seinem tisch saßen sie
alter und hunger und krankheit und tod
auch zogen sie mit ihm die staubigen wege
wo es keinen schatten gab auf stunden
auch begleiteten sie ihn des nachts
denn ich nehme an dass er nicht gut schlief gemeinhin

Buddha-Legenden

Siddhartha fand zwei Asketen als Lehrer. Gleich ihnen kasteite er sich, verweigerte Essen und Trinken und verzichtete auf alles, was angenehm war. Siddhartha aber magerte ab, verfiel und litt unter großen Schmerzen. Da erkannte er die Vergeblichkeit aller Kasteiung: dass sich die Wahrheit auf solchem Wege nicht finden, die Tugend nicht erwerben lasse. Er wusste jetzt, dass er die Wahrheit nicht irgendwo, sondern nur in sich selbst suchen musste.

Als ihm eine sterbende Frau am Straßenrand ein Stück ihres Leichentuchs schenkte, das sie selbst lange erspart hatte, machte Siddhartha sich daraus eine Kutte; die Kleider, die er beim Auszug trug, waren ihm schon lange vom Leib gefallen. – Als ein junges Mädchen hörte, dass Siddhartha wieder Nahrung zu sich nahm, bereitete sie ihm ein Reisgericht und reichte es ihm in einer goldenen Schale. Siddhartha aß vom Reisbrei und fragte: »Was soll ich mit der Schale?« »Ich reiche nie eine Speise ohne Schale«, sagte das Mädchen. »Sie gehört dir.« Siddhartha verschenkte die goldene Schale nicht, sondern warf sie in den Fluss.

Jahre vergingen. Siddhartha wanderte durch die fruchtbare Gangesebene und lebte als Bettelmönch. Da sah er eines Tages, wie ein Brahmane Kusa-Blätter sammelte, um auf ihnen Opfergaben darzubringen. Siddhartha erbat sich einige Kusa-Blätter, bereitete darauf unter einem Feigenbaum einen Meditationssitz und fiel in tiefe Versenkung. In dieser Nacht kam Mara, der Teufel, um ihn zu versuchen.

Er sandte ihm drei schöne Mädchen, die ihn aus seiner Meditation ablenken sollten; aber schon ein Blick Siddharthas ließ ihre Schönheit welken. Darauf versprach Mara ihm den Reichtum der Welt, wenn er auf die Erleuchtung verzichte. Als auch das abgewiesen wurde, bot er Siddhartha an, sofort in das Nirvana eingehen zu dürfen. Siddhartha aber widerstand allen Verlockungen und wies den Versucher ab. Nach neunundvierzig Tagen, während der letzten Nachtwache, als die Morgenröte sich zeigte, gelangte Siddhartha zur vollkommenen Erleuchtung. Aus dem Prinzen und Wandermönch wurde – wie ein Schmetterling aus der Raupe – ein Erleuchteter, ein Buddha.

Aber der Erleuchtete wollte ein Buddha für alle, nicht nur für sich selbst sein. So begann er als Lehrer zu wirken, damit auch andere die Befreiung fänden.

In Benares lehrte er zum ersten Mal: »Erkennt, dass alles Dasein leidvoll ist. Geburt ist Leid, Altern ist Leid, der Tod ist leidvoll, leidvoll ist auch, mit jemandem vereint zu sein, den man nicht liebt, von

Die Erleuchtung

Der Charakter dieser Erzählung lässt nicht daran zweifeln, dass es sich hier um eine Legendenbildung handelt, mit der eine spätere Zeit das Geschehen nachzuzeichnen versucht. Die Entstehung solcher Erzählungen in Jüngerkreisen ist leicht verständlich. War Gautama der Buddha, so musste er auch an einem bestimmten Ort und zu einer bestimmten Zeit zum Buddha geworden sein, und dann musste diesem Zeitpunkt eine Periode voraufgegangen sein, in der ihn das Bewusstsein, seinem Ziel noch fern zu sein, quälend belastet hatte. Und da die Welt des alten Indien auf Schritt und Tritt Asketen treffen ließ, die durch harte Kasteiung das Heil zu erlangen suchten, lag es nahe, solche Lebenswege mit dem des Buddha zu verknüpfen und zwar durch Überbietung all dessen, was Brahmanen und Mönche an Selbstkasteiung und zugleich Vergeblichkeit solcher Erfahrung kennenlernten. Insofern kann die legendarische Tradition fiktiv sein, aber zugleich hat sie auch alle historische Wahrscheinlichkeit für sich, denn alles, was beschrieben wird, bestimmte den Horizont Indiens in jenen Jahrhunderten.

Das damalige Indien war davon überzeugt, dass ewiges Heil und Erleuchtung nur zu finden seien, wenn sich der Mensch von Haus und Familie löse, um über harte Entsagung die innere Freiheit zu finden. Die Tradition spricht von sieben Jahren, die Siddhartha Gautama asketisch lebte, bis er die Gewissheit besaß, Erleuchtung gefunden zu haben und ein Lehrer für andere werden zu können.

In diesen Jahren der Suche quälte sich Siddhartha fast zugrunde, raufte sich Haare und Bart aus, lag auf Dornen, bedeckte sich mit Schmutz und Staub, mit Gewalt seine Gedanken »festhaltend, festpressend, festquälend«, stets in Erwartung des Augenblicks, dass überirdische Erleuchtung ihn befreie. Aber die Erleuchtung blieb aus. Schließlich war sein Körper von lauter selbst zugefügten Quälereien entstellt, doch seinem Ziel fühlte er sich um nichts näher. Siddhartha erkannte, dass extreme Kasteiung nicht zur Erleuchtung führt. So nahm er wieder Nahrung zu sich, um die alte Kraft zurückzugewinnen.
In der Predigt von Benares führte Gautama später aus, dass weder Sinnenfreude noch übertriebene Selbstpeinigung zum Heil führen, sondern ein maßvoller mittlerer Weg der Weltentsagung. Und so erzählten spätere Generationen von Buddhas Erleuchtung, die mit einer Versuchungsgeschichte verknüpft ist, die frappierende Parallelen zu jener bei

jemandem getrennt zu sein, den man liebt, und das nicht erlangen zu können, was man wünscht. Der Ursprung des Leidens in der Welt ist der Durst nach Wiedergeburt, der Durst nach Befriedigung der fünf äußeren und inneren Sinne.«

»Dies aber ist die heilige Wahrheit von der Aufhebung des Leidens, der Achtteilige Pfad: reiner Glaube, reiner Wille, reine Rede, reine Tat, reines Leben, reine Absicht, reines Denken, reine Meditation.«

Der Buddha wanderte durch Indien und sammelte eine immer größer werdende Gemeinde um sich. Viele Menschen schlossen sich ihm an und begleiteten ihn für eine Weile. So bildete sich ein zunächst lockerer Orden. Um ihm anzugehören, genügte die »Zufluchtsformel«:

»Ich nehme zu Buddha, dem Erleuchteten, meine Zuflucht; ich nehme zum Dharma, dem ewigen Gesetz, meine Zuflucht; ich nehme zum Sangha, der Gemeinschaft, meine Zuflucht.«

Für seine Anhänger ließ der Buddha das Gesetz der Kasten und zumal das Schicksal der Kastenlosen, die ohne Rechte waren, nicht länger gelten:

»Wenn der Brahmane hinterlistige Pläne sinnt und den König zu bösen Taten verleitet: ist der nicht kastenlos? Wenn der Herrscher das Volk nicht schützt, sondern Bauern und Arbeiter unterdrückt, um Kriege zu führen und Paläste zu bauen: ist der nicht kastenlos? Wenn der Kaufmann durch Wucherzins die Bauern um ihr Land bringt: ist der nicht kastenlos? Nicht durch Geburt ist einer ein Kastenloser, sondern durch seine Taten.«

Inzwischen war der Buddha 80 Jahre alt geworden, an Geist und Körper frisch. Dennoch war seine Lebenszeit abgelaufen. Bei einem Besuch erkrankte er plötzlich, Fieber befiel ihn, er fühlte, dass er sterben würde. Ananda, sein Lieblingsjünger, bereitete ihm das Lager.

Im Lotussitz setzte sich Buddha auf das Lager und sprach: »Nur eine einzige Macht gibt es, ohne Anfang und Ende und allein ihrem eigenen Gesetz untertan. Versucht nicht, dessen Unermesslichkeit mit Worten zu fassen. Wer fragt, irrt schon, wer antwortet, irrt ebenfalls. Erhofft euch keine Hilfe bei den Göttern, sie sind wie ihr dem Gesetz des Karma unterworfen, werden geboren, altern und müssen sterben, um wiedergeboren zu werden. Sie können ihr eigenes Schicksal nicht wandeln. Erwartet alles nur von euch selbst.

Matthäus 4,1–11 hat. Natürlich werden hier keine objektiven äußeren Tatsachen erzählt, sondern innere Prozesse in symbolischen Szenen, die nicht allein für Buddha und für Jesus zugetroffen haben mögen, sondern gewissermaßen jedem begegnen, der auf dem eigenen Weg zu innerer Freiheit alle Versuchungen des Besitzens, der Macht, der Sexualität zuvor überwinden lernen muss.

Der Buddhismus kennt zahlreiche Handgesten (Mudras) zur Darstellung geistiger Zustände: Die ineinander gelegten Hände bezeichnen eine Meditationshaltung; die abwärts weisende offene Hand Freigebigkeit; die nach oben gerichtete Hand eine Lehrdarlegung.

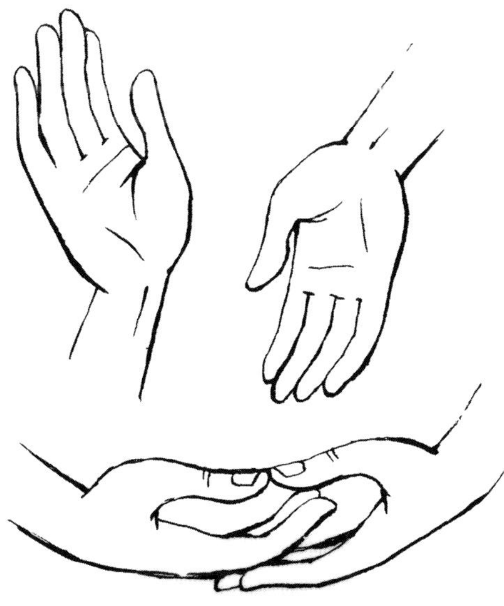

Lehren des Buddha

Das moderne Denken im Buddhismus begann in Japan. Japan war auch der erste nichteuropäische Staat, der sich in überraschender Geschwindigkeit der Moderne öffnete und zu einer Industriegesellschaft wandelte. In verschiedenen buddhistischen Schulen bildete sich eine Arbeitsethik heraus, die nicht in der Weltabgeschiedenheit, sondern im Beruf den Weg zur Erlangung der Buddhaschaft sah. Der Zen-Mönch Suzuki Shosan (1579–1655) hat dies schon früh formuliert:

»Jeder Beruf stellt eine Ausübung des Buddhaweges dar. Alle Leute können bei der Verrichtung ihrer täglichen Arbeit die Buddhaschaft erlangen. Es kann dabei keinen Beruf geben, der außerhalb des Buddhaweges läge, da alle Berufe der Welt zugute kommen.

Ihr Menschen, die ihr den Buddhaleib erhalten habt und mit Buddhanatur versehen seid, hütet euch, auf Abwege zu geraten.«

Buddha hat ebenso wenig wie Sokrates und Jesus Schriftliches hinterlassen. Auch sind seine Reden nicht zeitnah aufgeschrieben worden. Alle Kenntnisse über ihn verdanken sich der mündlichen Überlieferung seiner Schüler. Da der Buddhismus aber in Indien in unterschiedlichen Landschaften mit unterschiedlichen Sprachen Fuß fasste, entwickelten sich schon früh Schulen mit abweichenden Traditionen über seine Lehre, die sich zwar alle auf dem »Urkanon« berufen, nach Sprache, Inhalt und Lehrentwicklung aber doch von einander abweichen. Insgesamt gibt es drei Ströme buddhistischer Lehre, die als »Fahrzeuge« (*yana*) bezeichnet werden: das »Kleine Fahrzeug« (*Hinayana*), das »Große Fahrzeug« (*Mahayana*) und das »Diamant-Fahrzeug« (*Vajrayana*). Zum »Kleinen Fahrzeug« zählen die Schulen, die aus den ältesten Gemeinden hervorgegangen sind; die beiden anderen Fahrzeuge entstanden erst in späterer Zeit.

An die kanonischen Texte schließt sich eine exegetische Literatur an, deren Blütezeit bis in das 12. Jahrhundert n.Chr. reicht, deren Ausläufer (nach Helmuth von Glasenapp) aber noch die Gegenwart streifen.

Majjhima-Nikaya: Botschaft für die, welche hören wollen

Bald nach der Erleuchtung kam mir der Gedanke: »Die Wahrheit (*dharma*), die ich erkannt habe, ist tief und nur für den Weisen erfassbar. Dieses Geschlecht aber ist der Weltlust ergeben. Schwer zu begreifen ist das Gesetz des »bedingten Entstehens« und ebenso das Zurruhekommen der karma-gestaltenden Kräfte, die Vernichtung des Lebensdurstes, das Nirvana. Wenn ich diese Wahrheit aufzeigte und die anderen verständen mich nicht, so hätte ich davon nur Anstrengung und Verdruss. Warum soll ich sie also verkünden? Als Brahma Sahampti meine Gedanken erkannte, erschien er vor mir und sagte: »Möge der Erhabene die Wahrheit verkünden. Es gibt Wesen, deren Augen nur wenig getrübt sind; wenn die nichts von der Wahrheit hören, sind sie verloren; sie werden sie schon verstehen.« Als ich Brahmas Bitte vernommen, überschaute ich mit dem Buddha-Auge die Welt und sah, dass es leicht zu belehrende Wesen gibt, welche sich der jenseitigen Vergeltung wohl bewusst sind. Da sagte ich zu Brahma: »Geöffnet sind die Tore des Unvergänglichen, für die, welche hören wollen.«

Die Lehre gleicht einem Floß, das man benutzt, um über einen Strom an das andere Ufer (das Nirvana) zu gelangen, das man aber, wenn es diesen Zweck erfüllt hat, nicht mehr mit sich herumschleppt.

Samyutta Nikaya: Der wiederentdeckte Weg

Gesetzt, ein Mann fände im Dschungel einen alten Weg. Er folgte ihm und fände eine Stadt, die früher von Menschen bewohnt war. Er teilte dies dem König mit, und dieser ließe sie wieder aufbauen, so dass sie wieder bevölkert würde und zu neuer Blüte erstände. – Gerade so habe ich einen alten Weg wieder entdeckt: den von den Buddhas der vergangenen Zeiten beschrittenen Weg zum Nirvana.

Anguttara Nikaya: Eine Lehre – nicht für jedermann

Von denjenigen Lehren, von denen man erkennt, dass sie nicht zur Leidenschaftslosigkeit, zur Erleuchtung, zum Nirvana führen, von denen lässt sich mit Gewissheit annehmen: das ist nicht des Meisters Unterweisung.

Nur für den Bescheidenen eignet sich diese Lehre, nicht für den Unbescheidenen, der seine Vorzüge zeigen will.

Nur für den geistig Wachen eignet sich diese Lehre, nicht für den unbedacht Dahinlebenden.

Nur für den, der sich (in der Meditation) zu vertiefen weiß, eignet sich diese Lehre, nicht für den, der sich niemals sammeln kann.

Nur für den Weisen eignet sich diese Lehre, nicht für den Toren, der über Entstehen und Vergehen aller Erscheinungen nicht nachdenkt.

Nur für den, der die Welt überwinden will, eignet sich diese Lehre, nicht für den, der dem Weltlichen sich hingibt.

Ich habe die Lehre dargelegt, ohne ein Innen und Außen (eine geheime und offene Lehre) zu unterscheiden.

Richtet euch nicht nach dem, was euch zu Ohren gekommen ist, nach dem bloßen Hörensagen, nach dem, was von einem anderen weitergegeben wurde, nach Sammlungen von heiligen Überlieferungen, nach Vermutungen und ertüftelten Gründen, nicht nach äußeren Erwägungen, nicht nach eingewurzelten Anschauungen, nicht nach dem, was aussieht, als ob es angemessen sein könnte, und nicht nach dem Worte eines verehrten Meisters – sondern was ihr selbst als gut oder schlecht erkannt habt, das nehmt an oder gebt auf.

Habt euch selbst als Leuchte, euch selbst als Zuflucht, nichts anderes als Zuflucht.

Buddhistisches Bekenntnis

Ich bekenne mich zum Buddha als meinem unübertroffenen Lehrer ...

Ich bekenne mich zur Lehre des Buddha, denn sie ist klar, zeitlos und lädt jeden ein, sie zu prüfen, sie im Leben anzuwenden und zu verwirklichen. Ich bekenne mich zur Gemeinschaft der Jünger des Buddha, die sich ernsthaft um die Verwirklichung seiner Lehre bemühen, um die verschiedenen Stufen der inneren Erfahrung und des Erwachens zu verwirklichen ...

Ich will mich bemühen, keine Lebewesen zu töten oder zu verletzen, Nichtgegebenes nicht zu nehmen, keine unheilbaren sexuellen Beziehungen zu pflegen, nicht zu lügen oder unheilbar zu reden, mir nicht durch berauschende Mittel das Bewusstsein zu trüben.

Zu allen Wesen will ich unbegrenzte Liebe, Mitgefühl, Mitfreude und Gleichmut entfalten, im Wissen um das Streben aller Lebewesen nach Glück.

Im Wald meditierende Mönche. Tibetischer Blockdruck.

Der Überlieferung nach hat Buddha mit dieser Rede seine Lehrtätigkeit eröffnet. Über die historische Treue dieser Komposition sind Zweifel angebracht, doch wenn die Rede frei erfunden sein sollte, was heißt dann »frei erfunden«? Die alte Jüngergemeinde wird das, was ihr in der Predigt ihres Meisters das Wichtigste war, herausgestellt haben. Dafür ist der Begriff der Erlösung der zentrale Aspekt. »Gott und die Welt kümmert den Buddhisten nicht; er kennt nur die eine Frage: Wie soll ich in dieser Welt des Leidens vom Leiden frei werden?«

Die Lehre des Buddha wird als *dharma* bezeichnet, »Gesetz der Wirklichkeit« oder »innerstes Gesetz des Seins« oder auch einfach »Lehre vom Gesetz«. Allerdings meint Dharma keine buddhistische Dogmatik, sondern, wie der Dalai Lama betont, »die von vielen Seiten zugängliche höchste Wirklichkeit, die jedoch nur auf über-intellektuellem Wege erfahren werden kann«.

Der Dharma ist Buddhas Lehre von der Befreiung, die er durch seine eigene Erleuchtung fand. Sie findet ihre kürzeste Darstellung in der »Lehre von den Vier Edlen Wahrheiten«: das Leiden, seine Ursache, seine Aufhebung und der Weg, der zu seiner Aufhebung führt. Alle vier Wahrheiten kreisen um das Erkennen von Leiden. Im Leiden selbst – oder auch: in der »Erfahrung des Unbefriedigtseins« – liegt das Hauptproblem des menschlichen Daseins.

Mahavagga: Der Dharma

Und der Erhabene, von Ort zu Ort wandernd, kam nach Benares, zum Wildpark Isipatana, wo die fünf Mönche weilten. Da sahen die fünf Mönche den Erhabenen, der von fern herankam; als sie ihn sahen, redeten sie einander zu: »Freunde, dort kommt der Asket Gotama, der im Überfluss lebt, der sein Streben aufgegeben und sich dem Überfluss zugewandt hat. Wir wollen ihm keine Ehrerbietung beweisen, nicht vor ihm aufstehen, ihm nicht seine Almosenschale und sein Obergewand abnehmen; aber wir wollen einen Sitz mehr für ihn hinstellen; wenn er will, mag er sich setzen.«

Je mehr und mehr aber der Erhabene den fünf Mönchen sich näherte, um so weniger konnten sie bei ihrem Entschluss bleiben: Sie gingen dem Erhabenen entgegen; einer nahm dem Erhabenen die Almosenschale und das Obergewand ab, ein anderer bereitete ihm einen Sitz, ein dritter stellte ihm Fußwasser, eine Fußbank, einen Fußschemel hin. Der Erhabene setzte sich nieder auf den Sitz, der für ihn bereitet war; als er sich gesetzt hatte, wusch der Erhabene seine Füße.

Jene aber redeten den Erhabenen mit seinem Namen an und nannten ihn Freund. Da sie so redeten, sprach der Erhabene zu den fünf Mönchen: »Ihr Mönche, redet den Vollendeten nicht mit seinem Namen an und nennt ihn nicht Freund. Der Vollendete, ihr Mönche, ist der heilige, höchste Buddha. Tut euer Ohr auf, ihr Mönche; die Erlösung vom Tode ist gefunden; ich unterweise euch, ich predige die Lehre. Wenn ihr nach der Unterweisung wandelt, wird euch über eine kleine Zeit das, um dessen willen edle Jünglinge von ihrer Heimat in die Heimatlosigkeit gehen, die höchste Vollendung heiligen Strebens zuteil werden; ihr werdet noch in diesem Leben die Wahrheit selbst erkennen und von Angesicht zu Angesicht schauen …«

Da hörten die Mönche von neuem auf den Erhabenen; sie taten ihr Ohr auf und richteten ihre Gedanken auf die Erkenntnis.

Da sprach der Erhabene zu den fünf Mönchen: »Zwei Enden gibt es, ihr Mönche, denen muss, wer ein geistliches Leben führt, fern bleiben. Welche Enden sind das? Das eine ist ein Leben in Lüsten, der Lust und dem Genuss ergeben; das ist niedrig, unedel, ungeistlich, unwürdig, nichtig. Das andere ist ein Leben der Selbstpeinigung; das ist leidensreich, unwürdig, nichtig. Von diesen beiden Enden, ihr Mönche, ist der Vollendete fern und hat den Weg, der in der Mitte liegt, erkannt, den Weg, der das Auge auftut und den Geist auftut, der zur Ruhe, zur Erkenntnis, zur Erleuchtung, zum Nirvana führt. Und welches, ihr Mönche, ist dieser Weg in der Mitte ...? Es ist dieser heilige, achtteilige Pfad, der da heißt: rechtes Glauben, rechtes Entschließen, rechtes Wort, rechte Tat, rechtes Leben, rechtes Streben, rechtes Gedenken, rechtes Sichversenken. Dies, ihr Mönche, ist der Weg in der Mitte, den der Vollendete erkannt hat, der das Auge auftut und den Geist auftut, der zur Ruhe, zur Erkenntnis, zur Erleuchtung, zum Nirvana führt.

Dies, ihr Mönche, ist die heilige Wahrheit vom Leiden: Geburt ist Leiden, Alter ist Leiden, Krankheit ist Leiden, Tod ist Leiden, mit Unliebem vereint sein ist Leiden, von Liebem getrennt sein ist Leiden, nicht erlangen, was man begehrt, ist Leiden, kurz die fünferlei Objekte des Ergreifens sind Leiden.

Dies, ihr Mönche, ist die heilige Wahrheit von der Entstehung des Leidens: Es ist der Durst, der von Wiedergeburt zu Wiedergeburt führt, samt Freude und Begier, der hier und dort seine Freude findet: der Lüstedurst, der Werdedurst, der Vergänglichkeitsdurst.

Hinter dieser Erkenntnis steht die Erfahrung, dass alles Bedingte unbefriedigend, weil grundsätzlich unzulänglich ist, denn es ist unbeständig und letztlich dem Verfall unterworfen. Um die ganze Tiefe dieser Wahrheit zu erfassen, genügt es nicht, nur das Leiden eines Lebens zu bedenken, vielmehr muss der Kreislauf des Werdens mit seinen sich ständig wiederholenden Phasen von Geburt, Alter, Krankheit und Tod in den Blick kommen. Solange Begehren und Unwissenheit in den tieferen Schichten des Geistes noch wirken, dreht sich der Kreislauf des Leidens weiter. Er muss sich aber nicht ewig drehen.

Da Leiden durch Begehren entsteht, kann es nur durch Überwindung des Begehrens ein Ende finden. Diese Beziehung sieht Buddha so stringent wie ein Gesetz der Logik. Der Zustand, der durch Überwindung des Leidens erreicht wird, ist das Ziel aller Mühen. Es ist Nirvana, das Unbedingte, Todlose, der unzerstörbare Friede jenseits des Rades von Geburt und Tod. Man erreicht Nirvana in zwei Stufen. Die erste ist das »Nirvana mit Rest«, jene Befreiung, die in der Überwindung des Begehrens liegt, wenngleich die Geist-Körper-Beziehung noch bis zum Lebensende fortbesteht. Die zweite Stufe ist das »Nirvana ohne Rest«, die Befreiung vom Dasein selbst, dem Ende des Werdens, das mit dem Tode dessen, der Befreiung erlangte, erreicht wird.

In seiner »Vierten Edlen Wahrheit« lehrt Buddha den »Weg, der zur Aufhebung des

Im Wald meditierende Mönche in verschiedenen Körperhaltungen. Tibetischer Blockdruck.

Leidens führt«. Dies ist der achtteilige Pfad: rechtes Verstehen – rechtes Denken – rechte Rede – rechtes Handeln – rechter Lebenserwerb – rechte Anstrengung – rechte Achtsamkeit – rechte Sammlung.

Wer die Vier Edlen Wahrheiten erkannt und den achtteiligen Pfad begangen hat, kann bereits in diesem Leben – in besonderen Situationen – das Erlöschen des individuellen Bewusstseins, des Ichwahns und der Lebensgier erfahren (»Nirvana mit Rest«) und darin vollkommene Gemütsruhe gewinnen. Erst nach seinem Tode wird er im endgültigen *nirvana* (Sanskrit, »Verlöschen«; *parinirvana*, »Vollständiges Erlöschen«) sein. Immer wieder hat man versucht, das Nirvana zu »beschreiben«; dabei ging der Streit vor allem darum, ob es das unbedingte Nichts ist oder ein Zustand, dessen Beschreibung die sprachlichen Möglichkeiten übersteigt. Buddha und der frühe Buddhismus haben sich zu dieser Frage nicht geäußert. Buddha lehnte solche Spekulationen als unnütz ab. Mitabgelehnt hat er damit auch die Frage nach dem, was die westlichen Religionen Gott nennen, sehr zum Missfallen abendländischen Denkens, das die Welt in Systemen und Definitionen zu begreifen sucht. Wenn aber das Nirvana als Ende des Leidens und Wunschlosigkeit als Erquickung, Ruhe und Frieden beschrieben wird, zugleich als Heraustreten aus dem Kreislauf der

Dies, ihr Mönche, ist die heilige Wahrheit von der Aufhebung des Leidens: die Aufhebung dieses Durstes durch gänzliche Vernichtung des Begehrens, ihn fahren lassen, sich seiner entäußern, sich von ihm lösen, ihm keine Stätte gewähren … Es ist dieser heilige, achtteilige Pfad, der da heißt: rechtes Glauben, rechtes Entschließen, rechtes Wort, rechte Tat, rechtes Leben, rechtes Streben, rechtes Gedenken, rechtes Sichversenken …« Also redete der Erhabene; froh priesen die fünf Mönche des Erhabenen Rede.

Samyutta Nikaya: Nirvana

König Pasenadi von Kosala, so wird erzählt, traf einst auf der Reise zwischen seinen beiden Hauptstädten mit der Nonne Khema zusammen, einer weisheitsberühmten Jüngerin Buddhas. Der König befragte sie über die heilige Lehre.

»Ist, o Ehrwürdige, der Vollendete jenseits des Todes?«

»Der Erhabene, o großer König, hat nicht offenbart, dass der Vollendete jenseits des Todes ist.«

»So ist der Vollendete jenseits des Todes nicht, o Ehrwürdige?«

»Auch dies, großer König, hat der Erhabene nicht offenbart, dass der Vollendete jenseits des Todes nicht ist.«

»So ist, Ehrwürdige, der Vollendete jenseits des Todes und ist zugleich nicht?« Die Antwort ist immer dieselbe: der Vollendete hat es nicht offenbart.

Der König ist erstaunt. »Welches ist die Ursache, o Ehrwürdige, welches ist der Grund, um dessen willen der Erhabene dies nicht offenbart hat?«

»Lass mich«, erwidert die Nonne, »dich hier selbst fragen, großer König, und wie die Sache sich dir zu verhalten scheint, so antworte mir. Was meinst du, großer König, hast du wohl einen Rechner oder einen Münzmeister oder einen Zählbeamten, der den Sand am Ganges zu zählen vermöchte, der sagen könnte: So viele Sandkörner, oder so viele Hunderte oder Tausende oder Hunderttausende von Sandkörnern sind dort?«

»Den habe ich nicht, o Ehrwürdige.«

»Oder hast du einen Rechner, einen Münzmeister oder einen Zählbeamten, der das Wasser im großen Ozean zu messen vermöchte, der sagen könnte: So viele Maß Wasser, oder so viele Hunderte oder Tausende oder Hunderttausende von Maßen Wasser sind darinnen?«

»Den habe ich nicht, o Ehrwürdige.«

»Und warum nicht? Der große Ozean ist tief, unermesslich, unergründlich. So auch, großer König, wenn man das Wesen des Vollendeten nach den Prädikaten der Körperlichkeit begreifen wollte … Der Vollendete, großer König, ist frei davon, dass sein Wesen mit den Zahlen der Körperwelt zählbar wäre; er ist tief, unermesslich, unergründlich wie der große Ozean. Dass der Vollendete jenseits des Todes ist, trifft nicht zu; dass der Vollendete jenseits des Todes nicht ist, trifft auch nicht zu; dass der Vollendete jenseits des Todes weder ist, noch nicht ist, trifft auch nicht zu.«

Pasenadi aber, der König von Kosala, nahm die Rede Khemas, der Nonne, mit Freude und Beifall an, stand von seinem Sitz auf, neigte sich in Ehrfurcht vor Khema, der Nonne, umarmte sie und ging davon.

Wiedergeburten und als Eingehen in die Sphäre des Transzendenten, so lässt es sich doch als göttliche Dimension beschreiben, ohne diesen Begriff ausfüllen zu können. Das aber zeigt, dass die Frage, ob der Buddhismus atheistisch sei, westlichem Denken entstammt und – wenn schon – nur mit Nein beantwortet werden kann. Buddha selbst hat die Frage nach dem Grund des Seins nicht beantwortet.

Der Buddhismus hat allerdings in Indien und anderen asiatischen Völkern die je bestehende Verehrung der alten Götter und Geister immer neben sich geduldet, wie dies insbesondere der tibetische Buddhismus zeigt. Dadurch hat seine Lehre eine starke Differenzierung erfahren, ohne in ihrem innersten Kern den »Charakter einer Philosophie für Denker« eingebüßt zu haben. »Aus dieser seiner schon in der Anlage präformierten Stellung zu anderen Glaubensformen erklärt sich die bemerkenswerte Tatsache, dass der Buddhismus im Gegensatz zu den anderen Weltreligionen nie von denen, die zu ihm zählen, verlangt hat, dass sie ihm ausschließlich angehören und ihre frühere Verbindung mit anderen Religionen aufgaben. Er betrachtet alle anderen Glaubenslehren als wertvolle, wenn auch unvollkommene Vorstufen der von Buddha verkündeten höchsten Wahrheit« (Helmuth von Glasenapp).

Anguttara Nikaya: Gegen den Glauben an einen ewigen Weltenherrn

Einige Asketen und Brahmanen behaupten: »Was auch immer einem Menschen zuteil wird, Glück, Leid oder keins von beiden, das hat alles seinen Grund in dem Schöpferwillen des Weltenherrn.« Ich sage dazu: »Dann werden die Menschen ja auf Grund des Schöpferwillens Gottes zu Mördern, Dieben, Wüstlingen, Lügnern und solchen, denen Gier, Übelwollen und irrige Meinungen eigen sind. Diejenigen, die sich im Ernst auf den Schöpferwillen des Weltenherrn berufen, haben nicht die Willensfreiheit, sich darüber zu entscheiden, was zu tun und was zu lassen ist.«

Für die Buddhisten bedeutet das Anhaften an eine Doktrin, auch an die buddhistische Doktrin, Verrat an Buddha.

Thich Nhat Hanh

Wenn Gott, der über allem waltet,
Das Leben in der Welt gestaltet,
Wenn er verteilt hier Glück, dort Leiden,
Das Böse tun lässt und es meiden,
Der Mensch nur seinen Wunsch vollstreckt –
Dann ist nur Gott von Schuld befleckt.
Ist Brahma Herr auf diesem Erdenrund
Und aller Wesen letzter Daseinsgrund,
Warum wird Unglück dieser Welt zuteil
Und nicht nur Freude, Seligkeit und Heil?
Warum herrscht Lüge, Trug und Schlechtigkeit
Und Einbildung und Ungerechtigkeit,
Warum erschuf er nur ein menschliches Geschlecht,
Das unentwegt verletzt die Sitte und das Recht?

Die Brahmanen geben selbst zu, dass keiner von ihnen Brahma mit eigenen Augen gesehen hat. Sie lehren mithin: »Zu dem, den wir nicht kennen und nicht sehen, zur Gemeinschaft mit ihm weisen wir den Weg, und dies ist der einzige gerade Weg zur Erlösung.« Das ist ebenso, als ob jemand auf einem Platze eine Treppe bauen wollte, die zu dem obersten Stock eines Palastes führen soll, den er nie gesehen hat und von dem er nicht weiß, wie groß er ist.

Thich Nhat Hanh: Wir dürfen nicht zu Gefangenen der Lehre werden

Eines Tages traf während eines heftigen Regengusses ein Asket namens Uttiya ein, um den Buddha zu besuchen. Ananda führte ihn in dessen Hütte und stellte Uttiya dem Buddha vor. Der Asket wurde eingeladen, Platz zu nehmen, und Ananda reichte ihm ein Tuch, damit er sich abtrocknen konnte.

Uttiya fragte den Buddha: »Mönch Gautama, ist die Welt ewig, oder wird sie eines Tages untergehen?«

Der Buddha lächelte und sagte: »Asket Uttiya, mit deinem Einverständnis – diese Frage will ich nicht beantworten.«

Uttiya fragte weiter: »Ist die Welt begrenzt oder unbegrenzt?«

»Auch diese Frage werde ich nicht beantworten.«

»Nun denn, sind Körper und Geist eins oder zwei?«

»Auch diese Frage werde ich nicht beantworten.«

»Nach deinem Tod, wirst du dann weiter existieren oder nicht?«

»Auch hierauf erhältst du keine Antwort.«

»Vielleicht vertrittst du ja auch die Meinung, dass du nach deinem Tod weder weiter existierst noch aufhörst zu existieren?«

»Asket Uttiya, auch auf diese Frage antworte ich nicht.«

Uttiya war verwirrt. Er sagte: »Mönch Gautama, du hast dich geweigert, jede Frage zu beantworten, die ich dir gestellt habe. Auf welche Fragen antwortest du denn?«

Der Buddha erwiderte: »Ich antworte nur auf Fragen, die sich ganz direkt auf die Praxis beziehen, Herrschaft über den eigenen Geist und Körper zu erlangen, um alle Leiden und Ängste zu überwinden.«

»Was glaubst du – wieviele Menschen in der Welt rettet wohl deine Lehre?« Der Buddha saß schweigend da, und auch der Asket Uttiya sagte nichts.

Ananda verspürte, dass der Asket unzufrieden damit war, dass der Buddha ihm nicht antworten wollte oder vielleicht auch nicht konnte, hatte Mitleid mit ihm und sagte: »Asket Uttiya, vielleicht wird dir das folgende Beispiel helfen, die Absicht meines Lehrers besser zu verstehen: Stell dir einen König vor, der in einem stark befestigten Palast lebt. Dieser ist noch von einem tiefen Graben und einer hohen Mauer umgeben. Es gibt nur einen einzigen Eingang und Ausgang, und der wird Tag und Nacht bewacht. Der aufmerksame Wächter lässt nur solche Menschen in den Palast, die er kennt. Niemand sonst erhält die Erlaubnis einzutreten. Der Wächter hat darüber hinaus sorgfältig die Palastmauer untersucht, um sicherzugehen, dass es keinerlei Ritzen und Spalten gibt, so dass sich noch nicht einmal eine kleine Katze einschleichen könnte. Der König sitzt auf seinem Thron, unbekümmert darum, wieviele Menschen den Palast betreten mögen. Er weiß ja, dass der Wächter unwillkommene Gäste davon abhalten wird einzutreten.

So ähnlich ist es auch für den Mönch Gautama. Ihn beschäftigt nicht die Anzahl der Menschen, die dem Weg folgen. Er ist einzig damit befasst, den Weg zu lehren, der das Vermögen besitzt, Gier, Hass und Verblendung aufzulösen, damit die, die dem Weg folgen, Frieden, Freude und Befreiung verwirklichen können. Frage meinen Lehrer, wie du Geist und Körper beherrschen kannst, und er wird dir sicher antworten.«

Der Asket Uttiya verstand das Beispiel Anandas, aber da er immer noch in Probleme metaphysischer Art verstrickt war, stellte er keine Fragen mehr. Er verabschiedete sich, empfand aber ein Gefühl des Unbefriedigtseins über seine Begegnung mit dem Buddha.

Thich Nhat Hanh (geb. 1926), vietnamesischer buddhistischer Mönch, Schriftsteller und Lyriker. Thich ist ein Titel vietnamesischer Mönche. Mit 16 Jahren trat er als Novize in den Tu-Hieu-Tempel in Hue ein. Schon jung wurde er ein führender Vertreter des sozial engagierten Buddhismus in seinem vom Krieg zerrütteten Heimatland. Weltweit setzte er sich für Frieden und Gewaltfreiheit ein.

Seine ersten Artikel zum engagierten Buddhismus veröffentlichte er 1954 in einer vietnamesischen Tageszeitung. 1956 errichtete er mit Freunden ein Kloster. 1961 erhielt er ein Forschungsstipendium für vergleichende Religionswissenschaften an der Princeton University und hielt 1963/64 Vorlesungen an der Columbia University.

Nach dem Machtwechsel in Vietnam 1963 kehrte Thich Nhat Hanh Anfang 1964 nach Vietnam zurück. Er gründete einen Orden für »spirituellen Widerstand« und schrieb am 1. Juni 1965 einen öffentlichen Brief an Martin Luther King, in dem er King aufforderte, sich zum Vietnamkrieg zu äußern. 1966 fand ein Treffen zwischen beiden statt. Martin Luther King nahm öffentlich Stellung gegen den Vietnamkrieg.

Nhat Hanhs Gründung für Soziale Dienste half während des Vietnamkriegs den vietnamesischen Dörfern beim Aufbau von Schulen und Krankenhäusern und beim Wiederaufbau der bombardierten Ortschaften, wodurch die Hilfsorganisation immer wieder zwischen die Fronten geriet und viele ihrer Mitglieder ums Leben kamen. Aufgrund seiner Friedensaktivitäten erklärte ihn die südvietnamesische Regierung zur *persona non grata*. In Vietnam konnte er unter eigenem Namen nicht mehr veröffentlichen.

Seit 1966 lebt er in Frankreich im Exil, wo er eine spirituelle Gemeinschaft gründete. Später kamen Klöster in den USA, in Thailand, Deutschland und Hongkong hinzu. Weltweit gibt es hunderte Gemeinschaften, die in seinem Geiste tätig sind. 2007 initiierte Nhat Hanh in Waldbröl (Nordrhein-Westfalen) die Gründung des »Europäischen Institutes für Angewandten Buddhismus«. Seine weltweiten Aktivitäten und Bücher lassen Thich Nhat Hanh neben dem Dalai Lama als die bedeutendste buddhistische Persönlichkeit erkennen, dessen geistige Impulse auch für die christliche Welt von Bedeutung sind.

Das Europäische Institut für Angewandten Buddhismus (EIAB) in Waldbröl ist eine gemeinnützige Organisation, »die durch die nicht-konfessionelle Praxis der buddhistischen Meditation und der Achtsamkeit im täglichen Leben Frieden, Harmonie und Stabilität in die Familien, die Gesellschaft und die Welt bringen will«.

Buddhismus, wie er im EIAB gelehrt wird, ist keine Religion. Das Institut hilft Menschen, zu ihren eigenen religiösen und kulturellen Wurzeln zurückzufinden. Mittel dazu ist die Praxis der Achtsamkeit.

Das Institut engagiert sich auch im Dialog mit anderen Religionen und bietet Retreats zum interreligiösen Dialog an. Die DharmalehrerInnen des Instituts gehen auch in Schulen und andere Institutionen, um die Praxis der Achtsamkeit im täglichen Leben zu vermitteln.

Einige Tage später besuchte ein weiterer Asket den Buddha; sein Name war Vacchagota. Er stellte dem Buddha ähnliche Fragen. Zum Beispiel fragte er: »Mönch Gautama, kannst du mir bitte sagen, ob es ein Selbst gibt oder nicht?«

Der Buddha saß in Schweigen. Er sagte kein einziges Wort. Nachdem Vacchagota mehrere Fragen gestellt und keine einzige Antwort erhalten hatte, stand er auf und ging. Als er fort war, fragte Ananda den Buddha: »Herr, du sprichst in deinen Dharma-Reden über das Nicht-Selbst. Warum hast du nicht auf Vacchagotas Frage nach dem Selbst geantwortet?«

Der Buddha erwiderte: »Ananda, die Lehre über die Leerheit von Selbst soll unsere Meditation leiten. Sie darf nicht als starre Lehrmeinung aufgefasst werden. Wenn Menschen sie als solche verstehen, werden sie sich in ihr verstricken. Ich habe oft gesagt, dass die Lehre als Floß betrachtet werden soll, mit dem man zum anderen Ufer übersetzt; oder als Finger, der auf den Mond deutet. Wir dürfen nicht zu Gefangenen der Lehre werden. Der Asket Vacchagota wollte von mir eine solche Lehrmeinung haben, aber ich wollte nicht, dass er sich durch eine Lehrauffassung in einer Falle verfängt, handle es sich nun um eine Lehre vom Selbst oder um die von einem Nicht-Selbst. Hätte ich ihm gesagt, es gibt ein Selbst, so stünde dies im Widerspruch zu meiner Lehre. Hätte ich ihm aber gesagt, es gibt kein Selbst, so wäre das nicht hilfreich für ihn, wenn er es als starre Lehre auffasste, an die er sich festklammern könnte. Es ist besser zu schweigen, als auf solche Fragen zu antworten. Es ist besser für die Menschen, wenn sie glauben, ich wüsste die Antworten auf ihre Fragen nicht, als wenn sie in die Falle beschränkter Auffassungen geraten.«

Tibetischer Buddhismus

Tenzin Gyatso: Ich, der XIV. Dalai Lama

Ich wurde in einem kleinen Dorf namens Taktser im Nordosten Tibets geboren. Es war der fünfte Tag des fünften Monats im Holz-Schwein-Jahr des tibetischen Kalenders, nach christlicher Zeitrechnung also das Jahr 1935.

Unsere Familie ist groß. Ich habe noch zwei Schwestern und vier Brüder, deren Geburtsdaten weit auseinanderliegen. Meine Mutter gab sechzehn Kindern das Leben, doch starben neun von ihnen in zartem Alter. Liebe und Güte waren das Band, das die ganze Familie einte. Unsere Familie lebte zwar einfach, aber glücklich und zufrieden. Dies verdanken wir zu einem guten Teil Thubten Gyatso, dem XIII. Dalai Lama, der viele Jahre lang der geistliche und weltliche Herrscher Tibets gewesen ist.

Nach dem Tod des XIII. Dalai Lama begann unverzüglich die Suche nach seiner Reinkarnation, denn jeder Dalai Lama ist eine Wiedergeburt seines Vorgängers. Altehrwürdigen Gebräuchen und Überlieferungen folgend wurden die staatlichen Orakel und gelehrten Lamas konsultiert, um als Erstes festzustellen, an welchem Ort die Reinkarnation vor sich gegangen sei. Im Nordosten von Lhasa hatte man seltsame Wolkenbildungen gesichtet. Man erinnerte sich daran, dass der Körper des Dalai Lama nach seinem Tod auf einen Thron im Norbulingka, seiner Sommerresidenz in Lhasa, mit dem Gesicht nach Süden gesetzt worden war; einige Tage später jedoch entdeckte man, dass sich sein Antlitz nach Osten gewendet hatte. Und auf einem hölzernen Pfeiler an der Nordostseite des Schreins für den toten Dalai Lama zeigte sich plötzlich ein sternförmiger Schwamm. All dies und andere Erscheinungen wiesen die Richtung, in der man nach dem neuen Dalai Lama zu suchen hatte.

Im folgenden Jahr wurden hohe Lamas und Würdenträger, denen das Geheimnis bekannt war, in alle Teile Tibets ausgesandt, um den Ort zu suchen, den der Regent im Wasser des heiligen Sees gesehen hatte. Die weisen Männer, die ostwärts gewandert waren, kamen im Winter nach Dokham. Bald entdeckten sie die grünen und goldenen Dächer des Klosters von Kumbum. Im Dorf Taktser stießen sie auf ein Haus mit türkisfarbenen Ziegeln. Ihr Anführer erkundigte sich, ob die Familie, die dieses Haus bewohnte, etwa Kinder habe, und man sagte ihm, dass zu ihr ein Knabe gehöre, der nahezu zwei Jahre alt sei.

Als sie die bedeutsame Kunde vernommen hatten, gingen zwei Mitglieder der Gruppe und ein Diener, geführt von zwei ortsansässigen klösterlichen Beamten, in Verkleidung zu dem Haus. Ein jünge-

Tenzin Gyatso ist der XIV. Dalai Lama. Sein Geburtsname ist Lhama Dhondrup; Tenzin Gyatso ist der Mönchsname, der zugleich auf die voraufgegangenen Inkarnationen verweist. Geboren am 6. Juni 1935 in Taktser bei Kumbum in Osttibet, wurde das Kind 1935, vier Jahre nach dem Tod des XIII. Dalai Lama, von Mönchen als dessen Reinkarnation erkannt und im Februar 1940 inthronisiert.

Die Einführung in seine Verantwortung als Oberhaupt Tibets war am 17. November 1950. Dieser Termin stand bereits unter der Bedrohung durch das kommunistische China unter Mao Tse-tung (1893–1976), Tibet »befreien« zu wollen. Damit er als Symbol und Repräsentant seines Landes nicht in die Hände der Kommunisten fiel, wurde seine Flucht nach Sikkim beschlossen, doch kehrte er nach Unterzeichnung eines Abkommens, das Tibet zwar zu einem Teil Chinas machte, den Tibetern aber innere Autonomie zusicherte, nach Lhasa zurück. Am 26. Oktober 1951 marschierten dreitausend Soldaten der 18. Chinesischen Armee in Lhasa ein. 1954 stattete Tenzin Gyatso Peking einen Besuch ab; doch 1959 sah er in Tibet keine Möglichkeit mehr für ein Leben in Freiheit und ging endgültig ins Exil.

Seitdem fordert der Dalai Lama von Dharamsala im Himalaya (Nordindien) aus die Unabhängigkeit seines Landes und ermutigt die Tibeter zu gewaltlosem Widerstand. Im Unterschied zu allen seinen Vorgängern, die über Zentralasien nicht hinausgeschaut haben, muss er sich heute mit einer internationalen Welt auseinandersetzen. Er stellt sich dieser Herausforderung: »Es ist eine absurde Behauptung anzunehmen, die Moral und die Religion hätten keinen Platz in der Politik und ein religiöser Mensch habe sich wie ein Einsiedler abzusondern.« Sein Lebensprogramm lässt sich so charakterisieren: »Als Mensch betont er die universelle Verantwortung des Menschen seinesgleichen und der Natur gegenüber; als Apostel des Buddhismus wendet er sich an alle, die wie er den Menschen besser zu machen versuchen, wobei jede Religion ihr eigenes geistliches Heilmittel gegen geistliche Übel einbringt; als Tibeter und Dalai Lama hält er fortwährend die Erinnerung an sein Land und sein Volk wach.« 1989 erhielt der XIV. Dalai Lama den Friedensnobelpreis. Im März 2011 hat der Dalai Lama das tibetische Exil-Parlament gebeten, ihn von seinen politischen Aufgaben zu entbinden. Demokratisch gewählte Volksvertreter sollen ihn ersetzen.

Der Dalai Lama über seine Wiedergeburt

»Geht man zum Beispiel davon aus, dass meine Bemühungen darauf ausgerichtet sind, allen Lebewesen zu helfen, so gelten sie doch insbesondere der tibetischen Bevölkerung. Sollte ich daher sterben, bevor die Tibeter ihre Freiheit erlangt haben, ist es nur folgerichtig anzunehmen, dass ich außerhalb Tibets wiedergeboren werde. Es könnte natürlich sehr gut sein, dass mein Volk bis dahin keine Verwendung mehr für einen Dalai Lama hat. In diesem Fall werden sich die Tibeter gar nicht erst bemühen, nach mir zu suchen. Genauso gut könnte ich als Tier wiedergeboten werden, wenn dies für die größtmögliche Anzahl von denkenden und fühlenden Wesen von Nutzen wäre.«

rer Klosterbeamter der Suchgruppe, der Losang Tsewang hieß, gab vor, der Leiter zu sein, während der wirkliche Anführer, Lama Kewtsang Rinpoche aus dem Kloster Sera, ärmliche Kleider angelegt hatte und den Diener spielte. Am Tor des Hauses trafen die Fremdlinge mit meinen Eltern zusammen, die Losang ins Haus baten, da sie ihn für den Ranghöchsten hielten, während der Lama und die übrigen in den Räumen des Gesindes Unterkunft erhielten.

Hier fanden sie das jüngste Kind der Familie. Sobald der Kleine den Lama erblickte, ging er auf ihn zu und wollte unbedingt auf dessen Schoß. Der Lama hatte sich durch einen Mantel, der mit Lammfell gefüttert war, unkenntlich gemacht, aber um den Hals trug er einen Rosenkranz, der dem dreizehnten Dalai Lama gehört hatte. Der Bub entdeckte diesen Rosenkranz und bettelte darum. Der Lama versprach, ihm den Rosenkranz zu geben, wenn er herausbrächte, wer er sei. Darauf erwiderte das Kind, er sei »Sera-aga«, was im Dialekt der Gegend soviel wie »Lama von Sera« bedeutet. Nun fragte der Lama, wie denn wohl der Anführer heiße, und der Knabe nannte den Namen Losang. Außerdem wusste er, dass der richtige Diener Amdo Kasang war.

Der Lama beobachtete das Kind den ganzen Tag hindurch mit wachsendem Interesse, bis es Zeit war, es ins Bett zu bringen. Die ganze Gruppe blieb über Nacht im Haus. Früh am nächsten Morgen, als sie sich zum Aufbruch vorbereiteten, kletterte der Knabe aus seinem Bett und wollte sich nicht davon abbringen lassen, mit den Fremden zu gehen. Dieses Kind war ich.

Bei kleinen Kindern, die Reinkarnationen sind, ist es üblich, dass sie sich an Gegenstände und Personen aus ihrem vorigen Leben erinnern. Einige können auch heilige Schriften zitieren, ohne dass man es sie gelehrt hat. Durch alles, was ich gesagt hatte, war der Lama zu der Überzeugung gekommen, dass er möglicherweise die gesuchte Reinkarnation entdeckt habe. Nun war die ganze Gruppe erschienen, um mich weiter zu prüfen. So hatten die Würdenträger zwei völlig gleiche, schwarze Rosenkränze bei sich, von denen der eine aus dem persönlichen Besitz des XIII. Dalai Lama stammte. Als sie mir beide darboten, ergriff ich denjenigen, der ihm gehört hatte, und legte ihn mir – wie man mir später erzählte – um den Hals. Derselbe Versuch wurde mit zwei gelben Rosenkränzen unternommen. Darauf hielten sie mir zwei Trommeln hin, eine kleine, die der Dalai Lama dazu verwendet hatte, sein Gefolge zusammenzurufen, und eine größere, viel reicher geschmückte Trommel mit goldenen Beschlägen. Ich wählte die kleine und begann, sie so zu bearbeiten, wie man es während des Betens tut ...

Durch das Zusammentreffen all dieser Umstände [die hier keinen Platz finden] kam die Suchkommission zu der Überzeugung, dass die Reinkarnation gefunden war, und kabelte alle Einzelheiten nach

Ein Mönch empfängt Geschenke von Laien. Wandgemälde aus einem Tempel in Bhutan.

Lhasa. Die einzige Telegrafenlinie Tibets verlief von Lhasa nach Indien; deshalb musste die verschlüsselte Nachricht von Xining durch China und Indien nach Lhasa geschickt werden. Auf demselben Weg kam die Anweisung zurück, mich unverzüglich in die heilige Stadt zu bringen.

*

Meine Unterweisung begann, als ich sechs Jahre alt war. Da sie sich streng nach dem uralten tibetischen Lehrsystem richtete, muss ich dessen Methoden und Ziele erklären. Obwohl schon vor vielen Hunderten von Jahren bei uns eingeführt, hat es sich noch immer als brauchbar für ein recht hohes sittliches und geistiges Niveau in Tibet erwiesen. Dass es die wissenschaftlichen Erkenntnisse neuerer Zeit völlig außer Acht gelassen hat, muss unter modernen Gesichtspunkten zwar als Mangel gelten, doch wie hätte es auch anders sein können? Tibet war ja bis in die Gegenwart von der Außenwelt völlig abgeschlossen.

Wie die meisten Kinder begann ich damit, lesen und schreiben zu lernen. Dabei empfand ich – wie es meiner Meinung nach wohl allen Buben dieses Alters ergeht – einen gewissen Widerwillen und eine innere Abwehr. Die Vorstellung, hinter Büchern sitzen zu müs-

Der Dalai Lama erhielt eine sehr traditionelle buddhistische Erziehung, die weitgehend vom Lehrplan der großen Gelugpa-Mönchsuniversitäten bestimmt war. Er selbst hat verschiedentlich angemerkt, wie einseitig und wie wenig auf die Belange der modernen Welt abgestimmt seine Ausbildung gewesen sei, besonders für einen jungen Mann, der für eine spätere Führungsrolle vorgesehen war. In Folge dieser Ausbildung war er in keiner Weise auf die moderne Welt vorbereitet, die 1950 mit der chinesischen Invasion in Tibet plötzlich auf ihn einstürzte. Der Dalai Lama sah sich gezwungen, mit dieser dramatischen Situation fertig zu werden, und lernte auf diese Weise, mit der modernen Welt umzugehen …

Gerade dieser Modernismus bildet das Herzstück seiner Haltung gegenüber dem Westen und lässt ihn auch innerhalb der tibetischen Gemeinschaft ziemlich radikale Positionen vertreten. So bestand er beispielsweise gegen den Willen der Mehrheit der Exiltibeter darauf, dass die tibetische Exilgemeinde sich eine Verfassung gebe, welche die Rolle des Dalai

Lama beschränkt und ihn demokratischer Kontrolle unterstellt. Dieser Modernismus hat ihm auch erlaubt, in der Welt der tibetischen Religion unkonventionelle Standpunkte einzunehmen. Ich denke dabei etwa an sein Misstrauen und seinen Sarkasmus gegenüber der Institution des wiedergeborenen Lama ... Trotzdem hat der Dalai Lama seinen traditionellen Hintergrund bis heute nie verleugnet, und das bei buddhistischen und hinduistischen Modernisten weit verbreitete Misstrauen gegenüber dem Ritual ist ihm völlig fremd.

Als ich Anfang der siebziger Jahre seine Bekanntschaft machte, war ich überrascht von seinen erfrischend unkonventionellen Ideen, seiner Bereitschaft, zu relativieren und gewisse Aspekte seiner Tradition beiseite zu schieben ... »Weglassen«, lautete sein Ratschlag, »das steht zwar in den Büchern, doch in der Praxis ist es unwichtig.« Dieser Radikalismus wich jedoch im Laufe der siebziger Jahre einer zunehmend traditionellen Haltung ... Allmählich nahm er eine traditionellere Haltung gegenüber der buddhistischen Praxis ein und legte sein Misstrauen gegenüber den wiedergeborenen Lamas fast gänzlich ab. Mit dieser Rückbesinnung hat der Dalai Lama keineswegs dem buddhistischen Modernismus abgeschworen. In einem modernen Kontext ist dieser sein bevorzugter Interaktionsmodus geblieben, besonders natürlich im Westen, den er erst in den siebziger Jahren, als er schon über 40 war, ernsthaft zu bereisen begann. Dennoch hatte seine traditionalistische Rückbesinnung wichtige Folgen. Er richtete seine Aufmerksamkeit wieder vermehrt auf Praktiken wie die Besänftigung von Schutzgöttern, besonders derjenigen, welche die Institution des Dalai Lama beschützen ... Ihn als buddhistischen Modernisten zu bezeichnen, bedeutet, die traditionalistischen Praktiken und Ideen zu ignorieren, die in seinem Leben eine überaus wichtige Rolle spielen. Es bedeutet außerdem, die Ansichten eines komplexen Menschen allzu eindimensional zu sehen und die sehr realen Spannungen zu leugnen, die zwischen den zwei unterschiedlichen buddhistischen Haltungen bestehen, welche er zu verschiedenen Zeiten seines Lebens auf verschiedene Weise eingenommen hat ...

Wer den Buddhismus genauer kennt, weiß, dass seine modernistische Variante wenig mit der Realität der buddhistischen Traditionen zu tun hat, wie sie in Asien praktiziert werden. Rituale aller Art sind dort ein wesentlicher Bestandteil der Tradition, und ihre Anhänger sehen keinen Grund, sich dafür zu entschuldigen. Der

sen, von Lehrern beaufsichtigt zu sein, schien mir nicht sonderlich anziehend. Dennoch stellte ich fest, dass ich meine Lektionen zur Zufriedenheit meiner Lehrer schaffte, und als ich mich erst einmal an den strengen Studienverlauf gewöhnt hatte, fiel ihnen auf, dass ich ungewöhnlich rasch Fortschritte machte ...

Als ich etwas über dreizehn Jahre alt war, im achten Monat des Feuer-Schwein-Jahrs, wurde ich formell in die beiden Klöster Drehung und Sera aufgenommen. Aus diesem Anlass musste ich gemeinschaftlichen Debatten in den fünf Schulen dieser zwei Klöster beiwohnen. Ich beteiligte mich hier zum ersten Mal an öffentlichen Disputationen über die »Großen Schriften«. Natürlich fühlte ich mich beklommen, aufgeregt und ein wenig nervös. Meine Widersacher waren gelehrte Äbte, gefürchtete Streber im Wortgefecht. Hunderte von geistlichen Würdenträgern, jeder ein Gelehrter, und Tausende von Mönchen verfolgten das Rededuell. Die kundigen Lamas verrieten mir jedoch später, dass ich mich zufriedenstellend gehalten hatte ...

Ich gebe zu, dass ich die meiste Zeit meiner Knabenjahre in der Gesellschaft erwachsener Männer verbracht habe. Es ist unvermeidlich, dass einer Kindheit, die man ohne die beständige Anwesenheit der Mutter und anderer Kinder verlebt, etwas fehlt. Aber selbst wenn ich den Potala als Gefängnis empfunden hätte, so wäre er ein riesiges und faszinierendes Gefängnis gewesen.

*

Schon immer hatten mechanische Dinge mich ganz besonders angezogen. Aber es gab niemanden, der mich auf diesem Gebiet unterweisen konnte. Als ich noch klein war, schickten mir manchmal Leute, die von meinem Interesse wussten, Spielzeugautos, -boote und -flugzeuge in den Palast. Doch ich vergnügte mich nie sehr lange mit ihnen; immer wollte ich wissen, wie sie funktionierten, und so nahm ich sie auseinander. Meist gelang es mir zwar, sie auch wieder zusammenzusetzen, doch manchmal – wie nicht anders zu erwarten – schaffte ich es nicht. Mit meinem Satz Stabilbaukästen bastelte ich Kräne und Eisenbahnwaggons, lange bevor ich so etwas wirklich zu Gesicht bekam. Später geriet ein alter Kinoprojektor in meinen Besitz, der noch mit einer Handkurbel betätigt wurde. Als ich ihn auseinandernahm, stieß ich auf die Batterien für das Licht. Dies war meine erste Bekanntschaft mit der Elektrizität, und ich rätselte ganz für mich allein an den Leitungen herum, bis ich herausgefunden hatte, wie die Apparatur in Gang zu bringen war. Erfolg hatte ich auch mit meiner Armbanduhr; allerdings war ich damals schon ein wenig älter. Ich nahm sie völlig auseinander, um ihr Werk zu untersuchen, und als ich sie wieder zusammengesetzt hatte, ging sie sogar!

*

Alles in allem verlebte ich eine keineswegs unglückliche Kindheit. Das Wohlwollen meiner Lehrer wird mir immer in angenehmer Erinnerung bleiben. Sie vermittelten mir ihr religiöses Wissen, das mir stets Trost und Einsicht gespendet hat und allezeit mein kostbares Gut bleiben wird; im übrigen aber taten sie ihr Möglichstes, auch auf anderen Gebieten das zu befriedigen, was sie als meine gesunde Neugier betrachteten. Aber ich bin mir darüber in klaren, dass ich fast ohne jegliche Kenntnis weltlicher Dinge aufwuchs. Und in dieser geistigen Verfassung fiel mir im Alter von sechzehn Jahren die schwere Aufgabe zu, die Regierungsgewalt über mein Land in eigene Hände zu nehmen – über mein Land, in das die Soldaten Rotchinas eingedrungen waren …

Lamas und führende Persönlichkeiten aus dem Laienstand wurden gedemütigt, eingesperrt, gefoltert und sogar getötet. Land wurde beschlagnahmt. Heilige Bilder, heilige Schriften und andere Dinge, die uns heilig sind, hat man lächerlich gemacht, vernichtet oder einfach gestohlen. Gotteslästerungen wurden auf Plakaten und in Zeitungen verbreitet und sogar in den Schulen gelehrt: Religion sei nur ein Mittel, das Volk auszubeuten, und Buddha sei ein »Reaktionär«. Einige Exemplare solcher Zeitungen aus dem chinesischen Herrschaftsbereich gelangten nach Lhasa und zirkulierten dort unter Tibetern und chinesischen Funktionären; die Chinesen, die die heftige tibetische Reaktion sahen und sich klar wurden, dass sie zu weit gegangen waren, boten fünf Dollar für jedes Exemplar, um sie auf diese Weise verschwinden zu lassen, bevor auch der letzte Mann von ihnen erfuhr.

*

Ich habe bereits über Reformen berichtet, mit denen ich begonnen hatte, bis mir die Chinesen Einhalt geboten. Jetzt im Exil habe ich diese Reformen mit Hilfe von Fachleuten für Verfassungsrecht folgerichtig weitergeführt, indem ich eine neue liberale und demokratische Verfassung für Tibet entworfen habe, aufgebaut auf den Prinzipien der Lehre Buddhas und der Grundsatzerklärung der Menschenrechte. Diese Arbeit ist noch nicht abgeschlossen …

Dalai Lama ist da keine Ausnahme. Er bekennt sich ganz offen zu den traditionellen Formen der Weissagung und respektiert die Schutzgötter-Rituale. In einem unveröffentlichten Interview, das ich mit dem Dalai Lama geführt habe, erklärte dieser, er habe volles Vertrauen in die Praxis der Weissagung und habe sich in entscheidenden Momenten seines Lebens ganz darauf verlassen. Und er fügte dann ganz selbstverständlich hinzu: »Ich bin doch schließlich Buddhist, oder etwa nicht?«

Die Antwort lautet, der Dalai Lama ist beides. Er ist der traditionalistische Teilnehmer an Ritualen, der seinen Schutzgöttern ergeben ist. So erfüllt er seine Verpflichtungen ihnen gegenüber gewissenhaft und konsultiert sie bei wichtigen Entscheidungen. Jeden Tag absolviert der Dalai Lama ein kleines Ritual für seine wichtigste Schutzgottheit, die Palden Lhamo, ohne deren Schutz er keine wichtige Aufgabe angehen würde. Jede seiner Reisen erfolgt unter ihrer Schirmherrschaft und wohin er auch geht, immer hat der Dalai Lama eine bemalte Schriftrolle seiner Göttin dabei. Mönche aus dem Kloster des Dalai Lama kommen regelmäßig – entweder einmal am Tag für kürzere Praktiken oder einmal im Monat für eine ausgedehntere Sitzung – in seine Residenz, um die passenden Rituale für die verschiedenen Schutzgottheiten zu absolvieren. Doch gleichzeitig ist der Dalai Lama ein Modernist, der die Praxis der Meditation lobt und seine westlichen Zuhörer auffordert, sich auf das Wesentliche der Tradition zu beschränken und sich nicht von den kulturellen Ausschmückungen des tibetischen Buddhismus ablenken zu lassen. Er führt außerdem einen anhaltenden Dialog mit Wissenschaftlern, der in seinen besten Momenten auf der Diskussion empirischer Erkenntnisse beruht. Und schließlich ist er ein begnadeter Redner, der auf der internationalen Bühne für die Vernunft mitfühlender Handlungen und gegen die Unvernunft von bewaffneten Konflikten argumentiert.

Georges B. Dreyfus

Georges Dreyfus war mehr als 15 Jahre lang tibetisch buddhistischer Mönch und erhielt als erster westlicher Mensch den Grad des Geshe, den höchsten Grad der tibetischen Klosteruniversitäten. 1999 promovierte er an der Universität von Virginia und lehrt seitdem Buddhismus am religionswissenschaftlichen Institut des Williams College in Massachusetts.

Neben den gewöhnlichen Reinkarnationen kennt der Buddhismus – zumal in Tibet – auch die außergewöhnliche Wiedergeburt von Menschen, die durch ihre spirituelle Schulung einen hohen Reifegrad erreicht haben. Bei ihnen ist der karmische Drang zur erneuten Verkörperung weitgehend oder ganz erschöpft, und so brauchten sie nicht wiedergeboren zu werden – es sei denn aufgrund eines ganz anderen Impulses. Der Buddhismus lehrt, dass durch Einsicht in die wahre Wirklichkeit, Güte und Mitgefühl entstehen und der Wunsch, anderen zu helfen, die noch im Kreislauf von Geburt und Wiedergeburt gefangen sind. Und wenn jemand die Grenzen seiner individuellen Existenz durch Erkenntnis des universellen Hintergrundes überwunden hat, kann er eine bewusste Kontinuität zwischen seinen aufeinanderfolgenden Existenzen herstellen. Solch einen reinkarnierten Menschen nennt man Tulku (wörtlich: »Körper der Verwandlung«). Er gilt in Tibet als ein wichtiges Mittel, die Kontinuität eines Klosters und vor allem die des Dalai-Lama-Amtes zu gewährleisten. Die Autobiografie des XIV. Dalai Lama, Tenzin Gyatso, schildert die Suche nach der Reinkarnation seines Vorgängers und seine Auffindung in dem jüngsten Kind einer Bauernfamilie in Osttibet.

Obwohl alle Details dieser Schilderung einer Reinkarnation mit ihren Fähigkeiten detaillierter Rückerinnerung an das vorhergehende Leben dazu angetan sind, eine Identität zwischen beiden Existenzen zu unterstellen, warnt die theoretische Literatur vor solchem Kontinuitätsdenken: Ein Tulku sei nicht als Reproduktion ein- und derselben Individualität im westlichen Sinne vorzustellen. Er verkörpere eher eine spirituelle Tradition, etwa im Sinne der Eigenart und Mächtigkeit eines geistigen Kontinuums. Anagarika Govinda präzisiert: »Der Übergang von einer Existenz zur anderen hat nach buddhistischer Vorstellung nichts mit einer ›Seelenwanderung‹ zu tun, in der eine seelische Wesenheit oder Entität (im Sinne einer in sich abgeschlossenen, sich gleich bleibenden seelischen Einheit) von einem Körper zum anderen wandert, sondern ist eher als eine Art Zentrumsverschiebung einer räumlich und zeitlich nicht begrenzten Bewusstseinskraft auf der Achse ihrer Entwicklungsrichtung zu verstehen. Wir können also eher von einer kontinuierlichen ›Seelenwandlung‹ reden, deren einzige Konstante die auf innerer Kausalität beruhende Richtung oder ›Achse‹ ihres Wachstums, ihrer Entwicklung, ist.«

Lama Anagarika Govinda: Wiedergeburt

Lama Anagarika Govinda berichtet von der Wiedergeburt des Tomo Geshe Rinpoche, vor seinem Tod Abt des »Klosters der Weißen Muschel«, Dungkar Gompa, in Tibet:

Nie hatte ich geahnt, dass sich seine Wiedergeburt gerade in dem Haus ereignen sollte, in dem ich als Gast während meines ersten Ausflugs nach Tibet verweilt hatte.

Die Tatsache, dass das Staatsorakel (→ S. 147 ff.) aufgerufen worden war, zeigt, welche Bedeutung man der Auffindung von Tomo Geshes Wiedergeburt beimaß. Augenscheinlich war das lokale Orakel in Dungkar nicht imstande gewesen, einen klaren Hinweis zu geben; es hatte darum die Behörden in Lhasa veranlasst, weitere Einkünfte von Netschung zu holen. Letzteres hatte tatsächlich nicht nur die Richtung angegeben, in der das Kind zu finden sei, sondern auch eine eingehende Beschreibung der Stadt und der engeren Lokalität geliefert, in der das Kind geboren werden sollte …

Eine Delegation von vertrauenswürdigen älteren Mönchen wurde somit nach Gantok entsandt, und im Besitz all dieser Informationen gelang es ihnen, den Knaben zu finden, der zu jener Zeit etwa vier Jahre alt war. Sobald die Mönche den Garten betraten und sich dem Haus näherten, rief der Knabe: »Vater, meine Leute sind gekommen, um mich zu meinem Gompa zurückzubringen!« Und er lief ihnen entgegen, vor Freude hüpfend – aber zur großen Bestürzung seines Vaters, der noch nicht bereit war, seinen Sohn herzugeben. Dieser aber flehte den Vater an, ihn gehen zu lassen, und als die Mönche die verschiedenen religiösen Gegenstände, wie Gebetsketten, vajras, Glocken, Teetassen, hölzerne Ess- und Trinkschalen, kleine Handtrommeln und andere mönchische Gebrauchsgegenstände vor dem Knaben ausbreiteten, war er ohne Zögern imstande, all diejenigen Sachen herauszusuchen, die er in seinem früheren Leben benutzt hatte, während er ebenso entschieden alle Artikel zurückwies, die ihm nicht gehört hatten …

Auf der Reise zum Dungkar Gompa begegnete die Karawane dem Amtschi, dem tibetischen Arzt, der Tomo Geshe während seiner letzten Lebensjahre betreut hatte. Der Knabe erkannte ihn und rief: »O Amtschi, kennst du mich nicht mehr? Erinnerst du dich nicht, dass du mich behandeltest, als ich in meinem früheren Körper erkrankt war?«

Auch in Dungkar erkannte er einige der älteren Mönche und – was ganz besonders bemerkenswert war – der kleine Hund, der sein ständiger Begleiter während seiner letzten Lebensjahre gewesen war, erkannte ihn sofort wieder und war außer sich vor Freude, mit seinem geliebten Herrn wiedervereint zu sein.

Tomo Geshe hatte somit sein Versprechen eingelöst, und die Menschen strömten wieder von nah und fern zum Dungkar Gompa, um dem Guru ihre Aufwartung zu machen und seinen Segen zu empfangen. Der kleine Junge beeindruckte jeden, der ihn sah, durch seine selbstsichere und würdevolle Haltung … Seine Erziehung war nur eine Auffrischung, ein Sich-ins-Gedächtnis-Rufen des früher Gelernten. Er machte so schnelle Fortschritte, dass seine Lehrer in Dungkar ihn sehr bald nichts mehr lehren konnten. Aus diesem Grund wurde er bereits im Alter von sieben Jahren nach Sera, einer der großen Klosteruniversitäten in der Nähe von Lhasa geschickt, um höheren Studien zu obliegen und seinen Doktortitel (Geshe) wieder zu erwerben.

Lama Anagarika Govinda (1898–1985), geboren als Ernst Lothar Hoffmann in Waldheim, Sachsen, war ein deutscher Interpret des Buddhismus, Schriftsteller und Kunstmaler.

Schon als Schüler befasste er sich mit vergleichenden Studien zu Christentum, Islam und Buddhismus, studierte dann Philosophie und Archäologie in Freiburg i. Br. und betrieb von 1920 bis 1928 archäologische Studien an den Universitäten Neapel und Cagliari.

In dieser Zeit betrieb er durch Lektüre eine immer intensivere Auseinandersetzung mit dem Buddhismus, lernte Paḷi und begann systematisch zu meditieren. 1928 reiste er nach Ceylon. Sein erster buddhistischer Lehrer in Asien war Nyanatiloka (1878–1957), der ursprünglich Deutsche Anton Gueth, der 1911 Abt einer buddhistischen Klostergemeinschaft geworden war. Von ihm empfing er bei der Ordination den Namen Govinda.

1931 traf Govinda den tibetischen Lama Ngawang Kalsang, genannt Tomo Geshe Rinpoche, der ihn für Tibet begeisterte. Dieser wurde sein nächster Lehrer. Ab 1935 wirkte Govinda als Generalsekretär der »International Buddhist University Association«, die es sich zur Aufgabe gesetzt hatte, eine buddhistische Universität in Indien aufzubauen. Nach reger Reisetätigkeit in asiatischen Ländern begann er ab 1960 Vortragsreisen in viele Kontinente und Länder. Seit 1978 hatte er seinen Wohnsitz in Kalifornien.

Govinda sah sein Werk als Brückenbau zwischen den spirituellen Traditionen Europas und Asiens: »Es möge ein Ansporn sein, das auch andere anregt, die Brücke in beiden Richtungen zu überqueren. In keinem Fall aber soll es jemanden veranlassen, von der einen zur anderen Seite zu konvertieren.«

Lama Anagarika Govinda: Das Staatsorakel

Kurz vor Mittag hörten wir das Dröhnen von Kesselpauken und sahen eine Menschenmenge sich dem Eingang des Orakeltempels zudrängen. Da wir vermuteten, dass vielleicht das Orakel in Aktion sei, eilten wir in den Klosterhof und mischten uns unter die Menge. Wir wurden sogleich vom Mahlstrom der Menschenmenge erfasst und fanden uns schließlich in der Halle des von Menschen und Weihrauchschwaden erfüllten Heiligtums. Bevor wir wussten, wie uns geschah, standen wir vor dem Thron des Großen Orakels.

Es war alles derart fantastisch und überraschend, dass wir wie gebannt waren von dem Anblick der majestätischen Gestalt, die in prächtige Brokate gekleidet vor uns auf dem goldenen Thron saß und eine juwelenbesetzte goldene Tiara auf dem Haupte trug. Auf seiner Brust blitzte der magische Spiegel aus poliertem Metall, auf dessen Rund die heilige Silbe HRIH eingraviert war … In diesem Augenblick steigerte sich das Orchester der Posaunen und Klarinetten, Becken und Kesselpauken zu einem gewaltigen Höhepunkt, während die Bassstimmen des Mönchschores die mächtigen Schutzherren der heiligen Lehre anriefen und ihre Rezitation mit Glocken und *damarus* begleiteten. Wolken wohlriechenden Weihrauchs stiegen aus den Räuchergefäßen, und die Menge stand wie versteinert im Bann dieses feierlichen Augenblicks. Aller Augen waren auf die majestätische Gestalt auf dem goldenen Thron geheftet, die, wie zur Statue erstarrt, unbeweglich und mit geschlossenen Augen hochaufgerichtet dasaß, die Füße in großen, zeremoniellen tibetischen Schuhen, fest auf den Boden gepflanzt.

Plötzlich aber schien ein Vibrieren, vom Boden ausgehend, die Füße und die Beine zu erfassen und, langsam an Intensität zunehmend, auf den Körper überzugehen, bis schließlich die ganze Gestalt von konvulsivischen Zuckungen erschüttert wurde. Es war, als ob ein

Das Staatsorakel

Es gibt in Tibet zwei Staatsorakel, das von Netschung und das von Gadong. Nur der Dalai Lama, die Klöster von Ganden, Sera und Drepung sowie die tibetische Regierung dürfen das Orakel konsultieren, ausschließlich in religiösen Angelegenheiten oder wenn dem tibetischen Volk ernste Gefahr droht.

Die Orakelbefragung beruht auf der Vorstellung, dass eine Gottheit von einer Person Besitz ergreift und durch diese spricht. Das Medium gilt daher als Gefäß der Gottheit. In der Regel ist das Orakel ein Mönch, der eine gewisse Schulung durchlaufen muss. Der Dalai Lama befragt es in wichtigen Entscheidungen und folgt auch, trotz seiner persönlichen Vorbehalte, den Ratschlägen des Mediums.

»Alle Trancen werden bis ins Detail vorbereitet und gewissenhaft durchgeführt. Sobald der Mönch ›besessen‹ ist, verändern sich seine Haltung, sein Gesichtsausdruck und der Klang seiner Stimme. Seine Kraft und seine Energie vervielfachen sich. Er übermittelt Botschaften oder antwortet auf Fragen in einer fremdartigen Sprache, die von einem eigens zu diesem Zweck ausgebildeten Mönch aufgezeichnet wird. Die auf diesem Wege erhaltenen Mitteilungen werden später von qualifizierten Mönchen entschlüsselt und gedeutet. Einige Orakelsprüche werden öffentlich bekanntgegeben, andere, die als vertraulich gelten, nur dem Dalai Lama und der Regierung mitgeteilt. Während der Trance ist das Orakel stets von denselben Helfern umgeben: dem Deuter der Orakelsprüche, dem Leiter des Rituals und zwei bis vier jungen Mönchen, die ihnen zur Hand gehen« (Anagarika Govinda).

Strom von unbezwinglicher Macht aus den Tiefen der Erde aufstiege, den Körper erfüllte und ihn zu sprengen suchte. Dieser Kampf zwischen dem menschlichen Körper und der unheimlichen Macht, die von ihm Besitz ergriff und ihn in ein dämonisches Wesen verwandelte, war ein beängstigender Anblick. Selbst die Gesichtszüge hatten sich völlig verändert und schienen die einer anderen Person, nein, die einer furchtbaren Gottheit zu sein.

Einer der ältesten Mönche, der Meister des Protokolls, stieg nun auf die erhöhte Plattform und näherte sich dem Thron, um die Fragen vorzulegen, um deren Beantwortung die nun gegenwärtige Gottheit gebeten wurde. Die Fragen waren im voraus auf Papierstreifen geschrieben und fest zusammengefaltet worden. Der Meister des Protokolls schwang jedes dieser zusammengefalteten Papiere vor den Geisteraugen der Tiara des Orakels hin und her, während eine Anzahl kräftiger Mönchsassistenten den schwankenden Körper des Orakelpriesters stützten und in Position hielten. Kaum aber war der Meister des Protokolls vom Thron zurückgetreten, als der Orakelpriester – wie ein erwachender Riese, der sich seiner Kraft bewusst wird – aufsprang, die ihn haltenden Mönche zur Seite schleuderte, ein Schwert aus dem vor ihm stehenden Waffenbehälter ergriff und es in alle Richtungen mit unglaublicher Geschwindigkeit schwang, als ob er mit einem unsichtbaren Feind kämpfte. Es war ein unheimliches Schauspiel, das alle Anwesenden gefesselt hielt, trotz der Furcht, das Schwert könne sich plötzlich auf die Menge vor dem Thron stürzen, in einem ungehemmten Tanz der Vernichtung und dämonisch entfesselter Kräfte.

Die dem Thron am nächsten Stehenden wichen erschrocken zurück; aber ehe etwas geschehen konnte, ergriffen fünf oder sechs der assistierenden Mönche – die wegen ihrer Stärke hierfür ausgewählt waren – den tobenden Orakelpriester und versuchten, ihn auf den Thron zurückzuziehen. Der Priester jedoch schien sie überhaupt nicht zu bemerken und schüttelte sie ab wie eine Schar Kinder, bis es ihnen endlich nach mehrfachen Versuchen gelang, den kämpfenden Riesen auf seinen Thron zurückzuzwingen, wo er schließlich schweratmend und völlig erschöpft in sich zusammensank, während der Schweiß über sein unnatürlich aufgeschwollenes Gesicht rann. Der Schaum stand ihm vor dem Mund, und er gab seltsame Laute von sich, als versuchte er zu sprechen.

Der Meister des Protokolls trat nun wieder vor, mit einer Schreibtafel in der Hand; er beugte sich zum Munde des Orakelpriesters vor und schrieb die Worte, die sich auf dessen Lippen formten, auf die Tafel. Während die Botschaft des Orakels niedergeschrieben wurde, herrschte ehrfürchtiges Schweigen; die Stimmen der psalmodierenden Mönche drangen gedämpft aus dem Hintergrund. Obwohl die Heftigkeit, mit der die Gottheit den Orakelpriester ergriffen hatte, verebbt zu sein schien, erfüllte ihre Gegenwart noch den ganzen Tempelraum und absorbierte alles individuelle Denken und Fühlen ...

Der Orakelpriester erholte sich langsam, Mönche stützten ihn zu beiden Seiten. Ein Kelch mit Tee wurde ihm an die Lippen gesetzt, und er trank ein wenig. Aus dem Hintergrund drang das Gemurmel rezitierender Mönche; der Rhythmus der Pauken und Becken war langsam und gedämpft; die Erregung der Menge legte sich allmählich.

Bald jedoch beschleunigte sich der Rhythmus wieder, die Musik schwoll mehr und mehr an, die Stimmen der Rezitierenden wurden eindringlicher, und der Orakelpriester fiel von neuem in Trance. Er wurde von einem anderen der sechs Geisterkönige ergriffen, angezeigt durch die Waffe, die er im Höhepunkt der Trance wählte.

Ich kann mich nicht erinnern, wie vielen dieser Trancezustände wir beiwohnten oder wie viele sich, bevor wir den Tempel betraten, ereignet hatten. Ich weiß nur, dass alle sechs Tschökyongs (tibet. »Beschützer der Lehre«), einer nach dem anderen, vom Orakelpriester Besitz ergriffen und dass er am Ende jeder Trance wie ein Toter ausgestreckt dalag und schließlich bewusstlos aus dem Tempel getragen wurde.

Das tibetische Buch der Toten »Bardo-thödol«

Das Tibetische Totenbuch beschreibt für die »Geistseele im Zwischenzustand« eine Begegnung mit friedvollen und scheckerregenden Dämonen. Religionsgeschichtlich betrachtet entstammen diese Gottheiten der vorbuddhistischen bäuerlichen Kultur. Der gebildete Buddhismus hat sie jedoch umgedeutet und mit einer tiefschürfenden »Psychologie« verknüpft.

Als Zwischenzustand bezeichnet der Bardo-thödol jene Entscheidungssituation nach dem Sterben, in der es um endgültige Befreiung von irdischer Existenz oder Wiedergeburt geht. Die Lesung aus dem Totenbuch soll auf diese Situation vorbereiten. Man übt die Lehren des Totenbuchs zu Lebzeiten, um so in der Geschwächtheit des Sterbevorganges ihrer Wegweisung sicher zu sein. Dem Sterbenden werden die Texte erneut vorgelesen. Da man aber nicht sicher sein kann, ob der Tote im Zwischenzustand (*Bardo*) wirklich zur Einsicht in das Urlicht (als seine eigene Natur) gelangt, fährt man mit der Lesung des Bardo-thödol fort, im Glauben, dass Tote im Zwischenzustand von dieser Hilfe erreicht werden. Dies geschieht höchstens sieben Wochen lang. Länger hält man den Zwischenzustand für unmöglich. – Darüber hinaus ist der Bardo-thödol eine Einübung in die »Kunst des Sterbens«, die bereits im Leben jedem offensteht.

Bardo-thödol, das Tibetische Totenbuch, ist ein sogenannter Schatztext. In ihrem Schlusswort (Kolophon) geben solche Texte an, in früher Zeit in einem Versteck gefunden worden zu sein. Man glaubt von ihnen, dass sie dort über Jahrhunderte verborgen gewesen seien und aus der Zeit Padmasambhavas stammen, der den Buddhismus im 8. Jahrhundert nach Tibet brachte und den die Tibeter als Verkörperung Buddhas verehren. Diese Ableitung lässt sich auch im Sinne einer geistigen Tradition sehen, die über die literarisch bekannte Existenz des Bardo-thödol seit dem 14. Jahrhundert hinausreicht. Das *Bardo-thödol* ist eine der wenigen Schriften, die auf die Erlebnisse der menschlichen Seele beim Sterben, im Nach-Tod-Zustand und bei der Wiedergeburt eingeht. Sie will Verstorbenen als Führer durch die Zeit der Bardo-Existenz zwischen Tod und Wiedergeburt dienen.

In Europa wurde das *Bardo-thödol* durch den englischen Tibetologen W. Y. Evans-Wentz (*The Tibetan Book of the Dead*, London 1927) bekannt – und zwar einer breiteren Öffentlichkeit, als sie je in Asien bestand, denn es handelt sich um eine tantrische Schrift, die nicht jedermann zugedacht ist.

Das *Bardo-thödol* gliedert sich in drei Teile. Der erste Teil *(Tschikhai-Bardo)* beginnt mit dem Gelingen der »Großen Befreiung« durch Einsicht in die Natur des Urlichts. Der zweite Teil *(Tschönyi-Bardo)* gibt Anweisungen für Menschen von geringerer spiritueller Übung, die nicht von sich aus Klarheit über den »Zwischenzustand« gewinnen und deshalb Erscheinungen erfahren, die sie verwirren können. Der dritte Teil *(Sipa-Bardo)* wendet sich schließlich jenen zu, für die der Zwischenzustand nicht zur endgültigen Befreiung geführt hat und die darum einer neuen Wiedergeburt entgegengehen.

Den Toten rufe man bei seinem Namen und spreche: Sohn der Edlen, höre ohne Zerstreuung zu! Als dir bis gestern die Visionen erschienen, ließest du dich durch deine Neigungen in Angst und Schrecken versetzen. Deshalb bist du bis jetzt hier geblieben! … Jetzt sind die vollkommenen Erscheinungen gekommen, um dich zu empfangen … Diese zweiundvierzig Wesen, die göttlichen Scharen, treten aus deinem Herzen hervor. Und da sie dir erscheinen, steigen sie in dir als die wahre Schau deiner selbst auf! Deshalb erkenne sie als solche.

O Sohn der Edlen, diese seligen Gefilde existieren nicht an einem anderen Ort, sondern ausschließlich im Raum deines Herzens, und da sie dem Inneren deines Herzens entsteigen, erscheinen sie dir wie von dir unabhängige Wesen. Diese göttlichen Wesen kommen nicht von irgendwo anders her, sondern sind seit Ewigkeit das ureigene Wirken deiner eigenen Geist-Natur. Deshalb erkenne sie doch als so beschaffen!

Sohn der Edlen, wenn du deine eigenen Erscheinungen nicht als solche wahr erkennst, wirst du kein Buddha, auch wenn du alle Verkündigungen, Sutren und Tantras kennst und während eines ganzen Weltzeitalters den Dharma übtest. Wenn du aber die Natur deiner eigenen Erscheinungen erkennst, dann wirst du auf der Stelle in einem Augenblick Buddha. Wenn du aber deine eigenen Erscheinungen nicht erkennst, dann wird, kaum dass du gestorben bist, Yama, der Todesgott, erscheinen … Wenn die Zeit kommt, da dir solches erscheint, dann habe weder Angst noch Furcht. Da du ein Geist-Wesen bist, kannst du nicht wirklich sterben, auch wenn du getötet und zerhackt werden solltest. In Wahrheit besteht deine Gestalt in der Leere, so dass du dich nicht zu ängstigen und zu fürchten brauchst. Denn da auch alle Gestalten des Todesgottes die eigene Ausstrahlung deiner ureigenen Geist-Natur sind, ist nichts an ihnen, was aus Materie gewirkt wäre. Denn Leere kann der Leere nichts anhaben …

Wenn du dies erkennst, dann ist Angst und Furcht jeder Boden entzogen, und du wirst mit dem Urgrund des Seins in eins verschmelzen und ein Buddha werden.

Albrecht Dürer, Detail aus Apokalypse (10), um 1496–1498.

Alexandra David-Néel: Über den Bardo des Christen

Die berühmte französische Asienforscherin Alexandra David-Néel gibt ein Gespräch wieder, das sie mit einem tibetischen Lama über das Bardo und die Christen führte:

Einem Lama, der an der tibetisch-chinesischen Grenze Beziehungen zu den christlichen Missionaren unterhalten hatte, stellte ich folgende Frage:

»Kommen die Christen, die die Religion Issu (Jesu) befolgen, in das Bardo?«

»Gewiss.«

»Sie glauben aber doch weder an die lamaistischen Götter noch an Wiedergeburten noch an irgendetwas, was im *Bardo thödol* beschrieben wird.«

»Sie werden in das Bardo gehen; was sie jedoch in ihm sehen, sind Issu, Engel, Dämonen, das Paradies, die Hölle usw. In ihrem Geist werden sie alle die Dinge, die man sie gelehrt hat, an die sie geglaubt haben, sehen. Sie werden Visionen haben, die sie erschrecken; das Jüngste Gericht, die Qualen der Hölle. Die Bilder der geträumten Reise mit ihren eingebildeten Erlebnissen werden von denen abweichen, die ein Tibeter kennenlernen wird, die Sache ist jedoch die gleiche. Die während des individuellen Lebens aufgespeicherten ›Erinnerungen‹ nehmen Gestalt an und bieten sich ihm als lebende Bilder dar, und ganz ebenso wie der Tibeter wird ein Christ oder jedweder andere Entkörperte geneigt sein, die Ereignisse für wirklich zu halten, die sich nur in seinem Geist abspielen.«

Alexandra David-Néel (1868–1969), französische Reiseschriftstellerin und ordinierte buddhistische Nonne in Tibet.

Alexandra David, Tochter eines Lehrers, der 1848 ein militanter Republikaner gewesen war, und einer streng katholischen Mutter. Mit 17 riss sie von zu Hause aus, um über den Sankt-Gotthard-Pass zu wandern. Mit 20 beschloss sie, Sprachen zu studieren (u. a. Sanskrit und Chinesisch). Als sie 1891 Geld erbte, bereiste sie eineinhalb Jahre lang Ceylon und Indien. 1911 trat sie ihre zweite Asienreise an, die 14 Jahre dauerte. Sie lebte ein Jahr lang im Himalaya als Einsiedlerin, wurde dort der Einweihung in die Geheimlehren des tibetischen Buddhismus für würdig befunden, ordiniert und in den Stand eines Lama erhoben.

In ihrem 57. Lebensjahr betrat sie als bettelnde Pilgerin in Begleitung ihres Adoptivsohnes, des Lama Yongden, nach einer abenteuerlichen Himalaya-Überquerung als vermutlich erste Europäerin die verbotene Stadt Lhasa in Tibet. Bei dieser Reise musste sie sich mit Ruß und Schmutz tarnen, um nicht als Ausländerin erkannt und des Landes verwiesen zu werden. – Noch in sehr hohem Alter wurde sie zum Ritter der Ehrenlegion in Frankreich ernannt.

Zen-Buddhismus

Zen-Buddhismus oder Zen ist eine in China etwa ab dem 6. Jahrhundert entstandene Strömung des Mahayana-Buddhismus, die wesentlich vom Daoismus beeinflusst wurde. Der chinesische Begriff *Chan* stammt von dem Sanskritwort *Dhyana* und bedeutet frei übersetzt einen »Zustand meditativer Versenkung«. Diesen Meditations-Buddhismus haben Mönche in Südostasien verbreitet. Er gelangte ab dem 12. Jahrhundert nach Japan und erhielt dort eine neue Ausprägung, die in der Neuzeit in wiederum neuer Interpretation in den Westen gelangte.

Zen ist seinem Wesen nach an keine Religion gebunden. Daher gibt es keine Lehre über Zen, auch keine buddhistische. Es ist eine Überlieferung außerhalb der Schriften. Zen ist zwar in seiner Herkunft eng mit der buddhistischen Religion verbunden, aber es transzendiert diese wie jede sonstige Religion.

Bis jetzt allerdings haftet dem Zen-Übenden im Westen der Geruch eines »Konvertiten« an. Rituale, Kleidung, Klanginstrumente, die im Laufe der Geschichte in Klöstern eingesetzt wurden, verdecken oft das Wesentliche. Buddhistische Mönchsgewänder, der Stil eines Sesshin, Räucherstäbchen und Ähnliches werden in manchen Gruppierungen für sehr wichtig gehalten. Doch ist der Hang zu solch äußeren Formen eine Anfängerkrankheit. Nur das »nackte« Zen hat im Westen eine Chance, sich zu inkulturieren. Vieles, was sich in Zen-Klöstern als monastische Form entwickelte, kann wegfallen. Die Entwicklung tendiert zu einem »Laien-Zen«.

Ein Zen-Meister sagt zu einem Verzweifelten: »Ich würde gerne irgendetwas anbieten, um dir zu helfen, aber im Zen haben wir überhaupt nichts.« Er könnte auch sagen: Zen hat das Leben in Fülle. Doch die niemals schweigende Stimme der Gedanken blockiert den Menschen durch hartnäckige Ideen und urteilende Vorstellungen. Zen kann diese Verwirrung lösen – dann kann der Mensch essen, wenn er hungrig ist, schlafen, wenn er müde ist. Zen ist nichts Besonderes. Es hat kein Ziel.

Die Charakterisierung, Zen biete »nichts«, wird gerne von Zen-Meistern gegenüber Schülern geäußert, um ihnen die Illusion zu nehmen, Zen könne etwas »Nützliches« sein. Auf einer anderen Ebene wird auch das Gegenteil behauptet: Zen biete das »ganze Universum«, da es die Trennung von Innenwelt und Außenwelt aufhebt, also »alles« einschließt.

Zen wird oft als »irrational« empfunden, weil es sich jeder begrifflichen Bestimmung widersetzt. Das scheinbar Mysteriöse des Zen rührt jedoch allein aus den Paradoxa, die der Versuch des Sprechens *über* Zen hervorbringt.

Der erste Schritt besteht darin, sich in langer Übung die richtige Gestalt des Schießvorganges zu eigen zu machen, bis er in seiner natürlichen Gesetzlichkeit so beherrscht wird, dass jede falsche Spannung, jede Umgelöstheit, jeder Krampf verschwindet.

Das Zweite ist, zu lernen, von allen Bindungen und Trübungen des Herzens frei zu werden und so rein zu werden wie ein Kind. Dann tritt mit einem Male die jenseits von allem gegenständlichen Bewusstsein liegende Kerngestalt des Schießens in die Klarheit des Inneseins, und die diese Gestalt in Reinheit spiegelnde »Form« des Schießens tritt absichtslos, ohne Suchen und Bemühung, wie von selber hervor.

Kenran Umeji

Daisetz Teitaro Suzuki: Zen-Buddhismus

Daisetsu (Daisetz) Teitaro Suzuki (1870–1966), japanischer Autor von Büchern über den Zen-Buddhismus. Sein Bemühen war, Buddhismus und insbesondere den Zen-Buddhismus der westlichen Welt näherzubringen. Dies tat er durch Vortragsreisen durch amerikanische und britische Universitätsstädte. Nach dem Zweiten Weltkrieg setzte Suzuki seine Vorträge im Westen fort, speziell in den USA.

Das Ziel der Zen-Übungen ist das Erreichen eines neuen Blickpunktes für die Einsicht in das Wesen der Welt. Wer gewohnt ist, nach den Regeln des Dualismus logisch zu denken, muss sich von diesen Regeln frei machen und mag dann dem Standpunkt des Zen ein wenig näher kommen. Du und ich, wir leben scheinbar in der gleichen Welt, aber wer kann sagen, ob das Ding, das wir gemeinhin einen Stein nennen, der vor meinem Fenster liegt, für uns beide dasselbe ist? Du und ich, wir beide schlürfen eine Tasse Tee. Die Handlung ist offenbar die gleiche bei uns beiden, aber wer will sagen, welche riesige Kluft subjektiv zwischen meinem Trinken und deinem Trinken liegt? In deinem Trinken mag kein Zen sein, während das meine übervoll davon ist. Der Grund dafür ist: Du bewegst dich in einem logischen Zirkel, und ich bin außerhalb dieses Zirkels. Obgleich in Wirklichkeit in dem sogenannten neuen Blickpunkt des Zen nichts Neues liegt, so ist der Ausdruck »neu« doch angebracht für den Weg des Zen zur Anschauung der Welt; nur ist der Gebrauch dieses Ausdrucks ein Zugeständnis von Seiten des Zen.

Die Erreichung dieses neuen Blickpunktes im Zen heißt *Satori*. Ohne Satori gibt es kein Zen, denn das Leben des Zen beginnt mit der »Eröffnung des Satori«. Satori mag definiert werden als intuitive Innenschau, im Gegensatz zu intellektuellem und logischem Verstehen. Wie auch die Definition lauten mag, Satori bedeutet die Enthüllung einer neuen Welt, die im Wirrsal des dualistisch gebundenen Geistes unerkannt bleibt …

Alle Ursachen, alle Vorbedingungen des Satori sind im Geiste und warten nur auf die Reife. Ist der Geist bereit, so genügt es, dass ein Vogel auffliegt, eine Glocke ertönt, und du kehrst sogleich in deine Urheimat zurück, das heißt, du entdeckst jetzt dein wahres Selbst. Von Uranfang an war dir nichts vorenthalten, alles, was du zu sehen begehrtest, hat all die Zeiten vor deinen Augen gelegen, und nur du selbst verschlossest die Augen vor der Wahrheit.

Daito Kokushi: Zazen

Zazen heißt »Sitz-Meditation«. Sie hat keinen Gegenstand, der meditiert würde, ist also ohne Objekt, im eigentlichen Sinn ein Leer-Werden: ein Nicht-Denken, Nicht-Wissen, Nicht-Tun. Bei dem deutschen Mystiker Meister Eckhart heißt diese Leere »Abgeschiedenheit«. Sie ist das torlose Tor, das den Weg eröffnet. Der Mensch auf diesem Weg soll so ledig sein, wie er war, da er noch nicht war: ein Mensch »ohne Eigenschaft«, der nichts will und nichts weiß und nichts hat: der dem Nichts gleich wird.

Hugo M. Enomiya-Lassalle (1898–1990) wurde in Externbrock/Ostwestfalen geboren. 1919 trat er in den Jesuitenorden ein und erfuhr die damals ordenstypische scholastische Ausbildung in Philosophie und Theologie. 1929 ging Lassalle als Lehrer für die deutsche Sprache an die Sophia-Universität des Jesuitenordens und als Sozialarbeiter in die Slums der japanischen Hauptstadt. 1939 übersiedelte er nach Hiroshima.

Im August 1945 erlebte Lassalle in Hiroshima den Abwurf der ersten Atombombe und war seitdem strahlengeschädigt. 1948 wurde er unter dem Namen Makibi Enomiya japanischer Staatsbürger und erhielt die Ehrenbürgerschaft von Hiroshima. Der Bau der Weltfriedenskirche dort machte ihn weltbekannt.

Seit Ende der 1940er-Jahre im Dialog mit Buddhisten begann er, 1956 als Jesuit in einem japanischen Zen-Kloster Zen zu üben. Ab 1967 führte er Tausende in die Übung des Zen ein und vermittelte damit dem Christentum eine bis dahin nicht praktizierte Form spiritueller Erfahrung. Aus den Brüchen und Spannungen der Gegenwart wagte er den Schritt in ein grenzüberschreitendes »neues Bewusstsein«. Als Jesuit und Zen-Lehrer, Deutscher von Geburt und japanischer Staatsbürger wurde er eine »lebendige Brücke« zwischen den Kulturen und Religionen Europas und Asiens.

Hugo Lassalle: Zen für das Christentum

An täglicher Messe, Brevier, Rosenkranzgebet und intensiven Jahresexerzitien hielt er lebenslang fest, unbeschadet seiner frühen Ahnung, dass nicht nur das Christentum, sondern die Menschheit insgesamt vor einem Umbruch in ein neues Bewusstsein stehe. Er hatte bei einer Tagung Jean Gebser (→ S. 15; 34) kennengelernt, der ihm den weltgeschichtlichen Vorstellungsrahmen lieferte, um von einer menschheitlichen Bewusstseinsveränderung überzeugt zu sein, die auch ohne das Zutun des Einzelnen einen tiefgreifenden Einfluss auf den religiösen Bereich ausübt:

So meinen heute viele Menschen, die christlich erzogen wurden, mit dem besten Willen nicht mehr an das glauben zu können, was man sie in der Kindheit gelehrt hat. Dennoch erwacht in ihnen oft ein Verlangen nach etwas, was sie nicht benennen können und ihnen doch als wichtiger erscheint denn alles andere. Und weil sie es in dem Christentum, wie sie es einmal ihr Eigen nennen konnten, nicht mehr finden, wenden sie sich nach Asien, um das zu suchen, was

Es ist ein arger Irrtum zu glauben, man könne durch bloßes Dasitzen den »Weg« erlangen und brauche in seinem Herzen auf die Erleuchtung (*Satori*) nur zu warten. Da der Weg von den Erscheinungen des Gehens, Wohnens, Sitzens und Stehens völlig unabhängig ist, kann er nicht durch einfaches Dasitzen erworben werden. Und da der »Weg« jenseits von Vergangenheit und Zukunft, Bewegung und Ruhe liegt, fällt die Erleuchtung nicht durch bloßes Warten zu …

Als Regel für das Begreifen des Zen-Weges gelte vor allem dies: Wer noch Anfänger ist, bemühe sich um Zazen. Dieses Zazen werde entweder in dem ganzen oder halben Schenkelsitz vorgenommen, die Augen halte man halb geöffnet, und so erschaue man die »ursprüngliche Gestalt« der Zeit, »als Vater und Mutter noch nicht geboren waren«. Dieses »als Vater und Mutter noch nicht geboren waren« besagt, man betrachte den Zustand, als Vater und Mutter noch nicht am Leben, Himmel und Erde noch nicht geschieden waren, und das Ich die Gestalt eines Menschen noch nicht angenommen hatte. So muss die »ursprüngliche Gestalt« in Erscheinung treten. Diese »ursprüngliche Gestalt« ist ohne Farbe und Form, wie etwa der leere Himmel.

Hakuun Yasutani: Zazen

Die Persönlichkeit eines Buddha hat die Eigenart eines Wassers, das ruhig, tief und kristallklar ist, so dass der Mond der Wahrheit sich voll und vollkommen in seiner Oberfläche widerspiegelt. Demgegenüber ist der Charakter des gewöhnlichen Menschen trübe, aufgewühlt von den Winden trügerischer Gedanken und nicht mehr imstande, den Mond der Wahrheit zu spiegeln. Trotzdem scheint der Mond stetig auf die Wellen.

Was können wir tun, damit der Mond der Wahrheit unser Leben und uns selbst voll erleuchten kann? Zuerst müssen wir das »Wasser« reinigen. Wir müssen die stürmischen Wogen beruhigen, indem wir die Wunde unseres Denkens zum Stillstand bringen. Mit anderen Worten, wir müssen unseren Geist von dem, was Kegon [eine Schule des Buddhismus in Japan] das »begriffliche Denken des Menschen« nennt, leeren. Die meisten Menschen werten das abstrakte Denken sehr hoch, aber der Buddhismus hat klar erkannt, dass das unterscheidende Denken an der Wurzel der Täuschung liegt.

Gewiss, abstraktes Denken ist nützlich, wenn es weise gehandhabt wird – das heißt, wenn seine Natur und seine Grenzen klar verstanden werden –, wenn die Menschen aber zu Sklaven ihres Intellekts werden, in ihm befangen und von ihm bestimmt sind, kann

Diese drei Bilder zeigen, wie Zen-Meister die Ansicht zurückweisen, besonderer Verehrung würdig zu sein. Den meditierenden Alten zeichnete Meister Haku-in (18. Jh.); Die Zeichnung Kenzos, der vom Krebsfang lebte, stammt aus dem 14. Jh.; von den zwei fröhlichen Außenseitern, Kansas und Jittoku, war der eine Dichter, der andere putzte Küchen (um 1650).

man sie mit Recht als krank bezeichnen. Dies gilt genauso für die Gedanken eines ganzen Zeitalters wie für die Gedanken eines einzelnen Menschen. Im Buddhismus heißt darum das Denken »Strom von Tod und Leben«.

Solange das kostbare Wasser unseres Wesens noch von den Winden des Denkens gestört wird, können wir Wahrheit von Lüge nicht unterscheiden; darum ist es unerlässlich, die Winde zur Ruhe zu bringen. Sobald die Winde zum Stillstand gekommen sind, beruhigen sich die Wellen, aus Trübheit wird Klarheit, und dann können wir ganz unmittelbar entdecken, dass der Mond der Wahrheit die ganze Zeit geleuchtet hat. Der Augenblick dieser Erkenntnis heißt *Satori*, Erleuchtung, das heißt Erfahrung der wahren Natur unseres Wesens. Während politische und philosophische Begriffe von kurzer Dauer sind, ist das, was in solcher Erkenntnis, im wahren Satori, wahrgenommen wird, unvergänglich. Und mit Satori sind wir dann auch imstande, ungetrübt durch Verwirrung und Unruhe, im inneren Frieden und in Würde und Harmonie mit unserer Umwelt zu leben.

ihren Hunger sättigen kann. Manche finden dann nach einem langen Umwandlungsprozess gerade dort das Christentum wieder, wo sie es am wenigsten erwartet haben. Sie verlieren es dann kein zweites Mal, weil sie es nun wirklich integriert haben.

Andere finden das Gesuchte in anderen Religionen. Das dürfte nur selten voll und ganz gelingen, da sie die zweitausend Jahre Christentum (man könnte auch noch tausend Jahre Judentum hinzuzählen) in ihren Vorfahren nicht vollständig abstreifen können. Sie treten dann formell zu einer nichtchristlichen Religion über, bleiben aber, wenn auch nun in negativer Form, der Beziehung zum Christentum verhaftet, was sich nicht selten in sich ständig verschärfenden Vorurteilen und Anklagen gegen alles Christliche äußert. Es braucht einen langen, schmerzvollen Prozess, eine andere Religion wie etwa den Buddhismus innerlich anzunehmen (Knut Walf).

Lassalle sah in Gebsers Theorie eine Bestätigung und Entwicklung seiner Überzeugung, dass die Zen-Meditation zum spirituellen Fortschritt der Menschheit betragen könne und ein neues Bewusstsein fördere, das durch die Erfahrung des Absoluten getragen wird. Als er in Japan dem Buddhismus begegnete und Zen üben lernte, war ihm bewusst geworden, dass die Christenheit außerhalb ihrer verdrängten mystischen Traditionen »unmündig« im eigenen Glauben geblieben ist. »Es gibt doch selbst unter den Ordensleuten kaum einen, der bis zur Säuberung des Grundes geht«, notierte er im April 1965 in sein Tagebuch. »Wir, Priester und Ordensleute, sind fast alle bonpu (unerleuchtet), weil wir weder das Satori noch ein anderes Erlebnis des Durchbruchs haben.« Die Ursache für den Exodus aus der Kirche sah er in einer der Christenheit fehlenden tiefen spirituellen Erfahrung und meditativen Praxis. »Das Verlangen nach Meditation ist sehr groß. Alle diese Menschen, oder die meisten, suchen auf diesem Weg nach der Lösung ihres religiösen Problems und sind von der Kirche her und z. T. auch vom Christentum allgemein eben jetzt nicht ansprechbar.« Immer wieder empfand er die Neigung, einen eigenen Orden für die Zen-Praxis von Christen zu gründen, und dies um so mehr, als alle maßgeblichen Jesuiten in der japanischen Ordensprovinz gegen seine Zen-Pläne waren, wenngleich es niemanden gab, der sich über das Zen ein kompetentes Urteil hätte erlauben können. Das führte ihn 1966 dazu, dem damaligen Generaloberen Pedro Arrupe die Bitte um Exklaustration (Freistellung vom Orden) vorzutragen: »Der innere Konflikt ist schon jetzt manchmal unerträglich … Es ist das größte Opfer meines Lebens, den Orden zu verlassen.«

Lassalles Bitte wurde abgelehnt. Umso mehr beschäftigte ihn die Frage, ob Zen nur eine Methode sei, neutral für eine Übernahme in die christliche Praxis, oder ob sich mit Zen buddhistische Essentials verbinden, die nur um den Preis eines verfälschenden Synkretismus ins Christentum übernommen werden können. Die Verbindung von Zen und Christentum weckt ja nicht nur seitens der katholischen Kirche, sondern auch bei seinen buddhistischen Gesprächspartnern Widerspruch: Der Buddha sei gegen Einheitserlebnisse, hieß es. Auch Lassalles Vorgesetzte sahen Christentum und Zen wie zwei Parallelen, die sich nicht treffen. Hans Urs von Balthasar schrieb, die Übung asiatischer Meditationen sei Verrat am Christentum; der Jesuit Josef Sudbrack kritisierte Lassalles Weg als New-Age-verdächtig. Doch Hugo Lassalle gewann, je intensiver er sich mit

Hakuun Yasutani empfiehlt dem Anfänger zunächst eine nur kurze Übungsdauer:

Wenn Sie unbeirrbar einen Monat zweimal täglich fünf Minuten sitzen, werden Sie Ihre Sitzdauer, wenn Ihr Eifer wächst, auf zehn oder mehr Minuten ausdehnen wollen. Wenn Sie imstande sind, ohne Schmerz oder Unbequemlichkeit mit angespanntem Geist dreißig Minuten lang zu sitzen, werden Sie bald das Gefühl der Stille und des Wohlseins schätzen, das durch Zazen hervorgerufen wird, und auch den Wunsch haben, an der regelmäßigen Übung festzuhalten. Aus diesem Grunde empfehle ich, dass Anfänger nur für kurze Zeiträume sitzen.

Zen-Geschichten

Die folgenden Zen-Geschichten aus fünf Jahrhunderten geben die Erfahrungen chinesischer und japanischer Zen-Meister wieder. Sie sind Bruchstücke eines Lebensausdrucks – nicht der Zen-Erleuchtung selbst, die in Worte nicht zu fassen ist.

Still werden

Die Schüler der Tendai-Schule lernten die Meditation, bevor Zen nach Japan kam. Vier von ihnen, die enge Freunde waren, versprachen einander, sieben Tage lang Schweigen zu bewahren.

Am ersten Tag waren sie alle still. Ihre Meditation hatte glückverheißend begonnen, aber als die Nacht kam und die Öllampen trübe wurden, konnte sich ein Schüler nicht zurückhalten, einem Diener zuzurufen: »Sieh nach den Lampen!« Der zweite Schüler war überrascht, den ersten reden zu hören. »Wir sollten doch kein Wort sprechen«, sagte er.

»Ihr seid beide dumm. Warum redet ihr?«, fragte der dritte.

»Ich bin der Einzige, der nicht gesprochen hat«, stellte der vierte Schüler fest.

Schülerschaft

Der Zen-Meister Mu-nan hatte nur einen Nachfolger. Sein Name war Shoju. Nachdem Shoju sein Zen-Studium vollendet hatte, rief Mu-nan ihn in sein Zimmer.

»Ich werde alt«, sagte er, »und soweit mir bekannt ist, Shoju, bist du der Einzige, der diese Lehre weiterführen kann. Hier ist ein Buch. Es ist sieben Generationen lang von Meister zu Meister weitergegeben worden. Ich habe ebenfalls viele Punkte hinzugefügt, wie sie meinem Verständnis entsprachen. Das Buch ist sehr kostbar, und ich gebe es dir, um damit deine Nachfolge sichtbar zu machen.«

»Wenn das Buch ein so wichtiges Ding ist, solltest du es lieber behalten«, erwiderte Shoju. »Ich empfing dein Zen ohne Schriften, und ich bin zufrieden damit, so wie es ist.«

»Ich weiß das«, sagte Mu-nan. »Immerhin wurde dieses Werk sieben Generationen lang von Meister zu Meister weitergegeben, also mögest du es als ein Symbol dessen behalten, dass du die Lehre empfangen hast. Hier!« Die beiden führten ihr Gespräch zufällig vor einem Kohlenbecken. In dem Augenblick, da das Buch Shojus Hände berührte, warf er es in die brennenden Kohlen. Er hatte kein Verlangen nach Besitztümern. Mu-nan, der niemals zuvor wütend gewesen war, brüllte: »Was tust du!«

Shoju schrie zurück: »Was sagst du!«

Leer werden

Nan-in, ein japanischer Meister der Meiji-Zeit (1868–1912), empfing den Besuch eines Universitätsprofessors, der etwas über Zen erfahren wollte.

Nan-in servierte Tee. Er goss ihn in die Tasse seines Besuchers und hörte nicht auf zu gießen.

Der Professor beobachtete das Überlaufen, bis er nicht mehr an sich halten konnte. »Es ist übervoll. Mehr geht nicht hinein!«

»So wie diese Tasse«, sagte Nan-in, »sind auch Sie voll mit Ihren eigenen Meinungen und Spekulationen. Wie kann ich Ihnen Zen zeigen, bevor Sie Ihre Tasse geleert haben?«

Töten

Gasan belehrte eines Tages seine Anhänger: »Diejenigen, die gegen das Töten sprechen und wünschen, dass das Leben aller Lebewesen geschont wird, haben recht. Es ist gut, selbst Tiere und Insekten zu schützen. Aber was ist mit denen, welche die Zeit totschlagen, was mit denen, die Reichtümer zerstören, und mit denen, welche die nationale Wirtschaft ruinieren? Die sollten wir nicht übersehen. Und was ist mit dem, der ohne Erleuchtung predigt? Er tötet den Buddhismus.«

Jede Minute Zen

Zen-Schüler bleiben mindestens zehn Jahre bei ihrem Meister, bevor sie es wagen können, andere zu belehren. Nan-in erhielt Besuch von Tenno, der, nachdem er seine Lehrzeit hinter sich gebracht hatte, ein Lehrer geworden war. Der Tag versprach regnerisch

dem Zen-Buddhismus, der christlichen Mystik und seinem eigenen Erfahrungsweg auseinandersetzte, eine große persönliche Sicherheit: »Für mich selbst gibt es keinen Widerspruch, ob man das nun glaubt oder nicht.« Die Zen-Meditation komme zwar aus dem Buddhismus, doch »der Weg, wenn er richtig gegangen ist, hat mit keiner Philosophie oder Theologie direkt etwas zu tun. Jeder kann ihn gehen – wenn er ihn richtig geht –, um zum eigentlichen Ziel seiner Religion zu kommen.« Lassalle glaubte, dass ein neuer Schritt in der Geschichte der Menschheit bevorstehe, in der das rationale Denken seine Dominanz verliere und die Menschen lernen würden, aus der Erfahrung des »Grundes« zu leben.

Und doch lässt sich die Zen-Meditation nicht einfach als eine »Methode« beschreiben, die »inhaltsneutral« bleibe, wie Lassalle dies mehrfach gegenüber seinen Kritikern tat. Wenn alle Formen des Vorstellens und Denkens wegfallen, hat das auch Einfluss auf die manifesten Glaubensbilder, mit denen sich der Mensch bis dahin umgeben hat. So notierte er 1982 in sein Tagebuch:

Ich muss die Dunkelheit ertragen. Der gegenständliche Gott ist nicht mehr, und die »Identität« ist noch nicht lebendig in mir.

Und ein Jahr später:

Wenn man nicht mehr an einen vorgestellten Gott glauben kann ... sollte man bedenken, dass sich an der Sache nichts geändert hat. Die Wirklichkeit bleibt ... Zen ist keine Religion im gewöhnlichen Sinne (Christentum, Buddhismus etc.). Aber es spricht das religiöse Bewusstsein an und zwar in einer Tiefe, wo es noch nicht mit einer Religion verbunden ist. Daher kann es auch den Religionen zur tiefsten religiösen Erfahrung verhelfen ... Umgekehrt kann auch das Zen in Verbindung mit einer Religion eine Erfüllung finden, die ihm vielleicht ohne diese Beziehung nicht zuteil wird.

Allerdings blieb ihm die »dunkle Nacht«, wie sie von Mystikern bezeugt wird, nicht erspart:

Gelegentlich tauchte mir auch ... eine andere Besorgnis auf: wie, wenn es tatsächlich kein göttliches Gegenüber gibt ... Hier ist bei mir ein Prozess in den Gang gekommen, über den ich mit keinem reden kann, der noch einigermaßen feststeht im »traditionellen Glauben«. Mir scheint, ich muss den Prozess nicht aufhalten wollen, sondern es geht darum, in einen dunklen Grund einzutreten, wo es immer noch dunkler wird, so dass man sich vielleicht an einem Strohhalm noch zu orientieren versucht. Es hat eine neue Phase begonnen. Wie lange wird es dauern, bis ich am anderen Ufer bin? Werde ich es noch erleben? Auf jeden Fall bleibt es wahr: Wenn wir drüben sind, angekommen: es wird keine Enttäuschung sein.

Eine fundamentale Auseinandersetzung, die sich aus dem Weg des Zen und der hergebrachten Theologie gewissermaßen zwangsläufig ergibt, zeichnet sich bei Hugo Lassalle nicht ab. Den Versuch, die reguläre Dogmatik aus der Erfahrung der Mystik aufzuarbeiten, wie er bei Meister Eckhart vorliegt oder wie ihn Willigis Jäger unternimmt (→ S. 35 ff.), hat Hugo Lassalle nicht unternommen. Seine Zielrichtung war ausschließlich davon bestimmt, einer vergessenen, verdrängten und sogar verpönten meditativen Spiritualität wieder Eingang in das kirchliche Leben zu verschaffen, und zwar in der Erkenntnis, dass eine Kirche ohne diese Dimension jede Bedeutung für die geistig und religiös lebendigsten Menschen verlieren wird – soweit sie es nicht schon getan hat:

Wenn östliche Meditation regen Zuspruch findet, so herrscht im religiösen Bewusstsein der westlichen Menschen offenbar ein Vakuum, das sich ausbreitet. Die meisten reagieren darauf intuitiv, ohne sich um theoretische Bedenken gegen östliche Meditation zu kümmern ... Die allgemeine Suche nach religiöser Erfahrung erwächst aus der unreflexen Einsicht, dass die Alleingültigkeit des rationalen Denkens an ihre Grenze gestoßen ist. In diesem Wandel des Bewusstseins liegt es begründet, wenn heute die Zen-Meditation und andere ungegenständliche Meditationsweisen breiteren Anklang finden als die gegenständlichen, denen in westlichen Kulturen in der Vergangenheit der Vorzug gegeben wurde.

Das Tor, das Hugo M. Enomiya-Lassalle, in der katholischen Kirche zum Zen-Buddhismus hin geöffnet hat – im Geiste seiner Ordensbrüder Matteo Ricci und Adam Schall, die im 16. und 17. Jahrhundert schon einmal die Tür nach China öffnen wollten, um jedoch von Rom mit Langzeitfolgen daran gehindert zu werden –, dieses Tor kann heute kein römisches Dekret mehr schließen. Aber ob die christlichen Kirchen – das freikirchliche Spektrum inbegriffen – die Wachheit gewinnen, in ihre festgeschriebene liturgische Ordnung Raum für meditative Elemente zu übernehmen, ob sie dem Schweigen und der Stille im Gottesdienst Geltung verschaffen, ob sie die theologische und religionspädagogische Ausbildung mit Zazen verbinden, sodass Pfarrer und Lehrer eine höhere spirituelle Kompetenz gewinnen, als dies bis heute der Fall ist ..., das entscheidet mit über die künftige Präsenz des Christentums in der Gesellschaft.

zu werden, darum trug Tenno Holzschuhe und trug einen Regenschirm bei sich. Nachdem Nan-in ihn begrüßt hatte, bemerkte er: »Ich nehme an, du hast deine Holzschuhe im Vorraum gelassen. Ich möchte gerne wissen, ob dein Regenschirm rechts oder links von den Holzschuhen steht.«

Tenno wusste in seiner Verwirrung keine sofortige Antwort zu geben. Er erkannte, dass er nicht in der Lage war, sein Zen in jeder Minute bei sich zu haben. Er wurde Nan-ins Schüler, und er studierte sechs weitere Jahre, um sein Jede-Minute-Zen zu vervollkommnen.

Gelassenheit

Der Zen-Meister Hakuin wurde von seinen Nachbarn als einer, der ein reines Leben führte, gepriesen.

Ein schönes japanisches Mädchen, dessen Eltern ein Lebensmittelgeschäft besaßen, wohnte in seiner Nähe. Da entdeckten die Eltern plötzlich, dass es schwanger war. Das machte die Eltern sehr böse. Es wollte nicht gestehen, wer der Mann war, aber nach langem Drängen nannte es schließlich Hakuin.

In großem Ärger gingen die Eltern zum Meister. »So?«, war alles, was er zu sagen hatte.

Nachdem das Kind geboren war, brachte man es zu Hakuin. Er hatte seinen guten Ruf verloren, was ihm jedoch keine Sorgen machte, und er kümmerte sich in bester Weise um das Kind. Von seinen Nachbarn erhielt er Milch und alles andere, was das Kleine benötigte.

Ein Jahr später konnte die junge Mutter es nicht länger aushalten. Sie erzählte ihren Eltern die Wahrheit – dass der echte Vater ein junger Mann sei, der auf dem Fischmarkt arbeitete.

Die Mutter und der Vater des Mädchens gingen wieder zu Hakuin und baten ihn um Verzeihung; sie entschuldigten sich des Langen und Breiten und wollten das Kind wieder mitnehmen.

Hakuin war einverstanden. Während er das Kind übergab, war alles, was er sagte: »So?«

Erleuchtung

Daiju besuchte den Meister Baso in China. Baso fragte: »Was suchst du?«

»Erleuchtung«, erwiderte Daiju.

»Du hast deine eigene Schatzkammer. Warum suchst du außerhalb?« fragte Baso.

Daiju erkundigte sich: »Wo ist meine Schatzkammer?«

Baso antwortete: »Das, was du fragst, ist deine Schatzkammer.«

Daiju war erleuchtet! Danach empfahl er stets seinen Freunden: »Öffnet eure eigene Schatzkammer und benutzt diese Schätze.«

Chinesischer Universismus

Der niederländischer Sinologe Jan Jakob de Groot (1854–1921) prägte den Begriff des Chinesischen Universismus. Er versteht darunter die Drei Lehren Chinas, die sich gegenseitig ergänzen: Konfuzianismus, Taoismus und Buddhismus und die nach seiner Ansicht zu einem einheitlichen Charakter (universistisch) verschmolzen sind: Ein chinesischer Beamter ist in seiner Amtsausführung selbstverständlich Konfuzianer. Legt er Wert auf lebens deutende Weisheit, ist er Taoist. Bei einem Todesfall in der Familie konsultiert er einen buddhistischen Mönch.

Die Drei Lehren haben sich in China wechselseitig beeinflusst, befruchtet und ergänzt. So ist der Zen-Buddhismus aus der Auseinandersetzung des Taoismus mit dem Buddhismus entstanden. Die religiösen Spekulationen des Neokonfuzianismus nahmen Vorstellungen aus Buddhismus und Taoismus auf. Der Taoismus entwickelte sogar eine Schule, deren Ziel es war, die Drei Lehren zu vereinigen.

Wenn de Groot 1918 die drei Traditionen unter dem Begriff »Universismus« zusammenfasste, wollte er das altchinesische Denken über die Ordnung des Kosmos hervorheben, in der sich der Makrokosmos des Universums und der Mikrokosmos der menschlichen Welt aufeinander beziehen und in wechselseitiger Korrespondenz beeinflussen. Der Religions-

Meister Tung Ko-tzu befragte Dschuang Dsi:

»Was man den Sinn nennt, wo ist er zu finden?«

Dschuang Dsi sprach: »Er ist allgegenwärtig.«

Meister Ko tzu sprach: »Du musst es näher bestimmen.«

Dschuang Dsi sprach: »Er ist in der Ameise.«

Jener sprach: »Und wo noch tiefer?«

Dschuang Dsi sprach: »Er ist in diesem Unkraut.«

Jener sprach: »Gib mir noch ein geringeres Beispiel!«

Er sprach: »Er ist in diesem tönernen Ziegel.«

Er sprach: »Und wo noch niedriger?«

Er sprach: »Er ist in diesem Kothaufen.«

Meister Ko-tzu schwieg still.

wissenschaftler Helmuth von Glasenapp (1891–1963) nahm diesen Ausdruck auf und beschrieb damit eine Religionsform, die ein »ewiges Weltgesetz« voraussetzt, wie dies in der Kosmologie des Taoismus und Konfuzianismus geschieht, im Gegensatz zu Religionen, in denen ein Schöpfergott mit seinem Willen die Welt erschafft, wie dies Judentum, Christentum und Islam denken.

Den chinesischen Kosmotheismus kennzeichnet eine unbestimmte Offenheit; er kann sowohl atheistisch, polytheistisch als auch monotheistisch beansprucht werden. Selbst wenn Götter eine Rolle spielen, ist das übergeordnete, die Drei Lehren verbindende Element eine Kraft, der Gott oder Götter unterworfen sind. Über China hinaus haben diese universistischen Lehren wesentlichen Einfluss auf die Geisteswelt anderer Kulturen ausgeübt.

Taoismus

Richard Wilhelm: I Ging. Das Buch der Wandlungen

I Ging. Das Buch der Wandlungen, das Richard Wilhelm der Welt erschlossen hat, versteht die ganze Welt der Erscheinungen auf einem polaren Gegensatz von Kräften beruhend; das Schöpferische und das Empfangende, die Eins und die Zwei, das Licht und der Schatten, das Positive und das Negative, das Männliche und das Weibliche …, alles sind Erscheinungen der polaren Kräfte, denen jeder Wechsel und Wandel zu verdanken sind. Diese Kräfte sind allerdings nicht als ruhende Urprinzipien zu denken. Das Buch der Wandlungen ist weit entfernt von jedem kosmischen Dualismus. Es versteht die treibenden Kräfte in einem dauernden Wandel begriffen. Das Eine trennt sich und wird Zwei, die Zwei schließt sich zusammen und wird Eins. Das Schöpferische und das Empfangende vereinigen sich und erzeugen die Welt. So sagt auch Laotse, dass die Eins die Zwei erzeugt, die Zwei erzeugt die Drei, und die Drei erzeugt alle Dinge. Im Buch der Wandlungen wird das dadurch dargestellt, dass die ungeteilte Linie des Schöpferischen und die geteilte Linie des Empfangenden zusammentreten zu den dreistufigen acht Urzeichen, aus deren Kombinationen die ganze Welt der möglichen Zeitkonstellationen sich aufbaut.

Richard Wilhelm (1873–1930), deutscher protestantischer Theologe und Sinologe. 1900 brach er im Dienste der Ostasienmission als Missionar in das Kaiserreich China auf, lernte dort zunächst Chinesisch und arbeitete dann als Pfarrer und Pädagoge. Unter anderem gründete er eine deutsch-chinesische Schule. Durch seine pädagogische Tätigkeit trat er in Verbindung mit traditionell gebildeten chinesischen Gelehrten, die sein Verständnis der chinesischen Kultur und Geschichte vertieften, vor allem aber unterstützten sie sein Studium der Schriften des klassischen chinesischen Altertums.

Später arbeitete Wilhelm als wissenschaftlicher Berater in der deutschen Gesandtschaft in Peking, lehrte an der Peking-Universität und übersetzte das *I Ging* ins Deutsche; dessen weitere Rezeption erreichte weltweiten Einfluss. Ab 1924 lehrte er Chinesische Geschichte und Chinesische Philosophie an der Universität Frankfurt am Main. Wilhelm wandte sich gegen eine eurozentrische Sichtweise der chinesischen Kultur. Er war voll Bewunderung für diese Tradition und setzte sich für einen Austausch der Kulturen ein. Daher zog er sich immer mehr aus der Missionstätigkeit zurück, die er zunehmend kritisch sah: »Es ist mir ein Trost, dass ich als Missionar keinen Chinesen bekehrt habe.«

Heute hat die Sinologie Wilhelms Übersetzungen in mancher Hinsicht überholt, sie bezweifelt auch seine Deutung des Taoismus als Religion, was die Pionierleistung Wilhelms aber nicht mindert.

Der Himmel ist hoch, die Erde ist niedrig; damit ist das Schöpferische und das Empfangende bestimmt … Am Himmel bilden sich Erscheinungen, auf Erden bilden sich Gestaltungen; daran offenbaren sich Veränderung und Umgestaltung.

Mit diesen Worten beginnt die »Große Abhandlung« zum ältesten Buch Chinas, dem *I Ging* oder *Buch der Wandlungen*. Fu Hi ist der erste Kaiser oder »Sohn des Himmels«, weil er die Kräfte des Himmels mit den Kräften der

Erde in Einklang gebracht hat. Das »Reich der Mitte« ist zugleich das »Reich des Himmels«. »Er zeichnete acht Zeichen, um die Welt zu beherrschen.« Fu Hi (Fu Xi) soll dem Mythos nach der chinesische Urkaiser gewesen sein, sogar der Urahn der Menschen. Die acht Trigramme des *I Ging* werden ihm zugeschrieben, als er über Himmel und Erde meditierte:

Die Mitte bilden die beiden Urkräfte, das helle, männliche Yang und das dunkle, weibliche Yin, der so geteilte Kreis. Beide Kräfte ruhen hier noch ineinander. Das drückt der helle Punkt im Yin und der dunkle Punkt im Yang aus. Es ist das Symbol für die Wirklichkeit insgesamt, für das Universum der Natur und das Universum des Geistes.

Alle Varianten der chinesischen Philosophie oder Religion sind Varianten des einen Universismus, dem in China auch der dort aufgenommene Buddhismus zugeordnet werden kann.

Das älteste Element im Tai-Gi-Symbol ist der Kreis, chinesisch Wu Gi genannt, was »Ururanfang« wortwörtlich »Nicht-Anfang« bedeutet. Damit könnte verbunden werden, was die Grundlagenforschung der heutigen Physik erst wieder entdeckt: *Entstehen* kann nur, was *möglich* ist. Die Welt ist nicht nur Wirklichkeit, sondern zu allererst Möglichkeit. Da mit der Welt die Zeit entstand, war sie vor ihrem Anfang bloße Möglichkeit. Darum ist Wu Gi als Ururanfang, der Anfang vor dem Anfang oder Nicht-Anfang die Einheit allen Seins, des Gegebenen wie des Möglichen.

Im Wu Gi erscheint das Tai Gi mit den beiden Urkräften Yin und Yang. Aus dem Urschoß der Welt treten von Anfang an die Gegensatzpaare hervor, welche die Welt aufbauen und bestimmen.

Das dritte Element bilden die – wie der Mythos deutet – vom Urkaiser geschauten Ba Gua oder »acht Zeichen«, die das Tai Gi mit der Darstellung des Universismus umgeben. Jedes dieser Zeichen bildet ein Trigramm. Es besteht aus drei Linien mit jeweils ganzen oder durchbrochenen Strichen. Die ganzen Linien symbolisieren Yang, die unterbrochenen Yin. Die ungeteilte Linie des Schöpferischen und die geteilte Linie des Empfangenden treten zusammen zu den dreistufigen acht Urzeichen, aus deren Kombinationen die ganze Welt der möglichen Zeitkonstellationen sich aufbaut. Dabei liegen in der kreisförmigen Anordnung der Trigramme die jeweils umgekehrten Kombinationen einander wie Bild und Gegenbild gegenüber. Yin und Yang sind *Prinzipien*, nicht aber »der Mann« oder »die Frau«; diese haben nur Teil an den Yang- und Yin-Kräften.

»Die Trigramme Fu His ›kosmisieren‹ alle Bereiche der menschlichen Existenz. Sie beziehen sich auf die individuellen und kollektiven, die politischen und gesellschaftlichen Handlungszustände der Welt, auf Freiheit und Bindung des Einzelnen und auf die Möglichkeiten und Abhängigkeiten von Gruppen, die beachtet und in Gleichgewichtslagen gebracht werden müssen, wenn das Ganze bestehen soll« (Paul Schwarzenau).

Bertolt Brecht: Legende von der Entstehung des Buches Tao Te King auf dem Weg des Laotse in die Emigration

Als er siebzig war und war gebrechlich,
Drängte es den Lehrer doch nach Ruh',
Denn die Weisheit war im Lande wieder
einmal schwächlich
Und die Bosheit nahm an Kräften wieder
einmal zu.
Und er gürtete den Schuh.

Und er packte ein, was er so brauchte:
Wenig. Doch es wurde dies und das.
So die Pfeife, die er abends immer rauchte,
Und das Büchlein, das er immer las.
Weißbrot nach dem Augenmaß.

Freute sich des Tals noch einmal und
vergaß es,
als er ins Gebirg den Weg einschlug.
Und sein Ochse freute sich des frischen
Grases
Kauend, während er den Alten trug.
Denn dem ging es schnell genug.

Doch am vierten Tag im Felsgesteine
Hat ein Zöllner ihm den Weg verwehrt:
»Kostbarkeiten zu verzollen?« »Keine.«
Und der Knabe, der den Ochsen führte,
sprach:
»Er hat gelehrt.«
Und so war auch das erklärt.

Doch der Mann in einer heitren Regung
Fragte noch: »Hat er was rausgekriegt?«
Sprach der Knabe: »Dass das weiche
Wasser in Bewegung
Mit der Zeit den mächtigen Stein besiegt.
Du verstehst, das Harte unterliegt.«

Dass er nicht das letzte Tageslicht verlöre,
Trieb der Knabe nun den Ochsen an.
Und die drei verschwanden schon um eine
schwarze Föhre.
Da kam plötzlich Fahrt in unsern Mann
Und er schrie: »He, du! Halt an!«

»Was ist das mit diesem Wasser, Alter?«
Hielt der Alte. »Interessiert es dich?«
Sprach der Mann: »Ich bin nur Zoll-
verwalter,
Doch wer wen besiegt, das interessiert
auch mich.
Wenn du's weißt, dann sprich!

Schreib mir's auf. Diktier es diesem Kinde!
So was nimmt man doch nicht mit sich
fort.
Da gibt's doch Papier bei uns und Tinte
Und ein Nachtmahl gibt es auch: ich
wohne dort.
Nun, ist das ein Wort?«

Laotse: Tao Te King

Der Taoismus, auch Daoismus umschrieben, als »Lehre des Weges« zu übersetzen, wird als Chinas eigene und authentische Religion angesehen. Seine historisch gesicherten Ursprünge liegen im 4. Jahrhundert v. Chr.

Das *Tao Te King* oder in neuerer Umschrift *Daodejing* ist eine anonyme Sammlung von gereimten Sinnsprüchen und philosophischen Aphorismen, um die sich die populäre Legende von einem Weisen Laotse (Lǎozǐ) bildete, der nach seiner Niederschrift des Buches das Land verlassen habe. Die beiden namengebenden Begriffe *Tao* (*Dào*) und *Te* (*Dé*) stehen für etwas Unaussprechliches, auf dessen eigentliche Bedeutung das Buch hindeuten möchte. Aus diesem Grund werden die Worte oft unübersetzt belassen. *Jing* bezeichnet eine Textsammlung. Das Werk gilt als die Gründungsschrift des Taoismus. Obwohl das Tao Te King verschiedene Strömungen umfasst, wird es von den Anhängern aller taoistischen Schulen als kanonischer heiliger Text angesehen.

Die im Tao Te King gesammelten Lehrsprüche entwickelten sich aus überliefertem chinesischen Spruchgut, nahmen Anleihen beim Sprichwort, beim Rätsel, haben auch Ansätze in alten Volksweisheiten, existierten anfänglich in mündlicher Form und wurden im Gang der Zeiten neu interpretiert, umgeformt und je nach Sicht und Einsichtsfähigkeit der Übermittler verwendet. Ab dem Jahr 150 v. Chr. bildete sich dann die Bezeichnung Daodejing heraus, »Das klassische Buch vom Dao und Dé«. Über dieses Datum hinaus gab es bis 1973 keine historische Erkenntnis. Doch als in der chinesischen Provinz Hunan eine ausgedehnte Grabanlage von Adeligen und Königen aus der Han-Zeit entdeckt wurde, kam Bewegung in die Szene. In einem der geöffneten Gräber fanden sich zwei auf Seidenstoff geschriebene Ausgaben des Tao Te King, mit einer Datierung um 200 v. Chr. In einem anderen Grab wurden 1993 noch ältere Tao-Te-King-Schriftstücke gefunden, auf Bambusstreifen geschrieben, die der Zeit um 300 v. Chr. zugeordnet werden können.

Diese Funde erlauben die Annahme, dass schon im 4. Jahrhundert v. Chr. ein weithin feststehender Wortlaut existierte, der über Jahrhunderte ohne große Abweichungen überliefert wurde. Auch die später erfolgte Einteilung des Tao Te King in 81 Kapitel wird bereits nachvollziehbar. Vor allem weisen die gefundenen Textversionen durch kleine inhaltliche Abweichungen darauf hin, dass ihre Grundlage auf gesprochene Sprache zurückgeht, ein Schrifttext also nicht am Anfang stand.

Tao, kann es ausgesprochen werden,
ist nicht das ewige Tao.
Der Name, kann er genannt werden,
ist nicht der ewige Name.
Das Namenlose ist des Himmels und der Erde Urgrund,
Das Namen-Habende ist aller Wesen Mutter.

Darum: »Wer stets begierdenlos,
der schaut seine Geistigkeit,
Wer stets Begierden hat,
der schaut seine Außenheit.«
Diese Beiden sind desselben Ausgangs
und verschiedenen Namens,
Zusammen heißen sie tief, des Tiefen abermal Tiefes,
aller Geistigkeiten Pforte. (I)

Tao ist ewig Nicht-Tun,
und doch bleibt nichts ungetan.
Wenn Fürsten und Könige (es) zu halten vermögen,
werden alle Wesen von selbst sich umwandeln.
Wandeln sie sich um und begehren doch zu tun,
werde ich sie zurückhalten mit des Namenlosen Einfachheit
»Des Namenlosen Einfachheit
Bringt auch Begehrenslosigkeit.
Begehrenslosigkeit macht ruhn
Und alle Welt von selbst recht-tun.« (XXXVII)

Über seine Schulter sah der Alte
Auf den Mann: Flickjoppe. Keine Schuh.
Und die Stirne eine einzige Falte.
Ach, kein Sieger trat da auf ihn zu.
Und er murmelte: »Auch du?«

Eine höfliche Bitte abzuschlagen
War der Alte, wie es schien, zu alt.
Denn er sagte laut: »Die etwas fragen,
Die verdienen Antwort.« Sprach der
Knabe:
»Es wird auch schon kalt.«
»Gut, ein kleiner Aufenthalt.«

Und von seinem Ochsen stieg der Weise,
Sieben Tage schrieben sie zu zweit.
Und der Zöllner brachte Essen (und er
fluchte nur noch leise
Mit den Schmugglern in der ganzen Zeit).
Und dann war's so weit.

Und dem Zöllner händigte der Knabe
Eines Morgens einundachtzig Sprüche ein
Und mit Dank für eine kleine Reisegabe
Bogen sie um jene Föhre ins Gestein.
Sagt jetzt: kann man höflicher sein?

Aber rühmen wir nicht nur den Weisen,
Dessen Name auf dem Büchlein prangt!
Denn man muss dem Weisen seine Weis-
heit erst entreißen.
Darum sei der Zöllner auch bedankt:
Er hat sie ihm abverlangt.

Im Vorwort des *Tao Te King* gibt Richard Wilhelm diese Geschichte mit dem Grenzbeamten wieder: »Als die öffentlichen Zustände sich so verschlimmerten, dass keine Aussicht auf die Herstellung der Ordnung mehr vorhanden war, soll Laotse sich zurückgezogen haben. Als er an den Grenzpass Han Gu gekommen sei, nach späterer Tradition auf einem schwarzen Ochsen reitend, habe ihn der Grenzbeamte Yin Hi gebeten, ihm etwas Schriftliches zu hinterlassen. Darauf habe er den *Tao Te King*, bestehend aus mehr als 5000 chinesischen Zeichen, niedergeschrieben und ihm übergeben. Dann sei er nach Westen gegangen, kein Mensch weiß wohin.«

Diese Legende griff Brecht auf, als er 1938 nach Dänemark emigriert war. Es ist ein wichtiges Werk der deutschen Exilliteratur. Das Gedicht spiegelt die langjährige Beschäftigung Brechts mit taoistischem Gedankengut, das er insbesondere in Form von Richard Wilhelms Übersetzung des *Tao Te King* kennengelernt hatte. – Im übrigen wurde Brecht im Laufe der Jahre immer chinesischer (*Me-ti; Der Tui-Roman – Fragment; Der gute Mensch von Sezuan; Der Ingwertopf*, Szene aus dem Fragment *Leben des Konfutse*).

Geht man nicht aus der Tür
kennt man die Welt.
Blickt man nicht aus dem Fenster,
sieht man des Himmels Weg.
Je weiter man ausgeht,
desto weniger kennt man.
Daher: Der heilige Mensch
»Nicht geht und doch kennt,
Nicht sieht und doch benennt
Nicht tut und doch vollend't.« (XLVII)

Das Kleine sehen,
heißt erleuchtet sein,
das Weiche bewahren,
heißt stark sein.
Braucht man sein Leuchten
und kehrt zu seinem Licht zurück,
so verliert man nichts bei des Leibes Zerstörung.
Das heißt: in das Ewige eingehen. (LII)

Dreißig Speichen treffen die Nabe
Die Leere dazwischen macht das Rad.
Lehm formt der Töpfer zu Gefäßen
Die Leere darinnen macht das Gefäß.
Fenster und Türen bricht man in Mauern
Die Leere damitten macht die Behausung.
Das Sichtbare bildet die Form eines Werkes.
Das Nicht-Sichtbare macht seinen Wert aus. (XI)

Tschuang-Tse ist der größte und glänzendste Poet unter den chinesischen Denkern soweit wir sie kennen, zugleich der kühnste und witzigste Angreifer des Konfuzianismus. Die Lehre des Lao-Tse freilich lernt man durch ihn wohl fühlen, aber nicht eigentlich kennen, er ist ein bewegter und farbiger Spiegel. Er ist eine zu starke Persönlichkeit, um eigentlich zum Schüler und Apostel zu passen und manchmal macht er mit seiner Beredsamkeit einen fast dialektisch-sophistischen Eindruck. Dafür ist er ein großer Dichter, ein Meister des Gleichnisses, das wir bei Lao-Tse durchaus vermissen. Er gibt oft Farben und Lichter, deren Spiel nicht ganz mehr der heiligen Lehre entspricht; aber er gibt auch oft Fleisch und Blut, wo der reine Geist des Lao-Tse uns unfassbar wird und entgleitet. Von allen Büchern chinesischer Denker, die ich kenne, hat dieses am meisten Reiz und Klang. Doch sollte, wer es liest, immerhin mit Lao-Tse selbst nicht mehr völlig unvertraut sein.

Hermann Hesse

Tschuang-Tse: Gleichnisse und Reden

Die Perle

Der Gelbe Kaiser reiste nordwärts vom Roten See, bestieg den Berg Kun-lun und schaute gegen Süden. Auf der Heimfahrt verlor er seine Zauberperle. Er sandte Wissen aus, sie zu suchen, aber es fand sie nicht. Er sandte Klarsicht aus, sie zu suchen, aber sie fand sie nicht. Er sandte Redegewalt aus, sie zu suchen, aber sie fand sie nicht. Endlich sandte er Absichtslos aus, und es fand sie. »Seltsam fürwahr«, sprach der Kaiser, »dass Absichtslos sie zu finden vermocht hat.«

Das unbekannte Tao

Urreinheit fragte Grenzenlos: »Weißt du Tao?«
»Ich weiß nicht«, sagte Grenzenlos.
Urreinheit fragte Tatenlos: »Weißt du Tao?«
»Ich weiß Tao«, sagte Tatenlos.
»Ist da Gegenstand«, fragte Urreinheit, »um Tao zu wissen?«
»Da ist Gegenstand«, sagte Tatenlos.
»Welcher ist es?« fragte Urreinheit.
»Ich weiß«, sagte Tatenlos, »dass Tao ehrt und entehrt, bindet und löst. Das ist mein Gegenstand, um Tao zu wissen.«

Urreinheit wiederholte diese Worte und fragte: »Wer ist im Recht, das Unwissen von Grenzenlos oder das Wissen von Tatenlos?«

Ursprungslos antwortete: »Nichtwissen ist tief. Wissen ist seicht. Nichtwissen ist innerlich. Wissen ist äußerlich.«

Urreinheit seufzte und sprach: »Dann ist Unwissen Wissen und Wissen Unwissen! Aber sage mir: Was für ein Wissen ist das Wissen des Nichtwissenden?«

Ursprunglos antwortete: »Tao kann nicht gehört werden. Was gehört werden kann, ist nicht Tao. Es kann nicht gesehen werden. Was gesehen werden kann, ist nicht Tao. Es kann nicht gesagt werden. Was gesagt werden kann, ist nicht Tao. Was den Gestalten Gestalt gibt, ist selbst gestaltlos; also ist Tao namenlos.«

Ursprunglos sprach weiter: »Wer einem antwortet, der nach Tao fragt, kennt Tao nicht. Mag einer auch von Tao hören, in Wahrheit hört er nichts von Tao. Um Tao gilt kein Fragen, über Tao gilt kein Antworten. Das Unfragbare fragen ist eitel. Das Unbeantwortbare beantworten ist wesenlos. Und wer zum Eitlen das Wesenlose paart, der hat keine äußere Wahrnehmung des Zusammenhangs, der hat keine innere Wahrnehmung des Urgrunds – der wird den Gipfel des heiligen Berges nicht ersteigen, der wird sich in die große Leere nicht schwingen.«

Tschuang-Tse (um 365–290 v. Chr.), chinesischer Philosoph und Dichter. Die Transkription des Namens nach Richard Wilhelm ist veraltet und gegen Zhuangzi ausgetauscht. Die populär gewordene Übersetzung von Richard Wilhelm aus dem Jahr 1912 lässt jedoch an der eingeführten Schreibweise festhalten. Der spätere Buchtitel seiner Gleichnisse und Stücke heißt *Das wahre Buch vom südlichen Blütenland.*

Zusammen mit dem *Tao Te King* gilt es als Hauptwerk des Taoismus und als eine der literarisch schönsten, interessantesten und schwierigsten der chinesischen Geistesgeschichte.

Schweigen

Als Kung-Fu-Tse mit dem Weisen Wen-Po Hsüe-Tse zusammenkam, sprach er kein Wort. Hernach fragte ihn Tse-Lu: »Meister, du hast lange gewünscht, Wen-Po Hsüe-Tse zu sehen. Wie ist dies, dass du, nun du ihn sahst, kein Wort zu ihm gesprochen hast?« Kung-Fu-Tse antwortete: »Mit Menschen, wie dieser, bedarf es bloß des Schauens, und Tao erscheint. Da ist kein Raum für Rede.

Siehe auch *Tschuang-Tse, Die Maschine,* in: *Das Menschenhaus,* S. 147.

Kakuzo Okakura (1862–1913), japanischer Kunstwissenschaftler. Okakura erforschte die traditionellen Künste Japans, bereiste Europa, die Vereinigten Staaten, China und Indien. Im Angesicht eines massiven Ansturms westlicher Kultur in Japan war er bemüht, bei der Modernisierung der japanischen Ästhetik das japanische Kulturerbe zu erhalten.

Außerhalb Japans hatte Okakura direkt oder indirekt Einfluss auf wichtige Persönlichkeiten, den Philosophen Martin Heidegger, den Dichter Ezra Pound und besonders den Dichter Rabindranath Tagore.

Kakuzo Okakura: Die Bezwingung der Harfe

Habt ihr schon einmal die taoistische Erzählung von der Bezwingung der Harfe gehört? In grauer Vorzeit stand in der Bergschlucht von Lung-men ein Kiribaum, ein wahrer König des Waldes. Sein Haupt hob er, um mit den Sternen zu sprechen; seine Wurzeln drangen tief in die Erde und verflochten ihre bronzefarbigen Locken mit denen des silbernen Drachens, der darunter schlief. Und es geschah, dass ein mächtiger Zauberer aus diesem Baum eine Wunderharfe machte, deren störrische Natur nur von dem größten aller Musiker bezwungen werden sollte. Lange Zeit hindurch wurde das Instrument vom Kaiser von China wie ein Schatz gehütet, vergeblich aber war die Mühe derer, die nacheinander versuchten, ihren Saiten eine Melodie zu entlocken. Als Antwort auf ihre äußersten Anstrengungen gab die Harfe nur schrille Töne des Abscheus von sich, die schlecht zu den Liedern stimmten, die sie gern singen wollten. Die Harfe weigerte sich, einen Meister anzuerkennen.

Endlich kam Peh-Ya, der König der Harfner. Mit zarter Hand liebkoste er die Harfe, wie man wohl ein ungebärdiges Pferd zu besänftigen sucht, und weich schlug er die Akkorde an. Von der Natur sang er und von den Jahreszeiten, von hohen Bergen und fließenden Wassern, und alle Erinnerungen des Baumes erwachten. Der süße Hauch des Frühlings wehte noch einmal durch seine Zweige. Die jungen Wasserfälle lachten die Bergschlucht hinabplätschernd den knospenden Blumen zu. Dann tönten die verträumten Stimmen des Sommers mit seinen unzähligen Insekten, das Rieseln des Regens, der Ruf des Kuckucks. Horch! Ein Tiger brüllt – das Tal antwortet darauf. Es ist Herbst; in der einsamen Nacht glänzt scharf wie ein Schwert der Mond auf das bereifte Gras. Nun regiert der Winter; durch die schneeerfüllte Luft ziehen Scharen von Schwänen, und prasselnde Hagelkörner schlagen mit wilder Lust auf die Zweige ... Hingerissen fragte der Kaiser des Himmels Peh-Ya, worin das Geheimnis seines Sieges läge. »Herr«, erwiderte er, »anderen ist es misslungen, weil sie nur von sich selbst sangen. Ich überließ der Harfe, ihr Thema zu wählen, und wusste in Wahrheit nicht, ob die Harfe Peh-Ya oder Peh-Ya die Harfe war.«

Konfutse – Konfuzius

Die Urteile über Konfuzius gehen weit auseinander. Richard Wilhelm, der das *Lun Yu* erstmals ins Deutsche übertrug, sagte: »Vor Konfuzius war die Kultur das Geheimnis der Heiligen auf dem Thron. Durch Konfuzius, den ›ungekrönten König‹, wurde sie einer Schule von Gebildeten anvertraut, die als Berater und Minister von Herrschern und Königen dafür gesorgt haben, dass, wo sie Einfluss hatten, die Macht durch Recht und Sitte geheiligt wurde … Das Problem des Konfuzius war die naturgemäße Organisation der Menschheit. Für den Aufbau seines Systems wählte er eine Ellipse mit zwei Brennpunkten. Der eine Brennpunkt war für ihn das Innere des Menschen, der andere die menschliche Gesellschaft.«

Ganz anders Simone de Beauvoir. Ende der fünfziger Jahre reiste sie durch China, schrieb darüber ihr Buch *China: Das weitgesteckte Ziel. Jahrtausende – Jahrzehnte* und urteilte: »Der Konfuzianismus hat nicht nur die Gesellschaft so hingenommen, wie sie ist, sondern hat durch Riten und Institutionen ihre Evolution verhindert; das zeigt sich besonders deutlich an der Keimzelle der Gesellschaft, der Familie: Als Einheit wird sie gleichsam mit einem Heiligenschein umkleidet, aber jedes ihrer Mitglieder muss ihr seine Individualität zum Opfer bringen. Die Ehrfurcht des Sohnes gegenüber dem Vater ist ein Symbol für das Verhältnis, in dem der Untergebene zu seinem Vorgesetzten steht. Die Justiz beruht im wesentlichen auf dem Respekt dieser Beziehung … Nie ist die Rede, dass ein Mensch seine Lebensbedingungen ändern könne; mögen sie noch so erbärmlich sein, er hat sich damit abzufinden: *Der weise Mann richtet sein Verhalten nach der Lage, in der er sich befindet … Lebt er in Armut und Schande, handelt er so, wie es einem armen und verachteten Menschen geziemt.*

Sowohl die individuelle Ethik als auch die politische Moral zielen letztlich nur darauf ab, diese Ordnung aufrechtzuerhalten. Zu Lebzeiten des Konfuzius musste sie wiederhergestellt werden, und unter der Herrschaft des Kaisers Wu-ti war man bemüht, sie auszubauen; seitdem handelt es sich nur noch darum, sie zu verewigen. Selten hat es in der Weltgeschichte einen derart extremen Konservativismus gegeben: In China führte er zwangsläufig zur Erstarrung.«

Bertolt Brecht urteilte nicht freundlicher: »Dieser Konfutse war ein Musterknabe. Indem man sein Beispiel an die Wand malt, kann man ganze Geschlechter, ja ganze Zeitalter verdammen. Sein Idealbild ist ganz an ein Temperament bestimmter und seltener Art gebunden, und während beinahe alle Taten von Menschen, die groß zu finden sich die Menschheit gestatten kann, von Leuten dieses Temperaments kaum geleistet werden können, sind eine Unmenge Verbrechen denkbar, die ein Mann begehen könnte, ohne auf die Anerkennung mancher Tugend zu verzichten, die den Konfutse ausgezeichnet hat.«

Konfuzius, Kung-futse (vermutlich 551–479 v. Chr.), chinesischer Weisheitslehrer. Das zentrale Thema seiner Lehren war die menschliche Ordnung, die durch Achtung vor Mitmenschen und Ahnenverehrung erreichbar sei. »In meiner Überlieferung mache ich nichts Neues, in meinem Glauben lasse ich mich von der Liebe zum Altertum leiten.« Als Ideal galt Konfuzius der »Edle«, ein moralisch einwandfreier Mensch, der sich in Harmonie mit dem Weltganzen befindet. Sein höchstes Ziel: »Den Angelpunkt zu finden, der unser sittliches Wesen mit der allumfassenden Ordnung, der zentralen Harmonie vereint.«

Die politische Unbeständigkeit seiner Lebenszeit ließ ihn nicht lange in seiner Heimat wirken. Als Wanderlehrer zog er durch China, bis er zu einem stillen Lebensabend nach Hause zurückkehrte. Trotz dieses ereignislosen Lebens war Meister Kungs Nachwirkung ungeheuer. Nur langsam holte China seine überdauernde Bedeutung ein: Im 2. Jahrhundert v. Chr. wurde Kungs kultische Verehrung begründet; 555 n. Chr. forderte ein kaiserlicher Erlass, in allen Präfekturstädten einen Tempel zu Ehren Kungs zu errichten. Schließlich wurde Kung erst 1906 durch ein Regierungsedikt zu göttlichen Würden erhoben. Doch schon wenig später brach mit der chinesischen Revolution eine Jahrhundertdebatte an über die politische Einschätzung von Werk und Wirkung des Kung-futse. Diese Debatte, unter Mao-Tse-Tungs Kulturrevolution verschärft, arrangierte eine heftige Kampagne gegen den Konfuzianismus, die in den 1970er Jahren selbst die deutsche Studentenrevolution beschäftigte.

Lun Yu: Lehren des Konfuzius

Pietät und Gehorsam

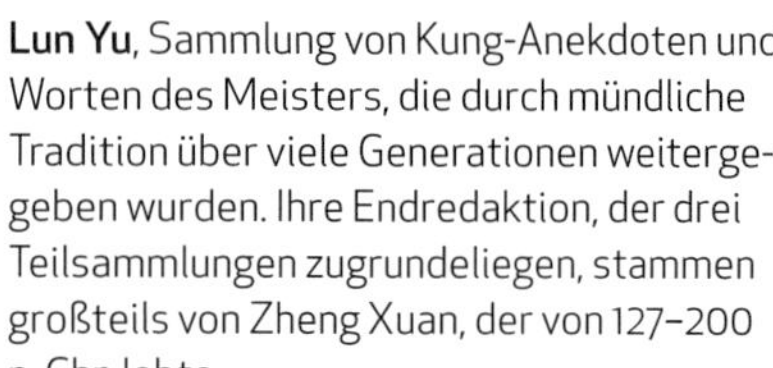

Lun Yu, Sammlung von Kung-Anekdoten und Worten des Meisters, die durch mündliche Tradition über viele Generationen weitergegeben wurden. Ihre Endredaktion, der drei Teilsammlungen zugrundeliegen, stammen großteils von Zheng Xuan, der von 127–200 n. Chr. lebte.

Meister Yu sprach: »Dass jemand, der als Mensch pietätvoll und gehorsam ist, es doch liebt, seinen Oberen zu widerstreben, ist selten. Dass jemand, der es nicht liebt, seinen Oberen zu widerstreben, Aufruhr macht, ist noch nie dagewesen. Der Edle pflegt die Wurzel; steht die Wurzel fest, so wächst der Weg. Pietät und Gehorsam: das sind die Wurzeln des Menschentums.«

Regentenspiegel

Der Meister sprach: »Bei der Leitung eines Staates von tausend Kriegswagen muss man die Geschäfte achten und wahr sein, sparsam verbrauchen und die Menschen lieben, das Volk benutzen entsprechend der Zeit.«

Dem Kaiser des ganzen Reichs unterstanden zusammen 10.000 Kriegswagen. Je eine Stadt hatte einen Kriegswagen zu stellen, ein Staat mit 1000 Kriegswagen hatte daher 1000 Städte und gehörte zu den größten Staaten in der damaligen Welt des Ostens. Die Untertanen hatten Frondienste zu leisten für den Bau von Wällen, Wegen usw. Dabei sollte der Einzelne nicht länger als drei Tage herangezogen werden, und zwar zu einer Zeit, in der die Landwirtschaft nicht beeinträchtigt wurde.

Ein Mönch aus einem fernen Land besucht einen Mönch in Qoco (Gaochang), einem Handelszentrum an der Seidenstraße. Der Mönch ist nach dem chinesischen Schönheitsideal gezeichnet, während der Besucher auffallend fremde Gesichtszüge hat.

Moralische und ästhetische Bildung der Jugend

Der Meister sprach: »Ein Jüngling soll nach innen kindesliebend, nach außen bruderliebend sein, pünktlich und wahr, seine Liebe überfließen lassen auf alle und eng verbunden mit den Sittlichen. Wenn er so wandelt und übrige Kraft hat, so mag er sie anwenden zur Erlernung der Künste.«

Die Jugenderziehung muss im engsten Familienkreise einsetzen durch Pflege der Ehrfurcht den Eltern gegenüber. Diese Ehrfurcht hat sich dann allmählich auszudehnen und zu erweitern in ein bescheidenes Betragen gegenüber erfahrenen und älteren Persönlichkeiten. Die wichtigsten Eigenschaften bei der Ausbildung des persönlichen Charakters sind Pünktlichkeit und Zuverlässigkeit. Im Verkehr mit anderen ist auf eine arglose, freie Sympathie mit allen Menschen Gewicht zu legen, während der intime Anschluss sich auf Leute von moralischer Haltung zu beschränken hat. Auf dieser Grundlage sittlicher Erziehung mag sich bei besonderer Begabung höhere wissenschaftliche und ästhetische Bildung aufbauen.

Wer ist gebildet?

Dsï Hia sprach: »Wer die Würdigen würdigt, so dass er sein Betragen ändert, wer Vater und Mutter dient, so dass er dabei seine ganze Kraft aufbietet, wer dem Fürsten dient, so dass er seine Person drangibt, wer im Verkehr mit Freunden so redet, dass er zu seinem Worte steht: Wenn es von einem solchen heißt, er habe noch keine Bildung, so glaube ich doch fest, dass er Bildung hat.«

Pflege der Vergangenheit als Regierungsgrundsatz

Meister Dsong sprach: »Gewissenhaftigkeit gegen die Vollendeten und Nachfolge der Dahingegangenen: so wendet sich des Volkes Art zur Hochherzigkeit.«

Nach den chinesischen Kommentaren ist damit die Sorge für die Beerdigungsbräuche gemeint, und mit der »Nachfolge« der Dahingegangenen der regelrechte Vollzug der Ahnenopfer. Der zugrundeliegende Gedanke ist, dass eine wirkliche Kultur nur dadurch bestehen kann, dass sie ihre Wurzel im Erbe der Väter nicht preisgibt.

Merkmale der Pietät

Der Meister sprach: »Ist der Vater am Leben, so schaue auf seinen Willen. Ist der Vater nicht mehr, so schaue auf seinen Wandel. Drei Jahre lang nicht ändern des Vaters Weg: das kann kindesliebend heißen.«

Vorteil der Zurückhaltung

Meister Yu sprach: »Abmachungen müssen sich an die Gerechtigkeit halten, dann kann man sein Versprechen erfüllen. Ehrenbezeugungen müssen sich nach den Regeln richten, dann bleibt Schande und Beschämung fern. Beim Anschluss an andre werfe man seine Zuneigung nicht weg, so kann man verbunden bleiben.«

Stufen der Entwicklung des Meisters

Der Meister sprach: »Ich war fünfzehn, und mein Wille stand aufs Lernen, mit dreißig stand ich fest, mit vierzig hatte ich keine Zweifel mehr, mit fünfzig war mir das Gesetz des Himmels kund, mit sechzig war mein Ohr aufgetan, mit siebzig konnte ich meines Herzens Wünschen folgen, ohne das Maß zu übertreten.«

Chinesische Weisheit

Aus gutem Eisen macht man keine Nägel, aus guten Männern keine Soldaten.
Wer nicht lächeln kann, soll keinen Laden aufmachen.
Nicht die Blumen und Bäume, nur der Garten ist unser Eigentum.
Beobachte, was früher war, dann weißt du, was kommen wird.
Eine Fähigkeit, die nicht täglich zunimmt, geht täglich ein Stück zurück.
Jeder Mann nimmt die Farbe seiner Umwelt an.
Was ins Ohr geflüstert wird, ist tausend Meilen weit zu hören.
Von Nanking bis Peking sind die Käufer nicht so klug wie die Verkäufer.
Der Fehler liegt in der Eile.

Liebe für jemanden schließt auch den Raben auf seinem Hausdach ein.

Kommt man in ein fremdes Land, fragt man nach seinen Sitten.

Ein Dummkopf, der arbeitet, ist besser als ein Weiser, der schläft.

Eine Freundschaft ist wie eine Tasse Tee. Sie muss klar und durchscheinend sein, und man muss auf den Grund schauen können.

Wer bei einer Unverschämtheit lacht, macht sich zum Mitschuldigen.

Wer nicht lächeln kann, soll keinen Laden aufmachen.

Und wenn du auch die Kraft hast, einen Berg zu versetzen, so brauchst du noch einen Verstand, der so groß und so ruhig ist wie ein Ozean.

Die bestverschlossene Tür ist die, die man offen lassen kann.

Wenn ein Drache steigen will, muss er gegen den Wind fliegen.

Keine Familie kann das Schild heraushängen: »Hier ist alles in Ordnung.«

Wenn die Menschen nur von dem sprächen, was sie verstehen, würde bald ein großes Schweigen auf der Erde herrschen.

Wer die Wahrheit sagt, braucht ein schnelles Pferd.

Zuweilen wird ein Baum gefällt, um einen Spatz zu fangen.

Worauf man sehen muss

Aus dem, was der Meister für eine gute Regierung vonnöten sieht, erhellt, dass die Struktur der Gesellschaft wichtiger ist als die Menschen aus Fleisch und Blut ... Sowohl die individuelle Ethik als auch die politische Moral zielen letztlich nur darauf ab, diese Ordnung aufrecht zu erhalten ... Selten hat es in der Weltgeschichte einen derart extremen Konservativismus gegeben: in China führte er zwangsläufig zur Erstarrung.

Simone de Beauvoir

Der Meister sprach: »Sieh, was einer wirkt, schau, wovon er bestimmt wird, forsche, wo er Befriedigung findet: Wie kann ein Mensch da entwischen? «

Was für eine gute Regierung vonnöten sei

Tsu Kung fragte den Meister, was vor allem für eine gute Regierung vonnöten sei. »Auskömmliche Nahrung für das Volk, ein wohlausgerüstetes Heer und das Vertrauen des Volkes zu seinem Herrscher«, gab Konfuzius zur Antwort. »Und welche dieser drei Voraussetzungen wäre am ehesten zu entbehren?«, wollte Tsu Kung wissen. »Das Heer.« Daraufhin fragte Tsu Kung: »Wenn Ihr nun auch zwischen den beiden anderen wählen müsstet, wofür würdet Ihr Euch entscheiden?« Und der Meister erwiderte: »Dann wäre es besser, das Volk hungerte; denn der Tod hat schon immer die Menschen dahingerafft, und trotzdem sind sie nicht ausgestorben. Aber ein Volk, das seinen Regenten nicht vertrauen kann, ist dem Untergang preisgegeben.«

Die Sittlichkeit ist schwer zu erkennen

Dieser Konfutse war ein Musterknabe. Indem man sein Beispiel an die Wand zeichnet, kann man ganze Geschlechter, ja ganze Zeitalter verdammen. Sein Idealbild ist ganz an ein Temperament bestimmter und seltener Art gebunden ... und eine Unmenge von Verbrechen [sind] denkbar, die ein Mann begehen könnte, ohne auf die Anerkennung mancher Tugend zu verzichten, die den Konfutse ausgezeichnet hat.

Bertolt Brecht

Dsï Dschang fragte und sprach: »Der Kanzler Dsï Wen wurde dreimal in das Amt des Kanzlers (von Tschu) berufen, ohne sich darüber erfreut zu zeigen. Er wurde dreimal abgesetzt, ohne sich darüber missvergnügt zu zeigen. Außerdem machte er sich zur Pflicht, seinen Nachfolger in das Amt einzuführen. Wie ist er zu beurteilen?« Der Meister sprach: »Er war gewissenhaft.« Auf die Frage, ob er als sittlicher Charakter bezeichnet werden könnte, sagte er: »Ich weiß es nicht, ob er sittlich genannt werden kann.« – (Der Schüler fuhr fort:) »Als der General Tsui seinen Herrn, den Fürsten von Tsi, ermordete, da ließ der edle Tschen Wen, obwohl er zehn Viergespanne besaß, seine Habe im Stich und wanderte aus. Er kam in ein anderes Land, da sprach er: ›Hier sind sie geradeso wie unser General Tsui‹, und wanderte aus. Er kam noch in ein Land und sprach abermals: ›Hier sind sie geradeso wie unser General Tsui‹, und wanderte aus. Wie ist er zu beurteilen?« Der Meister sprach: »Er war rein.« Auf die Frage, ob er als sittlicher Charakter bezeichnet werden könne, sagte er: »Ich weiß es nicht, ob er sittlich genannt werden kann.«

Kuo Mo-jo: Gespräch zwischen Karl Marx und Konfuzius

Es war an einem Tag, da Konfuzius mit seinen Lieblingsjüngern Yen Hui, Tzu-lu und Tzu-kung in dem Shanghaier Konfuzius-Gedächtnistempel beisammen war und den ihnen geopferten, kalt gewordenen Schweinskopf verzehrte, als plötzlich vier junge feine Geschäftsleute eine rotlackierte Sänfte geradewegs in den Tempel hineintrugen. Tzu-lu sah sie zuerst. Er schmetterte die Essstäbchen hin und wollte eben hochschnellen, um den Fremden entgegenzutreten, als Konfuzius ihn rasch zurückhielt und sagte: »He du, im Draufgängertum bist du mir ja überlegen, aber dir fehlt's daran, den Realitäten gerecht zu werden!«

Nachdem Tzu-lu sich notgedrungen beruhigt hatte, befahl Konfuzius, die Ankömmlinge zu empfangen. Die rotlackierte Sänfte war direkt vor der Halle niedergesetzt worden; heraus kletterte ein Europäer mit krebsrotem Gesicht und einem dichten Vollbart, der die ganze untere Hälfte des Gesichts bedeckte. Tzu-kung hieß ihn zunächst willkommen und geleitete ihn sodann in die Halle.

Nachdem Konfuzius sich selbst vorgestellt und etwas später nach dem Namen der Gäste gefragt hatte, stellte sich heraus, dass der Bärtige mit dem krebsroten Gesicht Karl Marx hieß. Der Name dieses Karl Marx hat in jüngster Zeit solch einen weiten Ruf gewonnen, dass er auch schon an die Ohren von Konfuzius gedrungen war. Als Konfuzius hörte, wer zu ihm gekommen sei, rief er, ohne seine Ergriffenheit und Freude unterdrücken zu können: »Ah, ah – wenn Freunde aus der Ferne kommen, ist das nicht eine Freude? Herr Marx, Eure Reise hierher muss wahrhaftig schwer, wahrhaftig schwer gewesen sein. Darf ich, nachdem Ihr zu meinem niedrigen Tempel gekommen seid, eine Belehrung entgegennehmen?«

Als Marx darauf, ohne sich im geringsten zu zieren, den Mund öffnete, kamen natürlich nur Laute heraus ähnlich dem Gekrächz der Südbarbaren. »Ich bin eigens gekommen«, sagte Marx, »um eine Unterweisung zu empfangen. Unsere Lehre ist bereits bis in Ihr Reich der Mitte verbreitet worden, und ich hoffte, dass sie im Reich der Mitte in die Tat umgesetzt werden würde. Kürzlich aber haben mir ein paar Leute berichtet, dass meine Lehre mit Ihrem Gedankensystem nicht übereinstimme, so dass für meine Lehre keine Aussicht bestünde, im Reich der Mitte, das eben von Ihrem Gedankensystem beherrscht sei, verwirklicht zu werden. Deshalb bin ich gekommen, um mit Ihnen in direkten Kontakt zu treten und Auskunft zu erbitten darüber, wie Ihr Gedankensystem überhaupt ist, ob es tatsächlich mit meiner Lehre nicht übereinstimmt oder in welcher Beziehung es von ihm abweicht.«

Als Konfuzius hierauf entgegnete, dass seine Lehre, in einer Zeit ohne Naturwissenschaft und Logik entstanden, zu wenig System

Kuo Mo-jo (1892–1978), auch Guo Moruo, chinesischer Schriftsteller und Politiker, Altmeister des chinesischen Marxismus. Seit 1914 studierte er Medizin in Japan, jedoch war sein Interesse an Literatur und Philosophie größer als das an der Medizin. Er befasste sich intensiv mit Spinoza, Goethe, Walt Whitman und Rabindranath Tagore. 1927 wurde er Mitglied der Kommunistischen Partei Chinas und war befreundet mit Mao Tse-tung. Er nahm am Aufstand vom 1. August in Nanchang unter Führung von Zhou Enlai, dem späteren Premierminister, teil, sowie mit anderen, die später hohe Ämter in der Volksrepublik bekleideten. Der 1. August wird seitdem in China als Gründungstag der Volksbefreiungsarmee gefeiert.

Kuo Mo-jo studierte anschließend für zehn Jahre Alte Geschichte Chinas in Japan. 1937 kehrte er zurück. Er betätigte sich als Schriftsteller auf vielen Sachgebieten und wurde der erste Präsident der *University of Science & Technology of China* nach Gründung der Volksrepublik China. 1951 bekam er den Stalin-Friedenspreis. Doch 1966 wurde er als Erster während der Kulturrevolution Chinas angegriffen. Er gestand, die Gedankenwelt Maos nicht angemessen verstanden zu haben, und erklärte sich einverstanden, dass seine eigenen Werke zu verbrennen seien. Dies reichte jedoch nicht, um seine Familie zu schützen. Zwei seiner Söhne »begingen Selbstmord« in den Jahren 1967 und 1968, nachdem sie von den Roten Garden »kritisiert« oder verfolgt wurden. Doch im Gegensatz zu anderen, die auf ähnliche Weise angegriffen wurden, kam Kuo mit dem Leben davon, nachdem er von Mao im Jahre 1969 zum »Repräsentant des rechten Flügels« im 9. Nationalen Kongress der Kommunistischen Partei erwählt wurde. Mitte der 1970er-Jahre hatte er einen Großteil seines Einflusses zurückerlangt.

Als Altmeister des chinesischen Marxismus beteiligte sich Kuo Mo-jo seit 1925 an der Jahrhundertdebatte über die Geltung des Konfuzius in China. Als universal gebildeter Philologe, Literaturkritiker, Essayist und Übersetzer (z. B. von Goethes »Faust«) schrieb er sein imaginäres Gespräch, das Konfuzianismus und Kommunismus gegenüberstellt. Dieses Gespräch war nicht nur als Scherz gedacht. Es skizziert konfuzianische und marxistische Idealvorstellungen und deutet »in dem humorvollen Schluss mit wenigen Strichen die Überlegenheit chinesischer Praxis gegenüber westlichem Theoretisieren« (Wolfgang Bauer).

Die Konfuzius-Jahrhundert-Debatte

Im August 1973 begann in der Volksrepublik China die letzte Phase der (1966 eingeleiteten) Kulturrevolution: die Kampagne gegen Konfuzius. Der akademische Slogan von 1919 »Nieder mit dem Laden des Konfuzius!« bestimmte auch 1973/74 Chinas proletarische Politik. Konfuzius hat Chinas Bild von sich selber seit Jahrtausenden geprägt – das europäische China-Bild seit Jahrhunderten. »Die Sache, um die es dabei geht, deckt sich letzten Endes nicht mehr mit Person und Lehre des Konfuzius. Sie ist vielmehr die Sache, wer ein Volk wie erzieht« (Joachim Schicken).

Das folgende Zitat stammt aus einem Essay »Konfuzius im modernen China«, datiert vom 29. August 1935:

Ich kam in den letzten Jahren der Ching-Dynastie zur Welt, als Konfuzius noch den respektheischenden Titel »Vortrefflichster, Allerheiligster König der Kultur« führte. Überflüssig zu sagen, dass damals der »Weg der Mitte« das ganze Land beherrschte. Die Regierung schrieb allen Studenten vor, orthodoxe Texte zu lesen …, sie durften nur orthodoxe Kommentare benutzen und mussten in der orthodoxen

aufweise, als dass sie sich in einigen Thesen zusammenfassen lasse, und er daher Herrn Marx bäte, lieber erst seine eigene Lehre zu entwickeln, da sie – was Marx mit Überraschung zur Kenntnis nahm – bisher nur in Zeitungsaufsätzen aus zweiter und dritter Hand in China Verbreitung gefunden hätte, während kein einziges seiner Bücher vollständig ins Chinesische übersetzt worden sei, erklärte sich Marx zu einer kurzen Zusammenfassung seiner Doktrin bereit.

»Meine Lehre«, sagte er, »steht der Welt und dem menschlichen Leben ganz und gar positiv gegenüber, d.h. ich betrachte nicht wie ein Religionsanhänger Kosmos und Menschenleben als etwas *Leeres* oder *Nicht-Seiendes*, noch auch als etwas *Sündiges* oder *Schlechtes*. Nachdem wir einmal in dieser Welt existieren, sollen wir sie erforschen; erst wenn wir uns dazu irgendwie entschlossen haben, werden wir in der Lage sein, höchste Freude und höchstes Glück in unserem Dasein zu erlangen … In diesem Punkt unterscheide ich mich von den meisten Religionsanhängern ebenso wie von den meisten Metaphysikern. Über diesen Punkt aber darf ich Sie auch gleich befragen: Wie verhält sich darin Ihre Lehre gegenüber der meinen? Wenn wir bereits in dieser Ausgangshaltung differieren, dann gehen wir von Grund auf verschiedene Wege, und es gibt keinen zwingenden Anlass mehr, unsere Unterhaltung weiter fortzusetzen.«

»Man darf sagen«, antwortete Konfuzius, »dass wir in der Ausgangshaltung völlig miteinander übereinstimmen. Nur – was für eine Art von Welt soll es denn sein, die uns in den Stand versetzen kann, höchste Freude und höchstes Glück in unserem Dasein zu erlangen?«

»Sie fragen nach meiner Idealwelt? Ausgezeichnet! Ausgezeichnet! Ihre Fragen sind in der Tat hervorragend!« Marx war plötzlich vor Begeisterung aufgesprungen, in seinen Augen schimmerte ein eigentümlich warmer, freundlicher Glanz. Mit beiden Händen seinen breiten Bart streichend, fuhr er fort: »Die meisten Menschen glauben, dass ich, weil ich eine materialistische Lehre entworfen habe, eine Art Tier sei oder jedenfalls jemand, der nur für Essen und Trinken Verständnis haben könne, selbst aber keinerlei Ideale besitze … Meine Idealwelt ist, dass einmal Myriaden von Menschen harmonisch wie ein einziger Mensch in Freiheit und Gleichheit ihre Anlagen entwickeln können; dass alle Menschen fähig sind, nach ihrem besten Vermögen zu arbeiten, ohne auf Lohn zu hoffen; dass alle Menschen bekommen, was sie zur Erhaltung ihres Lebens benötigen, ohne unter dem Elend von Hunger und Frost leiden zu müssen: Das wäre die kommunistische Gesellschaft, von der es heißt: ›Jeder tut so viel, wie er kann, jeder nimmt sich, wessen er bedarf.‹ Die Zeit, in der diese Gesellschaft verwirklicht sein würde – wäre sie nicht das Himmelreich auf Erden?«

»Ach ja, wahrhaftig!«, rief beistimmend Konfuzius, der bei aller Würde nicht umhin konnte, vor Entzücken in die Hände zu klatschen. »Diese Eure Idealgesellschaft und meine Welt der ›Großen Gleichheit‹ stimmen völlig miteinander überein, ohne dass wir es doch miteinander abgesprochen haben! Lasst mich bitte einen Abschnitt aus einem alten Aufsatz von mir vortragen und Euch zu Gehör bringen!« Und er rezitierte den ganzen Abschnitt über das Zeitalter der »Großen Gleichheit«. Seine Stimme war getragen, als er diesen seinen Lieblingsaufsatz hersagte ... Er wiegte zudem den Kopf im Rhythmus seiner Worte und machte dabei den Eindruck, als hypnotisiere er sich selbst.

Marx aber wurde ganz still und sah gar nicht danach aus, als ob er in diesem Abschnitt von Konfuzius etwas Bedeutsames erblicken könnte. »Nicht weiter!«, rief er, indem er den eintönigen Fluss der Worte mit Gewalt unterbrach. »Meine Ideale sind mit denen, die ein paar Phantasten haben mögen, nicht identisch! Mein Ideal ist kein Luftschloss und es lässt sich auch nicht mit einem Schritt im Sprung erreichen ...«

Konfuzius, noch ganz von sich selbst berauscht, war noch nicht völlig bei sich, sondern nickte nur weiter beifällig mit dem Kopf. »Ich habe früher doch auch einmal gesagt: ›Man soll sich nicht sorgen, wenn die Menschen wenig haben, sondern wenn das, was sie haben, nicht gleichmäßig verteilt ist. Man soll sich nicht sorgen, wenn sie arm sind, sondern wenn sie friedlos sind!‹«

»Nein, nein!«, rief da Marx, »Ihre und meine Meinung gehen letzten Endes völlig auseinander ... Erst wenn die Vermehrung der Produktionsgüter einen gewissen Grad erreicht hat, werden die Voraussetzungen dafür gegeben sein, dass sich alle Menschen gemeinsam des Reichtums erfreuen können ... Mein Ideal besitzt also streng voneinander getrennte Stufen, und es ist in seiner allmählichen Verwirklichung überzeugend nachweisbar.«

»Richtig, richtig«, Konfuzius nickte noch immer beifällig mit dem Kopf. »Ich habe ja auch einmal gesagt: ›Sind die Menschen zu Massen geworden, so bereichre sie; sind sie bereichert, so unterrichte sie‹ ... Und: ›Solange die Allgemeinheit immer noch nicht satt wird, darf man es nicht zulassen, dass einige wenige Haifischflossen essen.‹«

»Ah, richtig!«, seufzte nun Marx bewegt. »Ich hätte gar nicht gedacht, dass vor zweitausend Jahren im Fernen Osten bereits solch ein alter Genosse wie Sie lebte! Unsere Auffassungen sind wirklich haargenau die gleichen! Wie kann es nur Leute geben, die behaupten, dass mein Gedankensystem mit dem Ihren nicht zusammenpasse?«

»Aaaaih –!« Konfuzius tat plötzlich einen langen tiefen Seufzer, als er dies hörte, einen langen tiefen Seufzer fürwahr, so lang, dass die Resignation, die sich in vollen zweitausend Jahren und mehr in seinem Herzen angestaut hatte, auf einmal herausströmen konnte. »Aaaaih –!« Noch einmal seufzte er, um schließlich zu sagen: »Und

Form ... schreiben, wobei sie nur orthodoxe Meinungen zum Ausdruck bringen durften. Diese orthodoxen Einheitsgelehrten wussten alles, solange die Erde ein Vieleck blieb; aber als die Erde sich plötzlich in eine Kugel verwandelte, wussten sie nichts mehr.

Die Masse des Volkes in China, besonders der sogenannte »unwissende Mob«, betrachtet Konfuzius keineswegs als Heiligen, auch wenn sie ihn so nennen. Sie behandeln ihn mit Respekt, aber ohne Sympathie. Trotzdem glaube ich, dass kein anderes Volk der Welt Konfuzius so gut kennt wie der unwissende Mob in China. Zugegeben, Konfuzius hat ausgezeichnete Methoden der Staatsführung ersonnen, aber das sind Methoden für die Herrschenden, die Mächtigen; nichts davon ist brauchbar für das Volk. Das ist die Bedeutung des Satzes: »Das Volk ist zu den Riten nicht zugelassen.« Er wurde der Heilige der Mächtigen und endete als »Dietrich, um Türen zu öffnen« – wahrscheinlich hat er es wirklich nicht besser verdient.

Lu Hsün (1881–1936)

Wie zu erwarten, antworteten die Gegner der Volksrepublik auf solche Kritik konfuzianisch. Einer ihrer Wortführer war Teng T'o, Chef der Pekinger Volkszeitung. *Er unterstellte Mao Tse-tung (denn dieser war gemeint, wenn auch nicht genannt), »die Anmaßung der Unfehlbarkeit«:*

Mehr lernen und weniger kritisieren – das ist, wenn man nach Wissen strebt, die richtige Einstellung, die unsere Förderung verdient. Wenn wir bei irgendeiner Sache nicht verstehen, wie es sich damit verhält, und uns die konkreten Kenntnisse darüber fehlen, sollten wir zunächst bescheiden und ernsthaft die Angelegenheit studieren. Auf keinen Fall darf man über die Sachen hastig herumdebattieren; denn das verursacht Fehler und ruft Spötteleien hervor, oder es führt gar zu Schaden. Auch das ist eine wichtige Erfahrung, die unsere Gelehrten im Verlaufe von Generationen uns über die Gestaltung des Studiums und darüber, wie man die Dinge anpackt, hinterlassen haben.

Teng T'o

wie können wir denn nun Euer Ideal verwirklichen? Was mich angeht, so sitze ich hier schon über zweitausend Jahre und kaue an meinem kalten Schweinskopf herum.«

»Was?«, rief Marx, »wollen Sie damit sagen, dass die Chinesen nicht in der Lage sind, Ihr Ideal zu verwirklichen?«

»Mit wiederholtem Predigen wird man die Verwirklichung schon noch erreichen können«, meinte Konfuzius verlegen. »Wir müssen nur begreifen, dass Eure Anhänger nicht gegen meine, und meine nicht gegen Eure agitieren dürfen.«

»Abgemacht. Nun dann will ich also ...«

»Was?«

»Dann will ich also wieder nach Hause zurück zu meiner Frau.«

Konfuzius wandte sich Marx mit erhöhtem Interesse zu: »Ihr habt eine Frau, Herr Marx?«

»Warum nicht? Meine Frau ist weltanschaulich mit mir immer einer Meinung und sieht zudem auch recht gut aus!«

Konfuzius aber seufzte wieder, als er diese Selbstzufriedenheit bei Marx entdeckte, und sprach: »Alle Menschen haben eine Frau, nur ich hab keine! ... Ich bin aber einer, der sich zur Maxime gemacht hat: ›Erst die Älteren in der eigenen Familie wie Ältere ehren, um dieses Verhalten dann auch auf die Älteren anderer auszudehnen; erst für die Jüngeren in der eigenen Familie wie für Jüngere sorgen, um dies Verhalten dann auch auf die Jüngeren anderer auszudehnen; und erst die Frau in der eigenen Familie lieben, um dieses Verhalten dann auch auf die Frauen anderer auszudehnen.‹ Deshalb ist Eure Frau auch meine Frau!«

Als Marx solche Worte hörte, schrie er laut auf vor Empörung: »Waaas?! Herr Kung Zwei[1]; ich propagiere bloß die Vergesellschaftung der Produktionsgüter, Sie aber wollen generell die Vergesellschaftung der Frauen! Ihr Gedankensystem ist ja noch gefährlicher als meines! Ich wage nicht mehr, Sie noch einmal herauszufordern!« Nach diesen kurzen Sätzen rief er hastig die vier feinen Geschäftsleute herbei, die ihm die Sänfte trugen, und Hals über Kopf wie aus einer verlorenen Schlacht floh er von dannen, genauso, als sollte seine in Europa sitzende Frau nun gleich von Konfuzius vergesellschaftet werden.

Nachdem der Meister und seine drei Jünger die große Sänfte hinter dem westlichen Außentor hatten verschwinden sehen, sagte zu guter Letzt Yen Hui, der von Anfang bis Ende wie ein Tölpel dagesessen hatte: »Wegen der einen Rede wird man Euch für weise halten, wegen der anderen für unweise. Heute, Meister, wart Ihr nicht wie der Meister von ehedem. Was sollten diese eigentümlichen Worte?« Konfuzius lachte vergnügt und sprach: »Was ich da vorhin gesagt habe, war nur aus Spiel und Spaß.« Da brachen sie alle in großes Gelächter aus. Sodann setzten sie sich wieder zu Tisch und kauten weiter an ihrem noch nicht aufgezehrten kalten Schweinskopf.

Die große Konfuzius-Debatte begann in der Volksrepublik China am 7. August 1973 mit dem Grundsatzartikel des Philosophen Yang Chungkuo in der Pekinger Volkszeitung:

Was für ein Mann war Konfuzius, der mehr als 2000 Jahre hindurch von den reaktionären herrschenden Klassen Chinas als »Weiser« verehrt wurde? [...] Konfuzius sparte keine Mühe, die Vorstellung zu verbreiten, dass »vieles geändert werden kann, nicht aber die Weisheit der Menschen der Oberklasse und die Dummheit der unteren Schichten«. Mit anderen Worten, die »Weisen« der Sklavenhalter waren das Talent der Oberklasse, und die Sklaven waren nur Diener aus der unteren Klasse. Die Ersteren besaßen absolute Weisheit, die Letzteren die absolute Dummheit; die Stellung dieser zwei Klassen konnte niemals geändert werden ... Was Konfuzius liebte, war deshalb bloß die Sklavenhalterklasse.

Der Vorsitzende Mao betonte: »Was die sogenannte Menschenliebe anbelangt, so hat es seit der Aufspaltung der Menschheit in Klassen keine allumfassende Liebe gegeben. Diese Liebe wurde von allen herrschenden Klassen der Vergangenheit gern gepredigt; viele sogenannte Weise taten es ebenfalls, aber keiner hat sie je wirklich praktiziert, denn in der Klassengesellschaft ist sie unmöglich.« Wir dürfen nicht von Konfuzius irregeführt werden. Obwohl er schön klingende Phrasen von sich gab ... all diese »menschlichen Maßnahmen« waren nur innerhalb der Sklavenhalterklasse gültig und [gemäß dem »Buch der Riten«] »nicht auf das Volk anzuwenden« ...

Mit anderen Worten, was er beweisen wollte, war: »Ausbeutung ist berechtigt, Rebellion ist ein Verbrechen.«

1 Konfuzius war der Zweitgeborene in der Reihe seiner Brüder. Die nur unter engsten Familienangehörigen übliche Anrede mit diesem Nummernwort galt, von einem Außenstehenden benutzt, als sehr unhöflich.

Der griechische Göttermythos

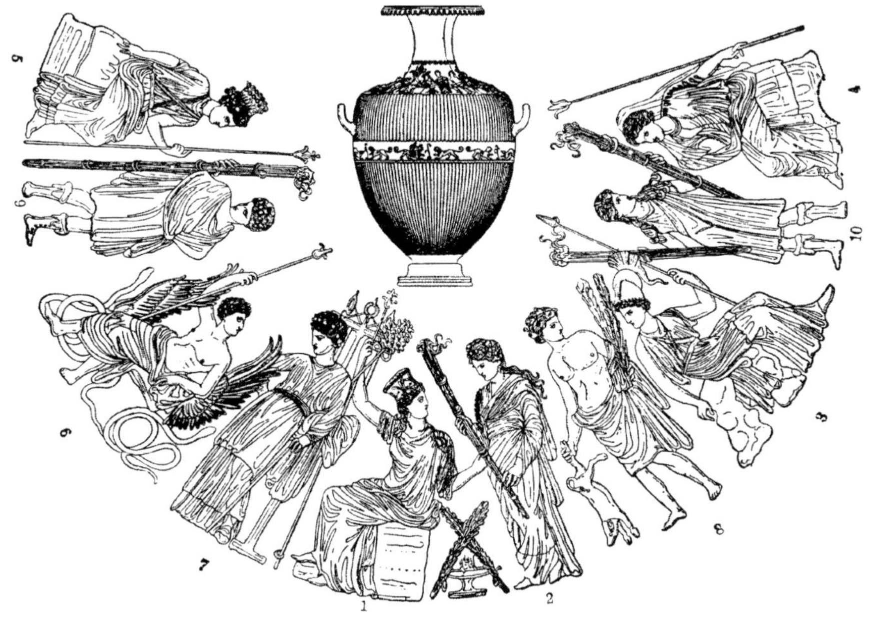

Vase aus Cumae mit eleusinischen und athenischen Gottheiten.

Zu sehen sind (1) Demeter, Muttergöttin der Erde, des Getreides, der Saat und der Fruchtbarkeit, (2) Persephone, Toten-, Unterwelt- und Fruchtbarkeitsgöttin, (3) Athene, Göttin der Weisheit, des Kampfes und der Kunst, (4) Aphrodite, Göttin der Liebe, der Schönheit und der Begierde, (5) Artemis, Göttin der Jagd, des Waldes und Hüterin der Frauen und Kinder, (6) Triptolemos, zentraler Heros der Eleusinischen Mysterien, Verbreiter des Ackerbaues und der Kultur, (7) Hierophant, der »Enthüller der heiligen Geheimnisse«, der an der Spitze der Priester im Tempel der Demeter in Eleusis stand, (8) ein Tempelpriester, (9) Hermes, (10) Hekate (mit zwei Fackeln), Wächterin der Tore zwischen den Welten.

In keinem Götterglauben, meint der Altphilologe Walter F. Otto, versage der Religionsbegriff so völlig wie bei den griechischen Göttern. Ihre Gestalt erscheine viel zu menschlich, als dass wir sie wahrhaft göttlich nennen und den Glauben an sie religiös nennen könnten. Doch hält er dagegen, dass es keine zweite Kultur gebe, in dem das irdische und menschliche Dasein so erfüllt von der Gegenwart des Göttlichen ist, und keine menschliche Gesellschaft, die der Gottheit gerade in den täglichen Vollzügen des Lebens gedächte. Wenn andere Religionen ihre Götter als das »ganz andere« bestimmen, so ist gerade dies *nicht* griechischer Geist.

Im allgemeinen bringen die Götter bei Homer nichts Wunderbares hervor, sondern gerade das Natürliche, sodass die stattfindenden Ereignisse sowohl als natürliches Geschehen als auch als göttliches Wirken verstanden werden können. »Wir wissen von dieser Genialitätsepoche, die für das ganze spätere Griechentum entscheidend war, nur das Eine, dass damals die olympischen Götter erschienen sind, so wie das homerische Zeitalter sie kennt und verehrt. Das Auftreten dieser Götter bedeutet die Selbstfindung des griechischen Geistes … So ist es denn nur natürlich, dass diese Religion nicht von Propheten und Bekennern verkündet wird, sondern von Dichtern und Künstlern. Denn sie offenbart sich einer schauenden Erkenntnis, die überall das Wesen der Dinge ergreift. Und eben damit ist sie griechisch … Hier springt die Gottheit nicht über das Natürliche und Notwendige hinaus, sondern ist eins mit ihnen. Und darum muss ihr Bild durchaus auf der Linie der Natur bleiben.«

Dieses Kapitel findet Erweiterung in den Texten Seite 29–34.

Homer (griechisch: Homeros) lebte – wenn es ihn überhaupt gab – etwa in der zweiten Hälfte des 8. Jahrhunderts. Die Überlieferung hält ihn für einen blinden Sänger, dem die *Ilias* und *Odyssee* zugeschrieben werden. Damit wäre er der früheste Dichter des Abendlandes. Doch haben beide Epen noch vor Beginn der Schriftlichkeit eine lange und komplizierte mündliche Geschichte erlebt, die strengen Regeln unterlag. Da sich *Ilias* und *Odyssee* jedoch stilistisch und in ihrer Auffassung von Mensch und Welt deutlich unterscheiden, muss für die *Odyssee* eine spätere Entstehungszeit anzunehmen sein.

Die Odyssee schildert die Abenteuer des Königs Odysseus und seiner Gefährten bei ihrer Heimkehr aus dem Trojanischen Krieg nach Ithaka. Die anfangs nur mündliche Überlieferung lässt sich bis in die mykenische Zeit zurückführen. Einen Hinweis darauf gibt die Kennzeichnung der Griechen als »die mit den guten Beinschienen«, die im 2. Jahrtausend v. Chr. noch kein allgemeiner Rüstungsstandard waren und nur Griechen kennzeichneten. Auch gibt es mykenisch belegte Ortsnamen, die den Griechen in historischer Zeit unbekannt waren. Es ist darum eine frühe mündliche Überlieferung anzunehmen, die in mykenischer Zeit ansetzt und bis zur Übernahme des phönizischen Alphabets führt.

Homer: Odyssee. Sechster Gesang

Die *Odyssee* beginnt mit der Anrufung der Muse. Die Eingangsverse in der als klassisch geltenden deutschen Übersetzung von Johann Heinrich Voß aus dem Jahr 1781 lauten:

Sage mir, Muse, die Taten des vielgewanderten Mannes,
Welcher so weit geirrt, nach der heiligen Troja Zerstörung,
Vieler Menschen Städte gesehn, und Sitte gelernt hat,
Und auf dem Meere so viel unnennbare Leiden erduldet,
Seine Seele zu retten und seiner Freunde Zurückkunft.
Aber die Freunde rettet' er nicht, wie eifrig er strebte;
Denn sie bereiteten selbst durch Missetat ihr Verderben:
Toren! welche die Rinder des hohen Sonnenbeherrschers
Schlachteten; siehe, der Gott nahm ihnen den Tag der Zurückkunft.
Sage hiervon auch uns ein weniges, Tochter Kronions.

Doch nun hat der Rat der Götter beschlossen, Odysseus die Heimkehr zu ermöglichen. Der Götterbote Hermes fordert die Nymphe Kalypso auf, Odysseus, den sie sieben Jahre lang auf ihrer Insel zurückgehalten hat, ziehen zu lassen. Auf einem selbstgebauten Floß verlässt Odysseus die Insel. Doch als bereits Land in Sichtweite ist, entfacht sein Widersacher, der Meeresgott Poseidon, einen Sturm, der das Floß schwer beschädigt und zum Kentern bringt. Odysseus rettet sich mit letzter Kraft an die Küste. Nausikaa, des Königs Alkinoos' Tochter, war in der gleichen Nacht von Athene im Traum ermahnt worden, ihre Kleider zu waschen. Sie fährt zum Fluss und spielt nach getaner Arbeit mit ihren Mägden. Odysseus, den der fröhliche Lärm weckt, naht ihr flehend, erhält Pflege und Kleidung, und folgt der Beschützerin bis zum Palast ihrer Eltern. Diese nehmen Odysseus gastfreundlich auf.

Also schlummerte dort der herrliche Dulder Odysseus,
Überwältigt von Schlaf und Arbeit. Aber Athene
Ging hinein in das Land zur Stadt der phäakischen Männer …
Und sie eilte sofort in die prächtige Kammer der Jungfrau,
Wo Nausikaa schlief, des hohen Alkinoos Tochter,
Einer Unsterblichen gleich an Wuchs und reizender Bildung.
Und zwei Mädchen schliefen, geschmückt mit der Grazien Anmut,
Neben den Pfosten, und dicht war die glänzende Pforte verschlossen.

Aber sie schwebte, wie wehende Luft, zum Lager der Jungfrau,
Neigte sich über ihr Haupt, und sprach mit freundlicher Stimme,
Gleich an Gestalt der Tochter des segelkundigen Dymas,
Ihrer liebsten Gespielin, mit ihr von einerlei Alter;
Dieser gleich an Gestalt erschien die Göttin, und sagte:

Liebes Kind, was bist du mir doch ein lässiges Mädchen!
Deine kostbaren Kleider, wie alles im Wuste herumliegt!
Und die Hochzeit steht dir bevor! Da muß doch was Schönes
Sein für dich selber, und die, so dich zum Bräutigam führen!
Denn durch schöne Kleider erlangt man ein gutes Gerüchte
Bei den Leuten; auch freun sich dessen Vater und Mutter.
Laß uns denn eilen und waschen, sobald der Morgen sich rötet!
Ich will deine Gehilfin sein, damit du geschwinder
Fertig werdest; denn Mädchen, du bleibst nicht lange mehr Jungfrau.
Siehe, es werben ja schon die edelsten Jüngling' im Volke
Aller Phäaken um dich; denn du stammst selber von Edlen.
Auf! erinnere noch vor der Morgenröte den Vater,
Daß er mit Mäulern dir den Wagen bespanne, worauf man
Lade die schönen Gewande, die Gürtel und prächtigen Decken.
Auch für dich ist es so bequemer, als wenn du zu Fuße
Gehen wolltest; denn weit von der Stadt sind die Spülen entlegen.

Also redete Zeus' blauäugichte Tochter, und kehrte
Wieder zum hohen Olympos, der Götter ewigem Wohnsitz …
Dorthin kehrte die Göttin, nachdem sie das Mädchen ermahnet.

Und der goldene Morgen erschien, und weckte die Jungfrau
Mit den schönen Gewanden. Sie wunderte sich des Traumes.
Schnell durcheilte sie jetzo die Wohnungen, daß sie den Eltern,
Vater und Mutter, ihn sagte; und fand sie beide zu Hause.
Diese saß an dem Herd', umringt von dienenden Weibern,
Drehend die zierliche Spindel mit purpurner Wolle; und jener
Kam an der Pfort' ihr entgegen: er ging zu der glänzenden Fürsten
Ratsversammlung, wohin die edlen Phäaken ihn riefen.
Und Nausikaa trat zum lieben Vater, und sagte:

Lieber Papa, laß mir doch einen Wagen bespannen,
Hoch, mit hurtigen Rädern; damit ich die kostbare Kleidung,
Die mir im Schmutze liegt, an den Strom hinfahre zum Waschen.
Denn dir selber geziemt es, mit reinen Gewanden bekleidet
In der Ratsversammlung der hohen Phäaken zu sitzen.
Und es wohnen im Haus auch fünf erwachsene Söhne,
Zween von ihnen vermählt, und drei noch blühende Knaben;
Diese wollen beständig mit reiner Wäsche sich schmücken,
Wenn sie zum Reigen gehn; und es kommt doch alles auf mich an.

Also sprach sie, und schämte sich, von der lieblichen Hochzeit
Vor dem Vater zu reden; doch merkt' er alles, und sagte:
Weder die Mäuler, mein Kind, sei'n dir geweigert, noch sonst was.

Odysseus, ein Name nichtgriechischer Herkunft, nimmt schon in der *Ilias* eine Sonderstellung ein. Sein Ansehen im Heer verdankt sich weder reicher Abstammung – er kommt von der armen Insel Ithaka am Westrand der griechischen Welt – noch militärischer Tüchtigkeit, vielmehr allein seiner Intelligenz.

Im Unterschied zu den Helden der *Ilias* beschreibt die *Odyssee* Odysseus mit tieferen seelischen Regungen. Seine Beziehung zu den Eltern, der treuen Gemahlin, den Dienstboten, sogar zu dem alten Hofhund, auch das Heimweh nach dem heimatlichen Herd, schildert das Buch in anrührenden Szenen, ebenso wie die Begegnung mit der schönen Königstochter Nausikaa, die der hier gewählte Ausschnitt vorstellt.

Auch zu seiner Schutzgöttin Athene steht Odysseus in einem vertrauten Verhältnis, wie es den Helden der Ilias noch unbekannt ist. Daneben ist alles Geschehen nicht mehr ein Verhängnis der Götter allein, sondern zugleich vom Verhalten der Menschen abhängig, wenn Unverstand und Frevel Ereignisse heraufbeschwören, die über das von den Göttern bemessene Schicksal hinausgehen. Hier begegnet zum ersten Mal in der griechischen Literatur eine Vorstellung von menschlicher Verantwortlichkeit in der Geschichte.

Die Handlung der *Odyssee* beginnt zunächst zweistrangig. Sie setzt an ihrem äußersten Punkt ein: Odysseus lebt bereits acht Jahre auf der Insel der »göttlichen Kalypso«. Die Gedanken an die ferne Heimat und an seine Gattin Penelope trüben sein Glück. Athene, seine Schutzgöttin, dringt auf einer Götterversammlung, die Heimkehr ihres Schützlings zu fördern. Sie selbst begibt sich in Mannesgestalt nach Ithaka und weckt dort in Odysseus Sohn Telemachos den Wunsch, nach dem verschollenen Vater zu suchen. Die Freier, die seit Jahren in Odysseus' Palast hausen und dessen Besitz verprassen, versuchen den Aufbruch des Sohnes zu verhindern. Da sie bei Penelope jedoch kein Gehör finden, beschließen sie, Telemachos bei seiner Rückkehr zu töten.

Erst jetzt wendet sich die Erzählung wieder Odysseus zu. Auf Beschluss einer weiteren Götterversammlung erklärt sich Kalypso bereit, für Odysseus ein Floß bauen zu lassen. Schon nach fünf Tagen kann er darauf die Segel setzen, doch am achtzehnten Tag der Seefahrt geht das Floß in einem schrecklichen Sturm, den Poseidon geschickt hat, zu Bruch. Odysseus rettet sich schwimmend ans Ufer und fällt dort in einen tiefen Schlaf.

Hier setzt nun die Szene ein, die nebenstehend erzählt wird. Anschließend führt Nausikaa Odysseus in den Palast ihres Vaters, wo er freundliche Aufnahme findet und die Geschichte seiner Irrfahrten erzählen kann: seine Erlebnisse bei den Kikonen, den Lotophagen und den Kyklopen, von der Blendung des Polyphem, die den Zorn Poseidons verursachte, vom Aufenthalt bei der Zauberin Kirke, die Odysseus' Gefährten in Schweine verwandelte, von den verführerischen Sirenen, den Seeungeheuern Skylla und Charybdis, dem frevelhaften Diebstahl der heiligen Rinderherden des Sonnengottes Helios …

Reich beschenkt verlässt Odysseus das Phäakenland und findet sich nach einer wundersamen nächtlichen Fahrt am Strand von Ithaka wieder. Seine Schutzgöttin Athene verleiht ihm das Aussehen eines Bettlers und berät ihm, wie er die dreisten 88 Freier im eigenen Haus täuschen und überwinden könne. Das weitere Geschehen seiner zunächst inkognito verbleibenden Rückkehr, die Gespräche mit der Gattin Penelope, die ihn in seiner Bettlergestalt nicht wiedererkennt, der Kampf mit den Freiern, bis zu dem schließlich von Athene gestifteten Frieden zwischen Volk und Herrscher – in den Gesängen 13 bis 24 erzählt – lässt sich hier nur andeuten.

Homers Menschen

Albrecht Dihle, Professor für Klassische Philologie, charakterisiert Homers Menschen als eindimensionale Lebewesen: »Es fehlt ihnen die psychische Tiefendimension, und darum schließt ihr Reden und Handeln ihr ganzes Wesen ein. Zwar gibt es in der homerischen Sprache ein reiches psychologisches Vokabular, mit dessen Hilfe man rationale und irrationale Kräfte des Menschen klar voneinander trennen und bezeichnen kann … Aber die Reflexion sucht nicht zu psychologischen Sammelbegriffen zu gelangen, sondern nur die einzelnen Handlungen selbst zu erhellen.

Die Menschen Homers kennen kein für ihre moralischen Maßstäbe wesentliches Nachleben nach dem Tod. Der Sinn ihres Lebens erschöpft sich hier auf der Erde. Mit dem

Geh, es sollen die Knechte dir einen Wagen bespannen,
Hoch, mit hurtigen Rädern, und einem geflochtenen Korbe.

Also sprach er, und rief; und schnell gehorchten die Knechte,
Rüsteten außer der Halle den Wagen mit rollenden Rädern,
Führten die Mäuler hinzu, und spanneten sie an die Deichsel.
Und Nausikaa trug die köstlichen feinen Gewande
Aus der Kammer, und legte sie auf den zierlichen Wagen.
Aber die Mutter legt' ihr allerlei süßes Gebacknes
Und Gemüs' in ein Körbchen, und gab ihr des edelsten Weines
Im geißledernen Schlauch; (und die Jungfrau stieg auf den Wagen;)

Und Nausikaa nahm die Geißel und purpurnen Zügel;
Treibend schwang sie die Geißel: und hurtig mit lautem Gepolter
Trabten die Mäuler dahin, und zogen die Wäsch' und die Jungfrau,
Nicht sie allein, sie wurde von ihren Mägden begleitet.

Als sie nun das Gestade des herrlichen Stromes erreichten,
Wo sich in rinnende Spülen die nimmerversiegende Fülle
Schöner Gewässer ergoß, die schmutzigsten Flecken zu säubern;
Spannten die Jungfraun schnell von des Wagens Deichsel die Mäuler,
Ließen sie an dem Gestade des silberwirbelnden Stromes
Weiden im süßen Klee, und nahmen vom Wagen die Kleidung,
Trugen sie Stück für Stück in der Gruben dunkles Gewässer,
Stampften sie drein mit den Füßen, und eiferten untereinander.
Als sie ihr Zeug nun gewaschen und alle Flecken gereinigt,
Breiteten sie's in Reihen am warmen Ufer des Meeres,
Wo die Woge den Strand mit glatten Kieseln bespület.
Und nachdem sie gebadet und sich mit Öle gesalbet,
Setzten sie sich zum Mahl am grünen Gestade des Stromes,
Harrend, bis ihre Gewand' am Strahle der Sonne getrocknet.
Als sich Nausikaa jetzt und die Dirnen mit Speise gesättigt,
Spieleten sie mit dem Ball, und nahmen die Schleier vom Haupte.
Unter den Fröhlichen hub die schöne Fürstin ein Lied an …
Also ragte vor allen die hohe blühende Jungfrau.

Aber da sie nunmehr sich rüstete, wieder zur Heimfahrt
Anzuspannen die Mäuler, und ihre Gewande zu falten;
Da ratschlagete Zeus' blauäugichte Tochter Athene,
Wie Odysseus erwachte, und sähe die liebliche Jungfrau,
Daß sie den Weg ihn führte zur Stadt der phäakischen Männer.
Und Nausikaa warf den Ball auf eine der Dirnen;
Dieser verfehlte die Dirn', und fiel in die wirbelnde Tiefe;
Und laut kreischten sie auf. Da erwachte der edle Odysseus,
Sitzend dacht' er umher im zweifelnden Herzen, und sagte:

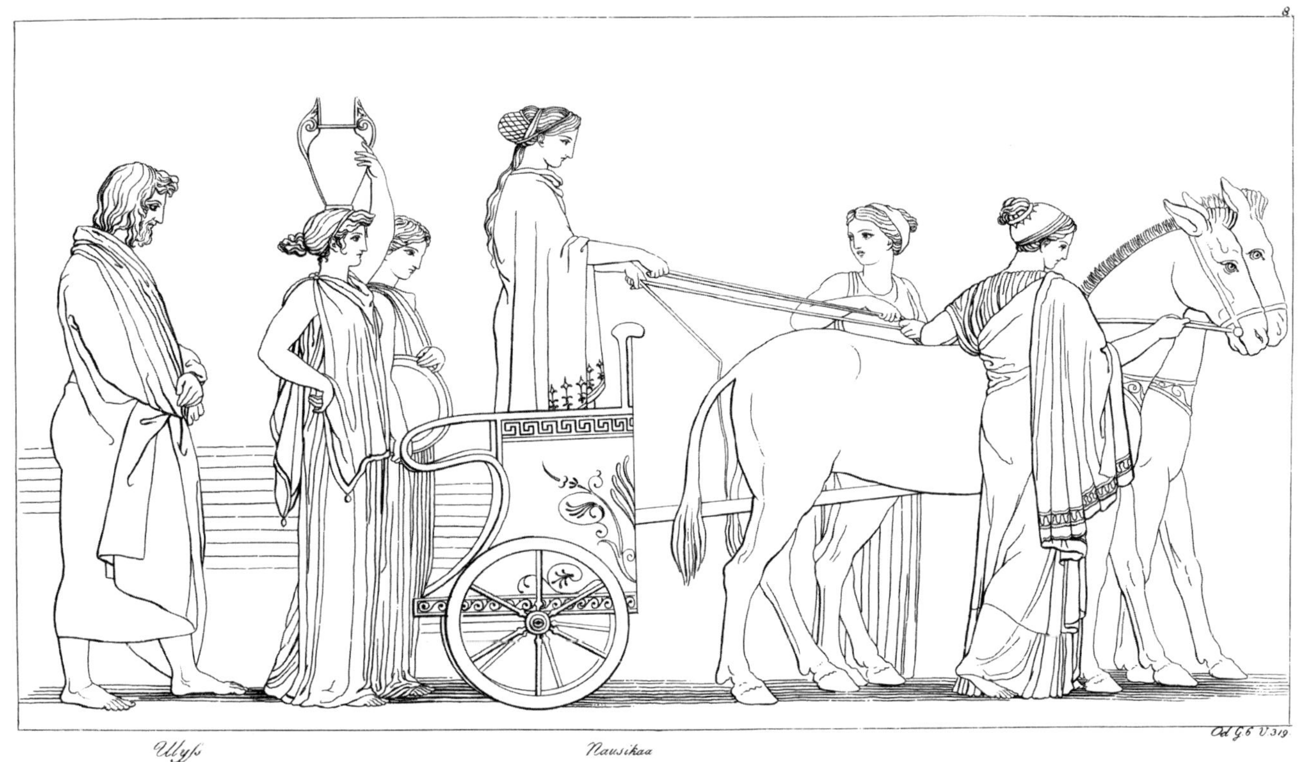

Weh mir! zu welchem Volke bin ich nun wieder gekommen?
Sind's unmenschliche Räuber und sittenlose Barbaren;
Oder Diener der Götter, und Freunde des heiligen Gastrechts?
Eben umtönte mich ein Weibergekreisch, wie der Nymphen,
Welche die steilen Häupter der Felsengebirge bewohnen,
Und die Quellen der Flüsse und grasbewachsenen Täler!
Bin ich hier etwa nahe bei redenden Menschenkindern?
Auf! ich selber will hin, und zusehn, was es bedeute!

Also sprach er, und kroch aus dem Dickicht, der edle Odysseus,
Brach mit der starken Faust sich aus dem dichten Gebüsche
Einen laubichten Zweig, des Mannes Blöße zu decken,
Ging dann einher, wie ein Leu des Gebirgs, voll Kühnheit und Stärke,
Welcher durch Regen und Sturm hinwandelt; die Augen im Haupte
Brennen ihm; furchtbar geht er zu Rindern oder zu Schafen,
Oder zu flüchtigen Hirschen des Waldes; ihn spornet der Hunger
Selbst in verschlossene Höf', ein kleines Vieh zu erhaschen:
Also ging der Held, in den Kreis schönlockiger Jungfraun
Sich zu mischen, so nackend er war; ihn spornte die Not an.
Furchtbar erschien er den Mädchen, vom Schlamm des Meeres besudelt;
Hiehin und dorthin entflohn sie, und bargen sich hinter die Hügel.
Nur Nausikaa blieb. Ihr hatte Pallas Athene
Mut in die Seele gehaucht, und die Furcht den Gliedern entnommen.
Und sie stand, und erwartete ihn. Da zweifelt' Odysseus:
Ob er flehend umfaßte die Kniee der reizenden Jungfrau,

Tod fällt der Mensch selbst den ›Hunden und Katzen‹ anheim, seine Psyche aber, die eben nicht seine Seele ist, führt in der Unterwelt eine nichtige, wertlose Existenz, mit der Achilles gern das Dasein des ärmsten Tagelöhners vertauschen möchte. Dieser Beschränkung auf das Diesseits entspricht die ungeteilte Freude über Gutes und die ungehemmte Trauer über Schlimmes, deren der Mensch Homers fähig ist. Kein Leiden und kein Tun wird im Hinblick auf eine jenseitige Wirklichkeit relativiert. Mit Würde und Anstand heißt es, das zu tun oder zu erleiden, was Sitte und Ehre verlangt …

Da der homerische Held keine innere Instanz – kein Gewissen oder dergleichen – kennt, vor dem er sein Tun und Lassen unabhängig vom Urteil der Umwelt prüfen kann, steht und fällt seine moralische Existenz mit der Anerkennung durch die Gesellschaft, in der er lebt. Körperkraft und Schönheit gehören ebenso zur Verwirklichung seiner Person wie Erfolg, Reichtum und Ruhm. Die Ehre, die er besitzt, drückt sich vorwiegend in den materiellen Zuwendungen aus, deren ihn die Standesgenossen würdigen … Das Wort, das im späteren Griechisch freundschaftliche und liebevolle Zuneigung bedeutet, kann bei Homer ganz konkret den Akt der Bewirtung bezeichnen. Gesinnung gibt es nicht ohne ihren unmittelbaren Ausdruck im Handeln.«

Oder, so wie er war, von ferne mit schmeichelnden Worten
Bäte, daß sie die Stadt ihm zeigt', und Kleider ihm schenkte.
Dieser Gedanke schien dem Zweifelnden endlich der beste.
So wie er war, von ferne mit schmeichelnden Worten zu flehen;
Daß ihm das Mädchen nicht zürnte, wenn er die Kniee berührte.
Schmeichelnd begann er sogleich die schlau ersonnenen Worte:

Hohe, dir fleh ich; du seist eine Göttin, oder ein Mädchen!
Bist du eine der Göttinnen, welche den Himmel beherrschen;
Siehe so scheinst du mir der Tochter des großen Kronions
Artemis gleich an Gestalt, an Größe und reizender Bildung!
Bist du eine der Sterblichen, welche die Erde bewohnen;
Dreimal selig dein Vater und deine treffliche Mutter,
Dreimal selig die Brüder! Ihr Herz muß ja immer von hoher
Überschwenglicher Wonne bei deiner Schöne sich heben,
Wenn sie sehn, wie ein solches Gewächs zum Reigen einhergeht!
Aber keiner ermißt die Wonne des seligen Jünglings,
Der, nach großen Geschenken, als Braut zu Hause dich führet!
Denn ich sahe noch nie solch einen sterblichen Menschen,
Weder Mann noch Weib! Mit Staunen erfüllt mich der Anblick! (...)

Also bewundre ich dich, und staun', und zittre vor Ehrfurcht,
Deine Kniee zu rühren! Doch groß ist mein Elend, o Jungfrau!
Gestern am zwanzigsten Tag entfloh ich dem dunkeln Gewässer;
Denn so lange trieb mich die Flut und die wirbelnden Stürme
Von der ogygischen Insel. Nun warf ein Dämon mich hieher,
Daß ich auch hier noch dulde! Denn noch erwart' ich des Leidens
Ende nicht; mir ward viel mehr von den Göttern beschieden!
Aber erbarme dich, Hohe! Denn nach unendlicher Trübsal
Fand ich am ersten dich, und kenne der übrigen Menschen
Keinen, welche die Stadt und diese Gefilde bewohnen.
Zeige mich hin zur Stadt, und gib mir ein Stück zur Bedeckung,
Etwa ein Wickeltuch, worin du die Wäsche gebracht hast!
Mögen die Götter dir schenken, so viel dein Herz nur begehret,
Einen Mann und ein Haus, und euch mit seliger Eintracht
Segnen! Denn nichts ist besser und wünschenswerter auf Erden,
Als wenn Mann und Weib, in herzlicher Liebe vereinigt,
Ruhig ihr Haus verwalten: den Feinden ein kränkender Anblick,
Aber Wonne den Freunden; und mehr noch genießen sie selber!

Ihm antwortete drauf die lilienarmige Jungfrau:
Keinem geringen Manne noch törichten gleichst du, o Fremdling.
Aber der Gott des Olympos erteilet selber den Menschen,
Vornehm oder geringe, nach seinem Gefallen ihr Schicksal.
Dieser beschied dir dein Los, und dir geziemt es zu dulden.

Die Götter Homers

In der Beschreibung und Wertschätzung der altgriechischen Götterwelt gibt es kaum krassere Unterschiede als im Vergleich der Religionsphilologen.

Der Heidelberger Klassische Philologe Albrecht Dihle (geb. 1923) wertet: »Diese Götter nun, die sich unmittelbar am Streit der Menschen beteiligen, die wie sie weinen und lachen, ja die ›stehlen, huren und betrügen‹, wie es ein Dichter des 6. Jh. v. Chr. entrüstet ausdrückt, sind nichts als eine erhöhte Adelsgesellschaft, in der es den König und die Königin mit ihrem Hofstaat gibt, samt den mehr oder weniger unbotmäßigen Adligen mit ihren sehr verschiedenen Vorlieben, Abneigungen, Vorzügen und Schwächen. Freilich sind sie allesamt größer, stärker, mächtiger und darum auch unberechenbarer als die Menschen … Die Menschen haben ihr Geschick zu erfüllen … Die Götter hingegen setzen sich nach heftigem Streit zum gemeinsamen frohen Mahl nieder, als sei nichts geschehen. Sie sind an kein Verhängnis gebunden, das sich aus ihren Taten ergibt, und lassen die Menschen in ihrer Not allein …«

Anders der Tübinger Altphilologe Walter F. Otto (1874–1958): »Es gibt kein zweites Bild der Welt, in dem das irdische und menschliche Dasein so erfüllt von der Gegenwart des Göttlichen wäre, keine zweite menschliche Gesellschaft, die der Gottheit mit solcher Treue und Ehrerbietung in dem auch nur einigermaßen bedeutenden Augenblick ihres Daseins gedächte …

Wir schlagen den Homer auf. Was er auch immer vor unseren Augen gestaltet, nirgends

Jetzt, da du unserer Stadt und unsern Gefilden dich nahest,
Soll es weder an Kleidung, noch etwas anderm, dir mangeln,
Was unglücklichen Fremden, die Hilfe suchen, gebühret.
Zeigen will ich die Stadt, und des Volkes Namen dir sagen:
Wir Phäaken bewohnen die Stadt und diese Gefilde.
Aber ich selber bin des hohen Alkinoos' Tochter,
Dem des phäakischen Volkes Gewalt und Stärke vertraut ist.

Also sprach sie, und rief den schöngelockten Gespielen:
Dirnen, steht mir doch still! wo fliehet ihr hin vor dem Manne?
Meinet ihr etwa, er komme zu uns in feindlicher Absicht?
Wahrlich, der lebt noch nicht, und niemals wird er geboren,
Welcher käm' in das Land der phäakischen Männer, mit Feindschaft
Unsre Ruhe zu stören; denn sehr geliebt von den Göttern,
Wohnen wir abgesondert im wogenrauschenden Meere,
An dem Ende der Welt, und haben mit keinem Gemeinschaft.
Nein, er kommt zu uns, ein armer irrender Fremdling,
Dessen man pflegen muß. Denn Zeus gehören ja alle
Fremdling' und Darbende an; und kleine Gaben erfreun auch.
Kommt denn, ihr Dirnen, und gebt dem Manne zu essen und trinken;
Und dann badet ihn unten im Fluß, wo Schutz vor dem Wind ist.

Also sprach sie. Da standen sie still, und riefen einander,
Führten Odysseus hinab zum schattigen Ufer des Stromes,
Wie es Nausikaa hieß, des hohen Alkinoos' Tochter;
Legten ihm einen Mantel und Leibrock hin zur Bedeckung,
Gaben ihm auch geschmeidiges Öl in goldener Flasche,
Und geboten ihm jetzt, in den Wellen des Flusses zu baden.
Und zu den Jungfraun sprach der göttergleiche Odysseus:
Tretet ein wenig beiseit', ihr Mädchen, daß ich mir selber
Von den Schultern das Salz abspül', und mich ringsum mit Öle
Salbe; denn wahrlich schon lang entbehr' ich dieser Erfrischung!
Aber ich bade mich nimmer vor euch, ich würde mich schämen,
Nackend zu stehn, in Gegenwart schönlockiger Jungfraun.

Also sprach er, sie gingen beiseit', und sagten's der Fürstin.
Und nun wusch in dem Strom der edle Dulder das Meersalz,
Welches den Rücken ihm und die breiten Schultern bedeckte,
Rieb sich dann von dem Haupte den Schaum der wüsten Gewässer.
Und nachdem er gebadet, und sich mit Öle gesalbet;
Zog er die Kleider an, die Geschenke der blühenden Jungfrau.
Siehe da schuf ihn Athene, die Tochter des großen Kronions,
Höher und jugendlicher an Wuchs, und goß von der Scheitel
Ringelnde Locken herab, wie der Purpurlilien Blüte.

fehlt der Ausdruck frommer Ehrfurcht. Aber es ist eine Ehrfurcht vor der Natur. Gerade das, was dem regelmäßigen Lauf der Dinge angehört und auf uns keinen tiefen Eindruck zu machen pflegt, heißt hier ›heilig‹ und ›göttlich‹; der Tag, der Abend, die Nacht, der Schlaf, Erde, Himmel, Länder, Städte, Meer und Flüsse, Getreide, Ölbaum und Wein … Wir wissen von dieser Genialitätsepoche, die für das ganze spätere Griechentum entscheidend war, nur das Eine, dass damals die olympischen Götter erschienen sind, so wie das homerische Zeitalter sie kennt und verehrt. Das Auftreten dieser Götter bedeutet die Selbstfindung des griechischen Geistes … Jene ›alten‹ Götter waren keine Himmelsbewohner, sondern ehrwürdige Nachbarn der Menschen, deren Felder und Wohnungen sie segnend besuchten, voll mütterlicher Güte und Weisheit, aber finster und unerbittlich, wenn ihre uraltheiligen Rechte verletzt wurden.«

Aber das Göttliche »vermenschlicht sich nicht, wie im christlichen Glauben, aus herablassendem Erbarmen«, vielmehr ist hier die Vollendung und Schönheit des Menschen ein Gleichnis des Göttlichen, dessen leibhafte Erscheinung. Darum meint Otto, der Mensch wachse mit der Vollendung seiner Leibes- und Geistesgestalt dem Göttlichen entgegen. Im Bild der griechischen Götter spreche Leben zum Leben und zeige sich darin, dass in der griechischen Kultur auf allen Gebieten Leben als Gestaltung, Entdeckung und Eroberung hervortrat.

Johann Heinrich Voß (1751–1826), deutscher Dichter und Übersetzer der *Ilias* und *Odyssee* sowie weiterer griechischer und römischer Klassiker.

Sein Großvater war noch ein aus der Leibeigenschaft entlassener Handwerker, sein Vater ein »Landmann«. Die Herkunft aus der untersten Gesellschaftsschicht prägte Voß sein Leben lang. Er studierte in Göttingen Theologie und Philologie, vor allem Gräzistik, und wurde der führende Geist des ersten deutschen Dichterkreises, des berühmten Göttinger Hainbundes.

Seine Übersetzungen der *Ilias* und *Odyssee* belegen profunde Gelehrsamkeit und Kenntnis der antiken Sprachen und Verskunst und zugleich die vollendete Beherrschung der deutschen Sprache.

Die berühmtesten seiner Übersetzungen sind die der homerischen Epen. Seine Übersetzung der *Odyssee* erschien 1781 »auf Kosten des Verfassers«. Deren einprägsame, bildhafte Sprache hat Generationen deutscher Leser mit Homer vertraut gemacht. Dieser Leistung verdankt er seinen Platz in der deutschen Literatur.

Voß übersetzte auch Hesiod, Theokrit, Vergil, Ovid, Horaz und andere klassische Dichter. Daneben übersetzte er 1782–1785 Antoine Gallands französische Übertragung der Erzählungen aus *Tausendundeiner Nacht*, die erste deutsche Fassung überhaupt. 1818 bis 1829 veröffentlichte er in neun Bänden eine Übersetzung der Dramen William Shakespeares zusammen mit seinen Söhnen Heinrich und Abraham.

Also umgoß die Göttin ihm Haupt und Schultern mit Anmut.
Und er ging ans Ufer des Meers, und setzte sich nieder,
Strahlend von Schönheit und Reiz. Mit Staunen sah ihn die Jungfrau
Leise begann sie, und sprach zu den schöngelockten Gespielen:
Höret mich an, weißarmige Mädchen, was ich euch sage!
Nicht von allen Göttern verfolgt, die den Himmel bewohnen,
Kam der Mann in das Land der göttergleichen Phäaken!
Anfangs schien er gering und unbedeutend von Ansehn;
Jetzo gleicht er den Göttern, des weiten Himmels Bewohnern.
Würde mir doch ein Gemahl von solcher Bildung bescheret,
Unter den Fürsten des Volks; und gefiel es ihm selber zu bleiben!
Aber, ihr Mädchen, gebt dem Manne zu essen und trinken.

Also sprach sie; ihr hörten die Mägde mit Fleiß, und gehorchten:
Nahmen des Tranks und der Speis', und brachten's dem Fremdling am Ufer.
Und nun aß er und trank, der herrliche Dulder Odysseus,
Voller Begier, denn er hatte schon lange nicht Speise gekostet.
Und ein Neues ersann die lilienarmige Jungfrau:
Lud auf den zierlichen Wagen die wohlgefalteten Kleider,
Spannte davor die Mäuler mit starken Hufen, bestieg ihn,
Und ermunterte dann Odysseus, rief ihm und sagte:

Fremdling, mache dich auf, in die Stadt zu gehen! Ich will dich
Führen zu meines Vaters, des weisen Helden, Palaste,
Wo du auch sehen wirst die edelsten aller Phäaken.
Tu nur, was ich dir sage; du scheinst mir nicht unverständig.
Siehe, so lange der Weg durch Felder und Saaten dahingeht,
Folge mit meinen Mägden dem mäulerbespanneten Wagen
Hurtig zu Fuße nach, wie ich im Wagen euch fahre.
Aber sobald wir die Stadt erreichen, welche die hohe
Mauer umringt: (An jeglicher Seit' ist ein trefflicher Hafen,
Und die Einfahrt schmal; denn gleichgezimmerte Schiffe
Engen den Weg, und ruhn, ein jedes auf seinem Gestelle.
Allda ist auch ein Markt um den schönen Tempel Poseidons,
Ringsumher mit großen gehauenen Steinen gepflastert;
Wo man alle Geräte der schwarzen Schiffe bereitet,
Segeltücher und Seile, und schöngeglättete Ruder.
Denn die Phäaken kümmern sich nicht um Köcher und Bogen;
Aber Masten und Ruder und gleichgezimmerte Schiffe,
Diese sind ihre Freude, womit sie die Meere durchfliegen.)

Siehe, da mied' ich gerne die bösen Geschwätze, daß niemand
Uns nachhöhnte; man ist sehr übermütig im Volke!
Denn es sagte vielleicht ein Niedriger, der uns begegnet:

Seht doch, was folgt Nausikaen dort für ein schöner und großer
Fremdling? Wo fand sie den? Der soll gewiß ihr Gemahl sein!
Holte sie diesen vielleicht aus seinem Schiffe, das fernher
Sturm und Woge verschlug? Denn nahe wohnet uns niemand.
Oder kam gar ein Gott auf ihr inbrünstiges Flehen
Hoch vom Himmel herab, bei ihr zeitlebens zu bleiben?
Besser war's, daß sie selber hinausging, sich aus der Fremde
Einen Gemahl zu suchen; denn unsre phäakischen Freier
Sind ihr wahrlich zu schlecht, die vielen Söhne der Edeln!

Also sagten die Leut', und es wär' auch wider den Wohlstand.
Denn ich tadelte selber an andern solches Verfahren,
Wenn man, der Eltern Liebe mit Ungehorsam belohnend,
Sich zu Männern gesellte vor öffentlicher Vermählung.
Aber vernimm, o Fremdling, was ich dir rate; wofern du
Wünschest, daß bald mein Vater in deine Heimat dich sende.
Nah am Weg' ist ein Pappelgehölz, Athenen geheiligt.
Ihm entsprudelt ein Quell, und tränkt die grünende Wiese,
Wo mein Vater ein Haus mit fruchtbaren Gärten gebaut hat,
Nur so weit von der Stadt, wie die Stimme des Rufenden schallet.
Allda setze dich nieder im Schatten des Haines, und warte,
Bis wir kommen zur Stadt, und des Vaters Wohnung erreichen.
Aber sobald du meinst, daß wir die Wohnung erreichet;
Mache dich auf, und gehe zur Stadt der Phäaken, und frage
Dort nach meines Vaters, des hohen Alkinoos', Wohnung.
Leicht ist diese zu kennen, der kleinste Knab' auf der Gasse
Führet dich hin. Denn nicht auf gleiche Weise gebauet
Sind der Phäaken Paläste; des Helden Alkinoos' Wohnung
Strahlt vor allen. Und bist du im ringsumbaueten Vorhof,
Dann durcheile den Saal, und geh zur inneren Wohnung
Meiner Mutter. Sie sitzt am glänzenden Feuer des Herdes,
Drehend die zierliche Spindel mit purpurfarbener Wolle,
An die Säule gelehnt; und hinter ihr sitzen die Jungfraun.
Neben ihr steht ein Thron für meinen Vater, den König,
Wo er, wie ein Unsterblicher, ruht, und mit Weine sich labet.
Diesen gehe vorbei, und umfasse mit flehenden Händen
Unserer Mutter Kniee; damit du den Tag der Zurückkunft
Freudig sehest und bald, du wohnest auch ferne von hinnen.
Denn ist diese dir nur in ihrem Herzen gewogen,
O dann hoffe getrost, die Freunde wiederzusehen,
Und dein prächtiges Haus, und deiner Väter Gefilde!

Also sprach die Fürstin, und zwang mit glänzender Geißel
Ihre Mäuler zum Lauf; sie enteilten dem Ufer des Stromes,
Trabten hurtig von dannen, und bogen behende die Schenkel.

John Flaxman (1755–1826), britischer Bildhauer und Zeichner, schuf zwei Zyklen mit Illustrationen zur *Ilias* und *Odyssee*, die sich auf klare Konturen beschränken. Trotz dieser extremen Beschränkung der Mittel wirken seine Bilder keineswegs leer. Gerade in ihrer einfach erscheinenden Leichtigkeit entfalten sie eine große Intensität.

Als die Zeichnungen 1793 in Rom erschienen, begeisterten sie in ihrer Klarheit die Zeitgenossen und lösten eine Mode in Umrisszeichnungen aus. Der deutsche Romantiker August Wilhelm Schlegel lobte in einem Essay Flaxmans Arbeiten. Sie seien »mit so viel Verstand, Geist und klassischem Schönheitssinn ausgeführt, dass man ihn in seiner Gattung Erfinder nennen« könne. Die Zeichnungen wurden hinfort stilbildend für weitere Künstler.

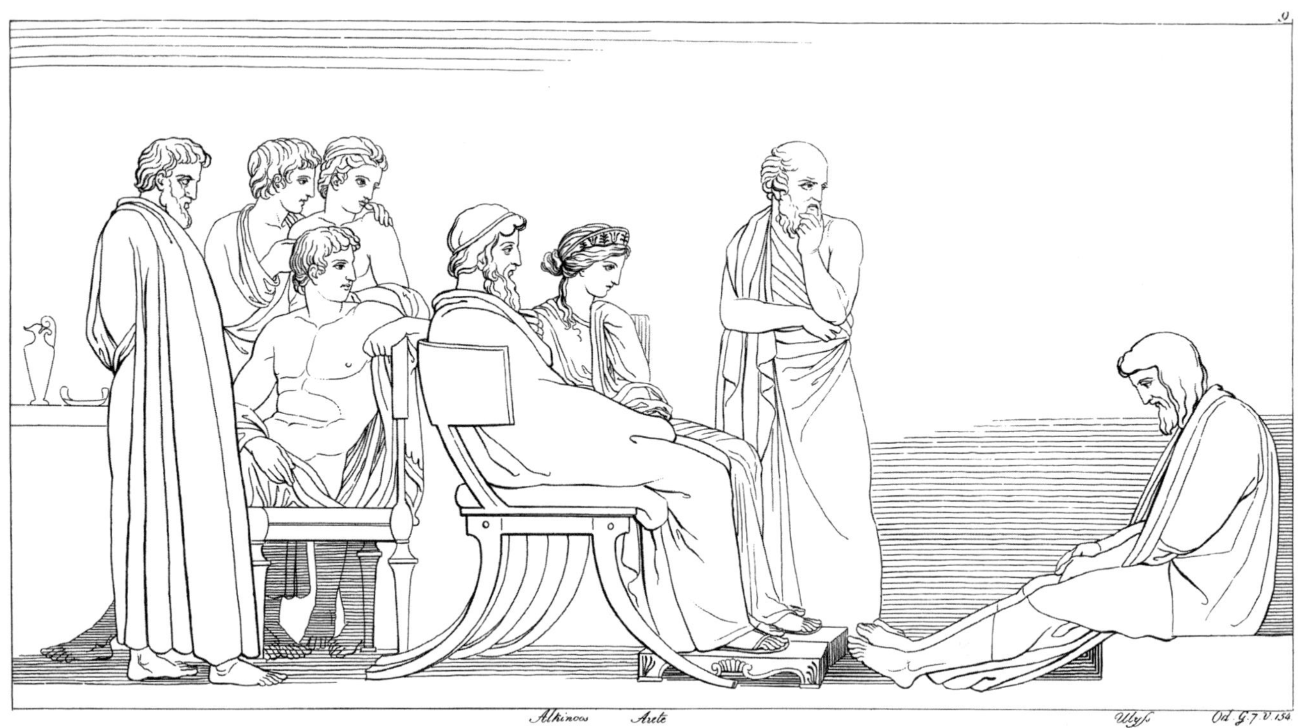

Der bedeutende englische Bildhauer und Zeichner John Flaxman schuf 1793/95 eine Aufsehen erregende Bildfolge zu Homers Epen. Durch den bewussten Verzicht auf Farbe und die Betonung der Linie gelangen ihm Illustrationen, die bis heute seinen Ruhm begründen.

Seite 179: Nausikaa geleitet Odysseus zur Stadt.

Oben: Odysseus wird von Alkinoos gastlich aufgenommen.

Aber sie hielt sie im Zügel, damit ihr die Gehenden folgten,
Ihre Mägd' und Odysseus, und schwang die Geißel mit Klugheit.
Und die Sonne sank; und sie kamen zum schönen Gehölze,
Pallas' heiligem Hain. Hier setzt' Odysseus sich nieder.
Und er betete schnell zur Tochter des großen Kronions:
Höre mich, siegende Tochter des wetterleuchtenden Gottes!

Höre mich endlich einmal, da du vormals nimmer mich hörtest,
Als der gestadumstürmende Gott mich zürnend umherwarf!
Laß mich vor diesem Volk Barmherzigkeit finden und Gnade!
Also sprach er flehend; ihn hörete Pallas Athene.
Aber noch erschien sie ihm nicht; sie scheute den Bruder
Ihres Vaters: er zürnte dem göttergleichen Odysseus
Unablässig, bevor er die Heimat wieder erreichte.

Im zentralen Teil des Epos erzählt Odysseus dann im Haus des Phäakenkönigs Alkinoos die Geschichte seiner Irrfahrten.

Platon: Sokrates' Verteidigung

Von dem Prozess des Sokrates 399 v. Chr. berichten – zum Teil nicht übereinstimmend – seine Schüler Platon und Xenophon. Sie schildern Sokrates im Sinne ihrer eigenen Ziele: Xenophon will Sokrates' konventionelle Frömmigkeit und Tugend betonen, Platon ihn als ein Muster des philosophischen Lebens zeigen. Beide waren bei Sokrates' Tod nicht anwesend. Allerdings wird die Darstellung Platons, der als Prozessbeobachter die Selbstverteidigung des Sokrates in der *Apologie* ausführlich wiedergegeben hat, als authentisch angesehen. Um Prozess und Tod des Sokrates geht es auch in Platons Dialogen *Kriton* und *Phaidon*.

Sokrates agierte vor Gericht durch ein »gnadenlos bohrendes« Fragen und Nachfragen. Den Vorwurf, er verderbe die Jugend, beantwortete er mit einer Bloßstellung des Anklägers Meletos, in die auch die Geschworenen und schließlich alle Bürger Athens verwickelt wurden, als er den Meletos mit der Frage in die Enge trieb, wer denn nun wirklich für die Besserung der Jugend sorge, um dann sein Fazit zu ziehen: »Du aber, Meletos, beweist hinlänglich, dass du dir noch niemals Gedanken um die Jugend gemacht hast, und sichtbar stellst du deine Gleichgültigkeit zur Schau, dass du dich um nichts wegen der Dinge bekümmert hast, derentwegen du mich vor das Gericht bringst.«

Auch die Anklage wegen Gottlosigkeit wies er zurück. Er gehorche stets seinem *Daimonion*, das er als göttliche Stimme vorstellte, die ihn gelegentlich vor bestimmten Handlungen warne. Den Geschworenen legte er dar, dass er sich keinesfalls darauf einlassen werde, freizukommen mit der Auflage, sein öffentliches Philosophieren einzustellen: »Wenn ihr mich also auf eine so abgefasste Bedingung freilassen wolltet, so würde ich antworten: Ich schätze euch, Männer Athens, und liebe euch, gehorchen aber werde ich mehr dem Gotte als euch, und solange ich atme und Kraft habe, werde ich nicht ablassen, zu philosophieren und euch zu befeuern …«

Gegen Meletos aber, den guten und vaterlandsliebenden, wie er ja sagt, und gegen die Späteren will ich hiernächst versuchen, mich zu verteidigen. Also lasst uns nun auch ihre beschworene Klage vornehmen. Sie lautet aber etwa so: Sokrates, sagt er, frevle, indem er die Jugend verderbe und die Götter, welche der Staat annimmt, nicht annehme, sondern Anderes, Neues, Dämonisches. Das ist die Beschuldigung, und von dieser Beschuldigung wollen wir nun jedes einzelne untersuchen. Er sagt also, ich frevle durch Verderb der Jugend. Ich aber, ihr Athener, sage, Meletos frevelt, indem er mit ernsthaften Dingen Scherz treibt und leichtsinnig Menschen aufs Leben anklagt und sich eifrig und besorgt anstellt für Gegenstände, um die sich doch dieser Mann nie im geringsten gekümmert hat.

Her also zu mir, Meletos, und sprich! Nicht wahr, dir ist das sehr wichtig, dass die Jugend aufs beste gedeihe?

Sokrates (469–399 v. Chr.), der für das abendländische Denken grundlegende griechische Philosoph. Er hinterließ keine schriftlichen Werke. Die Überlieferung seines Lebens und Denkens beruht hauptsächlich auf den Schriften seiner Schüler Platon und Xenophon. Sie verfassten sokratische Dialoge und betonten darin unterschiedliche Züge seiner Lehre. Jede Darstellung des historischen Sokrates und seiner Philosophie ist deshalb lückenhaft und mit Unsicherheiten verbunden.

Sokrates' herausragende Bedeutung zeigt sich vor allem in seiner nachhaltigen Wirkung innerhalb der Philosophiegeschichte, aber auch darin, dass die griechischen Denker vor ihm heute als Vorsokratiker bezeichnet werden. Zu seinem Nachruhm trug wesentlich bei, dass er das gegen ihn verhängte Todesurteil wegen angeblich verderblichen Einflusses auf die Jugend sowie Missachtung der Götter akzeptierte und eine Fluchtmöglichkeit aus Respekt vor den Gesetzen nicht wahrnahm. Bis zur Hinrichtung durch den Schierlingsbecher beschäftigten ihn und die zu Besuch im Gefängnis weilenden Freunde und Schüler philosophische Fragen. Nahezu alle bedeutenden philosophischen Schulen der Antike haben sich auf Sokrates berufen. Michel de Montaigne nannte ihn im 16. Jahrhundert den »Meister aller Meister«, und noch Karl Jaspers schrieb: »Sokrates vor Augen zu haben, ist eine der unerlässlichen Voraussetzungen unseres Philosophierens.«

Mir freilich.

So komm also und sage diesen, wer sie denn besser macht? Denn offenbar weißt du es doch, da es dir so angelegen ist. Denn den Verderber hast du wohl aufgefunden, mich, wie du behauptest, und vor diese hergeführt und verklagt, so komm denn und nenne ihnen auch den Besserer und zeige an, wer es denn ist! Siehst du, Meletos, wie du schweigst und nichts zu sagen weißt? Dünkt dich denn das nicht schändlich zu sein und Beweis genug für das, was ich sage, dass du dich hierum nie gekümmert hast? So sage doch, du Guter, wer macht sie besser?

Die »Gottlosigkeit« des Sokrates

»Frevel gegen die Götter« oder »Unfrömmigkeit«, *asébeia* genannt, war ein Straftatbestand im antiken Griechenland. Asebie wurde schon Anaxagoras (um 500–428 v. Chr.) vorgeworfen, der die Sonne für einen glühenden Stein und nicht für einen Gott hielt. Als Protagoras (490–420) schrieb, er wisse von den Göttern weder zu sagen, ob sie seien, noch ob sie nicht seien, galt ihm die gleiche Anklage. Dabei verfolgte der Asebievorwurf nicht die private Gesinnung, sondern die öffentliche Verweigerung der den Göttern zukommenden Ehrerbietung.

Auch das Lächerlichmachen der staatlich anerkannten Götter stellte einen Angriff auf die Staatsreligion dar, der unter die Asebie fiel. So wurde Alkibiades die Verhöhnung der Göttin Demeter und Kora durch Nachäffen der Mysterien vorgeworfen. Benutzt wurde der Vorwurf der Gottlosigkeit allerdings auch, um nichtwillkommene Gegenspieler der Konservativen abzustrafen.

Der Anklagevorwurf gegen Sokrates, er verderbe die Jugend, sieht das Infragestellen der hergebrachten Werte der Gemeinschaft als Asebie an. Der Prozess fand im Frühjahr 399 v. Chr. statt. Meletos, ein damals noch ziemlich unbekannter junger Mann, hatte die Klageschrift verfasst. Der Prozess war öffentlich, eine Menge von Sokrates Freunden und Gegnern hatte sich versammelt. Das Gericht war ein Gremium von 500 oder 501 durch ein Losverfahren bestimmter Geschworener, die einen Entscheid mit einfacher Mehrheit zu fällen hatten. Die gesamte Verhandlung, die zum Todesurteil führte, spielte sich nach damaliger Gepflogenheit an einem einzigen Tag ab. Sokrates rügte nach dem Schuldspruch das Schnellverfahren. Es sei andernorts nicht üblich, an einem Tag über Leben und Tod zu entscheiden. Die Zeitknappheit habe ihm keine angemessene Darlegung seiner Argumente gestattet und dieser Umstand habe entscheidend zur Verurteilung beigetragen.

Den Vorwurf, er verderbe die Jugend, überführt Sokrates in eine gründliche Bloßstellung des Anklägers Meletos, in die auch die Geschworenen und schließlich alle Bürger Athens von ihm verwickelt werden. Ähnlich verfährt er mit seiner Anklage wegen Gottlosigkeit:

Indes aber sage uns, Meletos, auf welche Art du denn behauptest, daß ich die Jugend verderbe? Oder offenbare nach deiner Klage, die du eingegeben, indem ich lehre, die Götter nicht zu glauben, welche der Staat glaubt, sondern allerlei neues Daimonisches. Ist das nicht deine Meinung, daß ich sie durch solche Lehre verderbe?

Freilich, gar sehr ist das meine Meinung.

Nun dann, bei eben diesen Göttern, o Meletos, von denen jetzt die Rede ist, sprich noch deutlicher mit mir und mit diesen Männern hier. Denn ich kann nicht verstehen, ob du meinst, ich lehre zu glauben, daß es gewisse Götter gäbe, so daß ich also doch selbst Götter glaube und nicht ganz und gar gottlos bin, noch also hierdurch frevle, nur jedoch die nicht, welche der Staat glaubt, und ob du mich deshalb verklagst, daß ich andere glaube, oder ob du meinst, ich selbst glaube überall gar keine Götter und lehre dies auch andere?

Dieses meine ich, daß du überall gar keine Götter glaubst. (...)

Daimonisches nun, behauptest du, daß ich glaube und lehre, sei es nun neues oder altes, also Daimonisches glaube ich doch immer nach deiner Rede? Und das hast du ja selbst beschworen in der Anklageschrift. Wenn ich aber Daimonisches glaube, so muss ich doch ganz notwendig auch Daimonen glauben. Ist es nicht so? Wohl ist es so! Denn ich nehme an, daß du einstimmst, da du ja nicht antwortest. Und die Daimonen, halten wir die nicht entweder für Götter, oder doch für Söhne von Göttern? Sagst du ja oder nein?

Ja, freilich.

Wenn ich also Daimonen glaube, wie du sagst, und die Daimonen sind selbst Götter, das wäre ja ganz das, was ich sage, daß du Rätsel vorbringst und scherzest, wenn du mich, der ich keine Götter glauben soll, hernach doch wieder Götter glauben läßt, da ich ja Daimonisches glaube. Wenn aber wiederum die Daimonen Kinder der Götter sind, unechte von Nymphen oder anderen, denen sie ja auch zugeschrieben werden, welcher Mensch könnte dann wohl glauben, daß es Kinder der Götter gäbe, Götter aber nicht? ... Also, Meletos, es kann nicht anders sein, als daß du entweder, um uns zu versuchen, diese Klage angestellt hast, oder in gänzlicher Verlegenheit darum, was für ein wahres Verbrechen du mir wohl anschuldigen könntest. Wie du aber irgendeinen Menschen, der auch nur ganz wenig Verstand hat, überreden willst, daß ein und derselbe Mensch Daimonisches und Göttliches glaubt, und wiederum derselbe doch auch weder Daimonen noch Götter noch Heroen, das ist doch auf keine Weise zu ersinnen. Jedoch, ihr Athener, daß ich nicht strafbar bin in Beziehung auf die Anklage des Meletos, darüber scheint mir keine große Verteidigung nötig zu sein, sondern schon dieses ist genug.

Mit Stimmenmehrheit (281 von 501 Stimmen) wurde Sokrates von einem der zahlreichen Gerichtshöfe der Attischen Demokratie für schuldig befunden. In dem ihm zustehenden Schlusswort betonte er noch einmal die Ungerechtigkeit der Verurteilung und beschuldigte die Ankläger der Bosheit, nahm das Urteil aber ausdrücklich an und äußerte nach Platons Überlieferung: »Vielleicht musste dies alles so kommen, und ich glaube, es ist die rechte Fügung ... Aber schon ist es Zeit, dass wir gehen – ich um zu sterben, ihr um zu leben: Wer aber von uns den besseren Weg beschreitet, das weiß niemand, es sei denn der Gott.«

Darauf beharrte Sokrates auch den Freunden gegenüber, die ihn im Gefängnis besuchten und zur Flucht überreden wollten. Gelegenheit dazu ergab sich dadurch, dass die Hinrichtung, die normalerweise zeitnah zur Verurteilung geschah, in diesem Fall aufgeschoben werden musste. Während der jährlichen Gesandtschaft zur heiligen Insel Delos, die zu dieser Zeit stattfand, durften aus Gründen ritueller Reinheit keine Hinrichtungen vorgenommen werden.

An Sokrates' letztem Tag versammelten sich die Freunde, unter denen Platon krankheitshalber fehlte, im Gefängnis. Seine Weigerung zu fliehen, was wohl möglich gewesen wäre, begründete er mit dem Respekt vor den Gesetzen. Würden Urteile nicht befolgt, verlören Gesetze überhaupt ihre Kraft. Schlechte Gesetze müsse man ändern, aber nicht mutwillig übertreten. Das Recht der freien Rede in der Volksversammlung biete die Chance, von Verbesserungsvorschlägen zu überzeugen; und notfalls könne der, der das vorziehe, auch noch ins Exil gehen. Den schließlich gereichten Schierlingsbecher leerte Sokrates anscheinend vollständig gefasst.

»Beten aber darf man doch zu den Göttern, und man muss es ja, daß die Wanderung von hier dorthin glücklich sein möge, weshalb denn auch ich hiermit bete. Und so möge es geschehen!«

Und wie er dies gesagt, setzte er an, und ganz frisch und unverdrossen trank er aus. Und von uns waren die meisten bis dahin ziem-

Jesus und Sokrates

Der zunächst unbezweifelte Primat der Gestalt Jesu wurde schon früh – zunächst ganz unmerklich – abgebaut, »einfach« durch das, was sich in meinem Wissen und Denken neben ihr festsetzte. Da war die mächtige Eindrucksgestalt einer Antike, die zu einem Welt-, Menschen- und Gottesbild gekommen war, welches keine – mindestens keine zwingende und unveränderliche – »übernatürliche« Komponente einbrachte ...

Alles, was mit dem Namen Sokrates verbunden zu sein schien, trat allmählich deutlicher in den Vordergrund. Behauptete sich ehemals der kirchliche Jesus und alles, was von ihm ausgegangen war, als das führende Element, dem sich das andere, im weitesten Sinne mit dem Namen des Sokrates verbundene, einzuordnen hatte – so dass die Antike als eine Größe erschien, welche den Reichtum des Christentums mehrte –, so rückte jetzt Sokrates immer deutlicher in den Mittelpunkt.

Der »Fall« Sokrates liegt im Ganzen einfacher als der »Fall« Jesus: von Sokrates hat niemand jeweils etwas anderes gesagt als das, was man eben von Menschen sagen kann, selbst für die Möglichkeit, dass sie etwa einzigartig, außerordentlich sein sollte; Sokrates bleibt vollständig in dem Bereich irdischer, menschlicher Analogien, auch wenn er unbestreitbar, was seine Wirkung anbetrifft, unvergleichlich ist. Für Jesus wird jedoch »Analogielosigkeit« behauptet: dieser »Jesus« ist »Gott«, was immer man sich darunter vorstellen mag, und er ist es als absolut Einziger unter den Menschen. Der seltsame Begriff »Gottmensch« bleibt allein auf ihn anwendbar: das jedenfalls ist die These der kirchlichen Tradition von den Anfängen bis in die Gegenwart.

Otto Kuss

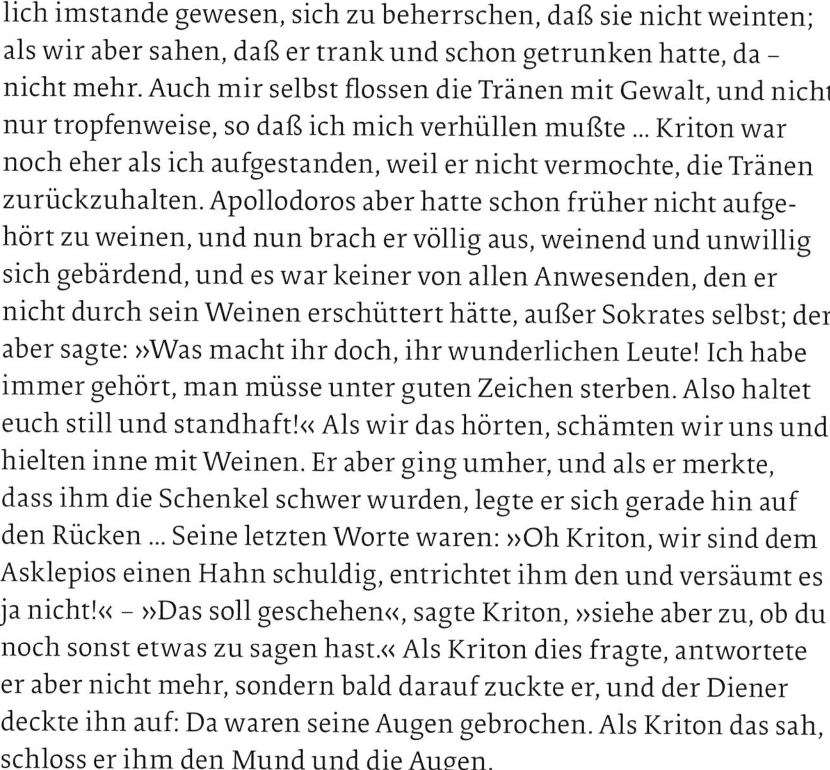

lich imstande gewesen, sich zu beherrschen, daß sie nicht weinten; als wir aber sahen, daß er trank und schon getrunken hatte, da – nicht mehr. Auch mir selbst flossen die Tränen mit Gewalt, und nicht nur tropfenweise, so daß ich mich verhüllen mußte ... Kriton war noch eher als ich aufgestanden, weil er nicht vermochte, die Tränen zurückzuhalten. Apollodoros aber hatte schon früher nicht aufgehört zu weinen, und nun brach er völlig aus, weinend und unwillig sich gebärdend, und es war keiner von allen Anwesenden, den er nicht durch sein Weinen erschüttert hätte, außer Sokrates selbst; der aber sagte: »Was macht ihr doch, ihr wunderlichen Leute! Ich habe immer gehört, man müsse unter guten Zeichen sterben. Also haltet euch still und standhaft!« Als wir das hörten, schämten wir uns und hielten inne mit Weinen. Er aber ging umher, und als er merkte, dass ihm die Schenkel schwer wurden, legte er sich gerade hin auf den Rücken ... Seine letzten Worte waren: »Oh Kriton, wir sind dem Asklepios einen Hahn schuldig, entrichtet ihm den und versäumt es ja nicht!« – »Das soll geschehen«, sagte Kriton, »siehe aber zu, ob du noch sonst etwas zu sagen hast.« Als Kriton dies fragte, antwortete er aber nicht mehr, sondern bald darauf zuckte er, und der Diener deckte ihn auf: Da waren seine Augen gebrochen. Als Kriton das sah, schloss er ihm den Mund und die Augen.

Der Anlass dieser Bitte, dem Gott der Heilkunst Asklepios einen Hahn zu opfern, ist nicht überliefert, ihr Sinn ist umstritten. Alexander Demandt meint, Sokrates habe damit ausdrücken wollen, er sei nun vom Leben geheilt, der Tod sei die große Gesundheit.

Drei wichtige Gedanken aus den beiden, dem »historischen Sokrates« sehr nahe stehenden Dialogen, sind mir lebendig geblieben:

Da ist einmal die klarsichtige und zugleich demütige Erkenntnis, dass das Wissen der Menschen, soweit es um die Fundamente ihres Daseins geht, nicht sehr weit reicht, dass im Gegenteil hier gerade »Nichtwissen« das eigentliche Charakteristikum aller Menschen ist, und zwar eben ein absolutes Nichtwissen im Hinblick auf alles, was ihren engsten Lebenskreis überschreitet, eine das ganze Dasein des Sokrates durchdringende Überzeugung, die zugleich untrennbar verbunden ist mit der unablässigen Sorge um »alltägliches« rechtes Leben und Miteinanderleben.

Es ist zweitens das getroste Erwarten des Todes, der gelassene Ausblick auf die sichtbare Grenze, welche dem Menschen gesetzt ist und über die hinaus noch niemand zu schauen vermochte. Was immer kommen mag: Sokrates steht bereit, es anzunehmen, mit ganzem Einverständnis und voll Dankbarkeit.

Und es ist drittens: das Gebundensein und das freiwillige Sichbinden an die Grundlagen der bürgerlichen, sozialen, weltanschaulichen, religiösen Existenz, die mit dem konkreten Staat, der ja für ihn zugleich so etwas wie für uns »Kirche« ist, identisch sind.

Otto Kuss

Lukian von Samosata: Die Götterversammlung

In seiner Einleitung zur »Kritik der Hegelschen Rechtsphilosophie« schreibt Karl Marx: »Die Geschichte ist gründlich und macht viele Phasen durch, wenn sie eine alte Gestalt zu Grabe trägt. Die letzte Phase einer weltgeschichtlichen Gestalt ist ihre Komödie. Die Götter Griechenlands, die schon einmal tragisch zu Tode verwundet waren im ›Gefesselten Prometheus‹ des Aischylos, mussten noch einmal komisch sterben in den Gesprächen Lukians. Warum dieser Gang der Geschichte? Damit die Menschheit heiter von ihrer Vergangenheit scheide.«

Dagegen Walter F. Otto: »Jene ›alten‹ Götter – wir kennen sie noch recht wohl. Das waren keine Himmelsbewohner, sondern geheimnisvolle Geister der Erde, ehrwürdige Nachbarn der Menschen, deren Felder und Wohnungen sie segnend besuchten ... Sie zeigten sich in Tierkörpern, sie wohnten gerne in Höhlen und Bäumen. Aber ihre Tierform oder Ungestalt schied sie nicht vom Umgang mit den Menschen. Im Gegenteil, es ließ sich viel vertraulicher mit ihnen verkehren als mit den menschenähnlichen Olympiern, die nicht bloß ihren eigentlichen Wohnsitz in unendlicher Ferne hatten, sondern durch ihre Vornehmheit einen gewissen Abstand forderten … Es wirkt wie ein Symbol der großen Umwälzung, wenn Apollon, der Gott des männlichen Geistes, in Delphi den Besitz des alten Orakels der Mutter Erde antritt.«

Jupiter: Was soll das, ihr Götter? Was murmelt ihr da zwischen den Zähnen? Was steckt ihr in allen Ecken beisammen, und flüstert einander in die Ohren? Ich weiß, ihr seid ungehalten, daß so viele sich an unsere Tafel setzen, denen dieses Recht nicht zusteht. Nun eben deswegen habe ich diese Versammlung veranstaltet, damit jeder offen seine Beschwerde vorbringen und sagen solle, was seine Meinung ist. Also, Merkur, lass den Aufruf ergehen!

Merkur: Stille! Hört! Wer von den ordentlichen Göttern, denen es zusteht, hat Lust, das Wort zu nehmen?

Momos: Ich, Momos, will reden, wenn Du mir es erlaubst, Jupiter.

Jupiter: Der Aufruf hat Dir bereits Erlaubnis gegeben: du brauchst also mich nicht zu bitten.

Momos: Ich bin ja schon dafür bekannt, daß ich meiner Zunge keinen Zwang antue, und zu keiner Sache schweige, die mir mißfällt. Ich stelle alles in sein wahres Licht, und sage meine Ansicht unverhohlen, ohne irgend jemand zu fürchten, oder aus Blödigkeit mit meiner Meinung hinter dem Berge zu halten. Und so kommt es, daß mich die Meisten sehr lästig finden und mich einen Sykophanten heißen, der seine Freude daran finde, alle Welt zu schikanieren. Es gibt also, behaupte ich, mehrere, welche sich nicht genügen lassen, daß sie, obwohl zur Hälfte Sterbliche, gleicher Ehre mit uns teilhaftig sind, und mit uns zu Tische sitzen, sondern auch ihre Diener und Gesellschafter mit in den Himmel heraufgebracht und in die Liste der Götter eingeschwärzt haben. Und jetzt empfangen diese von allem den gleichen Anteil, wie wir, und genießen die Opfer mit, ohne auch nur die Steuer der Beisitzer zu entrichten.

Jupiter: Sprich nicht so rätselhaft, Momus, sondern sage klar, deutlich und namentlich heraus, wen du meinst.

Momos: Nun, Jupiter, das ist in der Tat recht hochsinnig, recht königlich von dir, daß du selbst mich zur Aufrichtigkeit herausforderst. So will ich also den Namen nennen. Es ist Bacchus, der vortreffliche Bacchus, hälftig ein Mensch, und von der Mutter her nicht einmal ein Grieche. Er ist nun einmal der Unsterblichkeit würdig geachtet worden, und so will ich von ihm selbst nichts sagen, nichts von seiner Trunkliebe, seinem taumelnden Gange. Ich denke, es ist keiner unter euch, dem es nicht auffiele, wie weibisch und weichlich er ist, wie toll er schwärmt, und wie er schon am frühen Morgen von Wein duftet. Aber er hat uns auch noch seine ganze Sippschaft aufgedrungen, und alles, was zu seinem schwärmenden Chor gehört, zu Göttern gemacht, den Pan, den Silenus, die Satyrn, meist plum-

Lukian von Samosata (um 120–180 oder erst um 200 n. Chr.), griechischsprachiger Satiriker der Antike aus Samosata am Oberlauf des Euphrat. Er schrieb durchweg attisches Griechisch, wie es im 5. und 4. Jahrhundert v. Chr. gebräuchlich gewesen war, nicht die Koine seiner Zeit. In seinen Dialogen behandelte er gesellschaftliche, philosophische und theologische Themen mit scharfzüngiger Religionskritik. Seine Dialoge sind mit Spott durchsetzt und spiegeln die gesellschaftliche Situation im damaligen Römischen Reich.

Der Glaube an die alten griechischen Götter ist zu Lukians Zeit im Schwinden. Ferdinand Gregorovius schrieb dazu 1861: »Man spottet über die Götter oder Idole, aber man kann sie noch wegen des Kalenders und der Feste nicht entbehren.«

Mit der Stärke seiner Urteilskraft, seinem sprühenden Witz, der Eleganz seiner Diktion, dem Reichtum seiner Fantasie, urteilt Jürgen Werner, »ragt er aus der großen Menge der griechischen Schriftsteller jener Zeit heraus. Er ist über Jahrhunderte der meistgelesene griechische Schriftsteller der Kaiserzeit und hat die europäische Kultur maßgeblich beeinflusst. Erasmus von Rotterdam gab gemeinsam mit Thomas Morus im Jahre 1506 eine neue Werksammlung heraus. Thomas More adaptierte »viel Lukian« in seiner Satire *Das Lob der Torheit*. Später haben sich Goethe und Schiller von ihm inspirieren lassen.

pes Hirtenvolk und abenteuerlich gestaltete Kapriolenmacher. Der eine hat Hörner und gleicht nach seinem langen Barte und nach der ganzen untern Hälfte seines Körpers völlig einem Ziegenbock; der andere, dieser Lydier da, ein kahlköpfiger, stülpnasiger Alter, steht fast die ganze Zeit auf einem Esel; und vollends jene Satyrn, gemeine Kerls aus Phrygien, mit ihren spitzen Ohren und den kleinen Bockshörnchen an den kahlen Schädeln! Sogar geschwänzt ist die ganze Schar. Solche Götter hat der Ehrenmann uns geliefert!

Können wir uns noch wundern, daß die Welt keinen Respekt mehr vor uns hat, da sie sieht, was ihre Götter für lächerliche und abenteuerliche Wesen sind? Nicht zu gedenken, daß er auch zwei Weiber mit heraufgebracht hat, die Ariadne, seine Geliebte, deren Kranz er sogar dem Chor der Sterne einverleibte, und Erigone, die Tochter des Bauern Ikarius. Und kann es etwas Tolleres geben, ihr Götter? Sogar den Hund der Erigone hat er mit hierher gebracht, damit das Mädchen nicht betrübt werden möchte, wenn es sein liebes Schoßhündchen nicht auch im Himmel bei sich hätte. Findet ihr dies nicht ebenso lächerlich als übermütig und unverschämt? Doch – hört weiter.

Jupiter: Nur nichts gegen Äskulap und Herkules! Denn ich sehe schon, auf wen du es sonst noch abgesehen hast. Äskulap ist mehr wert als viele andere zusammen: Er ist Arzt und bringt die Kranken wieder auf die Beine. Und Herkules, mein Sohn, hat sich die Unsterblichkeit mit seinen Arbeiten teuer genug erkaufen müssen. Also diese laß mir unangefochten!

Momos: Ich schweige, dir zu Gefallen, Jupiter, wiewohl ich viel zu sagen hätte. Wenn es auch sonst nichts wäre, so sind doch gewisse Brandflecken an ihnen bemerkenswert. Dürfte ich mich aber meiner Freimütigkeit auch gegen dich selbst bedienen, so wüßte ich noch manches vorzubringen.

Momos, die Personifikation des Tadels und der Schmähsucht, ein Meister scharfzüngiger Kritik, der auch vor den Göttern nicht haltmachte. Nachdem Zeus den Stier, Prometheus den Menschen und Athene das Haus geschaffen hatten, wählten diese drei für den Wettstreit ihrer Kunstfertigkeiten Momos als Schiedsrichter. Dieser hatte an allen Werken etwas auszusetzen: Warum der Stier nicht die Hörner unterhalb der Augen habe, damit er besser sehe, wohin er stößt, warum der Mensch nicht das Herz außen am Körper trage, damit man ihm seine eventuelle Schlechtigkeit ansehe, und warum das Haus nicht Räder habe, damit man sich im Falle eines missleidigen Nachbarn einfacher entfernen könne. Aufgrund von so viel Mäkelei wurde er schließlich von Zeus aus dem Olymp geworfen.

Jupiter: Über mich darfst du sagen, was dir beliebt. Du wirst doch nicht *mir* sogar das Bürgerrecht streitig machen wollen?

Momos: In Kreta wenigstens verlautet hierüber nichts Gutes: Man sagt sich dort sogar noch schlimmere Dinge, und zeigt dein Grab. Ich für meinen Teil glaube übrigens eben so wenig den Kretern, als den Achäern, welche dich für untergeschoben ausgeben.

Allein, was ich dir hauptsächlich vorhalten zu müssen glaube, ist dies. Die Veranlassung zu diesen Mißbräuchen und zur Verunreinigung unserer Gesellschaft durch Bastarde hast du selbst gegeben, Jupiter, indem du bald in dieser, bald in jener Gestalt auf die Erde hinabkamst, um mit sterblichen Weibern dich zu vermischen. Wir mußten wahrlich befürchten, du möchtest einmal als Stier ergriffen und geschlachtet werden, oder als Gold irgend einem Goldschmied in die Hände geraten, der alsdann eine Halskette, eine Armspange oder ein paar Ohrringe aus unserem Jupiter gemacht hätte. Du bist es also, der uns den Himmel mit diesen Halbgöttern angefüllt hat ... Seitdem Du zu den sterblichen Weibern Dich gewendet, und diesen Gästen unsere Pforten geöffnet hast, tun Dir's alle übrigen Götter nach, und nicht bloß die männlichen, sondern, schamlos genug, auch die weiblichen. Es gäbe ein langes Verzeichnis, wenn ich sie alle zählen wollte.

Jupiter: Aber gegen meinen Ganymed wenigstens kein Wort, Momos! Du würdest mich sehr aufbringen, wenn du mir den lieben Jungen kränken und ihm seine Herkunft vorrücken wolltest.

Momos: Wie kommt es denn, daß dieser Attis da, und Corybas und Sabazius, und dort der Medier Mithras in seinem Kaftan, mit der Tiara auf den Kopf, in unsere Mitte gekommen sind? Dieser Mithras versteht nicht einmal Griechisch, und weiß nicht, was man will, wenn man auf seine Gesundheit trinkt. Kein Wunder also, wenn die Scythen und Geten, ohne sich um uns zu bekümmern, für unsterb-

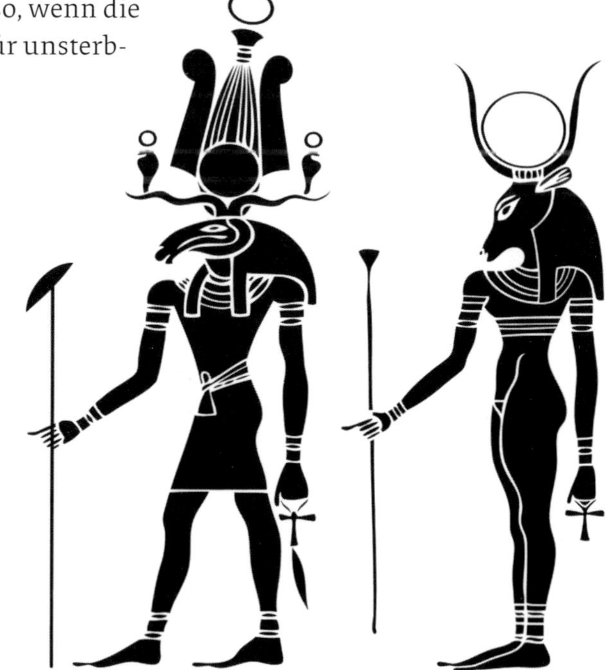

lich erklären und zu Göttern machen, wen sie immer wollen; wie denn auch ein gewisser Sklave, namens Zalmoxis, sich in die Götterschaft heimlich einzuschleichen wußte.

Und gleichwohl, ihr Götter, will all das Bisherige noch nicht viel besagen. Aber du, hundsköpfiger, mit Linnen umwickelter Ägypter, wer bist denn du und wie kommst du dazu, ein Gott sein zu wollen, du Beller? Und was will der memphitische Farre, der buntgefleckte, daß er sich kniefällig verehren läßt, Orakel spricht und seine eigenen Propheten hat? Ich schäme mich wahrlich, die übrigen noch viel abgeschmackteren Wesen aus Ägypten zu erwähnen, die Ibisse, Affen und Böcke, womit man unbegreiflicherweise den Himmel vollgepfropft hat. Wie ist es möglich, ihr Götter, daß ihr zusehen könnt, wie diese Bestien die gleiche oder gar eine noch höhere Verehrung genießen, als ihr selbst? Und du, Jupiter, wie kannst du dir gefallen lassen, daß man dir Widderhörner zum Kopfe herauswachsen läßt?

Jupiter: Das sind nun freilich häßliche Dinge, diese ägyptischen. Allein du mußt bedenken, Momos, daß sie größtenteils eine geheime Bedeutung haben, und daß es dem Ungeweihten keineswegs ziemt, darüber zu lachen.

Momos: Ja wohl, Jupiter, wir haben gar sehr der Mysterien vonnöten, um zu wissen, daß Götter Götter, und Hundeköpfe Hundeköpfe sind.

Jupiter: Genug jetzt von diesen Ägyptern, sag' ich: darüber wollen wir ein andermal, wenn wir Muße haben, zu Rate gehen. Hast du noch andere zu nennen?

Momos: ... Seitdem unser so viele geworden sind, hat auch Meineid und Tempelraub überhand genommen. Alle Welt verachtet uns, und tut Recht daran. Noch bekommen wir aber viele andere fremdartige Namen zu hören, die viel zu lachen geben, Namen von Wesen, die sich bei uns gar nicht finden, noch überhaupt existieren *können*. Oder wo wäre denn die so viel besprochene *Tugend* zu sehen, oder die *Natur*, das *Verhängnis*, das *Glück*? Lauter leere, wesenlose Namen von Begriffen, welche von den albernen Menschen, den Philosophen, erfunden wurden. Und dennoch ist das unverständige Volk von diesen Hirngespinsten so gänzlich eingenommen, daß kein Mensch mehr Lust hat, uns zu opfern, weil er nun wohl weiß, daß, auch wenn er Tausende von Hekatomben lieferte, das Glück doch nichts anderes bringen würde, als was über ihn verhängt ist, und ihm von Anbeginn an zugekommen ist. Ich möchte dich doch fragen, Jupiter: Hast du wohl jemals die Tugend, die Natur, das Verhängnis mit Augen gesehen? Denn daß du von ihnen *gehört* hast, weiß ich gewiß; du müßtest denn stocktaub sein, um nicht zu vernehmen, wie laut sie darüber in ihren Schulen schreien. Ich hätte noch vieles auf dem Herzen; doch will ich schließen. Denn ich sehe jetzt schon, wie sehr meine Worte den meisten mißfallen.

Der Sonnengott Re aus der Grabkammer der Nefertari.

Wenn Lukian religionsgeschichtliche Kenntnisse und Verständnis für symbolischen Ausdruck hätte haben können, würde Momos seine harsche Kritik an den ägyptischen Gottheiten korrigieren.

Auch die höchste ägyptische Gottheit, der Sonnengott Re, wurde menschengestaltig mit Falkenkopf und Sonnenscheibe dargestellt, in der Unterwelt, durch die er in der Sonnenbarke fuhr, jedoch widderköpfig. Re übte auf das übrige ägyptische Pantheon einen derart großen Einfluss aus, dass alle wichtigen Gottheiten allmählich mit ihm verbunden und in den allumfassenden Sonnenkult eingegliedert wurden, so dass »der Eine und die Vielen« einen latenten Monotheismus bildeten. Sein Kultgegenstand war der Obelisk.

Judentum

Menora heißt der siebenarmige Leuchter, der bereits zum Kultgerät des Stiftzeltes gehörte (Ex 25,31 ff.; 37,17 ff.) Man kann die Menora einerseits als Lichter- und Lebensbaum betrachten, andererseits von der Siebenzahl her deuten.

Diese Menora (Zeichnung von Josef Schelbert) stammt aus Priene in Kleinasien. Sie hat einen dreibeinigen Fuß, verbunden mit weiteren Lebenssymbolen. Rechts ein Palmzweig, darunter ein Schofar, links ein Etrog, eine Zitrusfrucht, die am Laubhüttenfest zum vorgeschriebenen Feststrauß gehört.

Dieses Kapitel ist im Zusammenhang mit Band 1 dieses Lesewerks »Das Christenhaus« zu sehen. Die darin vorliegenden Abschnitte *Die Abwesenheit Gottes – Und trotzdem Gott suchen – Dein aschenes Haar Sulamith* sind notwendige Ergänzungen.

Während zur Zeit des Hellenismus eine bedeutsame griechisch-jüdische Literatur entstand, deren Exponenten Philo von Alexandria (ca. 30 v. bis 45. n. Chr.) oder Flavius Josephus (37–93 n. Chr.) waren, gab es bis zur Aufklärung im Judentum Literaturen, die meist in Sprachen wie Hebräisch, Aramäisch, Jiddisch oder Sefardisch (Judeo-Español) verfasst wurden: Bibel, Talmud, Midrasch und rabbinische Literatur. Im Mittelalter beschränkte sich das jüdische Schrifttum auf die Auslegung der Tradition, auf gottesdienstliche Dichtung, Klagelieder, Lehrgedichte. Unter arabischem Einfluss erweiterte sich der Horizont auf profane Gattungen, vor allem zur Zeit von Mosche ben Maimon (Maimonides) in Córdoba.

Am Anfang der jiddischen Literatur war die Beschäftigung mit der Bibel, häufig auf Talmud und Midrasch gestützt, volkstümlich geprägt. Diese

Die Juden hatten durch zwei Jahrtausende nur ein Gemeinsames: ihr Buch. Dieses Buch war ihnen Staat, Land, Geschichte, Sinn ihres Leidens, einziger Zusammenhalt, dies Buch, nur dies, machte sie zum Volk. Was Wunder, dass sie es kommentierten, jeden Buchstaben hin- und herwendeten, ihr Leben darauf bezogen? Dass Menschen, deren Sinn, Inhalt, Leben ein Buch war, »literarisch« wurden? An seinem höchsten Feiertag ruft der Jude zu seinem Gott: »Nichts ist uns geblieben, nur dies Buch.« Sein Ritualgesetz verlangt von ihm, dass er lesen und schreiben kann. Auch in den trübsten Zeiten gab es unter den Juden nur ganz wenige Analphabeten ... Das Leben, das Schicksal der Juden musste in ihnen alle die Fähigkeiten großzüchten, die den Literaten machen.

Lion Feuchtwanger

Dass die Zugehörigkeit zu einer bedrängten und verfolgten Minderheitsgruppe verschiedene menschliche Eigenschaften der Betroffenen steigert und potenziert, ja, ihre psychische Struktur in hohem Maße zu prägen vermag, ist sicher und gilt nicht nur für die Juden. Bei den Juden jedoch mit ihrer uralten intellektuellen und ethischen Tradition hat das jahrhundertelange Leben in abgeschlossenen und isolierten Bereichen, also eine Art Inseldasein in verschiedenen Teilen des europäischen Kontinents, außergewöhnliche Folgen gezeitigt.

Von Heine stammt das Bonmot: »Die Juden, wenn sie gut sind, sind sie besser als die Christen, wenn sie schlecht sind, sind sie schlimmer.« Das mag eine höchst fragwürdige Verallgemeinerung sein; worauf sie aber letztlich abzielt, ist so abwegig nicht. Denn Heine dürfte nichts anderes gemeint haben als die berühmte und berüchtigte Intensität der Juden, ihre bisweilen verblüffende und sogar als erschreckend empfundene Radikalität, ihre Neigung zur Kompromisslosigkeit und ihren gelegentlich bewunderten und häufig missbilligten Hang zum Extremismus.

Solche und ähnliche Attribute machten viele Juden für die Umwelt einerseits attraktiv und andererseits nicht ganz geheuer. Sie ermöglichten manche ihrer Leistungen und Taten und verursachten zugleich zahllose ihrer Leiden und Opfer. Dass die Menschheit dieser außergewöhnlichen Intensität, in der sich immer wieder die Sehnsucht nach den Grenzen verbirgt, allerlei verdankt, ist bekannt. Aber für die Juden selber, die oft genug versucht haben, gegen ihre Eigenart anzukämpfen, schlug sie in der Regel zu ihrem Unglück aus – auch dann, wenn sie nicht vertrieben, nicht gekreuzigt oder vergast wurden.

Dies alles gilt auch und insbesondere für die Juden in der deutschen Literatur, für die Schriftsteller und Kritiker, für die großen Verleger … Ihnen, den Außenseitern und Neuankömmlingen, gelang es oft, das Bekannte und Gewohnte anders und neu zu sehen. Innerhalb und schließlich doch außerhalb der Welt stehend, mit der sie sich auseinandersetzten, konnten sie Vertraulichkeit und Intimität mit skeptischer Distanz verbinden: Gerade von der Peripherie her ließ sich das Zentrale oft mit besonderer Deutlichkeit erkennen und darstellen.

Marcel Reich-Ranicki

Schriften spiegeln die gesellschaftliche Isolation des Judentums und erreichten allein ihrer Exklusivität wegen im europäischen Sprachraum keine Wahrnehmung. Die Gründe dafür entwickelten sich bereits mit dem frühen Christentum. War die erste Jesus-Gefolgschaft eine Gruppierung, die im jüdischen Glaubenskontext beheimatet blieb, und herrschte bis zum sogenannten Apostelkonzil (etwa im Jahre 48) die Ansicht, dass ein zur Gemeinde hinzukommender Heide zum Judentum konvertieren müsse, um ein Mitglied der Jesusgemeinde sein zu können, so ging das Verständnis des jungen Christentums für die Wiege, der es entstammt, schon früh verloren. Schon in den Evangelien lassen sich Missdeutungen und erste Ablehnung der jüdischen Herkunft verfolgen. Das Bemühen um Distanzgewinn und Eigenprofil wird deutlich. Zwar hielt man weiterhin an der »Schrift« Israels fest, aber die jüdischen Lehrautoritären, die diese Schrift zur Geltung brachten, schied man aus, selbst die Berufung auf Jesus als dem einzig normativen Rabbi wurde bald von einer hellenistisch geprägten Christologie überlagert.

In Fortsetzung dieser Entwicklung entstand ein wachsender Antijudaismus, der sich bald auch in antijüdischen Schriften ausdrückte. Das erste Zeugnis bewusst diffamierender Polemik ist der *Barnabasbrief*, zwischen 114 und 140 anzusetzen. Er betrieb eine Enteignung Israels in großem Stil: »Wir wollen sehen, ob dieses Volk Erbe ist oder das Erste, und ob der Bund für uns da ist oder für jene. Hört also, was die Schrift über das Volk sagt: ›Isaak betete für sein Weib Rebekka, weil sie unfruchtbar war; und sie empfing.‹ Sodann: ›Und Rebekka ging hinaus, um den Herrn zu fragen, und es sprach der Herr zu ihr: Zwei Stämme sind in deinem Leibe und zwei Völker in deinem Mutterschoße, und ein Volk wird das andere überholen, und das ältere wird dem jüngeren dienen.‹ Ihr müsst achtgeben, wer Isaac ist, wer Rebekka, und auf wen hingewiesen wird, dass dieses Volk größer sein werde als jenes.« Damit betrieb der *Barnabasbrief* eine Polemik des Neuen gegen das Alte, die Entrechtung und Enterbung des Judentums durch die Kirche. Was in den weiteren Jahrhunderten hierauf folgte, ist die bis heute spürbare Wirkungsgeschichte dieser Lektion: wie konsequent und gründlich die Christenheit die theologische Zurücksetzung Israels auch wirtschaftlich, sozial und politisch zu realisieren vermochte.

Berthold Auerbach, eigentlich Moses Baruch Auerbacher (1812–1882), deutsch-jüdischer Schriftsteller, erkannte: »Das alte Religionsleben geht von der Offenbarung, das moderne von der Bildung aus.« Diese Moderne begann mit Moses Mendelssohn, der mit seinem Lebenswerk den Juden die deutsche Kultur erschließen half. Er stand im Austausch mit vielen Persönlichkeiten des geistigen Lebens in Deutschland, wie Lessing, Herder, Wieland, Lichtenberg, den Brüdern von Humboldt und Kant, und orientierte damit zugleich auch das sich emanzipierende jüdische Streben. Mit Lessing verband ihn lebenslange Freundschaft. Er fühlte sich als deutscher Philosoph und war als solcher anerkannt. Sein Buch *Phädon oder Über die Unsterblichkeit der Seele* von 1767 wurde in zehn Sprachen übersetzt und machte Mendelssohn international berühmt.

Das Bekenntnis zur deutschen Bildung entwickelte sich seitdem unter emanzipierten Juden, sodass diese schließlich ihre entschiedensten Vertreter wurden. Mit Heinrich Heine gewann die deutsche Literatur eine zuvor nicht gekannte elegante Leichtigkeit. Auch die Wiederkehr der deutschen Literatur nach ihrer klassischen Epoche zu einem neuen Höhepunkt von Weltgeltung nach 1900 war weitgehend die Leistung jüdischer Autoren. Der Literaturwissenschaftler Heinz Schlaffer pointiert: »Versteht man unter deutsch nicht die ethnische Spezies, sondern eine kulturelle Prägung, so dürfen die emanzipierten Juden als die ernsthafteren Deutschen gelten. Mit ihrer Vertreibung und Vernichtung hat daher folgerichtig die deutsche Literatur ihren Rang eingebüßt und ihren Charakter verloren.«

Leo Baeck (1873–1956) war zu seiner Zeit der bedeutendste Vertreter des deutschen liberalen Judentums sowie jahrelang unbestrittener Repräsentant des deutschen Judentums.

Sein Buch *Das Wesen des Judentums* (1905) ist die Antwort auf Adolf von Harnacks *Das Wesen des Christentums* (1900). Es korrigiert die damalige Ahnungslosigkeit über das Judentum, das lediglich einen finsteren Kontrasthintergrund für die Selbstdarstellung des Christentums bot.

1933 wurde Leo Baeck Präsident der »Reichsvertretung der Deutschen Juden« in der schwersten Zeit antisemitischer Verfolgung. 1943 wurde er in das Konzentrationslager Theresienstadt verbracht, wo er mit besonderen Rechten lebte. Die »Reichsvereinigung der Juden in Deutschland«, von den Nationalsozialisten als Zwangsvereinigung geschaffen, stand unter der Kontrolle der Gestapo.

Bereits im August 1943 hatte Baeck in Theresienstadt erfahren, dass Auschwitz ein Vernichtungslager war, doch entschied er sich, seinen Mitgefangenen nichts davon zu sagen. Er überlebte den Holocaust (seine vier Schwestern kamen im Getto um) und übersiedelte am 5. Juni 1945 nach London. Dort wirkte er als Präsident der von ihm 1924 mitbegründeten »Weltunion für progressives Judentum«; ein Amt, in das er bereits 1938 gewählt worden war und das er bis 1955 ausübte. 1947 gründete er das später nach ihm benannte »Institut zur Erforschung des Judentums in Deutschland seit der Aufklärung«.

Leo Baeck: Ein Mann wie Jesus konnte nur im Judentum erwachsen

Die meisten Darsteller des Lebens Jesu unterlassen es, darauf hinzuweisen, dass Jesus in jedem seiner Züge durchaus ein echt jüdischer Charakter ist, dass ein Mann wie er nur auf dem Boden des Judentums, nur dort und nirgend anders, erwachsen konnte. Jesus ist eine echt jüdische Persönlichkeit, all sein Streben und Tun, sein Fragen und Fühlen, sein Sprechen und Schweigen, es trägt den Stempel jüdischer Art, das Gepräge des jüdischen Idealismus, des Besten, was es im Judentum gab und gibt, aber nur im Judentum damals. Er war ein Jude unter Juden; aus keinem anderen Volke hätte ein Mann wie er hervorgehen können, und in keinem anderen Volke hätte ein Mann wie er wirken können; in keinem anderen Volke hätte er Apostel, die an ihn glaubten, gefunden …

Gegen den Stifter des Christentums hegt das Judentum schon deshalb nur Liebe und Ehrerbietung. Man fabelt oft von dem Hasse des Judentums gegen das Christentum; einen solchen hat es nie gegeben; eine Mutter hasst nie ihr Kind, aber das Kind hat seine Mutter oft vergessen und verleugnet. Das Christentum hat sehr oft bitterlich wenig von dem Geist seines Stifters gezeigt. Es liegt ein tiefer Sinn in der Parabel des Neuen Testaments: »Es hat ein Mann zwei Söhne und ging zu dem einen und sprach: Mein Sohn, gehe hin und arbeite heute in meinem Weinberg. Er antwortete: Herr, ja, und ging nicht hin …« In der Geschichte des Christentums ist das oft wahr geworden. Aber fern liegt es, zumal dem jüdischen Theologen, eine Religion, die eine gewaltige weltgeschichtliche Sendung erfüllt hat und noch erfüllt, einen Glauben, der die Gemüter von Millionen beseligt, getröstet und aufgerichtet hat, etwa nicht anzuerkennen oder gar zu verletzen und herabzusetzen.

Will Herberg (1906–1977), US-amerikanischer jüdischer Theologe, der 1951 mit seinem Werk *Judaism and Modern Man: An Interpretation of Jewish Religion* bekannt wurde. Darin vertrat er die Ansicht, dass die Gesellschaft Nordamerikas (Europa und Australien eingeschlossen) wie eine Blume verwelken würde, deren Wurzeln abgeschnitten sind, wenn die westliche Kultur ihre jüdisch-christlichen Wurzeln vergessen oder verdrängen würde, statt sich ihrer erneut bewusst zu werden. Er zählt zum liberalen Reformjudentum, das für Toleranz gegenüber anderen Religionen und Konfessionen eintritt. Eine Werkausgabe der Schriften von Martin Buber edierte er 1956.

Will Herberg: Jesus war ein Prophet in Israel in der Nachfolge von Amos, Hosea, Jesaja und Jeremia

Jesus stand in der Linie der Propheten Israels. Wenn der Prophet ein von Gott in Beschlag genommener Mensch ist, der der Gemeinschaft, der er angehört, gegenübersteht und ihr das Wort des Herrn als Gericht und Verheißung nahebringt, um dadurch auf sie einzuwirken, dann war Jesus von Nazareth ein Prophet in Israel und stand in der Nachfolge von Amos, Hosea, Jesaja und Jeremia. Seine Angriffe auf die Verderbnisse und Abgötterei seiner Zeit, sein Ruf zur Umkehr, seine Verheißung göttlicher Gnade für die, »die zerschlagenen und demütigen Geistes sind«, seine Verkündigung der herannahenden neuen Zeit als Gericht und Erfüllung folgt mit voller Absicht dem Muster der großen Propheten. In der Tat gibt es bei ihm aufgrund der neuen Situation etwas Neues; aber dieses Neue, dieses Sprechen aus und zur Situation der Zeit, ist genau das, was das lebendige Wort der Prophetie kennzeichnet. Jesus, der rabbinische Lehrer, gehört auch zu den Propheten Israels, und zwar mit einer eindeutigen Nähe zu den großen Propheten der Vergangenheit …

Ja, eins braucht das andere: Das Judentum braucht das Christentum, und das Christentum braucht das Judentum … Die Berufung der Juden ist es, zu »stehen«, die des Christen »hinauszugehen« … Das Judentum ist nach innen, den Juden zugewandt, das Christentum ist nach außen, den Heiden zugewandt … Das ist die Einheit von Judentum und Christentum, und das ist der Grund, warum ein Jude Jesus in seiner Einzigartigkeit als den Weg zum Vater wahrnehmen und anerkennen kann.

Martin Buber: Der Dom und die Asche

Ich lebe nicht fern von der Stadt Worms, an die mich auch eine Tradition meiner Ahnen bindet; und ich fahre von Zeit zu Zeit hinüber. Wenn ich hinüberfahre, gehe ich immer zuerst zum Dom. Das ist eine sichtbar gewordene Harmonie der Glieder, eine Ganzheit, in der kein Teil aus der Vollkommenheit wankt. Ich umwandle schauend den Dom mit einer vollkommenen Freude. Dann gehe ich zum jüdischen Friedhof hinüber. Der besteht aus schiefen, zerspellten, formlosen, richtungslosen Steinen. Ich stelle mich darein, blicke von diesem Friedhofgewirr zu der herrlichen Harmonie empor, und mir ist, als sähe ich von Israel zur Kirche auf. Da unten hat man nicht ein Quentchen Gestalt; man hat nur die Steine und die Asche unter den Steinen. Man hat die Asche, wenn sie sich auch noch so verflüchtigt hat. Man hat die Leiblichkeit der Menschen, die dazu geworden sind. Man hat sie. Ich habe sie. Ich habe sie nicht als Leiblichkeit im Raum dieses Planeten, aber als Leiblichkeit meiner Erinnerung bis in die Tiefe der Geschichte, bis an den Sinai hin.

Ich habe da gestanden, war verbunden mit der Asche und quer durch sie mit den Urvätern. Das ist Erinnerung an das Geschehen mit Gott, die allen Juden gegeben ist. Davon kann mich die Vollkommenheit des christlichen Gottesraumes nicht abbringen, nichts kann mich abbringen von der Gotteszeit Israels.

Ich habe da gestanden und habe alles selber erfahren, mir ist all der Tod widerfahren: all die Asche, all die Zerspelltheit, all der lautlose Jammer ist mein; aber der Bund ist mir nicht aufgekündigt worden. Ich liege am Boden, hingestürzt wie diese Steine. Aber aufgekündigt ist er mir nicht.

Der Dom ist, wie er ist. Der Friedhof ist, wie er ist. Aber aufgekündigt ist uns nicht worden.

Martin Buber (1878–1965), israelischer jüdischer Religionsphilosoph österreichischer Herkunft. Sein Großvater war der Privatgelehrte und Midraschexperte Salomon Buber, der zu seiner Zeit einer der wichtigsten Forscher und Sammler auf dem Gebiet der chassidischen Tradition des osteuropäischen Judentums war. 1899 heiratete Martin Buber die katholische Paula Winkler, die an seiner Arbeit intensiv mitwirkte. 1916 zog er von Berlin nach Heppenheim an der Bergstraße, wo er sein philosophisches Hauptwerk *Ich und Du* veröffentlichte und gemeinsam mit Franz Rosenzweig eine Neuübertragung der Hebräischen Bibel ins Deutsche begann. 1938 konnte er aus dem nationalsozialistischen Deutschland nach Jerusalem entkommen, wo er bis 1951 an der Hebräischen Universität lehrte. Bubers Wohnhaus in Heppenheim wurde während der November-Pogrome am 9. November 1938 verwüstet. 1975/76 wurde das Haus unter Denkmalschutz gestellt und restauriert. Seit April 1979 ist es Sitz des »Internationalen Rates der Christen und Juden«.

Leo Baeck: Kirche und Synagoge

Die Kirche stand vor dem Judentum, und ihr Herrschaftsbedürfnis wie ihr Besitzesstolz musste in ihm den Stein des Anstoßes erblicken. Das Heidentum konnte sie weit unter sich sehen; seine Religion war eitel Wahn und Irrgebilde. Aber die Juden musste sie, gern oder ungern, anerkennen, so bedingt es auch geschah; ihnen musste sie ein Besitztum zugestehen. Sie hatten ihr Gotteswort, das von der Kirche auch Offenbarung genannt wurde. Wenn sie von dem Neuen sprach, das ihr zuteil geworden, so war damit immer zugleich von dem Alten erzählt, das ihnen vor dem zugewiesen war; die Verheißungen, deren Erfüllung sie predigte, waren einst ihnen verkündet worden. Trotz allem und wider Willen fühlte man, dass man ein Erbe war, ein Erbe von Lebenden. Und noch mehr, diese Lebenden wollten nicht die Alten nur sein, die Gewesenen, sie stellten vor sich die Zukunft hin, sie riefen gegenüber dem Gekommenen das Kommende an; unterlegen standen sie doch als die Widerlegenden da. So war das Judentum wie ein lebendiger Einspruch gegen die allumfassende Geltung der Kirche. Und alle Bekehrungsversuche prallten an ihm ab. Wie ein Granitblock, der von den Jahrtausenden der Vergangenheit zeugt und die Dauer der Zeiten für sich fordert, ragte es inmitten der anderen Welt empor.

Moses Mendelssohn: Kein einziger ehrlicher Mann?

Ich überschicke Ihnen hier das 70. Stück der »Göttingschen gelehrten Anzeigen«. Lesen Sie den Artikel von Berlin. Die Herren Anzeiger rezensieren den 4ten Teil der Leßingschen Schriften, die

Moses Mendelssohn (1729–1786), in Dessau als Sohn armer Eltern geboren, lernte wie allgemein üblich zu Hause das Jiddisch-Deutsch. Üblich war auch die Einführung in die hebräische Sprache vom vierten Lebensjahr an. Mit 14 lernte er Latein, Griechisch, Französisch, Englisch und Italienisch. Er zeigte früh eine Neigung zur Philosophie und kam darüber in Kontakt mit vielen Personlichkeiten des geistigen Lebens in Deutschland.

Das Leben des deutschen Philosophen Mendelssohn wurde jedoch erschüttert, als ihn 1770 der Zürcher Theologe und Pfarrer Johann Kaspar Lavater wenig sensibel zu missionieren suchte. Lavater sandte Mendelssohn eine Apologie des Christentums mit der Aufforderung, zum Christentum überzutreten oder aber »öffentlich zu widerlegen, wofern Sie die wesentlichen Argumentationen, womit die Thatsachen des Christentums unterstützt sind, nicht richtig finden«.

Mendelssohn, dem dieser Missionarsgeist völlig abging, fand sich in größter Verlegenheit. Sollte er den jüdischen Glauben rechtfertigen zu Lasten der in Preußen herrschenden Religion? Sein Judentum rechtfertigen in einer Gesellschaft, die gegenüber der Minderheit immer noch jede Gelegenheit zu neuen Repressalien ergriff? Er schrieb an Lavater: »Ich habe das Glück, so manchen vortrefflichen Mann, der nicht meines Glaubens ist, zum Freunde zu haben … Niemals hat mir mein Herz heimlich zugerufen: Schade für die schöne Seele! Wer da glaubt, dass außerhalb seiner Kirche keine Seligkeit zu finden sei, dem müssen dergleichen Seufzer gar oft in der Brust aufsteigen.«

Doch weder Lavater noch seinesgleichen gaben sich mit dieser Antwort zufrieden. »Nachdem ich nun dem übereilten Theologen sein Sendschreiben öffentlich beantwortet, bestürmen mich seine Glaubensgenossen von allen Seiten …«, schrieb Mendelssohn einem Freund. Als er im August 1776 nach Dresden reiste, wurde ihm – wie so oft trotz allen öffentlichen Ansehens – bedeutet, was es hieß, in Deutschland ein Jude zu sein. Er musste sich am Tor mit einem »Leibzoll« von 20 Groschen wie ein Ochse verzollen lassen. Nachträglich war der Vorfall der sächsischen Regierung dann doch peinlich, und sie erstatte dem Philosophen die 20 Groschen zurück, aber Mendelssohns bitterer Kommentar blieb gültig: »Nun sehe ich erst, wie gut es Lavater mit mir gemeint. Wäre ich Christ geworden, könnte ich heute zwanzig Groschen sparen.«

wir so oft mit Vergnügen gelesen haben. Was glauben Sie wohl, daß sie an dem Lustspiele »Die Juden« aussetzen? Den Hauptcharakter, welcher, wie sie sich ausdrücken, viel zu edel und viel zu großmüthig ist. Das Vergnügen, sagen sie, das wir über die Schönheit eines solchen Charakters empfinden, wird durch dessen Unwahrscheinlichkeit unterbrochen, und endlich bleibt in unserer Seele nichts als der bloße Wunsch für sein Dasein übrig.

Diese Gedanken machten mich schamroth. Ich bin nicht imstande, alles auszudrücken, was sie mich haben empfinden lassen. Welche Erniedrigung für unsere bedrängte Nation! Welche übertriebene Verachtung! Das gemeine Volk der Christen hat uns von jeher als den Auswurf der Natur, als Geschwüre der menschlichen Gesellschaft angesehen. Allein, von gelehrten Leuten erwarte ich jederzeit eine billigere Beurtheilung; von diesen vermuthete ich die uneingeschränkte Billigkeit, deren Mangel uns insgeheim vorgeworfen zu werden pflegt. Wie sehr habe ich mich geirrt, als ich einem jeden Christlichen Schriftsteller so viel Aufrichtigkeit zutrauete, als er von andern fordert.

In Wahrheit! mit welcher Stirne kann ein Mensch, der noch ein Gefühl der Redlichkeit in sich hat, einer ganzen Nation die Wahrscheinlichkeit absprechen, keinen einzigen ehrlichen Mann aufweisen zu können? Einer Nation, aus welcher, wie sich der Verfasser der »Juden« ausdrückt, alle Propheten und die größten Könige aufstanden.

Heinrich Heine: Die Bibel als portatives Vaterland

Heinrich Heine (1797–1856). Von Kindheit an erlebte er die Demütigung, ein Jude in Deutschland zu sein. Er ließ sich taufen, um hier nicht als Paria leben zu müssen, doch half ihm dieses »Entréebillet zur europäischen Kultur« nichts. Dem promovierten Juristen wurde die staatliche Anstellung verwehrt. 1831 siedelte Heine nach Paris über. Vier Jahre später verboten die Staaten des Deutschen Bundes seine Schriften. Dennoch wurde er zum meistgelesenen deutschen Dichter. Seit 1837 erhielt er eine lebenslängliche Pension vom französischen Staat, die ihm eine gewisse finanzielle Unabhängigkeit und den weiteren Hass der Deutschtümler einbrachte. Wenn viele sein Werk verehrten, hassten es nicht minder viele. Heine und sein literarisches Werk wurden zum Brennspiegel des deutsch-jüdischen Problems, unter dem viele deutsche Juden nach ihm weiterhin litten.

»Wer immer über Heine schreibt und glaubt, von der Tatsache absehen zu können, dass er Jude war – oder dieses Faktum bagatellisiert –, wird, davon bin ich überzeugt, das Thema verfehlen. Nicht nur auf seinen Lebensweg, auch auf das ganze Werk Heines hatte seine Herkunft einen direkten und indirekten, doch auf jeden Fall außerordentlich starken Einfluss …

Ein Deutscher wollte er sein. Aber er scheint sehr schnell begriffen zu haben, dass man ihm dies nicht erlauben werde. Der kaum zweiundzwanzigjährige Student Heine bezeichnete – in dem kleinen Aufsatz ›Die Romantik‹ – das deutsche *Wort* als ›unser heiligstes Gut‹, denn es sei ein Vaterland selbst demjenigen, dem Torheit und Arglist das Vaterland verweigern.«

In einem ganz anderen Zusammenhang schrieb er viele Jahre später, dass die Juden die Bibel ›im Exile gleichsam wie ein portatives Vaterland mit sich herumschleppten‹« (Marcel Reich Ranicki).

Ich hatte Moses früher nicht sonderlich geliebt, wahrscheinlich weil der hellenische Geist in mir vorwaltend war, und ich dem Gesetzgeber der Juden seinen Haß gegen alle Bildlichkeit, gegen die

Plastik, nicht verzeihte. Ich sah nicht, daß Moses, trotz seiner Befeindung der Kunst, dennoch selber ein großer Künstler war und den wahren Künstlergeist besaß ..., er nahm einen armen Hirtenstamm und schuf daraus ein Volk, das ebenfalls den Jahrhunderten trotzen sollte, ein großes, ewiges, heiliges Volk, ein Volk Gottes, das allen andern Völkern als Muster, ja der ganzen Menschheit als Prototyp dienen konnte – er schuf Israel! ...

Meine Vorliebe für Hellas hat seitdem abgenommen. Ich sehe jetzt, die Griechen waren nur schöne Jünglinge, die Juden aber waren immer Männer, gewaltige, unbeugsame Männer, nicht bloß ehemals, sondern bis auf den heutigen Tag, trotz achtzehn Jahrhunderten der Verfolgung und des Elends. Ich habe sie seitdem besser würdigen gelernt, und wenn nicht jeder Geburtsstolz bei dem Kämpen der Revolution und ihrer demokratischen Prinzipien ein närrischer Widerspruch wäre, so könnte der Schreiber dieser Blätter stolz darauf sein, dass seine Ahnen dem edlen Hause Israel angehörten, dass er ein Abkömmling jener Märtyrer, die der Welt einen Gott und eine Moral gegeben, und auf allen Schlachtfeldern des Gedankens gekämpft und gelitten haben ... Man glaubt sie zu kennen, weil man ihre Bärte gesehen, aber mehr kam nie von ihnen zum Vorschein, und wie im Mittelalter sind sie auch noch in der modernen Zeit ein wandelndes Geheimnis ...

Man sieht, ich, der ich ehemals den Homer zu zitieren pflegte, ich zitiere jetzt die Bibel, wie der Onkel Tom. In der Tat, ich verdanke ihr viel. Sie hat, wie ich oben gesagt, das religiöse Gefühl wieder in mir erweckt; und diese Wiedergeburt des religiösen Gefühls genügte dem Dichter, der vielleicht weit leichter als andre Sterbliche der positiven Glaubensdogmen entbehren kann. Er hat die Gnade, und seinem Geist erschließt sich die Symbolik des Himmels und der Erde; er bedarf dazu keines Kirchenschlüssels. Die törichtsten und widersprechendsten Gerüchte sind in dieser Beziehung über mich in Umlauf gekommen. Sehr fromme aber nicht sehr gescheute Männer des protestantischen Deutschlands haben mich dringend befragt, ob ich dem lutherisch-evangelischen Bekenntnisse, zu welchem ich mich bisher nur in lauer, offizieller Weise bekannte, jetzt wo ich krank und gläubig geworden, mit größerer Sympathie als zuvor zugetan sei? Nein, ihr lieben Freunde, es ist in dieser Beziehung keine Änderung mit mir vorgegangen, und wenn ich überhaupt dem evangelischen Glauben angehörig bleibe, so geschieht es weil er mich auch jetzt durchaus nicht geniert, wie er mich früher nie allzusehr genierte. Freilich, ich gestehe es aufrichtig, als ich mich in Preußen und zumal in Berlin befand, hätte ich, wie manche meiner Freunde,

»Sind die Berliner denn Christen?« rief Signora voller Verwunderung? »Es hat eine eigene Bewandtnis, mit ihrem Christentum. Dieses fehlt ihnen im Grunde ganz und gar, und sie sind auch viel zu vernünftig, um es ernstlich auszuüben. Aber da sie wissen, daß das Christentum im Staate nötig ist, damit die Untertanen hübsch demütig gehorchen, und auch außerdem nicht zuviel gestohlen und gemordet wird, so suchen sie mit großer Beredsamkeit wenigstens ihre Nebenmenschen zum Christentume zu bekehren, sie suchen gleichsam Remplaçants [Stellvertreter, Ersatzmänner] in einer Religion, deren Aufrechterhaltung sie wünschen und deren strenge Ausübung ihnen selbst zu mühsam wird. In dieser Verlegenheit benutzen sie den Diensteifer der armen Juden, diese müssen jetzt für sie Christen werden, und da dieses Volk, für Geld und gute Worte, alles aus sich machen läßt, so haben sich die Juden schon so ins Christentum hineinexerziert, daß sie ordentlich schon über Unglauben schreien, auf Tod und Leben die Dreieinigkeit verfechten, in den Hundstagen sogar daran glauben, gegen die Rationalisten wüten, als Missionäre und Glaubensspione im Lande herumschleichen und erbauliche Traktätchen verbreiten, in den Kirchen am besten die Augen verdrehen, die scheinheiligsten Gesichter schneiden, und mit so viel hohem Beifall frömmeln, dass sich schon hie und da der Gewerbsneid regt und die älteren Meister des Handwerks heimlich klagen: das Christentum sei jetzt ganz in den Händen der Juden.«

Heinrich Heine

mich gern von jedem kirchlichen Bande bestimmt losgesagt, wenn nicht die dortigen Behörden jedem, der sich zu keiner von den staatlich privilegierten positiven Religionen bekannte, den Aufenthalt in Preußen und zumal in Berlin verweigerten ...

Jetzt, in meinen spätern und reifern Tagen, wo das religiöse Gefühl wieder überwältigend in mir aufwogt, und der gescheiterte Metaphysiker sich an die Bibel festklammert: jetzt würdige ich den Protestantismus ganz absonderlich ob der Verdienste, die er sich durch die Auffindung und Verbreitung des heiligen Buches erworben. Ich sage die Auffindung, denn die Juden, die dasselbe aus dem großen Brande des zweiten Tempels gerettet, und es im Exile gleichsam wie ein portatives Vaterland mit sich herumschleppten, das ganze Mittelalter hindurch, sie hielten diesen Schatz sorgsam verborgen in ihrem Getto, wo die deutschen Gelehrten, Vorgänger und Beginner der Reformation, hinschlichen um Hebräisch zu lernen, um den Schlüssel zu der Truhe zu gewinnen, welche den Schatz barg ...

Ja, den Juden, denen die Welt ihren Gott verdankt, verdankt sie auch dessen Wort, die Bibel; sie haben sie gerettet aus dem Bankerott des römischen Reichs, und in der tollen Raufzeit der Völkerwanderung bewahrten sie das teure Buch, bis es der Protestantismus bei ihnen aufsuchte und das gefundene Buch in die Landessprachen übersetzte und in alle Welt verbreitete. Diese Verbreitung hat die segensreichsten Früchte hervorgebracht, und dauert noch bis auf den heutigen Tag, wo die Propaganda der Bibelgesellschaft eine providentielle Sendung erfüllt, die bedeutsamer ist und jedenfalls ganz andere Folgen haben wird, als die frommen Gentlemen dieser britischen Christentums-Speditions-Sozietät selber ahnen. Sie glauben, eine kleine enge Dogmatik zur Herrschaft zu bringen und wie das Meer, auch den Himmel zu monopolisieren, denselben zur britischen Kirchendomäne zu machen: und siehe! sie fördern, ohne es zu wissen, den Untergang aller protestantischen Sekten, die alle in der Bibel ihr Leben haben und in einem allgemeinen Bibeltume aufgehen. Sie fördern die große Demokratie, wo jeder Mensch nicht bloß König, sondern auch Bischof in seiner Hausburg sein soll; indem sie die Bibel über die ganze Erde verbreiten, sie sozusagen der ganzen Menschheit durch merkantilische Kniffe, Schmuggel und Tausch, in die Hände spielen und der Exegese, der individuellen Vernunft überliefern, stiften sie das große Reich des Geistes, das Reich des religiösen Gefühls, der Nächstenliebe, der Reinheit und der wahren Sittlichkeit, die nicht durch dogmatische Begriffsformeln gelehrt werden kann, sondern durch Bild und Beispiel, wie dergleichen enthalten ist in dem schönen heiligen Erziehungsbuche für kleine und große Kinder, in der Bibel.

Ich glaube, er war der erste wahrhaft moderne deutsche Schriftsteller, verwurzelt in seiner Zeit und doch Jahrzehnte, Jahrhunderte dieser voraus. Dies Leben, spürte er, kann nicht getrennt betrachtet werden von dem sozialen Kampf und den politischen Auseinandersetzungen. In seinem Werk schuf Heine, der Dichter des *tiers état*, eine Synthese zwischen Leben und Kunst, und er tat das unter den schwierigsten, quälendsten Bedingungen: der Metternich-Reaktion in Deutschland, den Zwängen des Exils, und seines Judentums, der Zugehörigkeit zu einer Minderheit, die damals so wie heute unterdrückt wurde. Die Zwänge, unter denen er arbeiten musste, waren aber auch der Ansporn seines schöpferischen Geistes, und da diese Zwänge, nur leicht verändert, bis heute gelten, tragen sie dazu bei, sein Werk so erschreckend aktuell zu halten und ihm Gültigkeit zu verleihen auch für jetzt.

Stefan Heym

Franz Kafka: Brief an den Vater. Dein Judentum vertropfte zur Gänze, während Du es weitergabst

Das konfliktreiche Verhältnis zu seinem Vater gehört zu den prägenden Motiven in Kafkas Werk. Selbst feinfühlig, ja scheu und nachdenklich, beschreibt Franz Kafka seinen Vater, der sich aus armen Verhältnissen hochgearbeitet und es durch eine lebenstüchtige, aber eben auch grobe, polternde und despotische Kaufmannsnatur zu etwas gebracht hatte. »Du kannst ein Kind nur so behandeln, wie Du eben selbst geschaffen bist, mit Kraft, Lärm und Jähzorn, und in diesem Fall schien Dir das auch noch überdies deshalb sehr gut geeignet, weil Du einen kräftigen mutigen Jungen in mir aufziehen wolltest.« Die aus gebildeten Verhältnissen stammende Mutter hätte einen Gegenpol zu ihrem grobschlächtigen Mann bilden können, aber sie tolerierte – den Gesetzen des Patriarchats treu – dessen Werte und Urteile. Die Kenntnisse vom Judentum, die Kafka überliefert wurden, waren denkbar gering. Schon die Bar-Mizwa im dreizehnten Lebensjahr bedeutete ihm nicht mehr als ein »lächerliches Auswendiglernen«. Später äußerte sich Kafka über den schulischen Religionsunterricht: »Die Geschichte der Juden bekommt so das Gesicht der Märchen, das der Mensch später mit seiner Kindheit in den Schlund des Vergessens wirft.«

Franz Kafka (1883–1924). Kafkas Werke wurden zum größeren Teil erst nach seinem Tod und gegen seine letztwillige Verfügung von Max Brod veröffentlicht, einem engen Freund und Vertrauten, den Kafka als Nachlassverwalter bestimmt hatte.
Sein Hauptwerk bilden neben drei Romanfragmenten (*Der Prozess*, *Das Schloss* und *Der Verschollene*) zahlreiche Erzählungen. Er entwarf darin das Bild des an seiner Existenz verzweifelnden Menschen der Neuzeit. – Heute zählen Kafkas Werke zum Kanon der Weltliteratur.

Schon zu Lebzeiten Kafkas wies Max Brod darauf hin, dass in dessen Romanen und Erzählungen zwar das Wort »Jude« nicht vorkomme, aber immer wieder das Leiden der Juden dargestellt werde. Kafkas »Fremdheitsgefühl« im »Schloss« sei »das besondere Gefühl des Juden, der sich in einer fremden Umgebung einwurzeln möchte, der aus allen Kräften seiner Seele danach strebt, den Fremden sich anzunähern, gänzlich ihresgleichen zu werden – und dem diese Verschmelzung doch nicht gelingt«.

Aber was war das für Judentum, das ich von Dir bekam! Ich habe im Laufe der Jahre etwa auf dreierlei Art mich dazu gestellt.

Als Kind machte ich mir, in Übereinstimmung mit Dir, Vorwürfe deshalb, weil ich nicht genügend in den Tempel ging, nicht fastete u. s. w. Ich glaubte nicht mir, sondern Dir ein Unrecht damit zu tun und Schuldbewusstsein, das ja immer bereit war, durchlief mich.

Später, als junger Mensch, verstand ich nicht, wie Du mit dem Nichts von Judentum, über das Du verfügtest, mir Vorwürfe deshalb machen konntest, dass ich (schon aus Pietät, wie Du Dich ausdrücktest) nicht ein ähnliches Nichts auszuführen mich anstrenge. Es war ja wirklich, soweit ich sehen konnte, ein Nichts, ein Spass, nicht einmal ein Spass. Du gingst an 4 Tagen im Jahr in den Tempel, warst dort den Gleichgültigen zumindest näher als jenen, die es ernst nahmen, erledigtest geduldig die Gebete als Formalität, setztest mich manchmal dadurch in Erstaunen, dass Du mir im Gebetbuch die Stelle aufmischen konntest, die gerade rezitiert wurde, im übrigen durfte ich, wenn ich nur (das war die Hauptsache) im Tempel war, mich herumdrücken, wo ich wollte. Ich durchgähnte und durchduselte also dort die vielen Stunden (so gelangweilt habe ich mich später, glaube ich, nur noch in der Tanzstunde) und suchte mich möglichst an den paar kleinen Abwechslungen zu freuen, die es dort gab, etwa wenn die Bundeslade aufgemacht wurde, was mich immer an die Schiessbuden erinnerte, wo auch, wenn man in ein Schwarzes traf, eine Kastentüre sich aufmachte, nur dass dort aber immer etwas

Einerseits wurde der Jude, der sich in Deutschland literarisch betätigen wollte, lange Zeit hindurch direkt oder zumindest indirekt genötigt, sich taufen zu lassen; bekanntlich haben sich hierzu nicht nur Börne und Heine entschlossen, sondern auch manche ihrer Nachfolger im neunzehnten und zwanzigsten Jahrhundert. Andererseits aber sah die nichtjüdische Umwelt in diesen Schriftstellern, ob sie sich taufen ließen oder nicht, doch die Vertreter der jüdischen Minderheit, deren tatsächliche oder vermeintliche Charakterzüge, gute wie schlechte, fast automatisch in ihren Werken gesucht wurden …

»Es war nicht möglich, insbesondere für einen Juden, der in der Öffentlichkeit stand, davon abzusehen, dass er Jude war, da die anderen es nicht taten, die Christen nicht, die Juden noch weniger. Man hatte die Wahl, für unempfindlich, zudringlich, frech oder für empfindlich, schüchtern, verfolgungswahnsinnig zu gelten …« (Arthur Schnitzler).

Für nahezu alle deutschen Schriftsteller jüdischer Herkunft wurde das Judentum im ersten Drittel unseres [20.] Jahrhunderts zu einer Last, die sie abwerfen wollten oder resigniert mitschleppten oder wie ein Banner zu tragen versuchten. Fast alle haben unter ihrem Judentum gelitten, fast alle haben mit ihm jahrzehntelang gehadert … Nicht wenige dieser Schriftsteller haben sich früher oder später vom Judentum getrennt oder distanziert – und sind endlich zu der Einsicht gekommen, dass sich dies im Grunde nicht realisieren lässt, weil es nicht von der Entscheidung des Individuums abhängt.

Marcel Reich-Ranicki

Interessantes herauskam und hier nur immer wieder die alten Puppen ohne Köpfe. Übrigens habe ich dort auch viel Furcht gehabt, nicht nur wie selbstverständlich vor den vielen Leuten, mit denen man in nähere Berührung kam, sondern auch deshalb, weil Du einmal nebenbei erwähntest, dass auch ich zur Thora aufgerufen werden könne. Davor zitterte ich jahrelang. Sonst aber wurde ich in meiner Langweile nicht wesentlich gestört, höchstens durch die Barmizwe, die aber nur lächerliches Auswendiglernen verlangte, also nur zu einer lächerlichen Prüfungsleistung führte, und dann, was Dich betrifft, durch kleine, wenig bedeutende Vorfälle, etwa wenn Du zur Thora gerufen wurdest und dieses für mein Gefühl ausschliesslich gesellschaftliche Ereignis gut überstandest oder wenn Du bei der Seelengedächtnisfeier im Tempel bliebst und ich weggeschickt wurde, was mir durch lange Zeit, offenbar wegen des Weggeschicktwerdens und mangels jeder tieferen Teilnahme, lange das kaum bewusst werdende Gefühl hervorrief, dass es sich hier um etwas Unanständiges handle. – So war es im Tempel, zuhause war es womöglich noch ärmlicher und beschränkte sich auf den ersten Sederabend, der immer mehr zu einer Komödie mit Lachkrämpfen wurde, allerdings unter dem Einfluss der grösser werdenden Kinder. (Warum musstest Du Dich diesem Einfluss fügen? Weil Du ihn hervorgerufen hast.) Das war also das Glaubensmaterial, das mir überliefert wurde, dazu kam höchstens noch die ausgestreckte Hand, die auf »die Söhne des Millionärs Fuchs« hinwies, die an hohen Feiertagen mit ihrem Vater im Tempel waren. Wie man mit diesem Material etwas besseres tun könnte, als es möglichst schnell loszuwerden, verstand ich nicht; gerade dieses Loswerden schien mir die pietätvollste Handlung zu sein.

Noch später sah ich es aber doch wieder anders an und begriff, warum Du glauben durftest, dass ich Dich auch in dieser Hinsicht böswillig verrate. Du hattest aus der kleinen ghettoartigen Dorfgemeinde wirklich noch etwas Judentum mitgebracht, es war nicht viel und verlor sich noch ein wenig in der Stadt und beim Militär, immerhin reichten noch die Eindrücke und Erinnerungen der Jugend knapp zu einer Art jüdischen Lebens aus, besonders da Du ja nicht viel derartige Hilfe brauchtest, sondern von einem sehr kräftigen Stamm warst und für Deine Person von religiösen Bedenken, wenn sie nicht mit gesellschaftlichen Bedenken sich sehr mischten, kaum erschüttert werden konntest. Im Grund bestand der Dein Leben führende Glaube darin, dass Du an die unbedingte Richtigkeit der Meinungen einer bestimmten jüdischen Gesellschaftsklasse glaubtest und eigentlich also, da diese Meinungen zu Deinem Wesen gehörten, Dir selbst glaubtest. Auch darin lag noch genug Judentum, aber zum Weiter-überliefert-werden war es gegenüber dem Kind zu wenig, es vertropfte zur Gänze während Du es weitergabst. Zum Teil waren es unüberlieferbare Jugendeindrücke, zum Teil Dein gefürchtetes

Wesen. Es war auch unmöglich, einem vor lauter Ängstlichkeit überscharf beobachtenden Kind begreiflich zu machen, dass die paar Nichtigkeiten, die Du im Namen des Judentums mit einer ihrer Nichtigkeit entsprechenden Gleichgültigkeit ausführtest, einen höheren Sinn haben konnten. Für Dich hatten sie Sinn als kleine Andenken aus früheren Zeiten und deshalb wolltest Du sie mir vermitteln, konntest dies aber, da sie ja auch für Dich keinen Selbstwert mehr hatten, nur durch Überredung oder Drohung tun; das konnte einerseits nicht gelingen und musste andererseits Dich, da Du Deine schwache Position hier gar nicht erkanntest, sehr zornig gegen mich wegen meiner scheinbaren Verstocktheit machen.

Das Ganze ist ja keine vereinzelte Erscheinung, ähnlich verhielt es sich bei einem grossen Teil dieser jüdischen Übergangsgeneration, welche vom verhältnismässig noch frommen Land in die Städte auswanderte; das ergab sich von selbst, nur fügte es eben unserem Verhältnis, das ja an Schärfen keinen Mangel hatte, noch eine genug schmerzliche hinzu. Dagegen sollst Du zwar auch in diesem Punkt, ebenso wie ich, an Deine Schuldlosigkeit glauben, diese Schuldlosigkeit aber durch Dein Wesen und durch die Zeitverhältnisse erklären, nicht aber bloss durch die äusseren Umstände, also nicht etwa sagen, Du hättest zu viel andere Arbeit und Sorgen gehabt, als dass Du Dich auch noch mit solchen Dingen hättest abgeben können. Auf diese Weise pflegst Du aus Deiner zweifellosen Schuldlosigkeit einen ungerechten Vorwurf gegen andere zu drehn. Das ist dann überall und auch hier sehr leicht zu widerlegen. Es hätte sich doch nicht etwa um

Seinen »Brief an den Vater« hat Franz Kafka 1919 verfasst, aber niemals abgeschickt. Mit der abgebildeten Seite beginnt der Brief.

Die meisten der deutschprager Autoren waren Juden, aber sie waren von ihrer jüdischen Zugehörigkeit nur fallweise durchdrungen. Ihr deutsches Sprachbewusstsein bestimmte ihr Geschichtsbewusstsein stärker, als dies etwa ihr Stammesbewusstsein vermochte ... Die deutschsprachigen Dichter und Schriftsteller hatten gleichzeitig Zugang zu mindestens vier ethnischen Quellen: dem Deutschtum selbstverständlich, dem sie kulturell und sprachlich angehörten; dem Tschechentum, das sie überall als Lebenselement umgab; dem Judentum, auch wenn sie selbst nicht Juden waren, da es einen geschichtlichen, allenthalben fühlbaren Hauptfaktor der Stadt bildete; und dem Österreichertum, darin sie alle geborgen und erzogen waren und das sie schicksalhaft bestimmte, sie mochten es nun bejahen ... auch dieses oder jenes daran aussetzen.

Johannes Urzidil

irgendeinen Unterricht gehandelt, den Du Deinen Kindern hättest geben sollen, sondern um ein beispielhaftes Leben; wäre Dein Judentum stärker gewesen, wäre auch Dein Judentum Beispiel zwingender gewesen, das ist ja selbstverständlich und wieder gar kein Vorwurf, sondern nur eine Abwehr Deiner Vorwürfe. Du hast letzthin Franklins Jugenderinnerungen gelesen. Ich habe sie Dir wirklich absichtlich zum Lesen gegeben, aber nicht, wie Du ironisch bemerktest, wegen einer kleinen Stelle über Vegetarianismus, sondern wegen des Verhältnisses zwischen dem Verfasser und seinem Vater, wie es dort beschrieben ist, und des Verhältnisses zwischen dem Verfasser und seinem Sohn, wie es sich von selbst in diesen für den Sohn geschriebenen Erinnerungen ausdrückt. Ich will hier nicht Einzelnheiten hervorheben.

Eine gewisse nachträgliche Bestätigung dieser Auffassung von Deinem Judentum bekam ich auch durch Dein Verhalten in den letzten Jahren, als es Dir schien, dass ich mich mit jüdischen Dingen mehr beschäftige. Da Du von vornherein gegen jede meiner Beschäftigungen und besonders gegen die Art meiner Interessennahme eine Abneigung hast, so hattest Du sie auch hier. Aber darüber hinaus hätte man doch erwarten können, dass Du hier eine kleine Ausnahme machst. Es war doch Judentum von Deinem Judentum, das sich hier regte, und damit also auch die Möglichkeit der Anknüpfung neuer Beziehungen zwischen uns. Ich leugne nicht, dass mir diese Dinge, wenn Du für sie Interesse gezeigt hättest, gerade dadurch hätten verdächtig werden können. Es fällt mir ja nicht ein, behaupten zu wollen, dass ich in dieser Hinsicht irgendwie besser bin als Du. Aber zu der Probe darauf kam es gar nicht. Durch meine Vermittlung wurde Dir das Judentum abscheulich, jüdische Schriften unlesbar, sie »ekelten Dich an«. Das konnte bedeuten, dass Du darauf bestandest, nur gerade das Judentum, wie Du es mir in meiner Kinderzeit gezeigt hattest, sei das einzig Richtige, darüber hinaus gebe es nichts. Aber dass Du darauf bestehen solltest, war doch kaum denkbar. Dann aber konnte der »Ekel« (abgesehen davon, dass er sich zunächst nicht gegen das Judentum, sondern gegen meine Person richtete) nur bedeuten, dass Du unbewusst die Schwäche Deines Judentums und meiner jüdischen Erziehung anerkanntest, auf keine Weise daran erinnert werden wolltest und auf alle Erinnerungen mit offenem Hasse antwortetest. Übrigens war Deine negative Hochschätzung meines neuen Judentums sehr übertrieben; erstens trug es ja Deinen Fluch in sich und zweitens war für seine Entwicklung das grundsätzliche Verhältnis zu den Mitmenschen entscheidend, in meinem Fall also tötlich.

Joseph Roth: Das Autodafé des Geistes

»Wenige Beobachter in aller Welt scheinen sich darüber Rechenschaft abzulegen, was die Bücherverbrennung, die Vertreibung der jüdischen Schriftsteller und all die anderen wahnwitzigen Versuche des Dritten Reiches, den Geist zu zerstören, bedeuten. Der blutige Einbruch der Barbaren in die perfektionierte Technik, der furchtbare Zug der mechanisierten Orang-Utans, bewaffnet mit Handgranaten, mit Giftgasen, Ammoniak, Nitroglyzerin, mit Gasmasken und Flugzeugen, der Aufstand der Nachkommen aus dem Geiste … der Kimbern und Teutonen, all dies bedeutet in weit größerem Ausmaße, als es die bedrohte und terrorisierte Welt glauben will: man muss es erkennen und offen aussprechen: das geistige Europa kapituliert« (Joseph Roth).

Joseph Roth (→ *Das Christenhaus*, S. 189 f.)

Schauend und schreibend fuhr er durch ganz Europa, von Moskau bis Marseille, ja, bis in die finstersten Winkel von Albanien und Germanien. Er wurde rasch Deutschlands berühmtester Feuilletonist, ein Prosaist ersten Ranges, ein Meister der kurzen Prosa und der deutschen Sprache. Die besten seiner Artikel und Feuilletons, die er durch mehr als zwanzig Jahre schrieb, verdienen in jeder Anthologie »klassischer« deutscher Prosa ihren besonderen und schönen Platz. Er sah mit neuen Augen und schrieb mit der Kraft des Dichters und dem Mut des Moralisten, mit dem beißenden, zuweilen tiefen Witz des pessimistischen Skeptikers und mit der sanften Bitterkeit des melancholischen Romantikers.

Hermann Kesten

Seit Beginn des 20. Jahrhunderts haben folgende Schriftsteller – Juden, Halbjuden und Vierteljuden (»semitischer Herkunft«, um in der Sprache des Dritten Reiches zu reden) – ihren Beitrag zur deutschen Literatur geleistet:

Der Wiener *Peter Altenberg*, ein Troubadour des 20. Jahrhunderts, der feinfühlige Dichter der unaufdringlichsten und verschwiegensten Frauenschönheit, der seit langem von den Barbaren der Rassentheorie als »dekadenter Pornograph« beschimpft wird;

Oscar Blumenthal, Verfasser feinsinniger Komödien ohne Größe, aber voll Geschmack;

Richard Beer-Hofmann, ein nobler Schmied der deutschen Sprache, Erbe und Interpret der biblischen Überlieferung;

Max Brod, der selbstlose Freund Franz Kafkas, ein Erzähler aus großer Tradition, voll Eifer und Gelehrsamkeit, der die großartige Gestalt des Tycho Brahe wiederbelebte;

Alfred Döblin, der als erster in der deutschen Literatur den Typus des volkstümlichen Berliners entdeckt und verkörpert hat, eine der originellsten Schöpfungen der intellektuellen Welt;

Bruno Frank, ein gewissenhafter Handwerker des Wortes, ein erfahrener Dramatiker, ein Pazifist und Sänger von Preußens Vergangenheit;

Ludwig Fulda, ein lyrischer Dichter und Verfasser von Komödien voll Charme und Scharfsinn;

Maximilian Harden, der unermüdliche und vielleicht einzige wirkliche deutsche Publizist;

Walter Hasenclever, einer der glühendsten Dramatiker;

Georg Hermann, ein einfacher und wahrhaftiger Erzähler des Kleinbürgertums;

Paul Heyse (Halbjude), der erste deutsche Nobelpreisträger;

Hugo von Hofmannsthal, einer der edelsten Lyriker und Prosaiker, der klassische Erbe der katholischen Schätze des alten Österreich;

Alfred Kerr, ein Theaterkritiker, der von Phantasie überströmte;

Karl Kraus, der große Polemiker, ein Meister der deutschen Literatur, ein Fanatiker der Reinheit der Sprache, ein fast unangreifbarer Apostel des Stils;

Else Lasker-Schüler, eine Dichterin; man wagt nicht, ihr ein anderes Epitheton zu geben, dieses genügt;

Klaus Mann (Halbjude, Sohn von Thomas Mann), ein verheißungsvoller junger Erzähler, begabt mit einem beachtlichen stilistischen Talent;

Alfred und Robert Neumann, beachtenswerte epische Schriftsteller;

Rainer Maria Rilke (Vierteljude), einer der größten Lyriker Europas;

Peter Panter [Pseudonym von Kurt Tucholsky. Anm. d. Hg.], der vor Geist sprühende Polemiker;

Carl Sternheim, einer der scharfsinnigsten Erzähler und Dramatiker;

Ernst Toller, der Dichter des Schwalbenbuches, ein revolutionärer Dramatiker, der, weil er die Freiheit des deutschen Volkes liebte, sieben Jahre in einer bayrischen Festung verbrachte;

Jakob Wassermann, einer der ersten Romanschriftsteller Europas;

Franz Werfel, ein lyrischer Dramatiker, Erzähler, ein großartiger Dichter;

Karl Wolfskehl, der große und noble Bearbeiter der Mythen;

Carl Zuckmayer, ein kraftvoller Dramatiker;

Arnold Zweig, der Verfasser vom großartigen »Sergeant Grischa« und von »De Vriendt kehrt heim«, ein Romancier und Essayist von Gottes Gnaden.

Eine ganz unvollständige Liste der Soldaten des Geistes, die vom Dritten Reich geschlagen wurden! Der Leser braucht von ihnen nicht Name für Name Kenntnis zu nehmen. Er begnüge sich gleich uns damit, sie zu grüßen, jene und andere jüdische Schriftsteller, die zu meinen liebsten Freunden zählen und die meine Freundschaft mit einem Epitheton zu schmücken fürchtet: Stefan Zweig, Hermann Kesten, Egon Erwin Kisch, Ernst Weiss, Alfred Polgar, Walter Mehring, Siegfried Krakauer, Veleriu Marco, Lion Feuchtwanger, der verstorbene Hermann Ungar und der verehrte Prophet und Seher Max Picard.

Die anderen deutsch-jüdischen Schriftsteller, deren Namen sich nicht auf dieser Liste finden, mögen mir verzeihen, dass ich sie vergessen habe ... Sie alle sind auf dem Ehrenfeld des Geistes gefallen. Sie alle haben in den Augen der deutschen Mörder und Brandstifter einen gemeinsamen Makel: das jüdische Blut und den europäischen Geist.

Bertaux erinnert sich in seinen Memoiren an einen Sonntag bei uns im Grunewald im Februar 1928, bei dem er bei uns viele unserer Freunde traf: Jakob Wassermann, Alfred Döblin, Ernst Toller, Alfred Kerr, George Grosz und Joseph Roth, der sagte: »In zehn Jahren wird a) Deutschland gegen Frankreich Krieg führen, b) werden wir, wenn wir Glück haben, in der Schweiz als Emigranten leben, c) werden die Juden auf dem Kurfürstendamm geprügelt werden.« Keiner schenkte dem verzweifelt lächelnden Roth Glauben. Aber sehr bald sollten diese prophetischen Worte sich bewahrheiten.

Brigitte Bermann-Fischer

Brigitte Bermann-Fischer (1905–1991) war die Tochter des Verlegers Samuel Fischer. Pierre Bertaux (1907–1986) war französischer Germanist, Politiker und später Geheimdienstfachmann in der Résistance.

Jean Améry: Über Zwang und Unmöglichkeit, Jude zu sein

Ist es so, dass ich, der einstige Auschwitzhäftling, dem es wahrhaftig nicht an Gelegenheit gefehlt hat zu erkennen, was er ist, was er sein muss – ist es denkbar, dass ich immer noch kein Jude sein wollte, wie vor Jahrzehnten, als ich weiße Wadenstrümpfe trug, eine lederne Kniehose und unruhig mein Spiegelbild beäugte, ob es mir wohl einen ansehnlichen deutschen Jüngling zeigte? Natürlich nicht. Die Torheit der Verkleidung ins immerhin Angestammte liegt sehr lange zurück. Es ist mir recht, dass ich kein deutscher Jüngling war und kein deutscher Mann bin. Wie immer die Maske mir angestanden haben mochte, sie liegt in der Rumpelkammer. Wenn heute Unbehagen in mir aufsteigt, sobald ein Jude mich mit legitimer Selbstverständlichkeit einbezieht in seine Gemeinschaft, dann ist es nicht darum, weil ich kein Jude sein will: nur weil ich es nicht sein kann. Und es doch sein muss. Und mich diesem Müssen nicht bloß unterwerfe, sondern es ausdrücklich anfordere als einen Teil meiner Person. Zwang und Unmöglichkeit, Jude zu sein, das ist es, was mir undeutliche Pein schafft. Von diesem Zwang, dieser Unmöglichkeit, von dieser Drangsal, diesem Unvermögen habe ich hier zu handeln und kann hierbei nur ungewiss hoffen, das Individuelle sei beispielhaft genug, auch jene zu betreffen, die Juden weder sind noch sein müssen …

Ich glaube nicht an den Gott Israels. Ich weiß sehr wenig von jüdischer Kultur. Ich sehe mich, einen Knaben, Weihnachten zur Mitternachtsmette durch ein verschneites Dorf stapfen; ich sehe mich in keiner Synagoge. Ich höre meine Mutter Jesus, Maria und Josef anrufen, wenn kleines häusliches Unglück sich ereignete; ich höre keine hebräische Beschwörung des Herrn. Das Bild des Vaters – den ich kaum gekannt habe, denn er blieb dort, wohin sein Kaiser ihn geschickt hatte und sein Vaterland ihn am sichersten aufgehoben wusste – zeigte mir keinen bärtigen jüdischen Weisen, sondern einen Tiroler Kaiserjäger in der Uniform des Ersten Weltkriegs. Ich war neunzehn Jahre alt, als ich von der Existenz einer jiddischen Sprache vernahm, wiewohl ich andererseits genau wusste, dass meine religiös und ethnisch vielfach gemischte Familie den Nachbarn als eine jüdische galt und niemand in meinem Hause daran dachte, das ohnehin Unverschleierbare ablegen oder vertuschen zu wollen …

Meint also Jude sein einen kulturellen Besitz, eine religiöse Verbundenheit, dann war ich keiner und kann niemals einer werden. Freilich, es ließe sich einwenden, dass ein Besitz sich erringen, eine Bindung sich eingehen lässt und dass demnach Jude sein die Sache sein könnte eines freien Entschlusses. Wer würde mich wohl daran hindern, die hebräische Sprache zu erlernen, jüdische Geschichte und Geschichten zu lesen, auch ohne Glauben teilzunehmen an dem zugleich religiösen und nationalen jüdischen Ritual? Ich könnte,

Jean Améry (1912–1978), österreichischer Schriftsteller, Widerstandskämpfer gegen den Nationalsozialismus und dessen Opfer. Er wurde als Hans Mayer in Hohenems/Vorarlberg als Sohn jüdischer Eltern geboren. Als Buchhandlungsgehilfe von 1930–1938 kann er als Autodidakt gelten, der sich literarisch und philosophisch bildete. Prägend für ihn war der sog. Wiener Kreis mit den Philosophen Moritz Schlick, Ludwig Wittgenstein, Friedrich Waismann, Otto Neurath und Rudolf Carnap. Zur gleichen Zeit war Améry vermutlich als Waffentransporteur am letztlich gescheiterten Aufstand des Republikanischen Schutzbundes beteiligt.

Amérys prekäre Beziehung zum Judentum veranlasste ihn, am 5. Dezember 1933 aus der jüdischen Gemeinde auszutreten, aber am 15. November 1937 – vermutlich wegen der bevorstehenden Verheiratung – wieder einzutreten. Doch sein Verhältnis zum Judentum blieb gespalten: »Meint … Jude sein einen kulturellen Besitz, eine religiöse Verbundenheit, dann war ich keiner und kann niemals einer werden.« Dennoch: »Ich muss Jude sein und werde es sein, ob mit oder ohne Religion, innerhalb oder außerhalb einer Tradition, ob als Jean, Hans oder Jochanaan.«

1938 floh Jean Améry nach Belgien, wo erst während der deutschen Besatzung der Widerstandsbewegung angehörte. Von 1943 bis 1945 war er Häftling in den Konzentrationslagern Auschwitz, Buchenwald und Bergen-Belsen. Nach dem Krieg lebte er in Brüssel. 1955 wechselte er seinen Namen von Hans Mayer zu dem »nom de plume« Jean Améry.

1978 beging Améry in einem Salzburger Hotel mit einer Überdosis Schlaftabletten

wohlversehen mit aller gebotenen jüdischen Kulturkenntnis von den Propheten bis zu Martin Buber, nach Israel auswandern und mich Jochanaan nennen. Ich habe die Freiheit, mich als einen Juden zu wählen, und sie ist meine ganz persönliche und allgemein menschliche Ehre. So wird mir versichert.

Habe ich sie denn aber auch wirklich? Ich glaube es nicht. Wäre Jochanaan, stolzer Träger einer neuen selbsterworbenen Identität, durch eine supponierte gründliche Kenntnis des Chassidismus, wohl davor gefeit, am 24. Dezember an einen Weihnachtsbaum mit vergoldeten Nüssen zu denken? Würde der fließend des Hebräischen sich bedienende, aufrechte Israeli so völlig den weißbestrumpften, einen bodenständigen Dialekt forcierenden Jüngling auslöschen können? Der Identitätswechsel, ein so anregendes Spiel in der modernen Literatur, in meinem Fall jedoch eine Herausforderung, vor der man in seiner menschlichen Totalität ohne den Ausweg einer Zwischenlösung besteht oder nicht – mir scheint, er hätte alle Voraussetzungen des Misslingens ... So ist es mir denn nicht erlaubt, Jude zu sein. Kann ich aber, da ich es doch sein muss und dieses Müssen mir die Wege verlegt, auf denen ich anderes als Jude sein dürfte, mich überhaupt nicht finden? ... Ich muss Jude sein und werde es sein, ob mit oder ohne Religion, innerhalb oder außerhalb einer Tradition, ob Jean, Hans oder Jochanaan. *Warum* ich es sein muss, davon ist hier zu sprechen.

Es begann nicht damit, dass dem Knaben Mitschüler sagten: Eigentlich seid ihr doch Juden. Auch nicht mit der Schlägerei auf der Rampe der Universität, bei der mir zum erstenmal, lange vor Hitlers Machtantritt, eine Nazifaust einen Zahn herausschlug. Wir sind Juden, ja, und was weiter? antwortete ich dem Kameraden. Heute mein Zahn, morgen der deine, und hol' euch der Teufel, dachte ich mir nach der Prügelei und trug meine Zahnlücke stolz wie eine interessante Duellverletzung.

Es fing erst an, als ich 1935 in einem Wiener Café über einer Zeitung saß und die eben drüben in Deutschland erlassenen Nürnberger Gesetze studierte. Ich brauchte sie nur zu überfliegen und konnte schon gewahr werden, dass sie auf mich zutrafen. Die Gesellschaft, sinnfällig im nationalsozialistischen deutschen Staat, den durchaus die Welt als legitimen Vertreter des deutschen Volkes anerkannte, hatte mich soeben in aller Form und mit aller Deutlichkeit zum Juden gemacht, beziehungsweise sie hatte meinem früher schon vorhandenen, aber damals nicht folgenschweren Wissen, dass ich Jude sei, eine neue Dimension gegeben.

Welch eine? Keine aufs erste auslotbare. Ich war, als ich die Nürnberger Gesetze gelesen hatte, nicht jüdischer als eine halbe Stunde zuvor. Meine Gesichtszüge waren nicht mediteran-semitischer geworden, mein Assoziationsbereich war nicht plötzlich durch Zauber-

Suizid. In seinem zwei Jahre zuvor veröffentlichten Buch *Hand an sich legen. Diskurs über den Freitod* hatte er geschrieben: »Wer abspringt, ist nicht unbedingt dem Wahnsinn verfallen, ist nicht einmal unter allen Umständen ›gestört‹ oder ›verstört‹. Der Hang zum Freitod ist keine Krankheit, von der man geheilt werden muss wie von den Masern ... Der Freitod ist ein Privileg des Humanen.«

Das hier zitierte Buch *Jenseits von Schuld und Sühne* trägt den Untertitel *Bewältigungsversuche eines Überwältigten*. Im Vorwort schreibt Améry: »Ich war nicht abgeklärt, als ich dieses Büchlein zu Papier brachte, ich bin es heute nicht und hoffe, dass ich es niemals sein werde. Abklärung, das wäre ja auch Erledigung, Abmachung von Tatbeständen, die man zu den geschichtlichen Akten legen kann. Gerade dies zu verhindern, will mein Buch beitragen. Nichts ist ja aufgelöst, kein Konflikt ist beigelegt, kein Erinnern zur bloßen Erinnerung geworden. Was geschah, geschah. Aber dass es geschah, ist so einfach nicht hinzunehmen. Ich rebelliere: gegen meine Vergangenheit, die das Unbegreifliche geschichtlich einfrieren lässt und es damit auf empörende Weise verfälscht.«

kraft aufgefüllt mit hebräischen Referenzen, der Weihnachtsbaum hatte sich nicht magisch verwandelt in den siebenarmigen Leuchter. Wenn das von der Gesellschaft über mich verhängte Urteil einen greifbaren Sinn hatte, konnte es nur bedeuten, ich sei fürderhin dem Tode ausgesetzt. Dem Tode. Nun, dem gehören wir alle an, über kurz oder lang. Aber der Jude, als der ich durch Gesetzes- und Gesellschaftsbeschluss jetzt dastand, der war ihm enger versprochen und schon mitten im Leben, dessen Tage waren eine zu jeder Sekunde widerrufbare Ungnadenfrist …

Ich hatte auch in diesen Tagen einmal in einer deutschen illustrierten Zeitung das Foto einer Winterhilfsveranstaltung in einer rheinischen Stadt gesehen, und da prangte im Vordergrund, vor dem elektrisch strahlenden Lichterbaum ein Spruchband des Textes »Keiner soll hungern, keiner soll frieren, aber die Juden sollen krepieren …« Und nur drei Jahre danach hörte ich am Tage der Eingliederung Österreichs ins Großdeutsche Reich im Rundfunk Joseph Goebbels heulen, man solle doch nur ja kein Wesen davon machen, dass sich jetzt in Wien ein paar Juden umbrächten.

Jude sein, das hieß für mich von diesem Anfang an, ein Toter auf Urlaub sein, ein zu Ermordender, der nur durch Zufall noch nicht dort war, wo er rechtens hingehörte, und dabei ist es in vielen Varianten, in manchen Intensitätsgraden bis heute geblieben. In der Todesdrohung, die ich zum erstenmal in voller Deutlichkeit beim Lesen der Nürnberger Gesetze verspürte, lag auch das, was man gemeinhin die methodische »Entwürdigung« der Juden durch die Nazis nennt. Anders formuliert: der Würdeentzug drückte die Morddrohung aus. Wir konnten es jahrelang täglich lesen und hören. Wir waren faul, böse, hässlich, fähig nur zur Untat, klug nur, soweit wir die anderen übers Ohr hauten. Wir waren unfähig zur Staatenbildung, aber auch keineswegs geeignet zur Angleichung an die Wirtsvölker. Unsere Körper, wohlbehaart, fett und krummbeinig, besudelten durch ihre bloße Anwesenheit öffentliche Badeanstalten, ja sogar Parkbänke. Unsere scheußlichen Gesichter, verderbt und verdorben durch abstehende Ohren und Hängenasen, waren den Mitmenschen, Mitbürgern von gestern, ein Ekel. Wir waren nicht liebens- und darum auch nichts des Lebens würdig. Unser einziges Recht, unsere einzige Pflicht war, uns selber aus der Welt zu schaffen …

Ich teile mit den Juden als Juden so gut wie nichts: keine Sprache, keine kulturelle Tradition, keine Kindheitserinnerungen. Im österreichischen Vorarlberg gab es einen Wirt und Metzger, von dem erzählte man mir, er habe fließend Hebräisch gesprochen. Der war mein Urgroßvater. Ich habe ihn nie gesehen, und es muss bald hundert Jahre her sein, dass er gestorben ist. Mein Interesse am Jüdischen und an Juden war vor der Katastrophe so gering, dass ich von damaligen Bekannten heute beim besten Willen nicht zu sagen

Wenn es mir schon an dieser Stelle erlaubt ist, eine erste und vorläufige Antwort zu geben auf die Frage, wieviel Heimat der Mensch braucht, möchte ich sagen: um so mehr, je weniger davon er mit sich tragen kann. Denn es gibt ja so etwas wie mobile Heimat oder zumindest Heimatersatz. Das kann Religion sein, wie die jüdische. »Nächstes Jahr in Jerusalem« haben sich von alters her die Juden im Osterritual versprochen, aber es kam gar nicht darauf an, wirklich ins Heilige Land zu gelangen, vielmehr genügte es, dass man gemeinsam die Formel sprach und sich verbunden wusste im magischen Heimatraum des Stammesgottes Jahwe.

Jean Améry

vermöchte, wer von ihnen Jude war, wer nicht ... Die Umwelt, in der ich mich bewegt hatte in den Jahren, wo man sein Ich erlernt, war keine jüdische, das lässt sich nicht rückgängig machen. Doch steht die Fruchtlosigkeit der Suche nach meinem jüdischen Selbst keinesfalls als Schranke zwischen mir und der Solidarität mit allen bedrohten Juden der Welt ...

Nichts anderes unterscheidet mich schließlich von den Leuten, unter denen ich meine Tage hinbringe, als eine schwankende, manchmal stärker, manchmal schwächer fühlbare Unruhe. Doch ist es eine *soziale* Unruhe, keine metaphysische. Nicht das Sein bedrängt mich oder das Nichts oder Gott oder die Abwesenheit Gottes, nur die Gesellschaft: Denn sie und nur sie hat mir die existentielle Gleichgewichtsstörung verursacht, gegen die ich aufrechten Gang durchzusetzen versuche. Sie und nur sie hat mir das Weltvertrauen genommen. Die metaphysische Bedrängnis ist eine elegante Sorge von höchstem Standing. Sie bleibe Sache derer, die da immer wussten, wer und was sie sind, und dass sie es bleiben dürfen. Ich muss sie ihnen überlassen – und es ist nicht deshalb, dass ich mich armselig fühle vor ihnen.

Marcel Reich-Ranicki (1920–2013), als Marceli Reich in Polen geboren, war zu seiner Zeit der einflussreichste deutschsprachige Literaturkritiker.

Schon als Gymnasiast las er die deutschen Klassiker, besuchte Theater, Konzerte und Opern. Am Berliner Fichte-Gymnasium, das er besuchte, galt noch das Gebot der Gleichbehandlung der jüdischen Schüler, sodass er dort 1938 noch das Abitur machen konnte. Ein anschließendes Studium wurde ihm verwehrt.

Ende Oktober 1938 erfolgte seine Ausweisung nach Polen, zusammen mit etwa 17.000 polnischen und staatenlosen jüdischen Frauen, Männern und Kindern. Er musste die polnische Sprache neu erlernen und blieb arbeitslos. Am 1. September 1939 begann der Polenfeldzug.

Im November 1940 wurde er zur Umsiedlung ins Warschauer Getto gezwungen. Dort arbeitete er bei dem von den Nationalsozialisten eingesetzten Ältestenrat (»Judenrat«) als Übersetzer. In dieser Zeit lernte er auch seine Frau Teofila (1920–2011) kennen, mit der zusammen er sein weiteres Leben meisterte.

Der Deportation im Januar 1943 entkam das Ehepaar, indem es auf dem Weg zum Versammlungsplatz floh. Es fand nach kurzen Zwischenverstecken bis September 1944 Unterschlupf bei der Familie des arbeitslosen Schriftsetzers Bolek Gawin und dessen Ehefrau Genia. Nach der Befreiung Polens bat der Schriftsetzer die beiden, nirgends zu erwähnen, dass sie mit seiner

Marcel Reich-Ranicki: Man spricht doch im Hause des Gehängten nicht vom Strick

Herlinde Koelbl: Es gibt ein berühmtes Zitat: »Die einen werfen mir vor, dass ich ein Jude sei; die anderen verzeihen mir es; der dritte lobt mich gar dafür; aber alle denken daran.« Entspricht dieses Zitat Ihren eigenen Erfahrungen?

Marcel Reich-Ranicki: Das ist ein Wort von Ludwig Börne, das ich zitiert habe. Ob ich diese Erfahrungen gemacht habe? Ja. Täglich.

Täglich? In welcher Weise?

Es ist sehr heikel, was ich Ihnen jetzt sagen werde. Und ich sage es nicht im anklagenden Ton. Ich habe in den letzten dreißig Jahren in der Bundesrepublik Hunderte von Vorträgen gehalten, vor Studenten oder vor anderen Auditorien. Vor dreihundert Menschen oder vor tausend Menschen. Da habe ich sofort gemerkt, dass das Verhältnis zu den Juden unnatürlich ist. Zumindest kein normales Verhältnis. Und Sie wollen jetzt von mir erfahren, wie ich das bemerkt habe.

Ja.

Ich habe das geradezu experimentell überprüft, um auszuschließen, dass ich möglicherweise das Opfer meiner Überempfindlichkeit bin. Ich halte einen Vortrag über deutsche Literatur. Nichts Ungewöhnliches. Irgendwann, an einer Stelle, wo es angebracht und nötig ist, sage ich, man dürfe bei der Deutung von Kafkas Werk nie vergessen, dass Kafka Jude gewesen ist. In demselben Augenblick ändert sich alles. Totale Stille im Saal. Das Wort Jude im Zusammenhang mit Döblin oder Heine oder Schnitzler, und es wird plötzlich still im Saal. Ich will nicht sagen, dass diese Stille etwas Schlechtes sei oder etwas Gutes. Aber diese Stille beweist, dass es ein normales Verhalten den Juden gegenüber nicht gibt. Das ist etwas Unheimliches. Wenn wir bei Freunden sind, abends, wenn man getrunken hat, kommt nach einer Weile regelmäßig das Gespräch auf Juden, Nationalsozialismus, Antisemitismus. Wie oft habe ich gemerkt, dass meine Anwesenheit bei den Gesprächen ein Faktor ist, der irritiert ... Die Leute, mit denen ich zusammen bin, fühlen sich zu einer gewissen, sagen wir taktvollen Rücksichtnahme verpflichtet. Man spricht doch im Hause des Gehängten nicht vom Strick.

Nach meiner Erfahrung trauen sich viele Deutsche gar nicht, mit Juden über diese Dinge zu reden. Und ich muss Ihnen sagen, zu Beginn meiner Gespräche mit jüdischen Emigranten hatte ich Schwierigkeiten, das Wort »Jude« auszusprechen.

Ich habe bei der FAZ zwei Erlebnisse gehabt, die charakteristisch sind. Das erste mit einem bedeutenden Herausgeber dieser Zeitung, der nicht mehr lebt. Ich war damals erst ein Jahr bei der FAZ. Er kam zu mir und sagte, ich hätte etwas Ungeheuerliches geschrieben. Ich hätte in einem Artikel über Kafka die Worte geschrieben: »Der Jude Franz Kafka«. Kafka könne man doch nicht als Juden bezeichnen. Dieser Mann der älteren Generation fand, das Wort Jude sei beleidigend. So ist er im Dritten Reich erzogen worden. Ich habe ihm gesagt: Nein, davon werden Sie mich nicht abbringen ... Wenn es so war, dann muss es so geschrieben werden. Und dann darf man vielleicht auch schreiben, dass Albert Einstein oder Sigmund Freud oder Franz Kafka Juden waren.

Das andere Erlebnis ist ganz ähnlich. Zum zehnten Jahrestag von Paul Celan habe ich drei, vier Autoren gebeten, ihre Erinnerungen an Celan zu schreiben. Zu diesen Artikeln habe ich einen Vorspann verfasst. Und ein Redakteur, der heute nicht mehr bei der Zeitung ist, änderte, ohne sich mit mir zu verständigen, eine bestimmte Formulierung. Ich habe es noch rechtzeitig gemerkt und wieder in Ordnung gebracht. Es handelte sich um den Satz: »Der rumänische Jude Paul Celan, der nie in Deutschland gelebt und sich in Österreich nur wenige Monate aufgehalten hat, gilt vielen als der bedeutendste deutsche Lyriker nach 1945.« Der Redakteur hat das Wort Jude gestrichen. Er hielt das Wort Jude für beleidigend. Nun ist aber in Celans Werk von gar nichts anderem die Rede als von der Verfolgung der Juden. Wozu erzähle ich Ihnen die Geschichten? Nicht, um irgend jemanden anzuklagen, sondern um zu zeigen, dass das Verhältnis zu den Juden in Deutschland infolge dessen, was geschehen ist, mit Hemmungen verschiedenster Art belastet ist. Es ist kein natürliches, normales Verhältnis.

Hilfe die Besetzung Polens durch die Nazi-Truppen überlebt hatten, weil sich ihre Lebensretter wegen des in Polen verbreiteten Antisemitismus davor fürchteten, mit ihrer Rettung von Juden ins Gerede zu kommen.

Ende 1944 begann Reich-Ranicki bei der polnischen kommunistischen Geheimpolizei zu arbeiten, zunächst im noch deutschen Schlesien, wo er die Zensur organisierte, danach für den polnischen Auslandsnachrichtendienst in London. 1948 wurde er Vize-Konsul und nahm den Namen »Marceli Ranicki« an, da sein Familienname »Reich« zu sehr an die Deutschen erinnere.

In den weiteren Jahren wandte er sich der Literatur zu und wurde Lektor für deutsche Literatur in einem Warschauer Verlag. Schon ab Ende 1951 begann er, als freier Schriftsteller zu arbeiten. Doch Anfang 1953 erteilten ihm die polnischen Behörden ein Publikationsverbot, das bis Ende 1954 in Kraft blieb.

Nach einer Studienfahrt in die Bundesrepublik Deutschland blieb Reich-Ranicki am 21. Juli 1958 in Frankfurt am Main. Ab August 1958 arbeitete er als Literaturkritiker für das Feuilleton der *Frankfurter Allgemeinen Zeitung* (FAZ). Deren Feuilletonchef schlug ihm vor, seinen heutigen Doppelnamen zu verwenden, was dieser, ohne zu zögern, auch tat. Von 1960 bis 1973 war er Literaturkritiker der Hamburger Wochenzeitung *Die Zeit*. Als der NDR-Redakteur Joachim Fest 1973 Mitherausgeber der FAZ wurde, erhielt Reich-Ranicki die Leitung der Literaturredaktion dieser Zeitung. Bis zum offiziellen Arbeitsende 1988 hatte Reich-Ranicki die Freiheit, alle Autoren, gleich welcher politischen Couleur, im Feuilleton der FAZ zu drucken.

Zu Beginn seiner Autobiografie sagt Reich-Ranicki, dass er »kein eigenes Land, keine Heimat und kein Vaterland« hat. Seine Heimat sei im Letzten allein die Literatur gewesen. Er selbst verstand sich atheistisch, ohne jede Sensibilität zur näheren Differenzierung dieses Atheismus. In einer TV-Dokumentation erklärte er 2006: »Gott ist eine literarische Erfindung. Es gibt keinen Gott. (...) Ich kenne keinen. Hab ihn nie gekannt. Nie in meinen Leben!«. Religion beschrieb er als »eine Brille, die den Blick auf die Wirklichkeit trübt, die bittere Realitäten hinter einem milden Schleier verschwinden lässt. Deshalb wehren sich die Anhänger der Religionen auch so vehement, diese Brille jemals abzusetzen. Aber für mich ist das nichts. Selbst im Getto habe ich versucht, die Dinge so zu sehen, wie sie sind, und mir nichts vorzumachen«.

Miniatur des Erzengels Gabriel, der zu Mohammed sagte: »Rezitiere im Namen deines Herrn, der alle Dinge erschuf …« Frühes 14. Jh. aus Ägypten oder Syrien.

Islam

Die islamische Welt wird von Krisen geschüttelt. Sunniten bekämpfen Schiiten; Iran und Saudi-Arabien befeinden einander; der Irak ist in ethnische Zonen zerfallen, Syrien vom Bürgerkrieg ruiniert. Der sogenannte Islamische Staat beansprucht mit der Gründung eines Kalifats die Nachfolge des Propheten Mohammed. Als sunnitische Miliz mordet und zerstört er, was nicht der eigenen Ideologie entspricht. Selbstmordattentäter zünden ihre Munition unter beliebigen Menschengruppen in aller Welt: in Moscheen, auf öffentlichen Plätzen, in Hotels – im Irak, in Kabul, in Pakistan, Indonesien, Tunesien, Istanbul … In Paris werden am 13. November 2015 insgesamt 130 Menschen erschossen, bei zufälliger Präsens in Restaurants und Cafés, bei Konzerten oder einem Fußballspiel …

Die Liste der Attentate wächst von Jahr zu Jahr. Doch werden die Staaten der islamischen Welt selbst am stärksten von Terroranschlägen erschüttert. Es gibt kaum noch ein arabisches Land mit einer einigermaßen stabilen Regierung, von demokratischen Verhältnissen ganz abgesehen. Trotz allem betonen muslimische Theologen, Politiker, Wissenschaftler …, nichts davon habe mit dem »wahren Islam« zu tun und finde in ihrer Tradition keine ursächliche Erklärung.

Zweifellos ist ohne Kenntnis der islamischen Geschichte und ihrer Kultur keine angemessene Beurteilung möglich. Das nachstehende Kapitel bietet Deutungsansätze, die nicht auf einem Nenner glattgestrichen werden können.

Nach arabischer Überlieferung könnte die Geschichte des Islam mit dem Berufungserlebnis Mohammeds durch den Engel Gabriel beginnen, doch ist solchen Offenbarungsansprüchen – islamisch wie christlich – die nüchterne Feststellung von Ernst Troeltsch voranzustellen, dass es im neuzeitlichen Denken keine Fakten gibt, »die zwar in der Geschichte stehen, aber nicht aus der Geschichte stammen«. Dem Islam gingen mehr vorislamische Entwicklungen voraus, als das islamische Bewusstsein bewahrt hat.

Mohammeds Sendungsbewusstsein beschränkte sich zunächst auf das familiäre Umfeld. Die traditionellen Berichte sprechen davon, dass er etwa drei Jahre lang seine Offenbarungen nur der eigenen Familie und wenigen Freunden mitteilte. Erst danach begann er, öffentlich aufzutreten. Seine Botschaft eines kompromisslosen Monotheismus fand im Mekka jener Zeit nur wenige Anhänger.

Erst in Yathrib, wohin er im Jahr 620 umsiedelte, begann der politische und militärische Aufstieg des Propheten. Hier schloss Mohammed bald nach seiner Ankunft in der Oase einen Bündnisvertrag mit der Bewohnerschaft, die so genannte Gemeindeordnung von Medina. Doch wurden die hier ansässigen drei jüdischen Stämme innerhalb der nächsten Jahre aus Yathrib vertrieben bzw. getötet. Medina (*Madinat an-Nabi*, »Stadt des Propheten«), wie Yathrib bald hieß, beherrschten seitdem nur noch Muslime. Auch gelang es Mohammed, arabische Stämme in der Umgebung von Medina für den Islam zu gewinnen. Weitere Kriegserfolge führten schließlich zur Einnahme Mekkas im Januar 630.

Dieser Sieg Mohammeds über den Stamm der mächtigen Quraisch in Mekka brachte ihm so viel Ansehen, dass sich in den Jahren bis zu seinem Tod im Juni 632 fast alle Stämme der arabischen Halbinsel seiner Autorität unterwarfen und sich zugleich zum Islam bekannten. Ab Mitte der 630er-Jahre setzte sich die arabische Eroberungspolitik und die weitere Ausdehnung des Islam bis ins 8. Jahrhundert hinein fort. Mit dem Beginn dieser islamischen Expansion verbindet die Geschichtswissenschaft häufig auch das Ende der Antike, denn die Eroberungen der Araber unterwarfen große Teile des Oströmischen bzw. Byzantinischen Reiches sowie das neupersische Sassanidenreich. Byzanz verlor 636 Palästina und Syrien, 640/42 Ägypten und bis 698 ganz Nordafrika an die Araber. Während Ostrom weiterhin ein Restreich behauptete, ging das Sassanidenreich in Persien im Jahr 651 unter. In den folgenden Jahrzehnten griffen die Araber auch zur See an. Anfang des 8. Jahrhunderts eroberten sie das Westgotenreich.

Damit begann die Teilung Europas und des Mittelmeerraums in einen islamischen und einen christlichen Teil, der seinerseits in einen lateinischen Westen und einen von Byzanz dominierten griechischen Osten zerfiel.

Ein Zentrum für Kunst, Kultur, Wissenschaft und Forschung entstand in wenigen Jahrzehnten im 762 gegründeten Bagdad. Als eine weitere Hochburg des Wissens und der Literatur entwickelte sich die ostpersische Provinz Chorasan. Auch der zwischen 711 und 1492 muslimisch beherrschte Bereich der Iberischen Halbinsel gilt – vor allem während des Kalifats von Córdoba – als Zentrum der Gelehrsamkeit und einer Koexistenz (*convivencia*) von Muslimen, Juden und Christen. Man spricht heute von Andalusien als einem islamischen Herrschaftsbereich freien Denkens und verweist vor allem auf Ibn Rushd und den jüdischen Philosophen Maimonides.

Ibn Rushd (1126–1198), in der europäischen Philosophiegeschichte als Averroës bekannt, war ein offener und kritischer Geist, dessen Kommentare zu Aristoteles die christliche Theologie wesentlich befruchteten. Aristoteles galt Ibn Rushd gewissermaßen als die inkarnierte Vernunft. In Koranversen wie »Denkt nach, die ihr Einsicht habt!« fand er die Aufforderung an die Muslime, ihren Glauben denkend zu durchdringen. Die christliche Scholastik des Mittelalters nannte ihn lapidar »den Kommentator«, so wie Aristoteles »der Philosoph« schlechthin war. Unter Kalif Yaqub al-Mansur stand Ibn Rushd zunächst in der Gunst des Herrschers, doch 1195 fiel er in Ungnade, denn der Kalif meinte auf die Unterstützung orthodoxer Kräfte angewiesen zu sein. Daher wurde Averroës in eine Kleinstadt südlich von Córdoba verbannt; seine Werke wurden verboten und ihre Verbrennung angeordnet. 1197 durfte er nach Marrakesch zurückkehren, wo er auch verstarb.

Die Tierkreiszeichen auf diesem persischen Teller von 1563 ähneln stark griechischen Vorlagen. Tatsächlich war die islamische Wissenschaft im wesentlichen eine Entwicklung der griechischen Tradition.

Ibn Rushd/Averroës schrieb zu fast jedem Werk des Aristoteles einen Kommentar. Auf die christliche Theologie des Mittelalters übte er großen Einfluss aus, sodass er lapidar als »der Kommentator« bezeichnet wurde, während Aristoteles einfach »der Philosoph« hieß. Die Logik war für ihn das Gesetz des Denkens und der Wahrheit, was ihn letztlich aus Andalusien vertrieb.

Moses Maimonides, jüdischer Philosoph, Rechtsgelehrter und Arzt, gilt als einer der bedeutendsten jüdischen Gelehrten aller Zeiten. Seine Systematisierung des jüdischen Rechts und das religionsphilosophische Werk *Führer der Unschlüssigen*, waren ihrer Radikalität wegen lange Zeit umstritten. Daneben hat Maimonides zahlreiche weitere Schriften zur Religion, Philosophie, Medizin und Astronomie hinterlassen.

Wertschätzung hingegen fand Ibn Rushd/Averroës durch Albert den Großen (Albertus Magnus), der über ihn die antike Philosophie kennenlernte. Dadurch wurde er Begründer der christlichen Aristotelik, der Hochscholastik und letztlich der modernen Naturwissenschaft. Bis zu Alberts Wirken waren die Werke des Aristoteles in der christlichen Welt wegen ihres heidnischen Ursprungs nicht akzeptiert. – Auch die »Deutsche Mystik«, zumal das Denken des Meister Eckhart, ist geboren aus dem Geist der griechisch-arabischen Philosophie: »Eckhart brauchte Averroës … Er brauchte ihn, um sein Programm durchzuführen, die Wahrheit der christlichen Lehre mit *rationes naturales philosophorum* zu beweisen. Unter diesen Philosophen nahm Averroës eine hervorragende Rolle ein. Die Averroës-Zitate sind kein beiläufiger Dekor; sie betreffen nicht abgelegene Subtilitäten, sondern Eckharts Hauptlehre« (Kurt Flasch).

Gleichzeitig lehrte in Córdoba der jüdische Philosoph und Arzt Moses Maimonides (1135/38–1204), dessen Schicksal jedoch ebenfalls zeigt, dass es mit einer *convivencia* unter maurischer Herrschaft nicht weit her war. Zwar wurden Juden zeitweilig zu Verbündeten der islamischen Herrschaft, aber an ihrem subalternen Status änderte sich dadurch nur wenig. Im Jahr 1066 metzelte ein muslimischer Mob die Juden in Granada nieder, während die vom jüdischen Hauptstamm abgespaltenen Karäer überall in Andalusien systematisch vernichtet wurden. Maimonides schrieb als Zeuge dieser Gräueltaten: »Nie hat eine Nation uns dermaßen schikaniert, gedemütigt, entwürdigt und gehasst wie diese.« 1148 wurde seine Familie vor die Wahl gestellt, zum Islam überzutreten oder auszuwandern. Sie entschied sich für die Flucht, verbrachte mehrere Jahre unstet in Spanien und ließ sich vermutlich 1160 im marokkanischen Fès nieder. 1165 zog die Familie weiter nach Jerusalem, dann nach Alexandria und schließlich nach Fustat, heute ein Teil von Kairo. Um dort leben zu können, betätigte er sich als Arzt und gewann als solcher einen so großen Ruf, dass er 1185 Leibarzt des Sekretärs von Sultan Saladin wurde.

Wenn heute »al-Andalus« immer wieder als ein Ort des freien Denkens genannt wird, an dem die Philosophie aufgrund eines dort herrschenden interreligiösen Dialogs geherrscht haben soll, bestimmte die Realität doch die vorherrschende malikitische Rechtsschule, die Juden und Christen wenig Sympathie entgegenbrachte. Der zu dieser Zeit hier wirkende Scharia-Gelehrte Ibn Abdun schrieb im Jahre 1100, Juden wie Christen seien zu verabscheuen und zu meiden. Es sei verboten, ihnen den Gruß »Friede sei mit dir« zu entbieten. Sie gehörten dem Satan an und müssten sich entsprechend kennzeichnen, die Juden durch einen gelben, die Christen durch einen blauen Flicken. Es kam zu einem Massen-Exodus von Juden und Christen, weil im Nahen Osten wie in Ägypten eine andere Rechtsschule Nicht-Muslime weniger streng behandelte.

Tatsächlich hat die malikitische Auslegung der Scharia religiöse Duldsamkeit in Andalusien effektiv unterbunden. Auch war in der islamischen Welt Philosophie nur das Steckenpferd weniger, deren Gedanken keine Auswirkungen auf das praktische Leben hatten. Allein die Scharia schrieb vor, was zu tun und zu lassen war. Philosophie wurde daneben im islamischen Leben nicht benötigt. Die Werke von Averroës und Maimonides konnten nur wirksam werden, als das christliche Europa sie entdeckte und übersetzte, denn hier wurde philosophisches Denken sowohl für die Theologie als auch für das soziale Leben benötigt.

Vielleicht ist dies auch ein wesentlicher Grund für die in den weiteren Jahrhunderten immer schwächer werdende kulturelle Innovationskraft des Islam und seinem wachsenden Fundamentalismus, sodass selbst das hohe künstlerische und handwerkliche Niveau der mittelalterlichen Vergangenheit absank, wie es in Córdoba und Granada heute noch bewundert wird. Die nachstehenden Texte geben auf diese Frage keine bündige Antwort. Sie erschließen einen Islam, der in sich selbst mancherlei einander widersprechende und einander ausschließende Traditionen entwickelte.

Ibn Ishaq: Das Leben des Propheten

Alles, was wir von Mohammed wissen, geht auf *Das Leben des Propheten* zurück, das der in Medina geborene und in Bagdad gestorbene Muhammad Ibn Ishaq (sprich: Is-chak) um das Jahr 750, also fast einhundertdreißig Jahre nach Mohammeds Tod, geschrieben hat. Ibn Ishaq (704-767) war ebenso wie sein Vater Ishaq und sein Onkel Musa ein »Traditionarier«. Er griff umlaufende Worte und Handlungen des Propheten auf, um sie weiterzugeben, natürlich unter den Bedingungen der Zeit, die Legende und Geschichte, Dichtung und Wahrheit ineinander verwob. Doch hatte Ibn Ishaq das Ansehen, vor allem über die Kriegszüge Mohammeds historisch informiert gewesen zu sein.

Ibn Ishaq beginnt die Vita des Propheten mit dessen Genealogie, die er auf Adam zurückführt. Er beschreibt die vorislamische Zeit, deren Kultstätten und die politische Lage in Mekka. Mohammeds Leben bis zu seinen Berufungsvisionen wird durchweg legendarisch geschildert, da für Ibn Ishaq exakte Angaben über die Frühzeit schon nicht mehr greifbar waren. Genauere Kenntnisse hatte er von der Periode, die mit dem Auszug nach Medina beginnt. In seinen Berichten über Mohammeds Kriegszüge stützt er sich oft auf Augenzeugen und stellt abweichende Traditionen einander gegenüber. Dazu streut er Gedichte in den Handlungsablauf ein: Schmähungen des Gegners, Anstachelungen zum Kampf und Klagetexte über Gefallene.

Das *Leben des Propheten* war in späterer Zeit in wenigstens fünf Exemplaren im Umlauf, doch ist der originäre Text nicht erhalten geblieben. Die Nachwelt kennt diese Vita nur durch Zitate und Auszüge in anderen Werken, vor allem aber in der Bearbeitung des Abd al-Malik Ibn Hisham

Ibn Ishaq (704–767), muslimischer Geschichtsschreiber, der zum ersten Mal die Legenden, Geschichten, Handlungen und Aussprüche (Hadithe) über das Leben Mohammeds in einem Buch mit einer durchdachten Struktur und Kapiteleinteilung zusammenstellte. Dieses 120 Jahre nach Mohammed entstandene Buch ist nicht im Original erhalten, sondern nur in späteren Rezensionen, Bearbeitungen und Auszügen überliefert. Die bekannteste Bearbeitung seines Werks ist die Sira des Ibn Hischam (gest. 829/834), der in der zweiten Generation nach Ibn Ishaq das Werk durch Kürzungen und Hinzufügungen bearbeitete. Diese Bearbeitung hat später das Original des Ibn Ishaq verdrängt.

(gest. 834), der Ibn Ishaqs Biografie kürzte wie ergänzte. Weitere Autoren, die Ibn Ishaq später zitierten, ermöglichen eine Überprüfung und Rekonstruktion des Originaltextes. Mit wachsendem Zeitenabstand gelangte Ibn Ishaqs *Leben des Propheten* zu höchstem Ansehen und galt schließlich als das hervorragendste Werk dieser Gattung.

Die Verehrung der Kaaba und des heiligen Steins greift über Mohammed hinaus in die heidnische Zeit zurück und war mit der Verehrung verschiedener Gottheiten verbunden. Doch Mohammed fühlte sich erst nach der Eroberung Mekkas stark genug, die Götzenbilder zu zerstören. Doch bewahrte er die Heiligkeit der Kaaba und die Tradition der Pilgerfahrt, jetzt ganz mit dem islamischen Monotheismus verknüpft. Indem er die »geniale Intuition« (Mircea Eliade) hatte, die Kaaba auf Abraham zurückzuführen, der mit Ismael zusammen den Bau errichtet habe, gewann die islamische Welt ihren »Tempel«, der älter ist als jener Jerusalems.

Eine andere Legende schreibt bereits Adam die Errichtung der Kaaba zu. Nach seiner Vertreibung aus dem Paradies habe er hier am Nabel der Welt ein Haus errichtet. Demnach gilt das Werk Abrahams als Wiedererrichtung dieses Grundbaus der Menschheitsgeschichte.

Al-Kaaba, wörtlich: der Würfel, ist seitdem das am höchsten verehrte Heiligtum des Islam. Der etwa 11 m hohe Bau aus grauem Stein trägt ein flaches Dach. Die einzige Tür liegt ca. 2 m über dem Boden und ist nur über eine transportable Treppe zugänglich. Das Innere der Kaaba ist leer, bis auf drei hölzerne Säulen, die das Dach stützen und einige Ampeln, die von der Decke herabhängen.

In die Südost-Ecke der Kaaba eingebaut, befindet sich der »Schwarze Stein«, eine Zementverkittung mehrerer Stücke, die ein Silberband von etwa 75 cm Durchmesser umschließt. Das rituelle Küssen des Steins

Die Kaaba

Das antike Arabien war staatenlose Wüste. Im Norden befand sich das (Ost-)Römische Reich, das sich von Ägypten über das heutige Jordanien, Israel, den Libanon, Syrien und die Türkei erstreckte. Gleichzeitig gab es hier bereits arabische Volksgruppen, denen die weithin jüdisch und christlich geprägte Kultur nicht fremd war.

Nordöstlich der Arabischen Halbinsel lag das Persische Reich, zu dieser Zeit von der Sassanidendynastie regiert. Es umfasste ungefähr den heutigen Iran und Irak. Staatsreligion war der Zoroastrismus; zugleich waren nestorianische Christen hier zu Hause. – Am anderen Ufer des Roten Meeres lag das Äthiopische Reich, das christlich war. Es scheint, dass äthiopische Gruppierungen im 6. und 7. Jahrhundert auch in Arabien lebten – möglicherweise als Sklaven –, sodass es auf der Arabischen Halbinsel bereits Kenntnisse des Monotheismus und der biblischen Traditionen gegeben hat.

Die islamische Welt beschreibt die Verhältnisse in Arabien vor Mohammed als Zeit des Heidentums, *Dschahiliyya*, und verbindet damit grausame und rohe Verhältnisse, die in schärfstem Kontrast zu den folgenden islamischen Ordnungen gestanden hätten: damals seien Diebstahl, Raub, Mord, Unzucht … gewissermaßen straffrei geblieben, als hätte es vordem keine Völker gegeben, die trotz ihres Heidentums ordnende Herrscher und Gesetze kannten.

Das einzige Bindeglied, das die Zeit des Heidentums mit der neuen islamischen Zeit verknüpft, ist die Kaaba, die vor Mohammed genauso wichtig war wie in der Zeit danach. Die hier von Ibn Ishaq erzählte Geschichte aber wird aus einer Perspektive erzählt, die erst nachträglich gewonnen wurde. Obwohl Mohammed nach islamischer Dogmatik sich nie an heidnischen Kulthandlungen beteiligte, spielte er doch beim Wiederaufbau der Kaaba eine zentrale Rolle. Dagegen wird historische Skepsis einwenden, dass diese legendarisch anmutende Erzählung nicht das schildert, was in vorislamischer Zeit in Mekka geschah, sondern nur das, von dem die spätere Zeit glaubte, dass es im antiken Mekka geschehen sein könnte.

Die verbreitete Vorstellung, Mekka und die Quraisch seien bereits in vorislamischer Zeit eine Art »Handelsrepublik« gewesen, wurde von der dänischen Islamforscherin Patricia Crone und Michael Cook mit ihrem Buch *Meccan Trade and The Rise Of Islam* (1987) widerlegt. Das Werk stützt sich weitgehend auf zeitgenössische, nicht-islamische Quellen und trägt zu einer Revision der Entstehungsgeschichte des Islams bei.

Als der Prophet fünfunddreißig Jahre alt war, entschlossen sich die Quraisch, die Kaaba neu zu errichten. Sie planten, sie mit einem Dach zu versehen, fürchteten sich aber davor, sie zu zerstören. Sie war ein ohne Mörtel errichteter Steinbau und etwas mehr als mannshoch. Man wollte sie nun höher bauen und ein Dach darüberbreiten. Aus der Kaaba war nämlich ein Schatz gestohlen worden, der sich in ihrer Mitte in einem Brunnen befand. Dieser Schatz wurde später bei einem Freigelassenen aus dem Stamme *Chuzâ'a* gefunden, und die Quraisch schlugen ihm dafür die Hand ab.

Nun war bei Dschidda das Schiff eines byzantinischen Kaufmannes gestrandet und zerschellt. Sie nahmen das Holz und richteten es zum Decken der Kaaba her. In Mekka gab es auch einen koptischen Zimmermann, und so war schon einiges, was sie zur Restaurierung brauchten, bereit. Indes war da noch die Schlange, die aus dem Brunnen der Kaaba, in den man täglich die Opfergaben warf, herauszukriechen pflegte, um sich auf der Mauer des Gebäudes zu sonnen. Sie war eines der Dinge, wovor sie Angst hatten, denn keiner konnte sich ihr nähern, ohne dass sie ihren Kopf hob, zischte und ihr Maul aufsperrte. Als sie sich nun eines Tages auf der Mauer der Kaaba wie gewöhnlich sonnte, schickte Gott einen Vogel, der sie packte und mit ihr davonflog. Da sprachen die Quraisch:

»Lasst uns hoffen, dass Gott unser Vorhaben billigt! Wir haben einen befreundeten Handwerker, haben Holz, und Gott hat uns von der Schlange befreit.«

Nachdem man sich nun dazu entschlossen hatte, die Kaaba abzureißen und neu aufzubauen, erhob sich Abu Wahb von der Sippe Machzum und entfernte den ersten Stein, doch entfiel dieser seiner Hand und kehrte an seinen Platz zurück. Da sprach er: »Männer von Quraisch, bringt in dieses Gebäude nicht unrecht erworbenes Gut, nicht den Lohn der Hure, nicht das Geld des Wucherers und nichts, was ihr erzwungen habt!«

Sodann teilte man die Arbeit an der Kaaba unter die großen Stämme der Quraisch auf … Doch dann bekamen sie wieder Angst davor, die Kaaba zu zerstören. Da sprach Walid, der Sohn des Mughira:

»Ich will als Erster mit der Zerstörung beginnen«, und er ergriff seine Spitzhacke, wandte sich der Kaaba zu und rief:

»O Gott, erschrecke nicht! O Gott, wir wollen nur das Beste!« Dann zerstörte er einen Teil an der Seite der beiden Ecken. In der Nacht wartete man ängstlich und sprach:

»Wir wollen sehen! Wenn Walid etwas zustößt, reißen wir die Kaaba nicht weiter ein, sondern legen alles wieder so zurück, wie es war. Geschieht ihm nichts, so billigt Gott unser Tun.«

Am nächsten Morgen machte sich Walid wieder an die Arbeit und mit ihm die anderen, bis sie die Grundmauer Abrahams erreichten und auf eng aneinanderliegende Steine stießen, Kamelhöckern

hat seine Oberfläche vollkommen poliert. Das Umschreiten des Steins ist heute wie in vorislamischer Zeit der Höhepunkt der jährlichen Pilgerfahrt.

Zwei grüne Marmorplatten an der Westseite der Kaaba verweisen auf die Grabstätten Hagars und Ismaels. Ganz in der Nähe der Kaaba entspringt auch die Quelle Semsem, die, wie eine Legende erzählt, der Erzengel Gabriel aus dem Boden hervorsprudeln ließ, um Hagar und ihren kleinen Sohn Ismael vor dem Verdursten zu erretten, nachdem sie – von Abraham entlassen – durch die Arabische Wüste geirrt waren. Heute fließt Regenwasser vom Dach über eine goldene Rinne auf ihre Gräber.

Ein schwarzes Tuch aus Seide und Baumwolle bedeckt die Kaaba, und ein schwarzer Vorhang, beide reich mit Koranversen in Gold bestickt, verhängt die Tür. Das Heilige wird in allen Religionen der Welt stets nur verhüllt gegenwärtig.

Mekka

Mekka liegt inmitten eines gelb-schwarzen Gebirges aus nackten Felsen, ohne jede Erdkrume, zerklüftet und schroff. Die Talschlucht wurde durch ein Wadi geschaffen, das ein Platzregen von Zeit zu Zeit plötzlich mit Wasser füllt und Stadt und Heiligtum überschwemmt, wie zum Beispiel im Jahre 1950.

Das heutige Mekka ist außerhalb der Pilgerzeit eine Provinzstadt – der Lärm ebbt ab, die Händler verschwinden von den Plätzen, auch die riesigen Zeltlager werden abgebaut, es bleiben vielleicht 250 000 (offiziell geschätzte) Einwohner (einschließlich der Beduinenstämme in den Wadis rings um Mekka) zurück. Die alten niedrigen Gebäude mit Mauern aus Lehmziegeln schwinden und machen Hochhäusern Platz, Kopien der Hochhäuser und Bürosilos in Amerika und Europa. Die meisten Bauherren leben nicht in Mekka, nicht einmal in Saudi-Arabien; es sind reiche Geschäftsleute aus den Öl-Emiraten, aus Jordanien, dem Jemen, die nur für wenige Tage im Jahr nach Mekka kommen, es aber als repräsentativ empfinden, in der heiligen Stadt eine Wohnung zu haben.

gleich. Von einem Überlieferer wurde mir erzählt, dass einer von den an der Zerstörung beteiligten Quraisch zwischen zwei dieser Steine eine Brechstange schob, um einen davon herauszudrücken. Kaum bewegte sich aber der Stein, da bebte ganz Mekka, und man ließ deshalb die Grundmauer, wie sie war. Ich habe auch erfahren, dass die Quraisch in der Ecke eine syrische Schrift fanden, die sie aber nicht verstanden, bis ein Jude sie ihnen vorlas. Sie lautete: Ich bin Gott, der Herr von Mekka. Ich erschuf es am Tage, als ich Himmel und Erde erschuf und Sonne und Mond formte, und ich habe es mit sieben gläubigen Engeln umgeben. Es wird nicht vergehen, solange seine beiden Berge stehen: ein Segen für Wasser und Milch für seine Bewohner.

Sodann trugen die quraitischen Stämme Steine herbei, um die Kaaba neu zu errichten, jeder Stamm für sich. Sie begannen zu bauen, bis sie auf die Höhe des Schwarzen Steines kamen und in Streit gerieten. Jeder Stamm wollte nämlich, dass nur er den Stein an seinen Platz lege. Schließlich bildeten sie Parteien, schlossen Bündnisse und rüsteten zum Kampf … Schließlich, so behaupten einige Überlieferer, habe Abu Umajja, der Sohn des Mughira und damals der Älteste unter den Quraisch, das Wort ergriffen:

»Männer von Quraisch! Lasst den Ersten, der durch das Tor des Heiligtums zu uns hereintritt, in eurem Streit entscheiden.«

Sie waren damit einverstanden. Der erste, der hereinkam, war der Prophet. Als sie ihn sahen, riefen sie:

»Al-Amin, der Treue! Mit ihm sind wir einverstanden! Dies ist Mohammed!«

Nachdem sie ihm alles erklärt hatten, bat er sie, ihm ein Tuch zu bringen. Mit eigener Hand legte er den Stein in dieses hinein und forderte einen jeden Stamm auf, jeweils an einer Seite des Tuches anzufassen und den Stein gemeinsam hochzuheben. So geschah es, und als sie ihn auf die richtige Höhe gehoben hatten, legte er selbst den Stein an seinen Platz. Dann bauten sie darüber weiter.

Zur Zeit des Propheten war die Kaaba achtzehn Ellen hoch und zunächst mit weißem ägyptischem, dann mit jemenitischem Stoff bedeckt. Haddschadsch ibn Jusuf ließ sie später als Erster mit Seidenbrokat verhüllen.

Seite 219: Der Erzengel Gabriel überbringt Mohammed auf dem Berge Hira die göttliche Botschaft. Zeichnung aus dem 14. Jh.

Die Offenbarung

Jedes Jahr zog sich der Prophet im Monat Ramadan in die Einsamkeit zurück, um zu beten und die Armen zu speisen, die zu ihm kamen. Immer wenn er am Ende des Monats nach Mekka zurückkehrte, begab er sich zuerst zur Kaaba und umschritt sie sieben oder mehrere Male. Erst dann ging er nach Hause. Auch in jenem Ramadan, in dem Gott ihn ehren wollte, in jenem Jahr, in dem Er ihn sandte, zog Mohammed wieder mit seiner Familie nach dem Berg Hira, um sich in der Einsamkeit dem Gebet zu widmen. Und in jener Nacht, in der Gott ihn durch die Sendung auszeichnete und sich damit der Menschen erbarmte, kam Gabriel zu ihm.

Als ich schlief, so erzählte der Prophet später, trat der Engel Gabriel zu mir mit einem Tuch wie aus Brokat, worauf etwas geschrieben stand, und sprach:

»Lies!«

»Ich kann nicht lesen«, erwiderte ich.

Da presste er das Tuch auf mich, sodass ich dachte, es wäre mein Tod. Dann ließ er mich los und sagte wieder:

»Lies!«

»Ich kann nicht lesen!«, antwortete ich.

Und wieder würgte er mich mit dem Tuch, dass ich dachte, ich müsste sterben. Und als er mich freigab, befahl er erneut:

»Lies!«

Und zum dritten Male antwortete ich:

»Ich kann nicht lesen!«

Als er mich dann nochmals fast zu Tode würgte und mir wieder zu lesen befahl, fragte ich aus Angst, er könnte es nochmals tun:

»Was soll ich lesen?«

Da sprach er:

»Lies im Namen deines Herrn, des Schöpfers, der den Menschen erschuf aus geronnenem Blut! Lies! Und der edelmütigste ist dein Herr, Er, der das Schreibrohr zu brauchen lehrte, der die Menschen lehrte, was sie nicht wussten.« (Sure 96,1–5)

Ich wiederholte die Worte, und als ich geendet hatte, entfernte er sich von mir. Ich aber erwachte, und es war mir, als wären mir die Worte ins Herz geschrieben.

Mohammed (um 570–632). Alle Angaben über seine Biografie stützen sich auf → Ibn Ishaq. Nach dem frühen Tod seiner Eltern nahm ihn sein Onkel Abu Talib zu sich. Wie die meisten seines Stammes wuchs er von Kindheit an in die mekkanische Kaufmannstradition hinein. Mit etwa zwanzig Jahren trat er in den Dienst einer Karawanserei, die unter der Leitung der Witwe Chadidscha stand. Als Mohammed etwa 25 Jahre alt war, erhilet er den Heiratsantrag von Chadidscha, die damals möglicherweise 40 Jahre alt war.

In der Spätantike gelangten monotheistische Einflüsse aus Judentum und Christentum (über Syrien) nach Arabien. Diese haben Mohammeds Entwicklung mit beeinflusst. Vielleicht war Mohammed sensibler als die meisten seiner Zeitgenossen, jedenfalls begann er im Alter von 40 Jahren eine innere Unruhe und Unsicherheit zu empfinden, von der er seiner Frau erzählte. Chadidscha sagte (nach Ibn Ishaq) zu ihm: »O Mohammed, sei unbesorgt. Du betest keine Götzen an, du meidest den Wein und die Verschwendung, du fliehst die Lüge, du übst Rechtschaffenheit, Großzügigkeit und Nächstenliebe. Du hast nichts zu befürchten; angesichts solcher Tugenden wird dich Gott nicht in die Hände des Dschinn (Dämon) fallen lassen. Wende dich an mich, wenn du solche Dinge siehst.«

Immer öfter zog sich Mohammed in die Einsamkeit zurück. »O Mohammed, du bist der Gesandte Gottes«, begannen die göttlichen Offenbarungen, die bis zu seinem Tode weitergingen. Oft empfand er dabei heftige Schmerzen, hatte Schweißausbrüche, fiel in Bewusstlosigkeit.

Seine ersten drei Anhänger waren Chadidscha, sein Vetter Ali, Sohn Abu Talibs, und sein freigelassener Sklave und späterer Adoptivsohn Zaid. Bald kam auch sein Freund Abu Bakr hinzu. Doch als Mohammed sich 613 entschloss, seine Botschaft in die Öffentlichkeit zu tragen, war die Zahl der zuverlässigen Anhänger nicht groß: durchweg junge Leute, die mit Traditionen ihrer Familien gebrochen hatten, oder Menschen von niederem Stand oder ehemalige Sklaven.

Die konservativen Kaufherren Mekkas, Hüter der Kaaba und zugleich deren Nutznießer, empfanden für Mohammeds Monotheismus und die Entwürdigung der lokalen Götter keine Sympathie. Sie beschimpften ihn als besessen, betrachteten ihn als Schwindler.

Im Jahr 621 kamen Leute aus dem nördlich gelegenen Yathrib, die seine Botschaft hörten und Aufgeschlossenheit dafür zeigten. Sie berichteten daheim über ihn, fanden Zustimmung, und die Stadt leistete ihm als dem »Gesandten Gottes« ihren Treueeid. Daraufhin zog Mohammed im September 622 nach Yathrib. Diese Auswanderung (*hidschra*) im dreizehnten Jahr seiner Berufung, wurde später vom Kalifen Omar als Beginn der muslimischen Zeitrechnung bestimmt. Seitdem führt Yathrib den Namen Medina, »Stadt des Propheten«.

Der Prophet sah sich zunächst als Fortsetzer der prophetischen Religionen des Judentums und des Christentums. Er war überzeugt zu verkünden, was auch diese lehrten. Eine Reihe seiner Suren sind von biblischen Inhalten bestimmt. Doch die Juden lehnten die ihnen lückenhaft erscheinenden Darstellungen ab. Aus dieser Erfahrung entwickelte sich Mohammeds Überzeugung, die von den Juden vorgebrachten Versionen seien falsch, echt seien allein die ihm geoffenbarten Worte, und – als Offenbarung verstanden – sei sein Glaube älter als jener der Juden, nämlich

Sodann machte ich mich auf, um auf den Berg zu steigen, doch auf halber Höhe vernahm ich eine Stimme vom Himmel:
»O Mohammed, du bist der Gesandte Gottes, und ich bin Gabriel!«
Ohne einen Schritt vorwärts oder rückwärts zu tun, blieb ich stehen und blickte zu ihm. Dann begann ich, mein Gesicht von ihm abzuwenden und über den Horizont schweifen zu lassen, doch in welche Richtung ich auch blickte, immer sah ich ihn in der gleichen Weise. Den Blick auf ihn gerichtet, verharrte ich, ohne mich von der Stelle zu rühren. Chadidscha sandte inzwischen ihre Boten aus, um nach mir zu suchen, doch kehrten sie erfolglos zu ihr zurück, nachdem sie bis oberhalb von Mekka gelangt waren. Schließlich wich die Erscheinung von mir, und ich machte mich auf den Rückweg zu meiner Familie. Ich kam zu Chadidscha, setzte mich an ihre Seite und schmiegte mich eng an sie:
»O Abu l-Qasim«, fragte sie mich, »wo bist du gewesen? Bei Gott, ich habe meine Boten ausgesandt, um dich zu suchen. Bis oberhalb von Mekka sind sie gezogen, doch kamen sie ohne dich zurück.«
Ich erzählte ihr, was ich gesehen hatte. Da rief sie aus:
»Freue dich, Sohn meines Oheims, und sei standhaft! Bei Dem, in Dessen Hand meine Seele liegt, wahrlich, ich hoffe, du wirst der Prophet dieses Volkes sein.«
Dann erhob sie sich, legte ihre Kleider an und begab sich zu ihrem Vetter *Waraqa* ibn Naufal, der Christ geworden war, die Heiligen Schriften las und von den Anhängern der Tora und des Evangeliums gelernt hatte. Ihm erzählte sie von den Worten Mohammeds, und Waraqa rief aus: »Heilig! Heilig! Bei Dem, in Dessen Hand meine Seele liegt! Wahrlich, Chadidscha, wenn du mir die Wahrheit gesagt hast, so ist wahrhaftig der Engel Gabriel zu ihm gekommen, wie er zu Moses kam, und er ist wahrlich der Prophet dieses Volkes! Sag ihm, er soll standhaft bleiben!«
Chadidscha kehrte zum Propheten zurück und erzählte ihm die Worte Waraqas. Als Mohammed aus der Abgeschiedenheit vom Berge Hira wieder nach Mekka zurückkam, begab er sich zunächst wie immer wieder zur Kaaba und schritt um sie herum. Dabei erblickte ihn Waraqa und sprach: »O Sohn meines Bruders, sage mir, was du gesehen und gehört hast!«
Nachdem der Prophet ihm alles geschildert hatte, rief Waraqa: »Bei dem, in Dessen Hand meine Seele liegt! Du bist der Prophet dieses Volkes. Der Engel Gabriel ist zu dir gekommen, wie er zu Moses kam. Man wird dich einen Lügner nennen, kränken, vertreiben und zu töten versuchen. Wahrlich, wenn ich jenen Tag erlebe, werde ich Gott helfen, wie Er es weiß.«
Und er neigte sein Haupt und küsste ihn auf die Stirn …
Nach dem Erlebnis auf dem Berg Hira kamen die Offenbarungen regelmäßig zu Mohammed. Er glaubte an Gott und an das, was ihn

von Ihm erreichte. Er empfing es voll Freude, ob es bei den Menschen Zufriedenheit oder Ärger auslöste. Wegen der Behandlung, die die Propheten von seiten der Menschen erdulden müssen, und der Ablehnung, die man ihrer göttlichen Offenbarung entgegenbringt, ist das Prophetentum eine mühevolle Last, die nur die starken und entschlossenen unter ihnen mit Gottes Hilfe und Vermittlung zu tragen vermögen. Mohammed aber führte Gottes Auftrag aus, trotz aller Feindseligkeiten und Kränkungen, die ihm von seinem Stamm widerfuhren.

der reine Glaube Abrahams, der über den verstoßenen Ismael als Stammvater der Araber gilt. Aufgrund dieser gewandelten Überzeugung änderte Mohammed auch die Gebetsrichtung, die bis dahin Jerusalem gewesen war.

In Yathrib ergänzte Mohammed die Rolle des Propheten mit der eines sozialen Organisators, eines politischen Anführers und schließlich der eines Kriegsherrn. Die jüdischen Stämme wurden aus Medina vertrieben und flohen nach Syrien. »Wenn Gott nicht die Verbannung für sie bestimmt hätte, hätte er sie im Diesseits (auf andere Weise) bestraft. Im Jenseits aber haben sie die Strafe des Höllenfeuers zu erwarten. Dies dafür, dass sie gegen Gott und seinen Propheten Opposition betrieben haben« (Sure 59,3–5).

Disput mit den Quraisch

Der Islam begann, sich in Mekka unter den Männern und Frauen der quraischitischen Stämme auszubreiten, obwohl die Quraisch, soweit es in ihrer Macht stand, die Muslime einsperrten und vom Glauben abzubringen suchten.

Eines Tages bei Sonnenaufgang versammelten sich die führenden Männer der Quraisch an der Rückseite der Kaaba und sprachen zueinander: »Lassen wir doch Mohammed holen und unterhalten wir uns mit ihm, damit man uns später keine Vorwürfe machen kann!«

»Die Edlen deines Volkes«, so ließen sie ihm ausrichten, »haben sich deinetwegen versammelt, um mit dir zu sprechen. So komme zu ihnen!«

Schnell eilte der Prophet herbei, da er glaubte, sie hätten ihre Meinung über seine Worte geändert. Nachdem er sich zu ihnen gesetzt hatte, sagten sie: »Mohammed, wir haben dich holen lassen, um mit dir zu reden, denn wir kennen wahrlich keinen anderen Mann unter den Arabern, der so viel Unheil über sein Volk gebracht hat wie du. Du hast unsere Väter beschimpft, unsere Religion geschmäht, unsere Götter beleidigt, unsere Tugenden lächerlich gemacht, unsere Gemeinschaft gespalten. Es gibt keine Gemeinheit, die du uns nicht angetan hast. Wenn du dies tust, weil du Geld willst, so sind wir bereit, dir von unserem Vermögen so viel zu geben, dass du der Reichste unter uns wirst. Ist es Ehre, nach der du verlangst, so machen wir dich zu unserem Führer. Ist es ein Königreich, das du möchtest, machen wir dich auch zum König über uns. Wenn du glaubst, dass du von einem Geist besessen bist, der immer zu dir kommt, so werden wir unser ganzes Vermögen für dich aufwenden, um dir eine Arznei zu suchen, die dich von ihm befreit.«

»Nichts von alledem möchte ich«, erwiderte der Prophet und fuhr fort: »Was ich euch bringe, bringe ich nicht des Geldes, der Ehre oder gar der Herrschaft wegen, sondern Gott hat mich als Propheten

Der Islamwissenschaftler **Christoph Luxenberg** (→ S. 238 f., 240 f.; Pseudonym, mit dem sich der Autor vor islamischer Empörung schützen möchte), ist der Ansicht, dass die Eröffnungsworte in Sure 96,1 »Lies im Namen deines Herrn …« ein arabisiertes Syrisch sei und in diesem Verständnis »Bete zu deinem Gott« laute. Sein niederländischer Kollege Hans Jansen hält das für passend, wenngleich es einschließe, »dass im arabischsten aller arabischen Bücher ein ›Syriasmus‹ stünde. Noch schlimmer, das Koranfragment, das in der islamischen Überlieferung üblicherweise als das älteste und erste gilt, bestünde dann nahezu vollständig aus arabisiertem Syrisch.«

Diese Sicht stützt ein weiterer Hinweis: Dass Gott den Menschen (im gleichen Vers) aus einem »Blutklumpen« bzw. »geronnenem Blut« erschaffen hat, steht anderen Darstellungen des Koran entgegen, nach denen der Mensch aus Lehm erschaffen sei (etwa Sure 37,11 oder 6,2). Sofern aber diese Tradition aus dem Syro-Aramäischen stammt, gibt es keine Unstimmigkeit, denn dann ist der Begriff mit »Lehm« zu übersetzen.

Eine Folgerung aus diesen Überlegungen lautet: Ibn Ishaqs Erzählung ist vom Korantext abgeleitet, also nicht originär, und »das heißt, dass wir die beste und schönste Geschichte über die Berufung Mohammeds verloren haben. Möglicherweise ist sie wenig mehr als eine spätere Erläuterung des bereits vorhandenen Anfangs von Sure 96« (Hans Jansen).

Das vielleicht folgenreichste Beispiel von Luxenbergs syro-phönizischen Wörtern, ist das Wort *huris*, das im Koran für »Paradiesjungfrauen« verwendet wird , die einem Gläubigen, zumal einem »Martyrer«, verheißen sein sollen, der andere durch seinen Selbstmord mit in den Tod reißt. Nach dieser Lesart sind *huris* aber nur noch »weiße Weintrauben«, wie sie einem Paradiesgarten am ehesten zugehören.

zu euch gesandt und mir eine Schrift offenbart. Er hat mir befohlen, Freudenbote und Warner für euch zu sein. Ich habe euch die Botschaft meines Herrn gebracht und guten Rat erteilt. Nehmt ihr meine Worte an, so wird es euer Glück im Diesseits und im Jenseits sein. Lehnt ihr ab, so will ich geduldig Gottes Ratschluss erwarten, bis Er zwischen uns richtet.«

»O Mohammed«, antworteten sie, »du weißt, dass kein anderes Volk ärmer an Land und Wasser ist und ein härteres Leben führt als wir. Wenn du schon keines unserer Angebote annimmst, dann bitte doch für uns deinen Herrn, der dich mit seiner Sendung beauftragt hat, Er möge uns diese Berge wegbewegen, die uns einschließen, möge unser Land eben machen, möge darin Flüsse wie im Iraq und in Syrien entspringen lassen und möge unsere verstorbenen Ahnen erwecken, damit wir sie befragen können, ob du die Wahrheit sprichst oder nicht. Bestätigen sie deine Worte und kannst du bewirken, worum wir dich gebeten haben, so glauben wir dir, kennen deinen Rang bei Gott und wissen, dass er dich, wie du sagst, als Propheten gesandt hat.«

»Dies ist nicht der Inhalt meiner Sendung«, entgegnete Mohammed, »sondern mit meiner Offenbarung wurde ich zu euch gesandt. Nehmt ihr sie an, so wird es euer Glück in Diesseits und im Jenseits sein. Weist ihr sie zurück, so will ich geduldig Gottes Entscheidung erwarten.«

»Wenn du dies nicht für uns tun willst«, bedrängten sie ihn weiter, »so tue etwas für dich! Bitte deinen Herrn, dir einen Engel an die Seite zu stellen, der deine Worte bestätigt und uns widerlegt. Bitte ihn auch, Er möge dir Gärten und Schlösser, goldene und silberne Schätze schaffen, um dir zu geben, was du offensichtlich brauchst. Denn du gehst auf dem Markt deinen Geschäften nach wie wir und musst dir deinen Lebensunterhalt suchen, wie wir es tun. Dann würden wir erkennen, welchen Vorrang und welche Stellung du bei deinem Herrn genießt, wenn du wirklich ein Prophet bist, wie du behauptest.«

Als ihnen der Prophet darauf die gleiche Antwort gab wie zuvor, fuhren sie fort: »So lasse den Himmel in Stücken auf uns herabfallen, wie es nach deiner Behauptung dein Herr tun kann, wenn Er es will. Nur wenn du dies vermagst, werden wir an dich glauben.«

»Dies liegt bei Gott«, gab der Prophet zurück, »wenn Er es mit euch tun will, wird Er es tun.«

Der Koran

Gewiss war Mohammed ein begnadeter prophetischer Sprecher – aber der Koran spiegelt nicht die Gedankengänge eines Einzelnen wider, sondern ist das Resultat eines (wenn man den Zeitangaben trauen darf) zweiundzwanzig Jahre dauernden Diskurses zwischen einem Sprecher und seinen Zuhörern. In diesen Jahren setzten sich die Gemeinden mit den Nachbartraditionen auseinander, passten deren Texte dem eigenen Weltbild an oder verwarfen sie. Was stattfand, war eine Art Textwettstreit. Der heutige Text war also einmal lebendige Kommunikation. Er kam weder vom Himmel herab, noch lässt sich Mohammed vereinfachend als Autor bezeichnen. Es gibt vielmehr einen Koran vor dem Koran. Als dieser *entstand*, richtete er sich nicht an eine bestimmte Religionsgemeinschaft, denn erst im Nachhinein hat man in den allerersten Hörern schon Muslime gesehen. »Wir in der Arabistik«, sagt die Islamwissenschaftlerin Angelika Neuwirth, »lesen den Koran nicht als einen von vornherein islamischen Text. Das wurde er erst nach dem Tod des Propheten.«

Vorab ist der Koran ein Dokument jenes Zeitraums, den wir als Spätantike bezeichnen. Mekka lag nicht im Nirgendwo, sondern war von der umgebenden Welt berührt. Für Historiker ist die Spätantike zwar eine Zeit, in der sich das Römische Reich politisch auflöste, doch kirchen- und religionsgeschichtlich war es eine lebendige und fruchtbare Periode. Einerseits wurde sie durch die christliche Tradition geprägt. Viele Kirchenväter lebten im heutigen Orient: Origenes, Eusebius von Caesarea, Athanasius von Alexandria, Basilius von Caesarea, Gregor von Nazianz, Gregor von Nyssa, Ephraem der Syrer, Theodor von Mopsuestia … Die von ihnen betriebene Theologie wurde bis ins 6. Jahrhundert heftig diskutiert, bis sich die christliche Tradition stabilisierte und diese Theologen dann selbst Autoritäten theologischer Entscheidungsfindung wurden. Daneben war die jüdische Tradition lebendig. Die Entwicklung des Talmud beginnt ab dem 2. Jahrhundert und setzte sich über das 7. Jahrhundert hinaus fort. In diesen Kontext gehört der Koran. Er ist ungleich weniger narrativ als die Bibel und darum auch schwieriger zugänglich. An einigen Stellen klingt er so, als setze er Wissen voraus und gehe auf dieses bei den Zuhörern vorhandene Wissen ein.

Die nachfolgend skizzierte Forschung wird fast ausschließlich von westlichen Wissenschaftlern betrieben. In den islamischen Ländern werden Koranforscher immer wieder verfolgt; viele können ihrer Arbeit nur im Exil nachgehen. Angelika Neuwirth schreibt: »Die islamischen Länder sind einer Fülle von politischen Zwangsmechanismen ausgesetzt. Man hat Angst vor exaltierten Reaktionen von Fundamentalisten. Man könnte so weit gehen zu sagen, dass die geistlichen und weltlichen Autoritäten oft Geiseln des Fundamentalismus geworden sind.

Der Koran ist stets das Zentrum aller islamischen Studien gewesen. Aus der Beschäftigung mit seiner Sprache haben sich Grammatik und Rhetorik entwickelt. Der Glaube an seine Unübersetzbarkeit zwang die den Islam annehmenden Völker, Arabisch zu lernen oder sich zumindest mit der arabischen Schrift vertraut zu machen. Das hatte unübersehbare Folgen für die Sprachen und Literaturen Indiens, Zentralasiens und Afrikas, auch für Persien und die Türkei. Allerdings steht die arabische Sprache in ihrem normativen Anspruch in einem Spannungsverhältnis zum Universalitätsanspruch des Islam.

Der Wunsch, den Koran wohlklingend vorzutragen, führte zur Entwicklung der Koranlesekunst. Der *Hafiz*, der den Koran auswendig kann, ist hochangesehen. Um der Heiligkeit des Koran sichtbaren Ausdruck zu geben, wird er zu Hause an einem möglichst hohen Ort aufgestellt, sodass kein anderes Buch über ihm steht.

Viele islamische Intellektuelle arbeiten im Ausland, ihre Heimatländer sind dabei, geistig völlig auszubluten.«

Navid Kermani meint in seinem Buch *Gott ist schön. Das ästhetische Erleben des Koran,* aus dem Koran lasse sich erschließen, dass der Prophet in den ersten Jahren seiner Berufung regelmäßig die Kaaba aufsuchte, um die ihm geoffenbarten Verse zu rezitieren. Um ihn herum hätten sich zunächst die wenigen Gläubigen versammelt, die sich beim Vortrag niederwarfen, aber es seien auch Neugierige und häufig Gegner Mohammeds anwesend gewesen, die ihn anfangs mit Hohn und demonstrativer Verachtung bedachten, was mit der wachsenden Zuhörerschaft Mohammeds später zu steigender Unsicherheit und Feindseligkeit geführt habe. Statt ihn mit göttlicher Autorität ausgestattet zu sehen, hätten sie ihn als gewöhnlichen Dichter, Wahrsager, Zauberer oder Besessenen abgetan.

»Rezitieren« oder »lesen«?

Wie sehr heute die Existenz eines Buches in die Frühzeit des Islam zurückprojiziert wird, zeigt sich unter anderem daran, dass das berühmte erste Offenbarungserlebnis des Propheten in modernen Biographien und, wie ich es selbst erlebte, im volkstümlichen Koranunterricht als das Lesen eines Blattes oder einer Schrifttafel dargestellt wird, obwohl die muslimischen Quellen übereinstimmend von einem bloßen Aufsagen eines vom Engel vorgesprochenen Textes berichten. In den frühesten Versionen ist von einem Schriftstück oder ähnlichem gar nicht die Rede, in anderen führt Gabriel zwar ein Seidentuch mit sich, auf dem etwas geschrieben steht, gleichwohl spricht er dem Propheten vor, was dieser als Offenbarung im Herzen bewahrt. Das *ma aqra*, das Mohammed dem Engel in dieser zweiten Version zuruft und sowohl »Was soll ich rezitieren?« wie auch »Ich rezitiere nicht« bedeuten könnte, wird in späteren Schilderungen häufig zur Aussage »Ich kann nicht lesen« umgedeutet. Das Wundersame der Geschichte wird dann darin gesehen, dass Mohammed, der Analphabet, plötzlich unter göttlichem Einfluss zu lesen vermochte. In den Quellen steht darüber nichts.

Navid Kermani

Euer Gefährte [Mohammed] irrt nicht und ist nicht getäuscht,
er spricht auch nicht, was bloße Lust ihm eingibt.
Der Koran ist nichts als geoffenbarte Offenbarung,
die ihn gelehrt hat der Starke an Kraft [Gabriel],
der Herr der Einsicht. Und aufrecht stand Er da
im höchsten Horizont.
Alsdann nahte Er sich und näherte sich
und kam immer näher auf zwei Bogenschüsse weit oder noch näher
und offenbarte Seinem Diener, was er offenbarte. (Sure 53,2–10)

Und bei der anbrechenden Nacht
und bei der neu atmenden Morgenröte:
Dieser Koran enthält die Worte eines ehrwürdigen Gesandten,
der viel vermag und bei dem Besitzer des Thrones in Ansehen steht
und dem die Engel gehorchen und der ohne Falsch ist.
Euer Gefährte [Mohammed] ist kein Besessener.
Er sah ihn, den Engel Gabriel, am hellen Horizont ... (Sure 81,18–24)

Man kann mit ein bisschen akademischer Akrobatik nachweisen, dass der Koran ein Kunstwerk ist und, obwohl 1400 Jahre alt, so funktioniert wie moderne Dichtung. Nur ändert dies nichts daran, dass einem mit dieser Ästhetik die tiefsten Abgründe orientalischer Metaphysik untergejubelt werden und dass, würde man alle Furien der Entzauberung so schonungslos darauf ansetzen wie auf vergleichbar weltliche Texte, wenig Achtenswertes übrig bliebe von dem, was strenggläubige Muslime für den im Himmel gespeicherten O-Ton Gottes halten. Fazit: Wenn wir dem anderen von gleich zu gleich begegnen wollen, wahrhaft von gleich zu gleich, laufen wir Gefahr, ihn zu vernichten.

Stefan Weidner

Grundlegend für die frühe Rezeptionsgeschichte des Koran sind für Kermani zwei Prämissen: Zum einen sieht er die vorislamischen Araber als eine Kulturgemeinschaft, die sich bereits durch Sprache und Dichtung auszeichnete und damit identifizierte. Diese Ansicht überholt Christoph Luxenberg (→ S. 240) durch sein Buch *Die syro-aramäische Lesart des Koran*. Zum andern meint er, die Rezitation des Koran habe eine Faszination bewirkt, der sich niemand habe entziehen können. Entsprechend literaturästhetisch ist sein Buch ausgerichtet. Die Entstehung des Korans und historisch kritische Problemstellungen werden übergangen. Daneben vertraut er Ibn Ishaq, der von Gegnern spricht, »die öffentlich gegen den Propheten wettern, sich aber insgeheim vor Sehnsucht verzehren, dem Koran zu lauschen; man trifft auf die Bösewichte, die sich nicht anders gegen die Macht, die vom Koran ausgeht, zu wehren wissen, als jeden zu überfallen, der ihn vorträgt, und man begegnet den Dichtern, denen es nicht gelingt, dem Koran eine Dichtung von gleicher Vollkommenheit entgegenzusetzen.« Kermani schreibt als Literat, der die theologischen Ansprüche des Textes nicht erörtert. Er spricht ihm Offenbarungsqualität zu, ohne zu sagen, was »Offenbarung« ist.

Herabgesandte Offenbarung
Vom allbarmherzigen Erbarmer,
Ein Buch, worin ausgebreitet sind
Die Verse zum arabischen Vortrag,
Für Leute, die verstehen,
Als Heilverkündiger und Warner;
Doch die meisten wenden
Sich ab und hören nichts
Und sprechen: Unsere Herzen sind in Hüllen
Vor dem, wozu du uns rufest,
Und in unseren Ohren auch ist Taubheit,
Und zwischen uns und zwischen dir ein Vorhang
Tu, was du willst, wir tun desgleichen. (Sure 41,2–5)

Am deutlichsten sieht Kermani den Widerstreit der Vorbehalte und Emotionen gegen den Koran in einer Geschichte, die von entschiedenen Gegnern Mohammeds erzählt wird, deren legendarische Fassung aber doch unübersehbar ist:

Eines Nachts kamen sie, unbemerkt voneinander zum Haus des Gesandten Gottes und versteckten sich, um der Rezitation des Koran zu lauschen, denn der Gesandte Gottes pflegte in seinem Haus das Nachtgebet zu verrichten. Die ganze Nacht verharrten die drei an ihrem Platz hinter der Mauer. Als der Morgen graute, verließen sie ihr Versteck, doch auf der Straße stießen sie aufeinander. Jeder von ihnen machte den anderen Vorwürfe. »Komme nicht wieder hierher«, sagte einer dem anderen. »Wenn dich einer von den Dummköpfen sähe, würde sich seine Neugier nur noch steigern.« Dann gingen sie auseinander.

Doch am nächsten Abend kehrten alle drei Männer unbemerkt voneinander zu ihrem Versteck zurück und lauschten bis zum Morgengrauen der Rezitation. Als sie aufbrechen wollten, begegneten sie sich erneut, und so hielten sie sich einander das gleiche vor wie in der Nacht zuvor, um dann auseinanderzugehen. Auch in der dritten Nacht verharrten sie bis zum Morgengrauen in ihrem Versteck, um den Koran zu hören. Schließlich sagten sie: »Es bleibt uns nichts übrig, wir müssen ein Gelübde ablegen, dass wir das nie wieder tun.« Und sie legten ein Gelübde ab und schlossen einen Pakt. Dann gingen sie auseinander.

Navid Kermani (geb. 1967) ist habilitierter Orientalist und freier Schriftsteller. Sein Buch *Gott ist schön. Das ästhetische Erleben des Koran* (1999) befasst sich nicht mit der historisch-kritischen Koranforschung, klärt auch theologisch benutzte Begriffe nicht, sodass zwar stets von Offenbarung die Rede ist, ohne dass klar wird, was Kermani unter Offenbarung versteht. Auch interessiert ihn nicht, ob die zahlreichen fantastischen Überlieferungen von der Wirkung des Korans auf seine Hörer vielleicht gar nicht »wahr« sind, weil ihm »wahr« oder »falsch« im Kontext seines Buches als irrelevant erscheint. Er zitiert die muslimische Literatur, die von der überwältigenden Wirkung der koranischen Rezitation auf die Zeitgenossen Mohammeds erzählt, die sich beim Hören eines Koranverses spontan bekehren, die weinen, schreien, in Verzückung geraten, ohnmächtig werden oder gar sterben. Kermani will nur die Poetik des Korans darstellen und tut dies mit überquellenden Zitaten, die das Hören des Korans gewissermaßen als einen sakramentalen Vorgang schildern.

Weil es in der Frühzeit des Koran nur fünfzehn Schriftzeichen gab, mit denen die Vokale nicht notiert werden konnten, kam es zu unterschiedlichen und mehrdeutigen Lesarten des Textes, deren Pluralität Kermani gestattet, die grundsätzliche »Offenheit« des Korans zu betonen. In der Mehrdeutigkeit des Textes sieht er den Grund »für die suggestive Wirkung der Sure auf den Leser«. Die Komplexität der Aussage, die Stimmungen, Rhythmen und Bilder erzeugt, setzt einen entschiedenen Kontrapunkt gegen jede fundamentalistische Auslegung, die Satz für Satz wissen will, was der Text »bedeutet«.

So belegt Navid Kermani die Relevanz des Ästhetischen für die muslimische »Heilsgeschichte« und stellt dar, wie dessen »göttliche Komposition« von der muslimischen Theologie als ästhetischer Gottesbeweis herangezogen wird.

Das Gebet

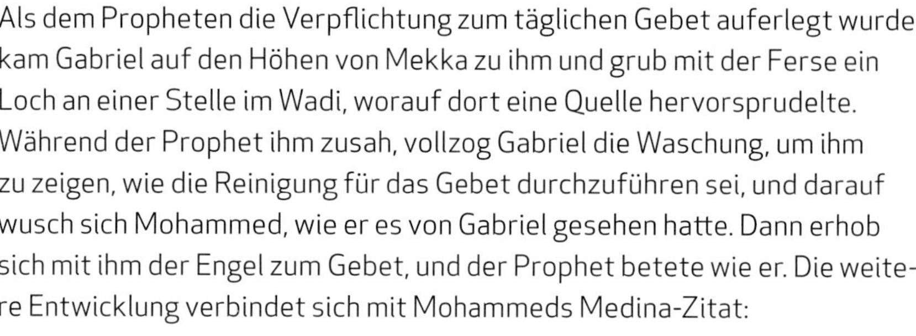

Als dem Propheten die Verpflichtung zum täglichen Gebet auferlegt wurde, kam Gabriel auf den Höhen von Mekka zu ihm und grub mit der Ferse ein Loch an einer Stelle im Wadi, worauf dort eine Quelle hervorsprudelte. Während der Prophet ihm zusah, vollzog Gabriel die Waschung, um ihm zu zeigen, wie die Reinigung für das Gebet durchzuführen sei, und darauf wusch sich Mohammed, wie er es von Gabriel gesehen hatte. Dann erhob sich mit ihm der Engel zum Gebet, und der Prophet betete wie er. Die weitere Entwicklung verbindet sich mit Mohammeds Medina-Zitat:

Nachdem der Prophet sich mit seinen ausgewanderten Brüdern in Medina eingerichtet hatte und die Lage der Helfer in der Stadt bereinigt war, verfestigte sich der Islam bei ihnen. Das Gebet war eingesetzt, die Armensteuer und das Fasten zur Pflicht gemacht, die gesetzlichen Strafen festgelegt und das Verbotene vorgeschrieben. Der Islam hatte bei ihnen seine Heimat gefunden. Und es waren diese Helfer, *die im Haus des Islam und im Glauben heimisch geworden sind* (Sure 59,9). Als der Prophet zu ihnen gekommen war, hatten sich die Gläubigen zunächst ohne besonderen Aufruf zu den festgelegten Zeiten bei ihm zu den Gebeten versammelt. Zuerst hatte der Prophet daran gedacht, wie die Juden mit einer Trompete zum Gebet aufrufen zu lassen, doch dann missfiel ihm dieser Gedanke, und er ließ eine Klapper machen, durch deren Schlagen die Muslime zum Gebet gemahnt wurden.

In dieser Zeit hatte Abdallah ibn Zaid einmal einen Traum und ging am nächsten Morgen zum Propheten und erzählte ihm davon:

»Letzte Nacht ging im Traum ein Mann an mir vorüber. Er war mit zwei grünen Gewändern bekleidet und trug eine Klapper in der Hand. Ich fragte ihn: ›Du Diener Gottes, verkaufst du mir die Klapper?‹

›Was willst du damit machen?‹

›Wir rufen zum Gebet damit.‹

›Soll ich dir dafür etwas Besseres sagen?‹

›Nämlich?‹

›Der Ruf: Allahu akbar, Allahu akbar, Allahu akbar! Ich bekenne, dass es keinen Gott gibt außer Gott! Ich bekenne, dass es keinen Gott gibt außer Gott! Ich bekenne, dass Mohammed der Prophet Gottes ist! Ich bekenne, dass Mohammed der Prophet Gottes ist! Auf zum Gebet! Auf zum Gebet! Auf zum Heil! Allahu akbar, Allahu akbar! Es gibt keinen Gott außer Gott!‹«

Als er dies dem Propheten erzählte, rief dieser aus:

»Wahrlich ein wahrer Traum, in scha'a llah! Gehe zu Bilal und trage es ihm vor. Er soll mit jenen Worten zum Gebet rufen, denn er hat eine wirkungsvollere Stimme als du!«

Muslime beten in Gemeinschaft, dicht aneinander gereiht, in Richtung Mekka. Dabei betet der ganze Körper mit – im Stehen, Verbeugen, Niederwerfen und Sitzen.

Die Nachtreise

Die Frage, ob die Nacht- und Himmelsreise Mohammeds als Legende oder faktisches Geschehen zu bewerten sei, hat im Jahr 2001 die al-Azhar-Universität in Kairo im traditionellen Sinne beantwortet. Anlässlich eines Buches, das Zweifel an der Realität dieser Reise säte, sollte sich keine Irritation entfalten. Doch auch im Neuen Testament unterliegen Wundergeschichten der gleichen Frage. Sind die Erzählungen vom Gehen Jesu über den See, die Verwandlung von Wasser in Wein oder die Himmelfahrt Christi ebenfalls historisch zu verstehen oder erschließt sich ihr Sinn über die Gattungsbestimmung der Legende?

Ibn Ishaq stellt seiner Schilderung der *Nachtreise* folgende Notiz voran: »Über die Nachtreise des Propheten habe ich die Berichte der beiden Überlieferer Abdallah ibn Mas'ud und Abu Said al-Chudri, den Bericht der Frau des Propheten, A'ischa, den Bericht des Kalifen Mu'wija I., die Berichte der Überlieferer Hasan ibn Hasan, Zur und Qatada und anderer, sowie den Bericht der Tochter Abu Talibs, Umm Hani, übernommen. In der folgenden Darstellung habe ich jeweils aus allen diesen Berichten über die Nachtreise des Propheten etwas übernommen«:

Dem Propheten wurde *Buraq* gebracht. Dies ist das Reittier, auf dem auch die Propheten vor ihm geritten waren und das seinen Huf bei jedem Schritt so weit setzt, wie sein Blick reicht. Er wurde auf das Reittier gehoben, und Gabriel begleitete ihn, wobei er die Wunder zwischen Himmel und Erde sah, bis er nach Jerusalem gelangte. Dort traf er Gottes Freunde *Abraham*, *Mose* und *Jesus* inmitten anderer Propheten, die sich für ihn versammelt hatten, und betete mit ihnen. Dann wurden ihm drei Gefäße gebracht, das eine mit Milch, das zweite mit Wein und das dritte mit Wasser.

»Dabei hörte ich eine Stimme«, so berichtet Mohammed selbst, »die sagte: ›Wenn er das Wasser nimmt, wird er ertrinken und ebenso sein Volk; wenn er den Wein nimmt, wird er in die Irre gehen und ebenso sein Volk; wenn er die Milch nimmt, wird er rechtgeleitet werden und ebenso sein Volk.‹ Da ergriff ich das Gefäß mit der Milch und trank davon, worauf Gabriel zu mir sprach: ›Mohammed, du bist rechtgeleitet und ebenso dein Volk.‹«

Hasan überlieferte die folgende Schilderung des Propheten:

Während ich im Heiligtum in Mekka schlief, kam Gabriel zu mir und stieß mich mit dem Fuß. Ich setzte mich auf, sah aber nichts und legte mich wieder hin. Da kam er ein zweites Mal und stieß mich mit dem Fuß. Wieder setzte ich mich auf, legte mich aber wieder hin, als ich nichts sah. Schließlich kam er zum dritten Mal und stieß mich mit dem Fuß. Ich setzte mich auf, und er ergriff mich am Oberarm.

Die nächtlichen Reisen Mohammeds begegnen mit inhaltlichen Varianten im Koran, in der Hadith-Literatur und in der islamischen Geschichtsschreibung.

Mal geschieht die Nacht- wie Himmelsreise mit dem märchenhaften Reittier Buraq, mal vom Kaaba-Heiligtum in Mekka aus; mal kombiniert der Koran eine Reise nach Jerusalem mit einer Leiter in den Himmel von Jerusalem aus.

In Sure 53,1–18 und in Sure 81,19–25 wird in Form einer Vision über die Begegnung Mohammeds mit Gott und den Propheten auf unterschiedlichen Stufen im Himmel berichtet. Während Ibn Ishaq bereits die Frage erörtert, ob die nächtliche Reise im Schlaf oder im Wachzustand erfolgt sei und ob es Mohammeds Körper oder nur sein Geist war, der wanderte, historisierte Muhammad ibn Sa'd (784–845) dieses legendarische Motiv auf einen Samstag, den 17. Ramadan, achtzehn Monate vor Mohammeds Hidschra.

Für Christen besteht kein Anlass, die islamischen Erzähltraditionen abzuwerten, wenn sie auf der gleichen Ebene an der lukanischen »Himmelfahrt Christi« festzuhalten. Auch in der Apostelgeschichte wird die »Auffahrt« Christi bereits historisiert, die Metapher in ein wirkliches Geschehen missdeutet, »Himmelfahrt« von »Auferstehung« abgehoben …, und damit eine unnötige Hürde errichtet, die dem kritischen Denken angemessene Deutungen erschwert.

Ich erhob mich, und er führte mich hinaus zum Tor des Heiligtums, und siehe, da stand ein weißes Reittier, halb Maultier, halb Esel. An den Schenkeln hatte es zwei Flügel, mit denen es seine Hinterbeine vorantrieb, während es seine Vorderbeine dort aufsetzte, wohin sein Blick reichte. Es setzte mich auf sich und machte sich mit mir auf die Reise, wobei wir uns nicht mehr trennten.

Von Qatada wurden folgende Worte des Propheten weitererzählt:

Als ich mich dem Tier näherte, um aufzusteigen, scheute es, doch Gabriel legte ihm die Hand auf die Mähne und sprach: »Schämst du dich nicht, Buraq, über das, was du tust? Bei Gott, kein edlerer hat dich vor ihm geritten!«

Da schämte es sich so sehr, dass es in Schweiß ausbrach, und hielt still, dass ich aufsteigen konnte.

Der Bericht des Hasan geht folgendermaßen weiter:

Der Prophet ritt zusammen mit Gabriel bis nach Jerusalem. Dort fand er Abraham, Mose und Jesus inmitten anderer Propheten. Mohammed trat als Vorbeter vor sie hin und betete mit ihnen ... Darauf begab sich der Prophet nach Mekka zurück und erzählte am Morgen den Quraisch, was geschehen war. Die meisten Leute sprachen:

»Dies ist nun wirklich unmöglich! Die Karawane braucht einen Monat von Mekka nach Syrien und wieder einen Monat für den Rückweg. Wie will dieser Mohammed beides in einer Nacht tun!«

Viele von denen, die sich bereits bekehrt hatten, fielen wieder ab vom Glauben, und die Leute kamen zu Abu Bakr und fragten ihn:

»Was hältst du nun von deinem Freund? Er behauptet, er sei vergangene Nacht in Jerusalem gewesen, habe dort gebetet und sei wieder nach Mekka zurückgekehrt.«

»Ihr lügt!«, entgegnete Abu Bakr, doch sie blieben bei ihren Worten und fuhren fort:

»Dort im Heiligtum ist er und erzählt den Leuten davon.«

»Bei Gott«, sprach darauf Abu Bakr, »wenn er es sagt, ist es auch wahr. Was verwundert euch so daran? Er berichtet mir ja auch, dass ihn Offenbarungen von Gott, vom Himmel zur Erde, in einer Stunde der Nacht oder des Tages erreichen, und ich glaube es ihm. Dabei ist es viel erstaunlicher als das, worüber ihr euch jetzt verwundert.«

Dann ging er zu Mohammed und fragte ihn:

»O Prophet Gottes, hast du jenen Leuten erzählt, du seist heute Nacht in Jerusalem gewesen?« Und als Mohammed seine Frage bejahte, fuhr er fort:

»So beschreibe es mir, denn ich bin schon dort gewesen!« Der Prophet begann, Abu Bakr Jerusalem zu beschreiben, und immer, wenn

Schon Ende des 8. Jahrhunderts behauptete der byzantinische Chronist Theophanes (um 750–818), Mohamed habe häufig unter Epilepsieanfällen gelitten. Er berichtet über eine Frau Mohameds, die sich beschwert hatte, dass sie, obwohl sie aus einer edlen Familie stammte, an diesen armen Epileptiker gebunden war. Solche Anfälle werden zwar auch in den islamischen Quellen erwähnt, aber dort nicht als Symptome einer Erkrankung gedeutet, sondern als Begleiterscheinungen des Empfangens himmlischer Offenbarungen. Im Mittelalter hat sich das Bild eines epileptischen Mohamed in der christlichen Polemik etabliert. Denn für Christen galt die Lehre Mohameds als eine Lehre des Teufels. Der epileptische Prophet entsprach dann dieser Vorstellung.

Doch der berühmteste Epileptiker des 19. Jahrhunderts, Fjodor Dostojewski, veränderte das Bild des Epileptikers. Er schrieb, dass epileptische Anfälle sehr inspirierend sein könnten. Diese Anfälle beinhalten »erhabene emotionale Subjektivität, in der die Zeit stillsteht«. Dostojewski erinnert an Mohameds Offenbarungen: »Vermutlich war es eines dieser Momente, in denen der epileptische Mahomet (Mohamed) sagte, er habe die Wohnstätte Allahs binnen kürzester Zeit besucht.« In seinem Roman »Der Idiot« lässt Dostojewski seinen epileptischen Protagonisten Fürst Myschkin von transzendentalen Erfahrungen berichten, die ebenfalls Mohameds Visionen ähnlich sind. Natürlich hat nicht jeder Epileptiker prophetische Visionen und transzendentale Erfahrungen. Und natürlich deutet nicht jede subjektive spirituelle Erfahrung auf eine Erkrankung hin. Experten meinen aber, dass eine bestimmte Form der Epilepsie besonders mit Hyperreligiosität und Visionen verbunden ist, nämlich die Temporallappenepilepsie (TLE). Auch persönliche Berichte von TLE-Patienten geben klare Hinweise auf einen Zusammenhang zwischen ihrer Erkrankung und ihren spirituellen Erfahrungen. In einer Osternacht wurde Dostojewski in seinem sibirischen Exil von einem alten

er etwas geschildert hatte, rief Abu Bakr aus: »Du hast die Wahrheit gesprochen! Ich bezeuge, dass du der Gesandte Gottes bist!«

Ein Mitglied der Familie Abu Bakrs berichtete mir die folgenden Worte der späteren Frau des Propheten, A'ischa:

Der Körper des Propheten wurde in jener Nacht nicht vermisst, sondern Gott ließ nur seinen Geist die Nachtreise machen.

Jerusalem ist nach Mekka und Medina die drittwichtigste heilige Stadt des Islam. Der Bezirk mit Felsendom und Al-Aqsa-Moschee untersteht auch nach Gründung des Staates Israel muslimischer Aufsicht. Der heilige Felsen wird als die Stätte angesehen, wo Abraham seinen Sohn Isaak zum Opfer hinführte; als Berg Moria wurde die Kuppe durch Abd al-Malik im Jahr 688 mit dem Felsendom überbaut. Eben dieser Felsen gilt zugleich als Ort der Nachtreise Mohammeds, an dem er mit Abraham, Mose und Jesus gemeinsam betete. Das könnte die Stadt zu einem Symbol der monotheistischen Ökumene machen, da alle drei Religionen sich auf Abraham berufen. Stattdessen ist Jerusalem bis heute Streitobjekt zwischen Juden und Arabern geblieben.

Freund besucht. Dostojewski beschrieb seinem Freund eine prophetische Vision, die er im Rahmen eines epileptischen Anfalls hatte, mit folgenden Worten: »Die Luft war von großem Lärm erfüllt, ich versuchte vergeblich, mich zu bewegen. Ich fühlte, als ob der Himmel über die Erde fällt und mich dabei vereinnahmt. Ich habe Gott wirklich berührt. Er war in mir, ja, Gott existiert, ich habe geweint. Ihr, gesunde Menschen, habt alle keine Ahnung, welche Freude wir Epileptiker eine Sekunde vor dem Anfall empfinden. Mahomet sagte in seinem Koran, er habe das Paradies gesehen und kam dort hinein. All diese dummen, klugen Männer waren sich sicher, dass er ein Lügner und Scharlatan war. Aber nein, er war wirklich im Paradies während eines Epilepsieanfalls. Er war ein Opfer dieser Krankheit wie ich. Ich weiß nicht, ob diese Freude wenige Sekunden, Stunden oder Monate andauert, aber glaub mir, ich würde sie gegen alle Freuden dieser Welt nicht austauschen!«

Hamed Abdel-Samad

Die Offenbarung des Befehls zum Kampf

Vor der Huldigung von Aqaba war es dem Propheten nicht erlaubt gewesen, Krieg zu führen und Blut zu vergießen. Es war ihm nur aufgetragen worden, für Gott zu werben, Kränkungen zu ertragen und dem Unwissenden zu vergeben. Die *Quraisch* hatten seine Anhänger verfolgt, bis sie sie von ihrem Glauben wieder abbrachten oder aus ihrer Heimat vertrieben. Diese hatten nur die Wahl gehabt, ihren Glauben aufzugeben, gefoltert zu werden oder aus Mekka nach Abessinien, Medina oder sonstwohin zu fliehen. Als die Quraisch weiter Gott schmähten, die Ehre, die er ihnen erweisen wollte, zurückwiesen, Seinen Propheten der Lüge ziehen und alle diejenigen folterten und vertrieben, die ihn anbeteten, sich zu Seiner Einheit bekannten, Seinem Propheten glaubten und an Seiner Religion festhielten, da gab Gott Seinem Propheten die Erlaubnis, zu kämpfen und an jenen Rache zu nehmen, die ihn und seine Gefährten ungerecht behandelt hatten. Der erste Koranvers, der darüber offenbart wurde, war, wie ich von Urwa und anderen Überlieferern erfahren habe, das folgende Wort Gottes:

> Denjenigen, die kämpfen, ist die Erlaubnis dazu erteilt worden, weil ihnen vorher Unrecht geschehen ist. Gott hat die Macht, ihnen zu helfen, ihnen, die unberechtigterweise aus ihren Wohnungen vertrie-

Hier ist anzumerken, dass auch Paulus zu diesen visionären Epileptikern gezählt wird, sowohl wegen seiner Gal 4,12b–15; 2 Kor 5,13; 12,7–12 beschriebenen Krankheit, dem »Stachel im Fleisch«, als auch wegen seiner visionären Gesichte, von denen er nicht weiß, ob sie »im Leibe oder ohne den Leib« geschahen (2 Kor 12,1–4). Hier mag auch die Selbsterfahrung C. G. Jungs einbezogen werden, der von einer Vision im Verlauf einer Krankheit sagte: »Ich hätte nie gedacht, dass man so etwas erleben könnte, dass eine immerwährende Seligkeit überhaupt möglich sei. Die Visionen und Erlebnisse waren vollkommen real; nichts war anempfunden, sondern alles war von letzter Objektivität.«

> ben worden sind, nur weil sie sagen: Unser Herr ist Gott. Und wenn Gott nicht die einen Menschen durch die anderen zurückgehalten hätte, wären Klausen, Kirchen, Synagogen und andere Gotteshäuser, in denen der Name Gottes unablässig erwähnt wird, zerstört worden. Aber bestimmt wird Gott denen, die Ihm helfen, auch helfen – Er ist stark und mächtig – ihnen, die, wenn wir ihnen auf der Erde Macht geben, das Gebet verrichten, Almosensteuer geben, gebieten, was recht ist, und verbieten, was verwerflich ist. Die letzte Entscheidung liegt bei Gott. (Sure 22,39–41)

Und danach offenbarte Gott auch:

> Und kämpft gegen sie, bis niemand mehr versucht, zum Abfall vom Islam zu verführen, und bis nur noch Gott verehrt wird!
> (Sure 2,193)

Nachdem ihm Gott die Erlaubnis zum Krieg erteilt hatte und ihm jene Helfer aus Medina den Treueschwur auf den Islam und auf ihre Hilfe für ihn, seine Anhänger und die Flüchtlinge geleistet hatten, befahl der Prophet den Gefährten aus seinem Stamm und auch den anderen Muslimen, die bei ihm in Mekka lebten, nach Medina zu ziehen, die Hidschra dorthin zu unternehmen und sich ihren Brüdern unter den Helfern anzuschließen. Er sprach: »Gott möge euch Brüder und eine Wohnstatt schaffen, in der ihr sicher seid!«

Darauf zog eine Gruppe nach der anderen weg. Der Prophet blieb in Mekka und wartete, bis sein Herr es ihm erlauben würde, die Stadt auch zu verlassen und nach Medina auszuwandern.

Wer war Mohammed?

Seine Anhänger gingen für ihn durchs Feuer, und dank seiner strategischen Begabung konnte er den islamischen Herrschaftsbereich allmählich über nahezu die gesamte Arabische Halbinsel ausdehnen. Was bei seinem Tod 632 noch nicht gänzlich erobert war, wurde von seinen Nachfolgern rasch unterworfen. Mohammed verstand es aber auch, seine Gefolgsleute zu weiteren Eroberungszügen außerhalb der Halbinsel, zuerst nach Palästina, zu motivieren.

Nach seinem Tod wurde die Expansion fortgesetzt, und bald erstreckte sich das islamische Reich von Pakistan bis Portugal ... Erst am 11. September 1638 wurde die islamische Expansion durch das polnische Heer zum Stillstand gebracht ...

Wer für den Islam fällt, gilt vielen Muslimen bis auf den heutigen Tag als Märtyrer. Im Gegensatz zum christlichen Sprachgebrauch betrachten Muslime jedoch nicht nur Personen als Märtyrer, die wegen ihres Glaubens ermordet werden, sondern auch Menschen, die als aktive Teilnehmer von Angriffskriegen oder terroristischen Attentaten ums Leben kommen. Dass sogar Selbstmordattentäter unter diese Kategorie fallen, ist jedoch eine relativ neue Entwicklung ...

Was für ein Mann war Mohammed? Die Beantwortung dieser Frage hängt stark davon ab, welcher Erzähler gerade das Wort hat ... Der islamischen Überlieferung zufolge ließ Mohammed Menschen ermorden, weil sie nicht seiner Meinung waren. Insgesamt achtzig politisch-religiös motivierte Meuchelmorde werden ihm, zumindest nach Ibn Warraqs Zählung, zugeschrieben. Selbst wenn es nur halb so viele waren, sollte man sich doch mit dieser Frage beschäftigen ... Werden seine

Die Übersiedlung nach Medina musste unauffällig geschehen, damit kein Aufsehen in Mekka verursacht wurde. Schließlich hielten sich nur noch Ali, Abu Talibs Sohn, sowie Abu Bakr in Mekka auf und natürlich Mohammed. Das war taktisch richtig überlegt, denn wäre Mohammed als Erster nach Medina gegangen, hätte er dort keinen Anhang vorgefunden, und womöglich hätten seine Anhänger in Mekka auf die gefährliche Reise verzichtet. Weil Mohammed aber erst in Medina eintraf, als alle seine Anhänger dort vollzählig versammelt waren, besaß er hier sofort eine starke Hausmacht.

Als die heidnischen Mekkaner sahen, das sich Mohammed mit seinem Anhang ihnen entzogen hatte, setzten sie nach Ibn Ishaq eine Belohnung von hundert Kamelen für jeden aus, der Mohammed zurückbrächte, doch ohne Erfolg. Die Hidschra, die Übersiedlung der Muslime von Mekka nach Medina, war gelungen. Damit begann die Gründung und Organisation einer Enklave, in der unter Führung des Propheten der Kampf für eine neue Lebensordnung beginnen sollte, wie sie bis dahin die Welt nicht gekannt hatte.

Die Ermordung der jüdischen Banu Quraiza in Medina

Die *Banu Quraiza* waren zusammen mit den *Banu Qainuqa* und den *Banu n-Nadir* einer der drei einflussreichsten jüdischen Stämme in Yathrib, dem vorislamischen Medina. Wie die Banu Nadir besaßen sie die landwirtschaftlich ergiebigsten Teile der Oase (vor allem Dattelpalmen) und hatten damit, aber auch durch Geldverleih, ihr Einkommen gesichert. Ihre anfänglich vorsichtige Offenheit Mohammed gegenüber wandelte sich nach dem sogenannten Grabenkrieg im Jahr 627 in Ablehnung. Ibn Ishaq erzählt, der Erzengel Gabriel sei Mohammed erschienen und habe ihm befohlen, die Banu Quraiza anzugreifen.

Zur Zeit des Mittagsgebetes kam, wie mir Zuhri berichtete, Gabriel zum Propheten. Der Engel trug einen Turban aus Brokat, und auch der Sattel des Maultiers, auf dem er ritt, war mit Seidenbrokat bedeckt. Er fragte den Propheten:

»Hast du die Waffen bereits niedergelegt?«

»Ja«, antwortete Mohammed, und Gabriel fuhr fort:

»Die Engel haben dies noch nicht getan, und ich komme gerade von der Verfolgung der Feinde zurück. Gott – Er ist erhaben und mächtig – befiehlt dir, o Mohammed, gegen die *Banu Quraiza* zu ziehen. Ich begebe mich jetzt zu ihnen und werde sie erbeben lassen.«

Sogleich ordnete der Prophet an, unter den Muslimen auszurufen: »Alle diejenigen, die hören und gehorchen, sollen ihr Nachmittagsgebet nicht verrichten, bevor sie sich nicht bei den Banu Quraiza eingefunden haben.«

Er schickte *Ali* mit der Fahne voraus, und die Muslime folgten ihm eilends nach. Als sich Ali den befestigten Häusern der Quraiza näherte, vernahm er hässliche Worte über den Propheten. Er kehrte um und sprach zum Propheten, als er ihn unterwegs traf:

»Gesandter Gottes! Du solltest dich diesen schändlichen Menschen nicht nähern.«

»Weshalb? Du hast wohl Schmähungen gegen mich gehört?«

»So ist es.«

»Wenn sie mich sähen, würden sie nicht so über mich reden.« Und als er ihren Häusern näher kam, rief er: »O ihr Brüder der Affen! Hat Gott euch jemals erniedrigt und seine Rache über euch gesandt?«

»Du bist nicht so töricht, uns dies anzutun, o Abu l-Qasim!«, antworteten ihm die Quraiza.

Der Prophet belagerte sie fünfundzwanzig Tage, bis sie erschöpft waren und Gott ihre Herzen mit Angst erfüllte … Als sie sich bewusst wurden, dass der Prophet die Belagerung nicht aufheben würde, bevor er sie vernichtet habe, sprach Ka'b:

»Volk der Juden! Ihr seht, was über euch gekommen ist. Ich mache euch drei Vorschläge. Entscheidet euch für einen!«

Anhänger ebenfalls morden wollen, wenn ihre Meinung nicht geteilt wird? Seit dem Mord an Theo van Gogh am 2. November 2004 wissen wir, dass es Muslime gibt, die tatsächlich dieser Überzeugung sind und dem Wort die Tat folgen lassen.

Mohammed forderte nach der islamischen Überlieferung die Herrscher der großen Reiche seiner Zeit auf, zum Islam überzutreten, und drohte ihnen im Falle der Weigerung mit Krieg. In der Antike wäre das nichts Besonderes gewesen, aber was sollen wir im einundzwanzigsten Jahrhundert mit einem solchen Aufruf anfangen? Werden Muslime heutzutage ebenfalls von den Machthabern in den Hauptstädten unseres Planeten verlangen, sich dem Islam zu unterwerfen? Seit den Erklärungen von Osama bin Laden und den Verlautbarungen des iranischen Staatsoberhaupts Mahmud Ahmadinedschad sowie den Ereignissen des 11. September 2001 wissen wir, dass es tatsächlich Menschen gibt, die dieser Überzeugung sind. Das haben wir immer noch nicht ganz verarbeitet.

Mohammed hegte der islamischen Überlieferung zufolge eine Abneigung gegen Juden. Sowohl durch Ibn Ishaq als auch eine der kanonischen Traditionssammlungen kennen wir seinen Satz: »Tötet jeden Juden, der unter eure Macht fällt.« Die Männer des jüdischen Stammes Quraiza ließ er enthaupten, nachdem sie sich ihm ergeben hatten. Auch wenn sich dieses Blutbad absolut nicht mit dem vergleichen lässt, was in Europa im Zweiten Weltkrieg geschehen ist, wird westlichen und jüdischen Lesern dabei doch unbehaglich zumute.

Muslime maßen sich keinerlei kritische Aussage über Mohammed an, da er nun einmal ihr Prophet und Gottesgesandter ist. – In den vergangenen fünfzig bis sechzig Jahren hat diese Haltung eher zu- als abgenommen.

Hans Jansen

»Nämlich?«

»Entweder wir folgen und glauben diesem Mann. Es ist wahrlich deutlich geworden, dass er ein gesandter Prophet ist und dass er es ist, den ihr in eurer Schrift vorausgesagt findet. Dann werden euer Leben, euer Besitz, eure Kinder und eure Frauen sicher sein.«

»Niemals werden wir das Gesetz der Thora aufgeben und es gegen etwas anderes eintauschen!«

»Wenn ihr diesen Vorschlag nicht annehmt, so mache ich euch einen zweiten, nämlich, dass wir unsere Frauen und Kinder töten und dann unbelastet mit gezücktem Schwert gegen Mohammed und seine Gefährten ziehen. Gehen wir zugrunde, so lassen wir keine Nachkommenschaft zurück, um die wir uns sorgen müssten. Siegen wir aber, werden wir andere Frauen und Kinder haben.«

»Wir sollen diese Armen töten? Was wäre dann noch Schönes am Leben?«

»Wenn ihr auch dieses ablehnt, so schlage ich euch als Letztes Folgendes vor: Heute Nacht ist die Nacht zum Sabbat, und Mohammed und seine Gefährten werden sich wahrscheinlich vor uns sicher fühlen. Steigt deshalb hinunter; vielleicht können wir ihn und seine Leute überraschen.«

»Wir sollen den Sabbat schänden und tun, was keiner vor uns getan hat, ohne dass er, wie du weißt, (in einen Affen) verwandelt worden ist?«

»Ihr habt euch, seid euch eure Mutter gebar, noch nie zu etwas entschließen können!«

Die Quraiza baten Mohammed, unter denselben Bedingungen wie schon zuvor die Banu Qainuqa und Banu n-Nadir, nämlich mit all ihren beweglichen Gütern aus Medina fliehen zu dürfen. Als diese Bitte verweigert wurde, boten sie Mohammed an, aus Medina ohne ihr Hab und Gut zu fliehen, doch auch dieses Angebot wurde ausgeschlagen: Sie wurden dazu aufgefordert, bedingungslos zu kapitulieren. Nun wollten sie Abu Lubaba, einen mit ihnen befreundeten Muslim, um Rat bitten. Auf ihre Frage, ob sie sich ergeben sollten, antwortete er ihnen mit »Ja«, deutete allerdings auf seine Kehle, um ihnen zu zeigen, dass sie niedergemetzelt würden.

Die mit den Banu Quraiza schon seit vorislamischen Zeiten verbündeten *Banu Aus* baten den Propheten darum, bei seiner Entscheidung über den Stamm Milde walten zu lassen, Mohammed bot ihnen an, die Entscheidung einem ihrer Stammesmitglieder zu übertragen. Als alle Parteien diesem Vorschlag zugestimmt hatten, erwählte Mohammed Sa'd ibn Mu'adh als Richter. Dieser war einer der wichtigsten Helfer Mohammeds und entschied, dass die Männer der Quraiza (darunter fiel jedes männliche Stammesmitglied, dessen Schamhaarwuchs begonnen hatte) getötet, ihr Besitz unter den Muslimen verteilt und ihre Frauen und Kinder in die Sklaverei verkauft werden sollten. Das Urteil wurde am darauf folgenden Tag vollstreckt.

Die Banu Quraiza

Die *Banu Quraiza* waren zusammen mit den *Banu Qainuqa* und den *Banu n-Nadir* einer der drei jüdischen Stämme Yathribs, des vorislamischen Medina. Die Männer der Quraiza wurden im Jahre 627 auf Anordnung Sa'd ibn Mu'adhs, einem Anführer des in Medina ansässigen arabischen Stammes der *Banu Aus*, und mit Zustimmung und unter der Aufsicht Mohammeds getötet; ihre Frauen und Kinder wurden in die Sklaverei verkauft.

Jüdische Oasensiedlungen im weiteren Umkreis von Medina, etwa Haybar, der Zufluchtsort der vertriebenen Banu Nadir, kamen mit Unterwerfungsverträgen, die sie zu hohen Abgaben verpflichteten, davon.

Überliefert wurden diese Ereignisse in ausschließlich islamischer Tradition in der Prophetenbiografie des Ibn Ishaq, in der *maghazi*-Literatur über die Feldzüge des Propheten, in der Koranexegese und in Hadithen. Im Koran behandelt die Sure 33, Vers 26 bis 27 die Vernichtung der Banu Quraiza.

Abu Lubaba (gest. nach 656), einer der zwölf gewählten Vertreter der Medinenser.

Sa'd ibn Mu'adh, Führer des Stammes *Aus* in Medina und damit eine der wichtigsten Persönlichkeiten der Stadt. Er engagierte sich hingebend für Mohammed und nahm an allen bedeutsamen Kämpfen teil. Seine Entscheidung, alle ursprünglich mit den *Aus* verbündeten Männer des jüdischen Stammes Quraiza hinrichten zu lassen, rückt ihn in ein fatales Licht. Er starb wenig später an einer Verwundung aus der »Grabenschlacht«.

Schließlich mussten sich die Quraiza ergeben, und der Prophet ließ sie im Gehöft der Bint Harith, einer Frau vom Stamme *Naddschar*, einsperren. Sodann begab er sich zum Markt von Medina, dort, wo heute noch der Markt ist, und befahl, einige Gräben auszuheben. Als dies geschehen war, wurden die Quraiza geholt und Gruppe um Gruppe in den Gräben enthauptet. Darunter befanden sich auch der Feind Gottes *Hujajj ibn Achtab* und das Stammesoberhaupt *Raab ibn Asad*. Insgesamt waren es sechs- oder siebenhundert Männer; einige behaupten sogar, es seien zwischen acht- und neunhundert gewesen.

Als sie damals in Gruppen zum Propheten geführt wurden, fragten sie *Ka'b*: »Was glaubst du, wird man mit uns tun?«

»Werdet ihr es denn nie begreifen?«, rief Ka'b, »seht ihr denn nicht, dass der Rufer niemals aufhört zu rufen und dass diejenigen, die hinweggebracht werden, nie mehr zurückkehren. Es ist der Tod, bei Gott!«

Als der Feind Gottes, *Hujajj ibn Achtab*, herangebracht wurde, war er mit einem bestickten, rötlichen Gewand bekleidet, in das er überall fingerkuppengroße Löcher geschnitten hatte, damit man es nach der Hinrichtung nicht von seiner Leiche rauben würde. Die Hände waren ihm mit einem Strick an den Hals gebunden. Als er den Propheten sah, sprach er:

»Ich tadle mich nicht dafür, dass ich dir meine Feindschaft gezeigt habe, aber der, der Gott verlässt, wird verlassen.« Und an die Leute gewandt, fuhr er fort: »O ihr Menschen! Gegen diesen Befehl Gottes ist nichts einzuwenden. Er hat den Kindern Israels eine Schrift, ein Verhängnis und ein Gemetzel geoffenbart.«

Nach diesen Worten setzte er sich und wurde enthauptet.

Der Prophet verteilte den Besitz, die Frauen, die Kinder der Banu Quraiza unter den Muslimen. Er legte fest, welche Anteile an der Beute jeweils den Reitern und den Unberittenen zustanden und behielt selbst ein Fünftel ein. Jeder Reiter erhielt drei Teile, nämlich zwei Teile für das Pferd und einen Teil für sich selbst. Jeder Unberittene bekam einen Teil. Am Tag des Sieges über die Quraiza gab es sechsunddreißig Pferde. Es war dies die erste Beute, die auf diese Weise aufgeteilt und aus der ein Fünftel einbehalten wurde. Diese Regelung des Propheten wurde auch in den folgenden Feldzügen bei der Aufteilung der Beute angewandt. Die gefangenen Frauen und Kinder aus dem Fünftel schickte er mit dem Helfer *Sa'd ibn Said* in den Nedschd und tauschte sie gegen Pferde und Waffen ein.

Im Koran behandelt die Sure 33, Vers 26 bis 28 die Vernichtung der Banu Quraiza. Die Liquidation eines in Yathrib/Medina ansässigen jüdischen Stammes ist die blutigste und grausamste Episode aus der Gründungszeit des Islam: Der Hintergrund stellt sich nach Ibn Ishaq wie folgt dar: Nachdem Mohammed von Mekka nach Medina übersiedelte, und sich selbst zum

Man könnte Mohammeds Entwicklung auf dem Weg zur Macht in folgende Abschnitte unterteilen: In Mekka orientierte er sich eher an christlichen Werten. Er predigte Gleichheit unter den Menschen, Toleranz und Nächstenliebe, auch gegenüber seinen Feinden. Nach Chadidschas Tod schmiedete er Allianzen, vor allem gegen die Mekkaner, und kehrte seiner Heimat den Rücken. In Medina radikalisierte er sich einerseits, stabilisierte die Stadt andererseits aber auch durch die Einführung von neuen Geboten und Ritualen, die der Gemeinde eine Identität geben und sie vor äußeren und inneren Gefahren schützen sollten. Die ersten Kriege sah er als gerechte Kriege an und führte sie im Wesentlichen auch unter Berücksichtigung eines gewissen Moralkodex. So verbot er seinen Kämpfern jegliche Gewaltexzesse gegenüber ihren Feinden. Doch als aus diesen Kriegen ein lukratives Geschäft wurde, kam es zur letzten Stufe seiner Radikalisierung. Krieg wurde zur heiligen Mission stilisiert, der Kampf gegen die Ungläubigen zur Hauptaufgabe. Kein Ungläubiger sollte mehr auf der arabischen Halbinsel geduldet werden. Bis heute dürfen Nicht-Muslime die Städte Mekka und Medina nicht betreten …

Der Koran beschreibt die erste Gemeinde der Muslime mit diesen Worten in Sure 48,29: »Muhammad ist der Gesandte Allahs. Und die, die mit ihm sind, sind hart gegen die Ungläubigen, doch barmherzig zueinander.« Die Feinde werden entmenschlicht, ihre Ermordung zum normalen, alltäglichen Akt. Ein Soldat Mohammeds konnte im Gebet vor Ehrfurcht weinen und wenige Minuten später einen Ungläubigen enthaupten, ohne mit der Wimper zu zucken. Denn einen Ungläubigen zu töten, ist die Erfüllung des Willens Gottes … »Nicht ihr habt sie erschlagen, sondern Allah erschlug sie. Und nicht du hast geschossen, sondern Allah gab den Schuss ab«, ist in Sure 8,17 zu lesen.

militärischen Führer ernannt hatte, griff er in den Jahren 623 und 624 Handelskarawanen der Mekkaner an. Dieser Überfall eskalierte zur Schlacht von Badr am 17. März 624, die Mohammed überraschend gewann und die zu einem Wendepunkt in seinem Kampf gegen die Quraisch führte. Bei einem ihrer Gegenangriffe, um der wachsenden Bedrohung durch Mohammed und seine Muslime Einhalt zu gebieten, belagerten die Mekkaner Medina. Mohammed ließ einen Graben um Medina ziehen, weshalb der Angriff als »Grabenschlacht« in die Geschichte einging.

Zu dieser Zeit waren die Banu Quraiza der einzig verbliebene jüdische Stamm in Medina, nachdem Mohammed bereits die zwei anderen jüdischen Stämme vertrieben hatte. Die Mekkaner baten die Quraiza um Erlaubnis, über deren befestigte Siedlung, die der Graben nicht einbezog, aber Teil der Befestigung von außen war, in Medina einfallen zu dürfen. Angesichts der bereits vertriebenen jüdischen Stämme und des Blutvergießens, das seit Mohammeds Ankunft in Medina begonnen hatte, ist es nicht verwunderlich, dass unter den Banu Quraiza die mit Mohammed getroffenen Vereinbarungen und die eigene Zukunft heftig diskutiert wurden. Am Ende zogen die Mekkaner kampflos ab. Bald darauf aber belagerte Mohammed die Siedlung der Quraiza, die kapitulierten, bevor sie verhungern mussten.

Muslime wie Nicht-Muslime hat dieses Kapitel des frühen Islam oftmals bewogen, einen Massenmord zu rechtfertigen. Während der dänische Orientalist Frantz Buhl (1850–1932) urteilt, Mohammeds Vorgehen zeige »seinen Charakter in einem sehr abstoßenden Licht«, der italienische Orientalist Francesco Gabrieli (1904–1996) anmerkt, »that this God or at least this aspect of Him, is not ours«, wiegeln andere Autoren wie William Montgomery Watt (1909–2006) oder Karen Armstrong (geb. 1944) ab: Die Behandlung der Banu Quraiza sei nicht nach heutigen Maßstäben messbar: Zwar sei ihr Schicksal schlimm gewesen, aber nicht ungewohnt für die damaligen Regeln der Kriegsführung. Auch der deutsche Islamwissenschaftler Rudi Paret (1901–1983) rechtfertigt Mohammeds Verfahren mit politischen Gründen: Die Juden Medinas seien nicht aufgrund ihrer religiösen Überzeugung bekämpft worden, sondern »weil sie innerhalb des Gemeinwesens von Medina eine in sich geschlossene Gruppe bildeten, die für Mohammed und seine Parteigänger jederzeit, vor allem aber bei einer Bedrohung durch auswärtige Gegner, gefährlich werden konnten«. Der Jerusalemer Arabist Michael Lecker (Prof. of Arabic Language and Literature seit 2000) hingegen vertritt die Ansicht, dass die Exekution der Banu Quraiza ein Novum auf der Arabischen Halbinsel gewesen sei: Vor der Entstehung des Islam habe unter den Arabern die Vernichtung des Feindes nie als Kriegsziel gegolten.

In eine Bewertung dieser Vorgänge sind Vergleiche mit späteren Ereignissen der christlichen und islamischen Geschichte nicht einzubeziehen, wohl aber darf das Evangelium und Verhalten Jesu mit Koran und Mohammeds Verhalten verglichen werden, um die Unvergleichbarkeit wahrzunehmen.

Die Münzen zeigen zwei hervorragende Kalifen: den Umayyaden 'Abd al-Malik (685–705) – vermutlich erstmals mit dem »Schwert des Islam« – und den Abbasiden al-Muqtadir (908–932).

Historisch-kritische Erkenntnisse und Fragen

Nasr Hamid Abu Zaid: Welcherart Text ist der Koran?

Der Koran ist seiner Natur nach kein Lektüretext. Er ist – nichts anderes bedeutet »Koran« – eine »Rezitation«. Der Koran wurde zwar relativ früh nach den Regeln schriftlich fixiert, die im 7. Jahrhundert gültig waren, aber er wurde auf Materialien geschrieben, die nicht zum Lesen geeignet waren, etwa Knochen, Baumrinde und anderes mehr. Das ist die Niederschrift, von der die Muslime sagen, sie erfolgte zur Zeit des Propheten. Sie wurde sogar in Steine graviert. Die arabische Kultur war eine Kultur des mündlichen Wortes. Die Zahl derer, die schreiben konnten, war verschwindend gering ... Die meisten Araber waren Analphabeten.

In der Zeit des ersten Kalifen Abu Bakr wurden die verschiedenen Schriftstücke des Koran eingesammelt und noch einmal geschrieben. Unter dem dritten Kalifen Uthman wurde der Koran erneut niedergeschrieben, diesmal auf Blättern, aber auf das Geschriebene allein konnte man sich nicht verlassen, weil die diakritischen Zeichen fehlten: Ein und dasselbe Zeichen konnte genauso gut als »b«, »t«, »th« oder »y« gelesen werden. Ohne Erinnerung des Rezitators an den vorangegangenen mündlichen Vortrag wäre der geschriebene Text unverständlich geblieben; die Blätter waren kaum mehr als eine Gedächtnisstütze. Aufgrund der immer noch hauptsächlich mündlichen Überlieferung war es nur zu natürlich, dass unterschiedliche Lesarten des Koran im Umlauf waren. Unter dem dritten Kalifen Uthman einigte man sich zwar auf eine einheitliche schriftliche Fassung, aber die verschiedenen Lesarten existierten fort, weil diesem Schriftstück noch die diakritischen Punkte und Vokalzeichen fehlten und es unterschiedlich rezitiert werden konnte. Ohnehin wurden nur fünf Exemplare von dieser kanonischen Niederschrift erstellt.

Es können demnach Unterschiede in der Vokalisation eines Wortes durch den Vortragenden bestehen, aber die Schreibweise des Wortes bleibt die gleiche. Dazu muss man wissen, dass ein auf Arabisch geschriebenes Wort unterschiedlich gelesen werden kann, da die kurzen Vokale nicht geschrieben werden: Die Buchstabenfolge k-t-b kann genausogut als *kataba* (»Er schrieb«) oder *kutiba* (»Es wurde geschrieben«) gelesen werden ... Wenn man den Koran nicht im mündlichen Unterricht auswendig gelernt hat und sich nur auf die geschriebene Fassung verlässt, können einem beim Lesen Fehler unterlaufen, selbst beim Lesen der heutigen Druckausgaben, die den Wortlaut durch eine Vielzahl von diakritischen Zeichen, Vokal-

Nasr Hamid Abu Zaid (1943–2010), westlich gebildeter ägyptischer Koran- und Literaturwissenschaftler. Er kritisierte, dass sich die Theologen nach Art eines Priestertums ein Auslegungsmonopol der religiösen Texte angemaßt hätten, das die freie, pluralistische Entwicklung des Islams behindere. Abu Zaids Analysen des Koran, den er auf dem Hintergrund seiner Entstehungszeit interpretiert, lösten an der Al-Azhar-Universität in Kairo heftige Diskussionen aus. Konservative islamische Gelehrte versuchten, ihn als Apostaten anzuklagen. Da dies nach ägyptischem Strafrecht nicht zulässig ist und bei einem Universitätsprofessor in Kairo auch nicht durchsetzbar war, wurde ein anderer juristischer Weg eingeschlagen. Das Ehe- und Scheidungsrecht wird in Ägypten von religiösen Gerichten verhandelt. Also wurde vor einem Ehegericht die Annullierung der Ehe von Abu Zaid mit der Begründung beantragt, eine Muslima dürfe nach der Scharia nur mit einem Muslim verheiratet sein. Wenn aber Abu Zaid durch Abfall kein Muslim mehr sein sollte, dürfte seine Frau nicht mehr mit ihm verheiratet sein. Das Gericht erklärte Abu Zaid 1995 zum Apostaten und seine Ehe mit *Ibtihal Yunis* für ungültig. Aufgrund des Verfahrens und der damit verbundenen Publizität erhielt Abu Zaid zahlreiche Morddrohungen.

Ab 1995 lebte Abu Zaid im niederländischen Exil. Er lehrte zunächst Islamwissenschaft an der Universität Leiden, seit 2004 an der Universität in Utrecht. Im Jahr 2005 erhielt er den »Ibn-Ruschd-Preis für Freies Denken« in Berlin. Abu Zaids Biografie *Ein Leben mit dem Islam* beruht auf Gesprächen von Navid Kermani mit Abu Zaid.

zeichen und Rezitationshilfen schon sehr genau ausdrücken. Noch immer muss ein Code entschlüsselt werden, damit man etwa weiß, wo ein /w/ als ein /a/ gelesen wird oder wo sich ein kurzes, nicht geschriebenes /a/ oder eine *madda*, eine Längung, befindet. Schon deswegen wird es für die Muslime immer wichtig sein, den Koran auswendig zu lernen, ihn mündlich vorzutragen und mündlich zu lehren. Hinzu kommt, dass die religiöse arabische Tradition seit jeher tendenziell lesefeindlich ist. »Nimm dein Wissen nicht von einem Schreiber«, heißt es, und auch, »dass das Wissen im Kopf und nicht im Heft ist«. Das Wort »Entstellung« leitet sich im Arabischen bezeichnender Weise von »Blatt« ab. Man hat mehr Vertrauen zum Gedächtnis als zum geschriebenen Wort ...

Für Muslime ist der Prophet Mohammed nicht der Autor des Korans, sondern dessen erster Hörer. Damit ist er aber auch zugleich dessen erster Interpret ... Etwa seit dem 10. oder 11. Jahrhundert gewannen jene Interpreten zunehmend an Gewicht, die sich gar nicht als Interpreten verstanden, sondern auf der wortwörtlichen Bedeutung jedes Verses beharrten. Der Koran sei das Wort Gottes, also sei jeder Buchstabe von Gott herabgesandt, und mithin gelte ausschließlich die wortwörtliche Bedeutung. Interpretation als solche wird ausdrücklich abgelehnt ...

Der Streit scheint auf den ersten Blick rein formal zu sein. Tatsächlich hat er jedoch weitreichende Konsequenzen für die Interpretation des Korans. Wenn Gottes Wort erschaffen ist, dann ist dessen Sprache die menschliche, erschaffene Sprache, und dann gelten die Gesetze der menschlichen Sprache für die Interpretation des göttlichen Wortes: die Metapher, die Ellipse, die Vorstellung, die Nachstellung und so weiter. Verbessert sich die Kenntnis von den Gesetzen der Sprache, verändert sich notwendig auch die Kenntnis vom göttlichen Wort. Wenn die Sprache jedoch ewig und unerschaffen ist, wie die sunnitische Orthodoxie meint, dann hat sie zwei voneinander streng geschiedene Dimensionen: eine göttliche Ursprache und eine menschliche Erscheinungsform der göttlichen Sprache. Die Sprache des Koran sei jene göttliche Ursprache, die keinesfalls einer Interpretation, die den Gesetzen und Prinzipien der menschlichen Sprache folgt, unterworfen werden dürfe und streng wörtlich ausgelegt werden müsse ...

In den modernen sunnitischen Interpretationen bleibt die Frage nach der Natur des Korans und seiner Sprache ausgeklammert. Kaum jemand hat die Frage wieder gestellt: Gelten die Gesetze der arabischen Sprache für den Koran, oder handelt es sich hier um eine Art »Übersprache«, die anderen Gesetzen und Regelmäßigkeiten unterliegt ... Als ich nach einem Konzept des koranischen Textes suchte, stand ich vor ebendiesen Fragen, die seit mehr als zehn Jahrhunderten kaum noch debattiert wurden: Was ist der Text? Welcher Natur

Der Koran vor dem Koran

Christoph Luxenberg geht davon aus, dass die frühen Koranhandschriften noch keine diakritischen Zeichen zur Unterscheidung der Konsonanten hatten und auch auf Vokalzeichen verzichteten. Darum habe der Text in seiner späteren Überlieferung Fehldeutungen gefunden, zumal ursprünglich syrische Ausdrücke nicht mehr erkannt worden seien. Zwar nehme die Orientalistik aramäische (sprachliche) als auch christliche, antitrinitarische (inhaltliche) Einflüsse auf den frühen Islam an, doch folge sie im Prinzip der späteren islamischen Darstellung der Koranentstehung: Demnach sei der Koran in hocharabischer Sprache durch den Propheten Mohammed verkündet worden, dem die Suren nach islamischem Verständnis zuvor »von Gott offenbart« worden seien. Luxenberg setzt dagegen, dass es eine arabische Literatursprache im frühen 7. Jahrhundert noch nicht gegeben habe. Er sieht in Teilen des Koran sogar eine Sammlung und Übertragung älterer christlicher (einschließlich jüdischer) liturgischer Texte. Erst durch spätere Überarbeitungen sei aus diesem Text der hocharabische Koran geworden, der aber noch zahlreiche Spuren der syro-arabischen christlichen Ursprungsschrift enthalte. Diese seien missverstanden und umgedeutet worden, nachdem ihre Ursprünge in Vergessenheit gerieten.

Die Fachwissenschaft hat diesen Ansatz teils als anregend, teils als schwach begründet beurteilt. Angelika Neuwirth sieht Luxenbergs Verdienst »in der Wiedererweckung der alten Frage nach der syrischen [Grund-] Schicht der Geschichte des Korantextes«, die Untersuchung der syrischen Bestandteile des Korans aber nicht als erfüllt an.

Der französische Islamwissenschaftler Claude Gilliot erkennt an, dass der Koran, »bevor er zu dem uns bekannten Text wurde, Veränderungen (durchlief), die unter anderem auf die Gewährsmänner Mohammeds zurückgingen« und die durch die Arbeit Luxenbergs wieder an Brisanz gewonnen haben.«

Andere bleiben skeptisch; Luxenbergs Annahme eines aramäischen Urkorans werde sich in der Forschung erst noch zeigen müssen. Nicht mehr zu verdrängen aber wird die Frage bleiben, wie der Koran als menschlicher Text aus unterschiedlichen Quellen gespeist worden ist.

ist seine Sprache? Will man eine Methodik der Koraninterpretation finden, die den Erfordernissen der modernen Zeit entspricht, müssen diese Fragen aufgeworfen werden. Es zu hinterfragen, ist tabu. Die Vorherrschaft der orthodoxen Theologie, die politische Instrumentalisierung des Korans und das feierliche, prahlerische Reden vom Islam und seiner Offenbarung, das seinen Hintergrund in der politischen und kulturellen Schwäche der islamischen Welt hat, sind kennzeichnend für unseren modernen religiösen Diskurs. Weshalb steuert die islamische Welt so wenig bei zur weltweiten wissenschaftlichen Forschung? Die Antwort des religiösen Diskurses lautet einfach, der Bezugsrahmen der islamischen Wissenschaft sei der Koran. Das ist eine bloße Worthülse, um die offenkundige Überlegenheit des Westens zu kaschieren, ein Fantasieprodukt, das nichts erklärt und mit Wissenschaft nichts zu tun hat. Bei uns wird so viel über die Koranwissenschaft gesprochen. Aber das gerade verbirgt nur die Angst, dass dieses Fach als wirkliche Wissenschaft betrieben werden könnte und wir die Prämissen entwickelten, die Voraussetzung für eine neue Hermeneutik des Korans waren, für eine Theorie der Interpretation, die den Koran als sprachlichen Text behandelt. Wer versucht, das Fehlen einer modernen Interpretationstheorie zu untersuchen, kann vor Gericht gestellt oder sogar mit dem Tode bedroht und hingerichtet werden, wie es mit Mahmud Muhammad Taha im Sudan geschah.

Mahmud Muhammad Taha (1909 oder 1911–1985), sudanesischer Gelehrter, Politiker und Sufi-Theologe, der wegen des Vorwurfes des Abfalls vom Islam zum Tode verurteilt und am Freitag, dem 18. Januar 1985 vor etwa dreitausend Zuschauern gehenkt wurde.

Taha schrieb nur den frühen, in Mekka offenbarten Suren überzeitliche, ethische Bedeutung zu. Die Suren aus Medina hingegen hielt er für zeitbedingt und als historisches Modell nur für das 7. Jahrhundert gültig. Das ist eine innerhalb des Islam provozierende Aussage, da der Koran im Ganzen als zeitlos angesehen wird und sich jeder Kritik entzieht. Mit der Grundannahme einer Entwicklung des Korans wollte er auch die Scharia-Gesetze aus ihrer historischen Bestimmtheit lösen und durch die Formulierung allgemeiner Werte und Tugenden ersetzen.

Obwohl der Islam mit dem Teufelszeug »Bild« nichts zu tun haben will, spielt der Kalligraf in aller Unschuld mit den heimlichen Bild-Potenzen der Schrift. Dabei kann dann ein so komplexes Zauberding entstehen wie die schriftliche Bitte an Allah in Form eines (Rettungs-)Bootes samt Ruderern. Zu lesen ist: »Ich nehme meine Zuflucht bei Allah vor dem verfluchten Satan. Im Namen des barmherzigen und gütigen Gottes. O Gott, o Öffner aller Türen, eröffne das Beste.«

Die historisch-kritische Methode in der Koranexegese

Im Umgang mit dem Koran findet die historisch-kritische Exegese im islamischen Bereich kein Daseinsrecht. Die islamische Welt hat durch aufklärerische Kritik ihre eigene Frühgeschichte bisher noch nicht untersucht. Wo immer man auf muslimischer Seite hinschaut, es begegnet angestrengtes Bemühen, den dogmatisch fixierten Glauben zu erhalten, gepaart mit profunder Unkenntnis, was kritische Textexegese überhaupt ist und was die europäische Koranforschung bereits geleistet hat. Noch in der Vorrede eines von Navid Kermani herausgegebenen Büchleins von Mehdi Bazargan, liberaler Denker und 1979 Ministerpräsident des Iran, sagt dieser: »Der Koran hingegen ist über seine Stellung als Quelle und Grundlage des Islams und der Muslime hinaus ein Buch, das absolute Souveränität gegenüber allen Informationen und späteren Texten genießt. Auch heute sind sich Gläubige und Wissenschaftler einig über die Authentizität und ›Unberührtheit‹ des Korans. Der Wortlaut des Korans ist nicht verändert worden und muss daher als Maßstab für die Richtigkeit oder Falschheit der späteren Überlieferungen und Texte gelten.«

Die deutsche Islamwissenschaft hat ihren Ursprung in den Methoden der historisch-kritischen Bibelexegese. An ihren Anfängen stehen Julius Wellhausen (1844–1918), Theodor Nöldeke (1836–1930) und vor allem der ungarische Orientalist Ignaz Goldziher (1850–1921), der unterschiedliche vorislamische Sprachebenen verfolgte, zum Beispiel Einflüsse des aramäischen Vokalsystems bei der Entwicklung der arabischen Schriftsprache und dem mekkanischen Dialekt der Quraisch. Seine Arbeiten zur theologischen Entwicklung der Koraninterpretation haben ihre Gültigkeit nicht verloren.

In den folgenden Jahrzehnten des 20. Jahrhunderts fiel die Islamwissenschaft in einen Tiefschlaf. Statt kritischer Fragen nach der geschichtlichen Entwicklung des Islam und dem »historischen Mohammed«, folgte sie weitgehend der islamischen Tradition. Erst Günter Lüling (1928–2014) legte mit seiner Dissertation *Kritisch-exegetische Untersuchung des Qur'antextes* (1970) einen neuen Forschungsansatz vor, der Arbeiten von Adolf von Harnack und David Heinrich Müller wieder aufnahm. Harnack hatte die Ursprünge des Koran im Judenchristentum gesehen, Müller auf einen möglichen Strophenaufbau des Koran hingewiesen. Lüling folgte dieser Linie. Seine Kritik des Korantextes arbeitet mit drei Kriterien: Philologie, Metrik einschließlich Strophenaufbau sowie Dogmenkritik. Er sieht die Rekonstruktion einer »ur-quranischen« Strophe als gelungen an, wenn die neue Lesart geringere grammatikalische Probleme oder Interpretationsschwierigkeiten bietet als die ursprüngliche; wenn eine neue Übersetzung näher an der außerhalb des Koran überlieferten Wortbedeutung liegt und wenn ein regelmäßiger Textaufbau und ein Reim wiederhergestellt werden können.

Aufgrund der inhaltlichen Nähe der rekonstruierten Suren zum judenchristlichen, streng monotheistischen Gedankengut geht Lüling davon aus, dass Mohammeds ursprüngliche Gegner nicht vorrangig heidnische Araber, sondern trinitarische, an die byzantinische Kirche gebundene arabische Christen waren. Diese Konfrontation ging verloren, als Jahre oder Jahrzehnte nach Mohammeds Tod der Koran zusammengestellt wurde und die neue Religion als einigende Klammer der arabischen Expansion dienen sollte, ähnlich wie die heute »Christentum« genannte Religion ursprünglich nur eine Splittergruppe innerhalb der jüdischen Religionsgemeinschaft war (die sich bis fast in islamische Zeit bei den Ebioniten erhalten hat, die Paulusgegner waren und den Tod Jesu nicht als Sühnopfer interpretierten).

Lülings Arbeiten wurden in wissenschaftlichen Kreisen über Jahrzehnte nicht diskutiert. Erst die Veröffentlichung einer englischen Übersetzung (2003) machte seine Thesen einer größeren Forschergemeinde bekannt. Die Folgen des jahrzehntelangen Schweigens sind aber weiterhin bemerkbar. Lülings Thesen wurden vielen Forschern nur rudimentär bekannt.

Eine Fortführung koranischer Forschung könnte man in der Arbeit von Christoph Luxenberg sehen: *Die syro-aramäische Lesart des Koran – Ein Beitrag zur Entschlüsselung der Koransprache* (Berlin, 2000), die davon ausgeht, dass die frühen Koranhandschriften sowohl auf die diakritischen Punkte zur genauen Unterscheidung der Konsonanten als auch auf die Vokalzeichen verzichteten, sodass ursprünglich aramäische (genauer:

Ignaz Goldziher (1850–1921), ungarischer Mitbegründer der modernen Islamwissenschaft. Schon früh wies er auf Einflüsse des aramäischen Vokalsystems bei der Entwicklung der arabischen Schriftsprache hin. Mit seinen Untersuchungen zur islamischen Traditionsliteratur, die damals nur handschriftlich vorlag, hat Goldziher die Grundlagen für die Arbeiten der Folgegenerationen geschaffen.

Theodor Nöldeke kam von der alttestamentlichen Forschung zu den semitischen Sprachen und der arabischen, persischen und syrischen Literatur. Über den islamischen Historiker at-Tabari erschloss er die sassanidische Geschichte, *mit der er auch zur Vita Mohammeds beitrug. Die* Geschichte des Qorans *(1860) und* Das Leben Mohammeds *(1863) schufen Grundlagen für eine kritische Islamwissenschaft.*

Julius Wellhausen ist Mitbegründer der modernen Bibelkritik. Sein Blick für religionsgeschichtliche Zusammenhänge ließ ihn neben dem Hebräischen auch das Aramäische und Arabische erlernen. 1901 publizierte er über Die religiös-politischen Oppositionsparteien im alten Islam. *Dem folgte 1902 sein Buch* Das arabische Reich und sein Sturz, *in dem er dem Verfall der Umayyaden-Dynastie nachgeht.*

syrische) Ausdrücke durch spätere Exegeten nicht mehr erkannt wurden und damit die Lesart des Textes veränderten.

Erst durch diese Fehllesungen seien die vielen unklaren Stellen des Koran entstanden. Luxenberg verweist darauf, dass es eine arabische Literatursprache im frühen 7. Jahrhundert nach derzeitigem Kenntnisstand nicht gegeben hat. Die Vorgeschichte des Koran sei ein Text in einem syro-aramäisch beeinflussten Arabisch gewesen – eine Schrift syrisch-aramäischer Christen, Sammlung und Übertragung älterer christlicher (auch jüdischer) liturgischer Texte, die den Koran streckenweise bestimmen. Beispielsweise seien breite Passagen über Christus und Maria in Koran und Christentum deckungsgleich. Erst durch spätere – politisch bedingte – Überarbeitungen sei aus diesem Text der hocharabische Koran geworden, der zahlreiche Spuren der christlichen syro-aramäischen Ursprungsschrift weiterhin enthalte. Diese seien missverstanden und umgedeutet worden, nachdem ihre Ursprünge in Vergessenheit gerieten.

Ähnlich wie die historisch-kritische Bibelexegese die christliche Dogmatik zu umfassenden Revisionen zwingt – auch wenn die kirchlichen Orthodoxien sich dieser Herausforderung nicht wirklich stellen –, wird die wissenschaftliche Koranexegese die islamische Welt ebenso drängen, die theologischen Inhalte des Koran neu zu überdenken. Dies kann, wie die christliche Welt zeigt, lange hinausgezögert werden. Langfristig dürfte es aber zu veränderten Ergebnissen führen, die vielen Regulativen, zumal islamischen Staatsansprüchen, Boden entziehen. Letzten Endes – in einer fernen Zeit? – wird es unvermeidlich sein, den Koran so zu verstehen, wie er in seinen Ansätzen aussah, nicht wie man ihn später interpretierte und heute in Anspruch nimmt.

Christoph Luxenberg: Der Koran als philologischer Steinbruch

Christoph Burgner im Gespräch mit Christoph Luxenberg

Herr Luxenberg, Ihre Veröffentlichung mit dem für viele Laien kryptisch klingenden Titel »Die Syro-Aramäische Lesart des Koran. Ein Beitrag zur Entschlüsselung der Koranprache« hat hohe Wellen geschlagen. Weltweit berichteten die Zeitungen über Ihre Forschungsergebnisse. Es gab zum Teil heftige Reaktionen und Diskussionen, es folgten Kongresse und Seminare. Stimmen aus aller Welt, Wissenschaftler, Laien, Muslime und Nicht-Muslime melden sich kommentierend zu Wort. Mit dem Nebeneffekt, dass die Koranforschung, lange Jahrzehnte in den stillen Studierstuben einiger weniger westlicher und arabischer Wissenschaftler betrieben, plötzlich wie ein Phönix aus der Asche wieder in das Blickfeld der Öffentlichkeit, einer weltweiten und allgemeinen Öffentlichkeit rückt.

Ihr Buch ist ein Bestseller, und dies, obwohl es in Deutsch geschrieben und veröffentlicht ist und obwohl es äußerst schwierig zu lesen und zu verstehen ist. Warum entschlossen Sie sich dazu, den Koran mit sprachwissenschaftlichen Methoden zu untersuchen?

Man muss voranschicken, dass man in der abendländischen Koranforschung schon seit langem weiß, dass viele Passagen im Koran unverständlich sind. Man folgt damit den Interpretationen arabischer Korankommentatoren. Aber genau diese »dunklen Stellen« im Koran sind der Ausgangspunkt meiner Arbeit. Denn die bisherigen Versuche, sie zu deuten, geschahen nicht auf philologischer Basis, sondern beruhen vielmehr auf Mutmaßungen. Mutmaßungen können jedoch nie die Grundlage einer wissenschaftlichen Methode sein. Ich versuche, diese Stellen mit philologischen Methoden zu klären und zu belegen. (...)

Welchen Stellenwert hat der Koran für Sie als Sprachwissenschaftler?

Der Koran ist nach meiner Überzeugung der erste Versuch, sich in Schriftarabisch auszudrücken. Dieses Schriftarabisch hatte noch kein Vorbild. Die Initiatoren dieser arabischen Schriftsprache mussten also Elemente ihrer Kultursprache verwenden, und man kann annehmen, dass diese Kultursprache das Aramäische war und nicht das Arabische.

Das Koranarabisch kann man also als arabisch-aramäische Mischsprache ansehen. Ich würde nicht so weit gehen, darin einen Versuch wie das Esperanto zu sehen. Aber das Ziel war gleich. Die Schreiber wollten, wie die Erfinder des Esperantos auch, möglichst vielen Menschen eine gemeinsame, verständliche Schriftsprache zugänglich machen. Dabei wurden auch Dialekte miteinbezogen, deren Verwendung die arabischen Philologen und Kommentatoren selbst schon früh erkannt haben.

In meinen Augen ist jedoch das, was sie für Dialekt hielten, eben genau die Verbindung von arabischen und aramäischen Elementen. Sie wurden durch weitere Lehnwörter, z. B. aus dem Persischen oder Griechischen, ergänzt. Während diese Lehnwörter jedoch nur singuläre Erscheinungen im Koran darstellen, ist die Vermischung von arabischen und aramäischen Elementen für die Koransprache prägend.

Wurde die sprachhistorische Vielfalt, die den Koran kennzeichnet, in der Koranforschung berücksichtigt?

Die abendländische Koranforschung hat sich zunächst auf die arabische Tradition verlassen. Sie hat also versucht, den Koran im Einklang mit der arabischen Tradition zu erforschen. Darüber hinaus ist es natürlich ihr Verdienst, dass sie herausgefunden hat, dass viele Lehnwörter im Koran Verwendung finden. Es gibt sogar Sammlungen dieser Lehnwörter. Eine ganze Anzahl von ihnen ist richtig hergeleitet.

Es gibt aber auch solche, die falsch gelesen, also verlesen sind und neu interpretiert werden müssen. Im Ansatz war man jedoch bemüht, die erkannten Lehnwörter etymologisch zu erklären. Dabei stellte man den aus der Tradition heraus interpretierten Sinn der Textpassage nicht in Frage. Man konnte es sich nicht vorstellen, dass die Koransprache etwas anderes sein sollte als konsistentes Altarabisch.

Blieb die Passage auch mit der neuen Worterklärung unverständlich, wurde dies damit entschuldigt, dass man es ja schließlich mit Altarabisch zu tun habe, welches man heute nicht mehr bis ins Detail verstehen könne. So ist niemand aufgefallen, dass dieses Arabisch einen aramäischen Ursprung hat. Man erkannte also die aramäischen Elemente nicht oder schätzte ihren Einfluss gering ein. Man wollte der Koransprache unter allen Umständen eine klassisch arabische Form zuweisen. Dem waren auch die Zweifel unterzuordnen. Alles musste wie echtes Arabisch aussehen. Es ist dieser unbedingte Wille, im Koran die klassische Form des Arabischen sehen zu wollen, die eine vorhandene aramäische Schicht des Korantextes verdeckt hat.

Ich hoffe, dass man sich durch meine Forschung über die Verwandtschaft der beiden Sprachen klar wird. Und dass man sich in der Semitistik wieder stärker der aramäischen Sprache zuwendet, nicht nur um den sprachlichen, sondern auch um den komplexen kulturellen Zusammenhang dieser Sprachen untersuchen zu können. Ich könnte mir vorstellen, dass dies in Zukunft sicherlich zu Aufsehen erregenden neuen Forschungsergebnissen führen wird.

Wie groß ist Ihrer Meinung nach der aramäische Sprachanteil am Koran?

Was sich am Koran ändern wird, lässt sich quantitativ auf etwa 30 Prozent einschätzen. Aber dieser Anteil besagt eigentlich nicht viel. Qualitativ wird sich einiges ändern. Mit qualitativ meine ich, dass theologische Inhalte des Koran neu überdacht werden müssen. Dies würde selbstverständlich zu ganz anderen Ergebnissen führen. Voraussetzung ist, dass die islamische Theologie dazu bereit ist, den Koran neu zu lesen, das heißt, den Koran wirklich so zu verstehen, wie er sich selbst verstanden hat, nicht wie man ihn später interpretiert hat. Ich unterscheide hier scharf zwischen Korantext und späterer Koranexegese, denn der Korantext ist etwas anderes als die spätere Koranexegese.

Nun haben schon einige Artikel über Ihre Lesart des Koran in manchen Ländern heftige Reaktionen ausgelöst. In Pakistan stampfte man eine ganze Newsweek-Ausgabe ein, weil die Zeitschrift in einem Artikel über Ihre Forschungsarbeit berichtete. Wie ist nach Ihrer bisherigen Erfahrung die Reaktion der Muslime auf die neuen Forschungsergebnisse?

Meine bisherige Erfahrung ist, dass gläubige Muslime regelmäßig bereit waren, diese neue Deutung zu akzeptieren. Dies betrifft die neu zu lesenden Textpassagen, die von der islamischen Tradition abweichend zu lesen sind. Ich gehe ja nicht soweit zu behaupten, dass es Mohammed oder den Koran nicht gegeben hätte. Die Existenz des Koran ist eine historische Tatsache. Nun geht es darum, diese historische Tatsache in ihrem historischen Rahmen, das heißt auch historisch zu sehen, historisch-kritisch den Text zu untersuchen. Kritik heißt nicht, dass ich dieses Buch verunglimpfen will, sondern nur, es aufgrund sprachhistorischer Erkenntnisse richtig zu verstehen. Was man aus meiner Interpretation macht, liegt außerhalb meines Einflusses. Das liegt ganz in der Hand der muslimischen Theologen.

Hamed Abdel-Samad (geb. 1972), ägyptisch-deutscher Politikwissenschaftler und Publizist, wurde als drittes von fünf Kindern eines sunnitischen Imams bei Gizeh in Ägypten geboren. Er studierte Englisch und Französisch in Kairo, kam 1995 im Alter von 23 Jahren nach Deutschland, studierte Politik in Augsburg, später Japanisch in Japan. Er arbeitete als Wissenschaftler in Erfurt und Braunschweig sowie in Japan, wo er sich für Shintoismus und Buddhismus interessierte. Bis Ende 2009 war er am Institut für Jüdische Geschichte und Kultur der Universität München tätig. Nachdem er bei einem Vortrag in Kairo im Juni 2013 der Muslimbruderschaft »islamischen Faschismus« vorgeworfen und gesagt hatte, »dass dieser Faschismus in der Entstehungsgeschichte des Islams zu begründen« sei, wurden im Internet Mordaufrufe gegen ihn veröffentlicht, die sich mehrfach wiederholten. Abdel-Samad ist der Ansicht, dass der Islam eine nicht reformierbare Religion sei, Muslime jedoch ihre Werte reformieren könnten. Er hält nur einen »Islam light« in Europa für möglich – ohne Scharia, Dschihad, Geschlechter-Apartheid, Missionierung und Anspruchsmentalität.

Hamed Abdel-Samad: Abrechnung mit dem Propheten

Mohamed ging es nicht immer um Prinzipientreue, sondern um Macht. Er bestrafte Diebe mit Händeabhacken, wohingegen er und seine Kämpfer bestens von Raubüberfällen und Kriegsbeute lebten. Sie nahmen Menschen nicht nur in ihren Besitz, sondern verkauften auch deren Kinder als Sklaven. Alles rechtens. Der Prophet bestrafte Ehebrecher mit Steinigung, hatte selbst aber Geschlechtsverkehr mit kriegsgefangenen Frauen und verteilte sie als Lustobjekte unter seinen Kämpfern. Sein Umgang mit den Juden von Medina war ebenfalls nicht vom Geist des guten Zusammenlebens getragen, sondern von Härte und Machterhalt. Da diese weder aktiv an seiner Seite kämpften noch seine Botschaft anerkannten, schmiss er sie sukzessiv aus Medina hinaus und führte damit zu Ende, was den Aos und Khasradsch einst nicht gelungen war. Die Häuser, die Felder und den Besitz der Juden ließ er unter den Stämmen von Medina, den Gaunern und den Migranten aus Mekka verteilen. Die jüdischen Frauen machte Mohamed zu Sexsklavinnen für sich und seine Kämpfer.

Schlagen wir kurz einen Bogen zur Gegenwart: 1400 Jahre später wiederholen die Kämpfer des IS all das, was Mohamed einst vorgemacht hat. Die Dschihadisten von heute berufen sich auf seine Haltung den Ungläubigen gegenüber und auf seine Eroberungsstrategien, die als vermeintliche Verteidigungsmaßnahmen gegenüber dem Westen verkauft werden. Als der IS die syrische Stadt Rakka erobert hatte, wurde eine Gemeindeordnung erlassen, wie sie schon Mohamed für Medina verabschiedet hatte. Die Körperstrafen für »Sünder« sind identisch. In Mossul und in den kurdischen Gebieten gingen sie mit Christen und Jesiden genauso um wie Mohamed mit den Juden von Medina. Sie zitierten dabei jene Koranverse, die den Gläubigen befehlen, auf die Hälse der Ungläubigen zu schlagen und sie zu töten, wo sie sich befinden. Der einzige Unterschied zwischen heute und damals ist, dass es zu Mohameds Zeiten keine Videokameras gab, die die Gräueltaten seiner Truppen festhalten konnten. Der Verweis, niemand wisse schließlich so genau, was sich zugetragen habe, dient dazu, die Verbrechen von damals zu relativieren oder schönzureden. Er soll Distanz schaffen, wo es keine gibt.

Das grundsätzliche Problem liegt nicht in dem, was Mohamed damals getan und für richtig befunden hat. Man könnte argumentieren, dass die Zeit nun einmal grausam war, dass Eroberer – egal welcher Religion oder Ideologie sie anhängen – generell gewaltsam vorgehen, dass in Zeiten des Krieges Moral und Ethik einen schweren Stand haben. Das Problem liegt darin, dass Mohamed und sein Tun in Medina für viele Muslime von heute als Vorbild dient. Die

Art, wie er seine Gemeinde führte, dient als Blaupause für ein ideales, Allah-gefälliges Leben – politisch, wirtschaftlich, gesellschaftlich und ethisch. Jenseits von Zeit und Raum wollen Islamisten die Urgemeinde Mohameds in jedem Detail wiederherstellen. Der Gottesstaat als Form des Eskapismus vor der modernen Welt. Sie glauben, wenn sie nur in die Fußstapfen des Propheten treten, werden sie den Lauf der Geschichte zu ihren Gunsten verändern können. Schließlich war auch der Prophet am Anfang schwach, wurde belächelt und nicht ernst genommen. Doch durch seinen unerschütterlichen Glauben, seine Ausdauer und seine konsequente Kriegsführung konnte er einen Staat errichten, der später Byzanz und Persien in die Knie zwang und über große Teile der Welt herrschte. Heute werden die Truppen des IS sowohl in der arabischen Welt als auch im Westen von vielen verteufelt, ganz so wie damals auch Mohameds Anhänger, als sie den Irak, Syrien und Ägypten zu terrorisieren begannen. Für kritische Muslime ist das ein Spagat. Denn diejenigen, die sich heute kritisch zum Vorgehen des IS äußern, lassen nichts auf den Propheten und die ersten islamischen Eroberer kommen – obwohl diese nichts anderes getan haben als die heutigen Gotteskrieger. Und obwohl diese aus dem Handeln und dem Wort des Propheten eine direkte Legitimation ziehen …

Selbstverständlich hat Mohamed auch viel Gutes getan. Er einte die Araber, brachte Recht und Ordnung in die von ihm eroberten Gebiete und entwickelte eine Soziallehre, die bis heute noch funktioniert. Doch auch der IS hat Ähnliches zustande gebracht. In Rakka und Mossul herrschen Recht und Ordnung. Dort kämpft der IS auch gegen Korruption und erhöhte Preise. Der Islamische Staat kümmert sich um Witwen und Arme, ganz so wie Mohamed es getan hat. Gleichwohl würde kein Mensch auf die Idee kommen, die Ideologie des IS deshalb als eine Lehre der Barmherzigkeit zu bezeichnen.

Eigentlich soll die Gegenüberstellung von Friedens- und Gewaltpassagen im Koran dazu dienen, den Koran als ein widersprüchliches Buch zu entlarven, das nur die Entwicklung einer Gemeinde über 23 Jahre beschreibt, die friedlich war, als sie keine Waffen besaß, und gewalttätig wurde, als sie über militärische Macht verfügte. Allein das disqualifiziert den Koran gänzlich als moralische Orientierungshilfe für Menschen im 21. Jahrhundert. Wer aber im Namen der Friedfertigkeit des Islam auf diesem Anspruch beharrt, unterstützt die Radikalen indirekt.

Nicht eine zeitgemäße Interpretation des Koran kann die Lösung sein, sondern eine Emanzipation von der Übermacht seines Textes. Ein Herunterbrechen auf das, was er damals war. Solange der Koran aber als direkte Niederschrift des Wortes Gottes gilt, ist dies unmöglich. Wie sollte es der schwache, in seinen Möglichkeiten begrenzte Mensch wagen können, das Wort des unfehlbaren, allumfassenden Gottes zu deuten? Eine historisch-kritische Exegese kann nur erfolgen, wenn der Koran als menschliches Produkt begriffen wird, als Text, der nur die Menschen und ihre Probleme im 7. Jahrhundert vor Augen hatte.

Hamed Abdel-Samad

Hans Jansen: Der Skandal um Aischa

Die Frage, die Hamed Abdel-Samad stellt, ob zeitbedingte Verhältnisse, die sich mit Mohammeds Leben und Verhalten verbinden, heute noch normativ sein dürfen, Mohammed also ein bleibendes Vorbild ist, verbindet der niederländische Islamwissenschaftler Hans Jansen mit der folgenden Problematik:

In den Niederlanden sind die Namen von *Aischa* und *Ayaan Hirsi Ali* unauflöslich miteinander verknüpft. In der Tageszeitung *Trouw* nannte Ayaan Hirsi Ali am 25. Januar 2003 den Propheten Mohammed »einen perversen Mann«, weil er als gut Fünfzigjähriger eine Heirat mit der damals noch sehr jungen Aischa eingegangen sei.

Ayaan Hirsi Ali (geb. ca. 1969 in Mogadischu) sagte in einem Interview über die Zehn Gebote: »Mohammed ist ein Vorbild für alle muslimischen Männer. Findest du es merkwürdig, dass so viele muslimische Männer gewalttätig sind?« Daher war sie der Ansicht, dass die Geschichte über die Heirat des Propheten mit einem kleinen Mädchen viel Leid verursachen und sich möglicherweise fatal auf das Familienleben von Muslimen auswirken könne.

Es war eines der ersten Male, dass Ayaan nahezu die gesamten Niederlande für eine kurze Zeit gegen sich aufbrachte. 2006 war das Maß voll, und Ayaan ging nach Amerika. Ihre Feinde konnten erleichtert aufatmen, ihre Freunde hatten sich inzwischen daran gewöhnt, dass ihnen ab und zu einer der Ihren entrissen wurde.

Eingeweihten zufolge hatte die Redaktion der Tageszeitung die Begriffe, die Ayaan Hirsi Ali im Zusammenhang mit der Hochzeit Mohammeds und Aischas verwendete, vorher schon weitgehend dem angepasst, von dem sie meinte, es sei für die Leser gerade noch hinnehmbar. Dennoch kam von muslimischer Seite eine Welle von Protesten. Zwar war der Begriff »Pädophilie« nicht gefallen, aber Mohammed wurde doch als »perverser Mann« hingestellt. Das erregte natürlich die Welt der Muslime. Hier und da wurde auch geleugnet, dass Mohammed, der seine besten Jahre schon hinter sich hatte, eine Ehe mit einem doch sehr jungen Mädchen geschlossen habe. Es kam zu einem Skandal, auch wenn sich im Nachhinein nur schwer herausfinden lässt, was daran eigentlich skandalös war. War es ein Skandal, dass Aischa um 623 so jung mit einem so alten Mann verheiratet worden war, oder war es ein Skandal, dass Ayaan dieses Thema Anfang 2003 aufbrachte?

Die eigentlichen Fakten lassen sich nur schwer eruieren. In Mekka oder Medina gab es zwar kein Standesamt, aber die islamische Überlieferung darüber ist eindeutig. Aischa war die Tochter von Abu Bakr, der später Kalif wurde und einer der besten Freunde Mohammeds sowie einer der ersten und prominentesten Muslime war. Sie gilt als Mohammeds Lieblingsehefrau, aber darin spiegelt sich vielleicht zum Teil die Bedeutung ihres Vaters in der frühen muslimischen Gemeinde. Ibn Hischam zufolge trat Mohammed mit der siebenjährigen Aischa in Mekka in den Stand der Ehe. Sie teilte aber erst, als sie »neun oder zehn Jahre alt war«, in Medina mit ihm Tisch und Bett.

Die Chronologie von Mohammeds Leben ist nicht verbürgt. Er könnte gut älter oder jünger gewesen sein, als wir denken. Auch Aischas Lebenslauf kann allen möglichen frommen Wünschen angepasst worden sein, die im siebten oder achten Jahrhundert selbstverständlich waren, uns heute jedoch vor ein Rätsel stellen. Die Auffassungen darüber unterliegen nämlich einem starken Wandel. Wir wollen eine Chronologie, die stimmt, während die Menschen der Antike eine schöne und ausgewogene Zeitfolge bevorzugten: zehn

Mohammed und die Frauen

Gegen Ende seines Lebens ging er mit Frauen um wie mit Gegenständen, die man nach Belieben sammeln konnte. Auf die erste Ehefrau Chadidscha folgten elf weitere, neun davon lebten mit ihm gleichzeitig in einem Haus. Dazu kamen weitere 14 Frauen, mit denen er zwar einen Ehevertrag schloss, die Ehe aber nicht körperlich vollzog. Darüber hinaus gab es zwei Dutzend Frauen, mit denen er verlobt war. Nicht zu vergessen seine Sklavinnen, die er im Krieg erbeutet oder als Geschenk bekommen hatte. Mohamed war sogar über seinen Tod hinaus besitzergreifend und verbot seinen Frauen, sich nach seinem Ableben mit anderen Männern zu vermählen. Besonders für seine junge Frau Aischa muss es hart gewesen sein, denn sie war laut islamischen Quellen erst 18 Jahre alt, als sie Witwe wurde …

Trotz der großen Zuneigung zu Aischa heiratete Mohamed im Schnitt fast alle sechs Monate eine weitere Frau. Das Thema Untreue wurde später ein großes Thema für ihn. Nicht nur die Regel der Vollverschleierung wurde konsequent durchgesetzt, auch neue Gesetze zur Bekämpfung von Ehebruch wurden eingeführt: Wer Unzucht trieb, wurde mit hundert Peitschenhieben bestraft. Wer Ehebruch beging, wurde zu Tode

Jahre Troja, zehn Jahre Odysseus auf dem Meer, zehn Jahre Mekka, zehn Jahre Medina.

Aus frommen Beweggründen eine kleine Verbesserung in die Chronologie von Aischas und Mohammeds Leben zu bringen, galt so gut wie sicher nicht als tadelnswert und konnte leicht einige Jahre Unterschied im Lebensalter ausmachen.

Das Problem ist auch nicht, ob Mohammed damals gut daran tat, sich mit der kindlichen Aischa zu verheiraten oder nicht. In diesem Zusammenhang lauten die zwei einzig wichtigen Fragen, ob die jungen muslimischen Mädchen heutzutage ebenfalls so früh heiraten müssen oder nicht doch zuerst ihre Schulausbildung abschließen sollen. Von Bedeutung ist noch, ob in unserer Zeit Muslime im Alter von ungefähr fünfzig Jahren auch in diesem Punkt einem Vorbild ihres Propheten folgen sollen.

Mohammeds Vorbild zu folgen, ist ja nicht in jedem Fall gut. Es kann sogar verboten sein. Der Prophet war beispielsweise bei seinem Tod mit neun Frauen verheiratet (er hatte insgesamt 13 Ehen geschlossen), während ein Muslim nach dem Gesetz bekanntlich höchstens vier Ehefrauen haben darf.

Trotzdem kann die Ehe Mohammeds mit Aischa, wie sie überliefert wird, nicht ganz alltäglich gewesen sein. In seiner Liste der Frauen und Ehen Mohammeds erwähnt Ibn Hischam nur bei Aischa das Alter zum Zeitpunkt ihrer Eheschließung. Offenbar galt dies schon damals als ungewöhnlich. Auch die Formulierung »neun oder zehn« Jahre, das Alter, in dem sie bei Mohammed einzieht, wirkt ein wenig so, als müsse etwas beschönigt und gerechtfertigt werden.

Hans Jansen merkt an, in der islamischen Überlieferung sei keine Empörung in Mekka oder Medina darüber bekannt, dass Mohammed ein so junges Mädchen heiratete, und ergänzt: »Was moderne Nichtgläubige davon auch halten mögen, vermutlich ist es vernünftig zu akzeptieren, dass die Dinge früher anders lagen als heute.« Aber liegen die Dinge im 21. Jahrhundert so viel anders als im 7. Jahrhundert? In Pakistan hatte die Regierungspartei einen Gesetzentwurf vorgelegt, der die Verheiratung von Kindern mit härteren Strafen belegen sollte. Nach Einspruch des muslimischen Rates wurde dieser Gesetzentwurf zurückgezogen. Die Verheiratung von Kindern, vor allem Mädchen, ist besonders im Süden Pakistans weit verbreitet. Laut Schätzungen ist etwa bei 30 Prozent aller Ehen ein Ehepartner minderjährig. Zumal in armen Familien ist es üblich, Mädchen früh aus der Schule zu nehmen und zu verheiraten. Im Mai 2014 hatte der pakistanische Rat für islamische Ideologie seine Ansicht bekräftigt, dass Mädchen bereits im Alter von neun Jahren als ehestandsfähig gelten, »wenn Zeichen der Pubertät zu erkennen sind«.

gesteinigt. Bis heute werden Frauen im Irak, in Syrien und Nigeria als Kriegsbeute missbraucht, leiden fast überall in der islamischen Welt unter physischer Gewalt. Säureattacken auf unverschleierte Frauen, Genitalverstümmelung, Steinigungen und Ehrenmorde sind die brutalsten Formen von Frauenfeindlichkeit in muslimisch geprägten Gesellschaften. Man kann nicht nur Mohamed und den Koran dafür verantwortlich machen, aber diese haben einen großen Beitrag dazu geleistet.

Nach dem Koran hat die Frau vor allem eine Funktion in der muslimischen Gemeinde zu erfüllen: den Mann zu »erleichtern«. Bevor die IS-Kämpfer Jesidinnen und Christinnen als Sexsklavinnen erbeuten konnten, wurden junge Männer in Syrien damit angeworben, dass dort der Sex-Dschihad erlaubt sei. Umgekehrt bieten sich Musliminnen aus allen Ecken der Welt, vor allem aber aus Nordafrika, den Dschihadisten an. Sunnitische Gelehrte, die den sexuellen Dschihad unterstützen, berufen sich auf den Propheten, der seinen Soldaten während langer Kriege erlaubte, »Genuss-Ehen« mit Frauen zu schließen. Hier spielt die Frage nach der Moral keine Rolle, denn es geht um ein noch höheres Prinzip: den Dschihad.

Hamed Abdel-Samad

Islamische Mystik

Schon immer waren die Lebenshaltung, die Weltanschauung und das literarische Erbe der Mystik für die islamische Welt ungleich prägender als fundamentalistische Haltungen; und seit jeher war sie das wirksamste Mittel gegen den Kleingeist und die Buchstabentreue der Orthodoxie. Die Mystik als der verinnerlichte Islam könnte sich als eines der Felder erweisen, auf dem Frömmigkeit und Aufklärung, Individuation und Gottergebenheit zusammenfinden, auch in der Kunst.

Navid Kermani

Die islamische Form der Mystik ist der *Sufismus*; der einzelne wird *Sufi* genannt. Man leitet das Wort ab von *suf*, »Wolle«, was auf das grobe Wollgewand der ersten Sufis verweisen soll. Schon seit dem 8. Jahrhundert entwickelte sich eine »geheime Überlieferung«, welche die religiöse Wahrheit nicht an eine logische Methode des Denkens und deren systematische Entfaltung knüpfen wollte, weil Sufis keine Dogmatik entwickeln, die ein Lehrsystem bildet. Der Sufismus verfolgt einen Pfad eigener Erfahrung, der zwar des Lehrers bedarf, doch in dem Sinne, dass der Lehrer das Lernen lehrt und nicht die Inhalte.

Dieser geistige Pfad ist schwer zu begehen, außer für jene, die dafür geschaffen sind. Da »kein Esel mit Energie und Stärke zum Pferd werden« kann, wird auch niemand durch willentliche Anstrengung zum Sufi. Entsprechend nahmen gelehrte Theologen die frühesten Sufis nicht für voll, zumal die Suche nach Gott auf dem Weg eigener Erfahrung manche vom Koran und vorgeschriebenen Übungen ablenkte und sie von der allseits gelehrten Dogmatik zu einer mehr inseitigen Betrachtung des Glaubens führte. So erhielt der Sufismus auch die Namen »Wissenschaft vom Inneren« oder »Lehre von den Werken des Herzens«.

Sufi in einer persischen Handschrift des 16. Jh. Einzelheiten wie Gesichtsschnitt und Wolken lassen mongolischen Einfluss erkennen.

Rabi'a

Sie war eine Sklavin, die freigelassen wurde und sich danach bis ins hohe Alter ausschließlich dem inneren Weg widmete. Sie starb 801. Unter den vielen Männern, welche den Islam vertreten, ist sie eine der wenigen Frauen, deren Name durch die Jahrhunderte nicht verloren ging.

Man sah sie in den Straßen von Basra, mit einem Eimer in der einen Hand und einer Fackel in der anderen. Gefragt, was das bedeute, antwortete sie: »Ich will Wasser in die Hölle gießen und Feuer ins Paradies legen, damit diese beiden Schleier verschwinden und niemand mehr Gott aus Furcht vor der Hölle oder in Hoffnung auf das Paradies anbete, sondern nur noch um seiner ewigen Schönheit willen.«

Dhu n-Nun

Er traf eine Frau am Meeresufer und fragte sie: »Was ist das Ende der Liebe?« Und sie antwortete: »O Dummkopf, Liebe hat kein Ende!« Und er fragte: »Warum?« Sie sagte: »Weil der Geliebte kein Ende hat.«

O Gott, niemals lausche ich auf die Stimme eines Tieres oder das Rauschen eines Baumes, das Sprudeln von Wasser oder den Gesang eines Vogels, das Brausen des Windes oder das Grollen des Donners, ohne zu finden, dass sie Deine Einzigkeit bezeugen und darauf hinweisen, dass es keinen gleich Dir gibt, dass Du der Allumfassende, der Allwissende bist.

Dhu n-Nun al-Misrı (796-859), islamischer Mystiker aus Ägypten, die Eltern waren Nubier aus Oberägypten. Durch seine poetischen Gebete führte er einen neuen Stil in die ernste und asketische Frömmigkeit der damaligen Sufis ein. Er vernahm – dem koranischen Wort getreu – aus allem Geschaffenen den Lobpreis Gottes und beeinflusste damit die späteren Naturschilderungen persischer und türkischer Sufis. Um das Jahr 840 herum war er während der Verfolgung der »Altgläubigen« in Bagdad eingekerkert.

Ebenso wie Dhu n-Nun wollte auch der türkische mystische Dichter Yunus Emre (um 1240–um 1321) Gott mit Steinen und Quellen, mit Propheten und Gazellen preisen, ebenso wie sein späterer Landsmann Merkez Efendi (um 1463–1552), von dem diese Geschichte erzählt wird:

Der Scheich des Khalvati-Ordens in Istanbul, Sünbül Efendi, suchte nach einem Nachfolger. Er sandte seine Jünger aus, um Blumen zu bringen, damit das Kloster geschmückt werde. Alle kehrten mit großen Sträußen aus den schönsten Blumen zurück; nur einer, Merkez Efendi, brachte ein kleines verwelktes Blümlein. Gefragt, ob er denn nichts gefunden habe, das seines Meisters würdiger sei, antwortete er: »Ich sah, dass alle Blumen damit beschäftigt waren, Gott zu preisen. Wie konnte ich sie dabei stören? Nur eine hatte gerade ihr Gottgedenken beendet, und die habe ich mitgebracht.«

Bayazid Bistami

Bayazid Bistami (803–875), persischer Mystiker. Wie bei vielen anderen Sufis war Hungern und Armut ein wichtiger Teil seines spirituellen Wegs. Bücher hat er nicht geschrieben, das Wesentliche seiner Lehre ist durch seine Schüler überliefert.

Als erster Sufi glaubte er daran, die eigene Auflösung erreicht zu haben, die Einheit zwischen dem Geliebten, dem Liebenden und der Liebe. Orientalisten sehen hier einen Einfluss aus indischen Lehren. Zeitgenössische Sufis bezweifelten diesen Erfolg und bedauerten Bayazid für seinen Irrtum.

Bayazid bildet in vielen populären Texten als berauschter Sufi den Gegenpol zum nüchternen Sufi. Der Rausch kann in diesem Kontext als leidenschaftliche, liebende Ekstase verstanden werden. Es ist unklar, wie weit das Leben Bayazids mit der überlieferten Lebensbeschreibung übereinstimmt. Wahrscheinlich haben ihn spätere Autoren wegen seiner bemerkenswerten Ekstasefähigkeit gerühmt.

»Als seltsam beunruhigende Gestalt aus dunklem Feuer steht Bayazid einsam im frühen Sufismus«, sagt Annemarie Schimmel. Sein meditativer Weg führte über eine personalisierte Gottesvorstellung hinaus, darum sprach er in Paradoxen, die sich nicht fassen lassen.

Ich schaute auf Gott mit dem Auge der Wahrheit und sagte zu Ihm: »Wer ist das?« Er sagte: »Das bin weder ich noch ist es ein anderer als ich. Es gibt keinen Gott außer mir.« Dann verwandelte er mich aus meiner Identität in Seine Ichheit … Dann sprach ich mit ihm mit der Zunge Seines Gesichtes und sagte: »Wie ergeht es mir mit Dir?« Er sagte: »Ich bin durch Dich, es gibt keinen Gott außer Dir.«

Die Ausschaltung des eigenen Ego führt zur Erfahrung einer inneren Übereinstimmung mit der göttlichen Wirklichkeit als der Wiedervereinigung mit einem tieferen Selbst.

Einmal ging ich nach Mekka, da sah ich nur das Haus und sprach zu mir selber: »Die Wallfahrt ist nicht angekommen, denn solche Steine habe ich viele gesehen.« Dann ging ich wieder hin; da sah ich das Haus und den Herrn des Hauses. Da sagte ich: »Das ist noch kein richtiger Monotheismus.« Ich ging zum dritten Male; da sah ich nur den Herrn des Hauses und das Haus nicht.

Einst wollte er einen Bruder besuchen. Als er zum Oxus kam, rückten die beiden Ufer des Flusses zusammen, damit er trockenen Fußes hinübergehen könne. Da sprach er: »Herr, was soll diese Arglist? Nicht darum habe ich dir gedient!«, und kehrte um.

Ich flog im Raum und im Nichtraum dreimal dreißigtausend Jahre. Als man mich zuließ zum erhabenen Thron, da erschien auch dort nur Bayazid. Ich rief: »O Gott, hebe den Vorhang auf!« Da kam aus dem Vorhang wieder Bayazid heraus.

Er erhob mich einmal, stellte mich vor Sich und redete mich an: »O Bayazid, Meine Geschöpfe möchten dich gerne sehen.« So sagte ich: »Schmücke mich mit Deiner Einheit und bekleide mich mit Deiner Ichheit und erhebe mich zu Deiner Einzigkeit, damit Deine Geschöpfe, wenn sie mich sehen, sagen mögen: Wir haben Dich gesehen, und Du bist es, und ich bin nicht mehr da.«

Mansur al-Halladsch

Halladsch (ca. 858–922) vertrat die Ansicht, dass Gott dem Menschen in jeder Faser und Körperzelle gegenwärtig sei. Er lehrte einen Weg, den er als die innere Wahrheit aller wahren Religionen verstand. Weil er die Bedeutung Jesu als eines Sufi-Lehrers betonte, warfen ihm fanatische Dogmatiker vor, ein heimlicher Christ zu sein. Seine Behauptung, man könne die Pilgerfahrt nach Mekka (in einem geistigen Sinne) auch anderswo ausführen, wurde als schwere Ketzerei angesehen. Wie in jeder Mystik steht auch bei Halladsch die innige Verbundenheit von Gott und Mensch im Zentrum seiner Frömmigkeit: »Seine Seele ist mit meiner Seele gemischt, wie man Wein mit klarem Wasser mischt. Was dich berührt, rührt mich; und in allem bist du nur ich!«

Halladsch bewegte der Gedanke, die Herzen aller Muslime zu bekehren und sie das Geheimnis persönlicher Heiligung anstelle blinder Nachahmung zu lehren. Doch galt sein Einfluss einer Gesellschaft als gefährlich, deren religiöse und politische Führer weder Kraft noch Absicht hatten, die Gemeinde wirklich zu beleben. Im Jahr 912 wurde Halladsch für drei Tage an den Pranger gestellt, dann eingekerkert. Zwar versuchte die Mutter des Kalifen und der Kämmerer Nasr, seine Gefangenschaft so komfortabel wie möglich

Mansur al-Halladsch (857–922), Sufi und Dichter persischer Herkunft. Eine der wichtigsten Quellen für das Leben von al-Halladsch ist der biografische Bericht seines Sohnes Hamd. Auf Grundlage dieses Textes und anderer Quellen hat der französische Orientalist Louis Massignon eine Chronologie seines Lebens erstellt.

In den Jahren zwischen 899 und 902 reiste al-Halladsch durch Chorasan, Fars und Chusistan und schrieb verschiedene Werke. Im Jahre 904 ließ er sich in Bagdad nieder. Unter den Sufis und auch der Bevölkerung Bagdads fiel er durch seine radikalen und schockierenden Äußerungen auf. Um 909 griff ihn der Rechtsgelehrte Ibn Dawud wegen seiner Lehren an und sagte: »Wenn das, was Gott seinem Propheten offenbart hat, und das, was uns der Prophet davon übermittelt hat, wahr ist, dann ist das, was al-Halladsch gelehrt hat, falsch.« Seinen Urteilsspruch soll er mit der Aussage abgeschlossen haben, dass es erlaubt sei, al-Halladsch zu töten. Halladsch, der daraufhin unter Polizeiaufsicht gestellt wurde, entkam nach Susa.

Im Jahre 913 wurde al-Halladsch erneut gefangengesetzt. Die folgenden Jahre verbrachte er als Gefangener am Hof der

zu machen; doch bemühte sich gleichzeitig der Wesir Hamid mit allen Mitteln, ihn hinrichten zu lassen, wenngleich noch Jahre vergingen, bis es ihm gelang, die obersten Richter zu zwingen, das Todesurteil zu unterzeichnen. Am 26. März 922 wurde Halladsch in Bagdad hingerichtet: öffentlich gegeißelt, verstümmelt, enthauptet und verbrannt.

Für Halladsch ist Gott keine getrennte, gegenüberstehende Realität, sondern wird als die tiefste zu findende Identität erlebt.

Ich bin Er, den ich liebe; Er, den ich liebe, ist ich:
Wir sind zwei Geister, die in einem Leibe wohnen.
Wenn du mich siehst, siehst du Ihn,
und wenn du Ihn siehst, siehst du uns beide.

Er sagte auch: »Wer ihn kennt, beschreibt ihn nicht, und wer ihn beschreibt, kennt ihn nicht.« Und: »Glaube und Unglaube unterscheiden sich im Hinblick auf den Namen; aber im Hinblick auf die Wirklichkeit gibt es keinen Unterschied zwischen ihnen.« Sein berühmtester Ausspruch »Ich bin die Wahrheit« entsprang dem Gedanken der Einswerdung mit Gott als Auflösung des Ich in Gott.

Das orthodoxe Denken fand solche Äußerungen schockierend, sodass Halladsch zum Märtyrer des Sufismus wurde. Der persische Sufi Abu Bakr Shibli (861–946) berichtetet:

Ich ging zu Halladsch, als seine Hände und Füße bereits abgeschnitten waren und er auf einem Baumstumpf gekreuzigt war, und sagte zu ihm: »Was ist Mystik?« Er sprach: »Ihre niedrigste Stufe ist, was du hier siehst.« Ich sagte: »Und was ist die höchste?« Er sagte: »Du hast keinen Zugang dazu. Aber morgen wirst du es sehen. Denn es ist im Verborgenen, was ich gesehen habe, und so ist es dir verborgen.« Und als die Zeit zum Abendgebet kam, kam die Erlaubnis vom Kalifen, ihm den Kopf abzuschlagen. Da sagte der Wächter: »Es ist schon Abend, wir wollen es bis morgen verschieben.«

Und als der nächste Morgen kam, wurde er vom Holz genommen und vorgeführt, damit man ihm den Kopf abschlüge. Da sprach er mit lauter Stimme: »Der Anteil des in Ekstase Versunkenen ist, dass der Eine ihn zur Einheit zurückführt.« Dann sagte er den Koranvers: »Herbei wünschen [die Stunde des Gerichts] diejenigen, die nicht an sie glauben; die aber, welche an sie glauben, wissen, dass es die Wahrheit ist« (Sure 42,18).

Und man sagt, dies sei das Letzte gewesen, was man von ihm gehört habe. Dann wurde ihm der Kopf abgeschlagen, und er wurde in eine Matte gewickelt und mit Naphta übergossen und verbrannt, und seine Asche wurde oben auf ein Minaret getragen, damit der Wind sie verstreue.

Nicht nur das Christentum kennt stigmatisierte Menschen. Die Zeichnung aus dem 16. Jh. stellt einen persischen Derwisch dar mit Stigmata an den Gliedern. Solche mystischen Wunden begegnen als Spuren der Finger des Propheten oder als Blutergüsse beim Besuch des Prophetengrabes in Medina.

Abbasiden, wobei es ihm zeitweise gelang, hier Sympathisanten zu gewinnen. 921 eröffnete der abbasidische Wesir Hamid ibn al-'Abbas erneut den Prozess gegen ihn. Grundlage der Anklage waren Dokumente, aus denen hervorging, dass al-Halladsch den Vollzug bestimmter religiöser Übungen zu Hause als ausreichend betrachtete, um den Gläubigen von seiner Pflicht zum Hadsch nach Mekka zu entbinden. Der Kadi Abu 'Umar Ibn Yusuf urteilte in einem Fatwa, dass diese Lehre Ketzerei sei, die zwangsläufig die Todesstrafe nach sich ziehe. Auf der Grundlage dieser Fatwa wurde al-Halladsch am 26. März 922 öffentlich hingerichtet.

Die Lebensgeschichte und die mehrfache Hinrichtung von al-Halladsch zeigen, wie tief die Feindschaft zwischen Orthodoxie und Mystik mit ihren je unterschiedlichen Vorstellungen von Gott und Offenbarung sein kann. Für den Mystiker ist Offenbarung eine innere Erfahrung, während sie nach konventioneller Anschauung als ein objektiver Sachverhalt der Geschichte betrachtet wird. Dem Sufismus aber gelang es in den Jahrhunderten seiner Breitenwirkung zu zeigen, dass seine Mystik eine authentische Form muslimischer Spiritualität ist. Während im 13. Jahrhundert die westliche Welt sich der arabischen Philosophie zuwandte und bereitwillig den aristotelischen Gott annahm, entschied sich die damalige Mehrheit der islamischen Welt für den Gott der Mystiker und hielt Jahrhunderte daran fest. Diese Zeit war die Blütezeit der islamischen Kultur – der westlichen Welt im Mittelalter überlegen.

al-Ghazali

Al-Ghazali (1058–1111) gilt als der größte mittelalterliche Theologe des Islam. Weil ihn die philosophische und theologische Kopfarbeit unbefriedigt ließ, wandte er sich dem Sufismus zu. Nach einem inneren Zusammenbruch verließ er Bagdad als wandernder Derwisch. Ghazali trat der Unduldsamkeit der Dogmatiker entgegen und lehrte, alle jene seien Gläubige, welche die Grundsätze des Islam befolgen, ohne dass sämtliche Glaubensansichten mit dem »Katechismus« übereinstimmen müssten. Er betonte die eigene religiöse Erfahrung als Basis jeder Glaubensgewissheit.

Abu Hamid Muhammad al-Ghazali (1058–1111), persischer Theologe, Philosoph und Mystiker. Bis heute zählt er zu den bedeutendsten religiösen Denkern des Islam.

Al-Ghazali erwarb sich als höchstrangiger Lehrer der islamischen Gemeinschaft von Bagdad größtes Ansehen und war auch als politischer Berater gefragt. Nach eigenem Bekunden geriet er später in eine spirituelle Krise und wandte sich dem Sufismus zu. Er gab seine Professur auf, spendete seinen Besitz den Armen und verließ 1095 Bagdad. Als Sufi führte er anschließend in Palästina und Syrien ein Wanderleben, bis er schließlich in seine Heimat zurückkehrte, wo er abgesehen von einer kürzeren Wiederaufnahme seiner Tätigkeit als Professor in Nischapur (1106) bis zu seinem Tod ein zurückgezogenes Leben als sufischer Lehrer führte.

Ghazalis Haltung zur Philosophie ist zwiespältig: Einerseits zeugen seine Werke von einer gründlichen Kenntnis der griechischen und islamischen Philosophie, andererseits lehnte er die Philosophie als eigenen Weg zur Wahrheit ab und warf Avicenna vor, durch die unkritische Adaption der heidnischen aristotelischen und platonischen Philosophie den islamischen Glauben zu verderben. Er verteidigte die durch die koranische Offenbarung verbürgte göttliche Erschaffung und Zeitlichkeit der Welt und sprach den Philosophen das Recht ab, ihr Prinzip der Kausalität auch auf den jenseitigen Gott anzuwenden.

Es wird erzählt, dass Jesus einst an Leuten vorüberkam, die elend und abgemagert aussahen. Er sprach zu ihnen: Was ist mit euch? Sie sagten: Aus Furcht vor der Strafe Allahs sind wir so abgemagert. Da sprach er: Ihr habt es vor Allah verdient, dass er euch vor seiner Strafe sicher macht.

Darauf traf er andere Leute, die noch elender und abgemagerter aussahen. Da sprach er: Was ist mit euch? Sie sagten: Die Sehnsucht nach dem Paradies hat uns so abmagern lassen. Darauf sprach er: Ihr habt es vor Allah verdient, dass er eure Sehnsucht erfüllt.

Dann traf er andere Leute, die noch elender und abgemagerter als die vorigen aussahen, deren Gesichter aber leuchteten wie Spiegel. Er sprach: Was ist mit euch? Sie sagten: Die Liebe zu Allah hat uns so werden lassen. Da setzte er sich zu ihnen und sprach: Ihr seid die, die Allah nahe sind; mit euch zusammenzusitzen, ist uns befohlen worden.

»Wie wirklich ist die Wirklichkeit?«, könnte man als die Frage ansehen, die al-Ghazali bewegt hat:

Seit der Blüte meiner Jugend, als ich mich der Volljährigkeit näherte, noch bevor ich zwanzig Jahre alt war, bis jetzt, wo ich über fünfzig Jahre bin, hörte ich nicht auf, mutig und nicht zaudernd oder feige in die Tiefe dieses weiten Meeres und in jede Dunkelheit einzudringen, griff jedes Problem an, stieß in jede Schwierigkeit vor, untersuchte die Glaubensgrundsätze jeder Schulrichtung und machte mir die Geheimnisse der Lehrmeinungen jeder Gruppe klar, damit ich zwischen dem Wahrhaftigen und dem Falschen unterscheiden konnte … Denn als ich sah, dass die Kinder der Christen auf nichts anderes als auf das Christentum, die Kinder der Juden auf das Judentum und die Kinder der Muslime zum Islam hin erzogen wurden und ich dazu die Überlieferung des Propheten – Friede sei über ihm – im Ohr hatte: »Jedes Kind wird in seiner natürlichen Beschaffenheit geboren. Es sind seine Eltern, die ihn zum Juden, zum Christen oder zum Magier machen«, drängte es mich in meinem Inneren, die Wahrheiten dieser ursprünglichen Natur und die der zufälligen Glaubensgrundsätze, die durch die Nachahmung von Eltern und Lehrern entstanden sind, zu erfahren und zwischen diesen blinden Nachahmungen zu unterscheiden.

So begab sich also Abu Hamid al-Ghazali auf die Reise zur wirklichen Erkenntnis:

Denn wenn ich weiß, dass zehn mehr sind als drei, mir gegenüber aber jemand behauptet: »Nein, drei sind mehr als zehn«, mit der Begründung, er könne einen Stock in eine Schlange verwandeln und er ihn auch tatsächlich verwandelte – ja, selbst wenn ich diese Verwandlung mit angesehen hätte – so würde ich deshalb keineswegs an meiner Erkenntnis zweifeln.

Die Läuterung der Seele, oder man könnte auch sagen die Reinigung des Herzens von Untugenden, verstand Ghazali als den Dreh- und Angelpunkt des Islam, weil Allah auf die Herzen schaut.

Mir war bereits klar geworden, dass es keine Hoffnung auf die Glückseligkeit im Jenseits gibt außer durch Frömmigkeit und dass der Kern all dessen ist, die Bindung des Herzens an die Welt zu lösen, indem man von dem verführerischen Diesseits Abstand nimmt und sich dem ewigen Jenseits zuwendet und sich dem erhabenen Gott mit völliger Entschlossenheit hingibt.

Als al-Ghazali zu dieser Erkenntnis gelangte, entschloss er sich zu seiner alten Lehrtätigkeit zurückzukehren.

Zu Ghazalis Zeit gab es Spannungen und Gegensätze zwischen den Anhängern der verschiedenen islamischen Gruppen. Die philosophische Bewegung des Neu-Platonismus postulierte den Vorrang der Vernunft gegenüber der Offenbarung. Im östlichen islamischen Reich standen sich – wie immer – Sunniten und Schiiten gegenüber. Innerhalb des sunnitischen Islams bekämpften sich unterschiedliche theologische Schulen, als wären sie nicht Angehörige der gleichen Religion. Die religiösen Gelehrten (*'ulama'*) verloren sich in juristischen und theologischen Haarspaltereien. Schließlich gab es noch die Sufis, die sich angesichts dieser zahllosen Streitigkeiten dem inneren Leben widmeten und die Erfahrung Gottes suchten.

Ghazali wollte verstehen, was alle diese Schulen und Richtungen »in sich selbst wirklich sind«. Wie jeder moderne Skeptiker wusste er jedoch auch, dass Sicherheit eine psychologische Gewissheit ist und nicht die objektive Wahrheit spiegelt. Was Menschen »Gott« nennen, lässt sich nicht empirisch untersuchen. Seine Suche nach endgültigen Antworten setzen ihm so sehr zu, dass er einen Zusammenbruch erlitt und schließlich nicht mehr sprechen konnte.

»Gott ließ meine Zunge vertrocknen, so dass ich nicht mehr lehren konnte. Eines Tages gab ich mir alle Mühe, eine Vorlesung zu halten, um die Ohren meiner Schüler zu erfreuen, doch meine Zunge wollte kein einziges Wort äußern.«

Seine Ärzte sagten ihm, er werde sich nicht erholen, wenn er seine verborgenen Ängste nicht abschütteln könne. Da er fürchtete, die Hölle würde ihn erwarten, wenn er den Glauben nicht wiederfände, legte Ghazali seine hohen Ämter nieder und schloss sich den Sufis an.

Ibn 'Arabi

Ibn 'Arabi (1165–1240) wird wegen seines großen Einflusses auf die Entwicklung des Sufismus auch »Der größte Meister« genannt. Vielen gilt er als Advokat religiöser Toleranz. Muslimische Gelehrte in allen Zeitepochen vertraten oft stark polarisierende Standpunkte über ihn. Während seine Anhänger ihn zu einem der größten spirituellen Führer erklärten, bekämpfte ihn das fundamentalistische Lager als Ketzer oder sogar Apostaten.

Im Blick auf Jesus wollte Ibn al-Arabi nicht hinnehmen, dass nur *ein* geschichtlicher Mensch, wie hervorragend auch immer, die Unermesslichkeit Gottes verkörpert habe. Vielmehr glaubte er, dass jeder Mensch in jeder Zeit das göttliche Mysterium in sich trage. Seine Mystik war Suche nach dem Grund des Seins in den Tiefen des Selbst. Sie überschritt die Grenzen jeder einzelnen Religion, weil sie – wie später auch bei Meister Eckhart – überzeugt war, dass der Wein Gottes immer schon im Keller sei, also jedem Menschen geschenkt, selbst wenn er nie zu seiner eigenen Tiefe erwache. Darum lag in diesem Verständnis bereits die Überschreitung religiöser Grenzen angelegt, weil keine Religion für sich allein die ganze Wahrheit Gottes besitze. Ibn 'Arabi gab den Rat:

Schließe dich nicht ausschließlich einem bestimmten Glauben an, um alles andere nicht glauben zu müssen, sonst wirst du viel Gutes verlieren, ja, du wirst sogar die wahre Natur der Sache verfehlen. Gott, der Allgegenwärtige und Allmächtige, lässt sich nicht auf einen einzigen Glauben begrenzen, denn er sagt: »Wohin immer du dich wendest, ist das Gesicht Allahs« (Koran 2,109). Jeder preist das, was er glaubt, sein Gott ist sein eigenes Geschöpf, und indem er ihn preist, preist er sich selbst. Folglich tadelt er die Überzeugungen anderer, was er nicht tun würde, wenn er gerecht wäre, aber seine Ablehnung beruht auf Unwissenheit.

Meister Eckhart hat von Ibn 'Arabi wesentliche Impulse übernommen. Wenn dieser nicht akzeptieren wollte, dass nur *ein* geschichtlicher Mensch, wie hervorragend auch immer, die Unermesslichkeit Gottes verkörpert habe, so folgerte Meister Eckhart: »Alles, was die Heilige Schrift über Christus sagt, das bewahrheitet sich völlig an jedem guten und göttlichen Menschen.« Und: »Alles, was Gott Vater seinem eingeborenen Sohn in der menschlichen Natur gegeben hat, das hat er alles auch mir gegeben: Hiervon nehme ich nichts aus, weder Einigung noch Heiligkeit, sondern er hat mir alles ebenso gegeben wie ihm.«

Ohne jede Schere im Kopf vertrat Ibn 'Arabi eine freizügige Vermischung paganer, vorislamischer, islamischer, jüdischer, christlicher, spiritueller und erotischer Motive, etwa so:

Ibn 'Arabi (1165–1240) stammt aus einer berühmten Familie im maurischen Spanien. Zu den Freunden seines einflussreichen Vaters zählte auch der Philosoph und Arzt Ibn Rushd (Averroës). Die Familie war sufisch geprägt und pflegte gute soziale und kulturelle Beziehungen. Einige Onkel Ibn 'Arabis waren ebenfalls Sufis.

Nach der Besetzung Murcias durch die strenggläubigen Almohaden, die der städtischen Hochkultur von al-Andalus misstrauten, übersiedelte die Familie des damals achtjährigen Ibn 'Arabi nach Sevilla. Dort erhielt er eine traditionell-muslimische Erziehung: Er studierte den Koran und seine Auslegungen, das islamische Gesetz, arabische Grammatik und hörte Vorträge berühmter Lehrer seiner Zeit.

Im Jahr 1193 reiste Ibn 'Arabi nach Tunis. Auf dieser Reise, berichtete er, Erlebnisse mit Khidr, dem spirituellen Führer der Mystiker, gehabt zu haben. Aufgrund der andauernden Kämpfe in Nordafrika entschied er sich dennoch, im selben Jahr nach Andalusien zurückzukehren. 1195 und 1197 bereiste er Fès, wo sein Ruf Schüler und Bewunderer anzog. 1202 reiste Ibn 'Arabi über Alexandria und Kairo nach Mekka. Er besuchte auch Konya, wo seine Spiritualität für den östlichen Sufismus bis nach Indien nachwirkend geblieben ist. Von 1223 bis zu seinem Tod 1240 lebte er in Damaskus. Wegen seines Einflusses auf die Entwicklung des Sufismus wird er auch »Der größte Meister« genannt. Vielen gilt er als Advokat religiöser Toleranz.

Die Vertreter des orthodoxen und zumal des breit entwickelten fundamentalistischen Islam sehen Ibn 'Arabi als Ketzer oder sogar Apostaten. Als bekanntester Gegner gilt Ibn Taimya (→ S. 253). Auf dessen Lehren stützen sich viele ähnlich denkende Koranlehrer nach ihm. Nur wenige bewahren eine neutrale Haltung zu Ibn 'Arabi. Heute können insbesondere die Anhänger des Salafismus als Gegner betrachtet werden.

mein herz ist fähig alle formen
anzunehmen weide
für gazellen für manche ein kloster

ein tempel für heiden für pilger
die kaaba der tora tafeln
und blätter aus dem koran

ich bekenne die religion der liebe gleich
wohin ihre karawane mich führt die liebe
ist mein glaube meine religion

Ibn Taimiya (1263–1328) muslimischer Gelehrter, der als Inspirator des modernen Islamismus gilt. Auf seine Ansichten stützt sich der Salafismus konservativer Prägung.

Ibn Taimiya lehnte die metaphorische Auslegung der göttliche Attribute ab und verteidigte daher ein wörtliches Verständnis des »Thrones Gottes« der »Sieben Himmel«, des »Donnerengels« und ähnlicher Dinge. Er betonte, alle juristischen Entscheidungen müssten auf einem klaren Beleg aus dem Koran oder der Prophetenüberlieferung beruhen. Die islamische Philosophie lehnte er ab, weil allein mit Logik die Erkenntnis nicht erweitert werden könne. Ibn 'Arabi stand er kritisch bis ablehnend gegenüber. Die Lehre von der Einheit des Seins lehnte er ab, da sie die Gültigkeit der Scharia in Frage stelle.

Dschalal ad-Din ar-Rumi

Für Rumi (1207–1273), einen der größten Mystiker, waren die Religionen nicht letztgültiger Ausdruck. »Geh den Weg Mohammeds«, sagte er, »aber wenn du das nicht kannst, dann gehe den christlichen Weg.« Selbst wenn der Sufi von Gott spricht, meint er nicht den Gott, den Theologen und Lehrbücher beschreiben. Der Gott des Sufi hat nichts mit begrifflichen Gottesvorstellungen zu tun: »Das Buch der Sufis ist nicht die Schwärze der Buchstaben. Es ist die Weiße eines reinen Herzens.«

Wahre Pilgerschaft

Die Pilger, die zur Ka'ba ausgegangen,
wenn endlich sie zum Ziele hingelangen,
sehn sie ein Haus von Stein, erhaben, heilig,
von kahlen Talabhängen rings umfangen.
Sie ziehen aus und hoffen, Gott zu schauen –
sie suchen viel, umsonst ist ihr Verlangen!
Doch schallt wohl eine Stimme aus dem Tempel,
wenn dessen Schwell' inbrünstig sie umfangen:
Was betet ihr zu Ton und Stein, ihr Toren?
Das Haus verehrt, nach dem die Reinen rangen!
Des Herzens Haus, das Haus des Wahren, Einen!

O selig, die in diesen Tempel drangen!
Heil denen, die da ruhn daheim
und kosten nicht den Wüstenpfad, den langen.

Das folgende Gedicht ist seit Beginn der orientalischen Studien in Europa berühmt; es spricht von einem Mann, der lange betet.

»O Gott!«, rief einer viele Nächte lang,
Und süß ward ihm sein Mund von diesem Klang.

Dschalal ad-Din ar-Rumi (1207–1273), persischer Sufi-Mystiker, Gelehrter und bedeutender persischsprachiger Dichter des Mittelalters. Von seinen Anhängern wird er arabisch Maulana, in türkischer Schreibweise Mevlânâ, »unser Herr/Meister«, genannt. Nach ihm ist der Mevlevi-Derwisch-Orden benannt.

Rumis Vater, Baha ad-Din Walads, war ein angesehener Theologe in der Region Chorasan. Als Rumi noch Kind war, fielen die Mongolen unter Dschingis Khan 1219 in Balch ein. Das hatte sein Vater vorausgesehen und mit seiner Familie die Gegend schon verlassen, um nach Mekka zu pilgern. Auf dem Weg dorthin trafen sie in Nischapur auf den bekannten Sufi Farid ad-Din Attar, der zu jenerZeit bereits ein alter Mann war.

Von Mekka aus machte sich die Familie auf den Weg nach Anatolien und zog nach Konya. Der dortige Seldschuken-Sultan hörte 1228 von Baha ad-Din Walads neuem Aufenthaltsort und bot ihm einen Lehrstuhl an der Madrasa von Konya an. Rumi studierte hier unter seinem Vater islamische Wissenschaften und übernahm nach dessen Tod seinen Lehrstuhl.

Als Rumi im Jahr 1244 in Konya den Derwisch Schams-e Tabrizi traf, änderte sich sein Leben von Grund auf. Schams war eine Persönlichkeit mit großen spirituellen Fähigkeiten. Doch um Eifersucht und Neid vieler einflussreicher Konyaer zu entgehen, floh Schams aus der Stadt. Es wird heute angenommen, dass er ermordet wurde. Die Sehnsucht nach dem Freund inspirierte Rumi zu dem bis heute nachgeahmten Derwischtanz und zum Dichten seiner ebenfalls bis heute vielzitierten Verse.

Die Lehre Rumis sieht die Liebe als die Hauptkraft des Universums. Das Universum gilt ihm als ein Ganzes, in dem jeder Teil mit allen anderen in einer Liebesbeziehung steht, die wiederum einzig und allein auf Gott gerichtet ist und nur durch dessen Liebe überhaupt Bestand haben kann.

Der Mensch kann die Harmonie mit sich selbst und dem Universum nur erreichen, wenn er lernt, Gott zu lieben. Seine Liebe zu Gott wird ihn befähigen, nicht nur seine Mitmenschen, sondern alles von Gott Geschaffene lieben zu können.

Die Rumi (eventuell fälschlich) zugeschriebenen Verse drücken dieses Verständnis aus:

Komm! Komm! Wer du auch bist!

Wenn du auch Götzendiener oder Feueranbeter bist.

Komm wieder! Dies ist die Tür der Hoffnung, nicht der Hoffnungslosigkeit.

Auch wenn du Tausendmal dein Versprechen gebrochen hast.

Komm! Komm wieder!

Wie andere mystische Dichter bezeichnete er Gott als den Geliebten und die menschliche Seele, die auf der Suche nach Gott ist, als den Liebenden.

»Viel rufst du wohl!«, sprach Satan voller Spott:
»Wo bleibt die Antwort ›Hier bin ich‹ von Gott?
Nein, keine Antwort kommt vom Thron herab!
Wie lange schreist du noch: ›O Gott!‹? Lass ab!«
Als er betrübt, gesenkten Hauptes, schwieg,
sah er im Traum, wie Khidr niederstieg
und sprach: »Warum nennst du Ihn denn nicht mehr?
Was du ersehnst – bereust du es so sehr?«
Er sprach: »Nie kommt die Antwort: ›Ich bin hier!‹
Dein Schmerz und Flehe ist Botschaft doch von Mir,
Und all dein Streben, um Mich zu erreichen,
Dass Ich zu Mir dich ziehe, ist's ein Zeichen!
Dein Liegeschmerz ist Meine Huld für dich –
Im Ruf »O Gott!« sind hundert »Hier bin Ich!«

Friedrich Rückert brachte die folgende Legende in Verse:

Einst sprach unser Herr Dschalaluddin dieses:
»Die Musik ist das Knarren der Pforten des Paradieses!«
Darauf sprach einer von den dumm-dreisten Narren:
»Nicht gefällt mir von Pforten das Knarren.«
Sprach unser Herr Dschalaluddin drauf:
»Ich hörte die Pforten, sie tun sich auf;
doch wie die Türen sich tun zu –
das hörest du!«

In einer berühmten Passage des Mathnawi spricht Rumi von der mystischen Erfahrung der Einheit:

Es klopfte einer an des Freundes Tor –
»Wer bist du«, sprach der Freund, »der steht davor?«
Er sagte: »Ich!« – Der sprach: »So heb dich fort,
Wenn du so sprichst! Ist hier der Rohen Ort?
Den Rohen kocht das Feuer Trennungsleid –
Das ist's, was ihn von Heuchelei befreit!«
Der Arme ging, ein Jahr von ihm zu scheiden
Und glühte hell im Schmerz, den Freund zu meiden.
Da ward er reif. Nun kam er von der Reise,
Dass wieder er des Freundes Haus umkreise.
Er klopft ans Tor mit hunderterlei Acht,
Dass ihm entschlüpft' kein Wörtlein unbedacht.
Da rief sein Freund: »Wer steht denn vor dem Tor?«
Er sprach: »Geliebter, du, du stehst davor!«
»Nun, da du ich bist, komm, o Ich, herein –
Zwei Ich schließt dieses enge Haus nicht ein.

Auch der folgende Text wird Rumi zugeschrieben. Wenn seine Autorschaft auch umstritten sein mag, beschreiben diese Worte doch eine Tendenz, die der Mystik zugrunde liegt:

Das Kreuz und die Christen nahm ich von allen Seiten in Augenschein. Er war nicht am Kreuz. Ich ging zum Hindu-Tempel, zu der alten Pagode. An beiden Orten fand ich keine Spur von ihm. Ich ging zu den Höhen von Herat und nach Kandahar, schaute mich um. Er war nicht auf den Höhen und nicht in der Niederung. Entschlossen ging ich zur Spitze des Kaf-Berges. Dort wohnte nur der Anqua-Vogel. Ich ging zur Kaaba und traf ihn dort nicht. Ich fragte Ibn Sina nach seinem Wesen: er war jenseits der Definitionen des Philosophen Avicenna ... Ich schaute in mein eigenes Herz. An diesem Ort sah ich ihn. Er ist an keinem anderen Ort.

Der hämmernde Rhythmus zweier Goldschmiede versetzt Rumi in Ekstase, und er beginnt zu tanzen. Einer der Goldschmiede, der mit Rumi zusammen studierte, aber wegen seiner Armut Goldschmied werden musste, hat den heiligen Sufi erkannt, ist aus seiner Werkstatt herausgestürzt, um ihm die Füße zu küssen. Später – erzählt die Tradition – schloss er sich Rumi als dessen Schüler an.

Islamische Kultur

Kairo, Metropole der Welt, Garten des Universums, Ort der Versammlung der Nationen, Hochburg des Islam, Sitz der Macht, menschlicher Ameisenhaufen. Zahllose Paläste erheben sich hier; wie leuchtende Sterne erstrahlen hier die Gelehrten. Die Stadt erstreckt sich an den Ufern des Nil – Fluss des Paradieses, Auffangbecken für die Himmelswasser, deren Flut den Durst der Menschen löscht und ihnen Überfluss und Reichtum bringt. Ich bin durch ihre Straßen gegangen: Hier drängt sich die Menge, und die Märkte quellen über von Waren aller Sorten. Schon oft hat man mir gegenüber diese Hauptstadt gelobt, die den höchsten Grad an Kultur und Wohlstand erreicht. Ich habe schon häufig von ihr gehört, manches von meinen Lehrern, manches von dem ein oder anderen Freund, manches von Pilgern und Händlern. Hier zuerst der Eindruck meines Freundes al-Maqarri, der Großkadi von Fez ist, oberster Gelehrter des Maghreb, er hat mir bei seiner Rückkehr von der Pilgerreise im Jahr 740 [1339] folgendes erzählt: Wer Kairo nicht gesehen hat, kann niemals die Größe der Macht und des Ruhms des Islam ermessen.

Ibn Khaldun (1322–1402)

Bagdad wurde 762 als Madinat as-Salam (»Stadt des Friedens«) von dem Abbasiden al-Mansur als neue Hauptstadt des Kalifats gegründet. Innerhalb von vier Jahren entstanden der Kalifenpalast und die Hauptmoschee am westlichen Tigrisufer. Die Stadt wurde kreisförmig mit dem Palast und der Moschee im Zentrum konzipiert. Die Kreisstadt war in vier Viertel eingeteilt mit je einem Stadttor, das in eine Himmelsrichtung zeigte. Ob die »Runde Stadt Bagdad« ein Gründungsmythos ist oder historische Realität, wird nach wie vor diskutiert. Der heutige Stadtteil Karch war damals für die Arbeiter gedacht, während innerhalb des Kreises der Hof, die Garde, der Harem und die oberste Verwaltung untergebracht waren.

André Clot: Die Stadt

Vom prachtvollen Haus des Würdenträgers oder vom Hofe des Großkaufmanns bis zur baufälligen Hütte des Lastenträgers und zum Schlupfloch irgendeiner Ruine, in das sich der Bettler flüchtete, um die Nacht dort zu verbringen – in Bagdad fand sich jede Art von Behausung.

In diesem Klima, das in einer bestimmten Jahreszeit glühendheiss ist, besaßen die meisten Häuser, die wir als »bürgerlich« bezeichnen würden, einen Garten, der Luft und Frische spendete, mit einem von Palmen und Zypressen überschatteten Wasserbassin … Die Häuser sind aus sonnengetrockneten oder ofengebrannten Ziegeln gebaut, (die bescheideneren aus gestampfter Erde), die mit Ton und Mörtel zusammengefügt werden. Zwischen die Schichten legte man, einer uralten, bereits in Babylonien verwendeten Methode folgend, Schilfrohre. Die Ziegel werden mit Gips bedeckt, oft nur stellenweise, um bestimmte farbliche Effekte zu erzielen. Zu demselben Zweck benutzt man Fayencen, sechs- oder viereckige Fliesen mit metallischem Glanz in blauen, türkisen, grünen oder gelben Farbtönen … Dieselbe Pracht fand sich bei den Türen, die aus Edelholz geschnitzt und manchmal auch mit Goldblättern bedeckt sind.

Wie in allen Ländern des Orients sind die Hausdächer flach. In den warmen Sommernächten wird hier geschlafen … In die Häuser der Reichen gelangt man über einen breiten, üppig verzierten Korridor, der auf einen Hof führt, um den herum die den Männern vorbehaltenen Empfangsräume angeordnet sind. Über einen weiteren Gang erreicht man einen zweiten Hof. Dort befindet sich der Harem. In einem dritten Bezirk wohnt die Dienerschaft. Die Häuser können bis zu fünfzig Zimmer haben, von denen die meisten zum Hof hin blicken …

Der Luxus eines Hauses ließ sich auch an der Zahl und der Qualität seiner Teppiche ablesen. Es gab sie in allen Farben und mit allen Mustern … In einem Haus des orientalischen Mittelalters finden sich keine großen Möbelstücke. Sperrige Möbel, wie etwa Schränke, sind unbekannt.

Die stattlichen Privathäuser verfügen über Badezimmer, die mit denselben Installationen ausgestattet waren wie die öffentlichen Bäder, die *Hammam* … In Bagdad gab es, wenn man den Autoren glaubt, zu den verschiedenen Zeiten zwischen fünfzehn- und sechzigtausend Bäder. Im 8. Jahrhundert kam die erste Zahl sicher der Wahrheit näher als die zweite. Es handelte sich um große und schöne Gebäude,

Die Ansicht von Kashan im Iran (frühes 18. Jh.) vermittelt einen schönen Eindruck von einer dicht gebauten ummauerten Stadt, von Kuppeln und Minaretten überragt.

aber meist ohne Ansprüche an die architektonische Gestaltung. Es gab Badetage für Männer und solche für die Frauen. Der Hammam war Treffpunkt und Nachrichtenbörse zugleich …

Die Moschee ist der Mittelpunkt des muslimischen Lebens, der Ort, an dem sich die Gemeinschaft versammelt, wo die Gläubigen hingehen, um zu beten, und dem Imam zuhören … Die großen Moscheen waren auch Versammlungsorte, wo sich Anhänger und Gegner der Machthaber begegneten und sich oft auch gegenüberstanden. Von dort nahmen manchmal Demonstrationen und Revolten ihren Ausgang, der Imam wurde angegriffen, die Kanzel umgeworfen.

Es gibt auch unzählige kleine Moscheen, Stätten des Gebetes oder »Stadtviertelmoscheen«, kleine Gebäude, in denen sich die Bewohner der Nachbarschaft zu den fünf täglichen Gebeten versammeln. Dort herrscht zu jeder Tageszeit lebhafter Verkehr; denn die Moschee ist nicht nur ein Ort des Gebetes, sondern auch eine Zufluchtsstätte für Reisende und Obdachlose. Dort spricht der Kadi Recht, und der Gelehrte unterweist seine Zuhörer, die auf Matten oder Teppichen gruppiert um ihn herum sitzen. Vor allem werden dort Neuigkeiten ausgetauscht, wobei man das Risiko, sich bestehlen zu lassen, in Kauf nimmt: denn diese Orte werden auch von Taschendieben frequentiert. Im Hof schlagen Budenbesitzer ihre Stände auf: Sie verkaufen alles, Bücher ebenso wie Esswaren und parfümiertes Frischwasser. Vor allem abends geht es, nach einem sehr heißen Tag, in der Moschee und ihrer Umgebung zu wie auf einem belebten Forum. Gaukler, Taschenspieler und die *qussas* (Geschichtenerzähler), die eine große Rolle im Leben der Muslime spielen, stellen dort ihre Talente zur Schau.

Aufgrund der günstig gewählten Lage am Knotenpunkt zahlreicher Handelsstraßen und der fruchtbaren Anbaugebiete dank der Nähe zum Tigris florierte die neu gegründete Stadt schnell. Als al-Mansurs Sohn al-Mahdi den Thron bestieg, hatte Bagdad bereits eine Fläche von 15 Quadratkilometern und war Zentrum der Wissenschaften und Künste; kurzum: Es war die Glanzzeit Bagdads.

Zwischenzeitlich verlegte der Kalif al-Mu'tasim bi-'llah die Hauptstadt nach Samarra (808–819 und 836–892), um seine Armee von der Bevölkerung fernzuhalten. Doch auch als die arabischen Kalifen an weltlicher Macht verloren hatten, blieb Bagdad eine der wichtigsten Städte der islamischen Welt, bis sie 1258 von den Mongolen unter Hülegü nach kurzer Belagerung erobert wurde. Die Mongolen töteten im Februar 1258 den letzten Kalifen al-Musta'sim bi-'llah und richteten nach Augenzeugenberichten unvorstellbare Gräueltaten an; Quellen berichten von einer Pyramide aus Totenschädeln.

Im Zusammenhang mit dieser Eroberung Bagdads und Mesopotamiens wurden sowohl von den verteidigenden Mameluken als auch von den Mongolen die hochkomplexen Bewässerungssysteme des Landes zerstört. Die Folgen dieser Zerstörungen wurden durch die Vertreibung der lokalen Bevölkerung und den damit verbundenen Verlust des Wissens über den Betrieb und die Instandhaltung des Bewässerungssystems noch verstärkt. Die Desertifikation Mesopotamiens setzte ein, und Bagdad, zuvor die zweitgrößte Stadt der Welt, versank zusammen mit ganz Mesopotamien in der Bedeutungslosigkeit.

Stefan Weidner / Sagallah Ghadjar: Neue Moscheen als Metastasen der religiösen Degeneration

Sinan (1491–1588) ist der bedeutendste aller osmanischen Architekten. Die damals 1000 Jahre alte Hagia Sophia in Istanbul stellte für ihn die große Herausforderung dar. Er betrachtete es für den Islam als Schande, nicht einen vergleichbaren Kuppelbau errichtet zu haben. Mit der Prinzen-, der Süleiman- sowie der Selimije-Moschee in Edirne beschritt er einen Weg, um sein Ziel zu erreichen.

Es gibt in der islamischen Welt kaum ein Dorf oder Stadtviertel ohne Moschee. Der siegreiche junge Staat verlangte für seine großen Städte jedoch bald einen monumentalen Stil. Dem kamen die Kultbauten der eroberten Gebiete entgegen. Mehrfach wurden die basilikalen christlichen Kirchen in Moscheen umgewandelt. War eine solche Umwandlung nicht möglich, ahmten die Moscheen christliche Kirchen in ihren Hauptzügen nach.

Die frühesten Moscheen sind drei aus der Zeit der Umayyaden: der »Felsendom« in Jerusalem, die benachbarte al-Aqsa-Moschee und die Große Moschee in Damaskus. Es waren byzantinische Baumeister und Kunsthandwerker, die für Entwurf, Konstruktion und Ausschmückung berufen wurden. Dagegen zeigen die alten Moscheen von Kairo die Suchbewegungen der arabischen Architekten nach eigenen Ausdrucksmitteln. In Spanien blieb als einziges, aber wahrhaft großartiges Monument aus dieser arabischen Zeit von al-Andalus die Große Moschee von Córdoba erhalten. Sie ist seit 1236 eine Kathedrale, wird aber im Volksmund immer noch »La Mesquita«, die Moschee, genannt. Ihre Grundsteinlegung war 786.

Im osmanischen Reich wurde Sinan, der »osmanische Michelangelo«, wahrscheinlich Spross einer griechischen Familie aus der Region Kayseri, 1538 zum Baumeister des Reiches ernannt. Er entwarf mehr als 300 Bauten in allen Teilen des Landes. Er war bereits über 80 Jahre alt, als ihm sein Meisterstück mit der Moschee von Edirne gelang. Die damals bereits tausendjährige Hagia Sophia in Istanbul stellte für Sinan die große Herausforderung dar. Er betrachtete es als eine Schande für den Islam, dass es den osmanischen Architekten bisher nicht gelungen war, einen vergleichbaren Kuppelbau zu errichten. Deswegen ruhte er nicht, um hier Erfahrungen zu sammeln, um die Architekten Kaiser Justinians zu übertreffen, also auch den Durchmesser der Hagia Sophia von 31 m zu überbieten. Selim II. hatte in Istanbul keinen erhabenen Bauplatz für seine Stiftung mehr gefunden. So kam Edirne, seine Sommerresidenz, zu der Ehre, den Ort für eines der vollkommensten Bauwerke auf europäischem Boden zu bieten. – Die Moscheen Sinans wurden im osmanischen Reich vielfältig nachgeahmt. In Istanbul kam die berühmte »Blaue Moschee« des Sultan Achmad II. hinzu, aber auch in Konya, Damaskus und Kairo sind es die osmanischen Moscheen, welche die Silhouette der Städte beherrschen und nicht die Bauten der lokalen Tradition, so großartig diese in ihrer Weise auch sind.

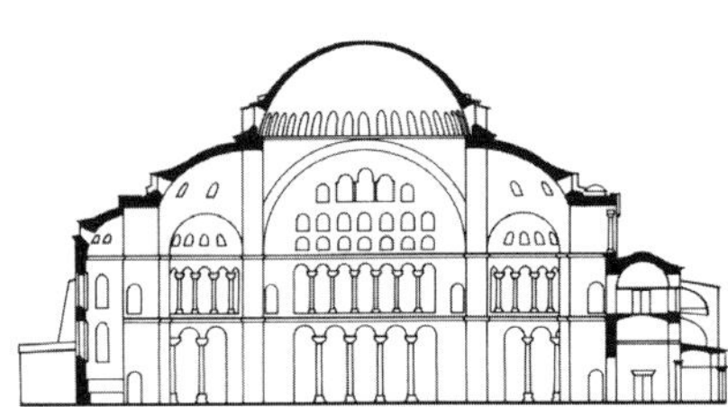

Oben: Die Hagia Sophia, als Kuppelbasilika im 6. Jh. errichtet, überdeckt mit 32 m Spannweite auf nur vier Auflagepunkten einen zentralen Raum. Für Sinan und nachfolgend die osmanische Tradition geht die heute geläufigste Bauform der Moschee als Zentralkuppelbau auf die Hagia Sophia zurück.

Unten: Bei der Süleiman-Moschee erreichte Sinan fast die gleichen Proportionen wie bei seinem Vorbild.

Für den Europäer mag das Minarett mehr als jedes andere Element die Moschee kennzeichnen. Es hat keine zwingende kultische Notwendigkeit. Von seiner Höhe aus ruft der Muezzin die Gläubigen zum fünfmaligen Gebet auf, heute oft durch Lautsprecher, die mit wenig Sensorium für Stille das Verkehrsleben der Städte überschallen. In seinem Buch *Mohammedanische Versuchungen* lässt Stefan Weidner einen architekturkundigen Alleppiner, Sagallah Ghadjar, sich kritisch über die jüngeren Moscheebauten äußern:

Diese Betonmoscheen erscheinen ihm, sagte er, redegewandt wie er war, zunehmend als eigens aufgestellte Zielscheiben, Blitzableiter, bewusst im Affentempo und möglichst billig hochgezogen, bewusst wertlos, bewusst mit Marmor nur hauchdünn verkleidet, bewusst nur dem Geschmack der absoluten Gegenwart geschuldet, für mehr als diese Gegenwart nicht gebaut und diese sicher nicht überlebend, so Sagallah, während wir gerade durch eine Kleinstadt mit einer riesigen Rohbaubeton-Moschee fuhren.

Vom Anblick dieses Betonmonstrums zu weiteren Ausfällen provoziert, meinte er, diese Moscheen taugten zu gar nichts, sie eigneten sich lediglich für die komplette Sprengung, für Schutt und Asche, ja, sie würden sich dieser Sprengung auf obszöne Weise entgegenwölben, entgegenstrecken mit ihren Kuppeln und Minaretten, die sich das kitschigste westliche Klischee vom Orient nicht kitschiger hätte ausdenken können. Im Vergleich dazu verkörperten die Kirchenneubauten in den verschiedenen provinzamerikanischen Disneyländern, die er gesehen habe, geradezu das authentische Christentum, während die echten, immer neuen Moscheeneubauten in den ältesten Städten der islamischen Welt, wenn überhaupt, nur diesem versauten saudischen Disneyland-Islam taugten, einem buchstäblich »versaudten« Islam, so hässlich seien sie. Es seien die Metastasen der religiösen Degeneration, die wahrlich nichts als malignen Melanome des Islam, so drückte er es aus, die, von ihren Anhängern als Zeichen einer neuen religiösen Blüte gefeiert, in Wahrheit die Zeichen des sicheren baldigen Todes dieser Religion seien. Die, wie jedes Krebsgeschwür, den Körper, dem sie ihr Leben verdanken, zerstören und damit sich selbst zerstören, und deswegen sei es klar, dass jede neue Betonmoschee den Tod ihrer Religion und damit die eigene Abschaffung immer nur weiter und schneller beschleunige. So wie den Brücken in Europa für den Fall des einst erwarteten Ernstfalls schon von ihren Erbauern die Löcher für die Sprengsätze eingebohrt wurden, fiel ihm als Vergleich ein, sei auch bei diesen Moscheen das Sprengloch bereits eingebaut, mit dem Unterschied aber, dass sogar das Dynamit schon angebracht sei, diese »versaudten« Betonmoscheen selbst seien nämlich nichts anderes als Dynamit, geistiges Dynamit, sagte er, und der Zeitzünder stecke schon und laufe, schon im Rohbau höre man ihn ticken und ticken, höre nur hin!

Die neueren Moscheen imitieren ein Schema, das ohne eigenen architektonischen Anspruch dem Traditionalismus verfällt. Die Abbildung zeigt eine von vielen neueren Moscheen, für nicht mehr als den konventionellen Geschmack gebaut und darum bedeutungslos für jegliche Zukunft.

Abdelwahab Meddeb (1946–2014), tunesisch-französischer Autor und muslimischer Islamkritiker. Er kam in jungen Jahren von Tunesien nach Frankreich, studierte Literatur- und Kunstgeschichte und war danach Lektor im Verlag *Editions du Seuil*. Er arbeitete als Schriftsteller, Essayist, Drehbuchautor, Übersetzer und Dichter und war Dozent an verschiedenen Universitäten, u.a. von Yale und Genf.

Sensibel für das, was er seine »doppelte Herkunft« als Europäer und Muslim, Franzose und Araber nannte, griff Meddeb zurück auf die vorsokratische Philosophie, auf den Sufismus, auf arabische, persische und europäische Dichter des Mittelalters und der Renaissance sowie auf Klassiker aus China und Japan. Besonderen Stellenwert hatten für ihn die Schriften von Ibn Arabi, Averroës, Dante, Nietzsche und Thomas Mann.

Nach den Terroranschlägen vom 11. September 2001 schrieb er sein Buch *La maladie de l'Islam* (deutsch: *Die Krankheit des Islam*), das innerhalb der islamischen Welt, aber auch in Europa heftige Debatten auslöste.

Abdelwahab Meddeb: Kultureller Niedergang

Vom wissenschaftlichen Geist ausgeschlossen

Seit das islamische Subjekt seine Unfruchtbarkeit zur Kenntnis genommen hat, ist es untröstlich über den Verlust der Macht. Dieser Zustand entspringt jedoch nicht der kolonialen Epoche. Die imperiale Herrschaft, der die meisten Länder des Islam unterworfen wurden, ist nicht Ursache ihres Machtverlusts, sondern deren Folge. Das islamische Subjekt war seit mehreren Jahrhunderten auf wissenschaftlichem Gebiet nicht mehr kreativ, und es war auch nicht mehr Herr der technischen Entwicklung. Mehr als ein Jahrhundert war nötig, bis es die Technik beherrschte, die erst in der postkolonialen Zeit, der Phase der Amerikanisierung der Welt, erlebt wurde, da diese einem Lernprozess förderlich war. Allerdings nur auf der Stufe des Konsums und der Fähigkeit, eine Maschine zu starten, nicht jedoch sie zu produzieren und gar zu entwerfen. Die Beherrschung der Maschine dient der Erweiterung des Markts. Abgesehen von Personen islamischer Herkunft, die in wissenschaftlichen Institutionen des Westens arbeiten, bleibt das islamische Subjekt innerhalb der eigenen symbolischen und linguistischen Welt vom wissenschaftlichen Geist ausgeschlossen. Es lebt nicht mit dem Konzept eines Flugzeugs oder seiner Erfindung, nicht einmal seiner Herstellung, aber es kann eine Flugmaschine perfekt steuern und sogar manchmal zweckentfremdet zum Einsatz bringen.

Wie kommt die Gewalt in den Islam?

Während das Christentum nach seiner Geburt immerhin tausend Jahre gebraucht hat, um Feuer und Schwert zu entdecken, war dem Islam die gewalttätige Überzeugung mit in die Wiege gelegt worden. Mohammed war ein kriegerischer Prophet, und die islamischen Eroberungen von China bis Spanien folgten gleichsam einem napoleonischen Prinzip. Ja, Mohammed war eine Art erfolgreicher Napoleon. Das ist aber weniger erstaunlich als die Tatsache, dass es Gewalt auch im Christentum gab, was dem Geist der Evangelien völlig widerspricht. Gegen jede christliche Lehre gab es Päpste, die ebenfalls zum Heiligen Krieg aufriefen und Religionskriegern einen Platz im Himmelreich versprachen. Ganz zu schweigen von der gewaltsamen Bekehrung durch die Inquisition, als Juden und Muslime in Spanien die Wahl zwischen Exil, Scheiterhaufen und Bekehrung hatten. Doch so wie die Christen ihre historische Gewaltphase überwunden haben, stehen auch die Muslime vor der gleichen Herausforderung. Was Europa im Zeitalter der Aufklärung erlebte, geschah ein Jahrhundert später in der arabischen Welt, vor allem von Ägypten aus, das bis zur Zwischenkriegszeit das Zentrum der Modernität und Vernunft der islamischen Welt war. Dort hätte es am ehesten einen

Spinoza geben können, der endlich an das Tabu der Heiligkeit der Schrift rührt.

Der Islam ist durch den Aufstieg des Christentums seit dem Mittelalter abgehängt worden und hat sich in der Misere eingerichtet. Aber vergessen wir nicht, dass auch das Christentum das Blutbad der Konfessionskriege durchmachen musste. Im heutigen Kampf der Fundamentalisten gegen die Moderne kann man eine Art von nachgeholten Konfessionskriegen sehen. Ein großes Problem ist die gescheiterte Verwestlichung vieler Muslime, die über ihre eigene Tradition nur noch ein Schattenwissen haben und nach Ersatz suchen. Es gibt kein dramatischeres Beispiel als die Attentäter des 11. September, die zwar keine Flugzeuge bauen, sie aber immerhin fliegen konnten.

Schwund des Handwerks, der Ästhetik und des Körperkults

Abdelwahab Meddeb beschreibt in seinen Büchern mehrfach, dass das kreative Denken im Islam seit dem Mittelalter erlahmt sei und die Religion beinahe schon wie eine Anleitung zur Unmündigkeit wirke. Nach der »alles überrollenden Expansion des Anfangs« sieht er den nach dem Hochmittelalter einsetzenden Niedergang letztlich im Bereich des Unerklärlichen. Einen Indikator des kulturellen Verfalls nennt er das Verkommen handwerklicher Qualität:

Welch ein Unterschied zwischen der vollkommenen Schönheit aus der dem 14. Jahrhundert überkommenen Werkstücke und der schludrigen Ausführung in Material und Form jener Produkte, die Ende des 18. Jahrhunderts in Umlauf waren!

Bedeutsamer erscheint Meddeb die Veränderung der islamischen Gesellschaft von einer lebensfrohen Tradition zu einer schamhaften Lebensweise voller Hass auf die Sinnlichkeit:

Prüderie wurde zum Kennzeichen der Respektabilität. In den Städten wimmelt es von Tartüffs und anderen Heuchlern oder Frömmlern. Die Polis verändert ihr Gesicht, nimmt dem Körper sein Recht … Die Straßen wirken abweisend mit ihren neuen, lieblosen Bauten, die eine glänzende Architekturtradition nicht achten. Sie werden noch hässlicher, wenn sie von unförmigen Menschen belebt sind, die sich um ihr Äußeres nicht mehr kümmern. Die Ästhetik schwand, sobald die Verführung zwischen den Geschlechtern verboten wurde. Seit die Schönheit nicht mehr gepflegt wird, hat man auch die Achtung vor ihr verloren.

Was wird aus dieser Religion alles ausgeblendet, die doch wegen des in ihr angelegten Körperkults und der Sinnenlust früher die Fremden faszinierte! Welche Künste der Verdrängung hat der Islam

Verfeinerte Lebensformen zur Geltung bringen

Die spanische Bevölkerung bestand vor und nach der Reconquista aus Christen, Juden und Muslimen. Alle diese Gruppen lebten, zunächst in den von den Mauren beherrschten Gebieten, dann auch in den christlichen Königreichen, grundsätzlich in vertraglicher Toleranz nebeneinander. Insofern war der spanische Glaubenskampf zunächst ins Leere gestoßen. Er hatte zwar die Existenz des christlichen Rests behauptet und diesem sogar die politische Herrschaft über fast die ganze Halbinsel gebracht, aber im übrigen nur zu einer Koexistenz der drei Glaubensformen geführt.

Die Koexistenz brachte aber nicht nur die rechtliche Toleranz, sondern zog auch eine kulturelle Durchdringung nach sich. Sie schlug, im Widerspruch zur politischen Herrschaft, stark zu Lasten der Christen aus, da sich einerseits die maurische Kultur als die damals fortgeschrittenere und höhere erwies, andererseits das Christentum zwar moralisch-asketische, aber nicht initiativ gestaltende Kulturimpulse zur Verfügung stellte. So konnten die Mauren im christlichen Bereich nicht nur den Überbau ihrer Philosophie und Kunst, sondern auch die elementare Sitte verfeinerter Lebensformen zur Geltung bringen, angefangen von der Unterwäsche bis zum ritterlichen, höflichen Benehmen … So kam es, dass in der Ritterkultur allgemein Lebenskomfort und Ästhetik, in der intellektuellen Kultur die dialektische Schlagfertigkeit sich als höchste Gesichtspunkte durchsetzten. Das alles konnte unbesehen aus dem islamischen Bereich übernommen werden, und die kulturelle Gleichschaltung schuf zwischen Islam und Christentum … eine immer wieder empfundene Gemeinsamkeit.

Albert Mirgeler

aufgewandt, um zu vergessen, dass bei seinen mittelalterlichen Lehrmeistern das Liebesspiel im Namen Gottes geschah, und zwar nicht nur, um sich fortzupflanzen, sondern auch um der Lust willen …

Die Tradition des Körperkults scheint in einigen islamischen Ländern zu verschwinden, zerstört von einer moralischen Ordnung, die von Halbgebildeten aufgezwungen wird. Die Stadt Kairo, sogar ganz Ägypten, hat sich von einem Paradies in eine Hölle verwandelt. Zum Beispiel braucht man nur die rot angelaufenen Körper der Frauen zu betrachten, die an der Hitze unter ihren schwarzen Kopftüchern oder Schleiern leiden, unter der Glut einer Sonne, die in diesem Land den ganzen Tag erbarmungslos brennt …, dabei die schmutzigste Luft einatmen, verpestet von alten, abgasreichen Autos … Hinzu kommt die Umweltbelastung durch Lärm, nicht nur vom Dauergeräusch der Motoren (von Autos oder Klimaanlagen), sondern auch von den lauten Aufrufen zum Gebet, die geradezu polemisch aus allenthalben aufgestellten Lautsprechern schallen, die selbst Tote aus dem Schlaf erwecken würden …

Von einer religiösen Tradition zu einer Ideologie

Die Tradition des islamischen Mittelalters war komplex und vieldeutig. Sie basierte auf der Kontroverse und der Pluralität der Ansichten. Aber vor allem war sie Teil einer universell-historischen, theozentrischen Epoche. In allen Gesellschaften stand Gott im Zentrum.

Wenn man heute versucht, wieder Gott anstelle des Menschen ins Zentrum zu rücken, dann erscheint mir das als ein immenser Rückschritt. Der Islamismus entwickelte sich von einer religiösen Tradition zu einer Ideologie.

Der These, dass die arabischen Gesellschaften ihren eigenen Weg gehen und ihre eigene Aufklärung entwickeln müssen, widerspricht Meddeb:

Warum sollte jeder seine eigene Aufklärung entwickeln? In der islamischen Tradition gab es bereits sehr früh, d.h. im 11. und 12. Jahrhundert, Prämissen für die Aufklärung. Es ist sehr wichtig, sich daran zu erinnern, dass es in der arabischen Tradition Aufklärungstendenzen gegeben hat, die meiner Meinung nach auch zu einer bestimmten Haltung geführt haben.

Warum also seine Zeit verschwenden und etwas neu erfinden, was schon existiert? Das erinnert mich an einen Ausspruch von Averroës, dem Theologen vorwarfen, viel von den Griechen übernommen zu haben. Er sagte, sie haben etwas Außergewöhnliches entdeckt, das wir jetzt übernehmen und zu unserem eigenen Vorteil nutzen können. Vor allem aber können wir es in dem Bewusstsein gebrauchen, dass sie es nicht durch göttliche Gnade erfunden haben, sondern alleine durch menschliche Bemühungen.

Die intellektuelle Auszehrung des orthodoxen Islam

»Wie katastrophal etwa der Zustand der Theologie ist! Nehmen wir die Azhar-Universität in Kairo, die größte religiöse Institution des sunnitischen Islams. Nein, sie ist keine Kommandozentrale im Krieg gegen den Westen. Im Gegenteil: Der oberste Scheich der Azhar-Universität sagt jeden Tag und in jeder Freitagspredigt nein zum Terror und tut alles, was seine Regierung und die westlichen Medien von ihm verlangen. Er versteht sich als Bollwerk gegen den Fundamentalismus. Aber – und das steht beispielhaft für die Lage des Islams – das intellektuelle Niveau, auf dem innerhalb der zentralen religiösen Autorität der sunnitischen Muslime über Religion nachgedacht wird, dürfte von den meisten evangelischen Gemeindepfarrern übertroffen werden. Die intellektuelle Auszehrung des orthodoxen Islams – dessen einstige Beweglichkeit einen nur staunen machen kann –, dieser Niedergang einer hochstehenden religiösen Kultur ist es, was den Fundamentalismus erst ermöglicht hat. Der Fundamentalismus ist nicht in der Orthodoxie entstanden, sondern ist eine Antwort auf eine Krise der Orthodoxie. Weil die Orthodoxie keine Antworten mehr gab, hat sich in den städtischen Mittelschichten der politische Islam herausgebildet.

Navid Kermani

Eine Pionierleistung des abendländischen Lebens- und Gesellschaftsgefüges beruht auf der Scheidung von geistlich und weltlichem, die sich gegenüber einer geistlich-politischen Einheitsgestalt durchsetzte. Zwar beherrschte diese Einheitsgestalt – *cuius regio, eius religio* – noch über Jahrhunderte das europäische Leben, feierte in den totalitären Staaten der neuesten Zeit sogar ihre anachronistische Auferstehung, und kontrastiert mit den islamischen Staaten, die durchweg der politischen Autorität die Herrschaft über die Religion zuerkennen. Hier befindet sich in der Gegenwart die politische Macht beinahe überall in den Händen der Armee. Es ist ein Erbe der islamischen Geschichte, in der sich die bewaffneten Milizen bereits sehr früh ihrer Macht bewusst wurden und sich des Staatsapparats bemächtigten.

Roy Mottahedeh: Der Basar

Der Basar schien riesig; und weil er überdacht und ziemlich dunkel war, hatten die Gänge zum Basar etwas Feierliches, das anderen Einkäufen fehlte. Von außen präsentierte sich der Basar mit seinen großen Toren, die am Morgen geöffnet und am Abend geschlossen wurden, durchaus abgegrenzt und überschaubar. Von innen gesehen aber erschien er grenzenlos und unauslotbar. Der Basar diente zugleich der Herstellung von Gütern wie deren Verkauf, und er glich fast einem Labyrinth wegen seiner endlosen Biegungen, seiner abrupten Übergänge von Verkauf zu Werkstatt, von Gasse zu Hauptstraße. So mündete zum Beispiel die stille Straße, wo die Tuchhändler mit ihren Stoffballen saßen, in eine Allee, in der das Geklapper der Kupferschmiede manchmal jedes Gespräch unmöglich machte.

Wer den Basar betrat, trat in eine Welt der umständlichen Formalitäten und des schnellen Witzes ein, aber auch in eine Welt uralter, ja, vorväterlicher Treuebindungen. Alis Mutter wurde im allgemeinen von der Treue geleitet. Ob in der schmalen Gasse der Juweliere oder in der geräumigen, tonnengewölbten Hauptstraße der Tuchhändler – in jeder Abteilung ging sie stets zu dem gleichen Händler, einem verlässlichen Freund der Familie.

Sie ging aber nicht einfach zu dem Geschäft des »verlässlichen Freundes« und verlangte, was sie haben wollte. Immer ging sie zuvor ein wenig hin und her, um dem Händler deutlich zu machen, dass sie ihre Wahl – wie stets – wohl überlegt traf. Doch konnte keine Frau ihre Kaufentscheidung vom äußeren Eindruck der Geschäfte abhängig machen. Die Händler machten sich damals nicht die Mühe, ihre Ware in irgendeiner Form am Eingang auszustellen. Bei einem Geschäft wie dem des Tuchhändlers wäre aber auch der eigentliche

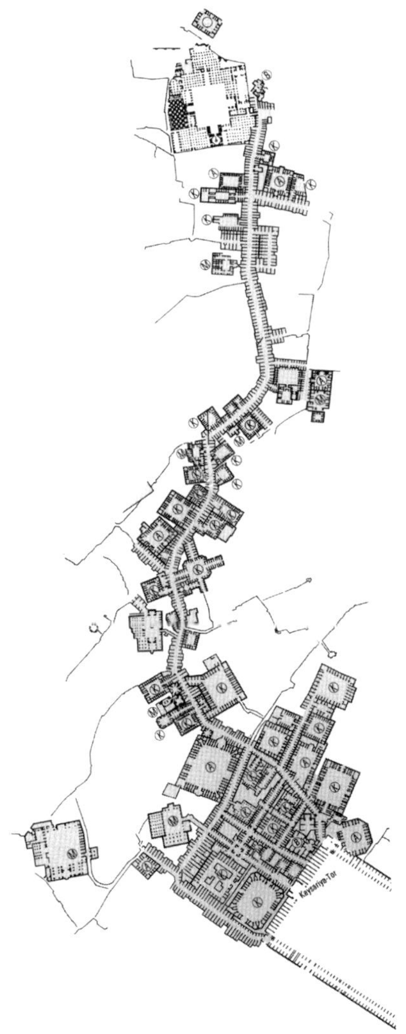

Der Basar in Isfahan zieht sich unter Kuppeln zweieinhalb Kilometer durch das Zentrum der Stadt.

Reiz des Handelns vertan, wenn die Kunden durch eine Auslage schon ins Bild gesetzt würden, was es zu kaufen gab; es gäbe keine Gelegenheit mehr, unter endlosen Höflichkeitsbekundungen nach und nach immer schönere Ware auszubreiten. Der Händler bot Alis Mutter zunächst einen vierbeinigen Hocker an, der nahe am Eingang seines schmalen, aber tiefen Geschäfts stand, und erkundigte sich zuerst nach ihrer Gesundheit und dann, die Hand auf dem Herzen, nach der Gesundheit ihres Gatten. Es fiel ihm dann nicht schwer, sie zum Tee zu überreden, den ein Lehrling in kleinen Gläsern auf einem runden kupfernen Tablett herbeibrachte. Zuletzt kam dann der Reiz des Entdeckens, wenn sie Tuchballen erspähte oder wenn diese auf Geheiß des Inhabers aus dem tiefen Ladeninneren herbeigeschafft wurden ...

Der Basar und die Moschee sind die beiden Brennpunkte des öffentlichen Lebens im Iran. Basare, Moscheen, Schreine und Privathäuser – alle schauen, psychologisch wie architektonisch, nach innen, und meist präsentieren sie der äußeren Straßenseite nur kahle, nichtssagende Mauern. Basare und Moscheen haben den Charakter des Öffentlichen, der dem privaten Charakter der Wohnhäuser entgegengesetzt ist; aber als Gemeinderaum für die Menschen, die sie betreten haben, schauen sie ebenso nach innen wie die Häuser. Zwei Männer, die sich auf der Straße begegnen, sind füreinander einfach zwei Männer; aber schon seit über tausend Jahren erkennt das islamische Gesetz den Basar als einen besonderen Lebensraum an, und rechtlich ebenso wie nach allgemeinem Verständnis begegnen sich zwei Männer dort als »zwei Männer im Basar«. Als solche haben sie gewisse gemeinsame moralische und sogar gesetzliche Verpflichtungen – z. B. dass sie Käufe und Verkäufe mit einer gemeinsamen Kenntnis des aktuellen Marktpreises tätigen. Die Information über die Preise ist tatsächlich der Lebensodem, der das Leben des Basars in Gang hält, und die Preise pendeln sich auf neue Informationen über Angebot und Nachfrage nach einem so ausgeklügelten Mechanismus ein, dass er fast göttlich erscheint. Dem Propheten Mohammed wird

Der Basar (Suq) von Isfahan, ein verschachteltes, einzigartiges Bauwerk (vgl. Grundriss S. 263).

der Ausspruch zugeschrieben: »Gott setzt die Preise fest« – und im Mittelalter sagten auch die meisten islamischen Juristen, dass die unsichtbare Hand, die so zuverlässig arbeitet, die Hand Gottes sein müsse.

Nicht nur die Preise, auch das Ansehen der Männer wird im Basar festgelegt, neu bewertet und immer wieder angeglichen aufgrund von Information, die durch das Netz zuverlässiger Freunde fließt. Die Gesellschaft als Ganzes ist ein Sammelbecken für Informationen, denen das inoffizielle Maklerwesen der Moschee und des Basars letztendlich den gültigen Marktpreis zuteilt. In diesem Sinn ist der Basar nicht nur ein Feld wirtschaftlicher Betätigung, er ist zugleich eine Region des menschlichen Geistes. Als solche ist er der geradlinige Abkömmling der griechischen *agora* und des römischen *forum*. Die Griechen und die Römer gingen zum Markt, nicht nur um zu kaufen und zu verkaufen, sondern um ihr öffentliches und politisches Leben abzuwickeln und sogar ihre öffentlichen Feste zu feiern. Der Basar war nur selten der Hüter des öffentlichen Lebens in dem Sinne, wie Forum oder Agora es gewesen waren, aber der Basar war und ist oft immer noch die maßgebende Instanz, die die Bewertungen festlegt, mit denen die Politiker operieren müssen.

Kocht das politische Leben einmal über, dann bleibt der Basar nicht mehr nur die öffentliche Bewertungsinstanz – er wird zum unmittelbaren Schauplatz politischer Äußerung. Zu solchen Zeiten ist der Basar – wie der klassische persische Ausdruck lautet – »in Unordnung«, womit gemeint ist, dass die Leute in erregtem Zustand ein- und ausgehen und offenbar kurz vor Gewalttätigkeiten und Ausschreitungen stehen. Wenn der Basar zum Überkochen kommt, macht er einfach zu. Straßen mit verriegelten und verrammelten Ladenfronten machen deutlich, dass die Händler nicht gewillt sind, das normale Leben weitergehen zu lassen, bevor nicht die öffentliche Angelegenheit ausgetragen ist.

»Neben den Läden, wo nur verkauft wird, gibt es viele, vor denen man zusehen kann, wie die Gegenstände erzeugt werden. So ist man von Anfang an dabei, und das stimmt den Betrachter heiter. Denn zur Verödung unseres modernen Lebens gehört es, dass wir alles fix und fertig ins Haus und zum Gebrauch bekommen, wie aus hässlichen Zauberapparaten.«

Elias Canetti

Die Scharia: Aus dem Gesetzblatt der Islamischen Republik Mauretanien

Mit wenigen Ausnahmen ist die Scharia heute in allen islamischen Ländern wesentliche oder die einzige Grundlage der Rechtsprechung in Zivilprozessen; sie gilt auch in Teilen von Afrika und Südostasien. Nur die Türkei schaffte die Scharia im Zuge der Gründung der Türkischen Republik als Gesetzesgrundlage ab und richtete die Ehe- und Familiengesetzgebung 1926 am Schweizerischen Zivilgesetzbuch aus. Da in der islamischen Welt keine Aufklärung im europäischen Sinn stattfand, auch keine Religionskritik existiert, ist in vielen Ländern eine voranschreitende Islamisierung zu beobachten, die bestehende Gesetze wieder vermehrt an der Scharia ausrichtet.

Scharia

Das islamische Strafrecht wird durch mehrere Besonderheiten gekennzeichnet: Zum einen durch seine immens harten Strafen wie Auspeitschung, Amputation, Steinigung und Kreuzigung für Kapitalverbrechen. Gleichzeitig ist ein Prozess nur sehr schwer realisierbar bzw. im Fall des Ehebruchs und der Unzucht, der vier männliche Augenzeugen erfordert, so gut wie unmöglich. Dieser Umstand und die nahöstlich-muslimische Auffassung von Ehre und Schande, welche die Frau als Trägerin der Ehre harten Sanktionen aussetzen kann, macht die private Ahndung eines auch nur vermuteten Verbrechens wahrscheinlicher, da nach überwiegender Auffassung durch eine familiäre Bestrafung kein wirkliches Unrecht begangen, sondern der richterlichen Gerechtigkeit nur vorgegriffen wird.

Nach Auffassung der muslimischen Apologetik ist das islamische Strafrecht letztlich der Menschheit weitaus dienlicher als das Strafrecht westlicher Länder, da es viel mehr der Abschreckung diene. Zudem falle ein Straftäter der Gesellschaft nicht durch lange Gefängnisstrafen zur Last. Unberücksichtigt bleibt dabei, dass Gefängnisstrafen in islamischen Ländern oft sehr hoch sind bzw. aufgrund des Fehlens rechtstaatlicher Strukturen sogar unbestimmt verlängert werden können, sowie die Tatsache, dass ein Amputierter ebenfalls der Gesellschaft zur Last fallen wird.

Hat man vor 40 Jahren noch angenommen, dass die Autorität der Scharia an Bedeutung verlieren und auch die islamische Welt von der im Westen weit vorangeschrittenen Säkularisierung ergriffen werden würde, zeigte sich spätestens seit den siebziger Jahren, dass vielfach eine umgekehrte Entwicklung, eine Rückbesinnung und Neuorientierung auf das islamische Recht einsetzte. Dort, wo die Scharia – zumindest teilweise – in die Praxis umgesetzt wurde, muss sie ihr Versprechen, den Menschen Würde, Freiheit und Gerechtigkeit zu bringen, erst noch einlösen. Minderheiten und Frauen sind die ersten Leidtragenden auf dem Weg zu einer vollständigen Islamisierung der Gesellschaft. Auch in Deutschland ist eine vertiefte Beschäftigung mit dem islamischen Recht und dessen inhaltlicher Definition von Menschen- und Frauenrechten dringend geboten.

Bundeszentrale für politische Bildung

Zwar haben in den letzten Jahrzehnten etliche islamische Länder gesetzliche Veränderungen im Familienrecht vorgenommen, die eine Besserstellung der Frau bewirken, beispielsweise die Heraufsetzung des Mindestheiratsalters oder eine vermehrte staatliche Registrierung der Eheschließung, doch ist in anderen islamischen Staaten auch eine umgekehrte Entwicklung zu beobachten: In Rückbesinnung auf den Islam und seine Rechtsprinzipien wird eine »Reinigung« der Gesetzgebung von europäischen Rechtselementen aus der Kolonialvergangenheit sowie die vermeintlich »vollständige Einführung der Scharia« proklamiert. Länder wie Nigeria, der Iran oder der Sudan haben Schauprozesse – insbesondere wegen Ehebruchs – als öffentliche Demonstration der Wiedereinführung der Scharia durchgeführt.

Die islamische Theologie betrachtet die Scharia als eine vollkommene Ordnung göttlicher Autorität, die jeder Gesellschaft Frieden bringt. Weil sie von Gott selbst geschaffen wurde, gilt sie als nicht veränderbar. Ihre Bestimmungen gründen auf drei Quellen: dem Koran, der Überlieferung und deren normativer Auslegung durch frühislamische Juristen und Theologen, die in Einzelfragen differieren und unterschiedliche »Rechtsschulen« begründeten, jedoch gleichberechtigt nebeneinander stehen. Es gab nie den Versuch, die Rechtsschulen in ihren Differenzen anzugleichen. Es heißt: »Die Meinungsverschiedenheit in einer Gemeinde ist ein Zeichen göttlicher Barmherzigkeit.«

Andererseits bildete sich doch ein Grundkonsens heraus, der sich in einem Hadith (überlieferten Wort Mohammeds) artikuliert: »Meine Gemeinde wird nie in einem Irrtum übereinstimmen.« Die Übereinstimmung (*idschma*) kann sich auch auf Veränderungen gegenüber der Tradition beziehen; zwar lässt sich theoretisch kein Traditionstext aufheben, aber andererseits gilt: »Wenn die muslimische Gemeinschaft einer religiösen Praktik oder Glaubensregel zustimmt, so ist sie gewissermaßen durch Gott geleitet und inspiriert und unfehlbar zur Wahrheit geführt – kraft einer besonderen Gnade, die Gott der Gemeinschaft der Gläubigen verliehen hat« (Annemarie Schimmel). So werden die Gesetzesgelehrten im Islam zu Hütern der Tradition. Was einmal durch *idschma* bestimmt wurde, soll immer so bleiben. Dieser Grundsatz hat viele mittelalterliche Bräuche festgeschrieben, und es ist ein aktuelles Problem des heutigen Islam, die starre Mauer des *idschma* zu durchbrechen und den Islam aus seiner Erstarrung zu lösen.

Letztlich wurzelt die Scharia in Rechtspraktiken einer arabischen Stammesgesellschaft des 7. und 8. Jahrhunderts – variabel ergänzt mit vorislamischem Recht, arabischem Gewohnheitsrecht, koranischen Geboten und Versatzstücken aus europäischem Recht. Wo heute einzelne Staaten – wie der Sudan (1983), der Iran (1979 und 1982/83), Pakistan (1979) oder Teile Nigerias (ab 2000), Jemen und Libyen (jeweils 1994) – eine »Rückkehr zur Scharia« verkündeten, ist damit vor allem eine verschärfte Ausrichtung am koranischen Ehe- und Familienrecht gemeint.

Aus dem Gesetzblatt der Islamischen Republik Mauretanien:

Artikel 306: »Jeder Muslim, der sich in Wort und Tat des Verbrechens schuldig macht, vom Glauben abzufallen … wird aufgefordert, innerhalb von drei Tagen zu bereuen. Bereut er nicht innerhalb dieser Frist, so wird er als Abtrünniger zum Tode verurteilt. Sein Hab und Gut wird zugunsten der Staatskasse konfisziert.«

Artikel 307: »Jeder volljährige Muslim, gleich welchen Geschlechts, der sich des Ehebruchs schuldig macht, wird öffentlich bestraft, ist er ledig, mit hundert Peitschenschlägen und einem Jahr Gefängnis … Beim verheirateten oder geschiedenen Paar wird in jedem Fall die Todesstrafe durch Steinigung (*Radschum*) ausgesprochen. Ist die Frau schwanger, so wird die Steinigung oder Geißelung bis zur Niederkunft ausgesetzt.« [Um die Strafe, welche die Scharia auf Ehebruch setzt, ausführen zu dürfen, müssen vier unbescholtene Zeugen das Geschehen beobachtet haben – was ihren Vollzug äußerst erschwert.]

Artikel 351: »Wer in täuschender Absicht etwas nimmt, was ihm nicht gehört, ist des Diebstahls schuldig und wird zur Amputation der rechten Hand verurteilt … Wird er zum zweiten Mal schuldig, so wird ihm der linke Fuß amputiert … Begeht er den dritten Diebstahl, so wird ihm die linke Hand amputiert … Begeht er den vierten Diebstahl, so wird ihm der rechte Fuß amputiert.«

In Mauretanien besteht noch Sklaverei. Nach Schätzungen der Anti-Sklaverei-Organisation *SOS Esclaves* gibt es etwa 600.000 Sklaven. Es sind die Nachfahren von vor Generationen versklavten und bis heute nicht freigelassenen Menschen, die nach groben Schätzungen 40 Prozent der Bevölkerung betragen. Der Anteil von Sklaven an der Gesamtbevölkerung gilt als der höchste der Welt.

Nach der Scharia ist Sklaverei zulässig, auch wenn die Sklaven Muslime sind. Muslime dürfen lediglich nicht neu versklavt werden. Manche Sklavenhalter erwarten eine Entschädigung, ehe sie ihre Sklaven in die Freiheit entlassen. Die Regierung verneinte lange die Existenz von Sklaverei und behinderte die Arbeit von Menschenrechtsorganisationen gegen diese Praxis. Der Sklavereiexperte Kevin Bales musste sich in der zweiten Hälfte der 1990er-Jahre als Zoologe ausgeben, um nach Mauretanien einreisen und nachforschen zu können.

Insgesamt gab es in der mauretanischen Geschichte vier Versuche, über eine Gesetzgebung die Sklaverei abzuschaffen. Den ersten Versuch unternahmen die französischen Kolonialherren 1905. In der Verfassung bei der Unabhängigkeit des Landes 1961 wird die Sklaverei ein zweites Mal erwähnt. Das folgende Gesetz zur Sklaverei wurde am 9. November 1981 verabschiedet. Das jüngste Gesetz vom 8. August 2007 stellt erstmals Sklaverei unter Strafe. Es war als außenpolitisches Signal gegenüber den Vereinigten Staaten und der Europäischen Union gedacht. Vor der Präsidentschaftswahl vom März 2007 wurde das Verhältnis des Islam zur Sklaverei diskutiert. Hierzu bestehen drei unterschiedliche Positionen:

Sklaverei in Mauretanien

»Im heutigen Mauretanien gibt es keine Sklaverei, doch wohin man auch blickt, an jeder Straßenecke und in jedem Laden, auf allen Feldern und Weideflächen sieht man Sklaven. Sie fegen und putzen, sie kochen und betreuen die Kinder, sie bauen Häuser und hüten Schafe, schleppen Wasser und Ziegel – sie erledigen alle Arbeiten, die mühselig, unangenehm und schmutzig sind. Die Wirtschaft Mauretaniens lastet einzig auf ihren Schultern; erst ihre nie endende Plackerei ermöglicht den Herren ihr angenehmes Leben und garantiert sogar den Lebensunterhalt derer, die keine Sklaven halten.«

Kevin Bales

Kevin Bales (* 1952), US-amerikanischer Soziologe und weltweit führender Sklavereiexperte. Er ist Professor für Soziologie an der University of Roehampton in London, Mitglied im Komitee von Anti-Slavery International und berät die Vereinten Nationen bei der Bekämpfung des Menschenhandels.

In seinem 1999 erschienenen und seither in mehrere Sprachen übersetzten Buch *Die neue Sklaverei* weist Kevin Bales nach, dass Sklaverei – obwohl weltweit abgeschafft – heute Millionen Menschen betrifft, was er anhand detaillierter Studien in Thailand, Mauretanien, Brasilien, Pakistan und Indien schildert. Bales schätzt die Zahl der Sklaven auf etwa 27 Millionen, wobei die häufigste Form von Sklaverei die Schuldknechtschaft ist und Sklaverei verstanden wird als »die vollständige Beherrschung einer Person durch eine andere zum Zwecke wirtschaftlicher Ausbeutung; das entscheidende Merkmal ist Gewalt und das Festhalten der Person gegen ihren Willen«.

Auch in den USA und Westeuropa ist Bales auf neue Formen der Sklaverei gestoßen, die eines gemeinsam haben: Sie sind optimal auf die Erfordernisse einer globalisierten Ökonomie zugeschnitten. Bales deckt auf, wie das Geschäft mit der Ware Mensch funktioniert – und wie eng ihr Leben mit unserem verknüpft ist, ob wir nun von Sklaven produzierte Billigprodukte kaufen oder als Aktienbesitzer von den hohen Gewinnspannen einschlägig bekannter Unternehmen profitieren.

1. Die Sklaverei ist im Islam nicht verboten.
2. Der Islam hält sich aus dieser Frage heraus und lässt sich weder als Legitimation noch als Grund für die Abschaffung der Sklaverei in Anspruch nehmen.
3. Der Islam wurde früher zur Legitimierung von Sklaverei benutzt, die Frage muss aber für die heutigen Verhältnisse neu diskutiert werden.

Fatima Mernissi (1940–2015), marokkanische Soziologin. Sie studierte Politikwissenschaft und Soziologie an der Sorbonne in Paris. Seit den 1980er-Jahren lehrte sie Soziologie an der Universität in Rabat, aber schrieb hauptsächlich auf Französisch und Englisch. Mernissis Arbeitsgebiet war die Rolle der Frau im Islam.

In ihrer soziologischen Arbeit *Geschlecht, Ideologie, Islam* untersuchte sie den Einfluss des Islam auf die Stellung der Frau in der arabischen Welt: Kern des Geschlechterverhältnisses im Islam sei die »Angst vor der Selbstbestimmung der Frau«. Die Botschaft des Islam gehe davon aus, dass die »Menschheit nur aus Männern besteht«, was man unter anderem an seinen Sexualvorschriften erkennen könne.

In ihrem Werk *Der politische Harem – Mohammed und die Frauen* untersuchte Mernissi Koranstellen und Hadithe, die sich mit der Stellung der Frau zur Zeit Mohammeds beschäftigen. Ihr Ergebnis: Es gibt klare Anzeichen dafür, dass Mohammeds Frauen am öffentlichen Leben teilnehmen und für ihre Rechte eintreten konnten.

In ihrem autobiografischen Werk *Der Harem in uns – die Furcht vor dem anderen und die Sehnsucht der Frauen* erzählt Fatima Mernissi von ihrer glücklichen Kindheit. Sie beschreibt, was es bedeutet, in einem Harem aufzuwachsen: ein Leben hinter hohen Mauern, ausgeschlossen vom öffentlichen Leben, ohne Privatsphäre. Damit vergleicht sie das relativ freie Leben im Harem ihrer Großmutter auf dem Land und stellt somit zwei unterschiedliche Lebenswelten von Musliminnen in Marokko um 1945 vor.

Fatima Mernissi: Das Lied der Frauen – Aufbruch in die Freiheit

Die arabische Welt wird auseinanderbrechen. Das ist keine Prophezeiung, sondern die Intuition einer Frau, und Gott, der alles kennt, weiß, dass sie sich selten irrt.

Sie wird auseinanderbrechen aus dem einfachen Grund, weil alle, die Fundamentalisten an der Spitze, eine Veränderung wollen. Dass sie uns vorschlugen, wir kämen voran, indem wir rückwärts marschierten, ändert nichts an der Tatsache, dass auch sie glühend die Veränderung wollen. In ein anderes Irgendwo gehen, kollektiv in eine andere Gegenwart emigrieren, ist in dieser Weltgegend ein starker Wunsch. Die Ausländer spüren es vielleicht nicht so sehr, aber ich wache jeden Morgen mit dem Transistorradio unter dem Kopfkissen auf: Alles kann geschehen, alles kann von einer Minute zur anderen verändert sein. Indem der Golfkrieg das Messer in die Wunden (Abhängigkeit, fehlende Demokratie, Ohnmacht) gebohrt hat, hat er auch tief in uns etwas zerstört. Ich habe lange nachgedacht, was das sein könnte, und ich glaube, dass er die verschiedenen Zirkel der Angst zerbrochen hat, mit denen wir uns fröstelnd umgeben haben. Was kann den Arabern noch Schlimmeres passieren als das, was geschehen ist? (…)

Aber wenn auch alle Araber sich in dieser Nach-Golf-Zeit wegen all der sich bietenden Möglichkeiten überrascht anschauen, so sind doch die Frauen schon vor mehreren Jahrzehnten zu ihrem entschlossenen und gefährlichen Marsch in das Land der Freiheit aufgebrochen. Warum, wird man fragen, bilden gerade die Frauen diese abenteuerliche Avantgarde? Weil wir nichts zu verlieren haben als unsere Ängste, unsere Masken und all die Verstümmelungen, die die Absonderung und Einsperrung mit sich gebracht haben.

Die Frauen sind ungeduldig, sich in das Abenteuer und das Unbekannte zu stürzen. Und das Symbol dieser Ungeduld ist diese palästinensische Mutter Courage, die man täglich auf den Bildschirmen sieht: Sie steht, weder eingeschüchtert noch hasserfüllt, den israelischen Soldaten auf der Straße gegenüber, schnauzt sie an wie Halbwüchsige, die sich herumdrücken, sich wie Erwachsene zu benehmen.

Die arabischen Frauen haben vor der Moderne keine Angst, weil sie eine unverhoffte Gelegenheit bietet, etwas anderes als die erdrückende Tradition aufzubauen. Sie haben es eilig, an neue Ufer zu kommen, wo die Freiheit möglich ist. Seit Jahrhunderten haben sie, eingesperrt und maskiert, davon gesungen, aber niemand hat zugehört. Muhammad al-Fasi, ein marokkanischer Wissenschaftler, hatte die Idee, einige Lieder zu sammeln, die in den Harems von Fez in den 1930er Jahren zirkulierten. Viele erzählen von verbotenen Leidenschaften, nächtlichen Begegnungen, verrückten Eskapaden, und manche machen sich über die Schlösser und Ketten lustig; andere singen von dem Vogel:

»›Der Vogel! Der Vogel!
Ich hab ihm einen Käfig aus Seide gebaut
Und nie dachte ich, dass er davonfliegt,
Nachdem er sich zähmen ließ.«

Die Frauen haben sich niemals zähmen lassen. Die Männer glaubten, dass man sie an das Eingesperrtsein gewöhnen könne. Die Frauen aber warteten auf ihre Stunde, die des Unterschieds in Würde, die der Teilnahme und des Dialogs, und sie ist gekommen.

Die Frauen sind schon davongeflogen.

Sie vollbringen bleich und feierlich die große Pilgerfahrt, von der die Großmütter so oft geträumt haben: ohne Maske zu tanzen, den Blick auf einen Horizont ohne Grenzen gerichtet.

Sie haben Angst, sie stolpern und fühlen sich zerbrechlich, und sie fragen sich, wie man ohne Ketten laufen kann. Aber die Anziehungskraft der großen Weite ist unwiderstehlich.

Sie fallen und stehen wieder auf, sie informieren sich und sie sträuben sich; wie soll man sich am Umherschweifen erfreuen, wenn man im Käfig groß geworden ist?

Anfangs, erschrocken und erschreckend, versteinerten sie die Männer. Dann, im Lauf der Jahre, in einer grausamen und gleichgültigen Welt, erwachten die Liebhaber aus ihrer Betäubung und begannen, den Frauen zuzuhören, die vom Umherschweifen sangen und sich nach der Zerstörung der Grenzen sehnten. Ein so seltsamer Gesang, dass er zum Verwechseln jener Symphonie des Universalen gleicht, die der fremde Westen als Hymne auf die Galaxien anstimmt. Die Harems gibt es nicht mehr, außer auf Postkarten oder bei den wenigen Emiren, die genug Geld haben, um sich ein Kitsch-Bagdad zu schaffen. Die übrigen Männer beginnen, sich in dieser apokalyptischen Renaissance beinahe zu Hause zu fühlen, wo man Kraft aus der Bewegung schöpfen kann und nicht aus der Vergangenheit …

Die arabischen Frauen sagen nicht immer, was sie denken, aber diese Männer, die im Abgrund laufen, die im Mantel des Windes einhergehen, sind mehr denn je die Liebhaber, von denen die Frauen immer geträumt haben, Nomaden der Moderne, leichtfüßig und

Im Jahr 2003 erhielt Mernissi zusammen mit Susan Sontag den renommierten spanischen Prinz-von-Asturien-Preis und 2004 den Erasmus-Preis der niederländischen Stiftung Praemium Erasmianum. Der ägyptische Literaturnobelpreisträger Nagib Mahfuz bezeichnete sie als »die einflussreichste Intellektuelle der arabischen Welt«.

Frau im Islam

In allen traditionellen Gesellschaften spielt die Frau nur im privaten Leben eine Rolle. Das gilt auch für die Antike. Dort gab es auf der Agora für Frauen ebenso wenig ein Recht wie in einem arabischen Kaffeehaus. Menschen der westlichen Kultur können sich kaum vorstellen, wie sehr der öffentliche Charakter der Geschlechterbeziehung auf ihren eigenen Geschichtsraum begrenzt ist. Auch in Indien und Japan lebt die Frau eingeschlossen im »Gynäkeion«.

Die Marokkanerin Fatima Mernissi akzentuiert ihre Kritik unverhohlen:

Nach islamischem Recht wird eine Ehe »genaugenommen nicht zwischen Mann und Frau geschlossen, sondern sie stellt einen Vertrag zwischen zwei Männern dar … Was die Frauen berichten, lässt keinen Zweifel daran, dass sich Väter und Brüder meist um die Feinheiten des islamischen Gesetzes nicht scheren und sich das Recht anmaßen, der Tochter oder Schwester einen Mann auszusuchen. Den jungen Frauen bleibt dann nur die Möglichkeit, diese Gattenwahl abzulehnen oder zu gehorchen … Nach männlicher Definition besteht die eheliche Gemeinschaft aus zwei völlig ungleichen Teilen: aus einem abhängigen Wesen, der Frau, deren sämtliche Bedürfnisse von einer begüterten und großzügigen Person, dem Mann, befriedigt werden. Diese Ungleichheit besteht auch in den emotionalen Beziehungen. Zur ehelichen Treue ist nur die Frau verpflichtet, der Mann darf sich andere Partnerinnen suchen. Nach den Regeln der Polygamie sind ihm bis zu vier Ehefrauen erlaubt, die er überdies nach Belieben ›verstoßen‹ und durch andere ersetzen kann. Er ist dabei niemandem Rechenschaft schuldig, seine Launen sind Gesetz. Die Schilderungen der Frauen lassen keinen Zweifel, dass sie sich im Rahmen der Ehegemeinschaft in einer Situation völliger Unterdrückung befinden, von daher erscheint ihnen wirtschaftliche und persönliche Gleichberechtigung, eine ›partnerschaftliche Ehe‹, als die einzig richtige Lösung«.

Die Bonner Islamwissenschaftlerin Christine Schirrmacher sieht der Frau in Familie, Gesellschaft und nahöstlich-muslimischer Kultur einen nachgeordneten Platz zugewiesen. Um Sitte und Anstand zu wahren, muss sie sich bevorzugt im Haus aufhalten, um nicht durch ihren Umgang mit nichtverwandten Männern Anlass zur Unmoral zu geben. Sie muss sich verhüllen, und nach diesen Normen wird ihr Verhalten kontrolliert und bewertet. Zwar sähen Koran und Überlieferung in der Theorie für den Mann wie für die Frau dieselben Strafen für Unzucht bzw. Ehebruch vor. Praktisch aber wird Männern vor und in der Ehe ein weitaus größerer Bewegungsspielraum zugestanden, da nur das Verhalten der Frau die Familie entehrt, nicht das des Mannes.

Die islamische Apologetik zum Rollenverständnis von Mann und Frau findet, dass nur die Scharia Gerechtigkeit zwischen den Geschlechtern und der Frau Würde und Ehre verleiht. Der Koran vertrete die Gleichberechtigung der Frau, insofern er Mann und Frau »aus einem einzigen Wesen« erschaffen sieht (4,1), einander zu »Beschützern« oder »Freunden« (9,72) bestimmt und beiden gleichermaßen das Paradies verheiße, wenn sie »glauben und das Rechte tun« (16,97).

An anderer Stelle jedoch betonen Koran und islamische Tradition eine deutliche Überordnung des Mannes über die Frau. Christine Schirrmacher betont die rechtliche wie gesellschaftliche Tragweite von Sure 4,34: »Die Männer stehen über den Frauen, weil Gott sie vor diesen ausgezeichnet hat und wegen der Ausgaben, die sie von ihrem Vermögen gemacht haben. Und die rechtschaffenen Frauen sind demütig ergeben (oder: gehorsam)…« Dieser Gehorsam wird in erster Linie auf die Sexualität bezogen, denn der Mann erwirbt mit Abschluss des Ehevertrages und der Aufnahme der Unterhaltszahlungen das Recht auf den Körper seiner Frau (vgl. Sure 2,223; 2,187). Die beiden Säulen des islamischen Eherechts lauten also »Unterhalt« und »(sexueller) Gehorsam«.

ohne Gepäck, die keine Heimat suchen, denn die Bewegung gehört zu ihrem Volksstamm.

Es ist nicht wahr, dass unsere Mütter mit unseren Vätern und deren Turbanen aus Gewissheiten glücklich waren. Mein Onkel *Hagg Muhammad* stürzte jedesmal den Tisch um und drohte damit, die Scheidungsformel auszusprechen, wenn Tante *Kenza* ein wenig zu viel Salz oder Pfeffer in den Freitags-Couscous getan hatte. Am Tag seines Todes hat sie ihn beweint, und sie pflegt und kultiviert die Erinnerung an ihn, aber hat sie ihn geliebt? Kann man einen Mann lieben, der immer recht hat, da das Gesetz die Frau zum ehelichen *ta'a* verpflichtet? Verunsicherte Männer, die sich selbst suchen, sind, wie wir alle wissen, der Gipfel der Verführung. Die arabische Jugend weiß es, und die schönsten Liebesgeschichten blühen auf. Eines ist sicher, dass die Frauen entschlossen sind, nicht mehr auf die *hutaba* (Predigten) zu hören, die sie kaum mitredigiert haben. Sie sind bereit für den Kreuzzug, sie haben immer gewusst, dass die Zukunft in der Zerstörung der Grenze liegt, dass das Individuum geboren ist, um respektiert zu werden, dass der Unterschied bereichernd ist …

Unterdessen sind die Imame erbost, die über die Jahrhunderte hinweg gepredigt haben, dass *ta'a*, Gehorsam, eine Pflicht sei. Dem Gatten zu gehorchen, heiße Gott zu gehorchen. *Ta'a* gab es im Harem gegenüber dem Kalifen, es gibt ihn immer noch im Zivilrecht. Die Imame ereifern sich, denn wenn erst einmal der häusliche *ta'a* durch die schwachen Frauen in Frage gestellt ist, dann kann man doch kaum noch damit rechnen, dass die Männer die Augen vor dem Führer senken. Die Bescheidenheit der arabischen Frau ist der Schlüssel zu den politischen Systemen. Ganze Kapitel in allen Sammlungen von Sprüchen und Handlungen des Propheten schreiben uns vor, wie wir die Haare tragen müssen, wie wir den Blick senken müssen und wie wir uns die Bescheidenheit gleich einem Hemd überstreifen müssen. Die Predigten werden weitergehen … offensichtlich sind noch nicht alle Männer für den Aufbruch bereit, für die Reise ins Ungewisse, in die pluralistische Moderne, in die schutzlosen Städte, denn sie verdienen viele Petrodollars, wenn sie an die Wohltaten des Hijab (Schleiers) und die Tugenden des Gehorsams erinnern.

Sadiq J. al-Azm: Islamischer und christlicher Fundamentalismus

Sadiq Jalal al-Azm (geb. 1934), syrischer Philosoph, Professor em. an der Universität Damaskus, Gastprofessor an europäischen und amerikanischen Universitäten. Sein Buch *Kritik des religiösen Denkens* wurde als »die schärfste aller Anklagen der arabischen Gesellschaft und Kultur« bezeichnet. Al-Azm beklagt darin die Rückständigkeit seiner Region und ihrer politischen Führer und fordert eine grundsätzliche Modernisierung, die einen Bruch mit überkommenen Traditionen bedingt. Wichtiger Bestandteil müsse die Säkularisierung der arabischen Gesellschaft sein. Bereits in der Phase zwischen den israelisch-arabischen Kriegen von 1967 und 1973 warnte er vor dem Erstarken religiös-konservativer Kräfte in der Politik. Seit dieser Zeit sind viele seine Schriften in mehreren arabischen Ländern verboten.

Auch in den folgenden Jahrzehnten blieb das Verhältnis der islamisch geprägten Kultur zu gesellschaftlicher Aufklärung und Moderne sein zentrales Thema. Stets argumentierte er gegen die Vorstellung einer Trennung in zwei Welten. Als einer von sehr wenigen arabischen Intellektuellen verteidigte er Salman Rushdie, den Autor des Romans *Die Satanischen Verse*. Wichtige Schriften sind auch die Bücher *Unbehagen in der Moderne – Aufklärung im Islam* (1993) und *Islam und säkularer Humanismus* (2005).

Al-Azm weckte mit seinen Schriften heftigen Widerspruch bei Konservativen, religiösen Fundamentalisten und Nationalisten. Sein Essay *Satans Tragödie* (1965) stellte das traditionelle islamische Verständnis der Verantwortung Gottes für das Böse in Frage. Sein Buch *Kritik des religiösen Denkens* (1969) führte zu einer durch den örtlichen Mufti ausgesprochenen Fatwa. Die libanesischen Behörden ließen auf Druck des religiösen Establishments einen Teil der Auflage des nun als »Ketzer aus Damaskus« verfemten al-Azm beschlagnahmen.

»Protestanten gibt es im Himmel nicht.
Dort sind nur Katholiken.«
Erzbischof Marcel Lefebvre

»Die Sprache des Paradieses ist Arabisch.«
Arabisches Sprichwort

Der Westen ist stolz auf sein jüdisch-christliches und sein griechisch-römisches Erbe. Ebenso ist auch der Islam in jeder Hinsicht ein Spross dieser jüdisch-christlichen Tradition – sogar in seinem Selbstbild … Der nahöstliche Islam war niemals so unberührt von griechisch-römischen Einflüssen, wie es die anhaltenden Spannungen zwischen den beiden Sphären auf den ersten Blick vermuten ließen. (Alles in allem finden sich in Syrien mehr römische Ruinen und Spuren als in Rom selbst.) Mit Byzanz eroberte der Islam einen seiner Kultur nach hellenisierten christlichen Nahen Osten. Dabei bildete der Hellenismus – wenn auch in unterschiedlichem Maße – die Grundlage der Scholastik des westlichen Christentums – gleichzeitig war dies auch die Zeit der großen Talmud-Kodifizierung. Platon, Aristoteles und Plotin waren allen ebenso gemeinsam wie Adam, Abraham und Moses.

Mit dieser Betonung zurückliegender jüdisch-christlich-islamischer Gemeinsamkeit verbindet al-Azm auch seine These, »alle Einflüsse, die das arabische Leben in den letzten ungefähr 150 Jahren maßgeblich geprägt haben«, seien europäischer Herkunft: »Weder aus Zufall noch aus Willkür lassen sich Begriffe, die aus der katholischen und protestantischen Auseinandersetzung mit der Moderne entstammen, auf das Phänomen Islam anwenden.« Er konfrontiert islamische Denkweisen mit römisch-katholischen Positionen, wie sie Pius IX. (Papst von 1846–1878) in seinem *Syllabus* vertreten hat und wie sie Erzbischof Marcel Lefebvre (1905–1991) und dessen *Priesterbruderschaft St. Pius IX.* als Antwort auf das Zweite Vatikanische Konzil weiterführen:

Jeder weiß, dass unsere Islamisten kompromisslos für die offizielle und unzweideutige Wiedereinführung des Islam eintreten als der einen und einzigen Religion in den islamischen Staaten und für das Verbot und die Unterdrückung aller »Ideen, die in Widerspruch zu Gottes Religion und Gesetz stehen … wie jene, die zu Atheismus, Verdorbenheit und Neuerung ermuntern«.

In ganz ähnlicher Weise wird im Abschnitt 77 des *Syllabus* (Papst Pius IX. von 1864) die Vorstellung verurteilt, nach der »es heute nicht länger zweckmäßig ist, dass die katholische Religion – auf Kosten

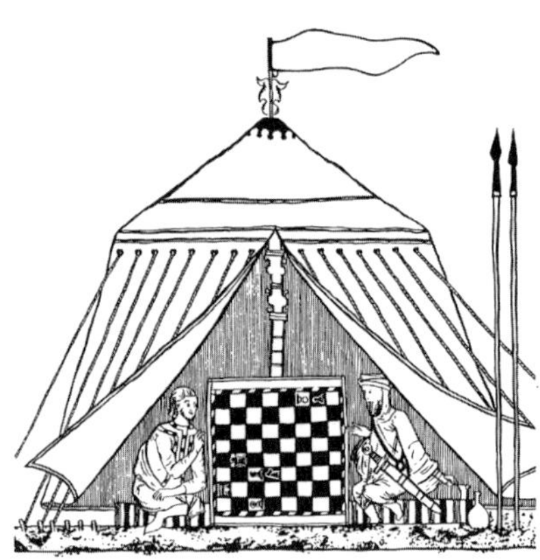

Ein Christ und ein Muslim spielen Schach. Miniatur aus einem christlichen Manuskript des 13. Jh.

Man kann interpretieren: So friedlich gelingt eine Problemlösung, wenn man sich wie Kaiser Friedrich II. und Sultan al-Kamil in wechselseitiger Anerkennung begegnet. Man kann das Spiel zwischen den beiden Kontrahenten aber auch deuten, dass hier jeder auf den anderen achtet und von ihm lernt und sich zugleich auf eine endgültige Konfrontation zubewegt.

Dschihad (arabisch: Anstrengung, Einsatz, Kampf) meint den Kampf auf dem Wege Gottes. Im Koran bezeichnet dieser Begriff primär militärischen Kampf.

»Und wenn die heiligen Monate abgelaufen sind, dann tötet die Polytheisten, wo immer ihr sie findet, greift sie, belagert sie und lauert ihnen auf jedem Weg auf. Wenn sie umkehren, das Gebet verrichten und die Abgabe entrichten, dann lasst sie ihres Weges ziehen: Gott ist voller Vergebung und barmherzig.« (Sure 9,4 f. nach Khoury)

Diese Koranverse, auch bekannt als die »Schwertverse«, wurden in der klassischen Koranexegese mehrheitlich als Aufruf zu einem allgemeinen Kampf gegen die nichtmuslimische Welt verstanden.

Nach traditioneller islamischer Rechtslehre, deren Entwicklung in die ersten Jahrhunderte nach dem Tode Mohammeds zu datieren ist, dient dieser Kampf der Erweiterung und Verteidigung des islamischen Territoriums, bis der Islam die beherrschende Religion ist. In seiner späteren Entwicklung, insbesondere im Zuge der Moderne, betonen muslimische Gelehrte nichtmilitärische Aspekte dieses Kampfes.

Der Dschihad ist ein Grundgebote des islamischen Glaubens und eine allen Muslimen auferlegte Pflicht. Manche sunnitische

des Ausschlusses aller anderen Arten der Religionsausübung – die einzige Religion des Staates sein soll«. Die direkt daraus abgeleitete fundamentalistische Logik von Erzbischof Lefebvre erklärt die Freiheit der Religion für »*absurd*, weil sie der Wahrheit wie dem Irrtum, der wahren Religion wie den häretischen Abirrungen gleiche Rechte garantiert«, und »für *blasphemisch*, weil sie ›allen Religionen Gleichheit vor dem Gesetz zugesteht‹ und ›die heilige und unbefleckte Kirche Christi‹ auf die Ebene der häretischen Sekten, ja, sogar des jüdischen Verrats bringt«.

Seine Folgerung lautet daher: »In einem katholischen Land gibt es eine Berechtigung, die falschen Formen der Anbetung an öffentlicher Verbreitung zu hindern, um ihre Propaganda zu begrenzen!« Und noch kämpferischer fügt er hinzu: »Hat denn der Staat nicht die Pflicht und daher das Recht, die religiöse Einheit der Bürger im rechten Glauben zu garantieren und die katholischen Seelen vor Schmach und Verbreitung von religiösen Irrtümern zu schützen und – nur aus diesen Gründen – die Ausübung der falschen Kulte zu begrenzen. Ja, wenn es nötig sein sollte, sie zu verbieten?«

Islamische und katholische Seiten teilen demnach folgende Ansichten: *Erstens*, um es mit Lefebvre zu sagen: »Nur die Wahrheit hat Rechte, der Irrtum aber ist rechtlos.« *Zweitens* die zynische Forderung nach Festschreibung ihrer jeweiligen Religion zur einzigen Staatsreligion in all jenen Ländern, in denen Katholiken oder Muslime die Mehrheit bilden, um freilich überall dort, wo ihre Schäfchen selbst in der Minderheit sind – wie in Russland, Indien und China – an das von ihnen verunglimpfte Prinzip der Gewissensfreiheit zu appellieren [...]

Daraus folgt auch, dass beide, der alte päpstliche wie der islamistische Fundamentalismus, begierig darauf sind, wieder Kontrolle über die staatliche Erziehung zu erlangen und sie streng zu reglementieren. So wollen sie sicherstellen, dass nichts verbreitet wird, was im Gegensatz zur »wahren Religion« oder zu den »guten Sitten« steht. Im *Sendschreiben des Glaubens* (einer Geißelung der heutigen Regierungen der islamischen Länder) von *Saleh Sirriya* liest sich das wie folgt: »Ein islamischer Staat ist jener, dessen innerstes Anliegen es ist, den Islam zu verbreiten und für ihn in toto einzutreten, innerlich und äußerlich ... Dies bedeutet: Herrschaft über alle staatlichen Apparate und über alle Lebenszusammenhänge. Jegliche Information würde dann im Dienst der islamischen Mission stehen. Und nichts, was dem Islam entgegengesetzt ist, würde in Funk oder Presse veröffentlicht. Der Zweck der Erziehung bestände darin, Generationen heranreifen zu lassen, die an den Islam glauben, mit ihm vertraut sind, ihn als ihre Richtschnur akzeptieren und sich für sein Wohl opfern. Daher müssten alle Curricula in diese Richtung ausgearbeitet werden – einschließlich der Wissenschaften. Und niemand wird Verantwortung in den Bereichen Information und Erziehung erhalten, wenn er nicht ein Missionar für den Islam ist.«

Mit derartigen Zielen lässt sich kein demokratisches Gesellschaftsverständnis verbinden. Darum teilen zeitgenössische islamische Fundamentalisten wie auch Papst Pius IX. ihre Ablehnung jeder Volkssouveränität. Pius IX. griff jene an, »die sich erdreisten, im Chor zu schreien, dass der Wille des Volkes … das oberste Gesetz bilde«, oder wie es im *Sendschreiben des Glaubens* heißt:

Demokratie ist eine Art zu leben, die dem islamischen Weg entgegengesetzt ist. Denn in einer Demokratie haben Menschen die Macht, Gesetze zu erlassen sowie zu verbieten und zu erlauben, was immer sie wollen … Im Islam dagegen verfügen die Menschen nicht über die Kompetenz zu bestimmen, was von Allah erlaubt (*Halal*) und was von Allah verboten (*Haram*) ist. Auch dann nicht, wenn sie vollständige Einmütigkeit über die Sache erreichen. Daher ist die Verbindung von Islam und Demokratie ungefähr so, als wollte man Judentum und Islam paaren. Denn genauso, wie es für eine Person unmöglich ist, gleichzeitig Muslim und Jude zu sein, kann sie nicht gleichzeitig Muslim und Demokrat sein.

Auch die Dschihad-Islamisten bekämpfen in der ägyptischen Verfassung fünf Prinzipien der Demokratie: (1) Die Souveränität liegt allein beim Volk. (2) Die Macht des Staates geht vom Volke aus. (3) Es gibt garantierte Grundfreiheiten. (4) Ein Pluralismus der Parteien ist für Demokratien grundlegend. Sie resümieren:

Die Macht kann nur in den Händen von Muslimen liegen, die nur eine Lehre, eine Religion und einen Weg zur Wahrheit kennen – im Gegensatz zu den demokratischen Gesellschaften. Die Partei Gottes, die wir zu gründen beauftragt sind, und die Partei Satans, die verboten ist.

Die Dschihad-Islamisten bleiben sich und ihren Prinzipien treu, wenn sie – bezogen auf die heutigen islamischen Staaten – erklären:

Niemand möge denken, dass wir diese Staaten bitten, die Gründung einer islamischen Partei zu erlauben. Denn wir lehnen die demokratische Idee grundsätzlich ab. Mehr als einmal haben wir erklärt, dass wir und die Demokratie die zwei entgegengesetzten Pole eines unauflösbaren Widerspruchs sind. Wir beide sind so unvereinbar wie Feuer und Wasser, wie Licht und Dunkelheit.

Diese Einstellung wirkt sich auch auf das Wissenschaftsverständnis aus.

Gelehrte rechnen den Dschihad als sechste zu den »fünf Säulen des Islams«.

In der Islamwissenschaft ist eine Umschreibung des Dschihad als Heiliger Krieg im Sinne eines von Gott vorgeschriebenen, seinetwegen geführten und von ihm belohnten Krieges gängig.

Dschihad-Islamisten

Zentral in der Ideologie islamistisch-terroristischer Gruppierungen und Organisationen ist die kompromisslos kriegerische Interpretation des Begriffs Dschihad, der als islamisch legitimierter militärischer Kampf zur Ausweitung und Verteidigung des Islam verstanden wird.

Zunächst entstanden in einzelnen muslimischen Ländern Terrororganisationen, um die eigene Regierung zu stürzen. Da dies nicht gelang, fanden die religiösen Freiheitskämpfer nach dem Einmarsch der Sowjetunion in Afghanistan dort ein neues Betätigungsfeld, wo sie mit Unterstützung ihrer Heimatländer und auch der USA in den 1980er-Jahren die Sowjetunion bekämpften. Erst nach dem Rückzug der Sowjetunion aus Afghanistan, der als Sieg der Muslime verstanden wurde, begannen die einzelnen Gruppen den Kampf gegen den »fernen Feind« zu organisieren. Eine zentrale Figur war dabei Osama bin Laden (1957–2011) und seine Organisation Al-Qaida.

Die Ideologie umfasst die Ablehnung westlicher Denk- und Lebensweise und betrachtet »sämtliche weltliche Autorität als nicht bindend für Muslime«. Das wichtigste Dokument ist die Gründungserklärung der Islamischen Weltfront für den heiligen Krieg gegen die Juden und Kreuzfahrer:

»In order to obey the Almighty, we hereby give the following judgement: The judgement to kill and fight Americans and their allies, whether civilian or military, is an obligation for every Muslim who is able to do so in any country […] Launch a raid on the American soldiers of Satan and their allies of the Devil.«

Diese 1998 von mehreren Islamistenführern unter Vorsitz von Osama bin Laden verabschiedete Erklärung verdeutlicht Strategie und Ideologie des islamistischen Terrorismus.

Charakteristisch für den islamistischen Terrorismus ist seine Bereitschaft zur asymmetrischen Kriegführung, insbesondere durch Selbstmordattentate. Dabei spielt für Terroristen die Vorstellung, dass sie als »Märtyrer« direkt ins Paradies einziehen dürfen, eine wichtige Rolle für ihre Bereitschaft, den eigenen Tod in Kauf zu nehmen. Auch gesellschaftliches Ansehen und die finanzielle Unterstützung der Familie von Selbstmordattentätern tragen zur Motivation bei.

Als religiöser Faktor sind für Dschihad-Islamisten folgende Momente bedeutsam:

1. Gehorche nur der Scharia.
2. Der Islam muss an die Macht kommen.
3. Dschihad ist der einzige Weg zum Sieg.
4. Der Glaube ist die Anziehungskraft.
5. Uns umgeben lauter Ungläubige.

Die Scharia besitzt für Islamisten dabei Absolutheitsanspruch.

Ayatollah Khomeini/Ruhollah Musawi Chomeini (1902–1989), politischer und religiöser Führer der Islamischen Revolution von 1979, danach iranisches Staatsoberhaupt. Aus dem französischen Exil heraus stürzte er die Regierung von Mohammad Reza Pahlavi, dem damaligen Schah des Iran. Er gilt als der Gründer der Islamischen Republik im Iran.

Shukri Mustafa (1942–1978), ägyptischer Islamist, der sich in den 1960er-Jahren der Muslim-Bruderschaft und dessen wichtigstem Theoretiker, Sayyid Qutb (1906–1966), anschloss. Er wurde nach der Ermordung eines ägyptischen Ministers hingerichtet.

Saleh Sirriya beschreibt im »Sendschreiben des Glaubens« den totalitären Herrschaftsanspruch des islamischen Fundamentalismus: »Ein islamischer Staat ist jener, dessen innerstes Anliegen es ist, den Islam zu verbreiten und für ihn in toto einzutreten, innerlich und äußerlich (...) Dies bedeutet: Herrschaft über alle staatlichen Apparate und über alle Lebenszusammenhänge. Jegliche Information würde dann im Dienste der islamischen Mission stehen. Und nichts, was dem Islam entgegengesetzt ist, würde in Funk oder Presse veröffentlicht. Der Zweck der Erziehung bestünde darin, Generationen heranreifen zu lassen, die an den Islam glauben, mit ihm vertraut sind, ihn als ihre Richtschnur akzeptieren und sich für sein Wohl opfern.«

Die offizielle, wenngleich fundamentalistische katholische Tradition betont: »Die kirchliche Gemeinschaft hat ein Recht darauf, die Lehre des Glaubens unverfälscht zu empfangen. Zu diesem Ziel muss es in der Kirche jemanden geben, der sagt, was der wahre Glaube ist und was nicht« (Erzbischof Jérome Hamer). Der sicherste Schutz vor Abweichungen im Glaubensverständnis liegt in der Sozialisation aller Gläubigen zu doktrinärer Konformität. Kommt es dennoch zu Beanstandungen, wird vom Katholiken erwartet, dass er auf öffentlichen Widerspruch verzichtet, sich einem eventuellen Schreib- und/oder Redeverbot unterwirft und in Demut wartet, bis sich das Lehramt selbst korrigiert. Diese Repression erfuhren Theologen zwischen den Herrschaftszeiten Pius IX. und Pius X. in einer überbordenden Weise, doch setzt sich die Kette solcher Kaltstellungen bis heute fort.

So wie über Jahrhunderte die naturwissenschaftliche Forschung, die historisch-kritische Bibelexegese und die philosophische Religionskritik im kirchlichen Raum behindert wurde, gilt dies auch für den islamischen Fundamentalismus. Al-Azm merkt an:

Beklagt wird erstens das der Wissenschaft innewohnende Prinzip der Autonomie gegenüber den allumfassenden Forderungen der überlieferten, konservativen und fundamentalistischen Religiosität. Zweitens ihr Verwerfen von Autorität – besonders der religiös sanktionierten – als Kriterium der Wahrheitsfindung. Drittens ihre permanent skeptische Geisteshaltung und ihre materialistische Orientierung. Viertens ihre Erklärung der Welt in Begriffen, die unvermeidlich die umfassenden und vorgeblich endgültigen Aussagen eines althergebrachten und durchdachten religiösen Glaubenssystems herausfordern. Fünftens ihre starken Auswirkungen auf die traditionelle Auslegung des religiös Geheiligten, wodurch die Sprache von Bibel oder Koran zunehmend im Lichte wissenschaftlicher Erkenntnisse interpretiert wird.

Um sich die Austauschbarkeit fundamentalistischer Aussagen zu verdeutlichen, betrachte man folgendes Experiment: »Der Koran ist absolut unfehlbar. Er ist ohne jeden Fehler, sowohl was die Belange von Glauben und Leben betrifft als auch in allen Bereichen wie Geographie, Naturwissenschaft, Geschichte usw. Der Zerfall unserer sozialen Ordnung ist leicht erklärbar. Denn Männer und Frauen missachten die klaren Anweisungen, die Gott mit seinem Wort gegeben hat.«

Diese Worte könnten von Ayatollah Khomeini, Shukri Mustafa oder Saleh Sirriya stammen, in Wirklichkeit aber stammen sie von dem amerikanischen Erweckungsprediger Harry Falwell – mit Ausnahme eines einzigen, ausgetauschten Wortes: Statt Bibel wurde Koran gesagt.

Navid Kermani: Von den Franken lernen

Als der Bekannte am Tor erscheint, lässt er den Gläubigen, der aus dem Land der Franken zurückgekehrt ist, sofort in den Hof treten. Durch das Haus, in dem die Bittsteller und Ratsuchenden Schulter an Schulter auf den Teppichen sitzen, wird der Gläubige in die erste Etage geführt, wo ihn Großajatollah Seyyed Mohammad Badi Milani in einem kleinen Zimmer mit kahlen Wänden empfängt. Der Gläubige küsst dem Großajatollah die Hand und setzt sich neben ihn auf den Teppich. Als das Begrüßungsritual beendet, die wechselseitigen Erkundigungen nach dem Befinden eingeholt und die Grüße von allen möglichen Leute überbracht sind, erklärt sich Großajatollah Milani bereit, das Anliegen des Gläubigen zu hören. Der Gläubige bittet um die Erlaubnis, frei reden und alles aussprechen zu dürfen, was auf seinem Herzen lastet, selbst wenn es respektlos oder gar ketzerisch klingt. Großajatollah Milani fordert ihn auf, keinerlei Rücksicht zu nehmen und etwaige Kritik nicht aus Furcht zu mildern. »Bevor ich das Land der Franken bereiste, Euer Ehrwürden, stand es für mich außer Zweifel, den religiösen Führern zu folgen«, hebt der Gläubige an: »Ich tat es mit Inbrunst und Überzeugung, und ich bemühte mich, wenigstens einmal täglich zu einem Gemeinschaftsgebet in einer Moschee zu gehen, auch in der Fremde. Aber nach dieser Reise spüre ich den Wunsch nicht mehr. Soweit ich gesehen habe, liegt ein wesentlicher Grund für die Rückständigkeit der muslimischen Gesellschaften im Versagen und in der Kurzsichtigkeit der religiösen Führer ...« Großajatollah Milani schneidet dem Gläubigen das Wort ab und verlangt die Gründe zu erfahren, die zu dieser schwerwiegenden Anschuldigung führen, denn bestimmt habe der Gläubige Gründe. »Selbstverständlich habe ich Gründe«, versichert der Gläubige, der wie oft schon im Leben von einer Ohnmacht in die andere fällt: »Soweit es dieser Sklave mit seiner eingeschränkten Wahrnehmung und seinem ungenügenden Verstand erkennt, haben die christlichen Gesellschaften den Geist und die Seele der heiligen islamischen Lehren und Gesetze verwirklicht, während sich die Muslime aufgrund ihres eigenen Versagens und der Unzulänglichkeit ihrer Führer mit den äußeren Buchstaben begnügen, deren Bedeutungen sie nicht einmal verstanden haben. Die Grundsätze der Religion missachten sie und halten sich stattdessen an der Hülle fest, den Regeln, Strafen und Sitten. Zerstrittenheit und Fanatismus sind die Folge. Wenn Sie von ein, zwei Eigenheiten der Franken absehen, von ihrem seltsamen Umgang mit Hunden zum Beispiel oder den Übertreibungen im Verhältnis von Mann und Frau, die aus Sicht des Islam nicht zu akzeptieren sind, finden Sie in den christlichen Gesellschaften Lehren, Ideale und überhaupt den Geist des Islam. In den muslimischen Gesellschaften finden

Navid Kermani lebt in Köln. Wie sein Großvater, der die »Franken« bewunderte, sieht auch der Enkel in den Vorgängen um den Kölner Moscheebau etwas Bewundernswertes:

Zu Hause befürchteten alle das Schlimmste, vor allem nach der Eskalation, die die Lokalzeitung mit ihren Berichten und Interviews ausgelöst hatte. Aber dann hatten die Hassprediger keine Chance. Vier, fünf von ihnen wurden des Saals verwiesen, die anderen von den achthundert Bürgern in der rappelvollen Schulaula übertönt. Sicher wurden Bedenken geäußert, auch Ablehnung, aber es waren größtenteils ganz konkrete Einwände, artikuliert ohne Schaum. Die Verkehrsführung, die vielen Ein-Euro-Shops auf der Ehrenfelder Einkaufsstraße, die Lärmbelästigung, die viel zu knappen Informationen des Bauträgers, die Höhe des Minaretts, nicht das Minarett an sich. Als der Architekt, der für seine Kirchenbauten berühmt ist, den wirklich beeindruckenden und keineswegs, wie zu lesen war, osmanisierenden Entwurf der Moschee auf die Leinwand projizierte, haben die Menschen in der Aula gejubelt – Deutsche. Das muss man sich vorstellen. Die Angehörigen der Mehrheitsgesellschaft nehmen den Symbolbau einer neuen Minderheit nicht nur hin, nein, sie sagen: Ja, so eine Moschee, also wenn sie so herrlich aussieht – die wollen wir haben. Applaus. Die Leute müssen doch irgendwo beten. Applaus. Wir können doch nicht sagen, dass sie sich integrieren sollen und gleichzeitig verlangen, dass sie mit ihrem Glauben in den Fabrikhallen bleiben. Applaus. Wir sind Ehrenfeld. Jubel. Es gibt in Köln eine breite weltoffene Mitte, die ins Gutmenschentum übergeht, auch und gerade unter Leuten, die ihre Hosen aus schließlich mit Bundfalten tragen. Es ist dem Berichterstatter schon oft aufgefallen und wunderbar, unter solchen Menschen zu leben, Gutmenschen seinetwegen, aber tausendmal angenehmer als die konvertierten Kulturkämpfer von ehemals links, die nicht mehr darüber reden wollen, gestern den Irakkrieg unterstützt zu haben, und dafür heute im Namen der westlichen Freiheit O-Töne wie von Rechtsradikalen auf die Titelseiten spucken ...

Gewiß verursachen Einwanderer Probleme. Aber genauso, wie es auf der Bürgeranhörung geschah, ist über diese Probleme zu reden. Das war, der Berichterstatter konnte es selbst nicht glauben, Demokratie in Reinkultur. Jeder, der nicht pöbelt, darf seine Meinung äußern, ihm wird geantwortet, und wenn es sich bis weit nach Mitternacht hinzieht. Wir haben Zeit, sagt der Versammlungsleiter. Es geht der Reihe nach und streng nach Vorschrift. Sie wollen eine Moschee bauen? Haben Sie denn genug Parkplätze? Der Berichterstatter hatte einen Freund aus Teheran mitgenommen, einen Schriftsteller, der zu Besuch in Köln ist. Bauklötze staunte der Besucher. Was für eine Toleranz, murmelte er immer wieder, was für ein entwickeltes Land. Der Berichterstatter sah, wie die jungen Türken, die ihre Beiträge in besserem Deutsch vortrugen als die Randalierer, strahlten, wie sie stolz waren, wie sie dachten: Hier gehören wir hin.

Navid Kermani

Über die DITIB-Zentralmoschee in Köln, ihre Baugestaltung und die Höhe ihrer Minarette gab es öffentliche Kontroversen.

Eine 2007 durchgeführte repräsentative Umfrage des Meinungsforschungsinstituts OmniQuest hat ergeben, dass 35,6 % der Kölner den Bau der Moschee uneingeschränkt befürworteten, weitere 27,1 % befürworteten den Bau bei Reduzierung der seinerzeit geplanten Größe und 31,4 % lehnten den Bau unabhängig von der Architektur ab. Insgesamt befürwortet die Mehrheit den Neubau dieser Moschee. Die rechtsextreme Bürgerbewegung Pro Köln protestierte gegen die Moschee. Ein Bürgerbegehren gegen den Neubau scheiterte an zu vielen ungültigen Unterschriften.

Der Architekt Paul Böhm plante das fünfstöckige Gebäude mit einer 35 Meter hohen Kuppel und zwei Minaretten von je 55 Metern Höhe. Es soll 1.200 Gläubigen Platz bieten. Neben den Gebetsräumen sind im Gebäudekomplex auf rund 14.000 m² Nutzfläche eine Bibliothek, Schulungs- und Seminarräume, Geschäfte, Dienstleistungsbetriebe und eine Tiefgarage vorgesehen.

Am 22. August 2007 lehnten es DITIB und Architekt Paul Böhm ab, die Moschee mit

Sie vom Islam hingegen leider nur die Buchstaben und die Gesetze. Und die religiösen Führer …« Wieder unterbricht der Großajatollah Milani den Gläubigen und fordert ihn auf, konkrete Beobachtungen zu nennen, die sein Urteil belegen. Der Gläubige zählt alles auf, der Reihe nach, ohne ein weiteres Mal unterbrochen zu werden: das Wechselgeld und die Aufrichtigkeit der Franken, die Campingplätze und ihre Rücksichtnahme, die Krankenhäuser und der Stand ihrer Wissenschaft, die Busse und ihr Respekt gegenüber den Alten, die Bürgersteige und ihr Gemeinsinn, die Ampeln und ihre Gesetzestreue, die Gerichte und ihre Unbestechlichkeit, der Genfer See und ihre Reinlichkeit, die Küstenwache und ihre Rechtsstaatlichkeit, die Frisöre und ihre Höflichkeit, die späteren Orthopäden und ihre Genügsamkeit, die Autopanne und ihre Hilfsbereitschaft, der Knirps und ihre Korrektheit, das Behindertenheim in Nuren Bergeh [Nürnberg] und ihre Barmherzigkeit, die Kirchen und ihre Toleranz. Und als Großajatollah Milani ihn nach zehn, fünfzehn Minuten immer noch aufmerksam anblickt, fügt der Gläubige die Meinungsfreiheit hinzu, die im Land der Franken herrsche, die Demokratie und die Würde des Menschen, jedes Menschen, gleich ob Mann oder Frau, alt oder jung, behindert oder unversehrt, gleich welcher Hautfarbe und Religion – sei es denn dem Propheten und den Imamen, Gott segne sie und schenke ihnen Heil, je um etwas anderes zu tun gewesen?

Als der Gläubige, der aus dem Land der Franken zurückgekehrt ist, alles ausgesprochen hat, was auf seinem Herzen lastet, starrt er auf den Teppich und hört lange Zeit nur das Gemurmel aus dem Erdgeschoss und seinen eigenen schweren Atem. »Verehrter Herr«, löst Großajatollah Milani endlich das Schweigen auf, »sosehr ich es bedauere, scheinen mir Ihre Argumente sehr einleuchtend zu sein und muss ich Ihnen wohl recht geben. Ich habe solche und ähnliche Schilderungen schon von vielen Freunden gehört, die bestätigen, was Sie berichten, und auch das bestätigen, was Sie sich vielleicht doch nicht zu berichten getraut haben. Nun würde mich interessieren, was wir Ihrer Ansicht nach tun könnten, um unsere Lage zu verbessern? Nein, nicht, was *wir* tun können – mich würde interessieren, was *ich* persönlich tun kann.« Der Großajatollah, ein Greis mit schwarzem Turban und würdevollem weißen Bart, blickt dem Gläubigen ratsuchend in die Augen. »Dieser Sklave ist zu unwürdig und zu ungebildet, um in der Anwesenheit eines solch hochstehenden Gelehrten eine Meinung zu äußern«, senkt der Gläubige wieder den Kopf: »Ich bedauere bereits, Euer Ehrwürden mit meinem albernen Reisebericht nicht nur die Zeit gestohlen, sondern Sie auch noch betrübt zu haben.« Großajatollah Milani lässt nicht locker und zitiert auf Arabisch Sure 13,11: »Gott ändert an einem Volke nichts, ehe sie nicht ändern, was an ihnen ist.« Der Gläubige bekräftigt noch zwei-, dreimal, ein Sklave, ein Wurm, ein Niemand zu sein, bevor er tief Luft holt und einen Vorschlag unterbreitet: »Euer Ehrwürden könnten Stipendien vergeben, damit Ihre Schüler und andere muslimische Gelehrte das Land der Franken bereisen, wo sie Bedeutsameres lernten als in den islamischen Ländern.« Daran habe er auch schon gedacht, überrascht Großajatollah Milani den Gläubigen: Um seinen Seminaristen und ebenso höherrangigen Geistlichen einen Aufenthalt im Land der Franken zu ermöglichen, habe er ein Stipendienprogramm entworfen, dessen Finanzierung allerdings noch ungeklärt sei. »Ich habe noch einen weitergehenden Vorschlag«, nimmt der Gläubige allen Mut zusammen, »doch fürchte ich, ihn zu unterbreiten, da Euer Ehrwürden nicht erfreut sein werden und Sie sich Gott verhüte sogar ärgern könnten.« Großajatollah Milani lächelt den Gläubigen nachsichtig an, der fast genauso alt ist, aber aufgeregt wie ein Seminarist in der Prüfung: »Reden Sie nicht herum und sagen Sie endlich, was Sie zu sagen haben. Ich scheine ja sehr gebrechlich auf Sie zu wirken, dennoch darf ich Ihnen versichern, verehrter Herr, dass mich Ihr Vorschlag schon nicht umbringen wird.« »Euer Ehrwürden, ich flehe Sie an, bitte erklären Sie es für alle Muslime, die vierzig Jahre oder älter sind, zur religiösen Pflicht, ins Land der Franken zu reisen.« »Sie meinen, so wie die Pilgerfahrt?« »Ja, so wie es für Muslime immer war und sein wird, nach Mekka zu pilgern, so wichtig ist es heute für sie, von den Franken zu lernen.« »Mein lieber Herr, Sie können doch nicht allen Ernstes von mir verlangen, eine solche Neuerung im islamischen Recht einzuführen.« »Ich bitte Euer Ehrwürden vielmals um Verzeihung, aber bedenken Sie, dass diese Regelung nur für Muslime über vierzig Jahre gälte. Und natürlich ...« – da beendet der Ruf des Muezzins die Audienz. Der Gläubige, der aus dem Land der Franken zurückgekehrt ist, küsst die Hand Großajatollah Milanis, erhebt sich ächzend und verlässt das kleine Zimmer, um sich nach der rituellen Reinigung unter die Gläubigen im Erdgeschoss zum Gebet einzureihen.

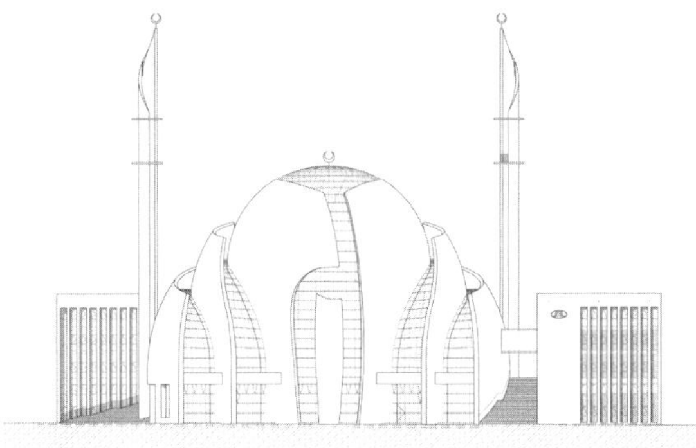

niedrigeren Minaretten zu bauen. Böhm erklärte, eine stimmige Architektur erreiche man nicht durch faule Kompromisse. Der Architekt zeigte anhand eines Modells und vieler Zeichnungen auf, dass die Moschee sich gut in das bauliche Umfeld einfüge. Mehrere Bürogebäude in der Nähe seien sogar höher als die geplanten Minarette. Der Architekt rechnete damals mit einem Baubeginn im Frühjahr 2008.

Am 7. November 2009 fand die Grundsteinlegung für den Neubau statt. Der Bau sollte im Mai 2012 eröffnet werden, verzögerte sich jedoch bis in die Gegenwart. Die Kölner Politikerin Lale Akgün wies darauf hin, dass die DITIB über die Religionsbehörde an die AKP-Regierung in der Türkei gebunden sei. Die politische Großwetterlage in der Türkei und damit auch bei der DITIB in Köln sei deutlich konservativer geworden. – Offensichtlich soll die Moschee im Jahr 2017 eröffnen.

SAID: ich und der islam

ich habe diese religion nie ausgeübt. dennoch, vom sozialen umfeld her bin ich ein muslim. denn meine kindheit fand in einem islamischen land statt. ich bin in einer liberalen familie aufgewachsen. mein vater übte keine religion aus und zwang mich auch zu keiner. meine großmutter war stockreligiös. während meine cousine, die mit uns lebte, mit sehr kurzen röcken zur universität ging. einmal, ein einziges mal hat die großmutter geklagt: »mädchen! denke an den gott und auch an die jungen männer auf der straße!« und wir lebten weiter. die Großmutter saß mit der Cousine am abendtisch. »convi-

Said (geb. 1947, sein Künstlername in Großbuchstaben: SAID) ist ein deutsch-iranischer Schriftsteller, in Teheran geboren, als Student siebzehnjährig nach München gekommen. Nach dem Sturz des Schahs 1979 ging er kurzzeitig zurück in den Iran. Aber die dort durch die Mullahs neu begründete Theokratie veranlasste ihn, wieder nach Deutschland zurückzukehren. Hier schreibt er Lyrik und Prosa in deutscher Sprache, die er – ganz so wie Navid Kermani – als seine »Behausung« begreift. Seine literarischen Interessen verbinden sich mit einem politisch-demokratischen Engagement, das seine Rückkehr in den Iran ausschließt.

Er entstammt einer liberalen Familie, die ihm keine Religion aufgezwungen hat. Aber die Eindrücke in seiner Kindheit von religiösen Ritualen, dem Ruf des Muezzins, dem Geruch der Moscheen sind prägend. »Es hätten versöhnliche Eindrücke sein können. Aber die islamistische Diktatur Chomeinis läutete einen Prozess ein, in dem aus einer möglicherweise weltoffenen toleranten Religion eine aggressive, selbsternannte Befreiungsbewegung wurde, die die ›Mysterien der menschlichen Seele‹ ignoriert und stattdessen den Terror befördert.«

In seinem Essay *Warum ich kein Muslim bin* erörtert SAID den Widerspruch zwischen dem Wunsch nach einer das Individuum schützenden und befreienden Spiritualität und dem Verhängnis des islamistischen Staatsterrors.

vencia« nennt man das wohl. ein begriff aus der zeit der mauren in spanien, als mehrere religionen nebeneinander existierten. aus dieser zeit stammte auch eine bibel, deren faksimile ich einmal bewundert habe. eine bibel in drei sprachen: arabisch, hebräisch und latein.

durch meine familie hatte ich eine ungezwungene haltung zu religionen. dennoch, soziologisch bin ich muslim. denn es ist nicht entscheidend, was der erwachsene später räsoniert, sondern was das kind gesehen, gerochen und gehört hat.

das huhn wurde lebendig gekauft und zu hause geschächtet. enthaupten ist im islam verboten. übrigens auch für menschen – wenn da die regierungen nicht wären. das geschächtete huhn gackert, zappelt und springt herum. das blut fließt, und das kind schaut zu. das kind hört jeden morgen den muezzin, der alle zum gebet ruft. ein guter muezzin erzeugte schon damals bei dem kind gänsehaut. das kind sieht auch die flagellanten, die sich verletzungen zufügen. das blut fließt, das kind schaut zu. bekommt dieses kind nicht ein anderes verhältnis zum blut? zur gewalt? »das blut entscheidet über den gang der geschichte«, schrieb oswald spengler schon in seinem »untergang des abendlandes«.

das kind betrat schon immer gerne die moscheen; sie rochen – damals – nach brüderlichkeit und rosenwasser. bis die mullahs an die macht kamen und auch meine freunde massakriert haben. seither riechen moscheen nach blut, schweiß und folter.

die diktatur des schahs ist gestürzt, die diktatur von chomeini ist gekommen – letztere legitimiert sich mit göttlichen versprechungen. damit ist die geburt eines neuen islam besiegelt. ein islam, der keine religion mehr, aber eine befreiungsbewegung sein will – allerdings keine nationale, sondern eine globale. und wovon will uns denn dieser islam befreien? verwestlichung ist das schlagwort. jede demokratische struktur wird als amerikanisch und jeder freiheitliche gedanke als pornographisch abgetan. oder ist der islam zu einer befreiungsbewegung wider willen geworden, aus mangel an alternativen? und dieser islam bedient sich geschickt des gefälles, das der hunger verursacht …

dürfen wir den grund nur beim islam suchen, wenn er wild um sich schlägt? oder auch beim westen? die freie marktwirtschaft allein genügt nicht als botschaft für den rest der welt.

aber gibt es denn überhaupt *einen* islam?

nach dem tod mohammeds spalteten sich die gläubigen, weil sie sich über die person des nachfolgers nicht einigen konnten, in sunniten und schiiten – die mehrzahl der schiiten lebt in iran. seit 1506 gilt der schiismus als staatsreligion in iran, weil ein könig der safawiden sein reich gegen das sunnitische osmanische reich abgrenzen wollte. schon wieder ein politischer akt, der das schicksal der iraner für jahrhunderte bestimmte, und keine freie wahl der gläubigen. man muß hinzufügen, dass die schiiten nur 10% der muslimischen weltbevölkerung ausmachen. aus dieser statistik ergibt sich etwas, das ich »einen politischen komplex von ayatollah chomeini« nenne. er wäre gerne führer aller muslime. sein propagandaapparat nennt ihn auch gelegentlich so. dabei waren die kontroversen mit den sunniten oft klar zutage getreten. als ayatollah chomeini 1989 den britischen schriftsteller salman rushdie mit einer fatwa zum tode verurteilte, gab die al-azhar-universität in kairo, die als inoffizielles sprachrohr der sunniten gilt, durch ein edikt bekannt, dass die fatwa von chomeini dem islam widerspricht und ihm schadet.

der islam ist nicht als kirche organisiert, er kennt kein offizielles lehramt in angelegenheiten der dogmatik wie des rechts. und der islam hat keine zentrale. weder ayatollah chomeini noch herr bin laden dürfen im namen des islam sprechen. jeder muslim kann – wo auch immer – seinen imam, seinen religiösen lehrer, frei wählen. selbst heute in der islamischen republik iran. dafür kann er heute allerdings auch ins gefängnis kommen. denn nun bestimmt die republik, welcher imam zu welchem gläubigen passt. [...]

landauf, landab wird, auch von ernstzunehmenden deutschen intellektuellen die these kolportiert: man muss den islam fürchten, weil er keine aufklärung erlebt hat. aufklärung als allheilmittel? deutschland hat sehr früh die aufklärung für sich entdeckt – nicht zuletzt durch die schriften von immanuel kant. trotzdem hat deutschland sechs millionen juden ermordet. frankreich hat durch die revolution 1789 die aufklärung auf das banner der republik geschrieben und dennoch im krieg gegen algerien 1,5 millionen algerier massakriert.

england, bekannt als wiege der demokratie, hat in indien gräueltaten begangen, die genügen würden, die menschheit für eine lange zeit zu beschämen. sogar belgien, dieses kleine land, hat im kongo patrice lumumba wie einen hund hingerichtet. der colonel, der hierfür befehl erteilte – hand anlegen wollte er nicht, dafür hatte er seine schwarzen lakaien –, zeigte vor zwei jahren in einem dokumentarfilm des wdr einen zahn des ministerpräsidenten lumumba, den er als »souvenir« bei sich trug. und selbst nach auschwitz haben die usa mit einem einzigen knopfdruck hiroshima vernichtet.

offensichtlich ist die aufklärung keine antwort auf alle fragen – schon gar nicht auf die religiösen. die religion innerhalb der grenzen der praktischen vernunft zu suchen – ist das überhaupt denkbar? wer diesen fehlschritt begangen hat, meint dann auch bald, die menschliche seele sei wissenschaftlich beschreibbar, also messbar. der nächste schritt führt in den puren materialismus und zur verneinung der religion. doch schon novalis warnte: »wo keine götter sind, herrschen die gespenster.«

Wer meint, der Islam müsse sich reformieren und die Werte der Aufklärung übernehmen, übersieht, dass der Islam frei blieb von Missständen, die in Europa die Reformation und die Aufklärung zur Folge hatten. So etwa kennt der nachklassische Islam keine Hexenverbrennungen, keinen Index verbotener Bücher und keine Religionskriege – alles Phänomene, die Europa plagten. Vor der Konfrontation mit dem Kolonialismus gab es im Islam keine Situation, die – wie in Europa – Reformation und Aufklärung nötig machten.

So weist Wael Hallaq, Professor für islamisches Recht an der Columbia Universität in New York, darauf hin, dass die klassische islamische Scharia, wie sie vor 1800 in Ägypten oder Syrien praktiziert wurde, ein auf ihre Gesellschaften abgestimmtes Rechtssystem war. Ihr Erfolg habe darin gelegen, dass nicht nur wie im europäischen Rechtsdenken, eine einzige Lösung für streitende Parteien oder konkurrierende Rechtsprinzipien vorgegeben gewesen sei, sondern mehrere, die alle mit gleicher Legitimität abgeleitet werden konnten.

Solche Rechtspraxis spiegle eine Gesellschaft ohne radikale Verwerfungen, wie sie etwa die französische Revolution darstelle. »Hier gab es keine Aufklärung, keinen Aufruhr gegen die Religion, stattdessen war sie geprägt von Synthesis und der Suche nach Ausgleich. Hier verband sich Religion etwa erfolgreich mit Philosophie, ja, sogar mit Freidenkertum und dem Herumstreunen halb nackter Derwische ... Es war dies eine Gesellschaft, in der es keinen Mainstream, sondern vor allem Nischen gab, schwach abgegrenzte Bereiche, in denen die Sufis ebenso ungestört ihre Kreise drehen konnten, wie die Astronomen neue Theorien von Planetenbewegungen ausprobierten – alle im geozentrischen Modell natürlich.«

Aus westlicher Sicht galt die Vielfalt dieser Rollenmodelle jedoch als rückständig und arm, verdammt dazu, ihre eigenen Werturteile aufzugeben und die des Westens anzunehmen.

die französische revolution, die die aufklärung verkörperte, ließ gott abschaffen und die priester verfolgen. doch schon im jahr eins der revolution proklamierte robespierre, der liebling der massen, das »höchste wesen« und ordnete an, das fest des höchsten wesens stärker zu feiern als das der revolution. aber was ist das höchste wesen? ein surrogat-gott, um die masse zu beschwichtigen. kein anders beispiel demonstriert das religiöse dilemma besser, unter dem die aufklärung bis heute leidet.

und wie verträgt sich diese aufklärung mit dem kolonialismus? es klingt grotesk, doch beide gingen oft hand in hand. die orientalistik, jene ominöse wissenschaft, die alles kann und für nichts verantwortlich ist, datiert den beginn der modernen geschichte des nahen ostens mit der eroberung ägyptens durch napoleon bonaparte. dieser verstand sich als botschafter der französischen revolution, jener revolution, deren lösung »freiheit, gleichheit, brüderlichkeit« eine welle der nationalen und kulturellen erschütterungen auch im nahen osten ausgelöst hatte, doch kam der befreier als kolonialist. und er rief seinen soldaten angesichts der pyramiden zu: soldaten, jahrtausende blicken auf euch herab.« [...]

der gegenwärtige dialog zwischen dem westen und dem islam erinnert an ein gespräch zwischen einem tauben und einem blinden. der eine ist taub, weil saturiert; der andere blind, weil er nur auf sich schaut. der taube produziert zuweilen auch waffen, der blinde setzt sie ein.

zuweilen auch gegen den tauben.

ist der islam überhaupt mit demokratie vereinbar? [...]

religionen sind wie vaterländer. man muss sie nach eigener fasson begreifen. sonst wuchern sie aus, mutieren zu einem moloch, der alles zertrampeln will. der konvertit heinrich heine bezeichnet sich selbst als »jesuaner«. hölderlin spricht gleich von göttern, und die blaue blume war für die romantiker auch metapher für eine neue religion, die tröstet, ohne zu morden, ohne zu strafen. denn vom strafen führt eine gerade linie zum morden.

einmal überraschte ich meine mutter bei ihrem mittagsgebet. sie betete fünfmal statt dreimal. darauf angesprochen sagte sie: »ich kann nicht so früh aufstehen. ich habe mich mit meinem gott arrangiert. ich bete dafür am mittag fünfmal. er akzeptiert das. was geht es dich an, mein sohn?«

Das Christentum und die Religionen der Welt

Vom Christentum wird in diesem Buch nicht gesprochen. Davon handelt der erste Band dieser Trilogie »Literatur und Religion«. Er beschreibt die Problematik, in der sich das Christentum angesichts des westlichen gebildeten Bewusstseins befindet. Der katholische Neutestamentler Otto Kuss formulierte die Infragestellung der traditionellen dogmatischen Gewissheit sehr entschieden:

»›Wenn es um die zentralen Fragen – Woher? Wohin? Warum? Wozu? – geht, gibt es Sicherheit als Antwort nicht. Jede Religion, jede Philosophie, jede wie immer geartete Weltanschauung lebt von bestreitbaren Thesen, Hypothesen, ›Glaubensinhalten‹, die sich voneinander unterscheiden, die vielfach oder zumeist nichts miteinander zu tun haben, häufig einander widersprechen oder einander gar bekämpfen …

Der Ertrag eines unvoreingenommenen Vergleiches all dessen, was dem Menschen hier und jetzt an religiösen, philosophischen, weltanschaulichen Weisungen zur Verfügung steht, ist nicht ›Wahrheit‹, ›Sicherheit‹, sondern der Zweifel, eine Unsicherheit, die durch nichts aufgehoben werden kann, sofern der Mensch nicht mutwillig und fahrlässig auf Sand bauen will, sondern auf verantwortbare Erkenntnis aus ist …

Eben dies bedenken, eben dies niemals vergessen, immer von neuem sich damit beschäftigen, stets wieder den Mut aufbringen, es sich einzugestehen, ›annehmen‹, Ja sagen, nicht gezwungen und als Vergewaltigter, sondern ›schlicht‹ – aber wie viel Kompliziertheit, Mut, Risikobereitschaft, Demut, Hingabe steckt in diesem einfachen ›schlicht‹ – einverstanden sein und sich zugleich allem inneren Widerstand und Zweifel gegenüber stets von neuem um solches Einverständnis mühen – das ist ›beten‹.«

Kontraproduktiv in diesem Prozess sind die Offiziellen, die ihre persönlichen Fragen und Zweifel hinter der dogmatischen Sprachregelung verkümmern lassen – ohne zu spüren, wie sehr sie selbst dabei verkümmern. Aber Kirchen, die ohne Wahrhaftigkeit Wahrheit beanspruchen, verlieren. Vermeintliche »Glaubenstreue« ist dann nur noch Fassade. In den Städten schmilzt das Christentum rapide dahin. Aber auch in den traditionsbestimmten Landschaften vollzieht sich der Traditionsabbruch. Die Sätze

Die Weise der Wissenden wird innerhalb der verschiedenen religiösen Traditionen auf verschiedne Weise geformt, so daß die göttliche Realität innerhalb verschiedener Gemeinschaften als ein plurales System göttlicher Phänomene gedacht und erfahren wird. Somit verehren wir nicht alle denselben Gott; die verschiednen Götter, die wir verehren, sind jedoch Manifestationen der einen, letzten, unaussprechlichen Realität.

Eine Teilanalogie wäre der Unterschied in der Betrachtung einer hölzernen Tischplatte, die wir als soliden, harten, braunen, glänzenden, beständigen dreidimensionalen Gegenstand wahrnehmen, und die der Physiker als (sehr allgemein ausgedrückt) überwiegend leeren Raum betrachtet, in dem sich unendlich viele Teilchen sich entladender Energie mit ungeheurer Geschwindigkeit bewegen, und keines von diesen Teilchen hat die Eigenschaften des Tisches, den wir wahrnehmen – weder Farbe noch Gewicht, Ausmaß oder Dichte oder auch nur einen festen Standort. Fügen wir nun noch andere Beobachter hinzu – sagen wir Engel, Marsianer, Alphazentauren –, die alle mit besonderen Sensoren ausgestattet sind, über die die Wahrnehmungen mit Hilfe der eigenen Begriffssysteme verarbeitet werden. Und nehmen wir an, dass im Ergebnis jede Spezies etwas völlig anderes wahrnimmt als die andere. Dies vermittelt eine Vorstellung von einer Realität, die in sich einmalig ist, von verschiedenen Beobachtern jedoch als ein plurales System verschiedener Phänomene wahrgenommen und erfahren wird. Lassen Sie mich jedoch gleich hinzufügen, dass auch diese Analogie nicht stichhaltig ist, weil der Tisch des Physikers nicht unaussprechlich ist, nicht jenseits seiner menschlichen Begrifflichkeit liegt.

John Hick

des Glaubensbekenntnisses haben ihre Verständlichkeit verloren. Es sind Formeln, die nicht einmal mehr ein Nachfragen wecken. Der anglikanische Theologe Don Cupitt resümiert:

Wenn das Dogma unverrückbar feststeht, wenn der Papst unfehlbar ist und nur eine Interpretation rechtens ist, kann von einer Neuinterpretation, einer neuen Vorstellung, einer Neuerfindung oder einer Neuprägung religiöser Glaubenssätze keine Frage mehr sein. Das System kennt schon sämtliche Antworten … Aber es ist wichtig zu verstehen, in welchem Ausmaß die große Tradition des Christentums zu Beginn der Aufklärung sich durch ihre katastrophale Vernarrtheit in den Buchstabenglauben und den Einsatz purer Macht zur Kontrolle von Sprache selbst zerstört hat. Das ausgebrannte autoritäre Herrschaftssystem der römisch-katholischen Kirche von heute und der nichtssagende protestantische Fundamentalismus sind die langfristigen Konsequenzen davon. Wenn die Sprache zu eng an die Kandare genommen wird, erleidet die Religion einen langsamen Tod.

mein herz ist fähig alle formen
anzunehmen weide
für gazellen für manche ein kloster

ein tempel für heiden für pilger
die kaaba der tora tafeln
und blätter aus dem koran

ich bekenne die religion der liebe gleich
wohin ihre karawane mich führt die liebe
ist mein glaube meine religion

Ibn 'Arabi

Verständiger sieht der Buddha diese Problematik, wenn er sagt: »Wir dürfen nicht zu Gefangenen der Lehre werden. Der Asket Vacchagota wollte von mir eine Lehrmeinung haben, aber ich wollte nicht, dass er sich durch eine Lehrauffassung in einer Falle verfängt« (→ S. 140). Die Übertragung dieser Warnung auf das Christentum wird wohl von dessen Wahrheitsverständnis zurückgewiesen. Doch die inzwischen überdeutlich gewordenen Krisenmomente – überholte Bekenntnisformeln, Kirchenaustritte, Pfarrermangel – offenbaren eine Falle, der nicht mehr ohne Systembruch zu entkommen ist.

Der Generalnenner der Krise lautet, nicht mehr glauben zu können, was in der Kindheit zu glauben gelehrt wurde. Und weil die meisten doch das Verlangen nach einem Lebenssinn kennen, wenden sich die Beweglichen nach Asien, um dort das zu finden, was ihr Sinnverlangen befriedigt. Einige von ihnen entdecken gerade dort das Christentum wieder, wo sie es am wenigsten erwartet haben. Daneben wächst die Zahl theologisch gebildeter Spezialisten, die ihre religiöse Identität im Sinne einer doppelten oder gar mehrfachen Religionszugehörigkeit finden. Sie nehmen dafür eine mystische Tradition in Anspruch, deren Offenheit bereits Ibn 'Arabi (→ S. 252) vertrat:

Schließe dich nicht ausschließlich einem bestimmten Glauben an, um alles andere nicht glauben zu müssen, sonst wirst du viel Gutes verlieren, ja, du wirst sogar die wahre Natur der Sache verfehlen. Gott, der Allgegenwärtige und Allmächtige, lässt sich nicht auf einen einzigen Glauben begrenzen, denn er sagt: »Wohin immer du dich wendest, ist das Gesicht Allahs« (Koran 2,109). Jeder preist das, was er glaubt, sein Gott ist sein eigenes Geschöpf, und indem er ihn preist, preist er sich selbst. Folglich tadelt er die Überzeugungen anderer, was er nicht tun würde, wenn er gerecht wäre, aber seine Ablehnung beruht auf Unwissenheit.

In der Vergangenheit begegnete solches Denken selten. In neuerer Zeit aber mehren sich Biografien multipler religiöser Identität. Ein berühmtes Beispiel ist Raimon Panikkar (1918–2010), spanischer Priester, Sohn einer katholischen Katalanin aus dem Bürgertum und eines Vaters, der Hindu war. »Ich bin als Christ ›gegangen‹«, schrieb er 1970, »ich habe mich als Hindu ›gefunden‹ und ich ›kehre‹ als Buddhist ›zurück‹, ohne doch aufgehört zu haben, ein Christ ›zu sein‹.«

Eine christlich-hinduistische Doppelexistenz führte auch der bretonische Benediktiner Henri Le Saux (→ S. 114). Im Sinne Buddhas wollte er nicht ein Gefangener der Systeme bleiben, in die vor allem das griechisch gedachte und reflektierte christliche Glaubensverständnis gegossen worden ist; er suchte eine religiöse Existenz jenseits des begrifflichen und systematisierenden Denkens.

Gewiss hat der Begriff seinen Wert, aber er ist nicht absolut, er ist gebunden an die Entwicklung des menschlichen Bewusstseins, das ist gerade das ganze Problem, das die Theologie bewegt …

Ich sage nicht, dass die Hindu-Philosophie größer ist als die griechische, beide ergänzen sich vielmehr. Sollte nicht die abendländische Erfahrung und ihre Verbegrifflichung durch die überbegriffliche oder vielmehr jenseits des Intellekts liegende Erfahrung erneuert werden? Das allein interessiert mich hier. Diese Erfahrung am Ort ihres Ursprungs wieder zu finden, vor ihrer Verbegrifflichung …

Wie sie bleibe auch ich griechisch, wie immer es scheinen mag; meine Intelligenz, die von der Scholastik geformt wurde, erschrickt gerade vor dem Problem, das die Hindu-Erfahrung der christlichen Theologie stellt, ein Problem, bei dem man tastet, das einen manchmal an den Rand bringt. Und doch, wenn das Christentum jenseits der kulturellen Welt des Mittelmeerraumes eindringen will, muss es der unbestreitbaren spirituellen Erfahrung des Hinduismus und des Buddhismus begegnen.

Derjenige, der mehrere geistige oder religiöse Sprachen kennt, ist unfähig, irgendwelche Formen absolut zu setzen – seien es evangelische, *upanishadische*, buddhistische usw. Er kann nur eine Erfahrung bezeugen, von der er stammelt. Alle Formulierungen sind *upasanas*, betende, kontemplative, demütige Annäherungen. Es gibt das *upasana* des ABBA, das Jesus gelehrt hat … Es gibt das *upasana* der Upanishaden. Sie widersprechen sich nicht. Derjenige, der es weiß, weiß es.

Henri Le Saux

Le Saux sah deutlich, wie extrem das Christentum herausgefordert würde, wenn es sich wirklich dem vedantischen Denken stellt. Die höchst mögliche menschliche Erfahrung, die gemacht werden kann, sah er in der Erfahrung der Nichtzweiheit als der zentralen »Lehre« der Upanishaden. Wenn schon das Universum im menschlichen Bewusstsein zur Selbstwahrnehmung gekommen ist – soweit wir das nach heutigem Kenntnisstand für den uns bekannt gewordenen Kosmos sagen können –, strebe alles darauf hin, dass die Evolution der Menschheit zu einer immer tieferen Erkenntnis gelange.

Eine Begegnung mit den östlichen Religionen kann natürlich nur im Bereich spiritueller Erfahrung stattfinden. Es ist aber zu bezweifeln, dass es kirchlichen Konferenzen, Gremien, hierarchischen Instanzen je gelingt, ihrerseits die einfachen Wege des Schweigens, der meditativen Stille und der Versunkenheit zu beschreiten, auf denen es keine Amtswürde und keine Entscheidungsgewalt mehr gibt. Auch Henri Le Saux hat nicht angenommen, ein wechselseitiger religiöser Lernprozess ließe sich über »das System« steuern. Er erwartete die Entwicklung einer authentischen christlich-indischen Theologie nicht von theologischen Gipfeltreffen, sondern von demütigen Bemühungen, die »im Schweigen der verschiedenen Ashrams« von Menschen geleistet werde, die in die Erfahrung des Selbst eindringen.

Ein Spezialfall multireligiöser Zugehörigkeit, der inzwischen jedoch häufiger auftritt, besteht darin, dass man sich mit der Weltanschauung und dem hermeneutischen Kontext einer Religion identifiziert, zugleich aber auch mit dem symbolischen Gerüst einer anderen. Ich denke hierbei an die Versuche einiger christlicher Theologen, gewisse zentrale Glaubenslehren des Christentums (z. B. Inkarnation oder Trinität) in Kategorien und Begriffen zu interpretieren, die aus dem Buddhismus und dem Hinduismus abgeleitet sind … Für die Betroffenen handelt es sich … um den Versuch, den Glauben durch die Reformierung der christlichen Botschaft innerhalb der Kategorien und Weltanschauungen anderer Kulturen wahrhaft universal werden zu lassen. Die fundamentale Frage bleibt jedoch, ob diese anderen Philosophien wirklich von jenen religiösen Traditionen abgelöst werden können, mit denen sie ursprünglich identifiziert wurden, und ebenso, bis zu welchem Grad das Christentum sich selbst aus seinem eigenen griechischen philosophischen Hintergrund herauslösen lässt.

Catherine Cornille

Obwohl diese upanishadische Erfahrung den Begriff und den Namen Gottes vermeidet, führt sie den Menschen näher an das göttliche Mysterium heran als irgendeine Gotteserfahrung, die abhängig ist von Namen und Formen, von Begriffen, Bildern oder Symbolen …

Dann sind die Ewigkeit, die Absolutheit, das Selbstsein, die Herrschaft Gottes nicht mehr Begriffe, die der Mensch mit Hilfe der Analogie oder der Negation verzweifelt zu verstehen sucht; ihre Wahrheit wird vielmehr erfahren in der Entdeckung, dass man ist, jenseits aller Bedingtheiten. Dann ist Gott nicht mehr ein »Er«, über den die Menschen unter sich zu sprechen wagen. Er ist nicht einmal mehr ein »Du«, dessen Gegenwart der Mensch als ein Gegenüber erfährt, vielmehr wird Gott – ausgehend von der Wahrnehmung seiner selbst – als ein »Ich« entdeckt und erfahren …

An anderer Stelle schreibt Le Saux, das »andere Ufer« erreiche der Mensch »durch das Aufbrechen seiner selbst in seiner Tiefe. Und das ist inkommensurabel mit jedem Ritus, jeder Formel, jedem Gebet und jedwedem Gesetz«. In sein Tagebuch notierte er, »dass ich von einem anderen ergänzt werden muss, der kein anderer ist«. Und wiederum: »Die Befreiung ist das Zusammentreffen des Menschen mit seinem wahren Wesen, die Berührung mit dem ›Ort seines Ursprungs‹, wie Ramana Maharshi zu sagen pflegte, die den Menschen ganz und gar frei und für den Geist verfügbar macht.«

Ordensmänner wie Henri Le Saux, in seiner Nachfolge auch Bede Griffiths oder in Japan Hugo Lasalle haben die Christenheit – nicht nur die katholische Kirche – durch ihr gelebtes Leben darauf aufmerksam gemacht, vor welcher Herausforderung das Christentum steht. Es gehört zum Wesen dieser Herausforderung, nicht von »oben« genehmigt und in Ausführung und Resultaten kontrolliert werden zu können.

Auch ein Buddhist wie Thich Nhat Hanh (geb. 1926) hat für sich beansprucht, Buddhist und zugleich Christ zu sein. Er nannte Jesus seinen »adoptierten« spirituellen Ahn. – Ähnlich beschrieb Julia Ching (1934–2001), kanadische Sinologin chinesischer Herkunft, ihre religiöse Herkunft als christlich, buddhistisch, taoistisch und konfuzianisch: »I feel like my bowle is Shamanist; my heart ist Buddhist; my right brain ist Confucianist and my left brain ist Christian.«

Zweifellos schließt eine multiple religiöse Existenz neue Probleme ein. In China und Japan wird sie seit Jahrhunderten als eine Sache kultureller Identität praktiziert. Für europäische Christen dürfte sie in absehbarer Zeit nur selten gelingen. Es ist aber auch nichts dagegen einzuwenden, von einer primären Religionszugehörigkeit geprägt zu bleiben, die durch andere religiöse Traditionen Belebung erfährt. So etwa kann jemand im Blick auf sein Todes- und Jenseitsverständnis eine größere Affinität zum Buddhismus entwickeln, während er im Bereich des Ethos der jesuanischen Haltung verbunden bleibt.

Alles in allem vollzieht sich zweifellos eine Relativierung des Christentums, das in seiner jesuanischen Prägung dennoch nicht verwässert werden muss. Henri Le Saux schrieb 1971:

Ich finde das europäische Denken, das alte wie das moderne, weiterhin »eng« (das ist nicht gerecht, ich weiß – ich meine tatsächlich »begrenzt«. Das indische Denken wurde in den Bergen und der unendlichen Ausdehnung der Gangesebene geboren – es ist mehr wie die hohe See, die keine Grenzen hat, wie Claudel sagt. Und deshalb kann, im Kontakt mit Indien, jegliche Theologie nur explodieren, wie das Soyus-Raumschiff im Weltraum …

Christentum, Hinduismus, Buddhismus etc. sind nicht parallele Wege, und noch weniger sind sie eine Serie von Schritten hin zur Wahrheit, mit dem Christentum als letzten Schritt … Jedes ist »wahr« auf seiner Linie, ohne dass sie sich überlappen, obwohl sie sich in geheimnisvollen »Korrespondenzen« rufen.

Das Kreuz und die Christen nahm ich von allen Seiten in Augenschein. Er war nicht am Kreuz. Ich ging zum Hindu-Tempel, zu der alten Pagode. An beiden Orten fand ich keine Spur von ihm. Ich ging zu den Höhen von Herat und nach Kandahar, schaute mich um. Er war nicht auf den Höhen und nicht in der Niederung. Entschlossen ging ich zur Spitze des Kaf-Berges. Dort wohnte nur der Anqua-Vogel. Ich ging zur Kaaba und traf ihn dort nicht. Ich fragte Ibn Sina nach seinem Wesen: er war jenseits der Definitionen des Philosophen Avicenna … Ich schaute in mein eigenes Herz. An diesem Ort sah ich ihn. Er ist an keinem anderen Ort.

Maulana Dschalal ad-Din ar-Rumi

Textnachweis

14 Der homo sapiens, der die Welt eroberte …, in: Emmanuel Anati, Höhlenmalerei. Benziger Verlag, Zürich und Düsseldorf 1997.
16 Herbert Kühn, In den Höhlen der Großen Jäger, in: ders., Auf den Spuren des Eiszeitmenschen (List-Bücherei, Bd. 118), 2. Aufl. 1965, Paul List Verlag, in der Ullstein Buchverlage GmbH, München.
17 Leo Frobenius, Jagdmagie, in: ders., Das unbekannte Afrika. München 1923, 34f. Zit. n. Joseph Campbell, Mythologie der Urvölker, Bd. I, 332f.
21 Das Gilgamesch-Epos, in: Das Gilgamesch-Epos. Neu übersetzt und kommentiert von Stefan M. Maul. C. H. Beck Verlag, München 2012, Erste Tafel, Verse (nach der Zählung von Stefan M. Maul): 45–49; 63–74; 94–104; 109–112; 122–125; 134; 139–145; 178–183; 188–198; 201–212; 64f.
25 siehe 21.
28 siehe 21.
31 Xenophanes, Mein Glaube soll nur als Wahrscheinlichkeit gelten, übersetzt von W. Nestle, Die Vorsokratiker, Jena 1922.
32 Kritias, Mir scheint, ein schlauer, kluger Mann hat …, übersetzt von Martin Persson Nilsson, Die Religion der Griechen. Religionsgeschichtliches Lesebuch 4. J. C. B. Mohr Verlag Tübingen 1927.
33 Protagoras, Das menschliche Nichtwissen, übersetzt von H. Diels-Kranz, Die Fragmente der Vorsokratiker. Bd. 2. Berlin 1952.
33 Kleanthes, Hymnus auf Zeus, übersetzt von Dietrich Ebner, aus: Dichtung der Antike von Homer bis Nonnos. Digitale Bibliothek, Band 30.
35 Willigis Jäger, Aus dem Fundus der kosmologischen Erkenntnisse eine neue Theologie entwickeln, in: ders., Die Welle ist das Meer. Mystische Spiritualität © Verlag Herder GmbH, Freiburg i. Br. 2000.
36 Willigis Jäger, Jede Religion hat heilige Schriften, Rituale … © Willigis Jäger.
41 Bruce Chatwin, Traumpfade, in: Bruce Chatwin, Traumpfade © Carl Hanser Verlang GmbH & Co. KG, München 1990, 20–25.
45 Vgl. http://www.chricken.de/glaube/glaubensrichtungen/australische-aborigines.html.
53 Knud Rasmussen, Qarrtsiluni , in: ders., Die Gabe des Adlers. Eskimoische Märchen aus Alaska, Frankfurt a. M. 1937, Dt. Übersetzung von Aenne Schmücker.
55 Knud Rasmussen, Schamanenreise, in ders., Intellectual Culture of the Iglulik Eskimos, in: Dennis und Barbara Tedlock (Hg.), Über den Rand des tiefen Canyon. Die Rechte an der deutschen Übersetzung von Jochen Eggert liegen beim Diederichs Verlag, München, in der Verlagsgruppe Random House GmbH.
56 l. Knud Rasmussen, Im Schlitten durch unerforschtes Eskimoland. 5. Thule-Expedition 1921–1924. übersetzt von Friedrich Sieburg, Edition Erdmann in der marixverlag GmbH, 2013 Wiesbaden.
57 r. siehe 56.
57 Knud Rasmussen, Der Geisterbeschwörer Aua, in: ders., Die große Schlittenreise. Bearbeitet, übersetzt und herausgegeben von Aenne Schmücker. Mainz 1958, Balve/Sauerland 1980
58 Knud Rasmussen, Wir fürchten, in: ders., Die große Schlittenreise. Bearbeitet, übersetzt und herausgegeben von Aenne Schmücker. Mainz 1958, Balve/Sauerland 1980, 123–126.
58 l. siehe 55.
60 Knud Rasmussen, Sagluaq vom Colville-Fluss: Wie die heilige Gabe des Festes zu den Menschen kam, in: ders., Die Gabe des Adlers. Eskimoische Märchen aus Alaska, Frankfurt a. M. 1937, Dt. Übersetzung von Aenne Schmücker.
64 siehe 60.
67 Werner Müller, Der malerische und farbige Eindruck …, in: Werner Müller, Der Mythos heute und die Wissenschaft von gestern. In: Wolff-Windegg, Mythische Entwürfe. Klett, Stuttgart 1975, 56 © Rechtsnachfolger von Werner Müller.
69 George Catlin, Die Hütten der Mandan sind dicht aneinander …, in: ders., Die Indianer Nordamerikas. Frühe Begegnungen mit den Ureinwohnern. 1832–1840 © Edition Erdmann in der Verlagshaus Römerweg GmbH, Wiesbaden 2012, 71; 77f.
71 Werner Müller, Der Indianer begreift das Universum als eine lebendige, einige Gemeinschaft …, in: ders., Geliebte Erde. Naturfrömmigkeit und Naturhass im indianischen und europäischen Nordamerika © Bouvier Verlag, Bonn 1979, 10f.; 168; 182; 194; 300.
72 Black Elk / Schwarzer Hirsch, Das große Gesicht, in: John (Fire) Lame Deer / Richard Erdoes, Tahca Ushte. Medizinmann der Sioux. Aus dem Amerikan. von Claus Biegert (New York 1972) Paul List Verlag München 1979, 277; 283f.; 294. Reprinted with the permission of Touchstone, a division of Simon & Schuster, Inc. from LAME DEER SEEKER OF VISIONS by John (Fire) Lame deer and Richard Erdoes © 1972 by John (Fire) Lame Deer and Richard Erdoes. Introduction and supplementary materials copyrighted 1994 by Pocket Books, a division of S & S. All rights reserved.
76 siehe 72.
80–85 Alle Texte aus: Titu Kusi Yupanki, Der Kampf gegen die Spanier. Hg., mit einer Einführung versehen und aus dem Spanischen übersetzt von Martin Lienhard. Walter Verlag, Olten 1985 / Patmos Verlag, Düsseldorf 2003.
87 Albert Maori Kiki, Ich lebe seit 10 000 Jahren, in: ders., Ich lebe seit 10 000 Jahren, Berlin/Frankfurt/Wien 1969. 21f., 48–59.
90 Ein 15-jähriger Papua beschreibt in einem Brief …: Forum der Völker, Museum in Werl.
93 Laurens van der Post, Die verlorene Welt der Kalahari, in: ders., The Lost World of Kalahari. Harcourt Brace & Company, Orlando1977, Houghton Mifflin Harcourt, San Diego; dt. Ausgabe: Laurens van der Post, Die verlorene Welt der Kalahari, aus dem Englischen von Leonharda Gescher, dt. Übersetzung © 1995 Diogenes Verlag AG Zürich, 47 ff., 59 ff.
94 siehe 93.
100 Rigveda X, 129, Der Uranfang, Übersetzt von Karl Geldner; zit. n. Lyrik des Ostens, hg. von Wilhelm Gundert, Annemarie Schimmel und Walther Schubring. Hanser Verlag, München 1965, 148f. © Annemarie Schimmel-Stiftung für Islamkunde.
101 Upanishaden, Das bist du, Chandiya Upanishad 6.
102 o. Rabindranath Tagore übersetzt von Friedrich Weller, Er ist es, in: Indische Lebensweisheit und Lebenskunst. Verlag Hädecke, Stuttgart 1950 © dt. Übersetzung beim Rechtsnachfolger von Friedrich Weller.
102 u. Ramakrishna, Wer die größere Gottheit sei, in: Ramakrishna, Leben und Gleichnis. Auswahl und Übersetzung von Ursula von Mangoldt. Barth Verlag Bern/München/Wien 1975, 108; 131f. © dt. Übersetzung bei Rechtsnachfolger von Ursula von Mangoldt.
103 siehe 102 u.
104 o. Lalla, Shiva, Übersetzung von Otto von Glasenapp, Indische Gedichte aus vier Jahrtausenden. G. Grote Verlag, Berlin 1925, 81f.
104 u. Bhagavadgita (XI, 15 ff.), Das Lied der Gottheit. Aus dem Sanskrit übersetzt von Robert Boxberger, neu bearbeitet und herausgegeben von Hellmuth von Glasenapp © 1953 Philipp Reclam jun. GmbH & Co. KG, Stuttgart.
105 Johann Wolfgang Goethe, Das volle warme Gefühl …, in: ders., Die Leiden des jungen Werther (erste Fassung).
106 Aurobindo Ghose, Ich darf sagen, daß es ganz und gar nicht meine Absicht …, in: So spricht Aurobindo. Hg. von Otto Wolff. Otto Wilhelm Barth Verlag, München-Planegg 1957, 13ff.
107 Otto Wolff, Sri Aurobindo, in: ders., Sri Aurobindo in Selbstzeugnissen und Bilddokumenten © 1967 Rowohlt Taschenbuch Verlag GmbH, Reinbek bei Hamburg, 35–38.
109 Ramana Maharshi, Über das Selbst, zit. n. Heinrich Zimmer, Der Weg zum Selbst. Lehre und Leben des Shri Ramana Maharshi. Eugen Diederichs Verlag, München, 1991.
110 o. Mohandas Karamchand Gandhi, Gewaltlose Macht. Beitrag vom 13. April 1940 in »Harijan«, zit. nach F. Kraus, Vom Geist des Mahatma. Ein Gandhi-Brevier, Gütersloh 1957.
110 u. Gopi Krishna, Reines Bewusstsein, in: ders., Kundalini. Erweckung der geistigen Kraft im Menschen, 9–11; 192f.; 199 © 2010 O. W. Barth. Ein Imprint der Verlagsgruppe Droemer Knaur GmbH & Co. KG, München.
114 Vgl. Henri Le Saux, Das Geheimnis des heiligen Berges. Als christlicher Mönch unter den Weisen Indiens. Freiburg 1989; vgl. Hubertus Halbfas, Der Glaube. Patmos Verlag, 2010, S. 492–495.
117 Maytreyi Devi, Ein Mann zählt 95 Prozent …, in: Peter Schreiner, Im Mondschein öffnet sich der Lotus. Der Hinduismus, Patmos Verlag, Düsseldorf 1996.
118 Amaru, Zwiegespräch © dt. Übersetzung beim Rechtsnachfolger von Friedrich Weller.
118 l. Elisabeth Bumiller, Die typisch indische Frau …, in: dies., May You Be the Mother of a Hundred Sons. A Journey Among the Women of India. Published by the Random House Publishing Group © 1990 Elisabeth Bumiller; dt. Ausg.: Hundert Söhne sollst du haben. Aus dem Amerikanischen von Franziska Sperr, Knesebeck Verlag, München 1992, 16f.
119 Ingeborg Drewitz, Mein indisches Tagebuch, in: dies., Mein indisches Tagebuch © 1982 by Radius Verlag, Stuttgart, 15; 25f.; 27; 29; 31; 51; 63–66; 103–105.
121 Günter Grass, Zunge zeigen, in: ders., Zunge zeigen. Sammlung © Steidl Verlag, Göttingen 2000 (Erstausgabe 1988), 61.
122 Arvind Sharma, Der Hinduismus, in: ders. (Hg.), Innenansichten der großen Religionen. Suhrkamp Verlag, Frankfurt a. M. 1997, 313.
124 Heinz Robert Schlette, In der Lehre des Buddha bleibt eine fundamentale Frage …, in: ders., Einführung in das Studium der Religionen. Verlag Rombach, Freiburg 1971.
126 Sherab Chödzin, Das Leben des Buddha, in: Samuel Bercholz/Sherab Chödzin (Hg.), Ein Mann namens Buddha. Seine Weg und seine Lehre. Aus dem Englischen von Jochen Eggert © dt. Übersetzung bei Jochen Eggert; From Entering the Stream, edited by Samuel Bercholz and Cherab Chödzin Kohn © 1993. Reprinted by arrangement with Shambhala Publications, Inc., Boston, MA. www.shambhala.com
127 Hermann Oldenberg, Die vier Ausfahrten, in: ders., Buddha. Sein Leben, seine Lehre, seine Gemeinde, 1881. Neu herausgegeben von Helmuth von Glasenapp, Magnus Verlag, Stuttgart 1983, 115f; 135–138; 293f.
129 Dorothee Sölle, Erinnere dich an gotama …, in: dies., meditationen & gebrauchstexte. Dorothee Sölle, meditationen & gebrauchstexte © Wolfgang Fietkau Verlag, Berlin/ Kleinmachnow 1969.
132 siehe 127.
133 siehe 127.
134 siehe 127.
136 siehe 127.
138 siehe 127 .
141 Tenzin Gyatso, XIV. Dalai Lama, My Land and My People, Grand Central Publishing; Reprint edition 1997 © Dalai Lama/ICM Partners, Los Angeles; dt. Ausg.: Dalai Lama, Mein Leben und mein Volk. Die Tragödie Tibets. Droemer/Knaur, München 1962, 21; 25f.; 27; 28ff.; 49; 50; 52f.; 60; 63f.; 71; 116f.; 302f.; 311f.; 315f.
142 Der Dalai Lama über seine Wiedergeburt: Geht man zum Beispiel davon aus …, in: ders., Das Buch der Freiheit. Die Autobiographie des Friedensnobelpreisträgers, Übersetzt von Günther Cologna © 1992, Verlag Bastei Lübbe, Bergisch Gladbach/Köln, 266.
143 Georges B. Dreyfus, Der Dalai Lama erhielt eine sehr traditionelle buddhistische Erziehung … Quelle: http://info-buddhismus.de/Dalai_Lama_Moderne_Buddhismus_G_Dreyfus.html
146 Lama Anagarika Govinda, Wiedergeburt, in: ders., Der Weg der weißen Wolken. Erlebnisse eines buddhistischen Pilgers in Tibet. Otto Wilhelm Barth Verlag, Bern/München/Wien 1973, 192–194; 286–289 © Lama und Li Gotami Govinda Stiftung.
147 siehe 146.
148 siehe 146.
150 Den Toten rufe man bei seinem Namen und spreche …, in: Walter Yeeling Evans-Wentz (Hg.), Das tibetanische Totenbuch oder die Nachtod-Erfahrungen auf der Bardo-Stufe. Kommentiert von C. G. Jung © für die deutsche Übersetzung: Patmos Verlag der Schwabenverlag AG, Ostfildern, 20. Auflage 2003. www.verlagsgruppe-patmos.de.
151 Alexandra David-Néel, Über den Bardo des Christen, in: dies., Immortalité et Réincarnation, 1961; dt. Ausg.: Unsterblichkeit und Wiedergeburt. Lehren und Bräuche in China, Tibet und Indien, Verlagsgruppe Droemer Knaur, München 2002, Lizenz des Nymphenburger Verlags in der Herbig-Verlagsbuchhandlung GmbH, München.
153 o. Daisetz Teitaro Suzuki, Zen-Buddhismus, in: ders. Die große Befreiung. Einführung in den Zen-Buddhismus, 6/1972, 122f.; 128 © 2010 O. W. Barth. Ein Imprint der Verlagsgruppe Droemer Knaur GmbH & Co. KG, München.
153 u. Daito Kokushi, Zazen.
154 Hakuun Yasutani, Zazen, in: Karlfried Graf Dürckheim, Wunderbare Katze und andere Zen-Texte, 120–122 (gekürzt); 13 © 2011 O. W. Barth. Ein Imprint der Verlagsgruppe Droemer Knaur GmbH & Co. KG, München.
154 l. Knut Walf, So meinen heute viele Menschen …, in: Knut Walf (Hg.), Stille Fluchten. Zur Veränderung des religiösen Bewusstseins © 1983 Kösel Verlag, München, in der Verlagsgruppe Random House GmbH, 22.
156 Zen-Geschichten, in: Ohne Worte – ohne Schweigen. 101 Zen-Geschichten und andere Zen-Texte aus vier Jahrtausenden, hrsg. von Paul Reis © 2010 O. W. Barth. Ein Imprint der Verlagsgruppe Droemer Knaur GmbH & Co. KG, München.
156 l. Es gibt doch selbst unter den Ordensleuten kaum einen …, in: Hugo Makibi Enomiya-Lassalle-zit. n. H. Halbfas, Der Glaube, Patmos 2010, 489.
157 Tagebuch von Hugo Makibi Enomiya-Lassalle, zit. n. Ursula Baatz, Hugo Makibi Enomiya-Lasalle, Mittler zwischen Buddhismus und Christentum, Toposplus Taschenbuch, Matthias-Grünewald-Verlag der Schwabenverlag AG, Ostfildern 2017.
158 siehe 157.

159 Meister Tung Ko-tzu befragte Dschuang Dsi: Was man den Sinn nennt ... Paraphrase der Übersetzung von Richard Wilhelm, Dschuang Dsi, Das wahre Buch vom südlichen Blütenland. Eugen Diederichs Verlag, Düsseldorf-Köln 1969, 230f.
160 I Ging. Das Buch der Wandlungen. Übersetzt von Richard Wilhelm.
162 Lao-Tse, Tao Te King. Übertragung von Victor von Strauß. Manesse Bibliothek der Weltliteratur. Zürich 1959.
162 l. Bertolt Brecht, Legende von der Entstehung des Buches Tao Te King ..., in: ders., Werke. Große kommentierte Berliner und Frankfurter Ausgabe, Band 12: Gedichte 2 © Bertolt-Brecht-Erben / Suhrkamp Verlag 1988.
164 Tschuang-Tse, Gleichnisse und Reden, in: ders. Reden und Gleichnisse. Ausgewählt und mit einem Nachwort von Martin Buber © Insel Verlag Frankfurt am Main und Leipzig 1981. Alle Rechte bei und vorbehalten durch Insel Verlag Berlin.
164 l. Hermann Hesse, Tschuang-Tse ist der größte und glänzendste ..., in: Bertolt Brecht, Konfutse, in: ders., Werke. Große kommentierte Berliner und Frankfurter Ausgabe, Band 21: Schriften 1 © Bertolt-Brecht-Erben / Suhrkamp Verlag 1992.
166 Kakuzo Okakura, Die Bezwingung der Harfe, in: ders., Das Buch vom Tee. Aus dem Japanischen und mit einem Nachwort von Horst Hammitzsch © Insel Verlag Frankfurt am Main und Leipzig 1950. Alle Rechte bei und vorbehalten durch Insel Verlag Berlin.
168 Simone de Beauvoir, Lun Yu: Lehren des Konfuzius, in: dies., China. Das weitgesteckte Ziel. Jahrtausende-Jahrzehnte, deutsche Übersetzung von Karin von Schab und Hanns Studniczka © 1960 Rowohlt Verlag GmbH, Reinbek bei Hamburg.
170 o. Simone de Beauvoir, Aus dem, was der Meister für eine gute Regierung vonnöten sieht ..., in: dies., China. Das weitgesteckte Ziel. Jahrtausende-Jahrzehnte, deutsche Übersetzung von Karin von Schab und Hanns Studniczka © 1960 by Rowohlt Verlag GmbH, Reinbek bei Hamburg, 260 ff.
170 u. Bertolt Brecht, Dieser Konfutse war ein Musterknabe ..., in: ders., Werkausgabe, Bd. 18 © Bertolt-Brecht-Erben / Suhrkamp Verlag 75f.
171 Kuo Mo-jo: Gespräch zwischen Karl Marx und Konfuzius, zit. nach: Konfuzius. Materialien zu einer Jahrhundert-Debatte. Gesammelt von Joachim Schickel, Frankfurt a. M. 1976, 108–117 (gekürzt).
176 Homer, Odyssee. Sechster Gesang. In der Übersetzung von Johann Heinrich Voß (1751–1826).
178 Albrecht Dihle, Homers Menschen ..., in: ders., Griechische Literaturgeschichte. Von Homer bis zum Hellenismus. C. H. Beck, München 1991, 26f.
185 Platon, Des Sokrates Verteidigung (Apologie). Nach der Übersetzung von Friedrich Schleiermacher und Hieronymus Müller.
187 r. Otto Kuss, Jesus und Sokrates, Der zunächst unbezweifelte Primat der Gestalt Jesu wurde schon früh ..., in: ders., Dankbarer Abschied. tuduv-Verlagsgesellschaft, München 1982, (Privatdruck).
188 l. siehe 187.
188 Lukian: Θεῶν Ἐκκλησία. Die Götterversammlung, übersetzt von August Friedrich Pauly, Fünfzehntes Bändchen, 1789–1799. Stuttgart 1832, leicht gekürzt und in der Schreibweise angepasst.
195 Leo Baeck, Ein Mann wie Jesus konnte nur dem Judentum erwachsen, in: ders. Das Wesen des Judentums © 2001 Gütersloher Verlagshaus, Gütersloh, in der Verlagsgruppe Random House GmbH.
196 o. Will Herberg, Ein Jude sieht auf Jesus (1966), in: Fritz A. Rothschild (Hg.), Christentum aus jüdischer Sicht. Institut Kirche und Judentum, Berlin/Düsseldorf 2000, 269; 273. Presseverb. der Evang. Kirche im Rheinland © Rechtsnachfolger Will Herberg.
196 u. Martin Buber, Ich lebe nicht fern von der Stadt Worms ..., in: ders., Schriften zum Christentum © 2011 Gütersloher Verlagshaus, Gütersloh, in der Verlagsgruppe Random House GmbH.
197 m. siehe 195.
197 u. Moses Mendelssohn, Kein einziger ehrlicher Mann?, in: Brief von Moses Mendelssohn an Salomon Gumperz über die Rezension von Lessings Stück »Die Juden« durch den Göttinger Professor Johann David Michaelis. Erste Veröffentlichung in: Gotthold Ephraim Lessings Theatralische Bibliothek. Erstes Stück. Berlin 1754, 284f.
198 Heinrich Heine, Die Bibel als portatives Vaterland, in: ders., Geständnisse (1854). Sämtliche Werke, Bd. II. Artemis & Winkler Verlag, München 1969.
199 Heinrich Heine, Sind die Berliner denn Christen? , in: ders. Reisebilder (1826). Artemis & Winkler, München 1969.
200 Stefan Heym, Ich glaube, er war der erste wahrhaft moderne deutsche Schriftsteller ...: aus einer Rede vom 15. Januar 1950 in New York.
201 Franz Kafka, Brief an den Vater. Dein Judentum vertropfte zur Gänze, während Du es weitergabst, in: ders., Brief an den Vater. Suhrkamp Verlag, Frankfurt am Main 1970, 133–143.
202 Marcel Reich-Ranicki, zit. nach: Die jüdische Welt von Gestern, 1860–1938. Hg. von Rachel Salamander. Verlag Christian Brandstätter, Wien 1990, 168.
204 Johannes Urzidil, zit. nach: Die jüdische Welt von Gestern, 1860–1938. Hg. von Rachel Salamander. Verlag Christian Brandstätter, Wien 1990, 182.
205 Joseph Roth, Das Autodafé des Geistes (1933), zit. nach: Die jüdische Welt von Gestern, 1860–1938. Hg. von Rachel Salamander. Verlag Christian Brandstätter, Wien 1990, 170
205 r. Hermann Kesten, Schauend und schreibend fuhr er durch ganz Europa ..., aus: ders, Der Mensch Joseph Roth, in: Joseph Roth. Leben und Werk. Ein Gedächtnisbuch, hg. v. Hermann Linden. © 1949, 2017 Kiepenheuer & Witsch GmbH & Co. KG, Köln, Germany, 17.
206 Brigitte Bermann-Fischer, zit. nach: Die jüdische Welt von Gestern, 1860–1938. Hg. von Rachel Salamander. Verlag Christian Brandstätter, Wien 1990, 194.
207 Jean Améry, Über Zwang und Unmöglichkeit, Jude zu sein, in: ders., Jenseits von Schuld und Sühne. Bewältigungsversuche eines Überwältigten © Klett-Cotta, Stuttgart 1966, 1977, 2012.
209 Jean Améry, zit. nach: Die jüdische Welt von Gestern, 1860–1938. Hg. von Rachel Salamander. Verlag Christian Brandstätter, Wien 1990, 300.
210 Marcel Reich-Ranicki, Man spricht doch im Hause des Gehängten nicht vom Strick, in: ders., Über Ruhestörer © 1989 Deutsche Verlags-Anstalt, München, in der Verlagsgruppe Random House GmbH.
216 Muhammad Ibn Ishaq, Das Leben des Propheten, Spohr Verlag, 5. Aufl. 2014, 41–43, 45–47 und 48; 58–60; 50 u. 114–115; 80–83; 101–102; 176–178 u. 180–181.
219 siehe 216.
221 siehe 216.
222 Hans Jansen, Sein niederländischer Kollege Hans Jansen hält das für passend ..., in: ders., Mohammed. Eine Biographie. C.H. Beck, München 2008, 441 ff.; 320 ff.
224 Sure 41,2–5; Sure 53, 2–10; Sure 81, 18–24, zit. nach: Der Koran. Das heilige Buch des Islam. Nach der Übertragung von Ludwig Ullmann neu bearbeitet und erläutert von Leo W.-Winter © 1959 Wilhelm Goldman Verlag, München, in der Verlagsgruppe Random House GmbH.
224 l. Navid Kermani, »Rezitieren« oder »lesen«? Wie sehr heute die Existenz eines Buches ..., in: ders., Gott ist schön. Das ästhetische Erleben des Koran. C. H. Beck, München 5/2015, 208.
226 siehe 216.
227 siehe 216.
228 Hamed Abdel-Samad, Schon Ende des 8. Jahrhunderts behauptete der byzantinische Chronist Theophanes (um 750–818) ... , in: ders. Mohamed. Eine Abrechnung, 197f.; 89–92.; 183f. © 2015 Verlagsgruppe Droemer Knaur GmbH & Co. KG, München.
229 siehe 216.
230 siehe 222.
231 siehe 216.
235 Nasr Hamid Abu Zaid, Welcherart Text ist der Koran?, in: ders. Ein Leben mit dem Islam, erzählt von Navid Kermani © Verlag Herder GmbH, 1999 Freiburg, 21 ff.; 103 ff. Mit freundlicher Genehmigung der Verlag Herder GmbH.
242 siehe 228.
243 siehe 222.
243 r. siehe 228.
244 Hamed Abdel-Samad, Mohammed und die Frauen, Gegen Ende seines Lebens ging er mit Frauen um wie mit Gegenständen ... © Hamed Abdel Samad in: DIE ZEIT Nr. 38/2015, 17. September 2015, weitere Titel des Autors: Der Koran. Botschaft der Liebe. Botschaft des Hasses (2016); Mohamed. eine Abrechnung (2015), erschienen im Droemer Knaur Verlag München.
246 Navid Kermani, Schon immer waren die Lebenshaltung ..., in: ders., Wer ist Wir? Deutschland und seine Muslime. C. H. Beck, München 2015, 129f.; 88f.
252 Karen Armstrong, Ibn 'Arabi, in: ders., Nah ist und schwer zu fassen der Gott. Droemer Knaur, München 1993, 336, übersetzt aus dem Englischen von Ulrich Mihr, 2004 Vintage, Random House.
253 Rumi, Wahre Pilgerschaft, in: Annemarie Schimmel, Mystische Dimensionen des Islam © 1998 Diederichs Verlag, München, in der Verlagsgruppe Random House GmbH.
256 André Clot, Haroun al-Rachid: Et le temps des Mille et Une Nuits (Biographies Historiques) © Librairie Arthème Fayard, Paris 1986; dt. Ausgabe: André Clot, Harun al-Raschid. Kalif von Bagdad. Übersetzung von Sylva Dehöfer. Deutscher Taschenbuch Verlag, München 1990 (dtv 11312), 181f, Lizenzausgabe des Artemis und Winkler Verlags, Düsseldorf/ Zürich.
260 Abdelwahab Meddeb, Wer meint, der Islam müsse sich reformieren ..., in: ders., Die Krankheit des Islam. Zit. n. Unionsverlag TB 396, Zürich 2007, 99 ff.; 117; 135 ff.; 23. Lizenz des Verlags Das Wunderhorn.
261 Albert Mirgeler, Verfeinerte Lebensformen zur Geltung bringen ..., in: ders. Rückblick auf das abendländische Christentum © Matthias Grünewald Verlag in der Schwabenverlag AG, Ostfildern 1961, 106f. www.verlagsgruppe-patmos.de.
262 siehe 246.
263 Roy Mottahedeh, Der Basar, Originaltitel: The Mantle of the Prophet. Religion and Politics in Iran © Oneworld. 2000, Simon & Schuster Inc, NY, p. 29–32.
265 Die Scharia: Aus dem Gesetzblatt der Islamischen Republik Mauretanien, in: Gesetzblatt der Islamischen Republik Mauretanien, Nr. 608/609 vom 29. Februar 1984.
266 Scharia, Das islamische Strafrecht wird also durch mehrere Besonderheiten gekennzeichnet ..., vgl. Bundeszentrale für politische Bildung, http://www.bpb.de/apuz/27944/frauen-unter-der-scharia?p=4.
267 Kevin Bales, Im heutigen Mauretanien gibt es keine Sklaverei ..., in: ders., Die neue Sklaverei, Kunstmann Verlag, München 2001, Aus dem Engl. von Inge Leipold, Originaltitel: Disposable people.
268 Fatima Mernissi: Das Lied der Frauen, in: dies., Die Angst vor der Moderne. Frauen und Männer zwischen Islam und Demokratie. Luchterhand Literaturverlag, Hamburg/Zürich 1992, 209–214.
269 Die Marokkanerin Fatima Mernissi akzentuiert ihre Kritik unverhohlen ..., vgl. Bundeszentrale für politische Bildung http://www.bpb.de/publikationen/VWBAUH,3,0,Frauen_unter_der_Scharia.html#art3
271 Sadik J. Al-Azm, Islamischer und christlicher Fundamentalismus, in: ders., Islamischer Fundamentalismus – Neubewertet. Aus dem Amerikanischen von Walter Saller © Sadik Al-Azm 1992. aus: ders., Unbehagen in der Moderne. Aufklärung im Islam; dt. Übersetzung © Fischer Taschenbuch Verlage GmbH, Frankfurt am Main 1993, 79; 109–112; 115; 117; 122f.
275 Navid Kermani, Von den Franken lernen, in: ders., Dein Name. Carl Hanser Verlag Gmbh & Co KG München 2011. Mit freundlicher Genehmigung des Carl Hanser Verlags.
275 r. Navid Kermani, Zu Hause befürchteten alle das Schlimmste, in: siehe 275.
277 SAID, Ich und der Islam. © C. H. Beck, München 2005, 9–27 (in Auszügen: 9 bis 12 Mitte; 23, 2. Absatz bis 27, 1. Absatz).
279 siehe 260.
281 John Hick, Die Weise der Wissenden ..., zit. nach: Hans Grewel/Reinhard Kirste (Hg.), »Alle Wasser fließen ins Meer ...«. Die grenzüberschreitende Kraft der Religionen. Böhlau Verlag, Köln 1998, 118.
282 siehe 253.
283 siehe 144.
284 Catherine Cornille, Ein Spezialfall multireligiöser Zugehörigkeit ..., in: Reinhold Bernhardt/Perry Schmidt-Leukel (Hg.), Multiple religiöse Identität. Theologischer Verlag Zürich, 2008, 23.
285 siehe 253.

Bildnachweis

Cover Ägyptisches Welthaus, in: Othmar Keel, Bildsymbolik © 1960 Verlagsgruppe Droemer Knaur GmbH & Co. KG, München.
5 o. Höhlenmalerei in Simbabwe, Chinamora, Massimbura, 8.000 bis 2.000 v.Chr., Aquarell von Elisabeth Mannsfeld, 1929. Frobenius-Institut, Frankfurt am Main.
5 u. Zeichnung zu Aborigines, in: Emmanuel Anati, Höhlenmalerei. Benziger Verlag, Zürich und Düsseldorf 1997, 370.
6 Zeichnung zu San, in: Emmanuel Anati, Höhlenmalerei. Benziger Verlag, Zürich und Düsseldorf 1997, 192.
7 o. Meditierende Mönche im Wald (Ausschnitt), Tibetische Blockdrucke mit Darstellungen zu den Vinaya-Regeln.
7 u. Zen-Bogenschütze. Zeichnung: Klaus Bertelsmann, Lüneburg. Aus: Karlfried Graf Dürkheim, Wunderbare Katze © 2011 O. W. Barth. Ein Imprint der Verlagsgruppe Droemer Knaur GmbH & Co. KG, München.
8 o. Die acht Trigramme des I Ging.
8 u. Franz Kafka, Mann am Tisch, Illustration zu »Der Prozess«, 1905.
9 Zeichnung von Peter Bridgewater.
11 Peter Frommann, Hubertus Halbfas © Hubertus Halbfas.
13 Ägyptisches Welthaus, in: Othmar Keel, Bildsymbolik © 1960 Verlagsgruppe Droemer Knaur GmbH & Co. KG, München.
15 l. Skelett eines Kindes in einer Graburne, Zeichnung aus: Gustav Schumacher,

Tell el-Mutesellim. 3 Bände. Leipzig 1908–1929.

15 r. Gefäßfigur. Terrakotta, Troja, IV. Schicht, Zeichnung aus: Hoernes-Menghin, Urgeschichte der bildenden Kunst in Europa, Wien 1925.

16 Zeichnung aus: Emmanuel Anati, Höhlenmalerei. Benziger Verlag, Zürich und Düsseldorf 1997.

17 Leo Frobenius, Wikimedia Commons.

18 f. wie 5 o.

21 Neuassyrische Darstellung eines löwenbezwingenden Riesen, Nachzeichnung eines Reliefs aus Chorsabad bei Ninive, in: George Smith, The Chaldean Account of Genesis, London 1876.

23 Uruk, wordpress.com/danielortiz5.

25 Gilgamesch und Enki, http://archiv.ub.uniheidelberg.de.

26 neuassyrische Tontafel aus Assur, Zeichnung in: Das Gilgamesch-Epos. Neu übersetzt und kommentiert von Stefan M. Maul, S. 139.

29 Demeter, Wandgemälde in Pompeji, Wikimedia Commons.

30 Demeter und Persephone, Wikimedia Commons.

34 Malewitsch, Das Schwarze Quadrat, 1915.

35 Peter Frommann, Willigis Jäger © Patmos Verlag in der Schwabenverlag AG, Ostfildern 2017.

38 Zeichnung zu Naturreligionen, in: Leo Frobenius, Schwarze Sonne Afrika.

39 wie 38.

40 wie 5 u.

41 Bruce Chatwin, Februar 1995 © Oliver Schopf.

43 Fadenmuster, in: Robert Lawlor, Am Anfang war der Traum. Die Kulturgeschichte der Aborigines, Original erschienen bei Inner Traditions International Ltd.

45 Dynamische Gruppe von laufenden menschlichen Figuren, die mit Speeren werfen. Nationalpark von Kakadu, in: Emmanuel Anati, Höhlenmalerei. Benziger Verlag, Zürich und Düsseldorf 1997, 395.

46 wie 43.

47 Gruppe laufender Frauen, Felsbild in Rot von Unbalanja, in: Emmanuel Anati, Höhlenmalerei. Benziger Verlag, Zürich und Düsseldorf 1997, 393.

48 Zeichnung in: Robert Lawlor, Am Anfang war der Traum. Die Kulturgeschichte der Aborigines, Original erschienen bei Inner Traditions International Ltd.

49 Känguru, Röntgenbildmalerei auf Baumrinde, in: Robert Lawlor, Am Anfang war der Traum. Die Kulturgeschichte der Aborigines, Original erschienen bei Inner Traditions International Ltd.

50 Szene des Totenkults im Cannon Hill, Arnhem, Australien, Zeichnung in: Emmanuel Anati, Höhlenmalerei. Benziger Verlag, Zürich und Düsseldorf 1997, 371.

51 Titelblatt der Historie von Grönland, 1765.

52 Holzschnitt Ex libris, Privat.

53 Peter Frommann, Knud Rasmussen © Patmos Verlag in der Schwabenverlag AG, Ostfildern 2017.

54 Zeichnung in: Knud Rasmussen, Fra Grønland til Stillehavet. Rejser og mennesker fra 5. Thule-ekspedition, 1921–24 (1925).

56 Eskimo-Schamane. Steindruck von Mary Pitseolak (1925–1985), Kap Dorset (Inuit-Siedlung im kanadischen Nunavut), Mitte 20. Jh., aus: Hubertus Halbfas, Religionsbuch für das 7./8. Schuljahr. Düsseldorf 1990, 17.

57 Mückentraum. Steindruck von Helen Kalvak (1901–1984), Ulukhaktok, Northwest Territories, Canada, 1965, aus: Hubertus Halbfas, Religionsbuch für das 7./8. Schuljahr. Düsseldorf 1990, 16.

58 o. Schamane Arnaqaoq, in: Knud Rasmussen, Fra Grønland til Stillehavet. Rejser og mennesker fra 5. Thule-ekspedition, 1921–24 (1925).

58 u. Zeichnung von Arnaqaoq, in: Knud Rasmussen, Fra Grønland til Stillehavet. Rejser og mennesker fra 5. Thule-ekspedition, 1921–24 (1925).

59 Igluk. Zeichnung von Arnaqoq, in: Knud Rasmussen, Fra Grønland til Stillehavet. Rejser og mennesker fra 5. Thule-ekspedition, 1921–24 (1925).

60 Nujaliaq. Zeichnung von Arnaqoq, in: Knud Rasmussen, Fra Grønland til Stillehavet. Rejser og mennesker fra 5. Thule-ekspedition, 1921–24 (1925).

61 Eskimo-Steindruck von Pudlio, Kap Dorset, 1963, aus: Hubertus Halbfas, Religionsbuch für das 7./8. Schuljahr. Düsseldorf 1990, 161.

63 Holzschnitt von Kurt Federlin, in: Die Gabe des Adlers, Eskimoische Märchen aus Alaska. Hg. von Aenne Schmücker. Verlag Kurt Schütte, Frankfurt a. M. o. J. (etwa 1946).

64 Holzschnitt von Kurt Federlin, in: Die Gabe des Adlers, a. a. O.

66 Karl Bodmer, Wah-Menitu-Indianer, um 1842.

67 Josef Schelbert, Olten.

68 Karl Bodmer, Hütten der Mandan, um 1833.

69 George Catlin, Wikimedia Commons.

70 o. Karl Bodmer, um 1830.

70 u. Karl Bodmer, Mandan-Behausung, um 1840.

72 Peter Frommann, Black Elk © Patmos Verlag in der Schwabenverlag AG, Ostfildern 2017.

74 Zeichnung in: Schwarzer Hirsch, Ich rufe mein Volk. Walter Verlag, Olten 1978, 21.

75 o. Ebd., 25.

75 u. Ebd., 163.

76 Pfeife, Zeichnung Josef Schelbert, Olten.

77 Zeichnung von Richard Erdoes, veröffentlicht: siyotanka.net.

78 Inka spricht zu den versammelten Würdenträgern, Zeichnung von Guaman Poma de Ayala (1535–1616), aus: Tito Kusi Yupanki, Der Kampf gegen die Spanier. Ein Inka-König berichtet. Hg. Von Martin Leinhard, Patmos Verlag 2003.

79 Zeichnung von Guaman Poma de Ayala (1535–1616), Ebd.

80 Krönung des jungen Manko Inka, Zeichnung von Guaman Poma de Ayala (1535–1616), Ebd.

81 Für Brücken verantwortlicher Inka-Würdenträger, Zeichnung von Guaman Poma de Ayala (1535–1616), Ebd.

82 Qoya – Schwester und Gemahlin Atahualpas, Zeichnung von Guaman Poma de Ayala (1535–1616), Ebd.

83 Manko Inka versucht eine Kirche in Brand zu stecken, Zeichnung von Guaman Poma de Ayala (1535–1616), Ebd.

84 Inka und Spanier, Zeichnung von Guaman Poma de Ayala (1535–1616), Ebd.

85 Selbstporträt Guaman Poma de Ayalas (1535–1616), Ebd.

86 Ahnenpfahl. Mitte 20. Jh. Höhe 300 cm. Mangrovenholz, weiß, rot, schwarz bemalt. Südwestküste Neuguineas. Zeichnung von Helga Stawitzki, in: Papua-Neuguinea, 1995. Forum der Völker, 1995. Völkerkundemuseum der Franziskaner in Werl/Westf.

87 Peter Frommann, Albert Maori Kiki © Patmos Verlag in der Schwabenverlag AG, Ostfildern 2017.

89 wie 86.

92 wie 6.

93 Sarah von der Heide, Laurens van der Post © Sarah von der Heide.

96 Zeichnung in: Emmanuel Anati, Höhlenmalerei. Benziger Verlag, Zürich und Düsseldorf 1997, 218.

97 a. a. O., 200.

98 Shri-Yantra.

102 Otto Pankok, Rabindranath Tagore © Otto Pankok Museum, Hünxe.

103 Zeichnung nach: Hubertus Halbfas, Religionsbuch für das 7./8. Schuljahr. Düsseldorf 1990, 166.

105 Vishvarupa (»Allgestaltige Gottheit«), Foto Peter Keilhauer, Salzburg, in: Hubertus Halbfas, Religionsbuch für das 7./8. Schuljahr. Düsseldorf 1990, 168.

106 Aurobindo Ghose, Zeichnung von Jane Adams, wordpress.com/aryayogi.

109 Séverine Authier, Ramana Maharshi.

110 Mahatma Gandhi, deviantart.com/headyartandsol.

111 Gopi Krishna © Bethel Publishers.

112 Yoga, in: Hubertus Halbfas, Religionsbuch für das 7./8. Schuljahr. Düsseldorf 1990, 170.

114 Peter Frommann, Henry Le Saux © Patmos Verlag in der Schwabenverlag AG, Ostfildern 2017.

117 Maitreyi Devi, wordpress.com/vintageindianclothing.

119 Peter Frommann, Ingeborg Drewitz © Patmos Verlag in der Schwabenverlag AG, Ostfildern 2017.

120 Günter Grass: Zunge zeigen © Steidl Verlag, Göttingen 2000.

124 Buddha © istock.com/markovik.

127 Die vier Ausfahrten, aus einem birmanischen Faltbuch über das Leben des Buddha, 19. Jh., in: Hubertus Halbfas, Religionsbuch für das 7./8. Schuljahr. Düsseldorf 1990, 137.

131 Hände. Mudras bei tibetischen Buddha-Figuren.

134 f. Meditierende Mönche im Wald, Tibetische Blockdrucke mit Darstellungen zu den Vinaya-Regeln.

136 f. wie 134 f.

138 Thich Nhat Hanh © Michael Volpicelli.

141 Dalai Lama © Jean Gouders Cartoons.

143 Wandgemälde aus Bhutan.

147 nach einen Foto von Li Gotami Govinda © Lama und Li Gotami Govinda Stiftung.

150 Albrecht Dürer, Detail aus Apokalypse (10), um 1496–1498.

152 wie 7 u.

153 Sarah von der Heide, Daisetsu Teitaro Suzuki © Sarah von der Heide.

155 l. Bodhidharma in Meditation.

155 m. Kenzo beim Krebsfang. Zeichnung, 14. Jh.

155 r. Kanzan und Jittoku, von Yamada Doon.

159 Ancient version of the Taijitu, Wikimedia Commons.

161a Die 8 Trigramme des I Ging, Wikimedia Commons.

161b Wuji Enso, Wikimedia Commons.

161c Taiji, Wikimedia Commons.

161d Ba Gua, Wikimedia Commons.

163 Laotse, Wikimedia Commons.

165 Tschuang-Tse, Quelle unbekannt.

166 Kakuzo Okakura, Wikimedia Commons.

167 Konfuzius, Quelle unbekannt.

168 Zwei Mönche, Detail einer Wandmalerei aus Qoco.

171 Sarah von der Heide, Kuo Mo-jo © Sarah von der Heide.

175 Vase aus Cumae mit eleusinischen und athenischen Gottheiten.

176 Homer.

179 Nausikaa geleitet Odysseus zur Stadt, John Flaxman 1805.

182 Johann Heinrich Voß, Wikimedia Commons.

183 John Flaxman, Selbstporträt 1779.

184 Odysseus wird von Alkinoos gastlich aufgenommen, John Flaxman 1805.

185 Sokrates, Stiftung Rosenkreuz.

188 Lukian von Samosata.

190 f. Egyptian Gods and Goddess Photo © Siloto | Dreamstime.com.

192 Eingangsszene im Grab des Königs Merenptah (1224–1204 v. Chr.) im Tal der Könige. Foto: Andreas Brodbeck.

193 Siebenarmiger Leuchter (Menora). Zeichnung: Josef Schelbert.

195 Leo Baeck © Ludwig Meidner-Archiv, Jüdisches Museum der Stadt Frankfurt am Main.

196 Martin Buber, Jerusalem by Ilan Szekely (1955).

199 Heinrich Heine, http://www.juedische-geschichte-hameln.de.

201 Franz Kafka © Joachim Weyrich.

202 Franz Kafka, Mann am Tisch, Illustration zu »Der Prozess«, 1905.

203 Franz Kafka, Brief an den Vater, 1919.

205 Loredano, Joseph Roth, EDICIONES EL PAÍS S.L.

207 Zeichnung von Jean Améry, veröffentlicht: olafa.blogsport.de.

210 Marcel Reich-Ranicki © dieKLEINERT.de / Gabriele Meermann.

212 Miniatur des Erzengels Gabriel, Ägypten/Syrien, 14. Jh, Wikimedia Commons.

213 Tierkreiszeichen auf persischem Teller, 1563.

214 o. Ibn Rushd.

214 u. Moses Maimonides.

216 Kaaba, Wikimedia Commons.

219 Erzengel Gabriel überbringt Mohammed die göttliche Botschaft. Zeichnung aus dem 14. Jh.

226 o. Zeichnung in: Hubertus Halbfas, Arbeitsheft zum Religionsbuch 3. Schuljahr. Patmos/bsv, München 2011, 43.

226 u. wie 226 o.

233 Reitender Bogenschütze 13. Jh.

234 o. Münze, zeigt Umayyaden 'Abd al-Malik (685–705).

234 u. Münze, zeigt Abbasiden al-Muqtadir (908–932).

235 Peter Frommann, Nasr Hamid Abu Zaid © Patmos Verlag in der Schwabenverlag AG, Ostfildern 2017.

237 Quelle unbekannt.

239 l. Peter Frommann, Ignaz Goldziher © Patmos Verlag in der Schwabenverlag AG, Ostfildern 2017.

239 m. Theodor Nöldeke, Quelle unbekannt.

239 r. Peter Frommann, Julius Wellhausen © Patmos Verlag in der Schwabenverlag AG, Ostfildern 2017.

242 Peter Frommann, Hamed Abdel-Samad © Patmos Verlag in der Schwabenverlag AG, Ostfildern 2017.

246 Sufi, Zeichnung aus dem 16. Jh.

249 Derwisch, Zeichnung aus dem 16. Jh.

255 in: Francis Robinson, Weltatlas der alten Kulturen. Der Islam, Christian Verlag, München 1982, 33.

256 Stadtbild Kairo.

257 Kashan im Iran (frühes 18. Jh.).

258 o. Längsschnitt Hagia Sophia. John Brennan, Oxford, in: Weltatlas der alten Kulturen. Der Islam, Christian Verlag, München 1982, 84.

258 u. Längsschnitt Süleiman-Moschee, Istanbul. Erwin Böhm, Mainz. in: Weltatlas der alten Kulturen. Der Islam, Christian Verlag, München 1982, 84.

259 Quelle: Westfälischer Anzeiger.

263 Grundriss des Basar in Isfahan, in: Francis Robinson, Weltatlas der alten Kulturen. Der Islam, Christian Verlag, München 1982.

264 Basar (Suq) von Isfahan.

268 Fatima Mernissi, thewomanproject.com.

271 Peter Frommann, Sadik Alazm © Patmos Verlag in der Schwabenverlag AG, Ostfildern 2017.

273 Miniatur aus einem christlichen Manuskript des 13. Jh.

277 Entwurf der Kölner Moschee, Architekturbüro www.boehmarchitektur.de.

278 Peter Frommann, Said © Patmos Verlag in der Schwabenverlag AG, Ostfildern 2017.

Trotz gründlicher Recherche konnten nicht alle Rechteinhaber ermittelt werden. Für Hinweise ist der Verlag dankbar. Wenn sich ein Rechteinhaber meldet, zahlen wir das übliche Honorar.